V&R

Georg G. Iggers / Q. Edward Wang / Supriya Mukherjee

Geschichtskulturen

Weltgeschichte der Historiografie
von 1750 bis heute

Aus dem Englischen von
Susanne Hornfeck und Andrea Ott

Vandenhoeck & Ruprecht

Umschlagabbildung:
© ullstein bild – Reuters / ullstein bild – Reuters
(Bildnr. 480289)

Bibliografische Information der Deutschen Nationalbibliothek

Die Deutsche Nationalbibliothek verzeichnet diese Publikation in
der Deutschen Nationalbibliografie; detaillierte bibliografische Daten
sind im Internet über http://dnb.d-nb.de abrufbar.

ISBN 978-3-525-30050-3
ISBN 978-3-647-30050-4 (E-Book)

Die Übersetzung des Werkes wurde mit Mitteln
der Fritz Thyssen Stiftung unterstützt.

Die englische Originalausgabe:
Georg G. Iggers and Q. Edward Wang with contributions from
Supriya Mukherjee »A Global History of Modern Historiography«
© Pearson Education Limited 2008
This translation of A GLOBAL HISTORY OF MODERN HISTORIOGRAPHY 1 Edition
is published by arrangement with Pearson Education Limited.

© 2013, Vandenhoeck & Ruprecht GmbH & Co. KG, Göttingen /
Vandenhoeck & Ruprecht LLC, Bristol, CT, U.S.A.
www.v-r.de
Alle Rechte vorbehalten. Das Werk und seine Teile sind urheberrechtlich
geschützt. Jede Verwertung in anderen als den gesetzlich zugelassenen Fällen
bedarf der vorherigen schriftlichen Einwilligung des Verlages.
Printed in Germany.

Satz: textformart, Göttingen
Druck und Bindung: ⊕ Hubert & Co, Göttingen

Gedruckt auf alterungsbeständigem Papier.

Inhalt

Vorwort und Dank 11

Einleitung 15

KAPITEL 1
Historiografische Traditionen in aller Welt.
Ein Blick auf das 18. Jahrhundert 33
  I. Wo beginnen wir? 33
     1. Transkulturelle Vergleiche 33
     2. Charakteristische Merkmale historiografischen Denkens
       in verschiedenen Kulturen 34
  II. Der Westen 36
     1. Charakteristische Merkmale westlicher Geschichtsschreibung 36
     2. Entstehung eines aufgeklärten Weltbilds 36
     3. Gelehrsamkeit und kritische Geschichtswissenschaft 38
     4. Die Geschichtsschreibung der Aufklärung 39
     5. Das deutsche Gesicht der Aufklärung 41
     6. Von der Weltgeschichte zur eurozentristischen Fortschrittsidee 42
  III. Der Vordere Orient 44
     1. Der Aufstieg des Islam und der Ursprung muslimischer
       Geschichtsschreibung 45
     2. Die wichtigsten Stilrichtungen in der muslimischen Historiografie . . 46
     3. Die Bürokratisierung und Säkularisierung der Historiografie 48
     4. Der Niedergang der muslimischen Welt und
       der muslimischen Historiografie 49
  IV. Indien 50
     1. Westliche Ansichten über das historische Bewusstsein der Inder . . . 50
     2. Indische Formen der Geschichtsschreibung 52
     3. Sozialer und intellektueller Wandel in der frühen Neuzeit 54
  V. Ost- und Südostasien 57
     1. Schamanismus und Geschichte: Der Ursprung des *shi* 57
     2. Die konfuzianische Geschichtsschreibung 58

3. Historisches Amt und dynastische Geschichte 60
4. Ausbreitung und Einfluss der dynastischen Historiografie 61
5. »Die Wahrheit in den Fakten suchen«:
   Die Entstehung der textkritischen Schule 63

KAPITEL 2
Der Aufstieg von Nationalismus und nationalistischer Geschichtsschreibung: Der Westen, der Nahe Osten und Indien im 19. Jahrhundert 69

I. Geschichtsschreibung im Revolutionszeitalter
   zwischen 1789 und 1848 69
   1. Der politische Kontext 69
   2. Romantik und Geschichtsschreibung 70
   3. Der Einfluss des entstehenden Nationalismus auf die Historiografie . . 71
   4. Die Beziehung zwischen professioneller Wissenschaft
      und Nationalismus 73
   5. Die liberale Neuinterpretation des Mittelalters 75
   6. Die kolonialistische Perspektive und Historiografie 77
   7. Der Niedergang des Liberalismus in der Historiografie 78
   8. Bilder von Fortschritt und Krise 79
   9. Hegels Geschichtsphilosophie 81

II. Nationalismus und die Transformation der Historiografie
    im Nahen Osten 83
    1. Die Muslime »entdecken« Europa 83
    2. Wessen Pharaonen? Geschichts(neu)schreibung in Ägypten 86
    3. Nationale Identität und Geschichtsschreibung 89
    4. Brücke zwischen Alt und Neu: Enzyklopädisten und Neuchronisten . . . 93

III. Nationalismus und Wandel in der indischen Historiografie 96
     1. Historiografie in der frühen Kolonialzeit 96
     2. Die neue Pädagogik und die Entstehung
        eines modernen Geschichtsbewusstseins 99
     3. Renaissance der Religion und die Suche nach
        einer glorreichen Vergangenheit 100
     4. Die Geburt des rationalistischen Paradigmas 103
     5. Die Geburt des nationalistischen Paradigmas 104
     6. Nationalismus, Kommunalismus und Geschichtsschreibung 107
     7. Profangeschichte und die Entstehung eines Wirtschaftsnationalismus 108

KAPITEL 3
Wissenschaftsgeschichte und das Entstehen eines Berufsstands: Veränderungen der Geschichtswissenschaft im 19. Jahrhundert im Westen und in Ostasien 111

I. Wissenschaftskult und das Paradigma des Nationalstaats (1848–1890) 111
 1. Der politische Kontext der Historiografie 111
 2. Der gesellschaftliche Kontext der Historiografie 113
 3. Die Hinwendung zur »wissenschaftlichen« Geschichtsschreibung ... 114
II. Die Krise der konfuzianischen Historiografie und das Entstehen eines modernen Historikerstandes in Ostasien 129
 1. Die Aufnahme westlicher Einflüsse 129
 2. Zivilisation und Geschichte: eine neue Weltsicht 132
 3. Das Wechselspiel von Alt und Neu 135
 4. George Zerffi, Ludwig Rieß und der Einfluss Rankes in Japan 138
 5. Japans »Orient« und der Wandel der von China geprägten Welt ... 142

KAPITEL 4
Geschichtsschreibung im Schatten zweier Weltkriege: Die Krise des Historismus und die moderne Historiografie 149

I. Die Neuorientierung der Geschichtsforschung und des historischen Denkens in den Jahren 1890 bis 1914 149
 1. Wandel im politischen und kulturellen Klima 149
 2. Herausforderung der traditionellen Historiografie 150
 3. Die existentielle Krise der modernen Zivilisation 162
II. Historiografie zwischen den Weltkriegen 1914–1945 163
 1. Die Historiker im Ersten Weltkrieg 163
 2. Die Kritik an Rationalität und Modernität und die Verfechter der Aufklärung 167

KAPITEL 5
Nationalistische Geschichtsschreibung in aller Welt: Ein Blick auf die historische Forschung im Nahen Osten und im Asien des 20. Jahrhunderts 181

I. Osmanismus, Türkismus und Ägyptisierung: Nationalistische Geschichtsschreibung im Nahen Osten 181
 1. Ein modernes Geschichtsstudium wird begründet 181
 2. Geschichtsschreibung in der modernen Türkei – für eine moderne Türkei 184

    3. Die Ägyptisierung der Geschichtsschreibung 188
    4. Geschichtswissenschaft und Nationalpolitik 193

II. Nationalismus, Szientismus und Marxismus:
Moderne Historiografie in Ost- und Südostasien 195
    1. »Neue Historiografie« in China 195
    2. Spannungen zwischen nationaler und wissenschaftlicher
       Geschichtsforschung 199
    3. Die Modifizierung des Ranke'schen Modells:
       Nationalgeschichte in Japan 203
    4. Mythos und Geschichte: Die Suche nach den Ursprüngen
       der koreanischen Nation 207
    5. Krieg und Revolution: die Anziehungskraft der marxistischen
       Historiografie 211

III. Nationalistische Historiografie im modernen Indien 214
    1. Vorläufer im späten 19. Jahrhundert: Der romantische Nationalismus 214
    2. Die Rolle der Religion in der nationalistischen
       Geschichtsschreibung 216
    3. Die Nation als Geschichte und die Geschichte als Wissenschaft 218
    4. Die Romantik des Lokalen und das Entstehen alternativer
       Erzählungen 221
    5. Die neu erdachte Nation: Nehrus Synthese 224
    6. Historiografie nach der Unabhängigkeit: alte und neue Verläufe . . . 225
    7. Entwicklung einer sozialwissenschaftlichen Geschichtsschreibung . . 228

KAPITEL 6
**Neue Herausforderungen in der Nachkriegszeit:
Von der Sozialgeschichte zum Postmodernismus und
zum Postkolonialismus** 231

I. Der Kalte Krieg und das Entstehen einer neuen Weltordnung 231

II. Spielarten der Sozialgeschichte im Westen (1945–1968/1970) 232
    1. Die Vereinigten Staaten: Von der Consensus School zur Neuen Linken 233
    2. Frankreich: Die »Annales« 238
    3. Deutschland: Vom »Historismus« zu einer kritisch-historischen
       Sozialwissenschaft 244
    4. Marxistische Historiografie zwischen Orthodoxie und
       neuen Richtungen 248

III. Die 1970er und 1980er Jahre: Der »Cultural Turn« und
die Postmoderne 252
    1. Von der sozialwissenschaftlichen Geschichte zum Cultural Turn . . . 252

Inhalt 9

IV. Postmodernismus und »Linguistic Turn« 258
    1. Mikrogeschichte, Alltagsgeschichte und historische Anthropologie . . 265
    2. »Oral History« und »Gedächtnisgeschichte« 267
    3. Die Bewegung der »Geschichtswerkstätten« 269
    4. Feministische Geschichte und Gender-Geschichte 270
V. Postkolonialismus 272
    1. Die »Subaltern Studies« 275
    2. Lateinamerika: Von der Dependenztheorie zu späteren
       Entwicklungen 281
    3. Die Entstehung der modernen Historiografie im Subsahara-Afrika . . 288

KAPITEL 7
**Das Entstehen des Islamismus und der Rückgang des Marxismus:
Geschichtsschreibung im späten 20. Jahrhundert in Asien und
im Nahen Osten** 295

I. Ebbe und Flut in der marxistischen Historiografie Ost-
   und Südostasiens 295
    1. Japan erfindet sich neu: Nachkriegsreform, Geschichtsschreibung
       und die Ausbildung von Historikern 295
    2. Die Dominanz der marxistischen Historiografie in
       der Volksrepublik China 298
    3. Herausforderungen für die marxistische Historiografie und
       der Eurozentrismus 303
    4. Zwischen Marxismus und Nationalismus: Akademische Geschichte
       in Vietnam 306
    5. Das Wiedererstarken einer Nationalgeschichte 308
    6. Die »Annales«-Schule, Postmodernismus und die Neue Wende
       in der japanischen Historiografie 310
    7. Chinas Suche nach Alternativen zur marxistischen Historiografie . . 313
II. Islamismus in der Historiografie des Nahen Ostens:
    Kalter Krieg und danach 316
    1. Die muslimische Historiografie in einer globalen Welt 316
    2. Das Zusammenspiel von Geschichte und Geschichtsschreibung . . . 318
    3. Edward Saids Kritik am Orientalismus 321
    4. Die Faszination von Marxismus und Sozialismus 323
    5. Die Wiedererweckung des Islam – Islamismus und Nationalismus . . 327
    6. Geschichte und Politik: Die Herausforderungen
       der nationalistischen Historiografie 331

KAPITEL 8
**Historiografie nach dem Kalten Krieg, 1990–2012.
Ein kritischer Rückblick** 337

I. Die Globalisierung der Welt 337

II. Die Neuorientierung der Geschichtswissenschaft 340
   1. Die Fortdauer des Cultural und Linguistic Turn und
      deren Transformation 340
   2. Feministische Geschichte und Gender-Geschichte 343
   3. Neudefinierung der Allianz zwischen Geschichte und
      Sozialwissenschaften 346
   4. Neue Herausforderungen an die national orientierte Geschichte:
      Die Transformation des Begriffs »Nation« 349
   5. Die Neuorientierung der Geschichtsschreibung und der Wandel
      von nationaler zu globaler Geschichte 350

Kurzer, abschließender Kommentar zur Rolle der marxistischen Ideen
in der Geschichtsschreibung nach 1990 353

Anmerkungen 359

Lektüreempfehlungen 400

Personenregister 409

Vorwort und Dank

Vor einigen Jahren wurde Georg Iggers von Longman Publishers vorgeschlagen, eine Geschichte der modernen Historiografie zu schreiben. Beide Seiten einigten sich auf ein Konzept, das vornehmlich die westliche Geschichtsschreibung seit der Aufklärung umfasste, doch dem Autor kamen im Verlauf der Arbeit an dem Projekt immer mehr Zweifel. In den letzten Jahren war in Englisch und anderen westlichen Sprachen eine Reihe von Geschichten der Historiografie erschienen, darunter Michael Bentleys »Modern Historiography« (1999) und Georg Iggers' eigenes Buch »Historiography in the Twentieth Century« [dt. »Geschichtswissenschaft im 20. Jahrhundert. Ein kritischer Überblick im internationalen Zusammenhang«, 2007]. Doch keines widmete sich der Interaktion zwischen der historischen Forschung im Westen und in der restlichen Welt in den vergangenen zweieinhalb Jahrhunderten. Während das Manuskript weiter gedieh, erkannte der Autor, dass eine Geschichte der modernen Historiografie anders geschrieben werden müsse, nämlich aus globaler Perspektive und unter stärkerer Berücksichtigung des politischen, sozialen und intellektuellen Umfelds, in dem historische Forschung stattfand. Er schlug daraufhin Qingjia Edward Wang, der an der East China Normal University studiert und sich mit einem Thema zur ostasiatischen und europäischen Ideengeschichte und Historiografie an der Syracuse University promoviert hatte, vor, an dem Projekt mit ihm zusammen zu arbeiten. Wang und Iggers hatten schon an einigen Projekten zusammen gearbeitet, nachdem Wang dessen Vorlesungen 1984 in Peking besucht hatte. Iggers hatte Wangs Dissertation gelesen, in der es um die Modernisierung des chinesischen historischen Denkens und Schreibens im 20. Jahrhundert ging, insbesondere aber um die wechselseitige Befruchtung von westlichen und traditionell chinesischen Auffassungen. Der Dissertation folgte Wangs Buch »Inventing China through History: The May Fourth Movement Approach to Historiography« (2001), eine seiner zahlreichen englischen und chinesischen Publikationen, in denen er diese Ideen weiterentwickelte. 1999 organisierten die beiden an der State University of New York, Buffalo, eine internationale Konferenz mit Beiträgen zum Wandel des Geschichtsverständnisses in verschiedenen westlichen und asiatischen Gesellschaften sowie in Subsahara-Afrika. Sie wurden in dem Band »Turning Points in Historiography: A Cross-Cultural Perspective« (2002) veröffentlicht und dienten als Vorbereitung zu dem gemeinsamen

Projekt. Anfang 2006 schlugen sie Supriya Mukherjee vor, den indischen Teil des Buches zu übernehmen. Sie hatte in Neu-Delhi bei Sumit Sarkar, einem der führenden Historiker des modernen Indien und der indischen Historiografie, studiert, bevor sie zu Georg Iggers nach Buffalo kam und eine Dissertation zur modernen europäischen Ideengeschichte und Historiografie schrieb. Sie hat dann nicht nur die Kapitel verfasst, die sich mit dem modernen indischen historischen und sozialen Denken befassen, sondern auch die anderen Teile des Manuskripts mit Ideen und Vorschlägen bereichert. Ohne ihre Hilfe wäre die Vollendung des Projekts wesentlich schwieriger gewesen.

Die drei Verfasser sind sehr dankbar für die Unterstützung und die Ratschläge, die sie im Verlauf ihrer Arbeit erhalten haben. Im Dezember 2002, als Iggers und Wang noch ganz am Anfang des Projekts standen, hat Jürgen Kocka sie zu einer internationalen Konferenz nach Berlin eingeladen, wo sie ihr Projekt unter anderem mit Historikern und Sozialwissenschaftlern aus Ostasien diskutieren konnten. In der Folge wurden sie an Universitäten in Deutschland, Österreich, Italien, Ungarn, Polen, Spanien, Großbritannien, den Vereinigten Staaten, Mexiko, China, Japan und Südkorea eingeladen, um ihr Projekt vorzustellen. Darüber hinaus ist Georg Iggers dem Max Planck Institut für Geschichte in Göttingen zu besonderem Dank verpflichtet, das ihm mit seiner umfassenden historiografischen Bibliothek exzellente Arbeitsbedingungen bot und auch viele Gelegenheiten, mit den dortigen Forschern und vielen ausländischen Besuchern zu diskutieren. Es ist ein herber Verlust für die internationale Forschergemeinde, dass dieses Institut, das sich über die Jahre zu einem einzigartigen Forum für Wissenschaftler aus aller Welt entwickelt hatte, geschlossen wird.

Wir möchten den vielen Personen danken, von denen wir Ratschläge erhielten, darunter Guido Abbatista, Shigeru Akita, Julia Arnautova, Doris Bachmann-Medick, Arndt Bauerkämper, Stefan Berger, Werner Berthold, Gerhard Botz, Corinne Blake, Ernst Breisach, Qineng Chen, Youssef M. Choueiri, Gustavo Corni, Albert Cremer, Natalie Zemon Davis, Andreas Daum, Roger Des Forges, Gerald Diesener, Prasenjit Duara, Vera Dubina, Benjamin A. Elman, Axel Fair-Schulz, Franz L. Fillafer, Eckhardt Fuchs, Frank Hadler, Chun-chieh Huang, Peng Jiang, Vandana Joshi, Stefan Jordan, Donald Kelley, Jürgen Kocka, Kazuhiko Kondo, Peter Kriedte, Wei-ying Ku, Wolfgang Küttler, Hal Langfur, Jiehyun Lim, Chris Lorenz, Renato Mazzolini, Hans Medick, Matthias Middell, Achim Mittag, Masaki Miyake, On-cho Ng, Michihiro Okamoto, Jan Piskorski, Attila Pók, Ilaria Porciani, Jörn Rüsen, Dominic Sachsenmeier, Masayuki Sato, Edith Saurer, Hans Schleier, Jürgen Schlumbohm, Ernst Schulin, Shen Han, Gabrielle Spiegel, Bo Stråth, Jeremy Telman, Edoardo Tortarolo, Johan van der Zande, Rudolf Vierhaus, Adelheid von

Saldern, Rudolf von Thadden, Peter Th. Walther, Gregory Witkowski, Daniel Woolf, Yashushi Yamanouchi, Jason Young, and Zhilian Zhang. Unser Dank geht auch an Carl Sieverling vom Max Planck Institut für Geschichte, der Georg Iggers bei so manchem Computerproblem geholfen hat.

Zuletzt möchte Georg Iggers sich bei seiner Frau Wilma bedanken, die ihn nicht nur zu diesem Projekt ermutigt hat, sondern auch viele Stunden mit der Durchsicht und Diskussion des Manuskripts verbracht hat. Auch Edward Wang dankt seiner Frau Ni für ihr Verständnis und ihre Unterstützung, die es ihm ermöglichten, viele Monate seines Sabbatjahrs in Asien zu verbringen, wo er sich ganz auf das Verfassen seiner Kapitel dieses Buches konzentrieren konnte. Supriya Mukherjee dankt ihrem verständnisvollen Ehemann Pinaki, der ihre Teile des Manuskripts sorgfältig gelesen und dann die richtigen Fragen gestellt hat.

Georg G. Iggers, Q. Edward Wang und Supriya Mukherjee
März 2007

Potscriptum

Mittlerweile schreiben wir das Jahr 2013 und wir drei haben den englischen Text überarbeitet und aus Anlass des Erscheinens der deutschen Ausgabe im renommierten Vandenhoek & Ruprecht Verlag auf den neuesten Stand gebracht. Wir danken der Fritz Thyssen Stiftung, die die Übersetzung ins Deutsche finanziert hat. Ebenso danken wir Jürgen Kocka, der unsere Arbeit in allen Stadien begleitet hat; er hat nicht nur die Finanzierung durch die Fritz Thyssen Stiftung unterstützt, sondern uns auch wertvolle Hinweise gegeben. Der deutsche Text unterscheidet sich von der englischen Ausgabe von 2008. Wir haben die seit deren Erscheinen 2007 veröffentlichte Literatur und die daraus resultierenden Diskussionen eingearbeitet. Ganze Abschnitte des englischen Texts sind neu, darunter die Teile über die feministische und Genderorientierte Geschichtsschreibung, die Teile zu Geschichte und Erinnerung, sowie zur globalen Geschichte. Unser Dank gilt mehreren Lateinamerikanisten, die die ursprünglichen Abschnitte zur lateinamerikanischen Historiografie gelesen und uns wertvolle Hinweise für die Überarbeitung gegeben haben; dies sind Jurandir Malerba, Felipe Soza Larrain, Isvan Jaksic. Ignacio Chuecas Saldias und Juan Maiguashca. Jason Young, Claude Welch, und Toyin Falola haben die Teile zu Subsahara-Afrika kommentiert. Das letzte Kapitel, das sich mit den jüngsten Trends seit 1990 beschäftigt, wurde ganz neu geschrieben, und wir bedanken uns bei Peter Burke, Richard Evans, Natalie Davis, und noch einmal bei Jürgen Kocka für ihre Ratschläge. Georg Iggers möchte seiner Frau Wilma für die Durchsicht großer Teile des neuen Texts danken, und nicht zuletzt Daniel Plassche, der nicht nur viele Computerprobleme gelöst, sondern auch bei der bibliografischen Recherche geholfen hat. Wir danken auch Frau Martina Kayser, die die deutsche Publikation bei Vandenhoeck & Ruprecht betreut hat.

Georg G. Iggers, Q. Edward Wang und Supriya Mukherjee
Mai 2013

Einleitung

Wir leben in einem Zeitalter rapider Globalisierung[1], die sich in den vergangenen Jahrzehnten, besonders seit dem Ende des Kalten Krieges, noch beschleunigt hat. Der Hauptimpuls kam aus dem Westen, doch in letzter Zeit haben auch andere Regionen, vor allem Ostasien und Indien, Bedeutendes dazu beigetragen. Die Globalisierung ging zwar mit einem hohen Maß an Verwestlichung einher, keinesfalls aber mit einer Homogenisierung. Sie führte überall zu den verschiedensten Reaktionen auf den Westen, die immer in den jeweiligen indigenen Kulturen wurzelten. Wir sind also Zeugen einerseits eines Prozesses der Vereinheitlichung, andererseits einer zunehmenden Heterogenität. Die Globalisierung ist demnach ein höchst komplexer, vielgestaltiger Vorgang, der dazu führt, dass ökonomische Organisationsformen und technologischer und wissenschaftlicher Fortschritt sich hochgradig homogen gestalten und dass der Lebensstil weltweit dem westlichen Vorbild angepasst wird. Andererseits führte die Globalisierung zu markanten Abgrenzungen gegen die Anschauungen und Methoden des Westens, die bis zu erklärtem Widerstand gegen westliche Einflüsse gehen kann.

Die historische Forschung hat mit diesem allgemeinen Trend nicht Schritt gehalten. In dem vorliegenden Buch soll nun die Transformation des historischen Denkens und Schreibens in einen größeren globalen Rahmen gestellt werden. In den vergangenen zwei Jahrhunderten, insbesondere aber im 20. Jahrhundert, ist eine größere Anzahl von Geschichten der Historiografie geschrieben worden. Sie waren jedoch entweder westlich oder national ausgerichtet und, wenn sie westlich orientiert waren, nicht komparativ angelegt, sondern folgten nationalen Traditionen. Generell hat sich die Geschichtsforschung, besonders in den zwei Jahrzehnten nach den fundamentalen Umwälzungen von 1989–1991, mehr der nichtwestlichen Welt zugewandt und hat in stärkerem Maße als zuvor auch kulturelle und gesellschaftliche Aspekte aufgegriffen. Dies trifft allerdings kaum auf die Geschichten der Historiografie zu, nicht einmal auf Arbeiten jüngeren Datums, die um die Wende vom 20. zum 21. Jahrhundert entstanden sind.[2] Eine beträchtliche Anzahl von Untersuchungen befasst sich, immer mehr in Form von Anthologien, mit den historischen Traditionen verschiedener nichtwestlicher Gesellschaften, während die großen Werke zur Geschichte der Historiografie in der Regel weiterhin westlich orientiert sind, und sich auf englische, französische, deutsche oder gelegentlich auch italienische Literatur beschränken.³ Erst in den letzten Jahren sind einige umfassende Geschichtswerke mit globaler Perspektive erschienen: Markus Völkel, »Geschichtsschreibung: Eine Einführung in globaler Perspektive« (2006), Daniel Woolf, »A Global History of History« (2011) sowie die fünfbändige »Oxford History of Historical Writing« (2010–2012).

Unser Buch ist ganz geartet; es ist kürzer als die Oxford History, und vom zeitlichen Rahmen her begrenzter als die Arbeiten von Völkel und Woolf, die die Geschichte der Geschichtsschreibung von Anbeginn der historischen Zeit an betrachten. Es kann daher dem jeweils behandelten Zeitraum nur wenig Raum widmen. Allein Woolf hat einen wirklich komparatistischen Ansatz. Völkel handelt die einzelnen historiografischen Kulturen isoliert voneinander ab, während wir eine Zeit behandeln, die im Zuge zunehmender Interaktionen Vergleiche möglich macht. Wir beschränken uns auf die Periode vom späten 18. Jahrhundert bis heute. Dabei gilt unser Interesse der Interaktion zwischen westlichen und nichtwestlichen historiografischen Traditionen im globalen Kontext. Obwohl es schon früher beträchtlichen wirtschaftlichen Austausch gab, blieben Kontakte zwischen Historikern unterschiedlicher Kulturen auf Einzelfälle beschränkt. In Ostasien und in der muslimischen Welt vom Magreb bis nach Südostasien existierten stark ausgeprägte Traditionen historischer Gelehrsamkeit; im hinduistischen Indien gab es frühe literarische Zeugnisse, und in der Subsahara-Region eine mündliche Erzähltradition, doch fand zwischen diesen Traditionen kaum ein Austausch statt. Allerdings sollte der frühe Einfluss der Muslime in Indien und Teilen von Subsahara-Afrika nicht übersehen werden.⁴ Dies änderte sich in Indien bereits im letzten Drittel des 18. Jahrhunderts mit der englischen Kolonialherrschaft und im 19. Jahrhundert dann auch in den muslimischen Ländern und in Ostasien.

Zunächst verlief die Interaktion vor allem in einer Richtung, von der westlichen in die nichtwestliche Welt. Was wir hier dokumentieren, sind Prozesse der Verwestlichung – wir müssen von einer Vielzahl von Prozessen sprechen, die angesichts des Widerstands von Seiten traditioneller Anschauungen und Institutionen überall jeweils modifiziert wurden. Wir sehen westliche Denkmuster nicht grundsätzlich als positiv oder normativ an, sondern betrachten sie in einem bestimmten historischen und kulturellen Umfeld. Dabei ist uns durchaus bewusst, dass der Westen keine organische Einheit darstellt, sondern ein höchst heterogenes Gebilde ist, charakterisiert durch politische und intellektuelle Unterschiede, weshalb wir von westlichen Einflüssen im Plural reden wollen. Eine Aufgabe dieser Untersuchung wird es sein, die dem Westen gemeinsamen Aspekte herauszuarbeiten. Natürlich sind auch die Kulturen, die mit dem Westen interagieren, höchst komplex, und entsprechend vielfältig ist die Rezeption westlicher Einflüsse. Max Webers berühmter Versuch, den Westen durch einen Vergleich mit Zivilisationen wie China und Indien zu charakterisieren, ist deshalb mit Vorsicht zu genießen, auch wenn Weber diese Charakterisierungen nicht als Wirklichkeitsbeschreibungen ansah, sondern als Idealtypen, als heuristische Hilfsmittel zum besseren Verständnis. Wir sind uns dieser Probleme durchaus bewusst, wenn wir die Interaktion von westlichen und nichtwestlichen historischen Kulturen in all ihrer Komplexität zum Kern unserer Untersuchung machen. Wir beginnen also im späten 18. Jahrhundert, weil es zu jener Zeit erstmals zum Austausch der bis dahin relativ, wenn auch nicht ganz isoliert existierenden Traditionen historischen Denkens kam.

Doch zuerst gilt es, nach dem eigentümlichen Gegenstand von Historiografie zu fragen. Seit der Institutionalisierung der Geschichtsforschung im 19. Jahrhundert haben vor allem professionelle Historiker Werke zur Historiografie verfasst. Zwischen Geschichtsschreibung und Literatur wurde dabei eine scharfe Trennungslinie gezogen. Wir werden Historiografie nicht nur als Darstellung der Vergangenheit, wie sie war, verstehen, sondern auch, wie sie erinnert wurde. Aber das Gedächtnis kann trügerisch sein. Das große Interesse an der Geschichte und ihrer Erforschung in jüngerer Zeit geht mit der Entstehung starker Nationalismen einher, und zwar nicht nur im Westen, sondern im 20. Jahrhundert zunehmend auch in Ländern, die unter westlicher Kolonialherrschaft standen wie etwa Indien, oder von ihr bedroht waren wie China und Japan. Nationen, die als solche vorher nicht existierten, wie zum Beispiel Indien, erfanden sich mittels ihrer Geschichte neu, indem sie durch imaginierte, legendäre Bilder von ihrer Vergangenheit ihre Gegenwart zu rechtfertigen suchten. Historische Gelehrsamkeit spielte eine bedeutende Rolle in der Konstruktion eines nationalen Gedächtnisses. In der Theorie existierte eine klare Grenzziehung zwischen Wissenschaft und Legende, doch in der Praxis sind beide in der historischen Imagination westlicher wie auch nichtwestlicher Länder eng miteinander verknüpft.

Eine entscheidende Schwäche der existierenden Darstellungen der Historiografie besteht darin, dass sie historische Gelehrsamkeit zu ernst nehmen; dabei unterschätzen sie, in welchem Maße Gelehrsamkeit in westlichen wie auch in nichtwestlichen Gesellschaften Teil einer umfassenderen historischen Kultur ist. Historische Gelehrsamkeit, wie sie zunächst im Deutschland des 19. Jahrhunderts, bald aber auch im Westen überhaupt und parallel dazu im Meiji-Japan (1868–1912) als professionelle Disziplin entstand, sieht sich zwar wissenschaftlicher Objektivität verpflichtet, stellt in der Praxis ihre Forschungstechniken jedoch häufig in den Dienst nationaler Mythen. So hat etwa die deutsche Historische Schule im 19. Jahrhundert unter dem

Deckmantel wissenschaftlicher Objektivität die Einigung Deutschlands unter den preußischen Hohenzollern legitimiert;[5] Jules Michelet (1798–1874) vergrub sich in den Archiven, um den französischen demokratischen Nationalismus zu rechtfertigen; und japanische Historiker bedienten sich Rankes Methoden der kritischen Gelehrsamkeit, um die konfuzianische Tradition der Historiografie zu kritisieren; als es später dann galt, den japanischen Nationalismus zu schüren, betonten sie wiederum die imperiale Tradition. Das bedeutet nun nicht, dass sich Historiker nicht vom Wahrheitsziel leiten lassen sollten, aber sie sollten sich der eigenen Vorurteile bewusst sein. Es ist eine der wichtigsten Aufgaben des Historikers, gegen die Verfälschungen der Vergangenheit anzugehen.

Das führt uns geradewegs in ein Dilemma. Auf der einen Seite erkennen wir die Grenzen der historischen Gelehrsamkeit, ja von Geschichtsschreibung überhaupt als Grundlage einer vergleichenden, interkulturellen Geschichte historischen Denkens. Auf der anderen Seite werden auch wir uns primär auf historische Texte stützen. Dafür gibt es einen praktischen Grund. Historisches Bewusstsein drückt sich in vielerlei Formen aus, nicht nur in Gelehrsamkeit, sondern auch in fiktiver Literatur, in Plastiken, Monumenten und Architektur, in Festivals, Liedern und anderen immateriellen und unartikulierten Ausdrucksformen des kollektiven Gedächtnisses. Alle diese Manifestationen zu berücksichtigen, überstiege unsere Möglichkeiten; es bedürfte einer »dichten Beschreibung« im Sinne der Kulturanthropologie von Clifford Geertz, um das Gewebe von Bedeutungen zu rekonstruieren, das die historische Sichtweise einer Kultur ausmacht. Und selbst dann könnten wir der Illusion erliegen, Kulturen seien ganzheitliche Systeme, wo sie doch in Wirklichkeit viele widersprüchliche Aspekten in sich bergen, die sich in kein System pressen lassen. Wir werden es mit Texten zu tun haben und mit den Historikern, die sie verfasst haben, dabei sind wir uns bewusst, dass diese historischen Schriften das jeweilige intellektuelle Klima in der Kultur widerspiegeln, die sie hervorgebracht hat. Wir werden uns auf die Historiografie konzentrieren, die entsprechenden Texte aber in einem weiteren institutionellen, politischen und intellektuellen Rahmen betrachten. Dabei ist es wichtig, die Organisation der historischen Forschung und ihrer Vermittlung in der modernen Epoche mit einem komparativen, interkulturellen Ansatz zu untersuchen, zum Beispiel die Entstehung von Studiengängen für professionelle Historiker an den Universitäten und die Unterstützung, die solche Neuerungen durch die Regierungen erhielten, ebenso den Platz, den die historische Forschung in den politischen Ansichten der Mittelklasse einnahm, und den Effekt, den populärwissenschaftliche Vorstellungen wie etwa der Sozialdarwinismus im späten 19. und frühen 20. Jahrhundert auf die Geschichtsschreibung hatten.

Dieses Buch will keine groß angelegte Kultur- oder Sozialgeschichte sein, bezieht aber die Wechselwirkung der Geschichtsschreibung mit anderen Aspekten der Gesellschaft mit ein. Ein anderes wichtiges Thema ist das Publikum, an das sich historische Werke richten. Dieses Publikum hat sich nämlich in dem hier behandelten Zeitraum gewandelt. Einerseits führte die Institutionalisierung und Professionalisierung der Geschichtsforschung zu zunehmender Spezialisierung, sodass Geschichte immer häufiger von Spezialisten für Spezialisten geschrieben wurde, die zwar zur Gemeinde der Fachleute gehören, aber isoliert von einem breiten Publikum arbeiten. Doch häufig wurde Geschichtsschreibung, selbst solche von Koryphäen wie Leopold von Ranke und Jules Michelet, auch als Literatur gelesen, und ihr Leserkreis deckt sich häufig mit dem historischer Romane. Schließlich muss auch die Rolle von Schullehrbüchern in westlichen wie nichtwestlichen Ländern betrachtet werden. Zu fragen wäre, in welchem Maße sie wissenschaftliche Erkenntnisse vermitteln, aber mehr noch, welche Funktion sie bei der Vermittlung eines bestimmten Bildes der nationalen Vergangenheit spielen, das die Regierungen den Köpfen der jüngeren Generation einpflanzen wollen. Ferner gilt es, in westlichen wie in nichtwestlichen Ländern die Rolle der Medien bei der Verbreitung historischen Materials zu untersuchen. Deren Einfluss beginnt im 19. Jahrhundert mit dem Schwerpunkt auf dem gedruckten Wort – nicht allein wissenschaftliche, sondern auch populäre Publikationen, einschließlich Zeitungen, Illustrierten und historischen Romanen – und wird im 20. Jahrhundert ergänzt durch den Film, später durch Radio, Fernsehen, Videos und schließlich das Internet.

Bei der Beschäftigung mit der Geschichte des historischen Denkens und Schreibens in der Periode seit Beginn der Interaktion zwischen historischen Kulturen halten wir uns an zwei Konzepte, die unsere Untersuchung strukturieren sollen. Das erste und bereits erwähnte ist die Globalisierung, das zweite die Modernisierung. Dabei sind Globalisierung und Modernisierung nicht gleichzusetzen, wohl aber miteinander verwoben. Globalisierung hat es nämlich schon vor unserer Zeit gegeben. Schon sehr früh in der Zivilisationsgeschichte hat es Austausch gegeben, nicht nur militärisch oder kommerziell, sondern auch auf kulturellem Gebiet. Das von den ägyptischen Hieroglyphen abgeleitete phönizische Alphabet wurde die Grundlage der hebräischen, griechischen und römischen Alphabete. Ein weiteres Beispiel ist die Hellenisierung der römischen Welt, ebenso wie die Ausbreitung der großen Weltreligionen Buddhismus, Christentum und später Islam. Doch mit dem Zeitalter der Entdeckungen im 15. und 16. Jahrhundert entstand eine spezifische Form der westlich dominierten Globalisierung.

Wir möchten diesen Prozess in drei Phasen unterteilen. Die erste betrifft die Entstehung eines kapitalistischen Weltmarkts, verbunden mit der beginnenden Kolonialisierung durch den Westen. Primäre Ziele waren zu dieser Zeit weniger die Länder mit etablierten politischen Strukturen, alten Kulturen und einer funktionierenden Wirtschaft wie in Ostasien und Teilen der muslimischen Welt, etwa Persien und das Osmanische Reich, sondern Weltregionen, die sich weniger gut verteidigen konnten, die beiden Amerika, Subsahara-Afrika, Südostasien, Ozeanien und zu einem gewissen Grad auch der indische Subkontinent. Immanuel Wallerstein hat unterschieden zwischen den europäischen »Zentrum-Staaten«, in denen sich expansive kapitalistische Ökonomien herausgebildet haben, und den kolonialen »Peripherien«, die zu Objekten der Infiltration und Ausbeutung durch den Westen wurden.[6] Diese Regionen waren aber nicht vollkommen passiv. Der Sklavenhandel wurde erst durch die Kooperation afrikanischer Stammeshäuptlinge und Händler möglich, und später wurden dann die auf Sklaverei basierenden Wirtschaften in der Karibik, die englischen Kolonien in Nordamerika und Brasilien in die europäischen Ökonomien mit einbezogen. In Europa konsolidierten sich zu dieser Zeit Zentralstaaten mit stehenden Heeren und bürokratischen Strukturen; einige, wie etwa Spanien, Portugal, England, Frankreich, die holländischen Niederlande, Schweden und Dänemark befanden sich bereits auf dem Weg zum Nationalstaat. Dennoch waren die europäischen Staaten damals noch nicht in der Lage, in die etablierten Staaten in Ost- und Westasien einzudringen. Das änderte sich mit der Industrialisierung in Europa und den Vereinigten Staaten – Ende des 19. Jahrhunderts auch in Japan –, die auch von überlegener militärischer Stärke begleitet war. Symptomatisch für diese veränderte Situation ist die 1793 erfolgte Weigerung des britischen Gesandten, Kotau, die demütigende Ehrerweisung, vor dem chinesischen Kaiser zu machen. Es war das Zeitalter der imperialen Expansion, der Kolonialisierung des afrikanischen Kontinents im Norden wie im Süden, und der Konsolidierung von Kolonialherrschaft in Süd- und Südostasien. Die Niederlage Chinas gegenüber den Briten im Opiumkrieg von 1839–1842 läutete eine Epoche ein, in der China dem Eindringen des Westens, und später auch Japans, nicht länger erfolgreich Widerstand leisten konnte.

In einer zweiten Phase geriet aber nicht nur das politische, militärische und ökonomische Gleichgewicht aus den Fugen, sondern auch das zivilisatorische. Während die Europäer die Chinesen und in gewissem Maße auch die persische und arabische Zivilisation im 18. Jahrhundert bewundert hatten, sahen sie diese Kulturen nun als minderwertig an. Jürgen Osterhammel, ein Experte für die Begegnung Europas mit Asien, schreibt: »Im 18. Jahrhundert verglich sich Europa mit Asien; im 19. hielt es sich für unvergleichlich – und war mit sich selbst allein.«[7] Gewisse Elemente der asiatischen Kultur erregten im Westen Aufmerksamkeit, so etwa die japanische und zu einem gewissen

Grad auch die chinesische Kunst und Architektur, ja selbst die Akupunktur. 1913 wurde einem bengalischer Dichter, Rabindranath Tagore (1861–1941), der Nobelpreis für Literatur zugesprochen. Die westliche Orientalistik befasste sich mit der klassischen indischen, chinesischen, persischen und arabischen Literatur. Die stärksten Impulse verliefen aber in den Naturwissenschaften, der Technologie, Philosophie, Literatur, Kunst, Musik und natürlich auch bei der ökonomischen Durchdringung von West nach Ost. In der zweiten Hälfte des 19. und der ersten Hälfte des 20. Jahrhunderts übernahm die nichtwestliche Welt in zunehmendem Maße westliche Ideen sowie Technologie und Waffentechnik, um ihre Autonomie und ihre Kulturen zu schützen. Es handelte sich dabei aber, wie im Falle Japans, weniger um eine direkte Adaption, sondern vielmehr um eine Anpassung westlicher Ideen und Institutionen an die eigene Kultur. Es ist erstaunlich, wie viele Bücher aller Wissensgebiete seit dem späten 19. Jahrhundert und sogar noch früher aus westlichen Sprachen ins Chinesische, Japanische, Koreanische und in geringerem Maße auch ins Farsi, Arabische und Türkische übersetzt wurden, und wie wenige in die andere Richtung. Dies gilt bis zum heutigen Tag.[8]

Das Ende des Zweiten Weltkriegs markiert eine dritte Phase. Zumindest oberflächlich veränderte sich das politische Gleichgewicht, als nahezu alle ehemaligen Kolonien unabhängig wurden und China den Status einer bedeutenden Macht zurückgewann. Doch letztlich wurde der alte formale Imperialismus nur durch einen neuen informellen ersetzt, indem die hoch entwickelten Staaten die sogenannte Dritte Welt ökonomisch durchdrangen und dominierten. Ihre stärkste Wirkung entfaltete die Globalisierung auf dieser Ebene, denn der Finanzkapitalismus kennt keine nationalen Grenzen. Kapitalismus setzt sich heutzutage internationaler und globaler als früher durch, wie man an der wachsenden Zahl von MNCs (multinational agierende Aktiengesellschaften) und INGOs (Internationale Nichtregierungsorganisationen) sieht. Mit dem Ende des Kalten Krieges wurde der Staatskapitalismus des Sowjetischen Blocks durch den Finanzkapitalismus abgelöst; dasselbe galt für die nur noch nominell kommunistische Volksrepublik China und etwas später auch für die Demokratische Republik Vietnam. Neue Informationstechnologien haben nicht nur Gesellschaft und Wirtschaft verändert, sondern banden die Welt enger zusammen. Kultur und Lifestyle globalisierten sich ebenso. Beispiele für Letzteres sind die McDonaldisierung der Essgewohnheiten, die Hollywood-Filme, Jeans und Popmusik. Die alten Konsumgewohnheiten sind dadurch nicht völlig verschwunden, sie haben aber den spezifischen, für diese Kultur typischen Charakter erhalten. Gleichzeitig entstanden neue Verunsicherungen. Ein Unbehagen gegenüber vielen Aspekten einer modernen, sprich westlichen, Zivilisation, hat zu reaktionären Haltungen, ja sogar zu Revolten gegen die westliche Moderne geführt, und das nicht nur außerhalb, sondern auch innerhalb des Westens. Die späten 1960er Jahre mit dem Jahr 1968 als Symbol markierten einen schärferen Bruch mit überkommenen Verhaltensweisen als das Jahr 1945. Unabhängig, aber zeitgleich fanden fundamentale wissenschaftlich-technologische Veränderungen statt, wie die digitale Revolution, die die materiellen Grundlagen unseres Lebens verändert haben. Auch wenn sich die öffentliche Meinung in weiten Teilen gegen den wachsenden Einfluss von Wissenschaft und Technik rebellierte, sind diese Veränderungen in ökonomischen und allen Bereichen der Gesellschaft doch längst unumkehrbar geworden.[9]

Wie hat dies alles nun das historische Denken und Forschen beeinflusst? Auch in dieser Hinsicht möchten wir die Geschichte der Historiografie und des historischen Bewusstseins in das oben beschriebene Drei-Phasen-Modell der Globalisierung bringen, wobei uns klar ist, dass eine solche Klassifizierung lediglich tentativ ist und die komplexe Entwicklung grob vereinfacht. Interessanterweise zeigt die erste Phase der Globalisierung vor dem Durchbruch von Industrie und imperialer Macht im 19. Jahrhundert, also die Zeit nach den frühen überseeischen Entdeckungen, in der Geschichtsschreibung deutlich mehr Beispiele für eine globale Weltsicht, als dies in der zweiten Phase der Fall ist. Stellvertretend dafür sei hier das mehrbändige Werk »A Universal History: from the Earliest Account of Time to the Present« genannt,[10] das eine Gruppe von englischen Amateurhistorikern 1736 herausbrachte und das einen wahrhaft universalen Ansatz verfolgte; es enthielt nicht nur Bände über den Westen, sondern auch solche über nichtwestliche Länder und Regionen, darunter Asien und sogar Subsahara-Afrika und die beiden Amerika. Dieses Geschichtswerk wurde durch den immensen Zuwachs an geografischem Wissen ermöglicht, den die Erkundungen in Übersee mit sich brachten. Europa nimmt darin zwar mehrere Bände ein, wird aber als eine Zivilisation unter vielen dargestellt.

In der zweiten Phase, dem Zeitalter der imperialen Expansion nach 1800, beobachten wir dann eine deutliche Verengung des historischen Blickfelds. Im Zentrum der Aufmerksamkeit stand nun Europa, und man näherte sich der nichtwestlichen Welt unter den Vorzeichen europäischer Dominanz. Es gab zwar Studien zu den sogenannten orientalischen Kulturen, vor allem mit dem Akzent auf ihren frühen Anfängen, doch wurden sie nicht in umfassenderer weltgeschichtlicher Perspektive betrachtet. Diese Sicht von Europa – damit sind West- und Mitteleuropa und später auch Nordamerika gemeint – als dem Höhepunkt der Zivilisation bedeutete zugleich, dass man den Rest der Welt nicht wirklich ernst nahm. Selbst an einer europäischen Perspektive mangelte es diesen Studien, die sich zumeist auf Nationalstaaten konzentrierten. Diese Fixierung auf den Nationalstaat spiegelte nicht nur den aufkeimenden Nationalismus wider, sondern zeigte sich auch darin, dass man sich vorwiegend auf Archivalien als Quellen stützte, was einen grenzüberschreitenden Ansatz erschwerte, ganz zu schweigen von einem Blick über den Rand Europas oder der beiden Amerika hinaus. Außerdem führte die Beschränkung auf Dokumente in staatlichen Archiven dazu, dass weiter ausgreifende soziale und kulturelle Faktoren aus dem Blick gerieten, obgleich Archivquellen, wie wir später sehen werden, durchaus als Grundlage von sozial- und wirtschaftsgeschichtlichen Untersuchungen hätten dienen können.

In der dritten Phase dann, also in der zweiten Hälfte des 20. Jahrhunderts, wurde der nichtwestlichen Welt und den kulturellen und sozialen Dimensionen mehr Aufmerksamkeit geschenkt. Paradoxerweise ist die Vorstellung von der Überlegenheit der westlichen Kultur zwar aufgegeben und die Gleichrangigkeit anderer Kulturen anerkannt worden, gleichzeitig verstärkte sich aber die ökonomische Vorherrschaft des Westens und zunehmend auch der kapitalistischen Volkswirtschaften Ostasiens, wodurch die ehemaligen Kolonien erneut in Abhängigkeit gerieten.

Wie Daniel Woolf gehen auch wir davon aus, dass ein historisches Bewusstsein nicht ein Privileg des Westens war, sondern in allen Kulturen existierte. Die Idee, dass nur der Westen einen Sinn für Geschichte habe, findet sich im späten 18. Jahrhundert neben vielen anderen bei David Hume (1711–1776), Edward Gibbon (1732–1794) und später im 19. Jahrhundert bei so unterschiedlichen Denkern wie James Stuart Mill (1773–1836), Georg Wilhelm Friedrich Hegel (1770–1831), Leopold von Ranke (1795–1886) und Karl Marx (1818–1883). Dieses das westliche Denken bis in die Mitte des 20. Jahrhunderts durchziehende Konzept erwies sich angesichts der reichen historiografischen jahrhundertealten Traditionen anderer Kulturen als unhaltbar. Es hat sich zwar noch nicht ganz überlebt, wird aber nicht länger dazu benutzt, die Überlegenheit des Westens dank seiner aufklärerischen Tradition zu beweisen, sondern wird inzwischen für die Übel der modernen Welt verantwortlich gemacht. So schreibt etwa Hayden White (geb. 1928) aus postmoderner Sicht, das historische Bewusstsein sei etwas spezifisch Westliches, wertet dieses aber negativ als ein Vorurteil, »das die angebliche Überlegenheit der modernen Industriegesellschaft rückwirkend glaubhaft und plausibel machen soll«.[11] Und Ashis Nandy hat aus postkolonialer Perspektive das geistige Erbe des Westens seit der Aufklärung mit seiner »säkularen Weltsicht«, seiner »szientifischen Rationalität« und seinen »Theorien von Fortschritt ... und Entwicklung« für die Weltkriege, Gulags und Genozide des 20. Jahrhunderts verantwortlich gemacht, die an die Stelle vorgeblich gesünderer Kulturen getreten seien, deren »Selbstdefinition auf Mythen, Legenden und Epen beruhte«.[12]

Wir beginnen unsere Geschichte mit einer Untersuchung des historischen Denkens und Schreibens unmittelbar vor dem Einsetzen des westlichen Einflusses, das heißt gegen Ende des 18. Jahrhunderts. An diesem Punkt lassen sich verschiedene historische Kulturen ausmachen, die spezifische Sichtweisen und Werte unter je unterschiedlichen institutionellen und politischen Rahmenbedingungen aufweisen. Dabei werden wir vorrangig den Westen einschließlich Lateinamerika, die islamischen Länder, Ostasien, Indien und Subsahara-Afrika im 20. Jahrhundert behandeln. Wir sind uns natürlich der nationalen und regionalen Unterschiede innerhalb dieser Einheiten bewusst, die im Westen teilweise durch nationale und sprachliche Grenzen definiert werden, wie in Frankreich, Schottland, Italien, Russland, Deutschland ebenso wie in Lateinamerika. Außerdem bestehen innerhalb dieser nationalen Einheiten sowie in Lateinamerika, das keine solche Einheit bildet, unterschiedliche religiöse und politische Ausrichtungen. In Ostasien gibt es die japanische und koreanische Tradition, beide in der chinesischen Zivilisation wurzelnd, die aber vor einem jeweils unterschiedlichen nationalen Hintergrund rezipiert wurde. In China selbst existierten und interagierten in den jeweiligen historischen Perioden Konfuzianismus, Buddhismus, Daoismus und Neokonfuzianismus; in der islamischen Welt gibt es ethnische und sprachliche Trennlinien zwischen Arabern, Türken und Persern sowie in Südostasien, und man unterscheidet zwischen Sunniten und Schiiten. Es existieren dennoch Gemeinsamkeiten, die es für jede Kultur herauszuarbeiten gilt, zugleich aber auch Elemente, die die Trennlinien zwischen den behandelten Kulturen überschreiten.

Unser zweites Konzept ist die Modernisierung.[13] Manche Typen der Modernisierung ereigneten sich in spezifischen Gesellschaften, zum Beispiel im Europa des 19. Jahrhunderts, hatten aber nicht unmittelbar weltweite Auswirkungen. In Japan, das mit dem erzwungenen Eindringen des amerikanischen Kommodore Perry 1854 der selbstverordneten Isolation ein Ende setzte, hatten wichtige Transformationen im ökonomischen und administrativen Bereich bereits früher stattgefunden; sie waren weder vom Westen beeinflusst, noch hatten sie Auswirkungen auf die Nachbarn. Tatsächlich setzten viele wirtschaftliche und soziale Entwicklungen, die wir mit der Moderne in Verbindung bringen, dort bereits zu Beginn des Tokugawa-Shogunats im 17. Jahrhundert ein, und trotz der hermetischen Abschottung des Landes konnten die europäischen Forschungen, basierend vor allem auf Übersetzungen von Holländern, die ganze Zeit weiterbestehen; diesen war als einzigen Westlern eine winzige Insel als Enklave zugestanden worden.

Lange bevor der Begriff Modernisierung um die Mitte des 20. Jahrhunderts geprägt wurde, nahmen die meisten der seit dem Ende des 18. Jahrhunderts im Westen entwickelten Sozialtheorien an, dass die moderne Geschichte gänzlich Ergebnis eines Modernisierungsprozesses sei. Modernisierung bedeutete einen Bruch mit traditionellen Denkmustern und Institutionen in Religion, Ökonomie und Politik. Sie äußerte sich in dreierlei »Revolutionen«: im Entstehen einer modernen Wissenschaft und eines wissenschaftlichen Weltbildes; in den politischen Revolutionen des 18. Jahrhunderts, der in Amerika, aber mehr noch der Französischen Revolution mit ihren Auswirkungen auf Europa und ihrem Fokus auf nationaler Eigenständigkeit, die zumindest in der Theorie auf dem Einvernehmen der Regierten beruhte; und schließlich dem Prozess der Industrialisierung unter kapitalistischen Vorzeichen. Von Adam Smith (1723–1790) und Adam Ferguson (1723–1816) in Schottland und dem Marquis de Condorcet in Frankreich (1743–1794) im späten 18. Jahrhundert bis hin zu den sozialwissenschaftlichen Theorien in der zweiten Hälfte des 20. Jahrhunderts wurde Modernisierung als einheitlicher Prozess begriffen, der vor allem auf wissenschaftlichen Fortschritt und die Herausbildung eines kapitalistischen Weltmarkts gerichtet war, gefolgt von der Konsolidierung der Zivilgesellschaften und der weltweiten Durchsetzung unterschiedlich weit fortgeschrittener liberaler Demokratien. Mittlerweile ist der Begriff Modernisierung jedoch weitgehend in Misskredit geraten. Ein Grund für die Kritik war die Annahme klassischer Modernisierungstheorien, dass westliche Gesellschaften, etwa die Vereinigten Staaten, als Modell für die übrige Welt dienen könnten, wohingegen sie in den Augen der Kritiker letztlich nur dazu dienten, kapitalistische Kontrolle über die ökonomisch minder entwickelten Teile der Welt auszuüben. Ein anderer Grund ist, dass die Transformationen der Welt unter modernen Vorzeichen offensichtlich nicht zu einer Vereinheitlichung geführt haben. In diesem Sinne hat der renommierte indische Historiker Dipesh Chakrabarty in einer Serie von Aufsätzen unter dem Titel »Provincializing Europe« die Beschränktheit des westlichen Verständnisses von historischer Entwicklung aufzuzeigen versucht, das nur eine einzige Form von Modernisierung anerkenne. Er hat dagegen darauf hingewiesen, dass die heutige indische Kultur und ihre indigenen religiösen Wurzeln durchaus auch als eine Form von Modernität angesehen werden können.[14]

Gleichwohl kann die Erkenntnis, dass es markante Brüche mit überkommenen Denkmustern und mit politischen, ökonomischen und sozialen Organisationsformen gab und man sich in teils radikalen Prozessen von den traditionellen Denkformen und Institutionen verabschiedet hat, ein nützliches Hilfsmittel bei der Erforschung der Geschichte der Geschichtsschreibung in der westlichen und nichtwestlichen Welt sein. Dieser Prozess wurde im Westen am weitesten vorangetrieben, blieb aber keineswegs nur auf diesen beschränkt. Eine der Veränderungen bestand darin, dass Geschichte nicht mehr in literarischer, sondern nun in wissenschaftlicher Form vermittelt wurde. Wissenschaftlich bedeutet in diesem Zusammenhang das Beharren darauf, dass Geschichtsschreibung auf der Basis eines kritischen Studiums der Fakten und Quellen von professionellen Gelehrten betrieben wird. Dabei ist uns durchaus bewusst, dass die wachsende Bedeutung von Quellenkritik nicht auf den Westen beschränkt blieb, sondern zeitgleich und kaum beeinflusst vom Westen in China und Japan und in gewissem Maße auch in den islamischen Ländern und Indien auftrat. Sowohl in China wie im Westen entstand das, was Benjamin A. Elman in seiner berühmten Untersuchung zur chinesischen Gelehrsamkeit[15] den »Übergang von der Philosophie zur Philologie« genannt hat. Auf Europa angewandt sollte wohl eher von einem Übergang von der Theologie und Religion zur Philologie die Rede sein, doch für beide Kulturen bedeutete dies den Übergang zu einer säkularen Sichtweise; in China wurden die konfuzianischen Klassiker, im Westen die Bibel und Homer nun nicht länger als kanonische Texte angesehen, sondern als historische Dokumente verstanden. Diese neue Konzeption von Geschichtsforschung als strenger Wissenschaft ging in beiden Kulturen mit einer Professionalisierung einher. Obwohl Geschichte in China über viele Jahrhunderte im wesentlichen für die regierende Dynastie geschrieben wurde, und zwar von Beamten, die in gewisser Weise auch Professionelle waren, entstanden im 17. und 18. Jahrhundert Akademien, die nicht solch direkter Kontrolle unterstanden. Auch in Europa wurden in dieser Zeit forschungsorientierte Akademien gegründet. Allerdings sollte man die Ähnlichkeiten nicht überbewerten. Der politische, soziale und kulturelle Kontext war in Ostasien und Europa ein völlig anderer, dennoch signalisiert der Wandel im historischen Denken und Forschen eine, wenngleich partielle, Bewegung hin zu neuen Einstellungen und Praktiken.[16] Diese Neuorganisation war teilweise in andere Bereiche der Modernisierung eingebunden, wie sie nicht nur in ostasiatischen Ländern, sondern auch in Indien und der muslimischen Welt stattfanden. Hier ist vor allem die Ausdehnung der Marktwirtschaft zu nennen, denn diese gab, wie André Gunder Frank und andere betonen, den nötigen Impuls für die Ausbreitung des Kapitalismus in der westlichen Welt.[17]

Dennoch gab es einen Komplex von Ideen, die für den Westen typisch waren und an die nichtwestliche Welt weitergegeben wurden, während diese zugleich versuchte, sich vor westlicher Dominanz zu schützen. Eine dieser Ideen, die eng mit dem Konzept der Moderne verknüpft war, ist die Vorstellung von der Geschichte als ein kohärenter Prozess, in dem wissenschaftlicher, technischer und sozialer Fortschritt sich auf gemeinsame moderne Lebensbedingungen zubewegen. Daraus erwuchs die Vorstellung von einer Weltgeschichte von ihren frühen Anfängen bis zu ihrem Höhepunkt im

Westen der Gegenwart. Diese Entwicklung wurde in den einzelnen Geschichtswerken je nach ideologischer Positionierung unterschiedlich ausgelegt. Gemeinsam war ihnen jedoch die Überzeugung, dass alles Menschliche dem Wandel unterworfen sei, und zwar keinem beliebigen, sondern einem zielgerichteten Wandel. Der Mensch habe, wie Ortega y Gasset (1883–1955) es formulierte, keine Natur, sondern nur eine Geschichte.[18] Damit verbunden war der feste Glaube, dass nicht Philosophie, sondern Geschichte den tauglichsten Schlüssel zum Verständnis alles Menschlichen böte, weshalb Philosophie, etwa die von Hegel, ebenfalls historisch sein müsse. Nahezu alle westlichen Historiker, und nicht nur sie, sondern auch eine breite, gebildete Öffentlichkeit, akzeptierten die Idee vom Vorrang der Geschichte. Außerdem waren sie überzeugt, dass Geschichte eine Wissenschaft sei, wenngleich es fundamentale Unterschiede in den Vorstellungen davon gab, welcher Art diese Wissenschaft sei. Während französische und britische Positivisten, Sozialdarwinisten und Marxisten in der Geschichte nach Gesetzen suchten, bestritten andere, wie etwa Leopold von Ranke in Deutschland, die Existenz solcher Gesetze und betonten, die Aufgabe des Historikers sei nicht das Erklären, sondern das Verstehen menschlichen Handelns im historischen Kontext. Doch auch Verfechter dieser Sicht, die wie Ranke die Fortschrittsidee zurückwiesen, glaubten zugleich fest an eine historische Entwicklung und an die Überlegenheit der westlichen Zivilisation.[19] Im Verlauf des 19. Jahrhunderts übernahmen immer mehr Historiker und auch Intellektuelle in Ostasien, Indien und in den muslimischen Ländern die westliche Vorstellung von der historischen Entwicklung und meinten, die Standards des Westens übernehmen zu müssen, um ihre eigene Kultur gegen die militärische und ökonomische Übermacht des Westens schützen zu können. Die westliche Idee vom Primat des Nationalstaats trat in der ostasiatischen und muslimischen Geschichtsschreibung an die Stelle der Dynastien als diejenige Institution, die nun ihren historischen Narrativen Struktur verlieh. Die Historiografie in der nichtwestlichen Welt wurde also immer mehr verwestlicht und modernisiert, ohne dabei aber die Verbindung zu älteren indigenen Traditionen zu verlieren. Trotzdem gab es zu keiner Zeit unter Historikern im Westen und anderswo einen Konsens über die Natur von Geschichte und der Art, wie sie niedergeschrieben werden sollte. Und natürlich hat es stets auch Gegenbewegungen zu den vorherrschenden historischen Ansätzen gegeben.

In den letzten Jahrzehnten, also jener Periode, die wir als dritte Phase der Globalisierung bezeichnen, haben sich fundamentale Neuerungen sowohl im historischen Denken wie auch im intellektuellen Umfeld vollzogen. Die Untersuchungen, die sich für transnationale und interkulturelle Themen interessieren, haben zugenommen, und insgesamt hat sich der Fokus von den Eliten auf eine »Geschichte von unten« verschoben. Das Augenmerk galt jetzt eher dem Alltagsleben der breiten Massen, die bislang von der Geschichtsschreibung so gut wie ausgeschlossen waren. Auch widmete man sich nun der Rolle und dem Status der Frauen in der Geschichte. Außerdem lässt sich ein zunehmendes Unbehagen an den Folgen der Modernisierung feststellen; Kritik wird geäußert an der Wissenschaftsgläubigkeit und am Vertrauen in den heilbringenden Charakter der westlichen Zivilisation, beides Annahmen, die bisher für große Teile der westlichen Historiografie und Sozialforschung bestimmend waren. Eine solche Kritik war bereits im 18. Jahrhundert laut geworden, blieb dann aber lange Zeit auf eine Minderheit beschränkt. Auch anderswo, insbesondere in Indien, war sie zu vernehmen. Wir können also eine solch radikale Kritik an wissenschaftlicher Rationalität und der Progression in der Geschichte in bestimmten Elementen sowohl mit der Postmoderne im Westen als auch mit dem Postkolonialismus in Indien und Lateinamerika in Verbindung bringen.

In den folgenden Kapiteln möchten wir die Entwicklungen des historischen Denkens und Schreibens in einem breiteren intellektuellen, sozialen und ökonomischen Kontext vom 18. Jahrhundert bis heute untersuchen und konzentrieren uns dabei vor allem auf die Interaktion zwischen dem Westen und nichtwestlichen Ländern. Wir sind uns allerdings im Klaren, dass dem Verfassen jeglicher einfachen Erzählung notwendigerweise eine Reduktion von Komplexität vorausgeht.

In Kapitel 1 beginnen wir mit einem allgemeinen Ausblick auf die historiografischen Traditionen der Welt, wobei wir uns mit dem Westen, dem Nahen Osten, Ost- und Südostasien und Indien beschäftigen und die wichtigsten Entwicklungen in diesen Regionen während des 18. Jahrhunderts darstellen. In Kapitel 2 diskutieren wir die Veränderungen der historischen Praxis im Zeitalter der Moderne mit Schwerpunkt auf dem Nationalismus, dessen Erwachen im Westen als Folge der Französischen Revolution einsetzte und auf die restliche Welt übergriff, und beobachten, welche Auswirkungen er auf die Historiografie hatte. Diese moderne Transformation der Geschichtsschreibung ging einher mit dem Entstehen der Geschichte als akademischem Fach und der Herausbildung des Historikerberufs, einer Entwicklung, die wir in Kapitel 3 ausführlich beleuchten, wobei wir den paradigmatischen Einfluss der Ranke'schen Historiografie im Westen wie auch in Ostasien, insbesondere in Japan, darstellen wollen. Trotz der Bedeutung Rankes für die Professionalisierung gerieten seine Historiografie und der deutsche Historismus insgesamt zu Beginn des 20. Jahrhunderts, vor allem aber in der Zwischenkriegszeit, in eine ernste Krise. In Kapitel 4 werden wir daher auf die neue Richtung des historischen Denkens im Westen eingehen, deren Einflüsse bereits in der historischen Arbeit vor dem Zweiten Weltkrieg spürbar waren. Kapitel 5 beschäftigt sich mit den Entwicklungen in der nichtwestlichen Welt, zum Beispiel der Attraktivität einer nationalistischen Geschichte, die sich durch das gesamte 20. Jahrhundert zog und eine bedeutsame Rolle bei der weltweiten Vereinheitlichung der historischen Arbeit spielte. Dabei darf nicht übersehen werden, dass es in der Nachkriegszeit gegenüber der nationalistischen Historiografie und den nationalistischen Konstellationen in der modernen Welt auch kritische Stimmen gab, die von Historikern in Ländern wie Indien, und in geringerem Maße auch in Japan, geäußert wurden. Nach dem Zweiten Weltkrieg erhielt diese Kritik Verstärkung durch die Herausforderung der Postmoderne im Westen, wie wir in Kapitel 6 darstellen werden. Zugleich werden dort die Bemühungen beschrieben, von der französischen »Annales«-Schule initiiert und von den Sozialhistorikern im angloamerikanischen und deutschen Raum fortgeführt, welche die Bandbreite der Geschichtsforschung erweiterten und das nationalstaatliche Paradigma zu überwinden suchten. Eine weitere Herausforderung für die moderne nationalistische Historiografie stellte in den 1970er und 1980er Jahren die postkoloniale Kritik im Umfeld der von einer Gruppe indischer Historiker herausgegebenen Zeitschrift »Subaltern Studies« dar, sowie Edward Saids Buch »Orientalism« [dt. Orientalismus, 1981]. Beide Publikationen trugen maßgeblich dazu bei, das historische Denken und Schreiben nicht nur im Westen, in Lateinamerika und Afrika (Kapitel 6) zu verändern, sondern auch im Nahen Osten und in Asien (Kapitel 7). Das Ende des 20. Jahrhunderts wurde nicht nur vom Postkolonialismus, sondern auch von anderen Kräften ideologischer wie auch religiöser Art geprägt, die sich auf die Historiografie im Nahen Osten und Asien auswirkten: der Aufstieg des Islamismus und der Abstieg des Marxismus, beides Phänomene, die die zentrale Stellung des Nationalstaats in der Geschichtsschreibung wie auch in der Historikergemeinde in Frage gestellt haben, wie wir in Kapitel 7 zeigen werden. In Kapitel 8 eröffnen wir schließlich eine allgemeine Debatte darüber, welchen Einfluss die Globalisierung auf die jüngsten Veränderungen in der historischen Forschung weltweit gehabt hat. Dabei erachten wir die folgenden fünf Tendenzen als maßgeblich für die derzeitige Entwicklung und wohl auch für die absehbare Zukunft: (1) das Fortdauern jener kulturellen und linguistischen Wende, die die »Neue Kulturgeschichte« hervorbrachte; (2) die fortschreitende Ausbreitung einer feministischen beziehungsweise Gender-orientierten Geschichtsforschung; (3) die neue Allianz zwischen historischer Forschung und Sozialwissenschaften im Lichte der postmodernen Kritik; (4) die Herausforderung, die die Erforschung des Postkolonialismus für die nationale Historiografie (wenn auch nicht ausschließlich für sie) darstellt; (5) der Aufstieg einer Weltgeschichte beziehungsweise einer globalen Geschichte, und, unterschieden von dieser, einer Geschichte der Globalisierung. Natürlich ist uns bewusst, dass dies nur tentative Charakterisierungen sein können, die wir zur weiteren Diskussion anheimstellen möchten.

Schließlich verfolgen wir mit diesem Buch zwei weitere Anliegen, die ihm eine gewisse Einheit verleihen. Da ist zunächst unsere Zurückweisung eines eurozentrischen Geschichtsverständnisses und zweitens unser Eintreten für rationale Forschung. Kaum jemand wird heute der Annahme widersprechen, dass alle Völker ein historisches Bewusstsein gehabt haben, das sie in schriftlicher oder anderer Form zum Ausdruck gebracht haben. Unser Buch möchte das Vorurteil von der Überlegenheit westlichen historischen Denkens ausräumen, indem wir aufzeigen, dass in all den von uns behandelten Kulturen weit zurückreichende Traditionen historischen Denkens und Schreibens existierten.

Mit unserem zweiten Anliegen wenden wir uns gegen jene postmoderne Kritik am intellektuellen Erbe des Westens, die die Möglichkeit objektiver geschichtlicher Forschung bestreitet, weil die Vergangenheit keine Basis in der objektiven Realität habe, sondern ein Konstrukt einer nichtreferentiellen Sprache sei. Für Verfechter dieser Kritik stellt historisches Schrifttum also lediglich eine Art imaginativer Literatur dar, die keine klaren Kriterien für Wahrheit oder Unwahrheit von historischen Berichten kennt. Wir sind uns der Grenzen rationaler Forschung ebenso bewusst, wie der Unmöglichkeit definitiver Antworten, an die viele professionelle Historiker im 19. Jahrhundert noch glaubten. Wir räumen ein, dass historische Darstellungen unterschiedliche, nicht selten widerstreitende Perspektiven enthalten, für die es keine überzeugenden Beweise gibt. Es ist kaum möglich, die Vergangenheit mit eindeutiger Sicherheit zu rekonstruieren, es ist oft aber durchaus möglich, historische Stellungnahmen als falsch zu entlarven und Verfälschungen durch politische Ideologien aufzuspüren. Wir bemühen uns aufzuzeigen, dass in allen von uns behandelten kulturellen Gemeinschaften Geschichtsforschung im Zusammenhang mit politischen und insbesondere nationalistischen Absichten missbraucht wurde. Weil dem so ist, haben wir in allen Kapiteln, im westlichen wie im nichtwestlichen Umfeld, genau untersucht, in welchen politischen und sozialen und zu einem gewissen Grad auch religiösen Kontexten Geschichtsschreibung jeweils betrieben wurde. Das könnte die beunruhigende Schlussfolgerung nahelegen, dass Geschichtsforschung immer lediglich Ausdruck einer Ideologie ist; das allerdings hieße einem extremen epistemologischen Relativismus das Wort zu reden. Wenn Geschichte tatsächlich einen realen Kern hat, wenn die Vergangenheit, wie wir glauben, tatsächlich von menschlichen Wesen bewohnt war, dann muss es auch

Wege geben, um dieser Wirklichkeit nahezukommen, ganz gleich wie unvollkommen und eingefärbt deren Wahrnehmung auch sein mag. Verfälschungen und Mythen zu entlarven, gehört zu den wichtigen Aufgaben von Historikern und ist auch unser Anliegen in diesem Buch. Und weil dies nur teilweise möglich ist, stellt die Geschichte der Historiografie einen permanenten Dialog dar, der nicht nur eine einzelne Story erzählt, sondern unterschiedliche, nicht selten in sich widersprüchliche Interpretationen anbietet. Diese bereichern unser Bild von der Vergangenheit, sind aber zugleich Gegenstand kritischer Überprüfung hinsichtlich ihrer Faktizität und logischen Konsistenz nach den Standards, auf die sich die Wissenschaftsgemeinde geeinigt hat. Jedem Historiker stehen persönliche ethische und politische Einstellungen zu, die ihre oder seine Wahrnehmung von Geschichte beeinflussen. Es ist ihm oder ihr allerdings nicht gestattet, eine Vergangenheit zu fabrizieren, für die es keine beweiskräftige Basis gibt. In dieser Hinsicht unterscheiden wir uns deutlich von den meisten postmodernen Literaturtheorien. Historisches Schrifttum hat vieles mit der Literatur gemeinsam, unterscheidet sich aber auch von ihr, obwohl beide sich oft überschneiden. Historische Texte bedürfen der Imagination, und ernsthafte Literatur hat oftmals einen Bezug zur Realität. Doch Letztere muss sich nicht denselben Standards unterwerfen, denen sich die Wissenschaftsgemeinde verpflichtet hat. Ohne diese Verpflichtung wäre Geschichte nicht von Propaganda zu unterscheiden. Es führt zu einem gefährlichen Konflikt, wenn postmoderne Theoretiker gerade heute das aufklärerische Erbe rationaler Forschung zurückweisen, wo die gegenwärtige konfliktreiche Weltlage doch kritisches Hinterfragen ganz besonders nötig hat.

KAPITEL 1
Historiografische Traditionen in aller Welt. Ein Blick auf das 18. Jahrhundert

I. Wo beginnen wir?

1. Transkulturelle Vergleiche

Wir beginnen unsere Überlegungen zur Geschichte der modernen Historiografie in globalem Vergleichsmaßstab aus zwei Gründen im 18. Jahrhundert: Erstens war dies, wie in der Einleitung erwähnt, der Vorabend jener Epoche, in der die westliche Geschichtsschreibung die historischen Kulturen der restlichen Welt in bedeutendem Maß beeinflusste. Zweitens war das 18. Jahrhundert von fundamentalen Veränderungen der historischen Perspektive geprägt, vor allem (aber nicht ausschließlich) im Westen. Damals bildete sich eine moderne Blickrichtung heraus, die geschichtliches Denken im ganzen 19. Jahrhundert und bis weit in die zweite Hälfte des 20. hinein beherrschte.

Nun erhebt sich sofort die Frage, wie man historiografische Traditionen überhaupt vergleichen kann. In der Einleitung haben wir verschiedene Traditionen historischen Denkens und Schreibens ausgemacht; dabei sind wir uns bewusst, dass die Kulturen, die diese Traditionen hervorbrachten, höchst unterschiedliche Subkulturen einschließen. So sind in der Epoche, die wir hier behandeln, nationale Leitlinien von großer Bedeutung. Doch können diese Traditionen nicht ausschließlich mit nationenspezifischen Begriffen beschrieben werden; viele wichtige Tendenzen sind transnational. Bemerkenswerte Beispiele hierfür sind der weitreichende Einfluss der Aufklärung in Europa und anderswo und die sich ausbreitende »textkritische Schule« in Ostasien. Wir müssen uns vergegenwärtigen, dass keine dieser Kulturen stagniert, wie es eurozentristische Denker vom 18. bis in die Mitte des 20. Jahrhunderts oft behauptet haben, sondern dass sich alle im Lauf der Zeit gewandelt haben. Doch um einen Vergleich zu ermöglichen, können wir uns an bestimmte Merkmale halten, die sie miteinander teilen oder nicht.

2. Charakteristische Merkmale historiografischen Denkens in verschiedenen Kulturen

Wir wollen drei solche Merkmale skizzieren.

a) Alle haben eine Tradition, die ihnen ungeachtet der Veränderungen in der historiografischen Blickrichtung eine gewisse Kontinuität verleiht. Alle gehen zurück auf klassische Vorbilder eines fernen Altertums, die festlegten, wie Geschichte wahrgenommen und niedergeschrieben wurde. Im Westen bildeten sich in Gestalt der großen griechischen Historiker, vor allem Herodot (ca. 484–420 v. Chr.) und Thukydides (ca. 460–400 v. Chr.), zwei sehr unterschiedliche Modelle heraus, die die Historiografie bis zur Moderne prägten.[1] Auch die islamische Welt kannte die Philosophen und Historiker der griechischen und hellenistischen Antike sehr gut. In Ostasien machte sich nicht nur in China, sondern auch in Japan, Korea und Vietnam der Einfluss von Konfuzius bemerkbar, der auf einer älteren Form der Geschichtsschreibung durch den »shi« (Schreiber/Historiker im Dienste der Regierung) aufbaute und diese erweiterte. In Indien gehen die Ursprünge der Historiografie auf die indischen Traditionen der *itihasas* und *puranas* zurück, Sammlungen altindischer Sagen von vergangenen Zeiten und Geschehnissen.

b) Mit den klassischen Ursprüngen jeder Tradition war eine religiöse Komponente verflochten. Im Westen ist es das Christentum, dessen Quellen nicht nur im Neuen Testament, sondern auch in der hebräischen Bibel zu suchen sind. Diese waren – neben dem Koran – auch für den Islam von großer Bedeutung. Beiden Religionen liegt die Vorstellung zugrunde, dass die historische Zeit ihren Anfang direkt in der Schöpfungsgeschichte nimmt, beide kennen ein zentrales Heilsereignis, das Christentum die Kreuzigung Jesu und der Islam Muhammads Flucht nach Medina, und beide erwarten die Erfüllung der Zeit im Jüngsten Gericht. Die Beamtenposition des ostasiatischen »shi«, die bis etwa ins 1. Jahrhundert n. Chr. erblich war, entwickelte sich aus dem Schamanismus des alten China. Zwar sind teleologische Vorstellungen dem historischen Denken Ostasiens im Allgemeinen fremd, doch kommen sie gelegentlich vor.[2] Konfuzius, eine sehr weltliche Gestalt, nimmt natürlich eine ganz andere Stellung ein als Jesus, der Sohn Gottes, oder Muhammad, Gottes Prophet. Trotzdem ließen sich chinesische Historiker, wenn sie die Ereignisse der jeweils vorangegangenen Dynastie beurteilten, von der Vorstellung einer himmlischen Ordnung, *tian*, leiten, auf die Konfuzius und seine Anhänger häufig hingewiesen hatten. Der Buddhismus mit seinem zyklischen Geschichtsbild, das auch der Hinduismus kennt, beeinflusste in verschiedenen Ausprägungen das gesamte ostasiatische Denken.

Aber auch dem klassischen westlichen Denken ist zyklisches Denken keineswegs ganz fremd.

c) Der institutionelle Rahmen, in dem Geschichtsschreibung stattfindet, unterscheidet sich in allen von uns genannten Kulturen, und in jedem spiegeln sich die sich wandelnden politischen und gesellschaftlichen Verhältnisse. Am weitesten klaffen in dieser Hinsicht vielleicht die ostasiatische und die westliche Historiografie auseinander. Eine entscheidende Rolle spielt dabei für erstere, zumindest in China, in geringerem Maße aber auch in Japan und Korea, die Existenz eines uralten, wenn auch von dem einen oder anderen Interregnum unterbrochenen Kaiserreiches (beziehungsweise in Korea eines Königreiches), in dessen Dienst die Historiker schreiben. Seit frühester Zeit sind Historiker in China Regierungsbeamte, seit dem 7. Jahrhundert gibt es ein Historisches Amt, das die Aufgabe hat, eine wertende Geschichte der vorangegangenen Dynastie zu schreiben. Hier wird Geschichte also von Beamten für Beamte geschrieben.[3] Auf regionaler und lokaler Ebene zeichnen ähnlich organisierte kollektive Gruppen die historischen Ereignisse auf. Trotzdem dienten diese Aufzeichnungen nicht immer dem Interesse des Herrschers. Erfüllt vom Gefühl seiner Verpflichtung gegenüber dem *tian*, rügte so mancher Historiker dessen Verhalten. Nicht alle Geschichtsschreiber sind anonym; über viele besitzen wir biografische Informationen. Außerdem gibt es von Privatpersonen verfasste Chroniken. Im Westen verhält es sich fast umgekehrt. In der klassischen Antike und dann wieder seit der Renaissance wird Geschichte meist von Menschen geschrieben, die nicht im Dienste des Staates stehen. Im Mittelalter findet dies vorwiegend in Mönchsorden statt, in einigen Fällen ist der Historiker ein Höfling. In der islamischen Welt, besonders in Persien, aber auch im griechisch-orthodoxen byzantinischen Reich spielen religiöse Orden und höfische Geschichtsschreiber eine wichtige Rolle, und auch hier besitzen wir beachtliche Informationen über einzelne Historiker. Das Publikum dieser Schriften unterschied sich im Westen von dem in China. In der klassischen Antike lasen Historiker wie Thukydides ihr Werk einer Schar von Zuhörern vor, und seit der Renaissance machten Buchdruck und Buchhandel historische Schriften einer breiten Leserschaft zugänglich. Geschichte wurde also für ein breites Publikum geschrieben, mehr als es in China der Fall war. Dennoch blieb der Handel mit Büchern nicht auf den Westen beschränkt und etablierte sich sehr wohl auch in China und Japan.

II. Der Westen

1. Charakteristische Merkmale westlicher Geschichtsschreibung

Stellen wir uns nun die schwierige Frage, welche Merkmale für den Westen typisch sind. Dies hat in Deutschland eine internationale Konferenz zu klären versucht, an der auch Historiker aus verschiedenen nichtwestlichen Ländern teilnahmen.[4] Peter Burke aus Cambridge, einer der sachkundigsten Autoren zur modernen westlichen Historiografie, stellte in seinem Eröffnungsvortrag zehn Thesen dazu auf, was typisch westliches Geschichtsdenken ausmacht. Für ihn ist »das wichtigste oder zumindest offensichtlichste Charakteristikum westlichen Geschichtsdenkens, also das, was es von dem anderer Kulturen unterscheidet, seine Betonung der Entwicklung oder des Fortschritts, mit anderen Worten, sein ›linearer‹ Blick auf die Vergangenheit«. Dies sei verknüpft mit einer »historischen Perspektive«, die »Anachronismen« meidet und die Eigenständigkeit der Vergangenheit anerkennt. Bezeichnend ist ferner die epistemologische Orientierung, das heißt die Orientierung am Problem des historischen Wissens, der Suche nach Ursachen und der Verpflichtung zur Objektivität. Auch »der quantitative Denkansatz ist typisch westlich«.[5] Das Problematische an dieser Definition ist, dass Burke keine westlichen Merkmale beschreibt, sondern moderne.[6] Es sind Standpunkte modernen Denkens, die heute auch viele nichtwestliche Historiker vertreten, die aber für das historische Denken im westlichen Mittelalter oder gar in der klassischen Antike keineswegs diese große Geltung besaßen. Im Westen tauchen erst in den Debatten des 18. Jahrhunderts der lineare Ansatz und die Vorstellung vom Fortschritt auf, die Suche nach den Ursachen und die Beschäftigung mit dem Problem historischen Wissens. Letztere findet sich auch bei ostasiatischen und muslimischen Denkern. Der quantitative Denkansatz jedoch gehört ins späte 20. Jahrhundert und wird keineswegs allgemein akzeptiert.

2. Entstehung eines aufgeklärten Weltbilds

Neu ist im 18. Jahrhundert eine Haltung zur Welt, auch von Seiten vieler Historiker, die die Auswirkungen der naturwissenschaftlichen Revolution reflektiert; das frühere Vertrauen in die biblische Chronologie gerät ins Wanken, und man wendet sich – bis zu einem gewissem Grad auch in Ostasien[7] – der kritischen Quellenanalyse zu; im Westen begann das schon mit der Renaissance[8] und der Reformation.

Im Westen kommt es im 18. Jahrhundert zu einem schrittweisen, ungleichmäßigen Zerfall einst fester religiöser Überzeugungen. Dieses Zeitalter wird oft als Aufklärung bezeichnet,[9] doch sollten wir uns bewusst machen, dass die Aufklärung höchst unterschiedliche, oft widerstreitende Blickrichtungen umfasst und das 18. Jahrhundert nicht nur vom weit verbreiteten Glauben an die Wissenschaft geprägt ist, sondern auch von religiösen Bewegungen wie Pietismus, Methodismus, Chassidismus, Quietismus und Jansenismus und von den ersten Regungen der Romantik. Trotzdem kommt es in Teilen der Oberschicht und der gebildeten Mittelschicht zu einer Umorientierung, die mit jener Aufklärung zu tun hat, die uns eine moderne Weltsicht ankündigt.[10]

Dieser Wandel war wie gesagt im Westen stark von der so genannten »naturwissenschaftlichen Revolution« beeinflusst, die zwar, wie im Fall von Isaac Newton (1643-1727), die etablierten christlichen Glaubensinhalte nicht infrage stellte, aber übernatürliches Eingreifen in die Natur ausschloss und diese mit Gesetzen erklärte, die sich empirisch überprüfen ließen. Während Bischof Bossuet (1627-1704) in seinem »Discours sur l'histoire universelle« (1681) eine traditionelle christliche Theologie noch einmal verteidigte, forderte Pierre Bayle (1647-1706) in seinem »Dictionnaire historique et critique« (1695) [dt. »Peter Baylens historisches und kritisches Wörterbuch«, 1741-1744],[11] dass alle philosophischen Ideen dem prüfenden Blick der kritischen Vernunft unterworfen werden müssten. In Großbritannien spiegelte sich diese Hinwendung zum Empirismus in der Philosophie von John Locke (1632-1704) wider, der seinerseits großen Einfluss auf die französischen *philosophes* hatte, unter ihnen Voltaire (1694-1778),[12] Denis Diderot (1713-1784) und Jean-le-Rond d'Alembert (1717-1783), die Mitte des Jahrhunderts die vielbändige »Encyclopédie« herausgaben.[13] Für die Geschichtsschreibung bedeutete dies ein verstärktes Bemühen darum, die Schilderungen der Vergangenheit von Legenden zu reinigen, und die Verpflichtung zu Wahrhaftigkeit. In Großbritannien übernahmen diese Aufgabe die großen Geschichtswerke des 18. Jahrhunderts von David Hume (1711-1776), Catherine Macaulay (1731-1791),[14] William Robertson (1721-1793)[15] und Edmund Gibbon (1737-1794).[16] Hume versuchte, die von Whigs und Tories entwickelten politischen Institutionen Englands zu demontieren; Robertson und Gibbon griffen unverblümt die christliche Überlieferung an. Die bemerkenswertesten historischen Schriften in Frankreich, Werke von Charles-Louis de Secondat, Baron de Montesquieu (1689-1756),[17] Voltaire und dem Abbé Guillaume Raynal (1716-1796),[18] zeigten sich analytischer und suchten nach den Ursachen für Veränderungen in der Geschichte. Robertson, Gibbon und Voltaire behandelten zudem – auch wenn sie weiterhin die hohe Politik im Auge hatten –, soziale und kulturelle Themen; so befasste sich Voltaire in seinem »Essai sur les moeurs et l'esprit des nations« (1756) [dt. »Versuch einer Schilderung der Sitten und des Geistes«, 1786] mit dem wissenschaftlichen und technischen Fortschritt und mit materiellen Dingen des Lebens wie der Erfindung der Brille und der neuartigen Straßenbeleuchtung. Der Göttinger Historiker August Ludwig Schlözer (1735–1809) schrieb 1772, »die Gänge dieser Verbindung aber suche der Weltgeschichtsschreiber ja nicht bloß, wie bisher geschehen, auf Heerstraßen, wo Conqueranten und Armeen unter Paukenschlag marschieren; sondern auch auf Nebenwegen, wo unbemerkt Kaufleute, Apostel und Reisende schleichen.« »Die Erfindung des Feuers, des Brodtes, des Brandteweins etc. sind ihrer ebenso würdige Facta, als die Schlachten bei Arbela, bei Zama, und bei Magdeburg.«[19]

3. Gelehrsamkeit und kritische Geschichtswissenschaft

Doch es gab noch eine zweite Richtung, die anderen historiografischen Anfängen entsprang und sehr viel rigoroser auf der Wahrhaftigkeit historischer Behauptungen bestand, nämlich die der Gelehrsamkeit.[20] Diese wollte Geschichtsschreibung zu einem wissenschaftlichen Unternehmen machen, beschäftigte sich aber weniger mit dem Abfassen historischer Berichte als mit der strengen Prüfung des Wahrheitsgehalts der Quellen, auf denen diese Berichte beruhten. In den Augen der kritischen Wissenschaft hatten die Verfasser der obengenannten großen Geschichtswerke ihre Quellen nicht sorgfältig genug geprüft. Zugegeben, Gibbon bezog sich für seine gewaltige Geschichte auf höchst gelehrtes Quellenmaterial, aber es waren keine Primärquellen, sondern Berichte aus zweiter Hand, die überprüft werden mussten.

Während sich die genannten britischen und französischen Historiker alle von religiöser Rechtgläubigkeit distanzierten, betrachteten sich viele Gelehrte weiterhin als gute Katholiken oder Protestanten, obwohl sie die kritischen Methoden der Textanalyse nicht nur auf weltliche Geschichtsschreibung, sondern auch auf die Religionsgeschichte anwandten. Schon im 17. Jahrhundert hatten Gelehrte aus zwei katholischen Orden, jesuitische Bollandisten in Antwerpen und benediktinische Mauristen in Paris, wesentliche Beiträge zur Entwicklung dieser Methoden geleistet; sie hatten versucht, die überlieferten Lebensgeschichten der Heiligen von legendären Bestandteilen zu reinigen.[21]

Im Laufe des 18. Jahrhunderts wandelte sich die Gelehrsamkeit, die sich nur mit den eigentlichen Texten befasste, zur Philologie, die den Text in einen breiteren historischen und kulturellen Zusammenhang einordnete. 1701 wurde in Paris die Académie des Inscriptions et des Belles Lettres gegründet, die ihr Hauptaugenmerk auf die kritische Prüfung von Texten richtete. Nach ihrem Vorbild wurden im Lauf des Jahrhunderts weitere Akademien geschaffen, und auch in Deutschland, Italien, Spanien und anderswo auf dem Kontinent und in Lateinamerika entstanden ähnliche Institutionen.[22] Ludovico Muratori (1672–1750) unternahm bereits in der ersten Hälfte des 18. Jahrhunderts eine kritische Edition italienischer Quellen des Mittelalters.[23] Neue Methoden der Textkritik spielten eine wichtige Rolle für die Entwicklung der protestantischen Kirchengeschichte in Deutschland, sowohl an den neuen Universitäten in Halle und Göttingen[24] als auch an der altehrwürdigen, schon 1409 gegründeten Universität zu Leipzig. Dies waren die ersten Schritte hin zu einer Bibelkritik. Das hieß nicht, dass man seinem Glauben abschwören musste, aber man sollte die Bibel in ihrem historischen Kontext sehen. Auf ähnliche Weise wurden auch die homerischen Texte einer historischen Analyse unterworfen. F. A. Wolf (1759–1824) versuchte in seinen »Prolegomena ad Homerum« (1795)[25] durch eine Untersuchung von Sprache und Stil nachzuweisen, dass diese Dichtungen kein einheitliches Werk waren, sondern von verschiedenen Dichtern zu verschiedenen Zeiten verfasst worden waren. Auf der Suche nach historischem Quellenverständnis wurde die Hermeneutik zu einem wichtigen Teil der Philologie. Sie gab sich nicht damit zufrieden, die Bedeutung von Texten mittels Analyse der Sprache zu entschlüsseln, die zu der Zeit gesprochen wurde, als diese Texte entstanden waren, sondern versuchte, die Intentionen der Autoren zu erfassen. Dies wiederum hieß, die Autoren in ihrem kulturellen Umfeld zu sehen. Damit war die Grundlage für eine Historiografie gelegt, die kritischer war als die großen Geschichtswerke der britischen Historiker und dennoch Geschichte nicht als Textbruchstücke begriff, sondern als eine kohärente Erzählung.

4. Die Geschichtsschreibung der Aufklärung

Dies führt uns noch einmal zu der Frage, welche Rolle die Aufklärung für die Geschichtsschreibung spielt. In Großbritannien und Frankreich dominierte die philosophische Richtung, in Deutschland hingegen eine hoch entwickelte hermeneutische Philologie. Beide Richtungen existierten nebeneinander. Giambattista Vico (1668–1744) hatte in seiner »Scienza Nuova« (1725) [dt. »Die neue Wissenschaft über die gemeinschaftliche Natur der Völker«, 2000][26] eine klassische Unterscheidung zwischen Natur und Geschichte vorgenommen. Die Natur, da nicht vom Menschen erzeugt, bleibe unbegreiflich, die von Menschen gemachte Geschichte indes könne verstanden werden. Vico war außerhalb Italiens bis Anfang des 19. Jahrhunderts fast unbekannt, doch seine Unterscheidung zwischen Natur und Geschichte wurde später zur

Grundlage vieler historiografischer Denkansätze, vor allem in Deutschland, aber nicht nur dort. Gegen Ende des 18. Jahrhunderts waren deutsche Historiker in der hermeneutischen Tradition ebenso sehr auf eine wissenschaftliche Herangehensweise bedacht wie die philosophisch orientierten britischen oder französischen Historiker. Doch sie verstanden unter Wissenschaft etwas anderes. Sie sahen die menschliche Natur nicht als etwas Gleichförmiges wie Hume und Gibbon, sondern fanden, die vielen Kulturen forderten eine Methodik, die mit dieser Vielfalt umgehen könne.

Deutschland unterschied sich im 18. Jahrhundert deutlich von Großbritannien oder Frankreich, nicht nur, weil es hier keinen Nationalstaat gab, das war in Italien genauso, sondern auch, weil die politischen und gesellschaftlichen Bedingungen weit weniger dem in der Einleitung entworfenen Bild von Modernität entsprachen. Natürlich unterschieden sich auch Großbritannien und Frankreich sehr voneinander; Kapitalismus und Zivilgesellschaft waren in Großbritannien oder zumindest in England am höchsten entwickelt, in Deutschland etwas weniger weit, aber es gab sie doch. Neben starken, absolutistischen Staaten, allen voran Preußen, existierten in Deutschland noch immer lokale ständische Institutionen, die in England ganz verschwunden und in Frankreich erheblich geschwächt waren. Geschichtsschreibung fand hier unter ganz anderen Bedingungen als in England statt; der Unterschied zu Frankreich war nicht ganz so groß. Während in England die Geschichte meist von Privatgelehrten – in einigen wenigen Fällen auch von weiblichen wie Catherine Macaulay (1731–1791)[27] – für einen Buchmarkt niedergeschrieben wurde, arbeiteten in Deutschland viele Historiker (in Frankreich etwas weniger) an Universitäten. In Deutschland wurde seit Melanchthons Studienreform zur Zeit der Reformation Geschichte an den Universitäten gelehrt. Doch bisher verlief dies in Form von Vorlesungen, kaum jemand nutzte Originalquellen. Dies änderte sich an der neugegründeten Universität von Göttingen.[28] Die Historiker, die die neuen kritischen Methoden anwandten, arbeiteten meist fest angestellt an den Universitäten oder Akademien, während sich in England eher Privatgelehrte mit Geschichte beschäftigten. In Oxford und Cambridge gab es Lehrstühle für Geschichte, die nicht der fachlichen Ausbildung dienten, sondern wie die Colleges und Universitäten in den amerikanischen Kolonien der Allgemeinbildung ambitionierter christlicher Gentlemen. In Schottland glich die Situation eher der im protestantischen Deutschland. Dort gab es seriöse Philosophen und Historiker an den Universitäten Edinburgh, Glasgow und Aberdeen.[29]

5. Das deutsche Gesicht der Aufklärung

Auch in Deutschland war die intellektuelle und akademische Szene von der Aufklärung geprägt, doch nahm sie dort andere Formen an als in Großbritannien und Frankreich.³⁰ In der deutschen Aufklärung spielte die Religion weiterhin eine große Rolle. Die Historiker und Philosophen, ob nun Lutheraner oder Pietisten, waren gläubige Christen und überzeugt, dass ihre Vorstellung von einer aufgeklärten Gesellschaftsordnung mit dem christlichen Glauben zu vereinbaren sei. Sie wollten die Welt, in der sie lebten, nicht wie Voltaire von Religion befreien, sondern sahen wie Gotthold Ephraim Lessing (1729–1781) die Weltgeschichte als Bildungsgeschichte der Menschheit. Als höchstes, mit der lutherischen Glaubenslehre zu vereinbarendes Ziel galt die geistige Freiheit. Die deutschen Aufklärer wollten wie ihre französischen Kollegen reformieren, was von der mittelalterlichen Ordnung übriggeblieben war, und die Einschränkungen freien Denkens und Forschens beseitigen, aber sie stellten das bestehende politische System nicht infrage. Vielmehr vertrauten sie darauf, dass die aufgeklärten Monarchen, allen voran Friedrich der Große (1712–1786), diese Reformen durchführen würden. Im Gegensatz zu den französischen *philosophes* der »Encyclopédie«, für die Vernunft gleichbedeutend mit logischem Denken und empirischer Forschung war, neigten deutsche Denker dazu, Vernunft und Verstehen wie schon Vico in Verbindung mit der ganzen Persönlichkeit zu sehen, auch mit dem Willen und den Gefühlen. Daher betrachteten sie das Mittelalter nachsichtiger als Voltaire oder Robertson. Justus Möser (1720–1794)³¹ etwa deutete in seiner »Osnabrückischen Geschichte« (1768) die Entwicklung seiner Heimatstadt von frühester Zeit an als Ausdruck dessen, was er *Lokalvernunft* nannte, einer Vernunft, die ihren Niederschlag nicht in abstrakten Menschenrechten fand, sondern in konkreten lokalen, historisch gewachsenen Institutionen. In ähnlicher Weise verteidigte Edmund Burke (1729–1797) in »Reflections on the Revolution in France« (1790) [dt. »Betrachtungen über die Französische Revolution«, 1986] die britische Verfassung, ein Kind der Geschichte, gegen die Intentionen der französischen Revolutionäre, die die politische und gesellschaftliche Ordnung in Frankreich im Sinne abstrakter Menschenrechte radikal umformen wollten.

Einige Elemente im aufklärerischen Denken passen jedoch sehr wohl zu unserer Definition von Modernität, die wir in der Einleitung als heuristisches Hilfsmittel zum Vergleichen westlicher und nichtwestlicher Historiografie skizziert haben.³² Es entstand allmählich eine »Gelehrtenrepublik«. Ähnlich wie in den Naturwissenschaften waren die Erkenntnisse und Deutungen der

Historiker dem kritischen Blick der Gelehrtenwelt unterworfen. Im Zuge rascher Übersetzungen maßgeblicher Werke in verschiedene europäische Sprachen wurde die Wissenschaft kosmopolitisch. In allen europäischen Ländern erschienen wissenschaftliche Zeitschriften, und auch außerhalb des relativ kleinen Kreises akademischer Historiker und Philosophen wurden von einem breiten gebildeten Publikum eine Unmenge von Journalen wie die schottische »Edinburgh Review« gelesen. Die Existenz eines solchen Publikums, auch in Deutschland, verweist auf das Vorhandensein einer bürgerlichen Gesellschaft. Der Buchmarkt florierte, und zusätzlich gab es Leihbüchereien. Hume, Gibbon und Robertson erhielten hohe Honorarvorschüsse für ihre Bücher, die zu Bestsellern wurden. Das schlagendste Merkmal der Geschichtsauffassung der Aufklärung ist jedoch der lineare, gerichtete Zeitbegriff.

6. Von der Weltgeschichte zur eurozentristischen Fortschrittsidee

Die Umstellung auf eine moderne Konzeption von Zeit zeigt sich am deutlichsten in den Veränderungen, die die Historiografie im Laufe des 18. Jahrhunderts erfuhr. Es war ein langer Weg von den Weltgeschichten des frühen Christentums, deren bedeutendster Vertreter Aurelius Augustinus (354–430) war, bis zu der bereits erwähnten englischen »Universal History« in der ersten Hälfte des 18. Jahrhunderts. Doch trotz ihres wirtschaftlichen Erfolgs geriet die »Universal History« bald ins Kreuzfeuer der aufklärerischen Kritik.[33] Schlözer, einer der freimütigsten Kritiker, warf ihr nicht nur vor, dass sie sich zu wenig an wissenschaftliche Maßstäbe halte, sondern dass es ihr an einer entwicklungsgeschichtlichen Gesamtkonzeption fehle. Für ihn war sie nur eine Ansammlung von Informationen ohne eine systematische Idee. Er selbst schlug im 31. Band seiner Werkausgabe, in der berühmten »Allgemeinen nordischen Geschichte« (1771), eine ganz andere Richtung ein. Er versuchte, die Kultur der slawischen und zentralasiatischen Völker zu rekonstruieren, und nutzte anthropologische und archäologische Belege sowie Sprachanalysen, um die Kulturen dieser unterschiedlichen Völker zu verstehen.

Das Interesse am breiten, umfassenden Ansatz der »Universal History« nahm in der zweiten Hälfte des 18. Jahrhunderts merklich ab. Voltaire befasste sich zwar in seinem »Essai sur l'histoire générale et sur les moeurs et l'esprit des nations« (1756) [dt. »Über den Geist und die Sitten der Nationen«] noch mit China, Indien und Persien, sah aber das Zentrum der Zivilisation in Europa. Das gilt auch für sein Werk »L'Age de Louis XIV« (1751) [dt. »Das Zeitalter Ludwigs XIV.«, 1755]. Wie schon der Titel ahnen lässt, konzentrierte sich Voltaire hier nicht auf die Person Ludwigs XIV., sondern auf dessen Zeitalter, das er für das aufgeklärteste der Weltgeschichte hielt. Während der deutsche Philosoph Gottfried Wilhelm Leibniz (1646–1716) an der Wende zum 18. Jahrhundert noch von zwei großen Zivilisationen auf dem eurasischen Kontinent gesprochen hatte, von China und Europa, erblickte man in China nun eine Kultur, die ihren Höhepunkt in ferner Vergangenheit erreicht hatte, jetzt aber gelähmt war und stagnierte.

In der zweiten Hälfte des 18. Jahrhunderts wurden verschiedene Fortschrittstheorien formuliert, vor allem von den Franzosen A. R. Jacques Turgot (1727–1781) und Abbé Etienne Condillac (1740–1780) sowie dem Schweizer Isaac Iselin (1728–1792), die der Menschheit eine Entwicklung von primitiven, abergläubischen Anfängen bis zur modernen Aufklärung zuschrieben. So dachte auch der Marquis de Condorcet (1743–1794) in seinem »Esquisse d'un tableau historique des progrès de l'ésprit humain« (1794) [dt. »Entwurf einer historischen Darstellung der Fortschritte des menschlichen Geistes«, 1976].[34] Ähnlich gestimmt entwarf Immanuel Kant (1724–1804) in seinen Essays »Zum ewigen Frieden« und »Idee zu einer allgemeinen Geschichte in weltbürgerlicher Absicht« ein Bild von der Aufklärung, die zu einer Weltgesellschaft konföderierter Republiken führen werde, in der Kriege abgeschafft sein würden. Die treibende Kraft dazu läge in Europa. Ein in vieler Hinsicht parallel verlaufendes Konzept legten die schottischen Moralisten des späten 18. Jahrhunderts vor, Adam Ferguson (1723–1816),[35] Adam Smith (1723–1790) und John Millar (1735–1801), die den wichtigsten Fortschrittsfaktor im Handel sahen. Dieser entwickle sich in vier Etappen, vom Nomadentum bis zu den kommerziell geprägten Stadtgesellschaften ihrer Tage – wiederum eine Entwicklung, die von Europa ausging und der restlichen Welt Zivilisation und Kultur bringen würde. Christoph Meiners (1747–1810) verfasste in Göttingen breit angelegte Kulturstudien, die auch Aspekte des Alltagslebens wie Essensgewohnheiten, Kleidung und Wohnen ins Visier nahmen. Als einer der ersten Historiker beschäftigte er sich mit einer Geschichte der Frauen.[36] Dennoch war er in seinen Geschichtsdeutungen unverhüllt rassistisch. Beeinflusst von den Göttinger Anthropologen, die die Menschenkunde durch das Vermessen von Schädeln auf eine wissenschaftliche Basis stellen wollten, behauptete Meiners, es gebe eine empirisch als gültig überprüfte Hierarchie der Rassen; die gelben Menschen seien den weißen an Intelligenz und körperlicher Schönheit unterlegen, und die schwarzen gar unterschieden sich kaum von den Affen. Damit rechtfertigte er koloniale Expansion und Sklaverei. Meiners stand mit seinem Rassismus keineswegs alleine da; seine Überzeugung wurde von vielen bedeutenden Aufklärern geteilt, auch von Voltaire, Kant und Benjamin Franklin.[37]

Meiners war ein Extremfall, doch der Glaube an die Überlegenheit der weißen Europäer war weit verbreitet und eng mit der Fortschrittsidee verknüpft.

Trotzdem gab es Andersdenkende. Der bekannteste, Johann Gottfried Herder (1744–1803)[38], nannte als Grundvoraussetzung der Aufklärung die Humanität, die allen menschlichen Wesen die gleiche Würde zusprach. Er bestritt, dass sich die Menschheit auf eine vereinigte, aufgeklärte Zivilisation europäischer Prägung zubewege, vielmehr gebe es mehrere Kulturen, europäische und andere, jede mit eigenem Charakter und gleichem Existenzrecht. Die Menschheit bestehe aus einer Vielfalt ethnischer Einheiten, die er *Volk* nannte, ein schwer übersetzbarer Begriff, den das englische *people* oder *nation* nur unzureichend wiedergibt. Doch während die Begriffe *people* (im Französischen *peuple*) und *nation* mit der Französischen Revolution einen ganz anderen Sinnbezug erhielten – eine *nation* besteht aus ihren Bürgern –, sah Herder das *Volk* als organische Einheit, als höheres Wesen, das wie ein einzelner Mensch Entwicklungsstufen von der Geburt bis zum Tod durchläuft. Er stand der aufklärerischen Vorstellung von einer abstrakten Vernunft kritisch gegenüber und hob die nicht-rationalen und emotionalen Aspekte im Erkenntnisprozess hervor.[39] Die Dichtung eines Volkes sei ein wichtiger Hinweis auf seinen Charakter, und je älter und ursprünglicher die Dichtung sei, desto weniger sei sie von der Zivilisation verseucht und folglich umso wertvoller. Die deutschen und slawischen Nationalisten rechtfertigten später mit ihrer Interpretation Herders ihre Ablehnung der demokratischen Werte der westlichen Aufklärung. Dabei hatte Herder die Französische Revolution in ihrer frühen, gewaltfreien Phase durchaus begrüßt. Und er stand der Ausweitung der europäischen Macht kritisch gegenüber, da sie die Kulturen der indigenen Völker, etwa die der amerikanischen Indianer, zerstöre.

III. Der Vordere Orient

Vom Abendland wenden wir uns nun dem Vorderen Orient zu, nicht nur, weil diese Region an Europa angrenzt, sondern auch weil ihr kulturgeschichtlicher Werdegang sich mit der westlichen Tradition kreuzt und überschneidet. Schon im 8. und 9. Jahrhundert zeigen sich deutlich Hinweise »auf einen Austausch historiografischer Konzepte zwischen Muslimen, Christen und Juden«.[40] Insbesondere bei den frühen Muslimen im Vorderen Orient lässt sich ein gewisser biblischer Einfluss nachweisen.[41] Doch der Austausch war keineswegs einseitig. Jahrhunderte später, als Jean Bodin (1529/30–1596), einer der ersten Geschichtsschreiber in Europa, sein »Methodus ad facilem historiarum cognitionem« verfasste, erinnerte er seine Leser an die reiche historiografische Tradition der Muslime.[42]

1. Der Aufstieg des Islam und der Ursprung muslimischer Geschichtsschreibung

Die Muslime empfanden und gestalteten die Beziehung des Menschen zu Gott ähnlich wie die Europäer. Die islamische Religion formte die Weltsicht der Muslime und ihre Geschichtsauffassung. Der Aufstieg des Islam im frühen 7. Jahrhundert bedeutete einen Wendepunkt in der Weltgeschichte im Allgemeinen und in der des Vorderen Orients im Besonderen. Er mündete in eine kulturelle Umgestaltung dieser Region, in der einst die ersten Samenkörner für die menschliche Zivilisation gelegt worden waren. Als Muhammad ibn Abdallah, der Prophet der Muslime, 610 sein erstes Offenbarungserlebnis hatte, brachte er den Arabern nicht nur einen göttlichen Heilsplan, sondern auch den Koran, »eine neue literarische Form und ein Meisterstück arabischer Prosa und Dichtung«.[43] Damit wurde die Versdichtung zur frühesten und angesehensten Form der muslimischen Geschichtsschreibung. Sie wurde für Kriegsepen ebenso benutzt wie für Genealogien. Als Vorläufer der islamischen Geschichtsschreibung hatten primitive Heldengedichte und Ahnentafeln schon vor Muhammad existiert. Aber erst mit dem Aufstieg des Islam wurden sie zu wichtigen Gattungen in der islamischen Historiografie.[44]

Nachdem sich der Islam im ganzen Vorderen Orient ausgebreitet hatte, wurde 622, das Jahr von Muhammads *hedschra* von Mekka nach Medina, als Beginn des islamischen Kalenders festgesetzt und damit zum Dreh- und Angelpunkt der Geschichtsschreibung. Auch Muhammad selbst diente als Anreiz für die islamische Geschichtsschreibung, nicht nur, weil er vergangenen Taten und Ereignissen religiöse Bedeutung beimaß, sondern auch weil Muhammads Erscheinen für die frühen muslimischen Historiker »eine Scheidelinie im gesamten Geschichtsverlauf« war.[45] Im Rückgriff auf die Tradition der Heldenepen und Genealogien entstanden bei den frühen Muslimen zwei Arten historischer Literatur. Das eine war der *hadith*, der vor allem die Taten und Worte des Propheten aufzeichnete. *Khabar* hingegen beschrieb die gewaltigen Leistungen des Propheten und seiner Anhänger. Dank der Weiterentwicklung von *khabar* und *hadith* erwarben die Muslime ein Gefühl für Veränderungen in der Zeit. Den Geschichten wurde normalerweise ein *isnad* vorausgeschickt (Aufreihung der Übermittler beziehungsweise Gewährsleute), der die ursprünglichen Bearbeiter (die nicht unbedingt die Urheber waren) von den Übermittlern späterer Generationen unterschied. Der *isnad* zeigt also auch, dass sich die *hadith*- und *khabar*-Gelehrten mit der Authentizität historischer Berichte befassten.[46]

Wenn der Koran den Muslimen als rechtlicher und moralischer Kompass diente, so bewahrte die Hadith-Literatur, die die gesellschaftlichen und gesetzlichen Aspekte der frühen muslimischen Gemeinschaft (*umma*) darstellte, nützliche historische Präzedenzfälle.[47] Traditionalismus lieferte somit die Legitimation für die frühe islamische Historiografie. Nach dem Tod Muhammads 632 verstärkte sich dies noch durch den Wunsch, von den Wundertaten des Propheten oder seinen Feldzügen (*maghazi*) gegen Mekka zu berichten. Im Zuge der Eroberung des heutigen Irak, Syrien, Iran und Ägypten lernten die Muslime das Papier kennen, vor allem den ägyptischen Papyrus. Im 8. und 9. Jahrhundert gewannen *hadith* und *khabar* explosionsartig an Bedeutung; die islamische Geschichtsschreibung trat in ihre klassische Periode ein und erlebte eine Schwemme von Prophetenbiografien oder *maghazi* und *sira*.[48]

Die vier Jahrzehnte zwischen 610, als Muhammad sein erstes Offenbarungserlebnis hatte, und der Krise während der Herrschaft des Kalifen Uthman (644–656) waren ein »entscheidender Moment« in der islamischen Geschichte. Einerseits dehnte sich *Dar al-Islam* (das unter muslimischer Herrschaft stehende Land) aus einem Winkel Westarabiens rasch aus, und es entstand ein multiethnisches und vielsprachiges Reich, das sich von Nordafrika über Kleinasien bis Zentralasien erstreckte. Andererseits erlebte die muslimische Gemeinschaft nach dem Tod Muhammads 632 eine schwere innere Krise und einen Bürgerkrieg. Diese stürmische Epoche war für die Muslime ein Goldenes Zeitalter, weil es »Maßstäbe für den Glauben und das Verhalten setzte, an denen sich alle späteren Zeitalter messen lassen mussten«.[49] Um die Bedeutung dieses Goldenen Zeitalters vollauf zu erfassen und zu würdigen, suchten muslimische Historiker nach weiteren Hilfsmitteln zum Verständnis der Geschichte und schufen so neue Formen der Geschichtsschreibung.

2. Die wichtigsten Stilrichtungen in der muslimischen Historiografie

Gegen Ende des 10. Jahrhunderts hatten sich im Islam drei Spielarten historischer Gelehrsamkeit herausgeformt. Neben der *sira*, der Biografie, gab es die *tabaqat* und die *tarich*, die Prosopografie und die Chronografie, ein Musterbeispiel hierfür war Abu Dschafar at-Tabari (838?-923) mit seiner umfangreichen »Tarich al-rusul wa-l-muluk« [dt. »Geschichte der Perser und Araber zur Zeit der Sassaniden«, 1879]. Das Auftauchen dieser drei Gattungen ist ein Hinweis darauf, dass sich die Geschichtsschreibung schon mehr oder weniger vom Koran und der *hadith*-Tradition gelöst hatte und eigenständig geworden war. Dies zeigt sich in einem viel breiteren, vielfältigeren Interesse der Historiker an der Vergangenheit. Ibn Sa'd (?-845) zum Beispiel verfasste eine achtbändige *tabaqat*, die älteste erhaltene Sammlung, mit biografischen

Skizzen von 4.250 Personen, darunter 600 Frauen.⁵⁰ At-Tabaris oben erwähntes Meisterwerk zeichnet sich durch eine Unmenge von ausgewählten und zitierten Quellen aus sowie durch seinen allumfassenden Rahmen. Seine »Tarich« begann mit der Schöpfung und endete 915, wenige Jahre vor seinem Tod. Er pries Aufstieg und Triumph des Islam. Bei allem Ethnozentrismus war at-Tabaris »Tarich« so etwas wie eine Universalgeschichte, kein Werk seiner europäischen Zeitgenossen reichte an diese breite Berichterstattung heran. Diese anregende, mustergültige Chronografie hatte großen Einfluss auf die islamische Geschichtsschreibung.⁵¹

Ebenfalls etwa im 10. Jahrhundert begannen die muslimischen Historiker mit einer narrativen Geschichtsschreibung zu experimentieren. Ein berühmtes Beispiel war Ahmad ibn Abi Ya'qub al-Ya'qubi (?-ca. 897), dessen breit angelegter Blick auf die Welt at-Tabari vielleicht inspiriert hat. Möglicherweise war es für al-Ya'qubi und gleichgesinnte Historiker schon eine Selbstverständlichkeit, Geschichte als fortlaufende Erzählung zu schreiben, denn ihre Werke berichteten über weit mehr als die arabische Welt. Auch hinsichtlich der Zuverlässigkeit seiner Quellen setzte al-Ya'qubi hohe Maßstäbe. Sein Erfolg trug dazu bei, die fortlaufende Erzählung vom 11. bis zum 13. Jahrhundert zur vorherrschenden Form der Geschichtsschreibung in der muslimischen Welt zu machen.⁵²

Al-Ya'qubi und at-Tabaris umfassende Weltschau und ihr Versuch einer Universalgeschichte spiegelten den frühen Erfolg der muslimischen Expansion am Beispiel der Umayyaden- und Abbasiden-Dynastien. Der Wechsel von den Umayyaden zu den Abbasiden in den Jahren 747 bis 750 erweiterte das politische Bewusstsein der muslimischen Historiker. Angesichts dieses Machtwechsels griffen sie das Thema der politischen Legitimität auf und fragten, ob die Abbasiden wirklich, wie sie behaupteten, eine neue Epoche in der islamischen Geschichte einläuteten und ob ihre Herrschaft den Bund der Muslime mit Gott erneuern und sie auf den Weg zur Erlösung führen würde. So wurde durch ein religiöses Paradigma – Bund-Verrat-Erlösung – ein politisches Interesse an der Historiografie geweckt. Zudem ließ sich aus diesem theoretischen Paradigma eine eindrucksvolle Erzählung machen, die in der späteren Entwicklung der islamischen Historiografie, unter den Persern und Osmanen, eine tragende Rolle spielen sollte, denn Fragen wie politische Legitimität und richtiges Regiment blieben für muslimische Historiker von größter Bedeutung.⁵³

3. Die Bürokratisierung und Säkularisierung der Historiografie

Die Entwicklung der persischen Geschichtsschreibung ab dem 11. Jahrhundert wirft ein Schlaglicht auf die typischen Eigenschaften der islamischen Historiografie im Mittelalter. Zum ersten bemühte man sich weiterhin, Universal- und Weltgeschichten zu verfassen und ihren Radius zu vergrößern. In der mongolischen Periode gab Raschid al-Din (1247–1318), ein zum Islam konvertierter Jude und Wesir des mongolischen Khanats, zusammen mit einer Gruppe von Gelehrten (darunter zwei Chinesen) eine vielbändige Universalgeschichte heraus, die einen Bereich von Irland bis China behandelte.[54] Neben dem Interesse an Universalgeschichte gab es ferner neue Ansätze zu einer lokalen und regionalen Geschichtsschreibung – zum Teil zeigt sich dies am Aufschwung der persischen Historiografie selbst –, und das wirkte sich auf die künftige Entwicklung der islamischen Historiografie aus. Drittens stand die Erforschung der Vergangenheit unter der Schirmherrschaft der Herrscher und wurde offiziell unterstützt. Motiviert von einem pragmatischen Interesse an nützlichen politischen Lehren aus der Geschichte und erbaulichen moralischen Vorbildern, widmeten sich nicht nur Historiker bei Hofe, sondern auch Minister und Generäle im Ruhestand der Geschichtsschreibung. Die Verbreitung der Fürstenspiegel-Literatur war ein treffendes Beispiel hierfür, auch wenn es dabei nicht ausschließlich um Geschichte ging.[55] Der Tunesier Ibn Chaldun verfolgte in seiner vielgerühmten »Muqaddima« aus dem 14. Jahrhundert ein ähnliches Interesse; er lieferte den Muslimen seiner Zeit nützliche politische Erkenntnisse in klarer, festgefügter Form. Das Werk wurde zu einem historiografischen Vorbild, das auch im modernen Abendland weitreichenden Einfluss erlangte.[56] Und obwohl das zurückliegende Goldene Zeitalter von großer Bedeutung blieb, wandten sich, viertens, immer mehr Historiker der Zeitgeschichte zu; es entstanden dynastische Chroniken und Autobiografien.

Die Bürokratisierung oder Säkularisierung der islamischen Historiografie sollte sich in den osmanischen Jahrhunderten noch verstärken. Im 15. Jahrhundert beauftragten die Osmanen Historiker damit, offizielle Chroniken zu verfassen; allerdings wurde das bedeutendste Geschichtswerk auf dem Höhepunkt der osmanischen Macht von einem Beamten im Ruhestand geschaffen, von Mustafa Ali (1541–1600). Wie Ibn Chaldun ein Jahrhundert zuvor, führte Alis »Künhü'l-ahbar« die Tradition der Universalgeschichte in der muslimischen Historiografie fort. Doch dieses Geschichtswerk setzte sich auch offen und eingehend mit den islamischen und osmanischen Gepflogenheiten der Geschichtsschreibung auseinander.[57] Gegen Ende des

17. Jahrhunderts schufen die Osmanen das Amt eines Geschichtsschreibers des Sultans (*vak'anüvis*). Als erster übernahm Mustafa Naima (1665–1716) dieses Amt. Sein politisches Nützlichkeitsdenken und seine moralische Belehrungsintention, sein beharrliches Überprüfen der Quellen, sein schmuckloser Stil und seine neutrale Haltung sorgten dafür, dass sich sein Werk von dem seiner Zeitgenossen deutlich abhob;[58] diese befleißigten sich in ihren historischen Schriften oft einer blumigen Prosa und hochtönender Verse, um ihren Schirmherren bei Hofe zu gefallen und die gelehrten Adligen zu beeindrucken; das geschah auf Kosten der Genauigkeit.[59]

Naima erlebte noch den Beginn der umwälzenden Veränderungen in der Beziehung der Osmanen zu Europa. Jahrhundertelang hatten die Muslime ihre europäischen Nachbarn, auch die Byzantiner, verachtet, vor allem, weil »das christliche Europa wenig oder nichts zu bieten hatte« und ihnen »sichtlich und spürbar unterlegen war«.[60] Doch seit dem 17. Jahrhundert bemühten sich vereinzelte muslimische beziehungsweise osmanische Historiker, sich mit der europäischen Geschichte vertraut zu machen und europäische Quellen zu nutzen, um die eigenen historischen Berichte anzureichern. Paradebeispiel war die neue Universalgeschichte von Münedjdjim Baschi (1631–1702). Dieser nahm sich Raschid al-Din zum Vorbild und beschrieb auch zeitgenössische Ereignisse wie die Englische Revolution, wobei er sich vorwiegend auf übersetzte europäische Quellen stützte.[61]

4. Der Niedergang der muslimischen Welt und der muslimischen Historiografie

Münedjdjim Baschis Versuch, die Tradition der Universalgeschichte auszuweiten, war der Vorbote einer neuen Ära in der muslimischen Geschichte; mit dem 18. Jahrhundert schwand die militärische Überlegenheit der Osmanen über die europäischen Mächte. Moderne Historiker bezeichnen den Frieden von Karlowitz, 1699 zwischen den Osmanen und den Österreichern geschlossen, als Wendepunkt in der Geschichte der muslimisch-europäischen Beziehungen. Die Osmanen begannen sich für die Militärtechnik der Europäer zu interessieren, und bald dehnte sich dieses Interesse auch auf andere Bereiche aus. Seit die Osmanen für ihren Verkehr mit den Europäern die Diplomatie als brauchbare Alternative entdeckt hatten, machten sich einige Beamte mit dem diplomatischen System der Europäer vertraut.[62] Ein weiteres Beispiel war der Import des Buchdrucks. Osmanische Historiker, auch die Historiografen des Sultans, lernten europäische Sprachen und schrieben mehr über die europäische Geschichte. Einige erkannten sogar, dass das Geschick ihres Reiches möglicherweise von »einem genauen Verständnis der Entwicklungen in Europa« abhing.[63] Inititativen, Europa in die muslimische Geschichtsschreibung zu integrieren, lassen sich auch auf lokaler Ebene beobachten, in Schriften zur lokalen und regionalen Geschichte und sogar in Autobiografien.[64] All dies trug zu einem deutlichen Wandel im Umgang mit der Geschichte und im Geschichtsverständnis der Muslime bei. Vor dem Hintergrund des Aufstiegs Europas schien die osmanische Geschichte im 18. Jahrhundert und die Geschichte der muslimischen Welt im allgemeinen in eine Periode der Stagnation, sogar des Niedergangs zu geraten. Zeitgenössische Historiker diskutierten häufig über die »Reichskrise«, was diese Sichtweise anscheinend bestätigte. Doch jüngste Forschung hat herausgefunden, dass diese »Niedergangs«-These gründlich revidiert werden muss, war das Osmanische Reich das ganze 18. Jahrhundert hindurch doch sehr wohl imstande, die Regierungsgeschäfte zu führen und eine stabile Hierarchie aufrechtzuerhalten.[65] Was die Geschichtsschreibung anbelangt, so war man sich darin einig, dass das Osmanische Reich in diesem Jahrhundert außer Mustafa Naima keinen Giganten hervorgebracht hatte. Dabei gab es in Ägypten Abd al-Rahman al-Dschabarti (1754–1822), einen Historiker von höchstem Rang nicht nur für Ägypten, sondern für die gesamte muslimische Welt. In seinem Werk berichtet al-Dschabarti über Napoleons Ägyptenfeldzug und dessen Einfluss auf sein Land.

IV. Indien

1. Westliche Ansichten über das historische Bewusstsein der Inder

Wenn wir die indische Geschichtsschreibung in dieses Kapitel über das 18. Jahrhundert miteinbeziehen, stellt sich vor allem das Problem, dass nicht nur westliche, sondern bis vor kurzem auch indische Historiker behaupteten, Indien habe keine Geschichte gekannt, bis die britischen Kolonialherren sie im 19. Jahrhundert eingeführt hätten.[66] »Keine Geschichte« bedeutete für westliche Beobachter damals zweierlei: Zum einen bezog es sich auf die angebliche Bewegungslosigkeit der indischen Kultur. In Südasien habe vor der Ankunft der Europäer nicht nur orientalischer Despotismus geherrscht, sondern diese statischen Gesellschaften hätten auch keinerlei historische Veränderungen erfahren. Von Hegel und Ranke bis Marx herrschte die Ansicht, dass die indische Gesellschaft stagnierte und völlig unbeweglich war. Karl Marx unterstellte den beiden großen Kulturen Indien und China eine asiatische Produktionsweise, die keinerlei Anteil am westlichen Fortschritt hatte, während Indien für Ranke nur eine »Naturgeschichte« besaß.[67] Aus dieser Voraussetzung einer sich nie verändernden Gesellschaft folgerten sie, dass die Inder keine Vorstellung von historischem Denken besaßen. Hegel hingegen kehrte das Problem um, für ihn war der Mangel an historischem Bewusstsein verantwortlich dafür, dass Indien außerhalb der welthistorischen Dynamik blieb.[68] Ganz allgemein galt Geschichte als britischer Import, man behauptete, es gebe kein Geschichtswerk von einem indischen Autor und James Stuart Mills »History of British India« (1817) sei die erste Geschichte Indiens gewesen. Man ging davon aus, dass die westliche Auffassung von Geschichtsschreibung mit ihren Wurzeln in der klassischen Antike, im Humanismus der Renaissance und in der Aufklärung den Maßstab für historische Beobachtungen lieferte. Zwar stellten viele indische Historiker im späten 19. und frühen 20. Jahrhundert die Theorie vom orientalischen Despotismus in Frage, doch wie die meisten westlichen Autoren dieser Zeit behaupteten auch sie, Geschichte sei etwas anderes als poetische Imagination, und eben diese Unterscheidung sei in Indien unbekannt. Auch die jüngere postmoderne indische Wissenschaft vertrat die Ansicht, dem vorkolonialen Indien habe es an echtem historischen Bewusstsein gefehlt. Indien bemächtige sich seiner Vergangenheit – wenn überhaupt – in Form von Mythen und Legenden.[69]

Es fragt sich natürlich, ob denn im christlichen Abendland des Mittelalters eine solch klare Trennungslinie existierte oder ob sie heute noch bedingungslos akzeptiert wird, wo manche Denker mittlerweile bezweifeln, dass eine objektive Geschichtsschreibung überhaupt möglich ist, und wie Hayden White behaupten, dass jeder historische Bericht im Kern ein Produkt poetischer Fantasie sei. Aber wir müssen auch verstehen, welche Rolle es für das imperialistische Unternehmen spielte, dass die Briten den Indern jedes Geschichtsbewusstsein absprachen. Das 17. und insbesondere das 18. Jahrhundert hatten ein großes Faible für die indische Kultur wie auch für China. Indologie wurde ab 1700 zu einer Disziplin an der Académie des Inscriptions et des Belles Lettres in Paris, ebenso in Deutschland. Wie wir schon gesehen haben, gab es in Großbritannien positive Schilderungen fremder Kulturen, zum Beispiel in Sales' »Universal History«, und ihr folgten Berichte von Indologen wie Sir William Jones (1746–1794), der die kulturellen Errungenschaften des alten Indien mit denen des alten Griechenland gleichsetzte und sogar gemeinsame kulturelle Wurzeln sah. Obwohl Beamter der Kolonialregierung in Bengalen, lehnte Jones das klassische Aufklärungsmodell vom Fortschritt ab, das Indien im Vergleich zu Europa auf eine primitive Entwicklungsstufe stellte. Die indische Kultur besitze einen eigenen Wert, wenn auch die alte Herrlichkeit inzwischen verblasst sei und das Land »den Schutz und die Fürsorge« der Briten benötige.

Jones' Ansichten wurden von anderen, späteren Kommentatoren nicht geteilt. Viele standen in Diensten der East India Company, z. B. der Utilitarist James Stuart Mill (1773–1836). Mill warf Orientalisten wie Jones vor, sie erwiesen ihrem Land einen Bärendienst, wenn sie Indiens Vergangenheit glorifizierten, wo es doch in Vergangenheit und Gegenwart wenig Empfehlenswertes aufzuweisen habe. Die Inder stünden vielmehr auf einer sehr niedrigen Entwicklungsstufe. Wenn man mit den Hindus von heute spreche, spreche man gewissermaßen mit Chaldäern und Babyloniern.[70] Den Briten falle die Aufgabe zu, die Inder aus ihrer primitiven Kultur zu befreien und sie in den Lauf der Geschichte einzugliedern.

So wichen im 19. Jahrhundert die vereinzelten Blicke auf die Kultur, wie wir sie bei Autoren wie Jones und natürlich dem oben erwähnten Herder erleben, einer weit kritischeren Einschätzung, die sich auch in den Dienst der Kolonialisierung stellte. Mill und Macaulay bestritten, dass die Inder überhaupt eine nennenswerte Kultur besäßen; dies zeige sich in ihrem sichtlichen Mangel an historischem Bewusstsein. Nach Macaulay tauge das historische Wissen, das aus sämtlichen in Sanskrit geschriebenen Büchern zusammengetragen worden sei, weniger als die armseligsten Kurzausgaben an den englischen Volksschulen.[71] Doch selbst Jones behauptete, dass es den Indern an historischer Sensibilität fehle; anders als die Griechen hätten sie ihre Vergangenheit »in einer Märchenwolke« verborgen. Auch seien die Briten nicht die einzigen Europäer, die solche Unzulänglichkeiten aufdeckten. Selbst al-Biruni, ein persischer Historiker und Indienforscher aus dem 10. Jahrhundert, stellte fest, dass die Inder »der historischen Anordnung der Dinge« wenig Beachtung schenkten.[72]

2. Indische Formen der Geschichtsschreibung

Es stimmt natürlich, dass das alte Indien eine Geschichtsschreibung im modernen Sinne nicht kannte, also als eine rationale, objektive und spezialisierte akademische Disziplin. Aber selbst wenn im alten, weitgehend vom Hinduismus geprägten[73] Indien die uns vertrauteren Formen der Geschichtsschreibung fehlten, so existierten doch zahlreiche Texte, die den Zweck hatten, an historische Ereignisse zu erinnern. »Selbst die Hindukönigreiche besaßen ausführliche Aufzeichnungen, Genealogien und Jahrbücher, die mitunter nicht weniger genau waren als die anderer frühneuzeitlicher Gesellschaften.«[74] Das literarische Konzept der *itihasa* (»so war es«) und *purana*, die ganz frühe Berichte über Vergangenes enthielten und in verschiedenen Gattungen und Formen verfasst waren, spielten eine gewaltige Rolle in der Gesellschaftskultur des alten Indien. In nichthistorische Erzählungen sind Biografien, Genealogien und Jahresberichte »eingebettet«, wie Romila Thapar das nennt.[75] Gabrielle Spiegel stellte fest, dass Annalen und Genealogien im vormodernen Kontext die Aufgabe hatten, den Sinn für Kontinuität, lineare Entwicklung und soziale Identität zu entwickeln.[76] Romila Thapar hat darüberhinaus aufgezeigt, dass sich die Biografien und Genealogien umso mehr häufen, je stärker der monarchistische Staat wurde; sie dienten also dazu, die politische Autorität des Herrschers zu festigen. Außerdem gab es anscheinend einen Zusammenhang zwischen der Anzahl solcher Texte und der jeweiligen Ebene der organisierten Bürokratie. Vom 7. Jahrhundert an mehrten sich die Königsbiografien, doch erst in den islamischen Reichen, im Sultanat von Delhi und besonders unter den Mogulen, nahmen historische Berichte unterschiedlichster Art merklich zu. In dieser Zeit wurde das Persische zur Sprache der Verwaltung und vielfach auch der Geschichtsschreibung. Diese befasste sich auffallend intensiv mit einzelnen militärischen und staatlichen Ereignissen und deren Ursachen und wählte hierfür eine nichtreligiöse Sprache. Der Unterschied zu den früheren Sanskrittexten ist unverkennbar. Bei diesen stand der religiöse und mythologische Inhalt an erster Stelle, der historische war sekundär. Die islamischen Texte hingegen waren in erster Linie historische Berichte, wiewohl getragen von einer frommen, moralischen Haltung. Insofern unterschieden sie sich nicht allzu sehr von den Theodizeen der christlichen Historiker des Mittelalters samt einem linearen Zeitbewusstsein, und obgleich dieses der *yuga*-Vorstellung von den zyklisch verlaufenden Zeitaltern in den Sanskrittexten strikt widerspricht, ist doch die Gemeinsamkeit einer religiösen Basis unverkennbar.[77] Zudem darf man, wie bereits ausgeführt, das jeweils lineare beziehungsweise zyklische Denken nicht absolut setzen, da innerhalb der einzelnen Hindu-Zeitalter Raum für Linearität und Fortschritt ist, auch wenn die Abfolge der Zeitalter irreversibel ist.[78]

Indo-islamische Geschichtsschreibung war geprägt von narrativen Darstellungen und von Kommentaren zu politischen Themen, vielfach von Regierungsbeamten verfasst. Sie belehrten und rühmten, verherrlichten und ermahnten die Herrscher und den Hofstaat. Dabei blieb die Geschichtsschreibung eher ein eng gefasster Diskurs über politische Macht und Staatsführung als ein Bericht über einen breiten gesellschaftlichen Prozess. Sie nahm sich die persischen Traditionen zum Vorbild, und das mündete in die typische indo-persische Historiografie, die in chronologischer Form politische Erzählungen und Regierungsberichte (*ta'rikh*), Biografien (*tazrika*) von Herrschern,

Dichtern, *ulema* und Heiligen, aber auch Memoiren umfasste.[79] Unter dem Mogulkaiser Akbar (1542–1605) wurde, das ist bemerkenswert, eine rationalistische, säkulare »offizielle Geschichte« ausgearbeitet, die Archivmaterial nutzte und sich auf kritisch geprüfte Quellen stützte; damit sollte der Kaiser in seinen Machtbestrebungen gestärkt und der Einfluss der religiösen Elemente auf die Regierung verringert werden.[80] Die Universalgeschichte von James Stuart Mill war also nicht die erste des Subkontinents. Die erste und zweite Allgemeine Geschichte Indiens wurde unter Akbars Regierung geschrieben.[81] Vergessen wir nicht, dass Indien in seiner »islamischen Phase« eine Vermischung hinduistischer und muslimischer Literatur erlebte, abzulesen an den Literaturgattungen und Autoren. So prägte die indo-persische *ta'rikh*-Tradition die Sanskrit- und die volkssprachlichen Erzählungen, wenn auch auf selektive und schöpferisch sich anpassende Weise. Zahlreiche persische Geschichtswerke über Dynastien, Biografien und regionale Berichte über Clans, Kasten und Städte wurden von schriftgelehrten Hindus verfasst, die in der Mogul-Verwaltung angestellt waren. Die älteren Traditionen waren jedoch nicht ausgestorben. In der frühen Neuzeit existierten zahlreiche Formen von Geschichtsschreibung nebeneinander und hielten sich oft bis weit ins 20. Jahrhundert.[82]

3. Sozialer und intellektueller Wandel in der frühen Neuzeit

In der Epoche zwischen 1500 und 1800, also zwischen der Errichtung des Mogulreichs und dem Auftauchen der Briten, fanden auf dem Subkontinent fundamentale Veränderungen statt, am tiefgreifendsten im 17. und 18. Jahrhundert. Angesichts dieser Transformationen, die überall in der muslimischen Welt, aber auch in Europa und Ostasien Parallelen haben, darf man von einem beginnenden Modernisierungsprozess sprechen, wie wir ihn an anderer Stelle definiert haben.[83] Und diese Veränderungen sind nicht auf das muslimische Indien beschränkt. Zwei Dinge sollten wir uns vor Augen halten: Es gab noch keine scharfe Trennung zwischen Muslimen und Hindus oder anderen religiösen Gruppen. Obwohl die Muslime im größten Teil Indiens die Regierungsgewalt ausübten, durchdrangen Glaube und Gebräuche der Hindus und der Muslime sich gegenseitig. In vielen Teilen des Landes wie in Bengalen und Kaschmir waren »synkretistische« Praktiken weit verbreitet. Kennzeichnend für die Muslimherrschaft war eine hohe Toleranz gegenüber den Hindus, von denen viele hohe Regierungsämter bekleideten. Zweitens war Indien vom Rest der Welt nicht hermetisch abgeschlossen. Seit der Eroberung durch die Arier etwa um 1500 v. Chr. bis zum Eindringen der Europäer im

15. Jahrhundert n. Chr. wurde Indien immer wieder überfallen, und ob es sich bei den Invasoren nun um hellenistische Griechen, Araber, Perser, Afghanen, Mongolen oder schließlich Europäer handelte, alle drückten ihm ihren kulturellen Stempel auf. Doch drang die Kultur nicht nur im Zuge von Invasionen ins Land. Um die Zeitenwende entstand rings um den Indischen Ozean ein ausgedehntes Handelsnetz, das sich Richtung Westen bis in den Maghreb ausdehnte und im Osten bis nach Südchina reichte. Vom 8. Jahrhundert an kamen die arabischen Kaufleute hinzu, und anders als ihre Vorläufer ließen sich viele von ihnen in Südasien nieder, blieben aber der muslimischen Welt zugehörig. Nicht nur über den Handel, auch durch die Vermittlung von Ideen und Wissen kam Indien in Berührung mit den intellektuellen Zentren in Kairo, Istanbul, Bagdad, Damaskus und Teheran, die ihrerseits Kontakt zu Europa hatten. Eine wichtige Folge des Handels war die Zweisprachigkeit, ja sogar die Mehrsprachigkeit. Es liegt nahe, dass auf den Handelswegen nicht nur Güter transportiert wurden, sondern auch bestimmte Formen von Wissen.

Einige Wissenschaftler sind der Ansicht, intellektuelle Wandlungsprozesse im 18., teils schon im 17. Jahrhundert, unterschieden sich zwar von Land zu Land und auch innerhalb eines Landes, also auch in Indien, aber es gebe gewisse Gemeinsamkeiten.[84] Dieser Wandel hatte schon vor der Kolonialisierung eingesetzt. Er war verbunden mit dem Entstehen eines Weltmarkts, der Indien in engeren Kontakt mit Europa brachte. Diese Entwicklung spielte sich vorwiegend in den größeren städtischen Zentren wie Delhi und Lakhnau ab, doch mit dem Niedergang und der Auflösung des Mogulreichs wurden auch die Residenzstädte der neuen kleineren Landesfürstentümer zu Zentren intellektuellen und literarischen Lebens. In den Städten erblühte, Seite an Seite mit traditionellen Denkweisen, eine neue bürgerliche Gesellschaft. Die Ähnlichkeiten mit dem Europa des 18. Jahrhunderts springen ins Auge. Das Monopol der Gelehrten und Theologen zerbrach, als in den Städten auf einmal Lesezirkel entstanden. Salons wurden geschaffen, nicht unähnlich denen in Paris und Berlin, in Indien häufig von einer Kurtisane geleitet. Neben den Salons, die von wohlhabenden Kaufleuten und Adligen besucht wurden, existierten Studienkreise mit Teilnehmern aus den unteren Klassen, Soldaten, Künstlern, kleinen Händlern und Geschäftsleuten. In Kaffeehäusern und Badehäusern tauschte man Gedanken aus. In diesen Kreisen trat die Umgangssprache, vorwiegend Urdu, an die Stelle des Persischen. Das bedeutete eine Abkehr von der religiösen Orthodoxie, wenn auch nicht unbedingt von der Religion. Analog zu Strömungen des 18. Jahrhunderts im Westen lag die Betonung auf der Entfaltung der individuellen Persönlichkeit. A. Ali schreibt in »The golden Tradition« (1973) über Indien:

»Um die Mitte des 18. Jahrhunderts beginnen Zweifel den Geist zu belagern, der Forscherdrang erwacht, die Neugier erhebt ihr Haupt, man hört Fragen wie Donnergrollen, der kritische Geist wird geboren, der Geist, der sich weigert, die Dinge gutgläubig hinzunehmen, denn die Neuzeit hat schon begonnen ... Jetzt erwacht der Geist der Freiheit, erstaunlicherweise gleichzeitig mit einer ähnlichen Bewegung in Europa, wo sich die Schleusen der Rebellion und der Romantik öffneten.«[85]

Doch seien wir vorsichtig. Die politischen, wirtschaftlichen und gesellschaftlichen Bedingungen in Europa und Indien waren immer noch sehr unterschiedlich. Noch immer existierte das Kastenwesen. Die Veränderungen, die in Frankreich die Französische Revolution oder im restlichen Europa das Drängen auf Reformen ermöglicht haben, gab es in Indien nicht. Indien war eine Gesellschaft im Wandel, blieb jedoch in ihrer sozialen Struktur und ihren intellektuellen Anschauungen immer noch weitgehend traditionell. Aber war die Geschichtsschreibung in Indien deshalb ein »Sekundärdiskurs«, ein britischer Import aus dem Westen?

Jüngste Forschungen deuten auf etwas anderes hin. Die Veränderungen der frühen Neuzeit hatten verschiedene Auswirkungen. Mit den neuen Fürstentümern wuchs im 17. und 18. Jahrhundert eine neue Schicht von Beamten und Rechtsgelehrten heran. Die Bürokratisierung führte zur Einrichtung von Archiven; bei Gericht angestellte Historiker mussten Rechtsansprüche erforschen. Die sich herausbildende Mittelschicht suchte Hilfe in den Archiven, um ihre Besitzansprüche vor den ostindischen Gerichtshöfen durchzusetzen, und eine bereits existierende persische Historiografie wurde nun, Ende des 18. Jahrhunderts, in den Dienst der ersten Kolonialherren gestellt, die über die Regionen, die sie da eroberten, mehr erfahren wollten. Damit wurde die Geschichtsschreibung zu einem »Akt der Selbstdarstellung«, da sie im Übergang von der vorkolonialen zur kolonialen Ordnung versuchte, den neuen Herrschern die einheimischen Vorstellungen von gutem Regiment nahezubringen. Aber strukturell blieben sie der indo-islamischen Tradition treu und verfassten erzählende Abhandlungen über die politische Macht, wie sie sich in den Regierungsinstitutionen ausdrückte.[86]

In Südindien jedoch erkennen wir bei einem rasch wachsenden »Beamtenadel«, zu dem auch Schreiber, Hofbeamte und dörfliche Würdenträger gehörten, das Erwachen eines »neuen, konkreten historischen Bewusstseins«,[87] häufig in der regionalen Mundart. Diese Menschen kannten nicht nur die mündliche Überlieferung, sondern konnten lesen und schreiben, sie zogen die Prosa der Poesie vor und beherrschten mehrere Sprachen. Ihre Werke haben keine königlichen oder sonstigen Schirmherren und sind auch nicht den Göttern geweiht, wenngleich ihr moralisches Bezugssystem die Bedeutung einer politischen Vorschrift hatte. Sie schrieben in Telegu, Tamil, Marathi,

Sanskrit und Persisch, und das Telegu-Wort für Geschichte, *caritramu*, wird im Sinne von *histoire* und *storia* gebraucht. Daher entsprechen ihre Schriften im Grunde also den modernen Kriterien der Geschichtsschreibung.[88]

Dass diese Texte unbeachtet blieben, liegt hauptsächlich an ihrer Gattung. Es sind höfische Gedichte, Abenteuergeschichten oder diplomatische Berichte, deren historischer Inhalt sich vor uns »versteckt«, von den Zeitgenossen aber an ihrer »Textur« erkannt wurde, an speziellen Hinweisen, Weichenstellungen usw. im Text, die dem Leser die historische Intention verrieten. Noch gab es keine Geschichtsschreibung sui generis als unabhängige Disziplin oder *shastra*, wie es im Sanskrit heißt. Aber es gab ein historisches Bewusstsein, und das wurde in literarische Formen gegossen, die in dieser Kultur weit verbreitet waren.

Natürlich blieben diese Texte noch einer Regionalgeschichte verhaftet. Aber sieht man sie zusammen mit einer blühenden indo-persischen Tradition, die viele noch heute bestehende Gattungen und Stile beeinflusst und zu einer stattlichen Anzahl mannigfaltiger historischer Kulturen beigetragen hat, darf man behaupten, dass die vorneuzeitliche indische Historiografie zwar nicht unserer modernen Definition des Fachs entsprach, einer säkularisierten, sachlichen, wissenschaftlichen Disziplin, jedoch keineswegs ohne historisches Bewusstsein war. Und es fehlte ihr, selbst in den »eingebetteten« Historien des alten Indien, auch nicht an einer gewissen Rationalität und Sachlichkeit; es waren dies die vorgeschriebenen Formen der Erinnerung. Außerdem galten in den frühneuzeitlichen Stilrichtungen wie in der persischen *ta'rikh*-Tradition strenge Regeln hinsichtlich Glaubwürdigkeit und Methode. Sieht man die Geschichtsschreibung als Spiegel der sozialen, politischen und kulturellen Gebote der jeweiligen Zeit, dann ging die vorneuzeitliche indische Geschichtsschreibung sehr sensibel auf die Erfordernisse ihrer sich entwickelnden Kultur ein.

V. Ost- und Südostasien

1. Schamanismus und Geschichte: Der Ursprung des *shi*

Wenden wir uns schließlich Ost- und Südostasien zu, wo wir eine lange Tradition der Geschichtsschreibung vorfinden, die sich zu allererst in China etabliert hat. In ihrer Entstehungszeit spielte der Schamanismus eine gewichtige Rolle für die Verschriftlichung der Sprache und die historische Kultur im alten China. Die frühesten geschichtlichen Aufzeichnungen sind Orakelinschriften auf Tierknochen und Schildkrötenpanzern aus der Shang-Dynastie (ca. 1600–1066 v. Chr.). Diese Inschriften nahm meist der Schamanenkönig vor, er benutzte sie zur Weissagung und Beschwörung. Später wurde das Amt des *shi* geschaffen. Im Laufe der langen Zhou-Dynastie (1121–249 v. Chr.) gab es immer mehr solche Posten bei Hofe, und schließlich war der *shi* allgegenwärtig. Der moderne Chinese übersetzt *shi* heute mit »Historiker«. Doch während der Zhou-Dynastie bestand die Aufgabe des *shi* nicht nur in der Geschichtsschreibung; er war auch Amtsschreiber und Astrologe.[89]

Dass die Historiografie aus dem Schamanismus entstand und der *shi* von Anfang an ein Regierungsamt war, prägte das historische Denken der Chinesen dauerhaft. Geschichte aufzuzeichnen war in China meist eine Amtshandlung, selbst wenn vor dem 7. Jahrhundert viele Geschichtswerke nicht im Auftrag der Regierung geschrieben wurden und die private Geschichtsschreibung auch nach dem 7. Jahrhundert noch weit verbreitet war. Schon alte Texte wie die Sechs Klassiker, die vielleicht von Konfuzius (ca. 551–479 v. Chr.) überarbeitet und kompiliert worden sind, verweisen auf die Geschichte als einen Spiegel, der Recht und Unrecht der Vergangenheit zum Wohle der Gegenwart reflektiert. Die Vorstellung von der Geschichte als Hort politischer Weisheit ist während der Kaiserzeit, wenn nicht sogar bis heute, in ganz China verbreitet. Aus diesem Grund befahlen die Herrscher einer jeweils neuen Dynastie, die Geschichte der vorhergehenden aufzeichnen zu lassen. Vom 7. Jahrhundert an war dies in China übliche Praxis und beeinflusste in kürzester Zeit auch die Geschichtsschreibung in Korea, Vietnam und Japan.

2. Die konfuzianische Geschichtsschreibung

Die Geschichte der Dynastien wurde »von Beamten für Beamte« geschrieben, aber auch für die Herrscher. Gleichzeitig hielt sich das private Interesse an der Geschichtsschreibung über die gesamte chinesische Kaiserzeit. Sima Qian z. B. (145–87 v. Chr.), wohl der bedeutendste Historiker im kaiserlichen China, hatte beim Abfassen seiner »Shiji« (Aufzeichnungen des Historikers), mit denen er die Neugier auf außergewöhnliche Ereignisse stillte und Erinnerungen an Vergangenes bewahrte, im Großen und Ganzen das gleiche Anliegen wie Herodot. Obgleich in eine Familie hineingeboren, in der das Amt des *shi* erblich war, schrieb Sima sein Opus magnum auf eigene Faust, ohne die Schirmherrschaft des Kaisers. Sein Ziel war es, »die Grenzen zwischen dem Himmelreich und dem Reich der Menschheit zu erforschen, den Wandel in

Vergangenheit und Gegenwart zu verstehen und die Tradition einer Familie zu begründen«.⁹⁰ Sima verstand sein Buch keineswegs nur als Dienst am Kaiser.

Als Sima Qian mit dem Schreiben begann, hatte die narrative Geschichtsschreibung in China bereits Fuß gefasst, und auf deren Grundlage entwickelte er seinen eigenen Stil, »die Tradition einer Familie zu begründen«.⁹¹ Doch in seinem Bestreben, »den Wandel in Vergangenheit und Gegenwart zu verstehen« oder die in der Geschichte herrschenden Gesetzmäßigkeiten zu erforschen, stützte sich Sima eher auf Konfuzius, der von der Geschichtsschreibung verlangt hatte, sie müsse helfen, eine an Normen gebundene sozialpolitische Ordnung zu schaffen. Als Konfuzius die älteren »Chunqiu« [Frühlings- und Herbstannalen] des *shi* aus seinem Heimatstaat Lu überarbeitete, änderte er die Berichte ein wenig, indem er bestimmte Wörter austauschte, z. B. »getötet« durch »ermordet«, um das zu seiner Zeit grassierende widerrechtliche Verhalten strenger zu verurteilen. Indem Konfuzius das so genannte *chunqiu bifa* anwandte, den Schreibstil der »Frühlings- und Herbstannalen«, zeigte er, dass die Feder des Historikers nicht nur dazu gut war, die Vergangenheit aufzuzeichnen, sondern auch moralische und politische Urteile weiterreichen konnte.

In den Werken von Konfuzius und Sima finden sich zahlreiche Hinweise auf den Himmel (*tian*) oder die chinesische Vorstellung von Gott. Der schamanische Glaube an die Wechselbeziehung zwischen Himmel und Menschheit war zu ihrer Zeit also noch sehr einflussreich. Doch indem Konfuzius der Geschichtsschreibung eine moralische Aufgabe zuwies, machte er sie ein gutes Stück weltlicher und wertete sie auf: Er hoffte, durch die Feder des Historikers die »himmlische Ordnung« wiederherzustellen und dem Leser Gut und Böse zu vermitteln. Für Konfuzius und seine Anhänger bedeutete die Aufrichtigkeit des Historikers auch einen moralischen Standard; er sollte seinen Bericht »aufrichtig« verfassen, um die Moral hochzuhalten, und sich nicht politischem Druck oder Zwang »beugen«.⁹²

Unter dem Einfluss des Konfuzianismus, der in der Han-Dynastie (206 v. Chr.–220 n. Chr.) zur Staatsdoktrin wurde, verfolgte die Historiografie ein zweifaches Ziel. Sie war sowohl historisch orientiert als auch normativ, einerseits beseelt von dem Wunsch, einen Vorratsspeicher für historisches Wissen anzulegen, und andererseits vom Streben nach einer idealen Gesellschaftsform. So sind Sima Qians »Aufzeichnungen« mit ihrer hierarchischen Struktur und den lebhaften, farbenfrohen Biografien vielleicht ein mikrokosmisches Abbild dieser Idealwelt.⁹³ Durch die Art und Weise, in der Sima seine historischen Gestalten einstuft und gruppiert, führt er vor, wie die ideale gesellschaftspolitische Ordnung auszusehen habe. Die von ihm entwickelte

Form der Annalen und Biografien wurde später, etwas modifiziert, zur Standardform der dynastischen Geschichtsschreibung im kaiserlichen China und in der ganzen chinesisch geprägten Welt.

3. Historisches Amt und dynastische Geschichte

Mit der Tang-Dynastie (618–907) wandelte sich die Geschichtsschreibung zum Handlungsauftrag des Historischen Amtes. Den Tang-Herrschern lag sehr daran, die Geschichte zu einem ergiebigen Musterbuch zu machen, aus dem sich nützliche politische Lehren zur Verbesserung ihres Regiments und zum Machterhalt ziehen ließen. Die Behörde beziehungsweise ihre Historiker hatten einerseits die Aufgabe, die Geschichte vorausgegangener Dynastien zu schreiben, und mussten andererseits Dokumente und Quellenmaterial der derzeitigen Regierung sammeln und aufbewahren. Auf Grundlage dieser Quellen, die gründlich überprüft und unter Rubriken wie »Hoftagebücher«, »Tageskalender« oder »wahrheitsgetreue Berichte« eingeordnet wurden, entstand eine zeitgenössische Geschichte mit dem Titel »Guoshi« [Nationalgeschichte].[94]

Das Tang-System der amtlichen Geschichtsschreibung wurde zum einflussreichen Vorbild für Korea, Vietnam und später auch für Japan, und zwar so sehr, dass dort die Geschichte der Dynastien noch Ende des 19. Jahrhunderts auf Chinesisch geschrieben wurde. Umgekehrt finden sich in chinesischen Geschichtswerken wertvolle Aufzeichnungen über die Frühgeschichte Japans, Koreas und Vietnams. In Japan orientierten sich die ursprünglich chinesisch geschriebenen »Rikkokushi« [Sechs Reichsannalen] am Tang-Modell der amtlichen Geschichtsschreibung.[95] Auch die von den Tang-Herrschern und -Historikern propagierte Auffassung von der Geschichte als Spiegel für die Gegenwart fand in Japan große Resonanz. Zwischen dem 8. und 12. Jahrhundert erschienen dort zahlreiche historische Texte, »Okagami«, »Imakagami«, »Mizukagami« und der noch berühmtere »Azumakagami«, die alle das Wort »Spiegel« (*kagami*) im Titel enthalten. In Inhalt und Stil wurden sie jedoch zunehmend japanischer, ein Hinweis darauf, dass der chinesische Einfluss allmählich schwand. Anders als in Korea und Vietnam hatte die chinesische Tradition der dynastischen Geschichtsschreibung im feudalen Japan nie richtig Fuß gefasst, schon deswegen, weil Japan bis zum 17. Jahrhundert keine in einer Dynastie vereinigte Macht kannte. Doch trotz der ständigen Kriege bemühten sich die japanischen Historiker unablässig, die Geschichte aufzuzeichnen und die Gründe für Aufstieg und Fall der Machthaber zu erforschen. Die weitverbreiteten »Gunki monogatari« [Kriegshistorien] sind ein typisches Beispiel hierfür.[96]

Die Tang-Form der Geschichtsschreibung mit ihrer Vorstellung von der Geschichte als Spiegel war nach konfuzianischen Begriffen nicht besonders moralistisch. Nach dem Untergang der Han im 3. Jahrhundert hatte der Buddhismus in China Einzug gehalten, und die tang-zeitliche Kultur war bereits deutlich buddhistisch geprägt, vor allem was ihren Einfluss auf Japan und Korea betraf. In der Tang-Historiografie verschmolz die als Mahnung verstandene buddhistische Hagiografie mit der Tradition der biografischen Schriften. Doch unter der Song-Dynastie (960–1279) lebte der Konfuzianismus wieder auf (die westliche Wissenschaft nennt dies bisweilen Neokonfuzianismus) und verschaffte der Moral erneut Geltung in der Geschichtsschreibung. Allerdings war er nicht gegen buddhistische Einflüsse gefeit. Im Diskurs der Song-Zeit verwendeten die Historiker metaphysische Begriffe wie *li* (»das Prinzip«) oder *tianli* (»das himmlische Prinzip«), um das sittliche Niveau der Geschichtsschreibung zu heben; das hatte es im klassischen Konfuzianismus bisher nicht gegeben.[97]

4. Ausbreitung und Einfluss der dynastischen Historiografie

Die Song-Methode der Geschichtsschreibung unterschied sich also von der der Tang und die neokonfuzianische von der der frühen Konfuzianer. Legitimiert durch ihr Wissen um die kosmische Ordnung, widmeten sich die Literati der Geschichtsschreibung, um ihrem Kaiser Vorhaltungen zu machen, wenn er vom »himmlischen Prinzip« abwich. Ein berühmtes Beispiel hierfür war Sima Guangs (1019–1086) »Zizhi tongjian« [Umfassender Zeitspiegel als Hilfe für die Regierung]. Auf den ersten Blick folgt diese allgemeine Geschichte, die einen Zeitraum von 1.300 Jahren umfasst, der altehrwürdigen Vorstellung von der Geschichte als politischem Spiegel für die Regierung. Aber Sima Guang strebte wohl nach mehr; man kann sein großes Werk auch als Meistererzählung sehen, die den Aufstieg und Fall der Dynastien in der Vergangenheit verallgemeinert. Er fasste wertvolle politische Weisheit zu Idealbildern von der richtigen Regentschaft zusammen.[98]

Mit anderen Worten: Seit der Song-Zeit konzentrierte sich die dynastische Historiografie immer mehr auf den Monarchen. Sie hatte sich vom Vorbild des Sima Qian in der Han-Zeit verabschiedet; dessen Schilderungen wirkten jetzt geradezu wie ein Panoramabild. Die dynastischen Geschichtsschreiber verengten ihr Thema, vergrößerten dabei aber den Umfang ihrer Werke über die Maßen. Viele Dynastiegeschichten bestehen aus unzähligen Bänden. Wegen des enormen Umfangs wurde die einzelne Geschichte, wenn sie fertig war, nur einmal und in wenigen Exemplaren gedruckt. Normalerweise wurde sie im Palast und in der kaiserlichen Bibliothek, für die Öffentlichkeit nicht zugänglich, aufbewahrt. Dies war keineswegs nur ein chinesisches Phänomen. Korea und Vietnam, als die nächsten Nachbarn Chinas stark unter dessen Einfluss, führten ab dem 12. Jahrhundert, wenn nicht schon früher, die amtliche Geschichtsschreibung ein.[99] 1145 verfasste Kim Pu-sik (1075–1151) die »Samguk sagi« [Chronik der drei Königreiche], das älteste erhaltene Geschichtswerk Koreas.[100] Während der Choson-Dynastie (1392–1910) geriet das Land immer mehr unter chinesischen Einfluss in Gestalt des Neokonfuzianismus, und man war bestrebt, die Geschichtsschreibung voranzutreiben.[101] »Koryosa« [Geschichte Koreas], verfasst 1451, war Koreas erste vollständige dynastische Geschichte. »Tongguk t'onggam« [Umfassender Zeitspiegel des östlichen Königreichs] ahmte wiederum Sima Guang nach. In dem Bemühen, die konfuzianische Weltordnung aufrechtzuerhalten, folgten die koreanischen Historiker dem Prinzip der Unterwürfigkeit (*sadae*) und bestätigten die Tributpflicht Choson-Koreas gegenüber China.[102] Doch mochte dies ein Einzelfall gewesen sein, denn die Dynastiegeschichten in Vietnam im selben Zeitraum verherrlichten die Leistungen von *Dai Viet* oder »Groß-Viet«, wie zum Beispiel »Dai Viet su luoc« [Geschichtlicher Überblick über Groß-Viet] und »Dai Viet su ky« [Geschichtliche Aufzeichnungen über Groß-Viet]. »Dai Viet su ky toan thu« [Vollständige Fassung der geschichtlichen Aufzeichnungen über Groß-Viet], verfasst von dem am Hof angestellten Historiker Ngo Si lien im Jahre 1479, ist ein weiteres Beispiel, auch wenn diese historischen Texte ausnahmslos den Einfluss der konfuzianischen Moralvorstellungen zeigen.[103] Indessen sollten wir den buddhistischen oder südasiatischen Einfluss auf die vietnamesische Historiografie nicht außer Acht lassen. »Viet dien u linh tap« [Unsichtbare Kräfte im Lande Viet] aus dem 13. Jahrhundert wurde von einem buddhistischen Bibliothekar geschrieben.[104] In Japan schließlich erlebte die dynastische Geschichtsschreibung ab dem 17. Jahrhundert einen Aufschwung; damals erschienen die Sammlungen »Honcho tsugan« [Umfassender Zeitspiegel für unser Herrscherhaus] und »Dai Nihonshi« [Geschichte Großjapans]. Letztere wurde von einem Mitglied der Familie Tokugawa herausgegeben, dem *shogun* (General), der das vereinigte Japan im Namen des Kaisers regierte.

Während in der chinesisch geprägten Welt die dynastische Historiografie zur Standardform historischer Aufzeichnungen wurde, verlor sie in ihrem Ursprungsland China selbst an Qualität. Die Machtkonzentration am Kaiserhof der Ming-Dynastie (1368–1644) machte es den amtlichen Historikern immer schwerer, wahrheitsgetreu über die Ereignisse am Hof zu berichten, ganz zu schweigen von denen an anderen Orten. So erlebte die private Geschichtsschreibung in der Ming-Zeit eine Blüte, nicht zuletzt deshalb, weil diese Historiker im stillen Kämmerlein arbeiteten, stets beseelt vom neokonfuzianischen Politikideal und darauf bedacht, die Vertuschungen in der offiziellen Geschichtsschreibung aufzudecken.[105] Die ming-zeitliche Verbreitung der privaten Geschichtsschreibung profitierte auch von der aufblühenden kommerziellen Kultur und dem im 16. Jahrhundert einsetzenden Buchhandel. Dank der Entwicklungen von Handel und Wirtschaft entstand in Südostchina eine städtische Gesellschaft und mit ihr ein neues Lesepublikum, das sich in erster Linie zur Unterhaltung für Geschichte interessierte. Maßgeschneidert für solche Abnehmer bildeten sich in der privaten Geschichtsschreibung der Ming-Zeit neue Gattungen heraus, in denen die Grenze zwischen Geschichte und Fiktion immer durchlässiger wurde.[106]

5. »Die Wahrheit in den Fakten suchen«: Die Entstehung der textkritischen Schule

Nach dem Sturz der Ming im 17. Jahrhundert begründeten die Mandschu in China die Qing-Dynastie (1644–1911). Für die konfuzianischen Gelehrten, auch die in Korea und Japan, bedeutete der Zusammenbruch der Ming-Dynastie das Ende einer Ära. Die koreanischen Konfuzianer versuchten Korea zu einem *Sojunghwa* (»Klein-China«), einem neuen Zentrum chinesischer Kultur zu machen.[107] Japan erlebte unter der Herrschaft der Tokugawa (1603–1868) eine bemerkenswerte Entwicklung der kommerziellen Kultur, parallel zu der unter den Ming und Qing in China. Den Bedürfnissen und Interessen einer wachsenden urbanen Klientel folgend setzten japanische Gelehrte unterschiedliche hermeneutische Strategien zur Deutung der konfuzianischen Klassiker ein, wodurch sie schließlich den Niedergang der vom Shogunat unterstützten neokonfuzianischen Lehre einleiteten. Die bedeutendste unter den vielen sich damals herausbildenden Schulen war die »Nationale Schule« unter Motoori Norinaga (1730–1801). Erfüllt von protonationalistischen Gefühlen, bezweifelte sie die Allgemeingültigkeit der konfuzianischen Lehre und stellte ihre kulturelle Relevanz für Japan in Frage.

In China zeigte die textkritische Schule (*kaozhengxue*) eine ähnlich skeptische Haltung gegenüber dem Neokonfuzianismus. Sie hatte sich Mitte des 17. Jahrhunderts nach dem Wechsel von der Ming- zur Qing-Dynastie herausgebildet. Den nüchternen Qing-Gelehrten, denen es um Faktenwissen und Staatskunst ging, missfiel die neokonfuzianische Deutung der konfuzianischen Lehre. Sie distanzierten sich von deren Metaphysik aus der Ming-Zeit und bemühten sich, zum klassischen Konfuzianismus der Han-Dynastie und noch früherer Zeiten zurückzukehren. Um dieses Ziel zu erreichen, das ein Äquivalent in der Erneuerung der griechisch-römischen Klassik durch die Humanisten der Renaissance hat, griffen die Qing-Gelehrten zu philologischen, phraseologischen, phonologischen, etymologischen und epigrafischen Methoden, in der Hoffnung, den konfuzianischen Klassikern ihre originale (und deshalb wahre) Bedeutung abzugewinnen.

Diese Neuorientierung der intellektuellen Kultur, von Benjamin A. Elman als Bewegung »von der Philosophie zur Philologie« bezeichnet, beeinflusste die Geschichtswissenschaft nachhaltig.[108] Sie markierte einen entscheidenden Wandel im historischen Denken, denn die Ablehnung des Neokonfuzianismus durch die textkritische Schule gründete auf der Auffassung, dass es keinen Grund gab, die Schriften der Neokonfuzianer, die schließlich mehr als tausend Jahre nach Konfuzius gelebt hatten, als orthodox und autoritativ für die konfuzianische Lehre zu verehren. Diese Vorstellung von einem Anachronismus war schon früher in Erscheinung getreten, zum Beispiel in der Song-Zeit.[109] Doch noch nie war sie so weitverbreitet und einflussreich gewesen wie im 18. Jahrhundert.

Das Motto der textkritischen Schule lautete *Shishi qiushi* (»Die Wahrheit in den Fakten suchen«). Dai Zhen (1724–1777), ein strahlender Stern am Himmel der Qing-Gelehrsamkeit, war geradezu die Verkörperung dieser Devise. Dais Wissen war umfassend, es reichte von der Phonologie, Etymologie und Phraseologie über die Geografie bis zur Astronomie und Mathematik. Obwohl nicht in erster Linie Historiker, befasste er sich doch mit alten Institutionen und Gesetzen. Sein Hauptziel bei diesem Bemühen um ein breitgefächertes Wissen war ein besseres Verständnis der konfuzianischen Lehre. Anders als die Neokonfuzianer vor allem der Ming-Zeit, die Intuition und Erleuchtung hochgehalten hatten, nahm Dai den entsprechenden historischen Zusammenhang ins Visier, um die konfuzianischen Klassiker mit deren eigenen Augen zu sehen und zu deuten. Wer die Bedeutung eines Texts verstehen wolle, müsse erst die Bedeutung der Wörter verstehen, so behauptete er.[110] Ähnlich wie die Humanisten und Altertumsforscher im Europa jener Zeit hielten Dai und seine Anhänger die Philologie für die Königsdisziplin der klassischen Gelehrsamkeit. Insbesondere legten sie Wert auf das Studium der alten Phonologie, da sich die Aussprache im Lauf der Zeit verändert hatte und früher viele Schriftzeichen ihrer gleichen Aussprache wegen austauschbar gewesen waren.[111] Die Qing-Gelehrten waren nicht die ersten, die sich für alte Geschichte interessierten. Dank der langen historiografischen Tradition in China hatten die Chinesen seit jeher viel über ihre Vergangenheit gewusst, vielleicht mehr als alle anderen Völker jener Zeit. Sie hatten dieses Wissen erworben, indem sie die Meisterwerke der Vergangenheit eingehend studierten. Der hochangesehene Sima Qian zum Beispiel hatte in der chinesischen Welt viele Nachahmer gefunden. Doch mit der Zeit sah man das Werk des Meisters auch kritisch und überprüfte dessen Gültigkeit und Zuverlässigkeit. Ein gutes Beispiel hierfür ist Liu Zhiji (661–721), ein Tang-Historiker. In seinen »Shitong« [Umfassende historiografische Studien], wohl dem ersten Werk über Geschichtsschreibung in der chinesischen Welt, beurteilt Liu frühere Geschichtswerke und Klassiker kritisch, manchmal sogar verletzend.[112] Im Grunde hatten historiografische Studien im kaiserlichen China Tradition – seit jeher hatten Gelehrte ältere historische Werke eifrig überprüft und mit Fußnoten und Kommentaren versehen.

Der textkritische Ansatz unter den Qing baute auf dieser Tradition auf und erweiterte sie. Wang Mingshengs (1722–1797) »Shiqishi shangque« [Kritische Untersuchung der siebzehn Geschichten], Qian Daxins (1728–1804) »Ershi'ershi kaoyi« [Kritische Bemerkungen zu den zweiundzwanzig Geschichten] und Zhao Yis (1727–1814) »Nian'ershi zhaji« [Anmerkungen zu den zweiundzwanzig Geschichten] sind hervorragende Beispiele für die textkritische Schule der Qing-Zeit, denn sie zeigen deren kritischen Geist und ausgeklügelte Methodik. Wie die Titel verraten, standen altehrwürdige dynastische Geschichten, die bisher als Standardgeschichtswerke (zhengshi) gegolten hatten, nun auf dem Prüfstand. Wang, Qian und Zhao untersuchten sie kritisch und verglichen die Berichte mit zahllosen anderen Quellen, darunter auch Inschriften in Bronze und Stein. Gestützt auf ihre Belesenheit, lieferten sie detaillierte und meist richtige Erklärungen zu den auftauchenden Personen, Ereignissen, Amtstiteln, Orten und Einrichtungen. Besonders Zhao Yi behandelte darüber hinaus allgemeine Formen und Strömungen gesellschaftlicher, kultureller und institutioneller Entwicklungen.[113]

Das Motiv dieser Historiker, solche Studien durchzuführen, erwuchs aus dem traditionellen Bestreben, die Geschichte als Spiegel darzustellen. Doch mittlerweile vertraten sie die These, dass Geschichte eine ebenso wichtige Rolle spiele wie das Studium der konfuzianischen Klassiker, eine kühne, nie zuvor gehörte Behauptung. Für diese textkritischen Historiker hatten historiografische Studien den gleichen Wert wie das Studium der Klassiker. Diese Tendenz zum Historismus in der intellektuellen Kultur der Qing-Zeit führte zu einer »Historisierung« der klassischen Bildung.[114] Am treffendsten formulierte diesen Prozess Zhang Xuecheng (1738–1801) in seinem »Wenshi tongyi« [Allgemeine Regeln zu Literatur und Geschichte], wo er nachdrücklich hervorhob: »Alle sechs Klassiker sind historische Berichte.« Zhangs eigenes wissenschaftliches Interesse ging allerdings weit über die Textkritik hinaus. Indem die Textkritiker der Qing-Zeit die Geschichtlichkeit der Klassiker betonten und zugänglich machten, zerstörten sie das hermeneutische Gebäude der Neokonfuzianer, die die Klassiker als heilig und unveränderlich betrachtet hatten, und sie verstärkten die Wirkungskraft der Geschichtsbetrachtung, indem sie sie von ihrer traditionellen Helferrolle befreiten und zu einer klassischen Wissenschaft machten. Sie waren davon überzeugt, dass Recht und Unrecht oder die Größe der Klassiker sich selbst offenbarten, sobald die historische Wahrheit gefunden war. Diese Überzeugung war nicht weit entfernt von Leopold von Rankes berühmter Maxime »*wie es eigentlich gewesen*«. Zhao Yi zum Beispiel warf der neokonfuzianischen Historiografie vor, sie schreibe alte historische Werke um, aber nicht um Fehler zu berichtigen, sondern um die konfuzianischen Ideale besser zu vertreten.[115]

Alle oben erwähnten Gelehrten, Wang Mingsheng, Qian Daxin, Zhao Yi und, ein wenig versetzt, auch Zhan Xuecheng, waren Zeitgenossen von Dai Zhen. Sie waren sogar befreundet; Qian zum Beispiel war ein Freund von Dai und mit Wang durch Heirat verwandt. Zusammen mit vielen anderen bildeten sie einen gelehrten Zirkel, eine Gelehrtenrepublik, bestehend aus mehreren Schulen, wo sie als Lehrer und unabhängige Forscher wirkten. Die Gelehrtenrepublik profitierte von der florierenden Buchkultur der Ming- und Qing-Zeit. Einer Schätzung zufolge hatte China um 1750 bereits mehr gedruckte Bücher hervorgebracht als alle Länder der restlichen Welt zusammengenommen.[116] Die Qing-Gelehrten veröffentlichen ihre Werke oft in mehreren Bänden, auch wenn einige von ihnen, zum Beispiel Zhang Xuecheng, in Armut lebten.

Dieses explosive Wachstum der Buchkultur im Qing-China wirkte sich, in Verbindung mit der beeindruckenden wirtschaftlichen Entwicklung und bei beständigem Bevölkerungswachstum, förderlich auf die kommerzielle Kultur aus. Wie erwähnt hatte sich in Südostchina schon in der Ming-Zeit eine städtische Gesellschaft herausgebildet. Im 18. Jahrhundert entstand ein nationaler Markt mit Fernhandelswegen im In- und Ausland. Da die Kaufleute immer mehr Ansehen in der Gesellschaft genossen, gewannen sie auch Einfluss auf die Literati, nicht zuletzt durch Eheschließungen. Das gesteigerte Interesse an praktischem Wissen und kritischem Denken kam in diesem zunehmend urbanen und kommerzialisierten kulturellen Umfeld wohl auch den Bedürfnissen der Kaufleute entgegen.

Mit dem oben skizzierten gesellschaftlichen Wandel wuchs auch die Gelehrtenrepublik; viele Gelehrte, die die Staatsprüfungen bestanden hatten, setzten sich früh zur Ruhe, um sich Lehre und Forschung zu widmen. Qian Daxin und Wang Mingsheng waren bekannte Beispiele hierfür. Die Entscheidung wurde ihnen dadurch erleichtert, dass es an vielen Akademien Dozentenstellen gab. Im Ming- und Qing-China erreichte die Zahl der Akademien eine noch nie dagewesene Größe. So konnten viele Gelehrte dank ihrer Lehrtätigkeit ihren Lebensunterhalt selbst bestreiten und, wichtiger noch, sich gedanklich mit anderen austauschen. Die Kommerzialisierung der Kultur leistete vielen Literati finanzielle Hilfe bei ihrer wissenschaftlichen Betätigung. Wohlhabende Kaufleute zum Beispiel erteilten bekannten Wissenschaftlern oder Dichtern gutbezahlte Aufträge für eine Grabrede oder ein Gedicht auf einen verstorbenen Angehörigen oder Ahnherrn. Obwohl sich im 18. Jahrhundert die Chancen, den höchsten Grad der Beamtenprüfung zu bestehen, offenbar verschlechterten, wuchs die Zahl der erfolgreichen Bewerber für den niederen Dienst, ein Hinweis darauf, dass mehr Menschen lesen und schreiben konnten – man schätzt zwanzig bis dreißig Prozent der männlichen Bevölkerung – und dass es mehr Leser für historische und andere Bücher gab.[117] Wenn sich im Ming- und Qing-China tatsächlich eine »Leserschaft« herausbildete, so auch deshalb, weil die Alphabetisierungsrate bei den Frauen anstieg, wie neueste Studien zur Geschichte der Frau in China gezeigt haben.[118]

Das Interesse an der Textkritik griff auch auf den Qing-Hof über. Kaiser Qianlong (Reg. 1735–1795), berühmt für seine hochfliegenden Ambitionen und extravaganten Projekte, gab die Zusammenstellung der *Siku quanshu* in Auftrag, der »Vollständigen Bibliothek der vier Schätze«. Es war der imposante Versuch, alle wertvollen Texte der Vergangenheit durchzusehen, zu sortieren, zu katalogisieren und in die vier Kategorien Klassik, Geschichte, Philosophie und Belletristik aufzunehmen, ein traditionelles bibliografisches System, das seit der Tang-Zeit Verwendung fand. Die »Vier-Schätze«-Enzyklopädie erntete, was die textkritische Schule gesät hatte; man orientierte sich an deren Vorstellungen und Verfahrensweisen, um die Echtheit der Texte zu überprüfen und ihren Inhalt auf seine Richtigkeit hin zu untersuchen. Dai Zhen, der Doyen der textkritischen Schule, war einer der Redakteure dieses Projekts.[119]

Allerdings konnte man die Gunst und das Interesse des Kaisers an den »Vier Schätzen« auch als hinterhältige Taktik deuten, die Gesinnung der Literati zu kontrollieren. Vielleicht wollte er die Energie der Intellektuellen an eine pedantische, zeitraubende Arbeit binden, um umstürzlerisches Agieren von vornherein zu verhindern. Und wirklich kam es unter den Qing zu mehreren blutigen, berüchtigten Fällen von so genannten »literarischen Verbrechen« (*wenziyi*), wo ein Schriftsteller, Historiker oder Dichter wegen angeblich verräterischer Ideen in seinen Schriften vom Kaiser hingerichtet wurde, zusammen mit seiner Familie, seinen Verwandten und sogar seinen Schülern. Kaiser Qianlong darf als Dilettant unter den Literati gelten. Doch was seine politischen Anschauungen betraf, neigte er wohl eher zum Neokonfuzianismus, wegen dessen Betonung der sittlichen und gesellschaftspolitischen Ordnung. So gesehen schwang in der textkritischen Schule auch ein Hauch Regimekritik mit. Zumindest waren einige Literati nicht bereit, die Mandschuregierung zu unterstützen.

Der Tokugawa-Shogun in Japan erkannte ebenfalls das subversive Potential der textkritischen Schule, obwohl sie als intellektuelle Bewegung Japan erst gegen Ende des 18. Jahrhunderts erreichte. Das Kansei-Verbot (1790) war ein Beispiel hierfür.[120] Das Shogunat versuchte, die neokonfuzianische Lehre zu stützen und deren Kritiker und Gegner aus den verschiedenen Schulen abzuwehren, darunter auch die der aufstrebenden textkritischen Schule, in Japan vertreten durch Inoe Kinga (1732–1784) und Yoshida Kotan (1745–1798).[121] Trotz des Verbots gewann die textkritische Schule immer mehr Anhänger und erreichte ihre Blütezeit im 19. Jahrhundert, als sie im Qing-China schon erkennbar verfiel.

Im Choson-Korea sammelten sich die Kritiker des Neokonfuzianismus, auch solche, die der textkritischen Schule zuneigten, in der »Schule des praktischen Wissens«, deren Aufstieg den intellektuellen Wandel in China spiegelte.[122] An Chong-bok (1712–1791), ein gefeierter textkritischer Historiker, zeigte seine hervorragenden Fähigkeiten beim Quellenstudium und seine beneidenswerte Belesenheit in koreanischer und chinesischer Geschichte in seinem »Tongsa kangmuk« [Überblick über die östliche Geschichte], einer Chronik mit einem trügerisch neokonfuzianischen Titel. Bemerkenswerterweise hegten er und vor allem seine Anhänger, vielleicht angespornt durch unausgegorene nationalistische Gefühle angesichts des Sturzes der Ming-Dynastie, Zweifel an der sinozentrischen Weltordnung, die Choson-Koreas tributpflichtige Beziehung zu China traditionell gestützt hatte.[123] Im Werk von Le Quy Don (ca. 1726–1784), einem angesehenen vietnamesischen Historiker, erkennen wir ähnliche, dem Einfluss der textkritischen Schule geschuldete Bemühungen, die Quellenforschung zu erweitern. Les vielbändige »Le Trieu Thong Su« [Vollständige Geschichte der Le-Dynastie] wich von der offiziellen vietnamesischen Historiografie ab. Mit ihren lebendigen biografischen Berichten war sie eher eine Prosopografie als eine Chronik und erinnerte an Sima Qians »Aufzeichnungen«.[124] Mit einem Wort, das intellektuelle Leben der chinesischen Welt wies am Vorabend des Eindringens der Europäer eine große Vitalität und Dynamik auf, geprägt vom Auf und Ab der textkritischen Schule. In den folgenden Jahrhunderten sollten die von der textkritischen Schule entwickelten Interessen und Brennpunkte bestimmend und prägend sein für die Bemühungen der Historiker dieser Region, sich den Einflüssen aus dem Abendland anzupassen und sie sich anzueignen. Darauf kommen wir im nächsten Kapitel zu sprechen.

KAPITEL 2
Der Aufstieg von Nationalismus und nationalistischer Geschichtsschreibung: Der Westen, der Nahe Osten und Indien im 19. Jahrhundert

I. Geschichtsschreibung im Revolutionszeitalter zwischen 1789 und 1848

1. Der politische Kontext

Es steht außer Frage, dass die Französische Revolution und in ihrem Gefolge das napoleonische Regime die Bedingungen, unter denen im Westen Geschichte studiert, geschrieben und gelesen wurde, fundamental verändert haben. Die Revolution zeigte, wie weit der oben beschriebene Modernisierungsprozess umgesetzt werden konnte und an welche Grenzen er stieß. 1815 war die Revolution im Wesentlichen zu Ende gebracht, und man versuchte in vielen Bereichen, die alte Ordnung zu restaurieren. Doch obwohl de facto erneut monarchistische Regierungen eingesetzt wurden, blieben die fundamentalen sozialen und zum Teil sogar politischen Reformen der Revolutionszeit unangetastet. Abgesehen von Teilen Osteuropas hatte auf dem Kontinent ein tiefgreifender gesellschaftlicher Wandel stattgefunden. Die Revolution hatte schon im Frühstadium die Reste der feudalen Ordnung in Frankreich getilgt, Gleichheit vor dem Gesetz eingeführt und die Fesseln gelockert, die eine freie Marktwirtschaft verhindert hatten. Im Gefolge der napoleonischen Eroberungen wurden diese Reformen von großen Teilen Kontinentaleuropas, von Deutschland, den Niederlanden, der Schweiz und wichtigen Regionen Italiens, übernommen. In Großbritannien war vieles davon schon vorher fest etabliert gewesen. In Preußen wurden nach der Niederlage gegen Napoleon entsprechende Reformen von oben verordnet. Dies führte zu einer Stärkung des Mittelstands – der Bourgeoisie in Frankreich und des Bürgertums in Deutschland – und zum Entstehen einer bürgerlichen Gesellschaft. Die Zeit nach 1815 machte diese Entwicklung nicht rückgängig, sie gab ihr vielmehr neuen Schwung. Selbst im politischen Bereich wurde die alte Ordnung nicht restauriert. Als Ludwig XVIII. (1755–1824) aus dem Exil zurückkehrte, erließ er eine Charta, die Frankreich in eine konstitutionelle Monarchie umwandelte. Und obwohl sich Österreich, Preußen und einige kleinere deutsche und italienische Staaten dagegen sträubten, gewannen die Bestrebungen um den Konstitutionalismus an Kraft. 1830 besaßen bereits mehrere deutsche Staaten eine Verfassung. In England stärkte der Reform Act von 1832 den Mittelstand, aber außerhalb Englands und Belgiens hatte die Industrielle Revolution noch nicht ernsthaft begonnen und war nur von geringem Einfluss auf das historische Denken.

All dies wirkte sich auf die Art und Weise aus, in der Geschichtsschreibung betrieben wurde. Obgleich diese Entwicklungen auf moderne Anschauungen hindeuteten, sollte sich die unmittelbare Reaktion der Historiker während und kurz nach den revolutionären Ereignissen gegen die Ideale der Aufklärung richten, die ja die Revolution befeuert hatten. Die Revolution wurde als eine Leugnung der Geschichte gesehen, als unselige fixe Idee von einer neuen, auf rationalen Grundsätzen aufgebauten Gesellschaft. Die Einführung des metrischen Systems, das Ersetzen älterer, komplizierter Maßeinheiten durch neue, klar definierte, symbolisiert diese Geistesverfassung. Eine erste wichtige Antwort auf die Französische Revolution, lange bevor sie in ihre terroristische Phase eintrat, gab Edmund Burke 1790 mit den bereits erwähnten »Reflections on the French Revolution«. Burke sprach sich nicht gegen Veränderung und Reformen aus – er war ein Befürworter der amerikanischen Revolution gewesen –, aber er glaubte, dass Reformen, die existierende Institutionen regelrecht abschafften, zu Chaos und Gewalt führten. Damit schuf Burke die theoretische Grundlage für den Konservatismus in der ersten Hälfte des 19. Jahrhunderts. Allerdings ging ein Großteil des historischen Denkens über Burke hinaus und wurde unverhohlen reaktionär.

2. Romantik und Geschichtsschreibung

In der ersten Hälfte des 19. Jahrhunderts wurde die Aufklärung als dominierende Geisteshaltung von der Romantik[1] abgelöst. Aber wie wir im vorigen Kapitel gesehen haben, waren die Perspektiven der Aufklärung im 18. Jahrhundert sehr facettenreich und ließen die Geschichte keineswegs außer Acht; diese spielte vielmehr im Denken von Montesquieu, Voltaire, Hume und Gibbon und auf andere Weise auch bei Herder eine durchaus zentrale Rolle. Und die Romantik hatte ebenso viele Facetten. Einerseits glorifizierte sie die Vergangenheit, andererseits verfocht sie höchst unterschiedliche, das ganze Spektrum politischer Meinungen abdeckende Ideale in Richtung auf Transformation der modernen Gesellschaft.

Die Reaktion gegen die Ideale der Französischen Revolution nahm die Form einer Idealisierung des Mittelalters an. Das Mittelalter konnte dabei sehr unterschiedlich gesehen werden: nostalgisch als harmonische Gesellschaft, die von der hierarchischen Ordnung des Feudalismus und dem Katholizismus zusammengehalten wurde, wie es der Viscomte René de Chateaubriand (1771–1835) in seinem vielgelesenen »Génie du Christianisme« (1802) [dt. »Geist des Christentums«, 2004]² interpretierte, oder als Quelle der modernen Freiheit, ja sogar der Demokratie, wie es sich für Augustin Thierry (1795–1856) und Jules Michelet (1798–1874) darstellte. Joseph de Maistre (1753–1821) suchte den Ursprung dessen, was er als Krise der modernen Gesellschaft betrachtete, in der Reformation, die mit ihrem Grundsatz vom Gewissen des Einzelnen die Harmonie der mittelalterlich-christlichen Welt zerstört habe. Doch die großen romantischen Dichter des frühen 19. Jahrhunderts in England, Percy Bysshe Shelley (1792–1822) und Lord Byron (1788–1824), engagierten sich für demokratische Reformen, und Lord Byron opferte sogar sein Leben im Kampf für die Freiheit Griechenlands.

3. Der Einfluss des entstehenden Nationalismus auf die Historiografie

Aus der Reaktion gegen die Französische Revolution und die Aufklärung erwuchs die Entdeckung der Nation als zentraler Kraft der modernen Geschichte. In Deutschland war der Kult um die Nation Teil des Kampfes gegen die französische Herrschaft nach der Niederlage Preußens gegen Napoleon 1806 und beflügelte die sogenannten Befreiungskriege 1813 und 1814. Statt Gleichheit aller Menschen als eines allezeit und allgemein gültigen Grundsatzes, wie es die amerikanische Unabhängigkeitserklärung (1766) und die französische »Erklärung der Menschen- und Bürgerrechte« proklamiert hatten, empfand man nun die Nation, die alles in sich schließende, in der Vergangenheit verwurzelte Gemeinschaft, als bestimmend für den Lauf der Geschichte.³ Doch die Vorstellung von der Nation als Gemeinschaft enthielt schon eine nahezu demokratische Idee: dass nämlich die Angehörigen einer Nation nicht nur Untertanen ihrer fürstlichen Herrscher waren, sondern auch deren gleichwertige Partner, und dass diese Herrscher nicht von Gott eingesetzt waren, sondern die Nation repräsentierten. Zur Zeit der französischen Besetzung Berlins 1807 hielt Johann Gottlieb Fichte (1762–1814) seine »Reden an die deutsche Nation«, in denen er die deutsche Nation nicht als Teil der Menschheit insgesamt darstellte, sondern als einzigartiges Gebilde, das sich von allen anderen Nationen unterschied. Während die Französische Revolution Frankreich zum Vaterland aller freiheitsliebenden Menschen auf der ganzen Welt erklärt hatte, sodass man das französische Bürgerrecht erlangte, indem man den Idealen anhing, für die die französische Republik stand, definierte Fichte nun die deutsche Nationalität mit rassischen Begriffen. Mit anderen Worten, ein Jude oder Pole konnte nicht gleichzeitig Deutscher sein. Fichte verwendete keine biologischen Rassebegriffe, sondern betrachtete die Deutschen als eine exklusive Sprachgemeinschaft, in die man hineingeboren werden musste. Für ihn war die Sprache kein wertneutrales Medium zur Darstellung einer objektiven Realität, sondern sie prägte die Art und Weise, wie Menschen die sie umgebende Lebenswelt verstanden. Die Sprache sei bedingt durch Kultur und verkörpere diese zugleich. Sie habe keine universelle Gültigkeit. In ihr verkörpere sich der Geist der Nation, in der sie gesprochen werde. Doch gebe es zweierlei Sprachen, solche, die ganz zu Anfang einer nationalen Gemeinschaft entstanden seien und sich bis in die Gegenwart erhalten hätten, und solche, die einem Volk von außen aufgedrängt worden seien. Deutsch gehörte für Fichte zur ersten Art, Französisch zur zweiten. Die Deutschen äußerten sich in einer Sprache, die seit den Anfängen der germanischen Völker in grauer Vorzeit überlebt habe und einen tiefgründigen, ungebrochenen Nationalgeist verkörpere; die französische Kultur hingegen sei in ihrer Kontinuität durch die römische Vorherrschaft gestört worden und deshalb künstlich und rationalistisch verzerrt. Nun sei es an den Deutschen, einen Nationalstaat zu schaffen, der ihrer nationalen Identität politisch Ausdruck verleihe.

Obwohl die Bindung an die christliche Religion, sei sie protestantisch oder katholisch, nicht geleugnet wurde, entwickelte sich die Nation nunmehr zum wichtigsten Bezugspunkt, mächtiger als die etablierten Religionen. Während der ersten Hälfte des 19. Jahrhunderts hegte ganz Europa ein ähnlich exklusives Bild von der Nation, am ausgeprägtesten Deutschland und die östlichen Länder von Böhmen bis Griechenland, die um ihre nationale Identität und Unabhängigkeit kämpften. In diesen Ländern folgte die Historiografie weit mehr dem deutschen Beispiel als dem französischen.[4] Dieser Nationalismus hatte erheblichen Einfluss auf die Geschichtswissenschaft. Die kosmopolitische Sichtweise des 18. Jahrhunderts wich nun einer Konzentration auf die Nation, nicht nur in Deutschland, sondern in Europa insgesamt. Gleichzeitig versuchte man, der Beschäftigung mit der Geschichte einen strengeren Charakter zu verleihen. Das Entstehen der professionellen Wissenschaft stand in engem Zusammenhang mit dem neuen Nationalismus.[5]

4. Die Beziehung zwischen professioneller Wissenschaft und Nationalismus

Man wandte sich nun der Sammlung und Edition mittelalterlicher Quellen zu, die einer nationalen Geschichtsschreibung als Grundlage dienen sollten. Wie erwähnt machte die erste große Anstrengung in dieser Richtung Ludovico Muratori, der in Italien schon im frühen 18. Jahrhundert mittelalterliche italienische Dokumente veröffentlicht hatte. Bei der Entwicklung der Geschichtsschreibung aus nationaler Sicht spielten deutsche Gelehrte in der ersten Hälfte des 19. Jahrhunderts eine führende Rolle. Wie wir gesehen haben, waren die philologischen Methoden dank der Mauristen und Bollandisten in Paris und Belgien bereits im 17. Jahrhundert hoch entwickelt und wurden in den Untersuchungen zur Kirchengeschichte und zur griechisch-römischen Klassik an den deutschen Universitäten des 18. Jahrhunderts weiter verfeinert. Doch bisher diente nichts davon dem nationalen Interesse. Dies änderte sich, als große Projekte in Angriff genommen wurden, zum Beispiel die »Monumenta Germaniae historica«. 1819 begonnen und ausdrücklich national ausgerichtet, sollte die kritische Herausgabe mittelalterlicher Quellen helfen, eine nationale Identität zu stiften. Das Mittelalter wurde nun als Höhepunkt der deutschen Geschichte gesehen, in der – vor der Fragmentierung Deutschlands – das Heilige Römische Reich Deutscher Nation die herausragende Rolle in Europa gespielt hatte.

Um die Mitte des 19. Jahrhunderts waren überall ähnliche Projekte in Gang gebracht worden. In Frankreich wurde 1821 eine spezielle »Ecole des Chartes« für das kritische Studium mittelalterlicher Quellen gegründet; es folgte 1836 eine systematische Sammlung und Edition mittelalterlicher Dokumente,[6] initiiert vom damaligen Premierminister François Guizot (1787–1879). 1844 begann man in Großbritannien mit den »Rolls Series«, einige europäische Länder von Spanien bis Skandinavien waren diesem Beispiel schon gefolgt.

Die Edition mittelalterlicher Quellen zur Nationalgeschichte war besonders in Preußen begleitet von gemeinsamen Anstrengungen der Regierung, die Geschichtsforschung in eine streng akademische Disziplin im Dienste der nationalen Sache umzuformen. Im Zuge der Reformen des preußischen Staates nach der Niederlage von 1806 gegen Napoleon wurde 1809/1810 die Universität von Berlin gegründet, eine Institution, in der sich Lehre und Forschung verbinden sollten.[7] Die Geschichtsforschung sollte auf das Niveau einer streng akademischen Disziplin gehoben werden, die sich mit der Rekonstruktion einer von fiktionalen Elementen befreiten Vergangenheit befassen sollte. Hier müssen zwei Althistoriker genannt werden, Barthold Georg

Niebuhr (1776–1831), der Historiker Roms, und August Böckh (1785–1867), der Historiker Griechenlands, beide schon bei der Eröffnung an die Universität berufen. Niebuhr und Leopold von Ranke (1795–1886),[8] der 1825 an die Universität kam und Niebuhrs Methoden auf die europäische Geschichte der Neuzeit anwandte, galten bald als Väter der Geschichtswissenschaft. Diesen Ruf verdankten sie ihrer beharrlichen Forderung, alles historische Schreiben müsse sich auf kritisch geprüfte Primärquellen stützen. Niebuhr akzeptierte keine der existierenden Geschichten Roms und Ranke keine der frühen Neuzeit, weil sie zum Teil auf sekundären Quellen basierten. Niebuhr betrachtete es als seine Aufgabe, die Unzuverlässigkeit des römischen Historikers Livius (59/64 v. Chr.-17 n. Chr.) nachzuweisen, und Ranke die des Florentiner Historikers Francesco Guicciardini (1483–1540). Mit Ranke, der erst in der Mitte und zweiten Hälfte des 19. Jahrhunderts an Einfluss gewann, befassen wir uns später, wenn wir die Professionalisierung der Geschichtsschreibung untersuchen. Niebuhr begann in seinen Berliner Vorlesungen (ab 1810) und in der »Römischen Geschichte« (1811–1812) die Geschichte Roms neu zu schreiben. Methodologisch war er von den deutschen Philologen des 18. Jahrhunderts beeinflusst, vor allem von F. A. Wolf. Er analysierte das römische Recht, stützte sich auf Inschriften und rekonstruierte auf dieser Basis den römischen Staat so, wie er seiner Meinung nach funktioniert hatte. Seine Vorgehensweise entsprach dem Zeitgeist; zum Beispiel verklärte er die römische Gesellschaft aus freien Bauern, die ihm zufolge der römischen Republik vorausgegangen war. Dafür hatte er zwar keine Beweise, doch kam es seinen romantischen Neigungen entgegen. Vielleicht innovativer als das Werk von Niebuhr war das seines Kollegen August Böckh, der aus archäologischen Quellen wie Inschriften und Münzen und allen sonstigen verfügbaren Informationen über Preise, Löhne und Immobilienwerte die Volkswirtschaft Athens rekonstruierte.[9]

In dieser Zeit konzentrierte sich die Geschichtswissenschaft in Deutschland weitgehend auf die Universitäten, wie bis zu einem gewissen Grad schon im 18. Jahrhundert. Die Universitäten erwarteten gemäß der geltenden methodischen Norm, die zwischen professioneller Wissenschaft und der fantasievollen Literatur von Amateuren scharf unterscheiden wollte, dass auf der Basis kritischen Quellenstudiums gearbeitet wurde. Doch in Wirklichkeit gab es keine solch klare Unterscheidung. Zumindest außerhalb Deutschlands waren die meisten Historiker weiterhin Amateure. In einer Zeit, in der großes Interesse an Historischem insgesamt herrschte, betrachtete man wissenschaftliche Arbeiten auch als Literatur. In ganz Europa wurde Geschichte vielfach in Form von Romanen oder Dramen rezipiert. Die Romane von Walter Scott (1771–1832) hatten ungeheuren Einfluss auf die Geschichtsschreibung.

Er ließ das Mittelalter lebendig werden und stellte seine Helden vor einen konkreten historischen Hintergrund. Honoré de Balzac (1799–1850) wandte sich der Neuzeit zu und unternahm in seiner mehrbändigen »Comédie humaine« das Gleiche für die verschiedenen Schichten der französischen Gesellschaft seiner Zeit. Selbst an den deutschen Universitäten wurde Geschichte nicht nur für eine gelehrte Leserschaft geschrieben, sondern auch für ein allgemeines Publikum. Dieses Publikum, das in Frankreich, Großbritannien und den Niederlanden schon vor der Französischen Revolution beträchtlich gewesen war und Werke von David Hume, Edward Gibbon und Catherine Macaulay zu Bestsellern gemacht hatte, vergrößerte sich noch, als in der ersten Hälfte des 19. Jahrhunderts in Mitteleuropa und Italien eine bürgerliche Gesellschaft entstand.

5. Die liberale Neuinterpretation des Mittelalters

Etwa ab 1830 vollzog sich ein Wandel. Das Mittelalter verlor seine Faszination, und die Historiker befassten sich mehr mit den historischen Wurzeln der Gesellschaft, in der sie selbst lebten. Schon vor 1830 hatte sich A. H. L. Heeren (1760–1842), der in den 1780er Jahren bei Schlözer an der Universität Göttingen studiert hatte, mit der Geschichte des Welthandels vor dem Hintergrund des sich entwickelnden modernen Staatensystems befasst. Er und insbesondere Christoph Friedrich Schlosser (1776–1861), Autor einer Weltgeschichte und einer Geschichte des 18. Jahrhunderts, der sich wenig um Archivforschung und sorgfältige Quellenanalyse scherte, waren wahrscheinlich die meistgelesenen deutschen Historiker in der ersten Hälfte des 19. Jahrhunderts. In Frankreich schrieben ab den 1820er Jahren mehrere Historiker, darunter die bereits erwähnten Augustin Thierry[10] und François Guizot,[11] über das Aufkommen des Dritten Standes seit dem Mittelalter, während Jules Michelet seit frühester Zeit das französische Volk als treibende Kraft der französischen Geschichte betrachtete – eine ausgesprochen demokratische Perspektive.[12] Das Mittelalter wurde jetzt anders gesehen, nicht mehr nostalgisch als der Ursprung von Ordnung und Hierarchie, sondern als Entwicklungsstufe auf dem Weg in eine moderne bürgerliche Gesellschaft. Michelet war zweifelsohne der meistgelesene französische Historiker. Von vielen Franzosen als ihr größter Historiker verehrt, war er Mitglied der Akademie, jahrelang Professor des angesehenen Collège de France und Leiter des Nationalarchivs. Trotzdem sah man in ihm eher einen Dichter als einen kritischen Historiker. Seine Geschichtswerke über Frankreich und die Französische Revolution sind im Grunde Epen über die französische Nation. Er ging nicht in die Archive, um sich von den Dokumenten diktieren zu lassen, was er zu schreiben habe, sondern um nach Inspirationen für seine Erzählungen zu suchen. Er war inspiriert von den revolutionären Idealen der Aufklärung und dennoch stark beeinflusst von Vico, den er übersetzte, und von Herder. So vermischten sich Romantik und Aufklärung. Michelet war kämpferischer Demokrat, der immer wieder von den Autoritäten verfolgt wurde: unter der Bourbonenmonarchie, unter der Julimonarchie von Guizot, der ihn anfangs unterstützte, und unter Napoleon III. (1808–1873). Während die deutschen Gelehrten sich auf den Staat konzentrierten und ihn mit der Nation gleichsetzten, bemühten sich die französischen Historiker weit mehr um die sozialen und kulturellen Aspekte. Ihre Aufmerksamkeit für die Klasse als Faktor im politischen Konflikt und gesellschaftlichen Wandel veranlasste schließlich Karl Marx (1818–1883) zu der Bemerkung, sie hätten sein Geschichtsbild vorweggenommen.[13]

In Großbritannien und Italien spielte die akademische Geschichtsschreibung eine noch geringere Rolle. Keiner der wichtigen britischen Historiker war Akademiker. Herausragend in dieser Zeit waren Thomas Babington Macaulay (1800–1859)[14] und Thomas Carlyle (1795–1881),[15] beide ungemein populär und wenig bemüht um strikte Wissenschaftlichkeit. Carlyle witzelte über einen fiktionalen Professor Dryasdust (Staubtrocken), einen typischen Vertreter der wissenschaftlichen Tradition. Macaulay, aktiver Politiker und jahrelang Parlamentsmitglied, wurde durch seine »History of England from the Accession of James II« (1849–1861) [dt. »Geschichte Englands seit der Thronbesteigung Jacobs II.«, 2012] zum Hauptverfechter der »Whig Interpretation of history«, die sich auf die Erfolgsgeschichte der liberalen Institutionen in England bezog.[16] Von 1834 bis 1838 lebte er in Indien, arbeitete dort am Obersten Gericht Indiens und kam zu dem Schluss, dass die Inder durch die Engländer aus ihrer primitiven Kultur befreit werden müssten. Während Macaulay das Loblied des menschlichen Fortschritts sang, welcher sich am deutlichsten im Siegeszug der englischen Freiheit manifestiere, blickte Carlyle voller Verachtung auf die moderne Welt, sah die Französische Revolution als Katastrophe und bewunderte die großen autoritären Helden der Geschichte. Dabei sorgte er sich als Kritiker der Industriegesellschaft um die verarmenden Massen und begegnete den herrschenden Klassen mit Abscheu. Im Gegensatz zu Macaulay mit seiner optimistischen Selbstgefälligkeit entwickelte er sich zum konservativen Kritiker der Kultur und Gesellschaft seiner Zeit.

6. Die kolonialistische Perspektive und Historiografie

Es herrschten also in der Zeit zwischen der Französischen Revolution und den Revolutionen von 1848, zur Halbzeit des 19. Jahrhunderts, beträchtliche Unterschiede im historischen Denken. Trotzdem existierte im Westen ein breiter Konsens darüber, wie die Beziehung zwischen den Europäern und der nichteuropäischen Welt beschaffen sein sollte. Die Westmächte beherrschten die nichtwestliche Welt jetzt noch mehr als im 18. Jahrhundert. Indien war fest in der Hand der Briten, Ostindien in der der Holländer. 1840 stand im Zeichen der Demütigung des einst stolzen chinesischen Kaiserreiches. Die westliche Militärmacht war unangefochten. Die Wohlstandskluft zwischen West und Ost, Nord und Süd hatte sich mit der Industrialisierung dramatisch verbreitert,[17] ebenso schwoll die Flut der Rohstoffe an, die aus der nichtwestlichen Welt in den Westen gelangten. Dieser wiederum sandte seine Produkte in die Kolonien zurück und verhinderte mit vielfältigen Kunstgriffen, dass dort eigene Industrien entstanden. Der Weltmarkt war jetzt eine feste Größe, aber der Gesichtskreis der Geschichtsschreibung hatte sich verengt. Während das 18. Jahrhundert noch die englische »Universal History« hervorgebracht hatte, konzentrierten sich die Historiker jetzt ausschließlich auf den Westen und dort besonders auf Europa, und wenn sie sich mit der nichtwestlichen Welt befassten, dann aus der Perspektive der westlichen Kolonialherrschaft. Diese Entwicklung begann schon im 18. Jahrhundert. Die Denker der Aufklärung gingen von der Überlegenheit der westlichen Kultur aus und fanden die nichtwestliche Welt uninteressant, wenngleich William Robertson eine Geschichte beider Amerika[18] schrieb und der Abbé Raynal eine beißende Anklageschrift gegen die europäische Ausbeutung der indigenen Völker in den Kolonien.[19]

In der ersten Hälfte des 19. Jahrhunderts verfassten die Historiker mit wenigen Ausnahmen keine Geschichten Europas mehr, sondern konzentrierten sich zunehmend auf ihre nationale Zugehörigkeit. Eine bemerkenswerte Ausnahme war Leopold von Ranke, der die Nationalstaaten als fundamentale Einheiten im nachrevolutionären Europa betrachtete, Europa aber dennoch als ein Ganzes sah, zusammengehalten vom Gleichgewicht der europäischen Mächte. Sein erstes Buch »Geschichte der romanischen und germanischen Völker von 1494 bis 1514« (1824) untersuchte die Ursprünge des modernen europäischen Staatensystems. Es folgten Werke über das römische Papsttum, über Deutschland im Zeitalter der Reformation und über Serbien, Frankreich und England in der Neuzeit, immer bezogen auf das Zusammenspiel der europäischen Mächte. Aber Ranke war eine Ausnahme; seine Studenten waren weit mehr national orientiert. Nicht die Historiker, sondern die

Philologen waren nach wie vor an Indien und in geringerem Maße auch an China interessiert. Aber ihnen ging es um das alte Indien und China, besonders um die indische Mystik, sie sahen das Ganze romantisch. Zudem konzentrierte sich die Nationalgeschichtsschreibung besonders in Deutschland, aber nicht nur dort, auf den Staat und die Oberschicht; die Gesellschaft und die breite Masse wurden weitgehend ignoriert. Wie wir gesehen haben, war dies weniger der Fall in den Schriften von Guizot und Michelet in Frankreich und von Macaulay in England, die eine liberalere politische Haltung vertraten.

7. Der Niedergang des Liberalismus in der Historiografie

Vielleicht kann man sagen, dass der Nationalismus zumindest bis 1848 liberale Züge trug. Dies traf auch auf die sogenannten Preußischen Historiker zu, bis sie schließlich in den Revolutionen von 1848 mit ihren politischen Programmen scheiterten.[20] Nicht alle Historiker waren Liberale, aber fast alle waren Nationalisten. Vor allem in den ersten Jahren während und nach der Französischen Revolution gab es in Frankreich und Deutschland sogenannte konterrevolutionäre Denker – und in Russland die Slawophilen –, die den Konstitutionalismus bekämpften und eine Rückkehr zu Regimen anstrebten, in denen eine absolutistische Monarchie eng mit einer autoritären, fundamentalistischen Kirche verbündet wäre.[21] Es fällt auf, dass eine Reihe von führenden deutschen Romantikern zum Katholizismus konvertierten. In Frankreich gab es während des ganzen 19. Jahrhunderts und weit in das 20. hinein, bis zum Vichy-Regime unter der nationalsozialistischen Besatzung, außerhalb der Universitäten eine bedeutende royalistische historiografische Tradition, die das Erbe des revolutionären und republikanischen Frankreich bekämpfte.[22]

Nach 1830 entwickelte sich eine demokratische und unter dem Eindruck der beginnenden Industrialisierung sogar sozialistische Historiografie. Karl Marx und Friedrich Engels (1820–1875), die am Vorabend der Revolution von 1848 in ihrem »Kommunistischen Manifest« einen Geschichtsverlauf skizzierten, der zu einer kommunistischen Gesellschaft führte, schrieben zwei wichtige historische Abhandlungen, in denen sie die historische Situation in Deutschland und Frankreich analysierten, um das Scheitern der Revolutionen zu erklären.[23] Aus einer etwas anderen und gemäßigter sozialistischen Position sah Louis Blanc (1811–1882)[24] in der wirtschaftlichen Klasse einen Erklärungsfaktor für die Geschichte der Französischen Revolution und der Julimonarchie, so wie auch Lorenz von Stein (1815–1890)[25] dies aus konservativer

Sicht in seiner Analyse des Klassenkampfes in den 1830er und 1840er Jahren tat. Doch die Liberalen spiegelten in der Mehrzahl in ihren Werken die eigene soziale Herkunft. Liberalismus bedeutete für sie nicht nur die Ablehnung des Absolutismus, sondern auch der Demokratie. Guizot, nicht nur ein führender Historiker, sondern auch ein Politiker, der die Julimonarchie von ihren Anfängen 1830 bis zu ihrem Sturz 1848 bestimmte, ist ein Beispiel hierfür. Für die liberalen Historiker bedeutete Demokratie die Herrschaft der Massen, und die Massen, das war der Mob aus der Terrorherrschaft der Französischen Revolution. Die Herrschaft der Massen, so warnten sie, bedeute die Zerstörung der europäischen Zivilisation, wie sie ihnen vertraut war. Obwohl Liberalismus für den freien Austausch von Gedanken und für Rechtsstaatlichkeit stand, rechtfertigte er auch Polizeimethoden, die subversive Bewegungen und Ideen, die den liberalen Status quo bedrohten, unterdrückten. Das Stimmrecht sollte den besitzenden und gebildeten Klassen vorbehalten bleiben, so wie es in England durch den Reform Act von 1832 geregelt war. Die führenden deutschen Historiker der 1830er und 1840er Jahre, Friedrich Christoph Dahlmann (1785–1860), Heinrich von Sybel (1817–1895) und Johann Gustav Droysen (1808–1884)[26] teilten diese Einstellung ihrer westeuropäischen Kollegen. Dahlmann schrieb Geschichtswerke über die französischen und englischen Revolutionen, wobei er sich eher mit den gemäßigteren Engländern solidarisch erklärte als mit den radikalen Franzosen. Nationalismus und Liberalismus waren für sie nicht voneinander zu trennen. Beide sollten in dem künftigen deutschen Nationalstaat zusammenfließen. Doch der deutsche Nationalismus, der aus dem Kampf gegen Napoleon erwachsen war und in den Befreiungskriegen seinen Höhepunkt erreicht hatte, enthielt eine stark fremdenfeindliche, aggressive Note.[27]

Die meisten Liberalen, Demokraten und auch Sozialisten waren optimistisch. Sie glaubten daran, dass die geschichtliche Entwicklung zu einer gebildeten, gestärkten Zivilgesellschaft führte und dass in den Lebensbedingungen immense Fortschritte erzielt werden würden. Europa war der unumstrittene Führer in diesem Prozess und würde seine Kultur in die weniger glücklichen und unwissenderen Weltregionen tragen.

8. Bilder von Fortschritt und Krise

Aber es gab auch Andersdenkende, die nicht davon überzeugt waren, dass sich die Geschichte auf eine liberale Gesellschaft zubewege oder dass solch eine Gesellschaft überhaupt erstrebenswert sei. Die Saint-Simonisten[28] zum Beispiel und der junge Auguste Comte (1798–1857)[29] waren stattdessen der

Meinung, dass die moderne Welt durch den Individualismus und den Mangel an einem einigenden Glauben in einer tiefen Krise stecke. Sie übernahmen teilweise die Kritik der konterrevolutionären Katholiken an der Moderne und verlangten nach einer Neuordnung, die die Einheit der mittelalterlichen Gesellschaft und ihren Glauben mit einer größeren sozialen Gerechtigkeit verbinden sollte, letztere ermöglicht durch ein autoritäres Regime, dessen Richtschnur nicht die Religion, sondern die Wissenschaft war. Von einem ganz anderen Standpunkt aus wies Alexis de Tocqueville (1805–1859), Staatsmann und Historiker, auf die Gefahren der modernen politischen Entwicklung hin. Grundsätzlich liberalen Wertvorstellungen verpflichtet, glaubte er diese vom Entstehen einer modernen Massengesellschaft bedroht. In seinem Buch »De la démocratie en Amérique« (1833) [dt. »Über die Demokratie in Amerika«, 1987] sah er die zwangsläufige Entwicklung der Demokratie in der modernen westlichen Welt voraus, und Amerika zeige, wie diese Welt beschaffen sein werde. Tocqueville lehnte die Demokratie nicht ab, fürchtete aber, dass sie zu einer Tyrannei der Mehrheit führen und die Vielfalt und den Individualismus der traditionellen europäischen Gesellschaft zerstören werde. Dennoch zeige Amerika auch, wie man die Demokratie mit dem Schutz der Freiheit des Einzelnen verbinden und durch freiwillige Zusammenschlüsse dem Zentralismus des modernen Staates entgegenwirken könne. In einem späteren Werk, »L'Ancien Régime et la Révolution« (1856) [dt. »Der alte Staat und die Revolution«, 2012] zeichnete Tocqueville ein Bild der Französischen Revolution, das deren konterrevolutionäre und liberale Auslegungen revidierte. Für ihn war das Grundthema der Revolution weder Freiheit noch Gleichheit, sie war vielmehr Teil eines Prozesses, der schon unter der französischen Monarchie des 17. und 18. Jahrhunderts seinen Anfang genommen und in dem die Monarchie ältere Freiheiten demontiert und die Macht im Staat immer mehr an sich gerissen habe. Indem die Revolution die Herrschaft der Nation proklamiert habe, habe sie diesen Trend nicht korrigiert, sondern gefestigt und fortgesetzt.

In vielen Punkten stützten sich die liberalen Ideologien der ersten Hälfte des 19. Jahrhunderts auf Gedankengut der Aufklärung, aber es gab fundamentale Unterschiede. Im späten 18. Jahrhundert glaubten Condorcet und Kant an eine Entwicklung, die zu beständigem Frieden und einer weltweiten Konföderation republikanischer Regierungen führen werde. Wie wir gesehen haben, wich diese kosmopolitische Einstellung dem Nationalismus. Aber die Zukunft erschien nicht mehr unter dem Aspekt einer friedlichen Koexistenz der Nationen, wie Herder noch geglaubt hatte, sondern war von kriegerischen Konflikten gezeichnet. In der historischen Literatur spielten dann weder die Idee eines friedlichen Zusammenschlusses europäischer Staaten eine Rolle noch die einer Welt ohne Krieg. Krieg zwischen Nationen, wie ihn Europa seit der Entwicklung des modernen Staatensystems im 16. Jahrhundert kannte, wurde nunmehr als natürlich und unvermeidlich gesehen. Carl von Clausewitz (1780–1831) schrieb in »Vom Kriege« (1832)[30], Krieg sei eine Fortführung der Politik mit anderen Mitteln. Daher der Vorrang der diplomatischen und militärischen Geschichte in der europäischen Historiografie, vor allem, aber nicht ausschließlich, in Preußen. Noch dachte kaum ein Historiker an ideologische Kriege, wie sie in der militanten Phase der Französischen Revolution propagiert worden waren. Ebenso fehlte die Vorstellung von einem Vernichtungskrieg. Kriege mochten zur Ausweitung der Grenzen führen, zu einer Verschiebung der Machtverhältnisse, aber sie hatten letztlich eine Wiederherstellung des Friedens zum Ziel. Und tatsächlich gab es in der Zeit zwischen dem Wiener Kongress 1814/1815, der zwischen den europäischen Großmächten ein System kollektiver Sicherheit etablierte, das jedoch bald zerbrechen sollte, und dem Krimkrieg in den 1850er Jahren keine größeren internationalen Konflikte.

9. Hegels Geschichtsphilosophie

Georg Wilhelm Friedrich Hegels (1770–1831) Geschichtsphilosophie[31] ist nicht repräsentativ für das historische Denken dieser Zeit, auch wenn sie die Eigentümlichkeiten des frühen 19. Jahrhunderts in Deutschland widerspiegelt. Seine spekulativen Gedanken, die im deutschen Idealismus wurzeln, wurden von weniger metaphysisch orientierten Denkern in Westeuropa oder Italien nicht geteilt, und sie sind typisch für den spezifisch bürokratischen Charakter des preußischen Staates. In Preußen hatte es keine Revolution gegeben, aber wie erwähnt waren dem Land Reformen von oben aufgezwungen worden, die zwar die Grundlage für eine bürgerliche Gesellschaft schufen, jedoch die autokratische Macht der Monarchie und die zentrale Rolle der Bürokratie unangetastet ließen. Hier waren zwischen Deutschland und Westeuropa Unterschiede zu finden. Doch mit manchen Gedanken stand Hegel nicht allein, auch wenn er sie dogmatischer und sprachlich verwickelter (wenn nicht sogar dunkel) formulierte. Die erste zentrale Idee war, dass alle Wirklichkeit historisch war. Die Geschichte trat also an die Stelle der abstrakten Philosophie. Es gab keine abstrakten Wahrheiten; alle Wahrheiten mussten im konkreten historischen Umfeld begriffen werden. Die Welt entwickelte sich ständig und folgte einem festgelegten Muster. Hegel sah nun diese Entwicklung als einen Prozess, in dem die Vernunft, die am Anfang der Zeit etwas rein Abstraktes gewesen sei, im Lauf der Geschichte eine konkrete Form annehme. Während dieses Prozesses manifestiere sich die Freiheit schrittweise in gesellschaftlichen und politischen Einrichtungen. Für Hegel gab es nicht die abstrakte Freiheit als universales Prinzip, wie sie die Denker der Aufklärung und die Autoren der französischen »Erklärung der Menschenrechte« vor Augen gehabt hatten; die Freiheit entwickle sich vielmehr im Lauf der Geschichte. Nach den Anfängen in Ostasien unter den orientalischen Despoten, in deren Reich nur der Herrscher frei gewesen sei, habe sie dann verschiedene Stadien durchlaufen bis in die Zeit des postrevolutionären Europa, wo Vernunft und Freiheit zur vollen Reife gelangt seien. Aber nach Hegel wurden die Veränderungen nicht durch direktes Handeln der Menschen herbeigeführt, auch wenn bedeutende Männer wie Alexander der Große (356 v. Chr.–323 v. Chr.) oder Napoleon (1756–1821) den historisch richtigen Moment beim Schopf gepackt hatten und so unwissentlich zu einem Werkzeug der Geschichte geworden waren. Die Veränderung wurde vielmehr bewirkt durch das unpersönliche Agieren dessen, was Hegel als dialektischen Prozess bezeichnete, in dem jedes Stadium der Geschichte und ihrer institutionellen Manifestationen, weil sie Vernunft und Freiheit nur unvollkommen verkörperten, von der nächsthöheren Entwicklungsstufe abgelöst wurde, welcher wiederum aufgrund ihrer Mängel eine noch höhere folgte, bis endlich im postrevolutionären Europa eine Welt entstanden war, die die Vernunft verkörperte und die Freiheit garantierte. Hegel zufolge habe die Französische Revolution zwar den Weg zu diesem Zustand geebnet, sei aber aufgrund ihres Universalismus unvollkommen geblieben. Sie habe Freiheit nur als etwas Abstraktes, auf die allgemeinen Menschenrechte Bezogenes gekannt. In seiner eigenen Zeit glaubte er die Freiheit in den existierenden postrevolutionären Staaten fest verankert, vor allem im Preußen der Restauration, das die bürgerliche Gesellschaft in eine mächtige Monarchie einbette, wo eine aufgeklärte Bürokratie nicht nur für das Wohlergehen gesonderter Interessensgruppen sorge, wie in konstitutionellen oder parlamentarischen Regierungsformen, sondern für das der ganzen Gesellschaft. Geschichte sei damit an ihr Ende gelangt.

Hegel wurde damals außerhalb Deutschlands relativ wenig gelesen. Doch einige zentrale Ideen, vorausgesetzt, man befreie sie erst einmal von ihrer eigenartigen Metaphysik, wurden von Zeitgenossen in der ganzen westlichen Welt geteilt. Dazu gehörte, dass es nur eine Geschichte gab, eine Weltgeschichte, die ihren Höhepunkt im modernen Europa gefunden hatte. Weil nur Europa den Gipfel des Fortschritts repräsentierte, hatte es das Recht und die Pflicht, seine Kultur in den Rest der Welt zu tragen.

Ranke kritisierte den Schematismus von Hegels Philosophie; sie stecke die Geschichte in eine Zwangsjacke, die wenig Raum lasse für Unterschiedlichkeiten und für menschliche Freiheit.³² Doch in zwei Punkten war Ranke ganz ähnlicher Ansicht wie Hegel. Er sah die Staaten als Manifestationen der historischen Vernunft, mit seinen Worten als »Gedanken Gottes«,³³ und wie Hegel sah er Kriege als Hauptakteure jeder Veränderung. Für Hegel repräsentierte der Sieger ein höheres Stadium der Vernunft und deshalb auch der Moral. Ranke kommentierte ganz ähnlich: »[D]u wirst mir wenig wichtige Kriege nennen können, von denen sich nicht nachweisen ließe, daß die wahre moralische Energie den Sieg behauptete.«³⁴

II. Nationalismus und die Transformation der Historiografie im Nahen Osten

1. Die Muslime »entdecken« Europa

Seit den 1790er Jahren hatte Selim III. (Reg. 1789–1807), der neue Sultan des Osmanischen Reiches, eine Reihe von Reformen durchgeführt und damit den Auftakt zu jener Modernisierung gegeben, die die muslimische Welt im 19. Jahrhundert erleben sollte. Trotz der Herausforderung durch europäische Mächte von außen und der Umbrüche im Inneren, mit denen das Osmanische Reich während des ganzen 18. Jahrhunderts konfrontiert gewesen war, hatte es die Krise der territorialen Verluste und Aufteilungen heil überstanden. Gegen Ende des 18. Jahrhunderts ließen die Bestrebungen nach regionaler Unabhängigkeit und Autonomie nach. Und den erneuten Krieg gegen die Erzfeinde Russland und Österreich (1791–1792) vermochten die Osmanen für sich relativ glimpflich zu beenden. All dies erleichterte Selim III. den Weg zur Macht und zu Reformen. Doch er begriff sehr wohl, dass die osmanische Armee, was Ausrüstung und Ausbildung anging, im Vergleich zu den europäischen Gegnern trotz dieses Kriegsausgangs schlecht dastand. So gründete er 1793 neue Militär- und Marineschulen und stellte dort französische Ausbilder ein.

Ungeachtet ihres militärischen Schwerpunkts hatte diese Reform weitreichende Auswirkungen. Sie wurde als Neuordnung (*Nizam-i Cedid*), als neue Phase in der osmanischen Geschichte betrachtet. Durch sie entstanden Kanäle, in denen westliche Ideen in den Nahen Osten fließen konnten; zum Beispiel gab es nun ständige diplomatische Vertretungen in London, Paris, Berlin und Wien, die Antwort Selims III. auf die Gesten seiner europäischen Nachbarn. Die Diplomaten folgten dem Beispiel von Ahmed Resmi Efendi (1700–1783), einem Sondergesandten aus dem vorangegangenen Jahrhundert, der aus Europa Wissen über den Westen aus erster Hand mitbrachte und das Interesse an europäischer Kultur und Geschichte im allgemeinen und an den Ideen und Idealen der Französischen Revolution im besonderen weckte. Wenngleich der Einfluss der Revolution keineswegs groß war, so wirkten sich ihre Vorstellungen von Freiheit, Gleichheit und Nationalität – von Brüderlichkeit war nicht die Rede – doch weithin aus und veränderten das Selbstbild und die Loyalität der Untertanen des Osmanischen Reiches.[35] Diese Veränderung führte auch zu einer Neuorientierung der Geschichtsschreibung unter den muslimischen Türken und anderswo.

Nur in Ägypten hatte die Französische Revolution einen unmittelbaren und starken Einfluss. Im Zuge von Napoleon Bonapartes Invasion in Ägypten 1798, seiner einsamen Flucht zurück nach Frankreich 1799 und der englisch-französischen Rivalität ergriff Muhammad Ali (1769–1848), ein osmanischer Offizier aus Albanien, die Macht und schwang sich zum neuen Herrscher Ägyptens auf. In seiner Regierungszeit zwischen 1805 und 1848 stand Ali an der Spitze der Modernisierung in Ägypten und schuf damit deutliche Unterschiede zu anderen Regionen des Nahen Ostens. Im Gegensatz dazu kam 1807, nach der Absetzung Selims III., die Modernisierung unter der osmanischen Regierung vorübergehend zum Stillstand. In Ägypten und Syrien jedoch, das Ägypten 1830 besetzte, wurde sie mit Höchstgeschwindigkeit durchgeführt. Unter Ali stellte die ägyptische Regierung französische Berater ein, gründete Übersetzerschulen und schickte Studenten nach Frankreich und in andere europäische Länder, damit sie etwas über Militärtechnik, internationales Recht und öffentliche Verwaltung lernten. Muhammad Ali zeigte insofern auch Interesse an Geschichte, als er sich gern mit Alexander dem Großen verglich.[36]

Tatsächlich hatte die französische Besetzung Ägyptens, obwohl von kurzer Dauer, nachhaltige Auswirkungen. Napoleons Expedition nach Ägypten war sowohl militärisch als auch wissenschaftlich motiviert gewesen; außer Fußsoldaten und Kanonen brachte er in seinem Gefolge 170 Orientalisten mit, europäische Intellektuelle, die an nichtwestlichen Kulturen interessiert und auf sie spezialisiert waren, Archäologen, Naturwissenschaftler und Ingenieure, viele von ihnen gehörten zum Institut d'Egypte. Dabei stolperten sie über den Stein von Rosette, der unter den Europäern gewaltiges Interesse an dem geheimnisvollen alten Ägypten weckte. Die spätere Entzifferung der Hieroglyphen auf dem Stein trug zur Geburt der modernen Ägyptologie bei. Als die Franzosen mit der umfassenden »Description de l'Ègypte« eine Inventur der ägyptischen Kultur und Geschichte machten, meldeten sich in den historischen Berichten auch die Muslime zu Wort, doch die meisten Beiträge waren nicht schmeichelhaft. In der Chronik der Jahre 1791–1808 zum Beispiel verglich der Geschichtsschreiber des Osmanenreiches Ahmed Asim Efendi (?-1819) das politische System der Franzosen mit dem »Gegrummel und Geknurre eines verdorbenen Magens«. Außerdem warnte er seine Glaubensbrüder vor dem zügellosen Lebenswandel und den gefährlichen Ideen der Franzosen, die womöglich »die Prinzipien des Heiligen Gesetzes untergruben«.[37]

Es gab aber auch weniger feindselige und abschätzige Beschreibungen der Franzosen seitens muslimischer Historiker, eine davon stammte von Abd al-Rahman al-Dschabarti (1754–1822), dem wir schon im vorhergehenden Kapitel begegnet sind. Als aufmerksamer, wissbegieriger Historiker sah al-Dschabarti etwas, was den meisten seiner Kollegen damals entgangen war. Er bemerkte, dass die Franzosen sein Heimatland wissenschaftlich erkundeten. In seinem Opus magnum »Adscha'ib al-Athar fi'l Taradschim wa'l Akhbar« [dt. »Bonaparte in Ägypten«, 1989] beschrieb er anschaulich die Aktivitäten der französischen Wissenschaftler und Gelehrten, die ihn offensichtlich faszinierten. Er berichtete auch von seinen persönlichen Beziehungen zu den Franzosen. Doch im allgemeinen verfolgte al-Dschabarti ein ganz anderes Interesse an der Geschichte als seine französischen Kollegen. Das wachsende Interesse der Franzosen und anderer Europäer am alten Ägypten beeindruckte ihn zum Beispiel gar nicht. Seine vierbändige Chronik »Bonaparte in Ägypten« umfasste die Zeit zwischen 1688 und 1821. Es war eine zeitgenössische und regionale Geschichte (insofern, als sie überwiegend Ägypten behandelte), geschrieben im traditionellen chronografischen Stil.

Als »Gigant« der islamischen Historiografie war al-Dschabarti höchst angesehen wegen seiner sorgfältigen Erforschung des Materials, der reichhaltigen, detaillierten Darstellung, der unparteiischen Haltung und der unerschrockenen Offenheit, alles Eigenschaften eines Historikers von hohem Rang. Obwohl er zur Zeit von Alis Regentschaft schrieb, schilderte al-Dschabarti diesen modernen Alexander den Großen kritisch, im Gegensatz zu zahlreichen hymnischen Werken (manche von westlichen Gelehrten und Reisenden verfasst), mit denen der Herrscher damals überhäuft wurde.[38] Al-Dschabartis zeitgenössische Berichte über die französische Herrschaft und sein Interpretationsversuch der Veränderungen jener Zeit führten dazu, dass sein Werk von modernen westlichen Historikern enthusiastisch gelobt wurde.[39] Vielleicht öffnete es Letzteren die Augen für die reiche Tradition der Geschichtsschreibung in der islamischen Welt. Wenn also Selim III. genau zwischen der alten und neuen osmanischen Geschichte stand,[40] so nahm al-Dschabarti die gleiche Stellung in der Entwicklung der osmanischen Geschichtsschreibung ein. Sein Werk verband Tradition und Moderne – Letztere dämmerte schon am Horizont herauf.

Doch Tradition und Moderne bildeten im Wandel der islamischen Historiografie keine Dichotomie. Die islamische Tradition der Geschichtsschreibung blieb an der Schwelle zur Moderne durchaus lebendig. Für manche deutet al-Dschabartis Brillanz darauf hin, dass die Tradition zu Beginn des 19. Jahrhunderts eine »Wiederbelebung von innen« erfahren habe. Doch dann heißt es, diese Wiederbelebung sei »durch die Ankunft der französischen Expedition unterbrochen« worden, weil die französische Besatzung eine Wende erzwungen habe, in deren Folge die muslimischen Historiker mehr mit Übersetzen beschäftigt gewesen seien als mit Schreiben.[41] Außerdem gab es keine klare Grenze zwischen traditioneller und moderner Historiografie.

Dank der Geschichtsschreiber des Reiches und der Aufbewahrung der Regierungsakten in der osmanischen Zeit stand den islamischen Historikern des 19. Jahrhunderts eine Fülle von historischen Berichten zur Verfügung. Um sie zu sichten und auszuwerten, entwickelten sie eine gewisse textkritische Sachkenntnis und verstanden es, das scheinbar unermessliche Archivmaterial, das in Istanbul oder den Provinzhauptstädten lagerte, sachkundig in Angriff zu nehmen. Dieses Geschick der amtlichen Historiker, deren Werke Musterbeispiele für das Wachstum der osmanischen und ägyptischen Historiografie im 19. Jahrhundert sind, erregt bis heute die Aufmerksamkeit und das Interesse eines jeden, der sich mit osmanischer Geschichte beschäftigt. Sie liefert gewissermaßen ein »dokumentarisches Rahmenwerk«, das die Entwicklung der Geschichtswissenschaft gleichzeitig bedingt und einschränkt.[42]

2. Wessen Pharaonen? Geschichts(neu)schreibung in Ägypten

Bis zum 18. Jahrhundert waren die muslimischen Historiker bekannt für ihre Gleichgültigkeit europäischer Geschichte und Kultur gegenüber, was gleichermaßen ihrer eigenen religiösen Voreingenommenheit und kulturellen Arroganz wie der Rückständigkeit Europas geschuldet war. Doch zum Ägypten der Pharaonen hatten sie eine andere Einstellung; sie waren nicht nur fasziniert von der beeindruckenden Größe der Pyramiden und der Sphinx, sondern versuchten zum Teil auch, die heidnische Geschichte des alten Ägypten mit dem Aufstieg des Christentums oder, noch glanzvoller und gewichtiger, mit dem Aufstieg des Islam zu vergleichen.[43] Allerdings gibt es nur wenige im Mittelalter verfasste muslimische Schriften über Kultur und Geschichte im alten Ägypten, besonders verglichen mit der umfangreichen Literatur über andere Gebiete. Zudem ist das Meiste ungenau, unsystematisch oder sogar Fantasterei. Der große at-Tabari aus dem 10. Jahrhundert zum Beispiel liefert nicht viel mehr Informationen über Altägypten als das Alte Testament.

Während er in aller Ausführlichkeit über die islamische Herrschaft im Mittelmeerraum berichtet, schenkt er dem griechisch-römischen Jahrtausend Ägyptens wenig Aufmerksamkeit.[44] Trotzdem waren die mittelalterlichen Muslime am pharaonischen Ägypten nicht uninteressiert und standen seinen kulturellen Leistungen nicht gleichgültig gegenüber.

Als die Muslime vom späten 18. Jahrhundert an ihren Blick auf die Welt weiteten, entwickelten sie auch immer mehr Interesse an ihrer »eigenen« Vergangenheit, vor allem an der vorislamischen Geschichte der mediterranen Welt. Im Laufe des 19. Jahrhunderts zog das alte Ägypten zunehmend die Aufmerksamkeit der muslimischen Gelehrten auf sich, und das Studium der ägyptischen Geschichte darf als bemerkenswerteste Leistung der ägyptischen Historiker jener Zeit gelten. Sie ist ein Beispiel für die Modernisierung der islamischen Historiografie, denn der Versuch, die alten Traditionen neu zu beleben, war fester Bestandteil des nationalistischen Projekts der Staatsbildung, das die Muslime angesichts des wachsenden westlichen Einflusses im Nahen Osten verfolgten. Der nationalistische Impuls zwang Gelehrte und Historiker, sich erst einmal eine Gemeinschaft von Einwohnern in einem bestimmten Land vorzustellen und dann in dessen Vergangenheit nach nützlichen und inspirierenden Elementen zu suchen, die seine Existenz legitimieren, eine Staatsgründung rechtfertigen und das Zusammengehörigkeitsgefühl in der Bevölkerung fördern und stärken könnten.[45] So war das Bild von der Gemeinschaft mitunter willkürlich und zeitgebunden und bezeugte in vielen nichtwestlichen Regionen eine Form des Widerstandes gegen die westliche Kolonialisierung. Geschichtsschreibung, produziert von und für die nationale Einbildung, ist teleologisch, insofern die Historiker in einer weit zurückliegenden Vergangenheit die Ursprünge und Entwicklung ihrer Nation aufspüren und dokumentieren, um die vorhandene kulturelle Tradition umzuwandeln und die Erinnerungen an die Vergangenheit neu zu ordnen.

Das Werk von Rifa'ah at-Tahtawi (1801–1873), einem herausragenden Intellektuellen im Ägypten der Neuzeit, steht stellvertretend für dieses im 19. Jahrhundert in Nahost aufbrandende Interesse am alten Ägypten. At-Tahtawi, ein Pädagoge, Journalist, Übersetzer und Literat, spielte im Wandel der modernen islamischen Kultur eine vielseitige Rolle. Doch seine bedeutendste wissenschaftliche Leistung bestand in seinem Bemühen, in der Geschichtswissenschaft fruchtbare Veränderungen herbeizuführen und in der muslimischen Gelehrtenwelt ein Interesse am alten Ägypten zu wecken. Nachdem er weit umhergereist war und den wachsenden Einfluss der europäischen Kultur erlebt hatte, wurde ihm allmählich bewusst, dass die Muslime einer kulturellen Reform bedurften.

In Europa machte sich at-Tahtawi mit den Werken der führenden französischen Orientalisten vertraut, Silvestre de Sacy (1755–1838), Coussin de Perceval (1759–1835), Joseph Reinaud (1795–1867) und Edmond-François Jomard (1777–1862); Letzteren kannte man von der »Description de l'Egypte«. Von diesen Wissenschaftlern lernte at-Tahtawi neue Methoden der Geschichtsforschung, die er später in seinen eigenen Schriften anwandte. Auch er entwickelte ein Interesse am alten Ägypten. Doch anders als die europäischen Orientalisten fühlte er sich vom alten Ägypten angezogen, weil sich damit der ägyptische Nationalismus vorantreiben ließ.

Der wachsende Einfluss des Nationalismus im Vorderen Orient zeigte sich auch in der Suche der muslimischen Historiker des 19. Jahrhunderts nach einem kulturellen und historischen Vermächtnis (meist aus vorislamischer Zeit), mit dem sie sich identifizieren konnten und das zu ihrem Bild von einer nationalen Vergangenheit passte. At-Tahtawis Pionierarbeit in ägyptischer Geschichte, »Anwar Tawfiq al-Dschalil fi Akhbar Misr wa-Tawthiq Bani Isma'il« [Der Glanz des Erhabenen Tawfiq in der Geschichte Ägyptens und der Nachfahren Ismaels] ist ein aufschlussreiches Beispiel. Anders als frühere Werke über die ägyptische Geschichte (von al-Dschabarti und anderen) konzentrierte sich at-Tahtawis Überblick auf die vorislamische Periode, auf die Zeit der Pharaonen, auf Alexander, die Ptolemäer, die Römer und Byzantiner bis zur islamischen Eroberung, eine für einen islamischen Historiker bedeutsame und bahnbrechende Tat. Wie schon erwähnt hatte at-Tabari, wohl der größte Historiker der traditionellen muslimischen Welt, das gesamte griechisch-römische Jahrtausend Ägyptens gar nicht zur Kenntnis genommen. At-Tahtawi hingegen beschrieb es detailliert und maß ihm eine aus islamischer Sicht historische Bedeutung zu. Zudem berücksichtigte er in seinen Schriften über das pharaonische Ägypten jüngste archäologische Funde europäischer Wissenschaftler; das zeigt, wie vertraut er mit der Orientalistik war. Im Zusammenhang mit dem Übersetzungsprojekt hatten at-Tahtawi und seine Schüler wichtige zeitgenössische europäische Werke über das alte Ägypten ins Arabische übersetzt, darunter das von Auguste Mariette (1821–1881), einem berühmten Ägyptologen.

Obwohl at-Tahtawis Studium des vorislamischen Ägypten der europäischen Ägyptologie verpflichtet war, schrieb er seine »Geschichte Ägyptens« mit unmissverständlich nationalistischem Unterton eindeutig für Ägypten. Sein Buch behauptet, dass die ägyptische Kultur im Unterschied zu anderen Kulturen all die Jahrhunderte hindurch in voller Blüte gestanden habe. In den Anfängen, »zur Zeit der Pharaonen, war es [Ägypten] die Mutter aller Nationen auf Erden«. In der folgenden griechisch-römischen Epoche blieb es bei seiner stabilen kulturellen Entwicklung und wurde zu einem Zentrum der Gelehrsamkeit in der antiken Welt. Nach dem Aufstieg des Islam war es ein Dreh- und Angelpunkt der islamischen Kultur und trug zur Verbreitung der Zivilisation in Europa bei. Und sogar in seiner eigenen Zeit, fand at-Tahtawi, habe Ägypten seine Kraft und Herrlichkeit bewahrt, was sich am Sieg über die Franzosen Anfang des 19. Jahrhunderts und am lebhaften Fortschritt unter Muhammad Ali zeige.[46]

Abgesehen von seinem nationalistischen Anliegen wich at-Tahtawis »Geschichte Ägyptens« auch in Methodik und Stil von der traditionellen islamischen Historiografie ab. Er benutzte arabische und nichtarabische Quellen sowie archäologische und geografische Untersuchungen für seinen Bericht, der muslimische Historiker späterer Generationen anregte. Und er behandelte die historische Entwicklung sowohl chronologisch als auch thematisch. Wenn der »Niedergang der Chronik« wirklich ein Anzeichen für den Wandel der muslimischen Historiografie in der Neuzeit war, wurde dieser Prozess am deutlichsten in at-Tahtawis »Geschichte Ägyptens«. Im Gegensatz zu früheren Geschichtswerken experimentierte at-Tahtawi mit der erzählenden Struktur in Bericht und Deutung.[47] Trotz dieser Neuerungen begnügte er sich mit seiner Rolle als politischer und historiografischer Reformer und lehnte radikalere Veränderungen ab. Als früherer Student der al-Azhar-Universität blieb er der islamischen Kultur und Tradition treu; das zeigte sich sowohl in seiner Geschichtsdeutung als auch in seiner Verehrung für den Propheten Muhammad, dem er in seinen letzten Lebensjahren eine neue Biografie widmete.

3. Nationale Identität und Geschichtsschreibung

Nicht nur die Ägypter suchten eifrig nach einem kulturellen Vermächtnis speziell für ihr Land und ihre Kultur, auch die Osmanen, Türken, Syrer, Tunesier und Perser verfolgten bei ihrem Streben nach Bildung einer Nation ähnliche Ziele. Um etwa für das moderne Persien/Iran eine narrative Geschichte schreiben zu können, griffen die Perser auf die mächtige, ruhmreiche persische Kultur in antiken, vorislamischen Zeiten zurück. Zum einen erweckten sie mythische Epen wie das »Dasatir« und das »Schahname« wieder zum Leben, versuchten, den Iran vom Islam zu lösen und rühmten Persien als polyglottes Vielvölkerreich der Antike. Andererseits verlegten sie Adam, Noah, Moses und Jesus in die Zeit von Kayumars, Hushang, Tahmuris und Jamshid, alles angeblich historische Gestalten, die das alte Persien symbolisierten, oder sie ersetzten die einen durch die anderen und schufen damit eine gewaltige historische Erzählung, mit der eine neue, national orientierte Form der Geschichtsschreibung begründet wurde. Im Rückgriff auf epische Quellen und die Werke europäischer Orientalisten beginnt diese nationalistische Historiografie oft mit Kayumars, dem vermeintlichen Schöpfer der Menschheit in den persischen Sagen, und wird fortgeschrieben bis in die Gegenwart des Iran. Nachdem sie die muslimische Zeit als »Fremdherrschaft« abgetan hat, führt sie die zoroastrische Mythologie als die eigentlich iranische ein, die den nationalen »Geist und Charakter« des modernen Iran verkörpert.[48]

Verglichen mit den Ägyptern und Iranern standen die Osmanen vor einer größeren Herausforderung, als sie sich eine Nationalgeschichte konstruieren wollten, denn ihre Kenntnis der frühen türkischen Geschichte war bestenfalls fragmentarisch. Traditionell kannten die Osmanen zweierlei Loyalität, die religiöse gegenüber dem Islam und die politische gegenüber dem osmanischen Staat. Da sich die Osmanen als legitime muslimische Herrscher eines muslimischen Reiches und als Erben der großen Herrscher der muslimischen Vergangenheit betrachteten, schenkten ihre Historiker der vorislamischen Geschichte der Türken und der Türkei wenig Beachtung. Als sich im 19. Jahrhundert der türkische Nationalismus oder Türkismus entwickelte, bemühten sich Journalisten und Historiker wie Ali Suavi (1839–1878) und Süleiman Pascha (?-1892), dem Ursprung der vorislamischen türkischen Geschichte und den militärischen Großtaten der frühen Türken nachzuspüren. Zumeist stützten sich ihre Schriften auf westliche Quellen. Andere nationalistische Geschichtswerke dieser Zeit wie das von Namik Kemal (1840–1888), einem wichtigen intellektuellen Führer, der die persönliche und politische Freiheit, wie sie von der Französischen Revolution vertreten worden war, propagierte und hingebungsvoll die traditionellen islamischen Werte verteidigte, priesen nach wie vor die ruhmreiche muslimische Vergangenheit. Kemal war nicht willens, zwischen islamisch und osmanisch zu unterscheiden. In seinen Schriften erinnerte er seine Leser daran, dass ihr Vaterland solche »nationalen« Helden wie Saladin, Sultan Mahmud II., Sultan Selim I. und Emir Nevruz hervorgebracht habe. Mit anderen Worten, Kemal »empfand es nicht als unvereinbar, in seinen Lobgesang auf die ›Osmanen‹ arabische und persische Muslime des Mittelalters und einen antiken arabischen Kalifen einzubeziehen«. Dabei stand Kemals Geschichtsbild durchaus »im Einklang mit der Einstellung seiner Zeit«.[49]

Die Ideen Freiheit und Nationalismus reizten die Osmanen, und wie Ägypten nahm auch das Osmanische Reich im Laufe des Jahrhunderts eine Reihe von Reformen in Angriff. Die Absetzung Selims III. 1807 war ein Rückschlag für die Reformbewegung, aber sie nahm ihr nicht allen Schwung. Angesichts des wachsenden westlichen Einflusses und der Bedrohung durch ein modernder werdendes Ägypten unter Muhammad Ali entschieden sich die osmanischen Sultane Mahmud II. und sein Sohn Abdülmedschid, die Pionierarbeit von Selim III. fortzusetzen. Um mit Muhammad Ali konkurrieren zu können, schickte Mahmud Studenten nach Europa, ein revolutionärer Schritt. Er ließ nicht nur die von Selim III. gegründeten Militär- und Marineschulen wiederaufleben, sondern gründete selbst neue. Selims Schwerpunkt, die Ausbildung des Heeres und der Marineoffiziere, behielt er bei, ergriff aber auch neue Initiativen und modernisierte das traditionelle Schulwesen. Er gründete Gymnasien und Übersetzungsschulen mit dem Ziel, Beamte heranzubilden. Unterstützt von Schanizade (alias Ataullah Mehmed, 1769–1826), dem Geschichtsschreiber des Sultans, hielten moderne europäische Wissenschaft und Technik Einzug im Reich und in den Klassenzimmern der osmanischen Schulen. Wegen seiner maßgeblichen Rolle bei der Modernisierung beziehungsweise Verwestlichung des Osmanischen Reiches wurde Mahmud II. mit Peter dem Großen von Russland verglichen. In Wirklichkeit trat er in die Fußstapfen seines Cousins Selim III., mehr noch als später sein Sohn Abdülmedschid. Unter Abdülmeschid schlug das Reich einen neuen Kurs ein, die *Tanzimat* oder Neuordnung. Diese *Tanzimat*-Periode zwischen 1839 und 1876 war der Höhepunkt der Verwestlichung des Osmanischen Reichs.

Nicht nur das militärische, finanzielle, juristische, administrative und pädagogische System des Osmanischen Reiches erfuhr eine umfassende Transformation, sondern auch die Geschichtsschreibung. Dies zeigte sich zuerst und vor allem in den Arbeiten der Geschichtsschreiber am Hof des Sultans. Ahmed Asim Efendi zeichnete trotz seiner konservativen Haltung und seiner Verachtung für die europäische Zivilisation ein positives Bild von Peter dem Großen und rühmte die Bemühungen des Zaren um Russlands Stärke, die Mahmud II. so nachhaltig beeindruckt hatten. Ahmed Cevdet Pascha (1822–1895), ein anderer Geschichtsschreiber des Sultans und späterer Unterrichtsminister, benutzte für seine umfangreiche Reichschronik übersetzte europäische Quellen, die er in Ägypten und anderswo gefunden hatte, und verfasste damit das wichtigste Geschichtswerk der *Tanzimat*-Periode. Wie al-Dschabarti gab auch er die traditionelle Form der Chronik nicht auf, lieferte aber, wenn sich die Gelegenheit dazu bot, farbige Beschreibungen und überzeugende Analysen von Ereignissen und Persönlichkeiten, stets auf der Grundlage von sorgfältig geprüften Quellen.[50]

Deutlicher zeigte sich die Veränderung an dem erweiterten historischen Horizont. In der *Tanzimat*-Periode fühlte sich das Osmanische Reich zunehmend bedroht, nicht nur durch die Russen und Österreicher, sondern auch durch die rebellischen Griechen und rivalisierenden Ägypter. Politische Erneuerung und Verstärkung der Grenzen waren das Gebot der Stunde, und so erweiterten die osmanischen Historiker ihr Themenfeld; sie verlagerten ihre Aufmerksamkeit von den Berichten über zeitgenössische Ereignisse – der bisherigen Hauptaufgabe der amtlichen Historiografen – auf die frühe osmanische Geschichte, in der Hoffnung, eine kontinuierliche historische Erzählung konstruieren und das nationale Selbstwertgefühl stärken zu können. Hayrullah Efendi (1817–1876) zum Beispiel nahm sich vor, über jeden einzelnen Sultan der Vergangenheit zu schreiben. Er kam bis zum 17. Jahrhundert. Seine »Tarikh-i devlet-i 'aliyye-i 'osmaniyye« [Geschichte des osmanischen Sultanats] blieb zwar unvollendet, zeigte aber den heranwachsenden Einfluss des sogenannten Osmanismus, einer der wichtigsten geistigen Strömungen in der osmanischen Geschichte des 19. Jahrhunderts. Auch im Werk von Namik Kemal, einem einflussreichen Intellektuellen, dem wir schon begegnet sind, fand sich der Osmanismus stark und beredt vertreten.

Auch die Unterrichtsreform jener Zeit wirkte als treibende Kraft bei den Veränderungen in der islamischen Geschichtsschreibung. Da seit Anfang des 19. Jahrhunderts immer mehr Muslime Interesse an westlicher Kultur zeigten, waren im Nahen Osten neuartige Schulen wie Pilze aus dem Boden geschossen. Die Ägypter und Syrer übernahmen die Führung, aber die Osmanen lagen nicht weit zurück. In der *Tanzimat*-Periode zum Beispiel gab es im Osmanischen Reich heftige Debatten um die Errichtung einer nationalen Universität und eines Systems von Grund- und weiterführenden Schulen, nicht nur in Istanbul, sondern auch in den Provinzen.[51] In den neuen Schulen veränderten sich durch die Vermehrung der Fächer auch die Lehrinhalte. Geschichtsstudium, bisher als zweitrangig, wenn nicht sogar unwichtig betrachtet, hielt langsam Einzug in den Lehrplan. Die an Geschichte interessierten Studenten verlangten nach neuen Lehrbüchern; diese wurden zumeist nach westlichem Vorbild im erzählenden Stil geschrieben und in Kapitel und Abschnitte unterteilt, seltener im traditionellen Chronik-Stil verfasst. Ein gelungener Versuch war Ahmed Vefiq Paschas (1823–1891) »Fezleke-i tarikh-i 'osmani« [Überblick über die osmanische Geschichte], den er während seines diplomatischen Aufenthalts in Frankreich geschrieben hatte. Jahrzehnte später wurde dieser neue Stil von Historiografen des Sultans wie Abdurrahman Scheref (1833–1925) übernommen, der ein weitverbreitetes Lehrbuch zur osmanischen Geschichte geschrieben hat.[52]

Als Unterrichtsminister im Osmanischen Reich versuchte sich Ahmed Cevdet Pascha nicht nur selbst an neuen Formen des historischen Schreibens, sondern half auch anderen dabei, wie Ilyas Matar (1857–1910), dem Autor der ersten Geschichte Syriens. Matars Geschichte verherrlichte das antike Syrien als Wiege der Zivilisation, wo viele Erfindungen und tugendhafte Menschen das Licht der Welt erblickt hätten. Obwohl Matar Syrien nicht eigentlich als politische und nationale Einheit darstellte, war sein nationalistischer Unterton nicht zu überhören. Sein Bemühen spiegelte das wachsende syrische

Nationalbewusstsein, das durch die osmanische Regierung, die damals autonome kulturelle Entwicklungen innerhalb des Reiches förderte, noch gestärkt wurde. Überdies hatte Matar berühmte Vorgänger gehabt, und sein Schreiben hatte von der Unterrichtsreform in Syrien profitiert. Obwohl diese Reform von den Ägyptern ausgegangen war, gewann sie an Schwung, als sich Syrien nach dem Rückzug der Ägypter vermehrt westlichen Einflüssen öffnete. Matar selbst war am Syrian Protestant College ausgebildet worden, einer 1866 von amerikanischen Missionaren gegründeten Hochschule. Er war mit Cevdet befreundet, stand aber auch Butrus al-Bustani (1819–1883) und dessen Sohn Salim Bustani (1848–1884) nahe, zwei liberalen Pädagogen und Journalisten. Obwohl nicht in erster Linie Historiker, beeinflussten die beiden Bustanis Matar durch ihre säkulare Deutung der islamischen Geschichte, die auch das vorislamische Arabien umfasste, und durch einen neuen historischen Blick, geprägt von ihrem syrischen Patriotismus. Die Bustanis förderten und verbreiteten dieses neue Geschichtsbild in ihrer neugegründeten Schule in Beirut und durch Essays in ihrer Zeitschrift »al-Dschinan«, einem der ersten modernen arabischen Journale.[53]

In Ägypten war unter dem Khediven Ismail (Reg. 1863–1879) Ali Mubarak (1823–1893) Unterrichtsminister, ein fähiger Verwaltungsbeamter und vielseitiger Gelehrter, der auch etwas von Ingenieurskunst verstand. Mubarak drängte auf mehr Geschichtsunterricht in den weiterführenden Schulen und nach Gründung des Lehrerkollegs Dar al-Ulum 1871 auch an den Hochschulen. Obwohl Mubarak kein ausgebildeter Historiker war, spielte er bei der Förderung des Geschichtsunterrichts und der Wahrung historischen Wissens im Ägypten des 19. Jahrhunderts eine entscheidende Rolle. Während seiner Amtszeit als Unterrichtsminister in den 1870er Jahren stand in den vierjährigen Sekundarschulen die Geschichte in jedem Jahrgang auf dem Lehrplan. Als Grundlage diente at-Tahtawis wegweisendes Buch über die ägyptische Geschichte. Es ist nicht zuletzt Mubaraks Verdienst, dass in Ägypten eine Nationalbibliothek (Dar al-Kutub) eingerichtet wurde.[54]

4. Brücke zwischen Alt und Neu: Enzyklopädisten und Neuchronisten

Zu Mubaraks Zeit erschien in Ägypten eine neue, interessante Generation von Historikern. Wie Mubarak erhielten sie ihre wissenschaftliche Ausbildung im Westen und bekleideten nach ihrer Rückkehr wichtige Ämter im Unterrichts- und Bauwesen. Amin Sami zum Beispiel leitete einige Zeit das Lehrerseminar, allerdings kannte man ihn eher als langjährigen Leiter einer Eliteschule für den Adel. Ausgebildet in westlicher Wissenschaft ebenso wie in klassischer islamischer Gelehrsamkeit, waren Amin Sami und seine Gesinnungsgenossen auf beiden Gebieten bewandert, weshalb man sie die »Enzyklopädisten« nannte.[55] In ihren Schriften »bezogen sie sich auf at-Tabari, Ibn Abd al-Hakam, al-Masudi, Ibn Chaldun, al-Maqrizi und as-Suyuti ebenso wie auf Voltaire, Rousseau, Montesquieu und den Orientalisten Quatremère«.[56] Dieses Phänomen war nicht auf Ägypten beschränkt. Auch in anderen Regionen, zum Beispiel in dem gleichermaßen verwestlichten Syrien, tauchten um diese Zeit »Enzyklopädisten« auf. Salim Schihadah (1848–1907) und Salim al-Churi (1834–1875), beide aus Beirut, schrieben Enzyklopädien, ebenso Butrus Bustani.[57] Vielleicht am auffälligsten war das ihnen gemeinsame Interesse an der Geschichtsschreibung. Mahmud al-Falaki (1815–1885), ein Astronom und Ingenieur, brillierte später in vorislamischer Geschichte und publizierte nicht nur in Ägypten, sondern auch in Europa. Ali Mubarak war trotz seiner vielfältigen Amtspflichten ein produktiver Schriftsteller, berühmt durch seine zwanzigbändige Enzyklopädie »al-Khitat al-Tawfiqiyyah al-Jadidah«. Seine wissenschaftliche Neugier (so studierte er etwa das Maßsystem der Pyramidenbaumeister) und seine reichhaltigen und gründlichen Beschreibungen des Wandels in Wesen und Kultur des alten Ägyptens machten ihn zu einem berühmten muslimischen Ägyptologen seiner Zeit.[58]

Obwohl diese Historiker nach ihrer wissenschaftlichen Ausbildung und ihrem Wissen ausgesprochen »modern« waren, behielten sie wichtige Elemente aus der traditionellen islamischen Historiografie bei. Mubaraks »al-Khitat al-Tawfiqiyyah« bediente sich, der Titel verrät es, der Khitat-Form (etwa »Beschreibungen«). Amin Sami, Mubaraks Schützling, verfasste den vielbändigen »Taqwim al-Nil« [Nil-Almanach] und verfolgte darin die Entwicklung der ägyptischen Kultur durch die Zeitläufe bis in seine eigene Epoche. Dieser Trend, traditionelle Formen der Geschichtsschreibung wiederzubeleben, hielt sich bis in die späten Jahre des Jahrhunderts in den Werken von Michail Scharubim (1861–1920) und Ismail Sarhank Pascha (1854?–1924). Das ganze 19. Jahrhundert hindurch existierten in Ägypten und anderswo im Nahen Osten traditionelle und moderne Geschichtsschreibung nebeneinander. Einerseits entwickelten die muslimischen Historiker vor allem in Ägypten ein Interesse an der vorislamischen Zeit. Ab der Mitte des 19. Jahrhunderts erregte nicht nur Ali Mubaraks Werk die Aufmerksamkeit der westlichen Ägyptologen, sondern ein ganzer Schwarm muslimischer Ägyptologen wie Mahmud al-Falaki, Ali Bahdschat (1859–?) und Ahmad Kamal (1860–?) veröffentlichte Essays in europäischen Fachzeitschriften. Kamal gebührt zudem die Ehre, als erster moderner Ägypter Hieroglyphen entziffert zu haben, während Nedschib Asim (1861–1935) der erste Turkologe im Osmanischen Reich wurde; er hatte sich in Europa mit der im Entstehen begriffenen Turkologie vertraut gemacht.

Andererseits jedoch behielt die islamische Tradition für viele muslimische Historiker ihre Anziehungskraft, und das aus guten Gründen.[59] Unter Ahmad Bey (Reg. 1837–1855), Muhammad Alis Amtskollegen in Tunesien, wurden in größter Eile Reformen hin auf eine Verwestlichung in Gang gesetzt; die tunesischen Historiker jedoch griffen zurück auf Ibn Chaldun, ihren legendären Vorgänger, und stützten sich auf dessen Vorstellungen, um sich die Ideen Lockes, Voltaires und Montesquieus anzueignen, das Auf und Ab der Muslime in der Vergangenheit zu skizzieren und die Bildung muslimischer Nationen in ihrer Gegenwart zu fördern. Durch ihre Bemühungen wurde Chaldun »für die ganze zweite Hälfte des 19. Jahrhunderts zu einer herausragenden Geistesgröße«, dessen Werk nicht nur in Tunesien, sondern auch in Ägypten und anderswo Interesse erregte. Chalduns Einfluss war bis weit ins 20. Jahrhundert hinein bestimmend für die muslimische Welt.[60]

Viele erstrangige Historiker des Jahrhunderts wie Sami, Scharubim und Sarhank in Ägypten und Ahmed Cevdet Pascha im Osmanischen Reich arbeiteten kreativ und innovativ mit traditionellen Stilrichtungen. Das heißt, als »Neuchronisten« bemühten sie sich um eine Liaison zwischen Chronografie und analytisch-kritischer Geschichtsschreibung. Ihre Werke wurden zwar als Chroniken und geografische Lexika verfasst, doch fehlte es ihnen nicht an kritischem Geist und jener analytischen Schärfe, die man gemeinhin mit der modernen Geschichtsschreibung in Verbindung bringt, und auch monografischen Studien zeigten sie sich gewachsen. Sarhanks »Haqa'ig al-Akhbar 'an Duwal al-Bihar« [Genaue Geschichte der Seemächte] ist ein gutes Beispiel hierfür. In dieser aktuellen Geschichte verwendet Sarhank ganz zwanglos arabische und europäische Quellen und vermittelt Einblicke in die komplexe Geschichte von Aufstieg und Fall von Seefahrernationen. Der Chronikstil scheint diesen Historikern eine unparteiische Haltung ermöglicht zu haben. Scharubims »Al-Kafi fi Ta'rikh Misr al-Qadim wa'l-Hadith« [Endgültige Geschichte des antiken und modernen Ägypten] ist ein Paradebeispiel. Obwohl das Buch auch umstrittene Epochen wie die Regierungszeit von Muhammad Ali behandelt, wurde es für sein faires Urteil und seinen analytischen Blick gelobt. Scharubim wahrte einerseits die Tradition, wusste aber ihre Fehler zu vermeiden – seine Darstellung war eindeutig nicht jene Mixtur aus historischen Quellen, wie man sie bei früheren Gelehrten oft angetroffen hat, sondern ein zuverlässiger, in sich schlüssiger Bericht.[61]

Diese Geschichtswerke, die traditionelle und moderne Historiografie verbanden, waren Kinder ihrer Zeit, der Reformära. Die Reformen waren die Antwort der Muslime auf die Herausforderungen des Westens, aber sie hatten auch das Ziel, die islamische Tradition zu erneuern und wiederzubeleben. In den letzten beiden Jahrzehnten des Jahrhunderts kam es zu einem für die

Reformbewegung bemerkenswerten Umbruch. Der Ausgang des Deutsch-Französischen Krieges führte dazu, dass die Franzosen in der Region an Einfluss verloren, und das schadete der Sache der Reformer im Osmanischen Reich. Ägypten, das seine militärische Stärke jahrzehntelang ausgebaut hatte, erlebte eine ernste Finanzkrise, die in die Urabi-Revolution mündete (1881–1882), wohl die erste nationalistische Bewegung im Nahen Osten. Und sie führte zur britischen Besetzung Ägyptens (1882–1922/52), die die muslimische Welt weiter schwächte und in Stücke riss. Um den westlichen Imperialismus und Kolonialismus abzuwehren, wandten sich immer mehr Muslime dem Nationalismus zu und machten die Staatenbildung zu ihrem Anliegen. Die Entwicklung einer nationalistischen Historiografie war also in vollem Gange; sie wurde zum vorherrschenden Trend in der muslimischen Historiografie des 20. Jahrhunderts.

III. Nationalismus und Wandel in der indischen Historiografie

1. Historiografie in der frühen Kolonialzeit

Wenn wir über indische historische Literatur der Übergangszeit von der vorkolonialen zur kolonialen Epoche, also vom 18. zum 19. Jahrhundert sprechen wollen, stehen wir vor dem Problem, dass wir die jeweilige Auswirkung des europäischen Geschichtsdenkens auf eine Gesellschaft einschätzen müssen, die sich bereits mehr oder minder in einem Modernisierungsprozess befand. Wie erwähnt existierte in Südindien im 18. Jahrhundert und sogar schon früher eine Tradition der Geschichtsschreibung, die in vielen Punkten den modernen Kriterien dieses Genres entsprach, obwohl sie in ältere literarische Formen, etwa in Gedichte, eingebettet war. In Bengalen gab es eine persisch geprägte Geschichtsschreibung, in Prosa verfasst und mit einem eng begrenzten politischen Brennpunkt, aber nichtsdestoweniger eine Historiografie, die sich zuerst mit dem Niedergang der Mogulmacht auseinandersetzte und später mit der neuen politischen Gegebenheit der East India Company. Diese persische Geschichtsschreibung war in ihrer Haltung grundsätzlich moralisch, wenngleich sie säkulare Kausalitätsbegriffe anerkannte. Sie beschrieb die Korruption und den moralischen Verfall unter den Mogulen, verwies aber auch auf die moralischen Schwächen der Engländer. Persisch gepägte Historiker wie Ghulam Hussain Tabatabai (1727/28-?), Autor des Opus magnum des 18. Jahrhunderts »Seir Mutaqherin« (1781), waren sich der Differenzen zur politischen Kultur der East India Company sehr wohl bewusst, und das erzeugte ein neues politisches und historisches Bewusstsein. Die Company hatte 1757 ihren Sieg bei Plassey über den lokalen Machthaber Siraj-ud-daula mit unsauberen Mitteln errungen. Es folgte eine Periode der Gewalt, der Habgier und Plünderung, bis schließlich die Company, ihrerseits bedroht durch die Instabilität, die sie verursacht hatte, sich selbst neu ordnete und reformierte und der Region den Frieden und die Stabilität bescherte, die ihr aufgrund der lokalen politischen Streitereien, an denen die Company ebenfalls nicht unschuldig war, bisher gefehlt hatten. Derlei verwickelte Prozesse wurden von einheimischen Historikern wie Tabatabai kommentiert. Tabatabai berichtete, wie listig und hinterhältig die Company um die Macht pokerte, er schilderte die »Trunksucht und Zügellosigkeit« der Briten und die Unfähigkeit der neuen Herrscher, den Anforderungen an ein gutes Regiment, wie sie der Moralkodex der klassischen politischen Philosophie der Mogulen forderte, gerecht zu werden. Doch er verriet auch einen gewissen Pragmatismus, räumte er doch ein, dass die Präsenz der Briten mehr Stabilität mit sich gebracht habe. Noch bemerkenswerter: Tabatabai begriff das Wesen des modernen Imperialismus, in dem sich ökonomische Ausbeutung mit dem Gefühl kultureller Überlegenheit paarte. So war »Ghulam Hussain vielleicht der erste, der die frühe Herrschaft der East India Company über Ostindien als Kolonialherrschaft bezeichnet hat«.[62] Interessanterweise wurde Tabatabais kritischer Bericht 1789 ins Englische übersetzt.

Autoren wie Tabatabai repräsentierten einen Schreibstil, der typisch war für die alten, gebildeten, verbeamteten Gelehrten, die zwar die Herrschaft der Company kritisierten, aber trotzdem bei der neuen Regierung eine Anstellung zu finden suchten. In ihren Schriften betonten sie, welch wichtige Rolle eine sachkundige, erfahrene Bürokratie für eine gute Regierung spielt. Doch die Briten blieben ihnen gegenüber misstrauisch. Dass diese Werke wenig Einfluss auf die entstehende koloniale Historiografie hatten, zeigt sich daran, dass praktisch alle kolonialen Historiker die muslimischen Regierungen vor der britischen Zeit als despotisch, gewalttätig und ausbeuterisch schilderten. Wie schon im letzten Kapitel erwähnt, handelte es sich hier um das Thema des orientalischen Despotismus, vor dessen Hintergrund die Regierung der Company verherrlicht und gerechtfertigt werden sollte. Wie wir sehen werden, wurde diese spezielle Darstellung der Mogulreiche und muslimischen Könige ebenfalls zu einem entscheidenden Element der nationalistischen Historiografie des späten 19. Jahrhunderts.

Zu Beginn dieses Jahrhunderts unterscheiden wir zwei Arten von Geschichtsschreibung; beide verdanken ihre Gestalt der Präsenz der East India Company. Die erste Spielart wurde von britischen Angestellten der Company geschrieben, die neben ihren Verwaltungsaufgaben noch Zeit fanden, historische Erzählungen zu verfassen. Einige dieser sogenannten Verwaltungshistoriker, zum Beispiel James Stuart Mill, Chef des Prüfungsausschusses in London, hatten niemals auch nur einen Fuß auf den indischen Kontinent gesetzt. In der zweiten Gattung waren hauptsächlich bengalische Hindu-Gelehrte vertreten, *pandits* oder Gelehrte, die im Auftrag des Company College in Fort William, Kalkutta, historische Texte für einfache Sprachlehrbücher schrieben.

Ein wichtiges Motiv des Verwaltungshistorikers war das Sammeln von Informationen, die die Herrschaft der Company rationalisieren und vereinfachen konnten. Um etwa Steuern eintreiben zu können, musste man etwas über lokale Sitten und Gebräuche wissen. Das Ergebnis war eine Verwaltungsgeschichte, wie sie später in den »District Gazetteers« und »Reports on Revenue Settlements« u. a. zum Standard wurde. Aber weil ausreichende lokale Informationen nicht immer zur Hand waren, wurde die Frage nach dem historischen Wissen der Kolonialherren zum Problem. Die Notwendigkeit, sich von lokalen Informationsquellen unabhängig zu machen, die oft als fragwürdig oder gar vorsätzlich irreführend betrachtet wurden, ließ eine ganz zweckorientierte Historiografie entstehen, also eine kolonialistische Historiografie.[63] In dem Maße, wie die Company an Macht gewann, wuchs die Selbstgewissheit hinsichtlich ihrer zivilisierenden, segensreichen Funktion und, daraus folgend, die Verachtung für die indische Vergangenheit und ihre historische Literatur (beziehungsweise das Fehlen einer solchen). Mill haben wir in diesem Zusammenhang bereits erwähnt. Aber selbst Sir Henry Elliot (1808–1853), der später Sekretär des Generalgouverneurs im indischen Außenministerium wurde und zusammen mit John Dowson vom University College in London acht Bände persischer Geschichtsberichte ins Englische übersetzte, die posthum (1867–1877) als »The History of India as Told by its Own Historians« erschienen, unterschätzte die von ihm übersetzten Texte. Elliot führte seinen Lesern nicht nur vor Augen, wie wenig die muslimische Vergangenheit galt, sondern auch, dass es an jeglichem Gespür für die eigene Vergangenheit fehle. Die britische Epoche war eben in jeder Hinsicht über alle Zweifel erhaben.

Die indischen Gelehrten, die für das Fort William College schrieben, waren die ersten einheimischen Historiker des 19. Jahrhunderts. Sie verdienen unsere Aufmerksamkeit vor allem, weil sie nicht auf Persisch schrieben, sondern auf Bengali, und nicht in Gedichtform, sondern in Prosa. Natürlich wurden ihre Arbeiten von der Company zum Zweck des Sprachunterrichts in Auftrag gegeben, und die Company gedachte in Zukunft ohne die ältere persisch fundierte *nawabi*-Bürokratie auszukommen. Drei *pandit*-Arbeiten, von denen wir Kenntnis haben, sind Ramram Basus »Raja Pratapaditya Charita« [Die

Geschichte des Königs Pratapaditya] (1801), Rajiblochan Mukhopadhyays »Maharaj Krishnachandra Rayasya Charitram« [Das Leben des Königs Krishnachandra] (1805) und Mritunjoy Bidyalankars »Rajabali« [Chronik der Könige] (1808). Laut Ranajit Guha sind »alle drei schriftgewordene Schauplätze des literarischen und historiografischen Konflikts zwischen Archaismus und Modernismus«.[64] Basus Werk enthielt zwar mythische Elemente, war aber eindeutig eine rationalistische Geschichte, schon deshalb, weil es als Lehrbuch für die Company fungieren musste, deren Anforderungen seinen epistemischen Charakter bestimmten. Doch dieses Gebot erzeugte nicht zwangsläufig moderne Historiografie. Bidyalankars Schreibstil erinnerte an die Purana-Schriften. Seine »Chronik« war voller Mythologie und Fabeln, Didaktik und Moral und bediente sich offen und unbefangen hinduistischer zyklischer Zeitvorstellungen. Als wichtigste Erklärung für Ereignisse im Leben der Könige galt die himmlische Intervention; auch der Sieg der Engländer bei Plassey wurde damit erklärt. Bemerkenswerterweise nimmt das Buch keinerlei geschichtliche Gliederung in hinduistische, muslimische oder britische Epochen vor, wie sie für die kolonialistischen Berichte seit Mill typisch war; die Könige waren entweder gut oder böse, ihre religiöse Zugehörigkeit spielte keine Rolle. Und weil die Protagonisten Götter und Könige waren, fehlte auch jede Vorstellung von einer Nation.

2. Die neue Pädagogik und die Entstehung eines modernen Geschichtsbewusstseins

In den nächsten Jahrzehnten jedoch wurde die indische Geschichtsschreibung entmythologisiert und rationalisiert. Ein wichtiger Grund für diesen Wandel war der Umstand, dass der Kolonialismus seine Herrschaft immer mit der Geschichte rechtfertigte: Die Merkmale einer guten Regierung, ihre zivilisierende Sendung usw. wurden einer beklagenswerten vorkolonialen Vergangenheit gegenübergestellt. Kolonialistische Werke von Missionaren wie J. C. Marshman (1768–1837), dem Autor von »History of Bengal« und »History of India«, beide 1840 ins Bengali übersetzt, provozierten mit ihren negativen Schilderungen indischer Gebräuche und Kultur eine apologetische Reaktion, die sich derselben rationalistischen Paradigmen bedienen musste. Gopal Maitra, der Übersetzer von Marshman, wies darauf hin, dass sich die fantastischen Sagen des Hinduismus in nichts von den Wundern der Bibel unterschieden. Und vergessen wir nicht, dass auch der Geschichtsunterricht zum Entstehen eines modernisierten Geschichtsbewusstseins beitrug. Geschichte wurde nicht nur in den Missions- und Hochschulen gelehrt, sondern auch in den neuen landessprachlichen Schulen, in denen Beamte und Angestellte für das Empire ausgebildet werden sollten. Diese modernen Schulen, die allmählich die traditionellen *tols, pathshalas* und *madrasas* ersetzten, legten Wert auf einen Lehrplan, der auf die kolonialen Bildungswerte abgestimmt war. Die traditionellen *pathshalas* (Grundschulen) hatten gelehrt, was für das alltägliche Leben vonnöten war; ihr Schwerpunkt lag auf Schreiben und Lesen, Rechnen und Buchführung, nicht auf Geschichte. Doch im zweiten Jahrzehnt des 19. Jahrhunderts wurden viele dieser Schulen mit kostenlosem, gedrucktem Unterrichtsmaterial versorgt, das einer liberalen (nicht nur säkularen) Erziehungsphilosophie entsprach. Geschichte war eines der wichtigsten Fächer in der neuen Pädagogik, und 1844 befahl Generalgouverneur Hardinge die Errichtung von mehr als hundert landessprachlichen Dorfschulen, die diesem neuen Lehrplan folgten.[65] Die neue pädagogische und intellektuelle Bedeutung von Geschichte führte zu wachsendem Interesse an diesem Fach. Die utilitaristische Betonung (besonders an den Missionsschulen) der exemplarischen Leistungen der europäischen Antike und die ganz und gar nicht mustergültigen Leistungen und Aufzeichnungen der alten Inder weckten die Neugier auf »Fakten« und »Fertigkeiten« der indischen Vergangenheit, von der eine frühere Generation liberaler Orientalisten wie William Jones relativ wohlwollend und einfühlsam berichtet hatte.

3. Renaissance der Religion und die Suche nach einer glorreichen Vergangenheit

Da die kolonialistischen Erzählungen die Anwesenheit der Briten in Indien auf die in der Geschichte wirkende Vernunft selbst zurückführten, wurde es notwendig, eine Gegenmythologie zu schaffen, um diese Behauptung zu entkräften. Eine wichtige Metaerzählung stellte dem materialistischen Westen einen spirituellen Osten gegenüber: Das Abendland mochte eine gewisse Bedeutung haben, aber enden würde die Geschichte mit dem Triumph des indischen Geistes. Solche Behauptungen wurden von berühmten Sozial- und Religionsreformern jener Zeit aufgestellt. Reformer wie Rammohun Roy (1772-1833), Dayanand Saraswati (1824-1883) und Vivekananda (1863-1902) waren natürlich keine Historiker. Sie wollten durch Reformbewegungen, die einige Wissenschaftler als »Protestantisierung des Hinduismus« bezeichnet haben, einen älteren, ehrwürdigen, von Zeit und priesterlicher Käuflichkeit nicht korrumpierten Hinduismus wiederbeleben. Aber sie suchten die kulturellen Fundamente für Indiens Erneuerung und Schicksal in den Traditionen der Antike, wo die Kreativität der Menschheit angeblich schon ihre spirituelle und geistige Vollkommenheit erreicht hatte. Die Reform wurde also mit der Wiederbelebung einer Vergangenheit in Verbindung gebracht, und gleichzeitig brach man mit der jüngeren, jämmerlichen und korrupten Vergangenheit, nicht aber mit der Besonderheit Indiens. Man lehnte die Moderne keineswegs ab. Die Reformer hielten ihr Programm für durchaus vereinbar mit der Moderne, da die antike indische Kultur ihrer Meinung nach bereits alle Errungenschaften der rational-technologischen Moderne antizipiert hatte. Auch das ist eine Methode, die Tradition mit den Herausforderungen der Moderne in Einklang zu bringen. Roy erbrachte sogar einen Nachweis gegen die angebliche Geschichtslosigkeit Indiens, und Dayanand, religiöser Reformer und Gründer der hinduistischen Arya-Samaj-Sekte, behauptete, dass jegliche moderne Wissenschaft schon in den Veden enthalten gewesen sei. Natürlich zeugt diese Aussage von einem sehr naiven Bild der vedischen Kultur oder ihres wissenschaftlichen Potenzials. Die Gleichung »indische Vergangenheit ist gleich hinduistische Vergangenheit« unterstellt, die antike indische Gesellschaft sei exklusiv und homogen gewesen und es habe damals eine klar definierte Religion namens »Hinduismus« gegeben. Das trifft aber nicht zu. Noch entscheidender: Die Ideen der hinduistischen Erweckungs- und Reformbewegungen wurden zu einem Element der nationalistischen Historiografie, das die ideologische Grundlage der hinduistischen politischen Bewegungen des 20. Jahrhunderts bildete. Eine Sonderform des Hinduismus, die seine soziale und philosophische Uneinheitlichkeit unter den Teppich kehrte, wurde als notwendige Voraussetzung für soziale Reformen und politische Mobilisierung betrachtet. Und sie lieferte eine Definition des »Indisch-Seins«, die sich mancher radikal-nationalistische Historiograf der Unabhängigkeitsbewegung zunutze machte.

Soziale Reformbestrebungen, die sich an religiösen Grundsätzen orientierten, zeigten sich auch bei der muslimischen Intelligentsia Indiens, zum Beispiel bei dem Pädagogen Sayyid Ahmad Khan (1817–1898), der westliche Bildung und Wissenschaft mit den Vorschriften des Korans in Einklang bringen wollte. Doch die islamische Tradition barg größere Schwierigkeiten, unter anderem deswegen, weil ihre Dogmen strukturierter und eindeutiger waren als die des Hinduismus, der flexibler ausgelegt werden konnte. Weil zudem das Goldene Zeitalter des Islam außerhalb Indiens angesiedelt wurde, ließ sich der Islam nicht ohne weiteres als typisch indisches Kulturelement darstellen. Und schließlich führte der Rückgriff auf die Religion bei beiden Gemeinschaften zu einer Verhärtung der Fronten und schwächte die synkretistischen Tendenzen früherer Zeiten.[66] Dies sollte sich auf spätere nationalistische Schriften auswirken, insbesondere auf die Entwicklung der Zwei-Nationen-Theorie, die 1947 die Teilung Indiens befürwortete.

Natürlich waren diese Sozialreformer keine Berufshistoriker und nahmen kaum Bezug auf tatsächliche historische Gegebenheiten. Aber ihre Anschauungen, die in deutlichem Gegensatz zum Lehrstoff der Kolonialschulen standen, führten bei der indischen Intelligentsia zu einem wachsenden »Hunger nach Geschichte«. Vermittels der Geschichte konnte man die eigene Würde wieder herstellen, vermittels der Geschichte »konnte man über das kollektive Selbstbewusstsein sprechen und es zum Dasein erwecken«.[67] 1838 wurde in Kalkutta die Society for the Acquisition of General Knowledge gegründet, die Lesungen zu verschiedenen Themen der europäischen Bildung veranstaltete. Den ersten Vortrag hielt Reverend Krishna Mohun Bannerjee »Über Wesen und Bedeutung geschichtlicher Studien«; er vertrat die Meinung, dass der Westen seinen Erfolg seinem historischen Selbstverständnis verdanke, der Tatsache, dass er seine eigene Vergangenheit zu würdigen wisse.[68] Bald darauf erschienen zahlreiche regionale und nationale Geschichten, zumeist auf Bengali. So haben wir unter anderem »Bangalar Itihas« [Die Geschichte Bengalens] (1848) des Pädagogen Ishwar Chandra Bidyasagar und »Bharatbarsher Itihas« [Die Geschichte Indiens] (1859) von Kedar Nath Datta. Diese neue Geschichtsschreibung bezog viele Stichworte aus kolonialistischen Historiografien, stellte aber auch viele ihrer Annahmen infrage. So übernahm sie zum Beispiel Mills dreiteilige Periodisierung »hinduistische – muslimische – britische Regentschaft«, lehnte aber dessen negative Beschreibung der indischen Gesellschaft als Region zivilisatorischer Finsternis ab. Indische Historiker orientierten sich lieber an liberalen Orientalisten wie William Jones und Mountstuart Elphinstone (1779–1859), die das antike Indien mit den Kulturen Griechenlands und Roms verglichen und seine Errungenschaften in Philosophie, Astronomie, Mathematik und anderen Wissenschaften rühmten. Viele von ihnen beschrieben die antike Epoche als Goldenes Zeitalter und kamen zu dem Schluss, dass die darauffolgende Ära »muslimischer Herrschaft« eine des Verlusts und des Niedergangs gewesen sei. Auch dies war zum Teil das Ergebnis von Mills Periodisierung, die ihrerseits zurückgriff auf die europäische Einteilung Antike – Mittelalter – Neuzeit. Bezeichnenderweise war die »mittlere« Periode das Dunkle Zeitalter. Das Vorurteil der europäischen Historiografie des 19. Jahrhunderts gegenüber dem Islam, das sich in ihren Büchern über indische Geschichte breitmachte, hatte einigen Einfluss darauf, dass die hinduistisch-indische Identität zu einem historischen Thema wurde, und trug dazu bei, die indische Geschichte zu »kommunalisieren«, wenngleich es auch in den einheimischen Schriften vor Mill keineswegs an antimuslimischen Vorurteilen gefehlt hatte, zum Beispiel in dem Bericht des *pandit* Rajiblochan vom Fort William College über die Verschwörung gegen Siraj-uddaula.[69] Sumit Sarkar hat nachgewiesen, dass sich der Status der Mittelschicht (*bhadralok*) in der hinduistischen Gesellschaft trotz der kolonialen Abhängigkeit seit der Ankunft der Briten verbessert hatte. Die kritische Haltung gegenüber der islamischen Vergangenheit war also die verdrängte Statusangst einer Gesellschaftsschicht, die außerstande war, die Quelle ihres wirtschaftlichen Wohlstands offen zu kritisieren.[70]

4. Die Geburt des rationalistischen Paradigmas

Auch einheimische Historiker übernahmen allmählich die westliche Auffassung, dass es vor den Briten in Indien keine Geschichtsschreibung gegeben habe. So behauptete der Historiker Rajendralal Mitra (1822–1891): der »indischen Literatur fehlt es fast gänzlich an authentischen historischen Berichten«.[71] Wie Partha Chatterjee ausführt, war diese Sichtweise »der alleinige Befund der europäischen Indologie«;[72] den Historikern des Fort William College wäre so etwas nicht in den Sinn gekommen. Es verrät eine wachsende Akzeptanz westlicher Kriterien dafür, was einen echten historischen Bericht ausmacht, sowie den Einfluss des anglisierten Schulsystems und das damit einhergehende Verschwinden des Persischen an Schulen und Hochschulen. Diese Entwicklung führte zu einem stärkeren Bewusstsein für Methodik, Beweisführung und Authentizität und zur Akzeptanz des rationalistisch-positivistischen Geschichtsmodells, das im 19. Jahrhundert im Westen vorherrschte. Geschichte wurde immer mehr von der fiktiven Literatur separiert, und in der zweiten Hälfte des 19. Jahrhunderts erhielt der Begriff *itihasa* seinen endgültigen und eindeutigen Bezug zum Faktischen.[73] Hinsichtlich der Professionalisierung von Forschung, systematischem Sammeln und Verbreiten von Quellenmaterial, auch aus Archäologie, Epigrafik und Numismatik, und der Entwicklung neuer Interpretationstechniken waren britische Institutionen wie die 1784 von William Jones gegründete Asiatic Society führend.[74] Aber auch indische Historiker hinterließen in solchen Institutionen ihre Spuren; so wurde zum Beispiel der oben erwähnte Rajendralal Mitra der erste indische Präsident der Asiatic Society. Von den Historikern an den Hochschulen und Universitäten war der bekannteste der Sanskritgelehrte und Historiker R. G. Bhandarkar (1837–1935), einer der wenigen zu seiner Zeit, deren Forschungen sich auf Originalrecherchen stützten. Bhandarkar versuchte die indische Historiografie dem westlichen Wissenschaftsstandard anzupassen. Mit Ranke bestand er darauf, dass die Fakten für sich sprechen müssten. »Man muss vor allem unparteiisch bleiben, darf nicht im vorliegenden Material etwas finden wollen, was das eigene Volk und Land verherrlicht; andererseits darf man gegen sein Land oder Volk auch kein Vorurteil hegen. Einziges Ziel muss die nackte Wahrheit sein.«[75] Bhandarkar befürwortete die Sozialreform und legte in seinen zahlreichen Vorlesungen dar, wie sehr die hinduistischen Gebräuche seiner Tage von denen der Antike abwichen. Aber er behauptete auch beharrlich, dass nur eine korrekte Methodik die Reform in die richtige Richtung lenken könne. »Wenn wir unsere nationalen Schwachstellen klar erkennen, bereiten wir den Boden für einen gesunden Fortschritt in der Zukunft.«

Auf mannigfache Weise kopierte die indische Geschichtsschreibung der zweiten Hälfte des 19. Jahrhunderts Themen und Motive des kolonialistischen Schrifttums. Sozialgeschichte wurde gleichgesetzt mit »Folklore«, Wirtschaftsgeschichte befasste sich mit Landzuweisungen und Rentabilitätsrechnungen, also mit für die Verwaltung wichtigen Themen. Politische Geschichte war die Geschichte von Königen und später von Generalgouverneuren. Doch diese Historisierung des indischen Denkens bedeutete nicht automatisch Einverständnis mit dem Kolonialismus. Der kolonialistische Begriff vom historischen Wandel hatte für die Inder keine Rolle in der Dynamik der Geschichte vorgesehen. Doch diese Betrachtungsweise wurde nicht länger akzeptiert. Und da es schwierig war, den Kolonialismus offen zu kritisieren, stellten die einheimischen Geschichtswerke die Mittel zur Verfügung, wieder handlungsfähig zu werden, auch wenn die Beispiele für solche Handlungsfähigkeit in der fernen Vergangenheit angesiedelt werden mussten.

5. Die Geburt des nationalistischen Paradigmas

Immer häufiger wurde Geschichte zu Hilfe gerufen, um die verächtlichen Unterstellungen der Orientalisten zu widerlegen. So lagen laut Partha Chatterjee um 1870 bereits die wichtigsten Elemente einer nationalistischen Historiografie vor.[76] Doch Geschichtsschreibung kann auf verschiedene Weise nationalistisch sein. Allererste Voraussetzung ist das Bewusstsein von der Nation als eigenständigem Gebilde, das sich mit einem geografischen und kulturellen Ganzen deckt. Zum zweiten wird die eigene – oft antike – Vergangenheit als wichtigste Quelle für Identität und historisches Schicksal empfunden. Sie wird zum Grundprinzip für Handlungsfähigkeit und Subjektivität, ebenfalls ein Aspekt nationalistischer Geschichtsschreibung. Und schließlich braucht diese das Bewusstsein von der Existenz eines »Anderen«. Dieses Bewusstsein kann, muss aber nicht, zu einer Kritik an diesem Anderen führen, möglicherweise natürlich auch zu einer Kritik am Kolonialismus. Und es kann einen exklusiven Wir-Begriff auslösen und Elemente daraus zu entfernen suchen, die den beiden erstgenannten Definitionen nationalistischer Historiografie zuwiderlaufen.

Eine nationalistische Historiografie Indiens, die sich an eine entschiedene und vehemente Kritik der Kolonialherrschaft wagte, entfaltete sich erst im ersten Jahrzehnt des 20. Jahrhunderts, parallel zur *Swadeshi*-Bewegung (»wirtschaftliche Unabhängigkeit«) und zu revolutionär-terroristischen Strömungen. Bestimmte Seiten des Kolonialismus waren allerdings bereits früher einer kritischen Prüfung unterzogen worden, sogar schon im späten 18. Jahrhundert, wie Kumkum Chatterjee nachgewiesen hat. Doch die ersten einheimischen Beschreibungen einer indischen (nicht nur regionalen) Vergangenheit erschienen erst in den 1850er Jahren. Zu den bedeutendsten zählen die beiden gleichbetitelten, aber eigenständigen Bücher »Bharatbarsher Itihas« [Geschichte Indiens] der bengalischen Historiker Nilmani Basak und Tarinicharan Chattopadhyay.[77] Basak wünschte sich im Vorwort seiner dreibändigen, im Laufe von zwei Jahren herausgegebenen »Geschichte«, der Leser möge die irrige englische Annahme aufgeben, dass die alten Hindus ein Haufen Dummköpfe gewesen seien. Er versicherte, die Vergangenheit könne auf Bengalisch wesentlich authentischer und reizvoller dargestellt werden als auf Englisch. So wurde die Sprache allmählich als Identitätsmerkmal begriffen, was das aufkeimende Nationalbewusstsein stärkte. Vergessen wir nicht, dass das indische Nationaldenken vielerlei Diskurse zum Identitätsproblem ins Leben rief. In Indien entstanden gleichzeitig ein Gefühl für die eigene Herkunft und ein Nationalgefühl. Die Behauptung, ein langsam entstehendes, breites Nationalbewusstsein habe sich schließlich den Regionalismus einverleibt, hält den Fakten nicht stand.[78] So gesehen bestand kein Widerspruch zwischen dem Stolz auf die *matribhasha* (Muttersprache) und dem Nationalbewusstsein, und wie Guha ausführt, wurde während der 1850er Jahre das Wort »Nationalsprache« als Synonym für *matribhasha* verwendet. Die Sprache war also ein ideologisches Zeichen für ethnische Zugehörigkeit und politische Handlungsfähigkeit.[79]

Die neue Historiografie verdankte sich der Verbindung von kolonialem und muttersprachlichem Schulwesen. Als englischsprachige Geschichtswerke für den Gebrauch an Schulen und Universitäten übersetzt werden sollten, blieben ihre Unzulänglichkeiten und Irrtümer nicht unbemerkt. In der zweiten Hälfte des 19. Jahrhunderts begannen einige »Schulbuchhistoriker« (in der Regel Hochschulprofessoren), Geschichten Indiens für die bengalischen Schulen zu schreiben. Diese Bücher versuchten den Stolz auf das heimatliche Erbe zu wecken, indem sie sich mit den Herabsetzungen in den kolonialen Schilderungen auseinandersetzten. So schrieb Kshirodchandra Raychaudhuri 1876 im Vorwort zu seinem Buch: »Ich habe dieses Buch für all jene geschrieben, die durch die Übersetzungen englischer Geschichtsbücher in die Irre geführt worden sind.«[80] Unter anderem wurde die Behauptung zurückgewiesen, dass sich die britische Herrschaft einer unvermeidlichen historischen Notwendigkeit verdanke. Indische Historiker, mittlerweile in europäischer Geschichte, Staatslehre und Staatsphilosophie ausgebildet, behaupteten vielmehr, dass der koloniale Sieg das Ergebnis machiavellistischer Machenschaften gewesen sei. Die Briten hätten die Schlacht bei Plassey aufgrund von Clives Intrigen und Mir Jafars Verrat gewonnen. Der Nawab Siraj-ud-daula sei ein Schurke und Tyrann gewesen. Doch seine Niederlage sei durch Machtpolitik herbeigeführt worden, nicht durch Charakterfehler oder göttliche Strafe.

Wesentlich einflussreicher als Basaks vielbändige »Geschichte« war Tarinicharan Chattopadhyays »Geschichte Indiens«. 1878 erlebte sie schon ihre 18. Auflage und wurde gegen Ende des 19. Jahrhunderts zum meistgenutzten Geschichtsbuch an den bengalischen Schulen. Wie bei Basak ist »Indien« nun eine eigenständige Einheit, ein Land (*desh*), und *desh* stellt auch das Rahmenwerk für die Erzählung dar, nicht mehr eine Königsliste. Wie andere Schulbuchautoren seiner Generation stützte sich Tarinicharan auf englische Bezugssysteme wie zum Beispiel auf das Schema Hindus – Muslime – Briten, das die Vorstellung von Indien als einer zusammenhängenden geografischen Einheit stillschweigend einschloss. Tarinicharan verließ sich auf die indologischen Berichte über das antike Indien, auf die natürlich nur stellenweise Verlass war. Mills vernichtende Darstellung der indischen Vergangenheit wies er zurück; da gefiel ihm Mountstuart Elphinstones »History of India« (1841) schon besser. Das war kein »hegemoniales Schulbuch«[81] wie das von Mill, mit dem man auf jeder Seite kämpfen musste; es warf einen wesentlich wohlwollenderen Blick auf die Errungenschaften der alten Inder in »Philosophie«, »Astronomie und mathematischen Wissenschaften«, »Medizin« usw., wie Elphinstones Kapitelüberschriften lauteten. Damit jedoch die Inder die volle Handlungsfähigkeit wiedererlangen konnten, galt es, zwei wichtige Bereiche anzusprechen. Erstens musste man erklären, warum diese glorreiche Kultur solch einen Niedergang erlitten hatte. Zweitens musste man aufzeigen, dass es an den Indern selbst lag, fortzuführen, was die Briten bereits begonnen hatten, nämlich Indiens Modernisierung. Beiden Themen konnte man sich problemlos widmen, indem man die britische Dreiteilung der indischen Geschichte umformulierte. So »musste das antike Indien zur klassischen Quelle der indischen Moderne werden und die ›muslimische Epoche‹ zum finstersten Mittelalter«.[82] Für Tarinicharan waren die kolonialistischen Schilderungen vollkommen plausibel, all die Beschreibungen der muslimischen Epoche und ihrer Könige, die »versumpft in Trägheit und Sittenlosigkeit, in ihrer Lasterhaftigkeit einem Caligula oder Commodus nacheiferten«, wie Sir Henry Elliot es formulierte. Die grausamen, zügellosen, aber auch religiös fanatischen Eroberer (keine Turko-Afghanen oder Mogulen mehr, sondern

Muslime), die keine Ureinwohner Indiens waren wie die Hindus, sondern ebenso wie ihre Religion von außen kamen, nämlich aus Arabien, hatten die Hindus nicht mit Hilfe göttlicher Intervention besiegt, sondern aufgrund misslicher, unvorhersehbarer Umstände. Die nationalistische Historiografie des späten 19. Jahrhunderts richtete sich also nicht nur gegen die Briten, sondern auch gegen die Muslime.

6. Nationalismus, Kommunalismus und Geschichtsschreibung

Taricharan und Basak skizzierten ein ständig wiederkehrendes Thema: die kulturelle Größe des antiken Indien und den anschließenden Verfall unter der muslimischen Herrschaft. Aber diese Darstellung warf auch die problematische Frage nach der Rolle der Briten auf, die die Hindus von der Tyrannei der muslimischen Missherrschaft befreit hatten. Sobald man jedoch das »Indertum« im Sinne von geografischer und religiöser Identität definierte, waren die christlichen Briten ebenfalls Außenseiter. Und ihre (zugegeben nützlichen) Modernisierungsbemühungen waren der antiken hinduistischen Kultur nicht wesensfremd, wie die sozialen und religiösen Reformer behauptet hatten. Die nationalistische Historiografie Indiens im späten 19. Jahrhundert stellte deshalb die These von der ethnischen Einzigartigkeit Indiens auf, das großherzig genug war, Außenseitern einen Platz einzuräumen. Es war keineswegs die einzige, und wie Partha Chatterjee gezeigt hat, erhob sich auch das schwache Donnergrollen einer alternativen, »dezentrierten« Historiografie.[83] Außerdem erkennen wir bei Basak erste Hinweise auf einen interessanten historiografischen Lagenwechsel, der zu Beginn des nächsten Jahrhunderts noch deutlicher werden sollte, nämlich das Abrücken von einer auf den Staat konzentrierten politischen Geschichte hin zu »einem recht bemerkenswerten und frühzeitigen Interesse an Sozial- und Kulturgeschichte«, das genau zu dem Zeitpunkt seinen Höhepunkt erreichte, als Rankes Geschichtsmodell in Europa die Vorherrschaft antrat.[84] Diese Aufwertung der Kultur gegenüber Königen und Kriegen war zum Teil auch eine Reaktion auf die spärlichen chronologisch haltbaren Daten über die Hinduzeit, damals bereits ein wichtiger methodologischer Aspekt. Und sie vertrat eine Identitätspolitik, die – im Rahmen des breitangelegten Ziels einer intensiveren Beschäftigung mit der Geschichte – der indischen Vergangenheit weniger eine politische als eine kulturelle Bedeutung beimaß. Allerdings basierte die Kultur dieser Historiografie vor allem auf einer gemeinsamen Religion oder Kaste.

Die Reaktionen der Muslime auf die verschiedenen sektiererischen Versionen der indischen Vergangenheit waren nicht minder wehrhaft; auch sie mussten sich mit den kolonialistischen Erzählungen (und ihren hinduistischen Varianten) auseinandersetzen. So erklärte zum Beispiel der bengalische Autor Sayyid Abdul Rahim gewisse negative Seiten der muslimischen Herrschaft mit den Erfordernissen politischer Verantwortung und folglich als Taten, die im Widerspruch zu den Doktrinen des Islam standen. Ein anderer Erklärungsversuch war die Hervorhebung der zivilisatorischen Größe des Islam, der sein eigenes klassisches Zeitalter gehabt und für die Kultur der Menschheit eine bedeutende Rolle gespielt habe. Die britischen und hinduistischen Darstellungen der Muslime als kriegerisch, fanatisch und tyrannisch seien Verleumdungen. Eine wahrheitsgetreue Schilderung der muslimischen Vergangenheit könne nur von Muslimen selbst erbracht werden. In diesem Sinne machten sich Autoren wie Abdul Karim (1863–1943) ans Werk.

7. Profangeschichte und die Entstehung eines Wirtschaftsnationalismus

Auch in anderen Teilen Indiens entwickelte sich eine Geschichtsschreibung in der Landessprache. 1864 schrieb Shiva Prasad (1823–1890) die erste Geschichte Indiens auf Hindi; der Titel seines Buches, »Itihasa Timirnasak« [Geschichte als Zerstörer der Dunkelheit], wies auf das Erkenntnisziel des Buches hin: Geschichte als Anleitung zu positivem Wandel. Geschichte war also nicht nur die Grundlage für kollektives Selbstverständnis, sondern auch der Weg zum Fortschritt. Und der Fortschritt verdankte sich einem Gefühl für Geschichte, das Handlungsfähigkeit mit sich brachte. Selbstverständnis führte zu Selbstentfaltung, und Selbstentfaltung war eigenverantwortliches Tun. So entstand während der 1870er Jahre eine neue Strömung im einheimischen Geschichtsdenken, die sich mit zunehmender Dringlichkeit fragte, ob unter der britischen Herrschaft ein Fortschritt überhaupt möglich sei. Harishchandra aus Benares (1850–1885), ein Schüler von Shiva Prasad, war ein früher Kritiker der Kolonialherrschaft. Diese Entwicklung fiel mit einer Säkularisierung des Reformanliegens zusammen. Mit einer neuen Generation von sozial aktiven Reformern wie Dadabhai Naoroji (1825–1917) und Mahadev Govind Ranade (1842–1901) machte sich gesellschaftlicher Wandel daran, sich von religiösen Konzepten zu separieren, die ihrerseits einen moderneren Fortschrittsgedanken empfahlen. Und obwohl Naoroji und Ranade gegenüber der britischen Herrschaft loyal blieben, schreckten sie nicht davor zurück, diese an ihren eigenen Ansprüchen zu messen und entsprechend zu kritisieren. Für Naoroji war das gegenwärtige Regierungssystem für die Inder destruktiv und despotisch und für die Engländer unbritisch und selbstmörderisch.[85] Besonders schwerwiegend empfanden die Reformer die wirtschaftlichen Konsequenzen der britischen Herrschaft, den »drain of wealth«, (»Ausbeutung«), verursacht durch hohe Steuern und den Kapitalfluss nach England, die sogenannten »Home Charges«. Diese Aussagen stützten sich auf marxistische Analysen, vor allem was die internationale Arbeitsteilung und den imperialistischen Freihandel betraf. Ihre »ökonomisch-nationalistische« Perspektive signalisierte eine Abkehr von religiös grundierter Politik und einer Thematik, die sich auf die antike indische Kultur bezog; zunehmend wurden die Mogulen und andere regionale Dynastien als human und wohltätig beschrieben. Ranade kritisierte die religiöse Historiografie der Revivalisten heftig und fragte ihre Anhänger, zu welchen Ursprüngen sie denn zurückkehren wollten, es gebe ja deren viele und alle Ursprünge seien historisch bedingt.[86] Umgekehrt regten die Wirtschaftsnationalisten an, die politischen Umstände der britischen Wirtschaftspolitik genau zu überprüfen, ein Thema, das schließlich im Mittelpunkt der Debatten des 1885 gegründeten Indischen Nationalkongresses stand.

Die Schlussfolgerungen von Naoroji und Ranade hatten großen Einfluss auf die Schriften des namhaften Historikers und Politikers Romesh Chunder Dutt (1845–1909). Dutt schrieb auch historische Romane, und in Indien war der historische Roman eine Form politischen Handelns, der seine Absicht oft offen eingestand. 1897 veröffentlichte Dutt sein Buch »England and India, A Record of Progress during One Hundred Years«, in dem er nicht nur auf den »drain of wealth« hinwies, sondern auch auf die Deindustrialisierung Indiens durch die britische Massenware. Dutt verwendete als Quelle die »blauen Bücher« der Regierung von Indien und focht somit die geltende Lehrmeinung über die Wohltaten der britischen Regierung auf der Basis kolonialer Berichte an. Er leugnete nicht, dass die Kolonialherrschaft einige Wohltaten gebracht habe, insbesondere die westlich-europäische Bildung. Aber wie Naoroji bezweifelte er den Anspruch der Briten, Vermittler des Fortschritts zu sein, und wies ihren Anspruch mit Hilfe eben dieses Fortschrittsbegriffs zurück.

Die Schlussfolgerungen der Wirtschaftsnationalisten, insbesondere zum Thema »drain of wealth«, wurden zu einem wichtigen Bestandteil des politischen Handelns im frühen 20. Jahrhundert. Die *Shwadeshi*-Bewegung von 1905 stützte sich vor allem auf diese Argumente, obwohl es auch hieß, die nationalistische Bewegung sei um einiges radikaler gewesen als die Historiografie der Wirtschaftsnationalisten, die in vielen Punkten loyal blieben. Doch mit ihrer ökonomischen Erklärung bewiesen sie eine Offenheit gegenüber globalen Prozessen, die viel stärker auf die Zukunft gerichtet war als die Argumente der Revivalisten mit ihrer Stärkung der Handlungsfähigkeit nach kommunitaristischen Grundsätzen.

Die Geschichtsschreibung zur Kolonialepoche Indiens hat im 19. Jahrhundert zum Entstehen eines modernen historischen Bewusstseins beigetragen. Einheimische Historiker lernten moderne, rationalistische Kriterien einer historischen Darstellung zu akzeptieren. Das Fach Geschichte wurde ein anerkannter, wichtiger Wissenszweig. Die Geschichtsschreibung entpuppte sich als wichtiges Werkzeug bei der Formung des entstehenden Nationalbewusstseins. Dieses nationalistische Geschichtsbewusstsein war eher rückwärtsgewandt und neigte insofern zur Nachahmung, als viele versuchten, die herabsetzenden kolonialistischen Schilderungen der indischen Kultur anhand von kolonialistischen Prinzipien zu entkräften. Sie unterteilten die indische Geschichte ebenfalls in drei historische Epochen, deren erste, die Antike, in ihrer Bedeutung nicht geringer eingestuft wurde als das klassische Griechenland oder Rom. Doch die Existenz einer glorreichen Vergangenheit reichte nicht aus, um den gegenwärtigen Zustand kolonialer Abhängigkeit und Entwürdigung zu erklären. Ein Flügel der nationalistischen Historiker erklärte Indiens Schwäche und Niedergang mit der Zeit der muslimischen Herrschaft und ahmte hierin die englischsprachigen Historiker nach. Natürlich waren die nationalistischen Historiker Angehörige einer städtischen Elite, die ihrerseits ein Produkt der Kolonialherrschaft war. Ihre Feindseligkeit gegenüber Indiens islamischem Erbe stand deshalb im Widerspruch zu der einst blühenden synkretistischen Tradition vor allem in den ländlichen Gebieten Bengalens.

KAPITEL 3
Wissenschaftsgeschichte und das Entstehen eines Berufsstands: Veränderungen der Geschichtswissenschaft im 19. Jahrhundert im Westen und in Ostasien[1]

I. Wissenschaftskult und das Paradigma des Nationalstaats (1848–1890)

1. Der politische Kontext der Historiografie

Die Revolutionen von 1848 und 1849 haben sich zwar nicht im gleichen Maß auf Gesellschaft und Geschichtsschreibung ausgewirkt wie die Französische Revolution und die Napoleonische Ära, wohl waren sie aber Teil eines fundamentalen Wandels im politischen, sozialen und intellektuellen Klima der westlichen Welt. Wie zuvor die Französische Revolution konnten sie auch nicht annähernd verwirklichen, was sich ihre Protagonisten erhofft hatten; in mancherlei Hinsicht scheiterten sie kläglich. Sie trugen zum Überleben der alten Strukturen bei, ebneten aber auch den Weg für wichtige Reformen. Die Revolutionen in den deutschen und italienischen Staaten und in Teilen des Habsburgerreichs hatten einen demokratischen Unterton, der sich aus nationalen Bestrebungen speiste; in Deutschland und Italien ging es um nationale Einheit, in Ungarn um Unabhängigkeit; in Frankreich hingegen war Nationalismus kein dringliches Thema, dort mischten sich sozialistische Tendenzen mit demokratischen. Solche Bestrebungen scheiterten überall. 1849 hatten sich die Träume der deutschen und italienischen Revolutionäre von einer nationalen Einigung mit demokratischen Mitteln zerschlagen, in Ungarn machte die von den Habsburgern zu Hilfe gerufene russische Armee der ungarischen Unabhängigkeit ein blutiges Ende, in Frankreich wurde der Arbeiteraufstand vom Juni 1848 von der Nationalgarde niederkartätscht, und Klassenkonflikte führten zur plebiszitären Diktatur von Napoleon III. In Großbritannien waren die Ereignisse weniger spektakulär, dort scheiterte der Versuch der Chartisten, der Arbeiterklasse zum Wahlrecht zu verhelfen.

Schließlich aber konnten die Ziele der Revolutionäre fast überall, wenn auch nur partiell, verwirklicht werden. Das allgemeine Wahlrecht für Männer wurde in Frankreich 1848 eingeführt, in Großbritannien in zwei Phasen als Teil der Reform Acts von 1867 und 1884. In Italien, Österreich und Skandinavien blieb das Wahlrecht eingeschränkt, in Preußen und einigen anderen deutschen Staaten gab es ein nach Klassen organisiertes System, das allgemeine Wahlrecht der Männer für den Reichstag, dessen Macht allerdings beschränkt war, wurde erst 1871 im Deutschen Kaiserreich beschlossen. Frauen durften nirgendwo in Europa wählen, obgleich es gegen Ende des Jahrhunderts in Großbritannien, Deutschland und Skandinavien Frauenrechtsbewegungen gab, etwas später dann auch in den Vereinigten Staaten, wo man Frauen in einigen Staaten im Westen das Wahlrecht zugestand. Immerhin entstand in all diesen Ländern eine breite Wählerschicht und damit die Grundlage für Volksparteien und eine weit gestreute politische Presse.

Die nationale Einigung gelang in Italien 1870, in Deutschland 1871, und Ungarn erhielt seine Unabhängigkeit innerhalb des Habsburgerreichs 1867. Doch die Einigung Italiens und Deutschlands wurde nicht per Parlamentsentscheid verwirklicht, sondern, wie der Preußische Ministerpräsident Otto von Bismarck (1815–1898) es formulierte, durch »Blut und Eisen« in einer Serie von Kriegen. In Deutschland und Italien haben die Historiker bei der Mobilisierung der Öffentlichkeit für die nationale Sache eine bedeutende Rolle gespielt. Viele deutsche Historiker, die 1848 als Abgeordnete des Frankfurter Parlaments mit liberalem Gedankengut sympathisiert hatten, unterstützten nach dem Scheitern der revolutionären Bewegung die preußisch-hohenzollernsche Monarchie. Sie gaben ihre liberale Einstellung zugunsten eines autokratischen Regimes auf, das zumindest ihrem Streben nach politischer Ordnung entgegenkam, indem es die nationale Einigung erreichte, die von der Mittelschicht gewünschten wirtschaftlichen und sozialen Reformen umsetzte und diese so gegen die revolutionäre Bedrohung von unten schützte.[2]

Die Französische Revolution und später die Pariser Kommune von 1871 hatten entsprechende Ängste geschürt. Das labile Gleichgewicht in Rumpf-Deutschland, zu dem zwar polnische, dänische und französische Minderheiten, nicht aber Österreich gehörten und das Autokratie mit begrenztem Parlamentarismus verband, hatte starken Einfluss auf die historische Forschung in Deutschland und führte, anders als in liberaleren westlichen Staaten, zu starker Betonung des Staatsgedankens.

2. Der gesellschaftliche Kontext der Historiografie

Diese politischen Entwicklungen müssen jedoch vor dem Hintergrund fundamentaler Veränderungen in den westlichen Gesellschaften gesehen werden; das gilt ebenso für die Vereinigten Staaten und in geringerem Maße auch für Osteuropa. Sie verdanken sich dem raschen Fortschritt der Industrialisierung ab 1850, der sich wiederum auf das historische Denken auswirkte. Eine bis dahin vorwiegend bäuerliche Gesellschaft machte einer urbanen Gesellschaft Platz, in der sich eine industrielle Arbeiterklasse herausbildete. Auch wenn sich dieser Prozess rasch vollzog, so muss doch betont werden, dass vieles von der traditionellen Ordnung erhalten blieb. Politisch bedeutete das Anwachsen dieser neuen Wählerschaft eine Schwächung der liberalen Mittelstandsparteien und es ermöglichte nicht nur eine Stärkung der Sozialisten, sondern auch der Interessengruppen von Bauern und Handwerkern sowie kleinen Ladenbesitzern, die sich von den wirtschaftlichen Modernisierungen bedroht fühlen mussten. Ein Nebenprodukt dieser Entwicklung war die Judenemanzipation, zumindest in Mittel- und Westeuropa, gleichzeitig entstand in Deutschland, Österreich und Frankreich ein neuer Antisemitismus, brachte man doch die Juden mit dieser neuen Gesellschaftsform in Verbindung.[3]

Die Auswirkungen der technologischen Revolution machten sich denn auch bald bemerkbar. Karl Marx und Friedrich Engels schrieben in ihrem »Kommunistischen Manifest« aus dem beginnenden Jahr 1848: »Die Bourgeoisie hat in ihrer kaum hundertjährigen Klassenherrschaft massenhaftere und kolossalere Produktionskräfte geschaffen als alle vergangenen Generationen zusammen. Unterjochung der Naturkräfte, Maschinerie, Anwendung der Chemie auf Industrie und Ackerbau, Dampfschiffahrt, Eisenbahnen, elektrische Telegrafen, Urbarmachung ganzer Weltteile, Schiffbarmachung der Flüsse, ganze aus dem Boden hervorgestampfte Bevölkerungen – welches frühere Jahrhundert ahnte, daß solche Produktionskräfte im Schoße der gesellschaftlichen Arbeit schlummerten.«[4] Und das war erst der Anfang eines Prozesses, der sich in der zweiten Hälfte des 19. Jahrhunderts noch beschleunigen sollte. Mit dem technischen Fortschritt gingen untrennbar neue wissenschaftliche Entdeckungen einher. In der Literatur wurde die Romantik abgelöst von einem neuen Realismus, der sich im Zuge der Entwicklung einer industriellen Gesellschaft mit ihren spezifischen Konflikten und Nöten zu einem schonungslosen Naturalismus entwickelte und die Verwerfungen der modernen Gesellschaft in den Blick nahm.

3. Die Hinwendung zur »wissenschaftlichen« Geschichtsschreibung

In Studium und Darstellung von Geschichte hatten diese Veränderungen einen Kult der Wissenschaftlichkeit zur Folge, der sich unterschiedlich äußerte. Allgemeine Grundannahmen waren dabei die Vorstellungen vom Fortschreiten der Geschichte und der Überlegenheit der westlichen Zivilisation über den Rest der Welt. Geschichtsschreibung war zu einer »Wissenschaft« geworden, wobei sich drei Konzepte der Forschung abzeichneten, die sich in ihrer Methodik voneinander unterschieden. Alle behaupteten zwar, sich von den philosophischen und metaphysischen Annahmen früherer Historiografie befreit zu haben und streng wissenschaftlich vorzugehen, doch blieben auch sie, wie noch zu zeigen sein wird, ohne empirische Überprüfung ihren philosophischen Vorannahmen verhaftet.

a) Das positivistische Paradigma

Der Begriff Positivismus wird in der Regel mit dem Werk von Auguste Comte (1798–1857) in Verbindung gebracht[5], das auf die französische Aufklärung und in gewissem Grad bis auf Francis Bacon (1561–1621) zurückgeht. Dieser begreift die Geschichte der Menschheit als stetiges Fortschreiten vom Aberglauben in seinen unterschiedlichen religiösen Formen, über die metaphysische Phase bis hin zur modernen, von den blinden Flecken der Religion und Metaphysik gereinigten »positiven« Wissenschaft. Doch dieser Positivismus, weithin als Höhepunkt intellektueller Entwicklung gefeiert, wies gravierende Widersprüche auf. Obwohl er für eine positive Wissenschaft eine empirische Überprüfung forderte, bot er für das eigene System keine derartige Überprüfung an. Er stimmte vielmehr mit den katholischen Denkern des frühen 19. Jahrhunderts überein, die erbittert gegen die Französische Revolution und die Aufklärung opponierten, und wollte eine sogenannte organische Gesellschaft, eine moderne Version des Mittelalters, restaurieren.[6] Comte beklagte, dass es der modernen Menschheit an einer gemeinsamen Doktrin mangele und betrachtete Gedankenfreiheit und Forschung als Krankheiten der modernen Welt. Nicht wie bisher die Religion, sondern die Wissenschaft sollte eine solche Doktrin hervorbringen. In späteren Jahren erklärte er den Positivismus zur »Religion der Menschlichkeit« und die Wissenschaftler zu ihren Priestern. Comtes Positivismus trug eindeutig konservative Züge, was besonders diejenigen ansprach, die sich zwar wissenschaftlich gaben, eine liberale oder gar demokratische Gesellschaft jedoch ablehnten.

Comte hat kein Geschichtswerk hinterlassen, und es wurde auch keines in seinem Sinne geschrieben. Der Historiker, der gemeinhin als Vertreter des

Positivismus gilt, war Henry Thomas Buckle (1821–1862).[7] In seiner »History of Civilization in England« (1857, 1861) [dt. »Geschichte der Civilisation in England«, 1860] versuchte er, eine seiner Meinung nach wissenschaftliche Methode für die Geschichtsschreibung umzusetzen. Für Buckle gelten allein die Naturwissenschaften als wissenschaftlich »und es kann keine Geschichte ohne die Naturwissenschaften geben«.[8] Die Geschichtswissenschaft muss sich vielmehr der gleichen Methoden wie die Naturwissenschaften bedienen, muss wie diese aufgrund eines empirisch bewiesenen Befunds und nachfolgender Analyse zur Formulierung universaler Gesetze gelangen. Buckle ist überzeugt, dass »eine fortgeschrittene Kultur durch die Tendenz gekennzeichnet ist, unseren Glauben an die Allgemeingültigkeit von Ordnung, Methode und Gesetz zu stärken«.[9] Im Gegensatz zu Comte sieht Buckle den Kulminationspunkt der Geschichte in den liberalen Institutionen des modernen England verwirklicht. Letztendlich müsse jedes menschliche Verhalten, einschließlich so persönlicher Handlungen wie das Heiraten, als statistisch zu erfassendes Teilelement kollektiver Phänomene verstanden werden. Buckle war Autodidakt, ein belesener Amateur ohne Universitätsstudium, dessen Verdienst darin liegt, nicht nur Aspekte der Zivilisation und Wissenschaft, sondern auch Literatur und Kunst in seine Betrachtungen einbezogen zu haben. Sein Geschichtswerk hat nicht die Geschichte des Westens oder der ganzen Welt im Blick, sondern ist nationale Geschichtsschreibung. Nach seinem Werk über England wollte er ähnliche Nationalgeschichten zu Frankreich, Spanien und Schottland schreiben, doch der Tod setzte seinen Plänen ein Ende. In Europa ist sein Einfluss auch deshalb begrenzt, weil er sich nicht explizit zu methodischen Fragen geäußert hat. In Japan allerdings hat seine Hervorhebung der »kollektiven Phänomene« eine ganze Generation von Historikern inspiriert, die sich für eine »Geschichte der Zivilisation« (*bunmeishi*) interessierte und auf diese Weise versuchte, ihre historiografische Tradition neu zu beleben.[10]

Ein ähnlicher Versuch unter positivistischen Vorzeichen wurde von dem französischen Historiker und Geschichtsprofessor Hyppolite Taine (1828–1893) in seiner »Histoire de la littérature anglaise« von 1863 unternommen, in der er die Konzepte *race*, *milieu* und *moment* anwendet, die sich aber als zu vage erwiesen, um brauchbare Werkzeuge der Analyse zu sein. Aufgrund dieser Literaturgeschichte und einer Geschichte Frankreichs mit ihrer kritischen Darstellung der Französischen Revolution und deren Erbe wurde Taine 1878 in die Académie française aufgenommen. Sein analytischer Ansatz wurde im weiteren Verlauf des Jahrhunderts eher von Soziologen als von Historikern aufgegriffen.

b) Das Paradigma der deutschen Historischen Schule

Ein deutlich anderer Zugang zur Geschichtswissenschaft bildete sich in Deutschland heraus. Im Gegensatz zu Frankreich verfügten die Historiker hier über eine professionelle Ausbildung und hatten Lehrstühle inne. Ebenso wie ihre französischen Kollegen oder der Engländer Buckle bestanden sie auf wissenschaftlichen Methoden und nannten ihr Fach Geschichtswissenschaft. Doch der Begriff »Wissenschaft« deckt sich im Deutschen nicht unbedingt mit der Bedeutung des Wortes *science* im Englischen oder Französischen. Ihr Modell wissenschaftlicher Fragestellung und Erklärung unterscheidet sich von dem der Naturwissenschaften. Eine Studie kann, auch in den Geistes- oder Geschichtswissenschaften, dann als wissenschaftlich gelten, wenn sie auf systematischen Fragestellungen beruht und einer definierten Methodik folgt. In einer Rezension in der »Historischen Zeitschrift«, dem neu gegründeten Fachorgan der deutschen Historiker, wandte sich Johann Gustav Droysen (1808–1884), Professor für Geschichte in Berlin, explizit gegen das Konzept von Buckle.[11] Während, so argumentiert er, die Naturwissenschaften von totalem Determinismus ausgehen, behandelt die Geschichte jene Aspekte des Lebens, die nicht von vornherein festgelegt sind, eben die Sphäre der menschlichen Freiheit. Das Erfassen von Handlungen, die keiner allgemeinen Gesetzmäßigkeit folgen, sondern Intentionen voraussetzen, die sich in bestimmten Ereignissen, Persönlichkeiten und Institutionen manifestieren, erfordert spezielle Forschungsmethoden. Diese Auffassung geht auf Leopold von Ranke zurück. Die Wissenschaftlichkeit der historischen Forschung zeigt sich im gründlichen Studium der Primärquellen, darf dort aber nicht stehenbleiben.

Ranke wird gemeinhin mit dem Ausspruch zitiert, dass der Historiker die Geschichte nicht zu beurteilen habe, sondern vielmehr darstellen soll, »wie es eigentlich gewesen«, wobei »eigentlich« im Sinne von »tatsächlich« oder von »im Wesentlichen« aufgefasst werden kann.[12] Außerhalb Deutschlands, besonders in Amerika und Frankreich, hat man den Aspekt des Tatsächlichen betont, Geschichte sollte schildern, was wirklich geschah, und über diese Tatsachen nicht hinausgehen.[13] Insofern konnte sie als positivistisch gelten, und zwar nicht, indem sie sich im Sinne von Comte und Buckle auf Generalisierungen richtete, sondern indem sie die Forschung auf eine objektive Rekonstruktion der Ereignisse beschränkte. In Deutschland hingegen war die Fragestellung eher auf »das Wesentliche« gerichtet. Der Ausgangspunkt historischer Forschung war ein sorgfältiges Quellenstudium. Ranke wusste jedoch, dass Geschichte sich nicht in Fakten erschöpft, dass sie vielmehr eine Story erzählen muss. Deshalb schrieb er: »Wissenschaft ist sie [die Historie]: indem sie sammelt, findet, durchdringt; Kunst, indem sie das

Gefundene, Erkannte wieder gestaltet, darstellt. Andre Wissenschaften begnügen sich, das Gefundene schlechthin als solches aufzuzeichnen: bey der Historie gehört das Vermögen der Wiederhervorbringung dazu«. Und obwohl »die Historie auf ein reales [Element] angewiesen ist«, ist sie »als Kunst der Poesie verwandt«.[14]

Ranke war der Überzeugung, dass das Element künstlerischer Imagination, das in eine ernsthafte historische Studie Eingang findet, den Historiker nicht daran hindert, die in sorgfältiger Quellenkritik ermittelten Daten zu einer die Realität nachvollziehenden Erzählung zusammenzufügen. Er löste diese Schwierigkeit, indem er zurückgriff auf Annahmen der idealistischen Philosophie, ja sogar der Religion, und darin keinen Widerspruch zu seiner wissenschaftlichen Perspektive sah. Dennoch ist der Übergang von den durch kritisches Quellenstudium ermittelten Daten zu einer historischen Erzählung, die eine gewisse künstlerische Kreativität fordert, problematisch. Ranke versuchte dieses Problem auf ähnliche Weise zu lösen, wie Wilhelm von Humboldt das bereits in seinem berühmten Aufsatz »Über die Aufgabe des Geschichtsschreibers« von 1821 getan hat: »Die Aufgabe des Geschichtsschreibers ist die Darstellung des Geschehenen« schreibt Humboldt und fährt dann fort, das Geschehene sei »nur zum Theil in der Sinnenwelt sichtbar; das Uebrige muss hinzu empfunden, geschlossen, errathen werden«.[15] Für Humboldt bestand die menschliche Welt aus Individuen, worunter er sowohl Menschen wie auch große soziale Institutionen verstand. Jedes Individuum verkörpere eine einzigartige Idee, die zwar in der realen Welt verankert, zugleich aber ewig sei. Diese Ideen sind somit höchst individuell und lassen sich nicht auf reine Abstraktionen reduzieren. Ranke war überzeugt, dass »die Weltgeschichte nicht ein solch zufälliges Durcheinanderstürmen, Übereinanderherfallen, Nacheinanderfolgen der Staaten und Völker [dar]bietet, wie es beim ersten Blicke wohl aussieht«, sondern »es sind Kräfte, und zwar geistige, Leben hervorbringende, schöpferische Kräfte, selber Leben, es sind moralische Energien, die wir in ihrer Entwickelung erblicken«, die sich uns in den Quellen darbieten. »Zu definieren, unter Abstraktionen zu bringen sind sie nicht; aber anschauen, wahrnehmen kann man sie.«[16] Wie wir bereits im vorigen Kapitel festgestellt haben, ist der Staat für Ranke die höchste sittliche Macht – in seinen Worten die »Gedanken Gottes« –, die die Gesellschaft zusammenhält. Abstrakte Staaten gibt es nicht. »Es gibt etwas, wodurch jeder Staat nicht eine Abteilung des Allgemeinen, sondern wodurch er Leben ist, Individuum, er selber.«[17] Als solches hat er das Bedürfnis, sich auszudehnen und in Machtkämpfen zu behaupten. Doch in solchen Kämpfen und Kriegen triumphiert nicht die schiere Macht, sondern vielmehr eine »genuine sittliche Energie«. Daraus folgt, dass die liberale Auffassung einer Zivilgesellschaft, die die Bedürfnisse und das Streben der Individuen anerkennt, der Autorität des Staates unterzuordnen ist. Wohlfahrt ist nicht das primäre Anliegen des Staates.

Rankes Konzept der Geschichtswissenschaft spielt eine zentrale Rolle in der sogenannten Preußischen Schule, die die deutschen historischen Forschungen der zweiten Hälfte des 19. Jahrhunderts bestimmte.[18] Diese Schule setzte sich zum Teil aus Schülern Rankes zusammen, wie etwa Heinrich von Sybel (1817–1895) und anderen wie Droysen, die sich trotz ihres Eintretens für eine deutsche Einigung unter Führung Preußens von Rankes Neutralitätsgebot distanzierten. Mehr als jeder andere deutsche Historiker des 19. Jahrhunderts hat Droysen in seinem »Grundriss der Historik« (1858) eine systematische Theorie der Geschichte und der historischen Methoden formuliert, die bei deutschen Historikern bis heute Beachtung findet.[19] Droysen geht weiter als Ranke, wenn er betont, dass wir ja die Daten, die wir in den Quellen finden, nicht unmittelbar wahrnehmen, sondern dass es der aktiven Beteiligung des Historikers bedarf, um sie zu rekonstruieren. Für Droysen erfordert historisches Wissen das, was er »Interpretation« nennt.[20] Er stimmt mit Ranke überein, dass das Vertiefen in die Quellen zu einer wahrhaften Kenntnis der Vergangenheit führt, doch weder Droysen noch Ranke haben eine klare Methode, mit der dieses Wissen zu erlangen wäre. Beide verlassen sich letztlich, ungeachtet der Subjektivität, die der Historiker einbringt, auf die Intuition, die Vergangenheit erst so entstehen lässt, wie sie wirklich war. An diesem Punkt kehren beide zu metaphysischen Annahmen zurück, die als solche zu erkennen sie verweigern. Droysen ist ebenso wie Ranke überzeugt, dass in der Geschichte »sittliche Mächte« walten, und Staaten zählen für sie zu diesen Mächten.[21] Dieses Verständnis hat nicht so sehr mit der Auswertung von Daten eines kritischen Quellenstudiums zu tun, sondern mit einem Prozess des Verstehens. Zu diesem gelangt man weniger durch Denken in Begriffen der abstrakten Logik als durch die »ganze geistig-sinnliche Natur« des Forschenden, wie Droysen sagt. Es sei vielmehr »wie ein schöpferischer Akt, wie Lichtfunken zwischen zwei elektrophoren Körpern, wie ein Akt der Empfängnis«.[22] Demnach erfasst der Historiker die Kräfte, die die sittliche Ordnung des Universums und der Gesellschaft ausmachen, ganz spontan. Obgleich sowohl Ranke, wie auch Droysen, Hegels Geschichtsphilosophie als zu dogmatisch und unflexibel zurückwiesen, stimmten sie dennoch mit der Annahme überein, dass die grundlegenden gesellschaftlichen Institutionen Familie, Zivilgesellschaft, Religion und Staat diese Ordnung in aufsteigender Reihenfolge konstituieren.

Aber ist das Methodik? Während Ranke wie auch die Preußische Schule nach ihm darauf bestehen, dass ihr Fortschreiten auf der Basis eines kritischen

Quellenstudiums wissenschaftlich sei, liefert sie das Vertrauen auf die Intuition ideologischer Verzerrungen und politischer Einflussnahme aus. Die politische Philosophie der Preußischen Schule, ausgehend von Ranke, rechtfertigte die deutsche Expansion innerhalb Europas ebenso wie den Versuch, sich als Weltmacht zu etablieren und imperialistische Kontrolle über kolonialisierte Völker zu erlangen. Ausgehend vom sittlichen Charakter des Staates behauptet Droysen, dass Macht im Gegensatz zu Gewalt stets ethisch gerechtfertigt ist. Wenn also der Soldat »verwundet und tötet, verwüstet, brandschatzt« dann tut er dies nur in Erfüllung des ihm gegebenen Befehls; »er handelt nicht als Individuum und nach seiner individuellen Meinung. ... Er handelt gleichsam aus einem höheren Ich ... Mag es dem einzelnen oft hart ankommen ... Er ist in seinem Gewissen völlig sicher, wenn er sich der höheren Pflicht fügt«[23] Hier zeichnet sich bereits der Moralbegriff des Nationalsozialismus ab.

Heinrich von Treitschke (1834–1896),[24] der 1873 nach Rankes Emeritierung dessen Lehrstuhl an der Berliner Universität übernahm und Droysens Kollege wurde, argumentiert ähnlich, wenngleich mit weniger idealisierten Begriffen, wenn er schreibt, dass »immer und immer ... sich die Wahrheit bestätigt, daß nur im Kriege ein Volk zum Volke wird« Kultur existiert nicht ohne die Masse, die einer Elite dient und ihr die zur Kreativität nötige Muße verschafft. Im Krieg, so empfiehlt er, sollten Leben und Besitz von Zivilisten verschont werden, sofern sie nicht mit militärischen Operationen in Konflikt gerieten, dies gelte jedoch nur für »zivilisierte«, mit anderen Worten westliche, Völker; die Gesetze des Krieges schützten keine »Barbaren«, worunter er vornehmlich Schwarze verstand.[25]

Die folgende Generation deutscher Historiker, etwa Max Lenz (1850–1932) und Erich Marcks (1861–1939), riefen zwar zur Rückkehr zu Rankes vermeintlicher Objektivität und Wertneutralität auf, waren in ihrer Verherrlichung von Bismarck und in dem Ruf nach autoritären Führern aber in Wirklichkeit kompromisslose Verfechter eines konservativen Standpunkts und legten Rankes Verständnis von der Stellung der europäischen Großmächte im Weltgeschehen so aus, dass sich damit der deutsche Imperialismus rechtfertigen ließ.[26]

Dennoch müssen wir das eigentümliche Staatsverständnis der preußischen Historiker von der Konzeption der Geschichtswissenschaft trennen, in die es eingebettet war. Letztere verstand sich als Alternative zu dem, was wir oben als positivistischen Standpunkt dargestellt haben. Im Gegensatz zu der dort propagierten Forderung nach Generalisierung und quantitativen, statistischen Methoden, setzte sie sich für Vielfalt und Bedeutung ein und berücksichtigte auch qualitative Faktoren. Wir haben diese Orientierung bislang noch nicht benannt; sie wird gemeinhin als Historismus oder Historizismus bezeichnet, Begriffe, die wir jedoch im Kontext des 19. Jahrhunderts lieber vermeiden wollen, da sie vieldeutig sind und, obgleich auch früher schon gelegentlich präsent, erst um die Jahrhundertwende in Gebrauch kamen.[27]

Diese deutsche Tradition mit ihrer Betonung des Staates richtet ihr Augenmerk vornehmlich auf Militär- und Diplomatiegeschichte, wie sie von führenden politischen Figuren ins Werk gesetzt wird, und lässt soziale, wirtschaftliche und kulturelle Faktoren weitgehend unbeachtet. Doch es gab auch Ausnahmen. Unter dem Einfluss der Industrialisierung und des Entstehens der sich formierenden radikalen Arbeiterbewegung entstand in Deutschland die sogenannte Historische Schule der Nationalökonomie, am prominentesten vertreten durch Gustav von Schmoller (1838–1917).[28] Die widerstreitenden Sichtweisen bei der Erforschung sozialer Phänomene kamen im sogenannten Methodenstreit zwischen Schmoller und dem österreichischen Nationalökonom Carl Menger (1840–1921) zur Sprache, ausgelöst durch Mengers Attacke gegen die deutsche Historische Schule der Nationalökonomie in seiner Schrift »Die Irrthümer des Historismus in der deutschen Nationalökonomie« von 1884. In der Tradition von Adam Smith und David Ricardo sollte die Nationalökonomie laut Menger als Wissenschaft mit abstrakten Modellen arbeiten, die eine die historischen und nationalen Aspekte übersteigende Allgemeingültigkeit beanspruchen konnten. Schmoller lehnte dies ab und behauptete, die Wirtschaft funktioniere in den nationalen und historischen Konstellationen jeweils verschieden, wobei er politischen Faktoren und der zentralen Stellung des Staates bedeutenden Einfluss einräumte.

c) Das marxistische Paradigma

Eine dritte Auffassung von der Geschichtswissenschaft lieferte der Marxismus. Auch wenn er als wohlformulierte, systematische Doktrin gilt, sind die Schriften von Karl Marx und Friedrich Engels (1820–1895) doch eher doktrinär als systematisch und weisen viele Widersprüche auf.[29] Auch hat die marxistische Doktrin im 20. Jahrhundert eine deutlich andere, oft entgegengesetzte Form angenommen. Wir möchten auf zwei Aspekte des Marxschen Denkens hinweisen, die schwer miteinander zu vereinbaren sind. Da ist zunächst Friedrich Engels' materialistische Geschichtsauffassung, die in vielem der oben dargestellten positivistischen Tradition gleicht, dann aber auch eine Kritik am Positivismus, der vieles mit den Annahmen der Historischen Schule gemein hat. Eine knappe Definition von ersterem findet sich in Marxens »Kritik der politischen Ökonomie« (1859), in der er Ansichten vertritt, an denen er sein Leben lang festhalten sollte, von »Die deutsche Ideologie« von 1845 bis zu seinem Tod 1883. Dort heißt es: »In der gesellschaftlichen

Produktion ihres Lebens gehen die Menschen bestimmte, notwendige, von ihrem Willen unabhängige Verhältnisse ein, Produktionsverhältnisse, die einer bestimmten Entwicklungsstufe ihrer materiellen Produktivkräfte entsprechen. Die Gesamtheit dieser Produktionsverhältnisse bildet die ökonomische Struktur der Gesellschaft, die reale Basis, worauf sich ein juristischer und politischer Überbau erhebt und welcher bestimmte gesellschaftliche Bewusstseinsformen entsprechen. Die Produktionsweise des materiellen Lebens bedingt den sozialen, politischen und geistigen Lebensprozess überhaupt. Es ist nicht das Bewusstsein der Menschen, das ihr Sein, sondern umgekehrt ihr gesellschaftliches Sein, das ihr Bewusstsein bestimmt.«[30] Hier wird ein strikter Determinismus postuliert; die Menschen werden von unausweichlichen Entwicklungsgesetzen bestimmt. Wie Buckle und die Positivisten setzt auch Marx eine geschichtliche Entwicklung voraus, der die Menschheit unterworfen ist. Und wie diese geht er davon aus, dass Religion und Metaphysik von positivistischen Wissenschaften in progressiver Richtung abgelöst werden. Aber im Gegensatz zu den Positivisten ist bei ihm die treibende Kraft der Geschichte nicht intellektueller, sondern wirtschaftlicher Art und äußert sich in Klassenkämpfen. In jeder Phase der Geschichte gebe es Unterdrücker und Unterdrückte, und der Staat sei das Instrument, mit dem die Unterdrückten von den Unterdrückern kontrolliert und ausgebeutet werden. Geschichte wird als dynamischer Prozess gesehen, angetrieben von den sich entwickelnden Produktionsweisen und den daraus resultierenden sozialen Konflikten. Marx und Engels unterscheiden zwischen einem utopischen und einem wissenschaftlichen Sozialismus, wobei letzterer nicht von den frommen Absichten wohlmeinender Individuen herbeigeführt wird, sondern von den unausweichlichen Gesetzen der wirtschaftlichen Entwicklung.

Es gibt aber noch eine andere Seite des Marxschen Szientismus, die seinem strengen ökonomischen Determinismus zuwiderläuft. Sehr früh schon, bereits in den »Thesen über Feuerbach« (1845), sieht er den Hauptmangel alles bisherigen Materialismus in der Auffassung, »dass der Gegenstand, die Wirklichkeit, Sinnlichkeit, nur unter der Form des *Objekts* oder der *Anschauung* gefasst wird; nicht aber als *menschliche sinnliche Thätigkeit*«.[31] Wissen aber sei immer ein sozialer Akt, der in einer konkreten sozialen Umgebung stattfindet und die weitere Entwicklung beeinflusst. Daher sei das Erreichen einer kommunistischen Ordnung nicht allein das Resultat unpersönlicher Kräfte, sondern die Folge des Handelns einer revolutionären Klasse. Demnach enthält die Vision, die Geschichte bewege sich auf eine vernünftige Gesellschaftsordnung zu, zugleich eine fundamentale Kritik an einer positivistischen Wissenschaft und Ökonomie. Marx kritisiert in »Das Kapital« die klassische

Ökonomie gleich auf zweifache Weise. Der Kapitalismus sei nicht nur wegen seiner inhärenten Widersprüche zum Scheitern verurteilt, sondern auch deshalb, weil er die ökonomischen Werte über die menschlichen stellt.[32]

d) Gemeinsame Aspekte der drei Paradigmen

Trotz fundamentaler Unterschiede in ihrem Verständnis von Geschichtswissenschaft teilen Positivismus, Historische Schule und Marxismus gewisse Annahmen, die sich nicht wissenschaftlich belegen lassen. Alle drei glauben an den Fortschritt, auch wenn die Historische Schule den Begriff vermeidet und ihn im Falle von Ranke sogar bestreitet. Droysens Formulierung, dass Geschichte ein einheitlicher Prozess sei, der seine Vollendung im Westen gefunden habe, trifft für alle drei Richtungen zu. Droysen unterscheidet dabei zwischen »Geschäften«, die er der Privatsphäre zuordnet, und »Geschichte«, die zur politischen Sphäre gehört. Demnach gibt es »historische« Völker und Nationen und solche, die nicht historisch und daher ohne Belang sind. Selbst Ranke bestreitet in einem ebenfalls bekannten Diktum den formalen Fortschrittsgedanken, indem er behauptet: »... jede Epoche ist unmittelbar zu Gott«,[33] und billigt China und Indien zwar ein fabelhaftes Altertum zu, nicht aber eine Geschichte.[34] Für Buckle, Droysen und Marx spielt sich Geschichte, im Sinne von Weltgeschichte, ausschließlich im Westen ab. Für Droysen und Treitschke wird Weltgeschichte von Einzelpersonen gemacht, die Massen zählen nicht; für Marx hingegen sind es in einem modernen Zeitalter der Bourgeoisie und des Proletariats die Klassen, die eine aktive Rolle in der Geschichte übernehmen, wohingegen er die französische Bauernschaft als einen »Sack von Kartoffeln«[35] abtut, die in der modernen Geschichte keine Rolle spielen. Alle drei rechtfertigen die Expansion der westlichen Mächte in die nichtwestliche Welt sowie deren Ausbeutung. Für Asien hat Marx den Begriff der »asiatischen Produktionsweise« geprägt, die im Gegensatz zur westlichen statisch sei und daher für den Verlauf der geschichtlichen Entwicklung in den vergangenen drei Jahrtausenden keine Rolle gespielt habe. Marx hat in einer Reihe von Aufsätzen anlässlich des Sepoy-Aufstands 1857 in Indien auf den ausbeuterischen Charakter der britischen Kolonialherrschaft hingewiesen, dies aber zugleich als ein notwendiges Durchgangsstadium bezeichnet, wenn denn Indien in die moderne Welt aufgenommen werden wolle. Als solches müsse es eine moderne Bourgeoise herausbilden, um sich schließlich zu einer postkapitalistischen kommunistischen Gesellschaft zu entwickeln.[36] Alle diese Richtungen teilen den Glauben an die zivilisatorische Sendung Deutschlands gegenüber den Völkern des östlichen Europa.

e) Die Professionalisierung der Geschichtswissenschaften

Auch wenn alle drei Paradigmen die »Geschichte in den Rang einer Wissenschaft« erhoben haben, wie Droysen es formulierte[37], so haftet ihnen dennoch ein grundlegender Mangel an. Alle drei behaupten, Geschichte von der Metaphysik befreit zu haben, operieren aber selbst mit metaphysischen Annahmen. Im Fall der Historischen Schule mit ihrer klaren theistischen Ausrichtung ist das offenkundig. Selbst Marx ist, trotz seines erklärten Atheismus, tief in der jüdisch-christlichen Teleologie verwurzelt. Auch wenn er das abstreitet, ist er einer zutiefst teleologischen Vision von der sittlichen Ordnung verpflichtet, die zwar noch nicht erreicht sei, aber unmittelbar bevorstehe. Soziale Konflikte würden sich lösen, und an die Stelle der alten bürgerlichen Gesellschaft werde »eine Assoziation« treten, »in der die freie Entwicklung eines jeden die freie Entwicklung aller ist«.[38]

Obwohl alle drei Paradigmen Anspruch auf Wissenschaftlichkeit erhoben, war keine von ihnen wirklich wissenschaftlich. Sie alle gingen von metaphysischen Annahmen aus, die sie nicht als solche erkannten und die sich einer empirischen Überprüfung entzogen. Dennoch lässt sich in dieser Periode eine zunehmende Professionalisierung der historischen Forschung erkennen, die nun vermehrt an Universitäten oder Forschungseinrichtungen durchgeführt wurde. Bis ins 19. Jahrhundert war Geschichtsschreibung Sache von einzelnen Gelehrten, in seltenen Fällen auch weiblichen Geschlechts; es handelte sich häufig um Persönlichkeiten des öffentlichen Lebens, doch außerhalb Deutschlands oder in Schottland waren sie selten mit Universitäten assoziiert. Wie bereits erwähnt änderte sich das mit Gründung der Universität Berlin im Jahr 1810, wo man sowohl Lehre als auch Forschung betrieb. In einem geringeren Maße war dies zwar auch schon an der 1737 gegründeten Universität Göttingen der Fall gewesen, doch die Art, wie man in Berlin Geschichte erforschte und schrieb, war beispielhaft für andere deutsche Universitäten und schließlich für die ganze Welt. Es war die Deutsche Historische Schule, die die professionelle Historiografie bestimmte, wenngleich sie in anderen Ländern Modifikationen annahm, die jeweilige nationale Traditionen und Umstände spiegelten. Geschichtsforschung wurde erstmals eine akademische Disziplin. Obwohl die Historiker ihren Wissenschaftsbegriff von dem anderer Wissenschaften, insbesondere der Naturwissenschaften, abgrenzten, so übernahmen sie deren institutionellen Rahmen, innerhalb dessen diese Disziplin praktiziert wurde. Historiker zu sein, bedeutete eine bestimmte Lebensform, bedeutete das doch, sich einer langwierigen Ausbildung zu unterziehen, Prüfungen abzulegen, akademische Grade zu erlangen, ganz wie die Wissenschaftler und Forscher in anderen Disziplinen auch. Professionelle

Standesorganisationen und Zeitschriften wurden gegründet, die die Wissenschaftler zu einer Gelehrtenvereinigung zusammenschlossen. Dadurch kam es auch zu einer scharfen Trennung zwischen Amateuren und Professionellen, und nur letztere konnten den Anspruch auf ernsthafte Wissenschaftlichkeit erheben.[39] Historische Forschung konzentrierte sich nun zunehmend an den Universitäten.

Dennoch gab es von Beginn an einen deutlichen Widerspruch zwischen dem wissenschaftlichen Ethos des Historikers und seinem politischen Engagement. Ganz bewusst wird hier die maskuline Form benutzt, denn Frauen waren von diesem Berufsstand praktisch ausgeschlossen. Das war früher in diesem Maße nicht so gewesen. Historikerinnen waren zwar selten, aber es hat sie gegeben.[40] Catherine Macaulay, die im 18. Jahrhundert mit ihrer liberalen Kritik an David Humes Geschichte Englands eine breite Leserschaft erreichte, wurde bereits erwähnt.

Das Phänomen der nationalistischen Geschichtsschreibung blieb nicht auf Deutschland beschränkt. Wir haben schon auf die enge Verbindung von Nationalismus und den groß angelegten Forschungsprojekten zur Sammlung und Herausgabe mittelalterlicher Quellen hingewiesen, etwa die 1819 in Deutschland begonnenen *Monumenta Germaniae Historica*, die in anderen Ländern bald zahlreiche Nachahmer fanden. Dieses Projekt mit dem Standort München war zwar nicht direkt an die Universität angeschlossen, beschäftigte aber professionelle Historiker. Die Berufung der Gelehrten auf akademische Lehrstühle blieb natürlich nicht ohne Folgen für die politische Orientierung der Historiker,[41] selbst wenn diese relativ unbeeinflusst vom Staat schreiben und forschen konnten. Bestimmten Personengruppen wurde der Zugang zur universitären Lehre von vornherein verwehrt. Die Frauen haben wir bereits erwähnt. Auch Juden waren lange Zeit ausgeschlossen, es sei denn sie konvertierten; das half allerdings auch nur so lange, bis der religiöse Antijudaismus im Ausgang des 19. Jahrhunderts in rassistischen Antisemitismus umschlug.[42] Auch die Katholiken hatten kaum Zugang zu den vornehmlich protestantischen Universitäten in Deutschland. Die Berufungspolitik führte außerdem zu einem hohen Maß an politischer Konformität,[43] obwohl sich vor der Revolution von 1848 eine ansehnliche Zahl von Historikern für liberale Reformen ausgesprochen hatte. Dennoch spielten sie bei der Verbreitung des Ideals von der nationalen Einheit, deren Ursprünge sie, in einem Anachronismus, in der mittelalterlichen und frühmodernen Vergangenheit suchten, eine bedeutende Rolle und begründeten, wie etwa Droysen und Sybel, auf diese Weise eine nationale Geschichtsschreibung.

Es ist interessant, dass sich das System der modernen Universität nach dem Muster Berlins ausgerechnet in Deutschland durchsetzte und nicht etwa in

England oder den Vereinigten Staaten, wo man hinsichtlich politischer und ökonomischer Modernisierung viel fortschrittlicher war und wo das Modell der forschungsorientierten deutschen Universität erst ziemlich spät und auch nur teilweise verwirklicht wurde. Der Zweck der reformierten deutschen Universität lag nicht in der Vermittlung einer liberalen Erziehung – diese Aufgabe fiel den höheren Lehranstalten, zuvorderst den humanistischen Gymnasien zu –, sondern vielmehr darin, die Studenten an die Forschung heranzuführen. Die Vorlesung, die vor dem 19. Jahrhundert an deutschen Universitäten eine so tragende Rolle gespielt hatte, wurde nun durch das Forschungsseminar ergänzt. Bereits kurz nach der Mitte des Jahrhunderts hatte sich das Berliner Modell an den deutschsprachigen Universitäten bereits weitgehend durchgesetzt, und bald darauf auch außerhalb Deutschlands. In vielen europäischen Ländern, den Vereinigten Staaten und Japan wurden historische Zeitschriften gegründet, die Anspruch auf Professionalität erheben konnten und sich an der »Historischen Zeitschrift« orientierten, die 1859 unter der Herausgeberschaft von Heinrich von Sybel ins Leben gerufen worden war. In Frankreich wurde 1876 die »Revue Historique« gegründet, 1884 die »Revista Storica Italiana«, 1886 die »English Historical Review«, 1889 in Japan die »Shigaku zasshi« [Historische Zeitschrift] und 1895 die »American Historical Review«. In Dänemark war die »Historisk Tijdsskrift« bereits 1840 erstmals erschienen. In den drei letzten Dekaden des 19. Jahrhunderts sind zudem in allen südosteuropäischen Ländern wie auch in Ungarn, Polen und Russland viele historische Fachorgane entstanden. Gleichzeitig wandelte sich die Art der Geschichtsvermittlung in allen westlichen Ländern, einschließlich Lateinamerika und Japan, wohin der junge Ludwig Rieß (1861–1928), ein in der Tradition Rankes ausgebildeter Historiker, 1880 eingeladen wurde, um die Historische Abteilung an der Universität Tokyo aufzubauen.[44] 1868 wurde in Paris die Ecole Pratique des Hautes Etudes gegründet, wo man ebenfalls das Seminar einführte. Nach Frankreichs Niederlage im französisch-preußischen Krieg von 1870–1871 wurde das französische Universitätssystem mit seiner starken Forschungsorientierung wiederbelebt.[45] Ähnliches galt, allerdings in geringerem Ausmaß, für die Vereinigten Staaten.[46] Die Aufgabe der amerikanischen Colleges bestand, vergleichbar den englischen und schottischen Universitäten, in der Vermittlung einer liberalen Bildung. 1876 gab es an der Johns Hopkins University in Baltimore das erste Graduiertenprogramm für Geschichte, das zur Promotion führte und am deutschen Vorbild ausgerichtet war; bald darauf folgten weitere große private und staatliche Universitäten im mittleren Westen diesem Beispiel. Zunächst in Griechenland, dann in ganz Südosteuropa kam es in der höheren Bildung zu ähnlichen Entwicklungen, die explizit auf eine Stärkung der nationalen Sache ausgerichtet waren.[47]

Bereits in den 1880er Jahren verfügten alle diese westlichen Länder wie auch Japan über Standesorganisationen für Historiker.

Die Vertreter dieses neuen Berufsstands wiesen zumeist zwei Charakteristiken auf; sie waren stramm nationalistisch gesinnt und konzentrierten sich in der Politik auf die Staatsebene, also auf Diplomatie und Militär, an Sozial- und Kulturgeschichte waren sie hingegen nicht interessiert. Ranke hatte die Nation als größte politische Einheit im Europa seiner Zeit erkannt, was ihn aber nicht daran hinderte, auch Geschichtswerke über nichtdeutsche Staaten wie Frankreich und Großbritannien zu schreiben. Insofern blieb er Europäer. Doch die Historiker, die nach ihm kamen, einige seiner Studenten wie Heinrich von Sybel eingeschlossen, warfen ihm vor, sich nicht entschieden genug für die nationale Einheit einzusetzen, und kritisierten ihn für seine Forderung nach Unparteilichkeit des Historikers. Dabei war die »Unparteilichkeit«, die Ranke vorgeschwebt hatte, keineswegs neutral. Er war der festen Ansicht, ein Historiker, der den Lauf der Geschichte unparteiisch betrachte, müsse sowohl die reaktionären Kräfte, die zum alten Regime zurückkehren wollten, wie auch die Radikalen mit ihrer Forderung nach liberalen und demokratischen Reformen zurückweisen.[48] Vielmehr müsse er, da war er sich mit Edmund Burke einig, im konservativen Status quo das Resultat der historischen Kräfte erkennen. Sybel hingegen erkannte zwar die Notwendigkeit kritischen Quellenstudiums an, hielt aber daran fest, dass »jeder Historiker, der in unserer Literatur etwas bedeutete, hatte … seine Farbe; es gab religiöse und atheistische, protestantische und katholische, liberale und konservative, es gab Geschichtsschreiber von allen Parteien, aber es gab keine objektiven, unparteiischen, blut- und nervenlose Historiker mehr.«[49]

Es gab wenige umfassende Geschichten Europas und keine einzige Weltgeschichte. Selbst in Lateinamerika entstand keine umfassende Geschichte Lateinamerikas, es wurden nur nationale Geschichtswerke verfasst. Ranke begann, bereits über achtzigjährig, eine Weltgeschichte zu schreiben, wie er es immer vorgehabt hatte, allerdings war das streng genommen eine Geschichte Europas und seiner antiken mediterranen Ursprünge.

Außerhalb Deutschlands ist Ranke vielfach missverstanden worden, weil sein Diktum »wie es eigentlich gewesen« aus dem theoretischen Kontext gerissen wurde. 1885, ein Jahr vor seinem Tod, wurde er von der American Historical Association zum ersten Ehrenmitglied gewählt, da man in ihm den »Vater der Geschichtswissenschaft« sah. Ranke galt nun als Positivist, obwohl er wenig mit Comte oder Buckle gemein hatte. Herbert Baxter Adams (1850–1901) von der Johns Hopkins University schrieb: »Ranke legte fest, dass man sich streng an die Fakten zu halten habe, nicht predigen und nicht moralisieren und nichts ausschmücken, sondern nur die schlichte historische

Wahrheit erzählen dürfe.« Ephraim Emerton (1851–1935) von der Harvard University sah in Ranke den Begründer einer »Lehre der wahren historischen Methode« und kommentierte: »Wenn es zu wählen gilt zwischen einer historischen Schule, deren Hauptmerkmal der Geist ist, und einer, welche auf der größten verfügbaren Zahl an erfassten Fakten basiert, so dürfen wir nicht zögern. ... Ausbildung ist an die Stelle von Brillanz getreten, und die ganze Welt profitiert heute davon.«[50] So wurde Ranke zum engstirnigen Spezialisten stilisiert, wo er doch stets bestritten hatte, nur für Spezialisten zu schreiben, sondern einem breiten Publikum Einblick in die Wirkkräfte der Geschichte geben wollte.

Aber nicht alle historischen Studien lassen sich in die drei genannten Paradigmen einpassen. In seiner »Short History of the English People« (1874–1880) vertrat John Richard Green (1837–1883) die Ansicht, dass eine Geschichte Englands auch die anonymen Massen berücksichtigen müsse, die von allen vorherigen Nationalgeschichten vernachlässigt worden seien. Außerdem gab es bedeutende kulturhistorische Werke, die sich nicht mehr ausschließlich auf Politik konzentrierten. Zwei bedeutende Studien sollen hier genannt werden: »La cité antique«, (1864) [dt. »Der antike Staat. Kult, Recht und Institutionen Griechenlands und Roms« 1981] von Numa Denis Fustel de Coulanges (1830–1889), befasst sich ausführlich mit der Kultur antiker griechischer Städte, wobei Alltagskultur und Religion eine bestimmende Rolle spielen. Vielleicht noch bedeutsamer war »Die Kultur der Renaissance in Italien« (1860) von Jacob Burckhardt (1818–1897).[51] Dieses Werk verstand sich nicht als spezialisiertes Fachbuch, sondern als künstlerisches Werk, das einen Überblick über die Kunst und Literatur einer ganzen Epoche bot. Seine Hauptthese lautete, dass die Kultur des Mittelalters, in der das Individuum stets als Teil einer festen Gruppe gesehen wurde, nun von einer neuen Sichtweise abgelöst wurde, die dem Individuum den freien Ausdruck seiner Wesensart zugestand. Es ist der Versuch einer umfassenden Epochengeschichte, die neben vielen Lebensbereichen auch den Staat einbezog, der allerdings nicht in einer Abfolge politischer Ereignisse dargestellt wird, sondern in Form eines »Kunstwerks«, in dem sich ein neuer, moderner Geist ausdrückt. Hier, wie auch in seinen anderen Werken, hat Burckhardt bewusst mit den theoretischen und methodologischen Vorgaben der Historischen Schule gebrochen. Der Schweizer absolvierte einen Teil seiner Ausbildung an der Universität Berlin, wo er Schüler Rankes war, bevor er in seine Heimatstadt Basel zurückkehrte. Angesichts seiner neuen Denkweise ist es erstaunlich, dass ihm nach Rankes Emeritierung dessen Nachfolge am Lehrstuhl für Geschichte in Berlin noch vor Treitschke angetragen wurde. Seine Entscheidung, den Ruf abzulehnen, hatte wohl zu einem Gutteil mit seiner Einschätzung von Deutschlands Entwicklung nach der Gründung des Deutschen Kaiserreichs 1871 unter Bismarck zu tun. Er kritisierte den neuen deutschen Staat weniger von einem demokratischen, sondern vielmehr von einem konservativen Standpunkt aus, denn er befürchtete, die Einigung könne die Kräfte einer Massengesellschaft freisetzen. Dies brachte ihn dazu, die grundlegenden philosophischen Sichtweisen der Historiografie seiner Zeit infrage zu stellen. Mit Nachdruck wandte er sich gegen die Idee eines Fortschritts und die Idee von einer einheitlichen Geschichte, und verwarf damit das Konzept einer Philosophie der Geschichte. Friedrich Nietzsche (1844–1900), der in Basel sein Kollege war, verfasste zur selben Zeit einen polemischen Aufsatz gegen die Historiker »Vom Nutzen und Nachteil der Historie für das Leben« (1874), in dem er die Historikerzunft gründlich missverstand und ihr vorwarf, sich in ihren Elfenbeinturm zurückzuziehen und trotz ihrer angeblichen Objektivität gar nicht zu merken, dass sie Geschichte mit politischen Hintergedanken schriebe und die Vergangenheit in den Dienst der Ideologie stelle.

Selbstverständlich wurde auch weiterhin außerhalb des akademischen Betriebs Geschichte geschrieben. Zwei deutsche Schriftsteller kombinierten historische Studien mit fiktionaler Literatur, um ein Idealbild der deutschen Nation durch Rekurs auf ihre germanischen Ursprünge zu schaffen. Sowohl als Historiker wie auch als Romanciers gelang es beiden, eine immense Leserschaft zu gewinnen und einen extremen Nationalismus zu nähren. Gustav Freytag (1816–1895) lieferte mit »Bilder aus der deutschen Vergangenheit« (1859–1867) eine populäre Darstellung der deutschen Geschichte seit teutonischen Zeiten mit dem Ziel, einen durchgängigen germanischen Volkscharakter aufzuzeigen. Freytag sah sich dabei in der Tradition der Verfasser englischer Historienromane, insbesondere von Walter Scott und Charles Dickens. In seinem späteren Werk »Die Ahnen« (1873–1881) verfolgt er die Geschichte einer deutschen Familie vom 4. Jahrhundert bis in die Gegenwart. Sein vielleicht bekanntestes und am häufigsten übersetztes Werk war der Roman »Soll und Haben« (1855), in dem er die Solidität deutscher Kaufleute positiv gegen das Geschäftsgebaren ihrer jüdischen Kollegen absetzte. Felix Dahn (1834–1912) legte eine ähnlich nationalistische Gesinnung an den Tag und hatte mit seinem teils historischen, aber weitgehend fiktionalen Roman aus der Zeit der Völkerwanderung (»Ein Kampf um Rom«, 1876–1878) ebenfalls einen immensen Publikumserfolg.

II. Die Krise der konfuzianischen Historiografie und das Entstehen eines modernen Historikerstandes in Ostasien

Während des 19. Jahrhunderts waren Geschichte wie auch Geschichtsschreibung in Asien zunehmend von den Kontakten mit dem Westen geprägt. Da waren die Europäer allerdings nicht zum ersten Mal in dem von ihnen so genannten »Fernen Osten« aufgetaucht. Bereits im 16. und 17. Jahrhundert hatten die Jesuiten ihr Missionswerk bis nach Asien ausgedehnt. Nachdem sie ein Jahrhundert lang in Ostasien gelebt und gearbeitet hatten, brachten sie Informationen aus erster Hand über jene geheimnisumwobenen Mächte im Orient nach Europa zurück, die bei Intellektuellen wie Voltaire einen starken Eindruck, ja sogar Bewunderung hervorriefen. Gleichzeitig vermittelten die Jesuiten während ihrer Zeit in Asien den Asiaten europäische Errungenschaften in Mathematik und Astronomie. Manche vermuten sogar, das von der Jesuitenmission vermittelte Wissen hätte die Chinesen zu der Art von exakter Wissenschaft angeregt, die sich in der »textkritischen Schule« niederschlug.[52] Wie immer man den jesuitischen Einfluss einschätzt, China und Japan schlossen jedenfalls im frühen 18. Jahrhundert, als die Muslime gerade dabei waren, Europa zu »entdecken«, und die Inder von europäischen Mächten kolonisiert wurden, ihre Tore gegen die übrige Welt ab (aus Vietnam war das Christentum bereits einige Jahrzehnte zuvor verbannt worden). Und sie taten es gründlicher denn je – in Japan wird dieser Vorgang treffend mit *sakoku*, dem »Abschließen des Landes« bezeichnet.

1. Die Aufnahme westlicher Einflüsse

Aber dieses Abschließen war nicht fugendicht. So wurden etwa unter dem japanischen Tokugawa-Shogunat chinesischen und holländischen Kaufleuten beschränkte Handelsrechte zugestanden, und durch letztere gelangte, unter dem Begriff »Hollandstudien« (*rangaku*), weiter westliches Wissen ins Land. Durch *rangaku* wurde unter den japanischen Studenten auch das Interesse an anderen europäischen Sprachen und Kulturen stimuliert. Ihrem Kreis entstammte die erste Generation der »Experten für den Westen«, zu denen etwa Mitsukuri Genbo (1799–1863) und Nishimura Shigeki (1828–1902) zählten, die in der späten Tokugawa-Zeit Texte zur westlichen Geschichte übersetzten oder selbst verfassten.[53] In China gelang es im 17. Jahrhundert portugiesischen Kolonialisten, Einfluss über das kleine Fischerdorf Macao zu gewinnen, auch wenn dessen Rolle beim interkulturellen Austausch relativ unbedeutend blieb. Im 19. Jahrhundert tauchten dann wieder vermehrt westliche Missionare in China auf. Sie hatten, wie zum Beispiel Karl F. A. Gützlaff (1803–1851) und Elijah C. Bridgman (1801–1861), Chinesisch gelernt und machten es sich zur Aufgabe, die Chinesen über die Veränderungen außerhalb Chinas zu informieren und damit ihren Wissenshorizont zu erweitern.

Parallel zur Missionierung betrieben die Europäer wirtschaftliche Expansion. Etwa zur selben Zeit, als die Jesuiten nach Asien zogen, kamen auch die Holländer und Portugiesen, die bereits einen erfolgreichen Fernhandel zwischen Europa und Asien etabliert hatten, und richteten dort ihre Niederlassungen ein. Kurz darauf folgten die Engländer, und während des 18. Jahrhunderts suchte die englische Regierung beim Qing-Kaiser Qianlong immer wieder, allerdings vergeblich, um eine Genehmigung zur Einrichtung von Handelsbeziehungen nach. Der chinesische Kaiser ging auf die britischen Anfragen nicht ein. Währenddessen verfielen seine Untertanen mehr und mehr dem Opium, das sie aus Indien, Englands neuer kolonialer Errungenschaft, bezogen, wo es in großen Mengen angebaut wurde. Dies führte Anfang des 19. Jahrhunderts dazu, dass sich die Handelsbilanz zugunsten der Engländer veränderte. Englische Kaufleute sahen hier nicht nur die Möglichkeit, ihr Handelsdefizit gegenüber China auszugleichen, sondern zwangen die Chinesen erstmals dazu, ihre Waren, vor allem Opium, mit Silber zu bezahlen. Die Welt befand sich in wirklicher Veränderung, und dieser Wandel ging auch an China nicht spurlos vorbei. Gong Zizhen (1792–1841) und Wei Yuan (1794–1857), zwei tonangebende Literati ihrer Zeit, äußerten sich in ihren Schriften besorgt über diese Eingriffe des Westens und suchten nach Lösungen zur Schadensbegrenzung. Dabei wiesen sie wiederholt darauf hin, dass man sich Wissen über die Staatskunst aneignen müsse, ein Gedanke, der bereits in der frühen Qing-Zeit aufgekommen war und im Sinne der textkritischen Schule zu verstärktem Interesse an alter Geschichte geführt hatte. Doch unterschied sich die Geschichtsauffassung der beiden deutlich von der der textkritischen Schule. Verglichen mit deren restaurativem Interesse vertraten etwa Gong und Wei eine eher kontemplative und theoretische Auffassung von Geschichtsforschung. Ihr primäres Ziel war es nicht, die Vergangenheit zu rekonstruieren, wie es ihre Vorgänger angestrebt hatten, sie wollten vielmehr aus der Betrachtung des Altertums und des vor-hanzeitlichen China des Konfuzius allgemeine Gesetzmäßigkeiten destillieren, und das mit der Hoffnung, ordnende Leitlinien für ihre eigene Epoche zu gewinnen. Dass Gong und Wei sich als führende Intellektuelle ihrer Zeit vom historistischen Interesse der textkritischen Schule abwandten, zeigt, wie sehr diese Geistesströmung im China des 19. Jahrhunderts bereits an Bedeutung verloren hatte. Das kulturelle Klima hatte sich in der Tat verändert, wenn man bedenkt, dass Gong als

Jugendlicher noch von seinem Großvater Duan Yucai (1735–1815) unterrichtet worden war, einem angesehenen Vertreter der textkritischen Schule.
Der Verfall dieser Schule setzte auch dem Versuch einiger textkritischer Gelehrter zur Historisierung der klassischen Bildung ein Ende. Das Interesse an Geschichte blieb jedoch ungebrochen. Zwei Aspekte im Werk von Gong und Wei sollten für das historische Denken und Schreiben in China im weiteren Verlauf des 19. Jahrhunderts und zu Beginn des 20. Jahrhunderts prägend sein. Zum einen war da ihre feste Überzeugung von der Bedeutung der konfuzianischen Lehre, die sie unermüdlich nach Bestandteilen absuchten, die zu einem besseren Verständnis der neuen Entwicklungen dienen konnten. Zum anderen ihr dauerhaftes Interesse an historischen Studien, allerdings nicht unbedingt im Sinne der im Schwinden begriffenen textkritischen Schule; sie führten vielmehr die traditionelle Idee von der Geschichte als Spiegel oder Weisheitsspeicher weiter, der für die Lösung gegenwärtiger Probleme nützlich sein könnte. Auch wenn sie damit anscheinend einer traditionellen Denkrichtung folgten, sind in der Geschichtsauffassung von Gong und Wei dennoch leichte, aber durchaus wahrnehmbare Veränderungen zu bemerken. Mit Berufung auf die Interpretation der konfuzianischen Klassiker durch die Neutextschule lenkten sie die Aufmerksamkeit auf Konfuzius' ingeniöse Auslegung des Altertums, insbesondere seine Deutung der »Frühlings- und Herbstannalen«, worin, so glaubten Wei und Gong, die konfuzianische Theorie vom geschichtlichen Wandel enthalten sei. Diese Theorie, kurz die Lehre der drei Reiche (*sanshi shuo*) genannt, basiert auf einem zyklischen Verständnis geschichtlicher Entwicklung. Es wird die Ansicht vertreten, dass die Geschichte von Zeit zu Zeit Epochenbrüche erleidet. Da die beiden überzeugt waren, dass China sich derzeit in einem solchen Umbruch befand, hielten Wei und Gong diese Theorie für nützlich und auf ihre Zeit anwendbar.[54]
Gleichwohl waren sich die Chinesen der Expansionsbestrebungen westlicher Mächte durchaus bewusst. Das gesamte 19. Jahrhundert hindurch erschienen historische Werke, die sich auf den ersten Blick an die alten Konventionen hielten, dennoch sind in ihnen Veränderungen in Stil und Thematik erkennbar. So zeigte zum Beispiel die Zunahme an Studien zur historischen Geografie und zu Chinas Grenzgebieten ein wachsendes Interesse an empirischem Wissen. Gleichzeitig verweist diese Zunahme auf die wachsende Besorgnis, mit der man Grenzübergriffe durch Russland im Norden und durch England und Frankreich im Süden beobachtete.[55]
Obgleich Gong Zizhen und Wei Yuan, ebenso wie die Exponenten solcher Grenzlandforschung einen Wandel in der chinesischen Geschichtsauffassung für notwendig hielten, hatten sie ihn so rasch wohl nicht erwartet. Gong ist während des Opiumkriegs (1838–1842) gestorben, Wei hingegen hat aktiv

daran teilgenommen und konnte so die Niederlage Chinas aus erster Hand miterleben. Diese Niederlage öffnete dem Westen Tür und Tor. Angesichts der militärischen Überlegenheit des Westens rief Wei seine Landsleute dazu auf, vom Westen zu lernen, genauer gesagt »von den Barbaren zu lernen, um sie zu besiegen« (*shiyi zhiyi*). Diesen Grundsatz setzte er in die Tat um, indem er eine historische Studie über den Opiumkrieg verfasste und in einem anderen Werk darstellte, wie zu Anfang der Qing-Dynastie Chinas Küste durch die Annexion von Inseln wie beispielsweise Taiwan befriedet werden konnte. Ein weiteres einflussreicheres Wei Yuan zugeschriebenes Werk war »Haiguo tuzhi« [Illustrierte Abhandlung über die maritimen Länder]. Es kann in dieser Epoche als erster, wenn auch nicht einziger Versuch eines chinesischen Historikers gelten, eine Weltgeschichte zu schreiben.[56] Dass dieses Werk aus Einzelstudien zusammengesetzt ist, verdient Aufmerksamkeit, zeigt es doch, dass neben der offiziellen Geschichtsschreibung private Untersuchungen entstanden, die sich im Stil deutlich vom vorgeschriebenen Format der biografischen Historiografie entfernten; hier erfreute sich vor allem die Abhandlung (*zhi*) und die »Erzählung von Anfang bis Ende« (*jishi benmo*), begründet von Yuan Shu (1131–1205), großer Beliebtheit. Dies lässt auf einen langsamen aber signifikanten Wandel der chinesischen Geschichtsvorstellung schließen: Mit dem Niedergang der biografisch-annalistischen Geschichtsschreibung verlor auch die traditionelle Pflicht zur Darstellung von politischer Hierarchie und Legitimität an Bedeutung. Das Erscheinen einiger von Missionaren übersetzter westlicher Werke trug ebenfalls dazu bei, das Interesse an einer narrativen Geschichte zu wecken, waren doch die meisten westlichen Geschichtsdarstellungen als fortlaufende Erzählung lesbar. Trotz dieser allmählichen Horizonterweiterung durch Werke wie die »Maritimen Länder« wurde der Sinozentrismus der chinesischen Weltsicht aber nicht grundlegend erschüttert. So kam zum Beispiel in den in China entstandenen Übersichtswerken zur Weltgeschichte China gar nicht vor, da man sich nicht auf die gleiche Ebene mit anderen Nationen der Welt stellen wollte. Auch wenn Wei Yuan dazu aufrief, die konfuzianische Theorie zur Erweiterung des Weltwissens zu nutzen, haben er und seine Mitstreiter die restliche Welt immer als ein »Draußen« betrachtet.

2. Zivilisation und Geschichte: eine neue Weltsicht

In Japan erfuhr Wei Yuans » Illustrierte Abhandlung über die maritimen Länder« eine ganz andere Lesart. Die Japaner hatten Chinas Niederlage im Opiumkrieg sehr genau beobachtet und waren angesichts einer expandierenden

Welt vorsichtig geworden in ihren Beziehungen zu China, außerdem war man in Japan anpassungsfähiger. Werke wie die »Maritimen Länder« lieferten dort dringend benötigte Informationen über die (westliche) Welt und brachten die *rangaku*-Studien voran. Man reagierte allerdings auch sehr empfindlich auf aufgespürte sinozentristische Reste und berichtigte einige sachliche Fehler.[57] Die eigenen weltgeschichtlichen Darstellungen, wie etwa »Bankoku shiki« [Berichte über die Weltgeschichte] von Okamoto Kansuke (1839–1904), bezogen Japan immer mit ein; das zeugte von dem Willen, das eigene Land in die Gemeinschaft der Nationen der neuen Welt einzugliedern.

Doch eine neue Weltsicht entstand erst nach dem Fall des Tokugawa-Shogunats im Japan der Meiji-Zeit (1868–1912). Dies zeigte sich vor allem an den Impulsen, die von der neuen Meiji-Regierung ausgingen. Unmittelbar nach ihrem Amtsantritt schickte diese eine offizielle Delegation in den Westen. Dort sollte man sich aus erster Hand über westliche Kultur, Politik und Gesellschaft informieren und zugleich herausfinden, wie die Bedingungen der ungleichen Verträge, die das Tokugawa-Shogunat in den vergangenen Jahrzehnten mit westlichen Mächten geschlossen hatte, zu ändern wären. Diese zwei Jahre dauernde Rundreise, die von politischen Querelen daheim abgekürzt wurde, brachte viele Japaner zu der Überzeugung, dass man, um Teil einer modernen Welt nun unter Führung des Westens zu werden, die kulturellen Beziehungen zu China und Asien kappen und »Zivilisation« und »Aufklärung« nach westlichem Vorbild befördern müsse.

Die Bewegung zur Verwestlichung wirkte sich auch auf das historische Denken aus, wie sich am besten in dem 1875 erschienen Werk »Bunmeiron no gairyaku« [Abriss einer Theorie der Zivilisation] von Fukuzawa Yukichi (1835–1901) zeigen lässt. Inspiriert von Buckles »History of the Civilisation in England« und François Guizots »Histoire générale de la civilisation en Europe« (1828), [dt. »Allgemeine Geschichte der europäischen Zivilisation, in vierzehn Vorlesungen«, 1844] argumentierte der sowohl in *rangaku* wie auch in der konfuzianischen Lehre beschlagene Fukuzawa, dass die konfuzianische Historiografie ausgedient habe und durch eine »Geschichte der Zivilisation« (*bunmeishi*) abgelöst werden müsse, ein von ihm geprägter Neologismus, der eine an Buckle und Guizot orientierte Nationalgeschichte bezeichnen sollte. Denn von nun an, so Fukuzawa, habe Geschichtserforschung einem anderen Zweck zu dienen. Sie solle keine normative Moral oder politische Ordnung vermitteln, sondern vom Fortschreiten der Zivilisation einer Nation berichten. Seiner Ansicht nach lagen Japan und China in dieser Entwicklung zurück und konnten lediglich als »halb zivilisiert« gelten. Fukuzawa übernahm also nicht nur die von westlichen Historikern propagierte lineare Perspektive, sondern betrieb damit zugleich Japans Loslösung von der chinesisch geprägten

Welt zugunsten einer Hinwendung zum Westen. Ein Jahrzehnt später fasste er seine Ideen in das berühmte Traktat »Datsu-A ron« [Argument für das Verlassen Asiens], in dem er den »Wind der Verwestlichung« beschwor.

Taguchi Ukichi (1855–1905), ein junger Journalist und glühender Anhänger einer »Zivilisationsgeschichte« setzte Fukuzawas lineares Verständnis von Weltgeschichte in konkrete japanische Geschichtsschreibung um. Ab 1877 veröffentlichte er sein bahnbrechendes Werk »Nihon kaika shoshi« [Eine kurze Geschichte der japanischen Kultur], in dem er Japans kulturelle Entwicklung von den Anfängen bis in seine Zeit zusammenfassend darstellte. Taguchi wollte den Zeitgeist und den Wandel der japanischen Geschichte erfassen und analysieren, ähnlich wie Buckle und Guizot das für die europäische Geschichte getan hatten. Zufällig waren zu dieser Zeit beide europäischen Werke, gleich mehrfach übersetzt, in Japan erschienen.[58] Unter deren Einfluss gelang es Taguchi und seinen Anhängern, die traditionelle Ausrichtung nach Dynastienfolge, die bisher in der japanischen Geschichtsschreibung vorherrschte, aufzugeben und das Augenmerk auf die kulturelle Entwicklung zu lenken, wie sie sich in Religion, Literatur, Philosophie und gesellschaftlichem Brauchtum darbot. Das neue Genre der »Zivilisationsgeschichte« bedeutete für die Historiografie einen umfassenden Wandel in Stil und Konzeption. Indem der Historiker seine Aufmerksamkeit von der Monarchie auf die Kultur verlegte, befreite er sich zugleich von der Verpflichtung zur moralischen Lehrhaftigkeit und konnte dem narrativen Ansatz nach westlichem Vorbild folgen. Aber Taguchi erinnert uns auch daran, dass es sich hier nicht nur um eine Innovation, sondern auch um eine Wiederentdeckung handelt. Hatte man in der langen Tradition chinesischer Historiografie doch schon drei Arten der Geschichtsschreibung unterschieden. Neben den Biografien und Chroniken gab es ein drittes Genre, das Taguchi als »historischen Diskurs« (jap. *shirontai*; chin. *shilunti*) bezeichnete und das von Historikern seit langem gepflegt wurde.[59] Mit seiner »Kurze[n] Geschichte der japanischen Kultur« hoffte Taguchi, diesen Stil wiederzubeleben, wenngleich die Einteilung in Kapitel und Abschnitte auf westlichen Einfluss hindeutet. Der »historische Diskurs« wie auch das von Wei Yuan in seinen »Martimen Ländern« benutzte Format der Abhandlung bedient sich einer erzählenden Struktur, ist aber in Kapitel und Abschnitte gegliedert. Dennoch verdient Taguchis selbst bekundete Wiederbelebung unsere Aufmerksamkeit. Als erklärter Anhänger westlicher Bildung machte er bei seinen Experimenten mit der »Zivilisationsgeschichte« ganz offen Anleihen bei der westlichen Historiografie. Vielleicht meinte er, mit seinem Rückgriff auf das östliche historiografische Genre den westlichen Einfluss leichter integrieren zu können. Mit diesem synkretistischen Ansatz stand Taguchi keineswegs allein. Vielmehr wurde dieser Synkretismus, der Dialog zwischen Tradition und Moderne, zwischen Einheimischem und Ausländischem, zu einem beständigen Leitmotiv im modernen Transformationsprozess der Historiografie in nichtwestlichen Ländern.

3. Das Wechselspiel von Alt und Neu

Trotz des vermehrten Interesses an westlicher Kultur und westlichen Institutionen war im Japan der Meiji-Zeit gleichzeitig auch der Wunsch nach Wiederentdeckung von Altem spürbar. Schließlich war Japans »Moderne« 1868 mit der Restauration kaiserlicher Macht durch den Meiji-Kaiser eingeläutet worden. Ein Jahr später richtete die Meiji-Regierung ein Historisches Amt ein und beauftragte es im Namen des neuen Kaisers mit der Kompilation einer »Nationalgeschichte«, was gerade *nicht* als Beispiel für westlichen Einfluss gelten kann, sondern eher im Kontext der traditionellen dynastischen Geschichtsschreibung zu sehen ist. Die Gründung dieses Amtes durch die Regierung sollte die Praxis wieder aufnehmen, die man aus dem tang-zeitlichen China des 7. Jahrhunderts übernommen hatte. Dieses von höchster Stelle angeordnete Projekt stellte eine Fortsetzung der »Sechs Reichsannalen« (Rikkokushi) aus dem 7. und 10. Jahrhundert dar, und hatte das Ziel, die »Hierarchie der Prinzen-Minister fortzuführen, Ausländisches von Einheimischem zu trennen und das Moralprinzip [Sittlichkeit] im Lande zu stärken«, eine Motivation und Ausdrucksweise, die man von der dynastischen Geschichtsschreibung im gesamten von China beeinflussten Kulturraum kennt.[60]

Trotz des neuen Ideenimports aus dem Westen blieb die Tradition der dynastischen Geschichtsschreibung während des 19. Jahrhunderts in den meisten Regionen Asiens lebendig. Die Einfälle des Westens hatten dazu geführt, dass viele dynastische Herrscher in der Vergangenheit nützliche Ratschläge für den Umgang mit den Herausforderungen der Gegenwart suchten. Die Historischen Ämter sowohl im China der Qing, wie auch im Korea der Choson sowie in Vietnam sammelten weiter Quellenmaterial und stellten ihre »korrekten Aufzeichnungen« (shilu) zusammen. Die von den kaiserlichen Historikern der Qing erarbeitete »Ming-Geschichte« (mingshi) erhielt insgesamt bessere Noten als die unter den Ming erstellte eigene Dynastiegeschichte. Und die vielen Bände der in Korea während der Choson-Zeit kompilierten »korrekten Aufzeichnungen« zeugen von der Anstrengung der Hofhistoriker, historische Quellen umfassend und getreulich zusammenzutragen. Die Kompilation der Historiker am vietnamesischen Hof zeigt ein ähnliches Bemühen, wenn auch nicht viel mehr.[61] 1855, drei Jahre nachdem Frankreich seine Übergriffe auf Südostasien begonnen hatte, gab König Tu-doc (Reg. 1847–1883) aus der Nguyen-Dynastie (1802–1887) das Werk »Kham dinh Viet su thong giam cuong muc« [Umriss und Einzelheiten eines umfassenden Spiegels der vietnamesischen Geschichte, mit kaiserlichen Anmerkungen] in Auftrag. Es dauerte fast dreißig Jahre, bis dieses auf Chinesisch verfasste Monumentalwerk vollendet war. Es stellte einen ernsthaften Versuch dar, eine historische Lösung für die dynastische Krise zu finden. Doch wie der Titel sagt, konzentrierte es sich weitgehend darauf, die dynastische Thronfolge aus neokonfuzianischer Sicht zu legitimieren. Auch wenn man den Wert dieses erstaunlichen Werks für eine allgemeine Geschichte Vietnams nicht unterschätzen sollte, so war es dennoch ein anachronistisches Unterfangen, das die Dynastie auch nicht mehr retten konnte. Ein Jahr nach Fertigstellung wurde Vietnam drei geteilt und zu einem französischen Protektorat gemacht.[62]

Die Tradition der dynastischen Geschichtsschreibung verlor nur langsam und schrittweise an Attraktivität. Die Kompilation der offiziellen Geschichte Japans auf kaiserliches Gebot hin war ein kompliziertes Unterfangen, was sich auch in mehrmaligen Namensänderungen durch das Historische Amt und seine wechselnden Beamten zwischen 1870 und den 1880er Jahren äußerte.[63] Da die »Dai Nihon hennenshi« [Chronologische Geschichte des großjapanischen Kaiserreichs], so der Titel, chinesisch geschrieben wurde, waren die damit befassten Beamten meist chinesische Gelehrte (*kangaku sha*). Diese waren, gemäß ihrer wissenschaftlichen Interessen und Ausbildung, in zwei Lager gespalten. Das eine beharrte im Sinne des Neokonfuzianismus auf einer moralistisch-didaktischen Zielrichtung von Geschichtsschreibung, das andere trat für Quellenkritik ein, ein Zeichen für das Erstarken der textkritischen Schule im damaligen Japan. Zu Beginn des Jahres 1882 fiel die Leitung des Historischen Amts an Shigeno Yasutsugu (1827–1910), einen Gelehrten in der Tradition der textkritischen Schule, und auch seine Assistenten Kume Kunitake (1839–1931) und Hoshino Hisashi (1839–1917) zeigten eine ähnliche Ausrichtung. Unter Shigenos Leitung konzentrierte sich das Amt auf die kritische Auswahl und Analyse der historischen Quellen, die in die »Nationalgeschichte« aufgenommen werden sollten.[64]

Die »Chronologische Geschichte des großjapanischen Kaiserreichs« wurde deshalb so genannt, weil sie als Weiterführung der »Geschichte des großjapanischen Kaiserreichs« angelegt war, die während der Tokugawa-Zeit begonnen worden war. Sie unterschied sich von dieser aber insofern, als es sich um eine chronologische Geschichte, beziehungsweise eine zeitgenössische Aufarbeitung historischer Quellen, also den traditionell ersten Teil einer Dynastiegeschichte, handelte – der Konvention nach wurde eine Dynastiegeschichte nämlich erst nach dem Ende der jeweiligen Dynastie in Angriff genommen.

Dabei konnten Shigeno Yasutsugu und seine Kollegen ihre analytische Fähigkeit und den textkritischen Ansatz im Umgang mit historischen Quellen unter Beweis stellen.

Indem es die Textkritik in den Mittelpunkt der historischen Arbeit stellte, trug dieses empiristische Interesse zugleich dazu bei, die westliche Geschichtsauffassung zu integrieren und die japanische Tradition der (offiziellen) Dynastiegeschichten allmählich zu transformieren. Bei seinen kritischen Textstudien stieß Shigeno Yasutsugu in der alten »Geschichte des großjapanischen Kaiserreichs« auf zahlreiche Fehler, die wegen der Überbewertung moralischer Ermahnung und politischer Legitimation durch die traditionellen Historiker zustande gekommen waren. So hatte etwa der sagenhafte Held Kojima Takanori von den Historikern vor Shigeno stets viel Bewunderung und Lob für die Unterstützung der Restaurationsbewegung von Kaiser Go Daigo (Reg. 1318–1339) erfahren. Doch Shigenos kritische Analyse der Quellen ließ Zweifel an Kojima Takanoris realer Existenz aufkommen. Zusammen mit Kume Kunitake konnte er die Echtheit jener angeblich historischen Figur infrage stellen, die in der Vergangenheit konfuzianischen Gelehrten so oft als Paradebeispiel für konfuzianische Ideale wie politische Loyalität, Rechtsgläubigkeit und Ordnung gedient hatte.[65] Indem er Kojima Takanori als Mythos entlarvte, konnte Shigeno gleichzeitig die Schwächen der konfuzianischen Geschichtsschreibung aufdecken. So wie seine Zeitgenossen aus der »zivilisationsgeschichtlichen Schule« betrachtete er sie als überholt und wenig bedeutsam für die eigene Forschung.

Shigeno Yasutsugu erkannte darüber hinaus, dass ihm die westliche Historiografie bei seiner kritischen Revision der bestehenden historischen Literatur durchaus von Nutzen sein konnte. Verglichen mit Fukuzawa Yukichi und Taguchi Ukichi waren die Mitarbeiter des Historischen Amts eigentlich nicht westlich orientiert, und es gab auch kaum offiziellen Kontakt zwischen diesen Beamten und den Vertretern der »Zivilisationsgeschichte«. Dennoch verschlossen sich Shigeno und seine Mitarbeiter den Einflüssen aus dem Westen nicht völlig. Kume Kunitake zum Beispiel hatte als untergeordnetes Mitglied an der von der Meiji-Regierung angeordneten Informationsreise in den Westen teilgenommen. Vor allem aber kannte er Werke westlicher Historiker, besonders wenn sie sich mit japanischer Geschichte befassten, und war beeindruckt von ihrer Detailfülle und ihrem Interesse an historischen Kausalitäten; beides schien ihm für eine Verbesserung der Arbeit japanischer Historiker wichtig und hilfreich.[66] Dennoch war sein Interesse an westlicher Historiografie anders gelagert als das von Fukuzawa Yukichi; als beamteter Historiker war Shigeno nicht im selben Maß wie Fukuzawa daran interessiert, historische Studien zunehmend auch auf soziokulturelle Themen auszudehnen.

4. George Zerffi, Ludwig Rieß und der Einfluss Rankes in Japan

Um mehr über die Tradition der westlichen Historiografie zu erfahren, beauftragte das Historische Amt durch Vermittlung eines japanischen Diplomaten 1879 in London einen gewissen George G. Zerffi (1820–1892), Exilungar, Diplomat und Amateurhistoriker, eine Geschichte der westlichen Historiografie zu schreiben. Zerffi erfüllte den Auftrag innerhalb weniger Monate; das Ergebnis war »The Science of History«, einer der frühesten Versuche einer Geschichte der Geschichtswissenschaft durch einen europäischen Historiker. Obwohl er unter westlichen und japanischen Historikern heute kaum noch bekannt ist, waren letztere ironischerweise seine eigentlich angezielten Leser. Zerffi wies darauf hin, dass interkultureller Kontakt nicht nur den westlichen Einfluss auf die nichtwestlichen Regionen intensivieren würde, sondern den westlichen Historikern auch die Möglichkeit zur Selbsterforschung und vergleichenden Perspektive eröffnen könne. Insofern war Zerffis Vorstoß zu einer interkulturellen und komparatistischen Sicht der Geschichtswissenschaft durchaus erhellend.[67]

Wie der Titel des Buches nahelegt, betonte Zerffi den wissenschaftlichen Charakter der historischen Praxis im Westen, vielleicht in bewusstem Kontrast zur konfuzianischen Tradition, mit der er bei den Vorbereitungen zu seinem Buch in Kontakt gekommen war. Erstaunlicherweise spielte im 19. Jahrhundert in England, wo Zerffi lebte, die wissenschaftliche, kritische Historiografie im Sinne Rankes keine beherrschende Rolle. Viele englische Historiker, wie etwa Thomas Babington Macaulay, standen vielmehr in der Tradition der liberalen Geschichtsschreibung. Zerffi hingegen stellte die wissenschaftliche Historiografie nicht nur als die im modernen Westen vorherrschende Praxis dar, sondern bot in seinem 773 Seiten starken Werk auch gleich einen Überblick über die wissenschaftliche Historiografie von der griechischen und römischen klassischen Antike bis zu ihrem Höhepunkt bei Ranke. Er glaubte offenbar, dass die moderne wissenschaftliche Geschichtswissenschaft charakteristisch für die westliche Kulturtradition sei.

Zerffi hat sich vielleicht ein wenig von seiner teleologischen Sichtweise hinreißen lassen. In dem Bemühen, eine lückenlose Traditionslinie von den Griechen und Römern bis in seine Tage zu ziehen, blieb ihm am Ende seiner »Science of History« nicht mehr genug Raum für die krönende Darstellung des Geschichtswerks von Ranke, dem in seinen Augen exemplarischen Vertreter einer wissenschaftlichen Historiografie. Dennoch ist seine Botschaft bei den japanischen Historikern im Historischen Amt angekommen. Obwohl sein Buch nicht gleich ins Japanische übersetzt wurde, wurde Ludwig Rieß

(1861–1928) 1887 nach Japan eingeladen und hat bei seiner Lehrtätigkeit vor dem intendierten Publikum des Buches in dessen Sinne referiert. Als einem Juden war es Rieß verwehrt, in Deutschland eine Anstellung zu bekommen; als ihn die Einladung nach Japan erreichte, hielt er sich gerade zu Forschungszwecken in England auf. In Japan wurde er dann als erster Geschichtsprofessor an die neu gegründete Tokyo-Universität berufen, war die Universitätsverwaltung doch überzeugt, dass unbedingt ein Westler dort die moderne Geschichtswissenschaft vertreten und vermitteln sollte. Dies änderte sich jedoch schnell, als die Meiji-Regierung das Historische Amt 1888 der Universität angliederte. Damit wurden Shigeno Yasutsugu, Kume Kunitake und Hoshino Hisashi automatisch zu Lehrstuhlinhabern und Kollegen von Rieß. 1889 gründeten die vier gemeinsam die Japanische Historische Gesellschaft und gaben dort das »Rekishi zasshi« [Journal für Geschichte] heraus, eine professionelle Fachzeitschrift für historische Forschung. Dank Rieß und seiner Vermittlung des deutschen Modells moderner Historiografie entwickelten die Japaner in Zusammenarbeit mit ihren Kollegen in Deutschland, Frankreich, England und den Vereinigten Staaten das moderne Berufsbild des Historikers.[68]

Das Entstehen der Geschichtswissenschaft als Profession fiel in Japan mit der Modernisierung des Bildungswesens zusammen. Rascher als der Nachbar China hatte Japan erkannt, dass moderne Bildungseinrichtungen und eine wissenschaftlich fundierte Erziehung eingeführt werden mussten. Dies ging allerdings nicht allein auf ausländischen Einfluss zurück, sondern war gleichermaßen vom traditionellen Bildungswesen inspiriert. Der Vorläufer der Tokyo-Universität war das Shohei ko, eine berühmte konfuzianische Lehranstalt in Edo, wo Shigeno Yasutsugu und andere ihre Ausbildung erhalten hatten. Sie wurde 1877 mit anderen Schulen zur Tokyo-Universität zusammengelegt und wurde Japans erste moderne akademische Bildungsinstitution auf nationaler Ebene. 1886, als die Universität in Kaiserliche Universität umbenannt wurde, war es noch keine allgemeine Lehranstalt, ihr Lehrplan orientierte sich an westlichen Vorbildern und zeigte einen klaren Schwerpunkt in den Naturwissenschaften. Das Curriculum in Geschichte etwa konzentrierte sich auf die Vermittlung westlicher Geschichte, musste aber aus Mangel an geeigneten Lehrkräften nach zwei Jahren den Lehrbetrieb einstellen. Erst als man 1887 Ludwig Rieß für den Posten gewinnen konnte (ein Jahr bevor die Universität zur Kaiserlichen Tokyo-Universität wurde), wurde der Geschichtsunterricht wieder aufgenommen. Nachdem Shigeno und seine Kollegen vom Historischen Amt in die Fakultät eingegliedert worden waren, nahm man auch die japanische Geschichte ins Curriculum auf. Auf diese Weise ergänzten Professionalisierung und Nationalisierung einander, ein Phänomen, das sich auch in vielen anderen Ländern beobachten lässt.

Dass Japan bei der Professionalisierung der historischen Studien seinen asiatischen Nachbarn voraus war, ist ein Indikator für die rasche Verwestlichung des Landes. Rieß legte bei seiner Vermittlung der Rankeschen Historiografie den Schwerpunkt auf den kritischen, objektiven Zugang, was Shigeno und seinen Kollegen, die in der Tradition der textkritischen Schule ausgebildet waren, durchaus vertraut erschienen sein dürfte. Es ist vielleicht der Tatsache geschuldet, dass Rieß mit seinem jüdischen Hintergrund die Schwierigkeit verstand, die Japaner mit dem Verständnis des deutschen Idealismus und Luthers Theologie, das Rankes Geschichtsforschung zu Grunde lag, hatten, jedenfalls konzentrierte er sich bei der Darstellung des Werks seines Mentors auf die Methodologie. Sein am meisten erinnerter Kurs war Historische Methodologie, dem er das »Lehrbuch der historischen Methode und der Geschichtsphilosophie« von Ernst Bernheim zu Grunde legte, wobei er die geschichtsphilosophischen Erörterungen wegließ.[69] Offensichtlich hat Rieß seine Einführung in die deutsche Historiografie gezielt auf die in der japanischen Tradition der textkritischen Schule ebenfalls vorhandenen empirischen Interessen zugeschnitten, was es ihm ermöglichte, Rankes Methode als universales Modell für die Geschichtsforschung darzustellen. Auch in seiner eigenen Arbeit versuchte er zu zeigen, dass die Rankesche Methode ebenso auf die Erforschung der japanischen Geschichte oder auf den Prozess der Nationen- oder Reichsgründung angewandt werden konnte. Erwähnenswert ist außerdem, dass Rieß während seines Aufenthalts in Japan auch eine kurze Geschichte Taiwans verfasste, einer Insel, auf die die japanische Regierung damals mit Begehrlichkeit schaute. An den Publikationen seiner Kollegen aus jener Zeit lässt sich ablesen, dass seine Rechnung aufging. So hat zum Beispiel Shigeno Yasutsugu darauf hingewiesen, dass »Historiker lernen müssten, neutral und unparteiisch zu sein«, und Hoshino Hisashi setzte sich dafür ein, dass »historische Studien sich auf sorgfältig ausgewähltes Quellenmaterial stützen sollten«. Kume Kunitake, ihr radikalerer Kollege, erklärte, »man müsse die Angewohnheit aufgeben, Gutes zu loben und Schlechtes zu verbannen, und man dürfe nur die Geschichte [als solche] sehen«. Diese Äußerungen gehen eindeutig auf die Rankesche Historiografie zurück, konnten aber zugleich im Sinne der textkritischen Schule verstanden werden.[70]

Die japanische Tradition der Geschichtsforschung wurde also durch interkulturellen Austausch reformiert und transformiert, wobei die textkritische Schule nicht nur den Weg für das Rankesche Modell ebnete, sondern selbst eine Renaissance erlebte – viele Anhänger dieser Richtung wurden im akademischen Bereich als professionelle Historiker angestellt. Aber der Austausch vollzog sich keineswegs nur in eine Richtung; während die Rankesche Historiografie ihren Einfluss in Asien ausdehnte, veränderte sich auch das Image, das sie in Deutschland hatte.[71] In Rieß' Darstellung seines deutschen Lehrers und dessen Rezeption durch das japanische Publikum erfuhr Ranke eine Metamorphose, bei der sein politischer Konservativismus und seine Glaubensüberzeugung an Signifikanz verloren. Gleichermaßen geriet in Vergessenheit, dass die textkritische Schule einst als Gegenbewegung zu einem metaphysischen Verständnis von konfuzianischer Moral und politischer Philosophie entstanden war. Sowohl die Rankesche Historiografie als auch die textkritische Schule wurden vielmehr als Weiterentwicklung innerhalb der historischen Methodologie begriffen, wobei man ihre jeweiligen religiösen und ideologischen Unterströmungen geflissentlich übersah.

Dabei ist auch Methodologie kaum als neutral zu betrachten. Wie bereits gezeigt, ist Rankes Betonung der Archivrecherche vor dem Hintergrund der entstehenden Nationalstaaten zu sehen, denn die Archive wurden natürlich von den jeweiligen Regierungen in ihrem Sinne geführt. Die kritische Überprüfung der für ihr Projekt benutzten traditionellen Quellen durch Shigeno und Kume hatte auch politische Implikationen, wenngleich sie damals der von Japans Regierung intendierten Nationenbildung zu widersprechen schien. Beide Historiker, wie auch ihr Kollege Hoshino, hinterfragten die Echtheit vieler als seriös erachteter Quellen und entlarvten sie entweder als fehlerhaft oder als vorsätzliche Fälschung. Kume Kunitake ging in seiner Textkritik sogar so weit, die geheiligte, aus dem Altertum stammende Shinto-Tradition zu entmythologisieren und zu behaupten, sie sei nichts weiter als ein Brauch der Himmelsverehrung. In seinem Bemühen, die Fakten klar herauszuarbeiten, hatte Kume, vielleicht unabsichtlich, die Heiligkeit des Shintoismus infrage gestellt, der doch in seinem Nachweis der genealogischen Reinheit des Kaiserhauses ein wichtiges Element der damaligen Nationen- beziehungsweise Reichsgründung war. Auf massiven öffentlichen Druck, angeführt durch die Shintoisten, feuerte die Tokyo-Universität Kume 1892 aus dem Amt. Shigeno Yasutsugu wurde einige Jahre später in den unfreiwilligen Ruhestand geschickt. Dieser Rückschlag für die akademische Forschung und die Freiheit an Japans höheren Lehranstalten ist ein Beispiel für die unausweichliche Verquickung von moderner Historiografie und nationaler Politik.[72]

5. Japans »Orient« und der Wandel der von China geprägten Welt

Ab 1890 trieb Japan den Prozess der Nationwerdung und Reichsgründung massiv voran; nicht nur nahm die Regierung verstärkt restriktiven Einfluss auf akademische Forschung, sie eröffnete auch eine neue Ära der Beziehungen zum Westen. Im Gegensatz zum offen bekundeten Enthusiasmus der frühen Meiji-Zeit zeigte sich die neue Generation von Intellektuellen reservierter gegenüber dem Westen und entdeckte einmal mehr die traditionellen Werte der japanischen und ostasiatischen Vergangenheit.[73] Das vom Meiji-Kaiser 1890 herausgegebene Erziehungsedikt markierte einen kulturellen Wendepunkt, denn es forderte für Japans Schulen eine Rückbesinnung auf konfuzianische Werte wie Loyalität, Gehorsam, kindliche Pietät und Harmonie. Das hieß aber nun keineswegs, dass Japan eine enge Freundschaft mit China pflegte. Ganz im Gegenteil: Es ging dem Inselreich darum, sich zur Hegemonialmacht von Asien aufzuschwingen und China in die Schranken zu weisen, indem es sich als gleichwertig zum Westen sah. Damit Japan sich als »Westen« Asiens fühlen konnte, musste es seinen eigenen »Orient« finden.[74] Die Fülle an Studien zur Geschichte Chinas und Asiens, die damals in Historikerkreisen und Lehrplänen vorherrschte und unter dem Neologismus *Toyoshi* (Geschichte des Ostens) subsummiert wurde, hatte diesen Trend bereits angekündigt. In der Rückschau lässt sich erkennen, dass es dieser Wandel im politischen Klima Japans war, der zur Entlassung von Forschern wie Kume Kunitake und Shigeno Yasutsugu geführt hatte und einem kulturellen Nativismus und Konservativismus den Weg bereitete. Shigenos und Kumes Entlarvung japanischer Legenden, ihr empirisches Interesse daran, die Faktizität der Geschichte über deren didaktischen Auftrag zu stellen, und das Beharren darauf, ihre »Chronologische Geschichte des großjapanischen Reiches« auf Chinesisch abzufassen, all das brachte sie ins Kreuzfeuer der Kritik. Ihre Entlassung markiert das Ende der offiziellen Historiografie im modernen Japan. Die Einflussnahme der Regierung auf die Geschichtsschreibung, wie sie sich etwa in der Zensierung von Schulbuchtexten niederschlug, dauert in gewissem Maße bis heute an.[75]

Parallel dazu entwickelte sich das Studium der »Zivilisationsgeschichte« weiter. Seit 1880 arbeiteten Taguchi Ukichi und andere Vertreter dieser Richtung, beziehungsweise einer Spielart, der »Volksgeschichte« (*minkan shigaku*), in engerem Kontakt mit ihren akademischen Kollegen. In der Zeitschrift »Shikai« [Meer der Geschichte], herausgegeben von Taguchi, wurde eine populäre und volkstümliche Geschichtsdarstellung propagiert; zu den Beiträgern zählten nun vermehrt auch akademische Historiker. Während der 1890er Jahre gründeten die Vertreter der »Volksgeschichte« eine Gesellschaft der Freunde des Volkes (*Minyusha*), die von Tokutomi Soho (1863–1957), Takekoshi Yosaburo (1865–1950) und Yamaji Aisan (1864–1917) geleitet wurde und deren Arbeiten ebenfalls prominente Stimmen für Japans kulturelle Neuorientierung darstellten. Diese Intellektuellen gingen in ihren historischen Studien über Taguchis Suche nach einem allgemeinen Gesetz zur Erklärung von Japans kultureller Fortentwicklung hinaus und verbesserten seinen Ansatz, indem sie etwa nach der Auswirkung bedeutender historischer Ereignisse der Meiji-Zeit auf die Bevölkerung fragten. Ihrer Ansicht nach stellte die Meiji-Restauration eine soziale Umwälzung dar, bedingt durch das Aufkeimen eines nationalen Bewusstseins im japanischen Volk, das sich erstmals gegen eine ungerechte Autorität auflehnte.[76]

In zweierlei Hinsicht konvergierten die Interessen dieser »Volkshistoriker« mit denen ihrer akademischen Kollegen. Wie diese waren sie meist westlich-europäisch ausgebildet, strebten jedoch eine Parität von japanischer und europäischer Geschichte an, deren Fortschreiten mit den gleichen Methoden interpretiert werden sollte. Mutiger als ihre anscheinend blutleeren Akademikerkollegen wiesen sie den Anspruch auf die Einzigartigkeit Japans in Kultur und Religion zurück, wie sie die shintoistische und politische Oligarchie für ihr Land beanspruchte. Als Vertreter eines Liberalismus und Populismus waren sie dennoch gleichermaßen begeistert von den japanischen Expansionsplänen, in deren Dienst sie sich bereitwillig stellten. Tokutomi zum Beispiel war ein eifriger Unterstützer der Regierung im chinesisch-japanischen wie auch im japanisch-russischen Krieg. Im beginnenden 20. Jahrhundert änderte er seine politische Haltung vollends, er verwarf seine liberalen Ansichten und wurde zum Wortführer von Japans imperialistischer Außenpolitik.

Der Aufstieg Japans und der Niedergang Chinas veränderten die politische Landschaft in der chinesischen Einflusssphäre und blieben auch für Korea nicht ohne Folgen. Im späten 19. Jahrhundert suchten koreanische Historiker einen Weg, sich aus dem Schatten Chinas zu lösen und Koreas Geschichte im Sinne kultureller Eigenständigkeit neu zu schreiben. Dieser Trend, der parallel zum Entstehen des Toyoshi in Japan verlief, bildete den embrionischen Kern des modernen koreanischen Nationalismus. Gleichwohl kann sein Ursprung bis auf den dynastischen Übergang von den Ming zu den Qing im China des 17. Jahrhunderts und den daraufhin einsetzenden Aufstieg der textkritischen Schule zurückverfolgt werden, der zu einer ähnlichen Ausrichtung im Korea des 18. und beginnenden 19. Jahrhunderts führte.[77] Unter dem Einfluss des Nationalismus murrten viele koreanische Historiker darüber, dass man in der Vergangenheit zwar ernsthaft versucht habe, die chinesische

Geschichte zu rekonstruieren, dabei aber die eigene geschichtliche Entwicklung vernachlässigt habe. Die Koreaner sollten vielmehr stolz sein auf die Geschichte ihres Landes, denn sie reiche ähnlich weit zurück wie die chinesische. Der Legende nach hatte Tan'gun, ein mythischer König und Sohn eines göttlichen Wesens und einer Bärin, im Jahr 2333 v. Chr. das Königreich Korea gegründet. Um die Wende vom 19. zum 20. Jahrhundert begannen die Koreaner schließlich, die jahrhundertealten Fesseln abzuschütteln, beziehungsweise sich aus der Knechtschaft unter China (*sadae*) zu befreien; während eines Großteils der Choson-Dynastie (1392–1910) waren die koreanische Kultur und Geschichte stets als minderwertig angesehen worden.[78] Von damals bis heute hat der Nationalismus die Entwicklung der modernen koreanischen Historiografie mit geprägt, zum einen weil Korea an der Wende zum 20. Jahrhundert seine Unabhängigkeit an Japan verlor, zum anderen, weil die Halbinsel trotz der Wiedererlangung der Unabhängigkeit am Ende des Zweiten Weltkriegs geteilt blieb.

Dass Japan in China seinen »Orient« sah, beunruhigte dort zunächst niemanden. In den 1860er Jahren war die herrschende Qing-Dynastie auf einen Kurs der Verwestlichung eingeschwenkt, wenngleich in viel geringerem Maße als Japan. Die Halbherzigkeit dieses Ansatzes zeigt sich darin, dass China nicht gewillt war, seine Weltsicht als »Reich der Mitte« unter dem Himmel aufzugeben und den Aufstieg des Westens anzuerkennen. Das hatte allerdings auch mit dem Ausbruch der Taiping-Rebellion (1850–1864) zu tun, die als selbsternannte christliche Bewegung begonnen hatte. Obwohl die westlichen Mächte sich wegen ihrer wirtschaftlichen Interessen auf die Seite der herrschenden Dynastie schlugen, waren die Literati durch den gefährlichen Einfluss westlicher Religion und Kultur, der zur Erosion des traditionellen Konfuzianismus führte, alarmiert. Als sich herausstellte, dass die kaiserlichen Truppen nicht mit den Rebellen fertig wurden, organisierten die Literati eine Miliz zur Unterstützung der Dynastie; schließlich gelang es beiden gemeinsam, den Aufstand niederzuschlagen. Dieser Sieg ebnete den Weg zur Restauration der Qing-Dynastie (1862–1874), die ihrerseits nach Wegen suchte, die Beziehungen Chinas zu den westlichen Mächten und zu Japan neu zu gestalten. Gleichzeitig aber stärkte man die konfuzianische Tradition. Zhang Zhidong (1837–1909), ein ranghoher Qing-Beamter, lieferte dazu die schlüssige Formel: Chinesische Bildung richtete sich auf das »Substanzielle« (*ti*), westliches Lernen für das Nützliche (*yong*). Diese »*ti-yong*«-Formel wurde zum Leitprinzip der Selbststärkungsbewegung, in deren Verlauf neue Behörden bei der Regierung gegründet wurden, allen voran das »Amt für Belange aller Nationen«, kurz *zongli yamen*, eine Art Außenministerium. Obwohl kein ernsthafter Versuch zur Reform und Modernisierung des chinesischen

Bildungssystems unternommen wurde, schufen Provinzgouverneure oder Missionare neue Schulen zur Vermittlung westlicher Sprachen und Naturwissenschaften, die sich allerdings geringer Beliebtheit erfreuten, da sie ihre Studenten nicht auf die Beamtenprüfung vorbereiteten, die bis 1905 der einzige Zugang zu einem offiziellen Amt war.

Die Qing-Restauration in China stellte also eine Parallele zu Japans früher Meiji-Zeit dar, doch im Gegensatz zu Japan sah China keine generelle Notwendigkeit zur Einrichtung moderner Institutionen, die den chinesischen Studenten systematisches Wissen über den Westen und die übrige Welt hätten vermitteln können. Aber natürlich gab es Ausnahmen, zum Beispiel Wang Tao (1828–1897), Sohn einer Gelehrtenfamilie im Südosten Chinas. Er erhielt eine solide Ausbildung im konfuzianischen Kanon und bekam später die Möglichkeit, für mehrere Jahre in Hongkong als Assistent von James Legge (1815–1897) zu arbeiten, einem schottischen Missionar, der die konfuzianischen Klassiker ins Englische übersetzte. Auf Einladung Legges lebte Wang auch drei Jahre in England. Verglichen mit seinen Vorgängern aus einer früheren Generation – zum Beispiel Wei Yuan –, konnte Wang aus erster Hand Informationen über den Westen sammeln und erlangte so eine wesentlich bessere Vorstellung vom Wandel in der Weltgeschichte. Während Wei Yuan den Grund für die westliche Überlegenheit noch im Militär gesehen hatte, erwarb Wang Tao sich gründliche Kenntnisse über Kultur und Institutionen, die er an seine Landsleute weitergeben wollte. Inspiriert vom westlichen Journalismus vermittelte er in seinen Schriften auch Informationen über aktuelle Ereignisse, wie etwa den französisch-preußischen Krieg, und fasste seine Beschreibungen und Analysen in einem erzählenden Stil ab, ähnlich wie Taguchi Ukichi das in Japan versucht hatte. Doch Wang Tao war zugleich ein Kind seiner Zeit. Er kann vermutlich als die am ehesten kosmopolitisch zu nennende Figur im China des ausgehenden 19. Jahrhunderts gelten, hielt aber gleichwohl daran fest, dass die moralischen Werte des Konfuzianismus ein universales und nützliches Instrument zur Analyse weltgeschichtlicher Veränderungen seien.[79]

Wang Tao kann als der »Zivilisationsgeschichtler« Chinas gelten, dessen historiografische Innovationen wiederum auf seine japanischen Kollegen zurückwirkten. Wang reiste in den 1870er Jahren nach Japan, wo er von Shigeno Yasutsugu und dessen Mitarbeitern am Historischen Amt freundlich empfangen wurde.[80] In seiner Heimat wurde seine Arbeit hingegen weniger begeistert aufgenommen; dort blieb er lebenslang ein Außenseiter, sowohl in seinem Lebensstil, als auch mit seiner wissenschaftlichen Forschung. Die offiziellen Historiker, also Shigeno Yasutsugus Entsprechung auf chinesischer Seite, zeigten wenig Interesse an seiner westlich beeinflussten Geschichtsschreibung. Ihnen ging es vielmehr um die Qualität dynastischer »Standardgeschichten« wie die »Ming-Geschichte« oder die »Qing-Geschichte«, die ihre Amtskollegen in der vorangegangenen Dynastie zusammengestellt hatten. Ihre Kritik an diesen Geschichtswerken bezog sich vor allem auf mangelhafte Auslegung nach Maßgabe der konfuzianischen Moral und der politischen Agenda. Bei genauerem Hinsehen merkt man jedoch, dass sie sich nicht ausschließlich mit dynastischer Historiografie, also mit den hergebrachten Traditionen, beschäftigten. Zumindest was die »Geschichte der Yuan-Dynastie« angeht, scheinen sie von westlichen Quellen über die mongolische Eroberung Südostasiens profitiert zu haben, die neuerdings verfügbar waren. Diese westlichen Quellen ermöglichten es Historikern wie Hong Jun (1839–1893), Ke Shaoming (1850–1933) und Tu Ji (1856–1921), deren Daten mit der »Yuan-Geschichte« abzugleichen und so deren Wahrheitsgehalt zu überprüfen. Solche neuen Untersuchungen zur yuan-zeitlichen Geschichte fanden auch in Japan Beachtung, wo die mongolische Geschichte als Teil des *Toyoshi* galt. All dies zeigt, dass sich gegen Ende des 19. Jahrhunderts auch die Weltsicht der Chinesen allmählich gewandelt hatte, was sich natürlich auch in der Geschichtsschreibung niederschlug. Einerseits gewährte man am Qing-Hof dem Missionswerk mehr Toleranz, ja sogar Unterstützung, sodass Missionare wie etwa Young J. Allen (1836–1907) und Timothy Richard (1845–1919) immer mehr westliche historische Studien ins Chinesische übersetzen konnten; außerdem machten Xue Fucheng (1838–1894), Xu Jianyin (1845–1901) und andere Diplomaten immer mehr historische Darstellungen und Reiseberichte aus dem westlichen Ausland sowie aus Japan verfügbar. In dieser Kategorie galt »Riben guozhi« [Japan: Eine Nationalgeschichte] von Huang Zunxian (1848–1905) als herausragend. Dass Huang sich entschloss, eine Geschichte Japans zu schreiben, ist an sich schon bemerkenswert, denn bis dahin war japanische Geschichte entweder übersehen oder von chinesischen Historikern falsch dargestellt worden; dies gilt auch für die »Maritimen Länder« von Wei Yuan. Im Vergleich dazu hat Huang nicht nur einen umfassenden und detaillierten Überblick über die Geschichte Japans geliefert, sondern auch dessen erfolgreiche Modernisierung lobend dargestellt.

Doch nur wenige Chinesen, nicht einmal so ausgewiesene Japankenner wie Huang Zunxian, haben erkannt, welch direkte und düstere Auswirkung diese Modernisierung auf China und die sinozentrische Weltordnung haben würde. Vielmehr betrachteten sie den eindrucksvollen »Fortschritt« der japanischen Kultur mit einem gewissen Neid und forderten ihre Zeitgenossen zur Nachahmung auf, auf dass China nicht zurückfalle. Während der 1890er Jahre wurde in China auch das Gedankengut der Evolutionstheorie und des Sozialdarwinismus rezipiert. Robert Mackenzies »The Nineteenth

Century«, ein ansonsten wenig bemerkenswerter Überblick über die moderne europäische Geschichte, war von Timothy Richard ins Chinesische übertragen worden und wurde wegen seiner progressiven Geschichtsauffassung sofort zum Bestseller. Spätestens nach der Niederlage der Qing im chinesisch-japanischen Krieg von 1895 waren auch die intellektuell aufgeschlossensten Chinesen nicht mehr nur beeindruckt, sondern alarmiert angesichts der raschen Modernisierung Japans. Diese Niederlage setzte nicht nur der Selbststärkungsbewegung der Qing ein Ende, sondern eröffnete auch eine neue Periode im historischen Denken der Chinesen. Japans unverfroren herausfordernde Haltung machte den Chinesen bewusst, dass die Welt inzwischen einem anderen historischen Trend folgte, der sich am besten mit dem darwinistischen Prinzip vom »survival of the fittest« charakterisieren ließ. Sie mussten schmerzlich erkennen, dass ihr Land, wenn es den Anschluss an diese Entwicklung verpasste, nicht nur seinen Status als das gepriesene »Reich der Mitte«, sondern auch seine Unabhängigkeit als Nation einbüßen würde. Insofern wirkte Japans rascher Aufstieg paradoxerweise anspornend auf die Chinesen: Er trieb sie dazu an, ähnliche politische und soziale Reformen ins Werk zu setzen, wenn sie ihre historische Bedeutung nicht verlieren wollten. 1898 waren sich sowohl der Hof als auch die Literati anscheinend darin einig, dass grundlegende Reformen anstanden. Doch als der Kaiser diese schließlich per Dekret umsetzte, wurden sie von der viel mächtigeren Kaiserinwitwe bereits nach hundert Tagen teilweise wieder rückgängig gemacht, weil sie befürchtete, damit ihre persönliche Macht zu verlieren.

Im Gegensatz zur japanischen Historiografie, wo sich die empirische textkritische Schule mit der kritischen Methode von Ranke erfolgreich vermischt hatte, führte der westliche Einfluss in China dazu, dass die Geschichtsschreibung, dem Drang nach nationaler Überlebensfähigkeit und Selbststärkung folgend, eher von Ideen wie der Evolutionstheorie und dem Sozialdarwinismus beeinflusst wurde. Neben dem Werk von Mackenzie verbreitete sich auch Thomas Huxleys »Evolution and Ethics«; das Werk wurde von Yan Fu (1853–1921), der in England studiert hatte, ins Chinesische übersetzt und war im China des ausgehenden 19. Jahrhunderts ebenfalls ein Bestseller. In der Zwischenzeit veranlasste die darwinistische Betonung des Wandels und der Evolution chinesische Gelehrte einmal mehr, in der eigenen Tradition nach kompatiblen Elementen zu suchen. In diesem Licht ist Gong Zizhens und Wei Yuans Betonung der Idee des historischen Wandels im Konfuzianismus zu sehen. Ausgehend von der »Lehre der drei Reiche« gingen Gong und Kang Youwei (1858–1927), der Protagonist der Reformen von 1898, so weit, Konfuzius aus der Sicht des Darwin'schen Evolutionismus gar als sozialen Reformer darzustellen.[81] Kangs Neubewertung des Konfuzius wurde nur von wenigen geteilt, aber seine Verschmelzung der konfuzianischen Neutextschule mit Ideen aus der Evolutionstheorie und dem Sozialdarwinismus inspirierte künftige Generationen von Historikern und Gelehrten bei ihrem Bemühen, die chinesische Historiografie zu modernisieren und mit fremdem Gedankengut anzureichern.

KAPITEL 4
Geschichtsschreibung im Schatten zweier Weltkriege: Die Krise des Historismus und die moderne Historiografie

I. Die Neuorientierung der Geschichtsforschung und des historischen Denkens in den Jahren 1890 bis 1914

1. Wandel im politischen und kulturellen Klima

Das Jahr 1890 war kein einschneidendes Datum wie etwa die Jahre 1789, 1848 oder 1871, doch es steht im Zeichen der Entlassung Otto von Bismarcks als deutscher Reichskanzler. Gleichwohl blieben in West- und Nordeuropa, Deutschland eingeschlossen, in Österreich-Ungarn sowie in den Vereinigten Staaten die politischen Systeme von 1871 weiter bestehen. Auf dem Balkan und in Russland war die Situation brisanter. Der soziale Wandel, der in der zweiten Hälfte des 19. Jahrhunderts zu beobachten war und sich in Industrialisierung und Urbanisierung äußerte, auf politischer Ebene auch durch das Entstehen großer Wählerschichten, Volksparteien und Presseorgane, hatte sich noch beschleunigt. Das alles blieb, wie wir noch sehen werden, auch für die Geschichtsschreibung nicht ohne Folgen. In allen mitteleuropäischen Ländern, vor allem aber in Deutschland, hatten um 1890, häufig von marxistischem Denken geprägt, sozialistische Bewegungen ihre Stimme erhoben, und in Großbritannien gab es um 1900 eine nichtmarxistische Labour Party. Das allgemeine Wahlrecht für Männer hatte sich überall durchgesetzt, mit Verspätung 1907 in Österreich und 1912 in Italien, und wenngleich Frauen in der Regel noch nicht wählen durften, gab es doch immerhin lautstarke Bewegungen zur Durchsetzung des Frauenwahlrechts in Großbritannien, den Vereinigten Staaten und Skandinavien, das dann kurz nach dem Ersten Weltkrieg zum Vorreiter dieser Bewegung werden sollte. Demokratische Volksparteien der Mittelschicht gewannen an Stärke, sogar in Deutschland, wo die Macht des Parlaments stark eingeschränkt war. In Frankreich, Großbritannien und Skandinavien kam es zu enger Kooperation zwischen solchen Parteien und der Arbeiterschaft, wie die Regierungsbeteiligung der Sozialisten in Frankreich (1900) und die Koalition von Liberalen und Labour in Großbritannien (1906) zeigen. Auch in Australien und Neuseeland begannen sich Arbeiterparteien zu bilden, und in Skandinavien erstarkten die Sozialdemokraten. In den Vereinigten Staaten machte sich die Progressive Party zum Anwalt für soziale und demokratische Reformen, ging aber einem Nein zur Diskriminierung der Schwarzen aus dem Wege. In Deutschland, Österreich und Frankreich gab es antisemitische und chauvinistische Tendenzen vor allem in der bäuerlichen Bevölkerung und unter den Handwerkern und Gewerbetreibenden, die sich durch das Entstehen großer Konzerne bedroht fühlten.

Die Periode zwischen 1890 und 1914 war außerdem von eingreifenden Veränderungen in der intellektuellen und kulturellen Sphäre geprägt. Die Physik entfernte sich in Gestalt der Relativitäts- und Unbestimmtheitstheorie immer mehr von ihren älteren mechanistischen Ursprüngen, und die Psychoanalyse Sigmund Freuds (1856–1939) erforschte die Rolle des Unbewussten. In Frankreich und Deutschland verabschiedeten sich neue Formen der Kunst vom Realismus, gleiches gilt für die Romanautoren James Joyce (1882–1941) und Marcel Proust (1871–1922). Und in der Musik wichen die Harmonien der Atonalität.

2. Herausforderung der traditionellen Historiografie

a) Die Kritik am Modell von Leopold von Ranke

Obwohl die Muster eines professionellen Gelehrtentums, wie es die Schule Rankes für die Geschichtsforschung an den Universitäten etabliert hatte, weiter bestehen blieben, wurden kritische Stimmen laut, die sich gegen die Betonung von politischer, diplomatischer und militärischer Geschichte und die Beschränkung auf offizielle Schriftdokumente aussprachen. Es ist auffällig, dass die Professionalisierung der Geschichtsforschung auf der Basis des Ranke'schen Modells, das sich in den 1870er und 1880er Jahren[1] gerade international durchzusetzen begann, in westlichen Ländern einschließlich Lateinamerika, und mit geringer Verzögerung auch in Japan, bereits kritisiert wurde. Wie wir später noch sehen werden, war die japanische Kritik an der Ranke'schen Historiografie von Karl Lamprecht inspiriert worden, dessen Arbeiten zu Beginn des 20. Jahrhunderts ins Japanische übersetzt worden waren.[2] Diese Kritik konzentrierte sich auf zwei Punkte: Erstens war das Ranke'sche Modell auf eine vorindustrielle Gesellschaft zugeschnitten und ließ die politischen und sozialen Folgen des Entstehens einer Massengesellschaft außer Acht. Zweitens – und dieser Punkt hing mit dem ersten zusammen – kritisierte man ein zu enges Konzept der Geschichtswissenschaft, das den sozialen Kontext einer historischen Entwicklung vernachlässigte. In den Vereinigten Staaten und in Frankreich wurde die an Universitäten gängige Praxis hingegen nicht etwa wegen ihrer übertriebenen Wissenschaftlichkeit kritisiert, wie in Deutschland von Friedrich Nietzsche, sondern gerade weil es ihr an Wissenschaftlichkeit mangelte. Eine wachsende Zahl von Historikern im Westen wie im Osten begann sich sozialen, ökonomischen und kulturhistorischen Fragen zuzuwenden und versuchte zum Teil auch, auf der Basis empirischer Beobachtungen Theorien zur historischen Entwicklung zu formulieren.

b) Karl Lamprecht und der Methodenstreit in Deutschland

In Deutschland wurden im sogenannten Methodenstreit erbitterte Auseinandersetzungen über die richtige Methode in der historischen Forschung geführt, und zwar zwischen etablierten Vertretern des Berufsstandes und Karl Lamprecht (1856–1915),[3] der an der Universität Leipzig lehrte und 1891 den ersten Band seiner insgesamt zwölfbändigen »Deutschen Geschichte« veröffentlicht hatte.[4] Während Geschichtswerke bislang die politischen Ereignisse darstellten, die zur Reichseinigung unter Bismarck geführt hatten und diese an einigen wichtigen Persönlichkeiten festmachten, schrieb Lamprecht eine Geschichte, in der Gesellschaft und Kultur, nicht »große Männer«, den Kontext bildeten, in dem politische Geschichte verstanden werden sollte. Seine »Deutsche Geschichte« wurde angegriffen, weil sie die idealistischen Annahmen der nationalen Tradition deutscher Historiografie infrage stellte. Wegen seiner Berücksichtigung ökonomischer Faktoren wurde er als Marxist beschuldigt. Das war er aber nun keineswegs. Lamprechts Geschichte galt als subversiv, da er angeblich die Legitimität des Preußischen Staates anzweifelte, was ebenfalls nicht stimmte. Vielmehr trat er für gemäßigte demokratische Reformen ein. Die »Deutsche Geschichte« wurde als positivistisch im Sinne von Comte und Buckle verstanden. Sie formulierte Gesetzmäßigkeiten für die historische Entwicklung, wonach die deutsche Geschichte in sogenannte »Kulturzeitalter« von jeweils fünfhundert Jahren eingeteilt wurde. Seine Geschichte war zudem klar national orientiert, nur mit dem Unterschied, dass Lamprecht das Zentrum der Nation in der Kultur und nicht in den politischen Organen sah, etwas, das er vom »Volksgeist« der deutschen Romantiker übernommen hatte. Das Werk wurde vom Establishment der deutschen Geschichtsschreibung zurecht dafür gescholten, dass es oberflächlich und voller unbewiesener Spekulationen sei. Der Soziologe Max Weber, der die Wissenschaftlichkeit deutscher Akademiker mit sehr kritischen Augen betrachtete und der Geschichts- und Gesellschaftsforschung eine neue Stringenz geben wollte, attackierte Lamprecht heftig, weil er das selbsterklärte Ziel einer

Verwissenschaftlichung von Geschichte mit haltlosen Spekulationen und romantischen Vorstellungen sträflich verfehlte.[5]

Lamprechts »Deutsche[r] Geschichte« war 1885–1886 eine Veröffentlichung mit dem Titel »Deutsches Wirtschaftsleben im Mittelalter: Untersuchung über die Entwicklung der materiellen Kultur des platten Landes auf Grund der Quellen zunächst des Mosellandes« vorausgegangen,[6] die allgemein als solide, innovative Forschungsarbeit anerkannt wurde. Darin hatte Lamprecht die Wirtschafts- und Sozialgeschichte einer bestimmten Region, der Moselregion, erarbeitet, und zwar mit konkreten geografischen Vorgaben und sorgfältigen Archivstudien. Etwa zur gleichen Zeit schrieb der französische Historiker Charles Seignobos (1854–1942) eine ähnliche Dissertation über das Burgund[7] in etwa derselben Periode. Beide Arbeiten waren maßgebliche Beispiele für regionalgeschichtliche Untersuchungen in einem bestimmten Zeitrahmen, wenngleich Seignobos sich später einer traditionelleren Historiografie zuwandte. Trotz der feindseligen Aufnahme der »Deutschen Geschichte« durch seine Kollegen, war das Werk bei der nichtakademischen Leserschaft sehr beliebt, ganz anders als seine Studie über die Moselregion. Letztere ebnete den Weg für Lamprechts bahnbrechende Arbeiten in Landesgeschichte, die er als wichtigen Zweig der deutschen Geschichtswissenschaft etablieren half.

c) Die Neuorientierung der Geschichtsforschung in Frankreich

Eine parallele, wenn auch in vielerlei Hinsicht unterschiedliche Reaktion auf die reine Politik- und Diplomatiegeschichte deutscher Provenienz gab es in Frankreich seitens des Gründers der »Revue Historique«, Gabriel Monod (1844–1912). Die intellektuellen Traditionen beider Länder waren verschieden. In Frankreich fehlte die idealistische Tradition, die in Rankes Geschichtsauffassung eine so wichtige Rolle gespielt hatte. Die einflussreichste Historikerpersönlichkeit im Frankreich des 19. Jahrhunderts war Jules Michelet (1798–1874) gewesen, Verfasser einer lebendigen Geschichte, die weite Teile des Alltagslebens mit einbezog und sich nicht nur mit charismatischen Persönlichkeiten, sondern auch mit einfachen Männern und Frauen beschäftigte. Als bedeutendster Exponent einer modernen umfassenden Geschichtsdarstellung kann jedoch Henri Berr (1863–1954) gelten; der Ausbildung nach Philosoph, gründete er im Jahr 1900 die »Revue de synthèse historique« und lud Lamprecht ein, für diese Zeitschrift zu schreiben, wenngleich sich sonst keine Hinweise auf eine gegenseitige Beeinflussung finden. Wie bereits der Titel erkennen lässt, wollte Berr eine Geschichtsschreibung, die alle Aspekte der Gesellschaft und Kultur einer Zeit mit einbeziehen sollte. Berr war stark von dem Soziologen Emile Durkheim (1858–1917)[8], dem französischen Geografen Paul Vidal de la Blache (1843–1918) und dem deutschen Geografen

Friedrich Ratzel (1844–1904) beeinflusst. Die beiden Letzteren verstanden Geografie weniger als Natur- denn als Humanwissenschaft und bestanden darauf, dass Geschichte nicht von Geografie separiert werden könne.[9] Durkheim befand, dass Geschichte, so wie sie traditionell betrieben wurde, zwar keine Wissenschaft sei, da es ihr an einer Systematik mangele, der Soziologie aber insofern dienlich sein könne, als diese sich mit Gesellschaften in historischer Perspektive beschäftige. Im Gegensatz zum deutschen Verständnis von der Geschichte als Wissenschaft, die sich mit Individuen – seien es nun Personen oder Gesellschaften – beschäftige und sie in ihrer Einzigartigkeit zu verstehen suche, bestand Durkheim darauf, dass Soziologie die Geschichte mit einbeziehe und sich mit dem »Kollektivbewusstsein« sozialer Gruppen beschäftige. In seinem Buch »Suicide« (1897) wandte er sich der modernen Industriegesellschaft seiner Tage zu und untersuchte den Suizid unter dem Einfluss der *Anomie*; darunter verstand er die Isolation des Einzelnen in der anonymen Massengesellschaft, die an die Stelle des Eingebundenseins in älteren, traditionellen Gesellschaften getreten war. Berr war überzeugt, dass Geschichte kollektive Phänomene, wie Durkheim sie umrissen hatte, im historischen Kontext untersuchen könne und solle. Seine Zeitschrift wurde später zu einem wichtigen Forum für die internationale Diskussion historiografischer Theorien und Methoden, die sich dann ihrerseits auf die neue Sozialgeschichte in Frankreich auswirkten.

Seriöse marxistische Gelehrsamkeit existierte zu jener Zeit noch nicht, und kein bedeutender marxistischer Historiker hatte eine akademische Position inne. Erklärtermaßen marxistische Geschichtsschreibung gab es in Frankreich erst um die Jahrhundertwende mit dem Werk »Histoire socialiste de la révolution française« von Jean Jaurès (1859–1914), einem führenden Politiker der Französischen Sozialistischen Partei. Mit dem marxistischen Konzept des Klassenkampfes untersuchte Jaurès die Rolle der Bauern und Arbeiter in der Revolution, die bis dahin vernachlässigt worden war. Jaurès schrieb eine gelehrte Studie auf der Basis von Archivquellen, die er mit vielen Illustrationen versah und die so verständlich war, dass sie auch von Bauern und Arbeitern gelesen werden konnte. Er betonte die wirtschaftlichen Faktoren, ohne ökonomischer Determinist zu sein, wobei er sich nicht nur auf Marx'sche Analysen, sondern auch auf Michelets »Mystizismus« berief, demzufolge sowohl charismatische Persönlichkeiten wie auch einfache Menschen das historische Geschehen bestimmten. Vergleicht man die Reaktion französischer Akademikerkreise auf Jaurès mit der deutscher Akademiker auf Lamprecht, so fällt ein markanter Unterschied ins Auge. Im Gegensatz zu Lamprecht wurde Jaurès als Gelehrter ernst genommen. 1903 richtete er eine Petition an die französische Regierung, in der er um die Einrichtung einer Kommission zur

Sammlung und Veröffentlichung der verstreuten Quellen zur Wirtschafts- und Sozialgeschichte der Französischen Revolution bat; man kam seinem Ersuchen nach. Jaurès übernahm den Vorsitz dieser Kommission, in der bedeutende französische Revolutionshistoriker vertreten waren. In Deutschland wurden die Universitäten von Wissenschaftlern dominiert, die der preußischen Monarchie nahe standen, Fürsprecher demokratischer Reformen blieben weitgehend vom akademischen Betrieb ausgeschlossen.[10] In Frankreich, wo die Universitäten während der Dritten Republik reformiert worden waren, vertrat eine Mehrheit der Gelehrten republikanische Ideale.[11] Es gab allerdings auch eine royalistisch geprägte Historiografie, die gegen die Republik opponierte und der Revolution kritisch gegenüberstand, doch ihre Vertreter arbeiteten, mit Ausnahme des bereits erwähnten Hyppolite Taine, alle außerhalb des akademischen Systems, einige engagierten sich auch in der ultranationalistischen, antisemitischen *Action Française*.[12]

d) Die »New History« in den Vereinigten Staaten

In den Vereinigten Staaten stellte die »New History« eine ähnliche Hinwendung zur Sozialgeschichte dar; ihre Vertreter versuchten, sich von der Vorgängergeneration professioneller Historiker und der von ihnen selbst so genannten »wissenschaftlichen Geschichte« abzugrenzen. Ein entscheidender Anstoß kam von Frederick Jackson Turner (1861–1932),[13] Professor an der University of Wisconsin, der in seinem Aufsatz »Frontier in American History« (1893) die Behauptung widerlegte, dass die Ursprünge der freien Institutionen in England und Amerika auf frühe germanische Stammesgesellschaften zurückgingen. Er wies vielmehr darauf hin, dass die amerikanische Freiheit einzigartig und aus den Kämpfen um die Grenze hervorgegangen sei. Das wahre Amerika sei nicht das der Elite an der Ostküste, sondern das der einfachen Leute in den Heartlands und im Westen. Historiker sollten die geografischen Gegebenheiten der amerikanischen Gesellschaft in Betracht ziehen, die Bedeutung ihrer Westgrenze und den sozialen und kulturellen Kontext der amerikanischen Politikgeschichte.

Turners Werk fiel mit dem Entstehen eines »Progressive Movement« in der amerikanischen Politik zusammen, die sich für demokratische Reformen stark machte. Ihr war der »Populismus« der 1870er und 1880er Jahre vorausgegangen, eine vorwiegend agrarische Bewegung, die gegen die Macht der Banken und Eisenbahngesellschaften aufgestanden war. Das »Progressive Movement« zog nicht nur die Belange der Farmer in Betracht, sondern auch die der Arbeiter in der Industriegesellschaft. James Harvey Robinson (1863–1936), seit 1893 Professor an der Columbia University, hatte das Programm für eine solche Geschichtsschreibung in einer Serie von Artikeln in den frühen Jahren des 20. Jahrhunderts sowie in seinem Essayband »The New History« von 1912 niedergelegt, in dessen Zentrum er Kultur und Gesellschaft stellte. Unter Kultur verstand er dabei vor allem die Geschichte der Intellektuellen, beschränkte sich dabei aber nicht nur auf große Denker, sondern versuchte, den Zeitgeist einer Epoche zu erfassen. Anders als Turner beschränkte er seine Geschichte nicht auf Amerika, sondern sah sein Land als Teil einer westlichen Zivilisation, in der Europa eine entscheidende Rolle spielte. 1919 wurde an der Columbia University erstmals ein Undergraduate-Seminar in »Western Civilization« angeboten. An dieser Universität sammelte sich auch ein Kreis gleichgesinnter Historiker und Sozialwissenschaftler, darunter der Philosoph John Dewey (1859–1952). Carl Lotus Becker (1873–1945) äußerte sich in einer Reihe von Untersuchungen zu den Hauptströmungen europäischen Denkens und deren Einfluss auf das amerikanische Demokratieverständnis.[14] Dennoch verwundert es, dass diese »New History« mit ihrer demokratischen Ausrichtung so gut wie keine Notiz von der afro-amerikanischen Bevölkerung Amerikas nahm. Der von der Mehrzahl ihrer Vertreter unterstützte Präsident Woodrow Wilson, gewählt im Jahr 1912, verschloss sich jeglicher Reform des Systems der Rassentrennung. Dennoch strebten viele eine Zusammenarbeit mit der noch jungen Disziplin der Sozialwissenschaft an. Doch anders als Lamprecht und Berr glaubten sie nicht, dass die »Neue Geschichte« die historische Entwicklung gesellschaftlicher Prozesse in Gesetze fassen könne, obwohl sie doch hinsichtlich der Entwicklung der modernen Welt hin zu mehr Demokratie und sozialer Gleichheit optimistisch waren.

Hatte Turner sich noch auf Amerikas Sonderstellung berufen, so sahen einige der »progressiven« Historiker durchaus auch die Schattenseiten der amerikanischen Demokratie. 1913 veröffentlichte Charles Beard (1873–1945)[15] »The Economic Interpretation of the American Constitution«. Auch wenn er sich selbst nicht als Marxist sah, vertrat er doch zwei Konzepte, die einer marxistischen Interpretation von Geschichte und Gesellschaft nahekamen. Eines war, wie bereits der Titel nahelegt, die Bedeutung der ökonomischen Kräfte; das zweite war das Ausmaß, in dem sich politische Macht auf wirtschaftliche Macht stützt und dazu eingesetzt wird, soziale und wirtschaftliche Ungleichheit zu zementieren. Beard zerstörte den amerikanischen Mythos, dass die Väter der Verfassung primär von Freiheitsidealen beseelt gewesen seien. Er konnte vielmehr zeigen, dass ihre Entscheidungen von persönlichen wirtschaftlichen Interessen geleitet waren. Anders als Lamprecht und Berr, die überzeugt waren, dass auch beim Studium der Geschichte und Gesellschaft wissenschaftliche Objektivität möglich sei, waren Carl Becker und Charles Beard in dieser Hinsicht wesentlich vorsichtiger und betonten die Rolle subjektiver Faktoren.

e) Wirtschafts- und Sozialgeschichte in Großbritannien

In Großbritannien verlief der Übergang von traditioneller Gelehrsamkeit zu einer interdisziplinären Sozialgeschichte langsamer. Viele Historiker schrieben Geschichte noch im Sinne der Whigs[16] und konzentrierten sich auf Entwicklungen im parlamentarischen oder juristischen Bereich. Dennoch entstanden außerhalb des akademischen Betriebs bedeutende Werke, die sich mit der Geschichte der Arbeiterschaft und den Lebensbedingungen der Armen befassten. Von Arnold J. Toynbee (1851–1883), nicht zu verwechseln mit seinem gleichnamigen berühmten Neffen, wurden 1884 posthum die »Lectures on the Industrial Revolution« veröffentlicht, in denen er sich mit den gesellschaftlichen Auswirkungen der Industrialisierung auf die Städte und ländlichen Siedlungen befasste. Es gab sogar zwei schreibende Forscherehepaare; John Lawrence Hammond (1872–1949) und Barbara Hammond (1873–1961), die 1911 »The Village Labourer« herausbrachten, sowie Beatrice Webb (1858–1943) und Sydney Webb (1859–1947), die 1894 eine »History of the Trade Unionism« und 1897 »Industrial Democracy« veröffentlichten. Auch in Frankreich erschienen zwei wichtige Werke über die Arbeitswelt, und zwar von Emile Levasseur (1828–1911) und von Henri Hauser (1866–1946).

Wirtschaftsgeschichte als eigenständige Disziplin – im Unterschied zu Ökonomie und allgemeiner Geschichte – begann seit den 1920er Jahren eine bedeutende Rolle zu spielen, hatte ihre Ursprünge jedoch bereits in den 1890er Jahren, als der britische Ökonom W. J. Ashley (1860–1927) auf den ersten Lehrstuhl für Wirtschaftsgeschichte an der Harvard University berufen wurde. Auf beiden Seiten des Atlantik sollten weitere solcher Lehrstühle folgen.

f) Die neue Sozialgeschichte in anderen Ländern

Die Abkehr vom staatsorientierten Paradigma hin zu einer interdisziplinären Sozial- und Kulturgeschichte erwies sich im Westen als internationaler Trend, der Lateinamerika mit einschloss und bald auch in Ostasien ankommen sollte. In Polen an den im österreichischen Kaiserreich relativ autonomen Universitäten Krakau und Lemberg, aber auch an der Universität Warschau im russisch dominierten Teil Polens war diese Entwicklung eng verknüpft mit dem Ziel der Stärkung einer nationalen Kultur. Mit einem historischen Fundament wollte man den Weg zur Wiedererlangung nationaler Unabhängigkeit ebnen und Versuche einer Russifizierung beziehungsweise Germanisierung durch die nach der Teilung herrschenden Mächte zurückdrängen. In Russland, wo sich so gut wie alles auf das Zarenreich als politische und religiöse Einheit konzentrierte, verfolgte die »Moskauer Schule« um Wassili Ossipowitsch Kljutschewski (1841–1911) und seinen Schüler Pawel

Nikolajewitsch Miljukow (1869–1943) einen interdisziplinären Ansatz, bei dem politische Strukturen und Ereignisse in einen größeren wirtschaftlichen und sozialen Kontext gestellt wurden, nicht zuletzt um die Abkehr Russlands vom Westen zu erklären.[17] Im frühen 20. Jahrhundert wurden die Arbeiten von Lamprecht nach und nach ins Japanische übersetzt und entfachten das Interesse an soziokultureller Geschichte, wie es sich etwa in der Arbeit von Tsuda Sokichi niederschlug, der den kollektiven Geist des japanischen Volkes erforschen wollte.[18] Auch in China gab es Tendenzen zu einer Ausweitung des Geschichtsverständnisses, die von der bereits 1920 erschienen Übersetzung von James H. Robinsons »The New History« inspiriert waren. Sie unterstützten die dortigen Historiker bei der kritischen Analyse ihrer imperialen Tradition und der Hofhistoriografie sowie bei dem Versuch, nationale Geschichte zu schreiben.[19]

Dieser Paradigmenwechsel hin zur Sozial- und Kulturgeschichte fand auf internationaler Ebene statt. Aber natürlich folgte man vielerorts weiterhin den althergebrachten Mustern der Geschichtsschreibung. Viele Historiker in all diesen Ländern bedienten sich traditioneller Methoden und scheuten vor theoretischen Fragen zurück, waren aber dennoch nicht frei von politischen Vorurteilen. Wichtige Impulse kamen aus Deutschland, etwa Karl Lamprechts Initiative in seiner »Deutschen Geschichte«; zugleich aber war Deutschland auch dasjenige Land, in dem die neue Geschichte am schärfsten geächtet war. Lamprecht war weder ein radikaler demokratischer Reformer noch Marxist, wurde aber als solcher dargestellt. Das hatte zweifellos auch mit dem semiautokratischen Herrschaftssystem zu tun sowie mit der Befürchtung breiter Teile der Mittelschicht, dass Demokratisierung und politische Reformen die Macht der sozialdemokratischen Arbeiterklasse stärken würden. Mehr noch, deutsche Historiker spielten, wie wir im vorigen Kapitel gesehen haben, eine außerordentlich wichtige Rolle bei der Mobilisierung der öffentlichen Meinung im Dienste der semiautokratischen Lösung von 1871; sie erfüllte die Forderung der Mittelklasse nach einer Verfassung in ihrem Sinne und schrieb zugleich den Status quo fest. Lamprechts Herausforderung der traditionellen Historiografie und ihrer im Idealismus wurzelnden Annahmen musste demnach die etablierte politische und soziale Ordnung infrage stellen.

g) Internationaler Austausch

Zum ersten Mal seit der Aufklärung im 18. Jahrhundert kam es über nationale Grenzen hinweg zu engem wissenschaftlichen Austausch. Viele amerikanische, französische und osteuropäische Historiker hatten in der zweiten Hälfte des 19. Jahrhunderts in Deutschland studiert; bald darauf kamen auch Studenten aus Japan und dem Nahen Osten hinzu. Das setzte sich bis ins frühe 20. Jahrhundert so fort. Robinson, die zentrale Figur der amerikanischen »New History«, hatte bei Lamprecht in Leipzig studiert, wo sich ein kleiner Kreis gleichgesinnter Sozialwissenschaftler gebildet hatte, darunter der Ökonom Karl Bücher (1847–1930), der Psychologe und Philosoph Wilhelm Wundt (1832–1920) und der Geograf Friedrich Ratzel. Man teilte das Interesse für interdisziplinäre Forschung und hielt regelmäßige Treffen ab, an denen auch Lamprecht teilnahm. Sowohl Durkheim als auch der führende rumänische Historiker Nicolae Iorga (1871–1940) hatten in Leipzig studiert; Letzterer wurde 1893 von Lamprecht promoviert. Andere studierten in Berlin, wie etwa Robinson und der afroamerikanische Soziologe und Historiker W. E. B. Du Bois (1868–1963), der die Vorlesungen des Wirtschaftshistorikers Gustav von Schmoller hörte und mit Max Weber (1864–1920) korrespondierte.

Ein Beispiel für die neue internationale Kooperation war die 1893 erfolgte Gründung der »Vierteljahresschrift für Sozial- und Wirtschaftsgeschichte« durch den konservativen deutschen Historiker Georg von Below (1857–1920) und seinen sozialdemokratischen österreichischen Kollegen Lujo Moritz Hartmann (1865–1924). Die Artikel erschienen auf Deutsch, Französisch, Englisch und Italienisch, und die Beiträger kamen aus ganz Europa und Nordamerika. Im Jahr 1904, beim Congress of Arts and Sciences während der Weltausstellung in St. Louis diskutierten die wichtigsten Vertreter einer neuen Geschichte wie Karl Lamprecht, Frederick Jackson Turner, James Harvey Robinson und J. B. Bury aus England (1861–1927) unter der Moderation von Woodrow Wilson (1856–1924) neue Wege der historischen und soziologischen Forschung. Ebenfalls bei dem Kongress anwesend waren von deutscher Seite der Soziologe Max Weber, der Religionssoziologe Ernst Troeltsch (1865–1923) und der Kirchengeschichtler Adolf von Harnack (1851–1930).[20] Lamprecht hielt im selben Jahr eine Reihe von Vorlesungen an der Columbia University, die im Jahr darauf englisch unter dem Titel »What is History? Five Lectures in the Modern Science of History« veröffentlicht wurden.[21] Er erntete in den Vereinigten Staaten beträchtliche Anerkennung und wurde 1906 zum Ehrenmitglied der American Historical Association gewählt, wie Ranke bereits eine Generation vor ihm. Allerdings ist fraglich, ob er mit seiner spekulativen Auffassung von den Gesetzmäßigkeiten innerhalb der Geschichte einen direkten Einfluss auf die amerikanische Szene ausübte.

h) Diskussionen zur Historischen Theorie

Um die Jahrhundertwende gab es eine lebhafte Diskussion zur Natur historischen Wissens. Zu dieser Zeit erschienen zwei bahnbrechende Werke zur Methode: Ernst Bernheims »Lehrbuch der historischen Methode« (1889)

und »Introduction aux études historiques« (1898) von Charles Langlois und Charles Seignobos. Sie wurden in mehrere Sprachen übersetzt, Teile von Bernheims Buch sehr schnell auch ins Japanische. Die »Revue de synthèse historique« von Henri Berr hatten wir als internationales Forum für den Austausch neuer Ansätze in der Historiografie bereits erwähnt. Die intensivste Beschäftigung mit der Geschichte als Forschungsgegenstand fand jedoch in Deutschland statt. In gewisser Weise griff man dort die Diskussion, die auf Droysens »Grundriss der Historik« und seine Kritik an Buckle zurückging, wieder auf. Diese Debatte hatte Wilhelm Dilthey (1833–1911) in seiner »Einleitung in die Geisteswissenschaften« von 1883 wieder aufleben lassen, in der er den Versuch zur Formulierung einer »Kritik der historischen Vernunft« unternahm, einer Parallele zu Kants »Kritik der reinen Vernunft«.[22] Er griff dabei eine Annahme auf, die eine Schlüsselrolle in der historiografischen Tradition von Ranke und Droysen gespielt hatte, dass nämlich Geschichte eine Wissenschaft sei, aber eben eine Geisteswissenschaft, die nicht wie die Naturwissenschaften nach abstrakten, kausalen Erklärungen suchte, sondern der es eher um ein »Verstehen« menschlicher Motivationen ging, die sich solchen Erklärungen entzog. Dilthey stimmte mit Kant darin überein, dass der menschliche Geist eine strenge Forschungslogik nahelege. Er war überzeugt, dass es exaktes Wissen auch in den Geisteswissenschaften geben könne. Dessen Wahrheitsgehalt bestehe allerdings nicht in der Übereinstimmung mit einer äußeren Realität, sondern werde durch Konstruktion und Rekonstruktion der Vergangenheit mit Hilfe des Geistes erst hergestellt. Mit seinen eigenen Worten: »Ausschließlich in der inneren Erfahrung, in den Tatsachen des Bewusstseins fand ich einen festen Ankergrund für mein Denken.« Und »Alle Erfahrung hat ihren ursprünglichen Zusammenhang ... in den Bedingungen unseres Bewusstseins, innerhalb dessen sie auftritt, in dem Ganzen unserer Natur«[23] Er betonte, dass zwar alles Wissen subjektiv sei, dass aber der Prozess subjektiver Kognition dennoch zu Wissen führe. In diesem Punkt ging er nicht weiter als Ranke und Droysen, die dem Verstehen eine ähnliche Rolle zugewiesen hatten und es zum Gegenstand der Geschichtsforschung erklärten. Verstehen war letztlich ein Akt der Intuition. Doch Dilthey konnte keine Methodik mehr entwickeln, die den Wahrheitsgehalt von Intuitionen überprüfen konnte. Er wollte angestrengt die Geschichte aus der Metaphysik befreien, fiel aber im Grunde auf dieselben metaphysischen Annahmen zurück wie Ranke und Droysen, indem er voraussetzte, dass Verstehen, obgleich ein essentiell subjektiver Akt, dennoch in einer zu Grunde liegenden Realität verankert sei.

Wilhelm Windelband (1848–1915) und Heinrich Rickert (1863–1936)[24] stimmten mit Droysen und Dilthey darin überein, dass intuitives Verstehen eine Brücke zwischen Intuition und objektiver Wirklichkeit schlage, doch auch sie konnten keine Methodik zum Abgleich des intuitiven Wissens mit der objektiven Realität anbieten. Windelband war bekannt für seine strenge Unterscheidung zwischen den »nomothetischen« Methoden, mit denen die Naturwissenschaften nach Generalisierungen und Gesetzmäßigkeiten strebten, und der »idiographischen« Methode der Geschichtsforschung, die den individuellen Charakter historischer Phänomene zu erfassen suchte. Diese Unterscheidung deckte sich mit der Kritik deutscher Historiker an Lamprecht, die ja, wir haben es gesehen, durchaus nicht ohne politische Implikationen war. Rickert dachte in dieser Richtung weiter, steuerte aber zu der Diskussion zwei wichtige Gedanken bei, die er mit Max Weber teilte, und zwar, dass die Geistes- oder Kulturwissenschaften nicht ohne Konzepte auskämen und dass eine Kultur sich durch die Werte definiere, die sie verkörpere.

Der schwerwiegendste Angriff auf die Historische Schule und ihren Mangel an methodischer Klarheit und zugleich gegen den positivistischen Ansatz Lamprechts kam jedoch von Max Weber. Wie sein Heidelberger Kollege Rickert betonte auch Weber, dass man Kulturen im Kontext der von ihnen verkörperten Werte studieren müsse; er bestand aber wie Rickert darauf, dass die Werte des Betrachters nicht mit einfließen dürften. Weber sprach dabei eher von Sozial- als von Geisteswissenschaften und wollte für das Studium der Gesellschaft eine ähnlich strenge Methodik entwickeln, wie sie in den Naturwissenschaften herrschte.[25] Nachdrücklicher noch als Rickert oder die Neokantianer bestritt er, dass es Werte gebe, die über die jeweilige Kultur hinaus Gültigkeit besäßen. Die Menschenwelt werde von widerstreitenden Werten bestimmt, die keinerlei Verankerung in der Wissenschaft oder der Vernunft hätten. Die dünne Verbindungslinie zwischen Ethik und Vernunft, auf der Windelband und Rickert noch bestanden hatten, war damit nun auch gekappt.[26] Aber trotz seiner ausgiebigen Lektüre von Dilthey und Sigmund Freud – und auch von Friedrich Nietzsche – hielt Weber an der Möglichkeit rationalen Denkens fest, das unbeeinflusst von Emotionen oder Freuds Unbewusstem sei. Keiner der Werte in den untersuchten Kulturen besitze objektive Gültigkeit. Zugleich schrieb er:

»Denn es ist und bleibt wahr, dass eine methodisch korrekte wissenschaftliche Beweisführung auf dem Gebiete der Sozialwissenschaften, wenn sie ihren Zweck erreicht haben will, auch von einem Chinesen als richtig anerkannt werden muss [...], während ihm für unsere ethischen Imperative das ›Gehör‹ fehlen kann.«[27]

Weber räumte ein, dass die Geistes- und Sozialwissenschaften es mit einzigartigen, qualitativen Ereignissen zu tun hätten, die andere Methoden erforderten als die der Naturwissenschaften; dennoch benötigten alle Wissenschaften, Geistes- und Sozialwissenschaften eingeschlossen, klare Konzepte,

Die Neuorientierung der Geschichtsforschung 1890 bis 1914   161

Theorien und Generalisierungen. Aber weil man es bei Kulturen mit einem Netz an Bedeutungen zu tun habe, brauche man Konzepte, die ein Verständnis eben dieser Bedeutungen in ihrem jeweiligen Sinnzusammenhang ermöglichen. Daher forderte er eine »verstehende Soziologie«, die im Gegensatz zur Deutschen Historischen Schule »Verstehen« nicht als intuitiven Akt begreift, sondern rationale Konzepte beinhaltet. Hier wusste er sich mit dem Wiener Ökonomen Carl Menger einig, in dessen Kritik an dem einseitigen historischen Ansatz von Gustav von Schmoller und der Deutschen Schule der Nationalökonomie,[28] die die Regelhaftigkeit wirtschaftlichen Verhaltens missachteten, und ihrerseits Menger und die klassische Politökonomie beschuldigten, die Wirtschaft auf ahistorische Gesetze zu reduzieren.[29] Sozialwissenschaft werde überhaupt erst möglich, weil sich Individuen innerhalb der Kulturen und Gesellschaften nach bestimmten akzeptierten Standards verhalten. Weber wies die Idee der Historischen Schule zurück, dass die Verhaltensmuster von Individuen und gesellschaftlichen Gruppen nicht kommensurabel seien. Dass »›Willensfreiheit‹ … mit … Irrationalität des menschlichen Handeln[s] verknüpft« sei ist eine irrige Voraussetzung. »›Unberechenbarkeit‹ … ist … das Prinzip des ›Verrückten‹«.[30] Jede Gesellschaft verfüge vielmehr über inhärente Muster, und die Aufgabe des Sozialwissenschaftlers sei es, diese auf Konzepte zu zurückzuführen. Obwohl Weber an die Möglichkeit rationalen Denkens glaubte, betonte er, dass sich der Charakter einer Gesellschaft oder Kultur dem Betrachter nicht unmittelbar erschließt, sich aber in den Fragen niederschlägt, die er stellt. Wie Durkheim glaubte Weber, dass eine Wissenschaft von der Gesellschaft mit Typologien arbeiten müsse, die aber nicht vollständig der Wirklichkeit entsprächen. Sie seien vielmehr Versuche, die Wirklichkeit zu erfassen. Weber nennt sie »Idealtypen«, und sie hätten sich einem empirischen und konzeptuellen Abgleich mit der sozialen Wirklichkeit zu stellen.

Dennoch bestand ein Widerspruch zwischen Webers radikalem ethischen Relativismus und dem Insistieren auf der Bedeutungslosigkeit der Welt einerseits und seiner Geschichtsphilosophie andererseits. Auch wenn er es nicht zugegeben hätte, so rückten seine Positionen doch in die Nähe des Sozialdarwinismus. Weber war ein glühender Nationalist, der die Geschichte als Kampf ums nationale Überleben verstand. Für ihn war die Welt ein permanenter Kampf zwischen Weltanschauungen. Die Aufgabe der Politik bestand für ihn nicht darin, über deren Gültigkeit zu befinden, sondern mit Realitätssinn zu erfassen, wie sie am besten umzusetzen seien. Eine Ethik wie die der neutestamentarischen Bergpredigt ignorierte seiner Meinung nach diese Realität und sei somit unverantwortlich.[31] In einer seiner frühen Schriften argumentierte er gegen den Zustrom polnischer Landarbeiter nach Deutschland und vertrat eine eindeutig rassistische Position. Demnach könnten die Deutschen von den Polen, mit denen sie in einem jahrhundertealten Kampf um kulturelle Überlegenheit standen, als einer »tieferstehenden Rasse« verdrängt werden.³² Er hat derlei nicht wiederholt, als er W. E. B. Du Bois als hervorragenden Intellektuellen pries und dessen Arbeiten im »Archiv für Sozialwissenschaft« veröffentlichte. Er betonte aber weiterhin, dass Deutschland im internationalen Überlebenskampf eine parlamentarische Demokratie anstreben müsse, nicht weil er diese Regierungsform favorisierte, sondern weil seiner Meinung nach der einzige Weg zum Überleben im Kampf mit den internationalen Mächten darin bestand, die Entfremdung der Arbeiterklasse zu überwinden und die überholte Aristokratie und Bürokratie in die Schranken zu weisen. In der frühen Phase des Ersten Weltkriegs sprach er sich für extensive Annexionen aus, und nur sein Realitätssinn brachte ihn dazu, 1917 für Friedensverhandlungen ohne Annexion und für politische Reformen zu plädieren, und schließlich im November 1918 die deutsche Republik zu unterstützen.³³

Während seiner wissenschaftlichen Karriere nahm Weber einen Vergleich von westlichen und nichtwestlichen Kulturen vor. Dies setzte voraus, dass jede Kultur, ob in der Vergangenheit oder in der Gegenwart, über eigene Werte verfügte, die ihren Charakter bestimmten. Trotz dieses Werterelativismus führte ihn der Vergleich zu der Annahme, dass der Westen die überlegenere Kultur hervorgebracht habe. Diese verfüge über einen spezifisch gearteten Rationalismus. Wissenschaft in Form von abstrakter Logik oder empirischem Denken existiere nur im Westen. Andere Kulturen hätten zwar auch Formen der Wissenschaft hervorgebracht, niemals aber in dieser abstrakten Form. Die Geschichte des Westens sei von einem Prozess der Intellektualisierung durchdrungen, der alte religiöse und metaphysische Illusionen zugunsten von Wissenschaftlichkeit überwunden habe. Einerseits repräsentiere der Westen eine Kultur unter vielen anderen, andererseits entspräche seine Konzeption von Vernunft und Wissenschaft universal gültigen Kriterien des logischen Denkens.³⁴ In letzter Konsequenz bedeutete dieser Prozess aber nicht nur einen intellektuellen Fortschritt, sondern auch die Zerstörung lieb gewonnener Werte und die Konfrontation des modernen Menschen mit der Bedeutungslosigkeit seiner Existenz.

3. Die existentielle Krise der modernen Zivilisation

Dieses Fortschrittskonzept in der westlichen Geschichte führte einerseits zum Glauben an eine bessere Welt, andererseits aber auch zu Bedingungen, unter denen der moderne Mensch alte Überzeugungen und Werte aufgeben musste und daraufhin in eine existentielle Krise stürzte. Diese beiden Aspekte des Fortschrittsgedankens existierten oft Seite an Seite in ein und demselben Denker – Durkheim, Freud und Weber sind dafür nur einige hervorstechende Beispiele. Im Vorangegangenen hatten wir es mit Historikern und Philosophen zu tun, die gemäßigte Positionen vertraten. Daneben gab es aber auch ein breites Segment der öffentlichen Meinung, das viel weiter in die Richtung von westlicher Überlegenheit und offenem Rassismus reichte. In den 1890er Jahren und im frühen 19. Jahrhundert kam es in Russland und Rumänien zu antijüdischen Pogromen und in Frankreich zur Dreyfus-Affäre, wo allerdings Dreyfus und die Dritte Republik in letzter Instanz eine Rechtfertigung erfuhren. In den Vereinigten Staaten entschied der Supreme Court 1886 im Verfahren *Plessy vs. Ferguson*, dass Rassentrennung, wie sie im Süden praktiziert wurde, nicht gegen die US-Verfassung verstoße. Dieses Urteil reflektiert das Meinungsklima jener Zeit, ebenso wie das Urteil *Brown vs. die Schulbehörde* von 1954 ein verändertes Klima erkennen ließ, insofern es Rassentrennung an Schulen für verfassungswidrig erklärte. Ein weiteres Indiz für den Zeitgeist der Jahrhundertwende war die Tatsache, dass die Welt zusah, wie die Deutschen im sogenannten Herero-Krieg (1904–1908) große Teile der einheimischen Bevölkerung in Deutsch-Südwestafrika (heute Namibia) auslöschten. Um dies in ein positives historisches Ereignis umzumünzen, wurden in Deutschland Mahnmale zum Gedenken an die in diesem Krieg gefallenen deutschen Soldaten errichtet. Bereits zuvor waren Millionen von Afrikanern im später so genannten Belgisch-Kongo abgeschlachtet worden. Diese frühen Genozide wurden legitimiert durch historische Auffassungen von der rassischen und kulturellen Überlegenheit des Westens.

II. Historiografie zwischen den Weltkriegen 1914–1945

1. Die Historiker im Ersten Weltkrieg[35]

Am 31. Juli 1914, unmittelbar vor Beginn der Feindseligkeiten, ermordete ein fanatischer französischer Nationalist den führenden sozialistischen Politiker und Historiker Jean Jaurès, der in einem letzten Appell an Frankreich dazu aufgerufen hatte, sich dem Krieg zu verweigern. Diese Ermordung spiegelte die Stärke der nationalistischen Emotionen, die zu einem grundlegenden Wandel im politischen Klima führten.

Die Periode zwischen 1890 und 1914 war – zumindest im Westen, aber teilweise auch anderswo – gekennzeichnet durch eine Erweiterung der historischen

Perspektive. Man verabschiedete sich von der engen Sichtweise der staatsorientierten Geschichte mit dem Fokus auf Diplomatie- und Militärgeschichte, die kaum interdisziplinäre Ansätze aus Sozial-, Wirtschaft und Kulturgeschichte mit einbezogen hatte. Trotz anhaltender nationalistischer Emotionen wurde die internationale Kommunikation intensiviert, durch den Kriegsausbruch 1914 allerdings wieder zurückgeworfen.

Es ist erschreckend mit anzusehen, wie stark in allen beteiligten Ländern die Bereitschaft zur Unterstützung dieses Krieges war. In Berlin, Paris, Wien, St. Petersburg und London demonstrierten jubelnde Massen. Überall in den Kirchen wurde – egal ob lutherisch, römisch-katholisch oder russisch-orthodox und in England nicht nur bei den Anglikanern, sondern, mit Ausnahme der Quäker, auch in allen anderen Kirchen – Gottes Segen für die jeweiligen Armeen erfleht. Auch die Intellektuellen und Schriftsteller unterstützten den Krieg, zumindest im Anfangsstadium, als sie ihn noch als Verteidigung der eigenen Kultur sehen konnten; zu seinen Befürwortern zählten unter anderen Sigmund Freud (1858–1939), Emile Durkheim (1858–1917), Max Weber (1864–1920) und Thomas Mann (1875–1955). Es gab nur wenige Gegenstimmen; in Deutschland meldeten sich Albert Einstein (1879–1955) und in Frankreich der Romancier Romain Rolland (1866–1944) zu Wort. Offene Kriegsgegner wie in England der Philosoph Bertrand Russell (1872–1970), in Deutschland Rosa Luxemburg (1871–1919) und nach Amerikas Eintritt in den Krieg von 1917 auch der Sozialistenführer Eugene Debs (1855–1926) wurden eingekerkert.

Es ist schändlich, in welchem Maße Intellektuelle, insbesondere Historiker, es für ihre patriotische Pflicht hielten, die Wissenschaft in den Dienst des Krieges zu stellen. Angesichts des wachsenden Nationalismus ist dies beileibe kein ausschließlich westliches Phänomen. In Frankreich meinten Ernest Lavisse (1842–1922) und Emile Durkheim, die beide in Deutschland studiert hatten und große Bewunderung für dessen intellektuelle Traditionen hegten, nun plötzlich eine Entwicklungslinie zu erkennen, die von Luther bis zur Hohenzollern-Monarchie, zu Bismarck und Treitschkes Verklärung gnadenloser Macht reichte. Mitglieder der Fakultät für moderne Geschichte an der Oxford University folgten einer ähnlichen Argumentationslinie in dem Sammelband *Why We are at War: Great Britain's Case*.[36] Dort sah man den Krieg als Konfrontation zweier Kulturen; die der Westalliierten, basierend auf dem »Rechtsstaat«, und die andere, vertreten durch Preußen, die auf einer machiavellistischen Staatsraison gegründet war und politische Macht wenn nötig auch mit Krieg durchsetzte. Die Autoren nahmen zwei verschiedene Deutschland wahr, das militaristische von Potsdam, und das kulturelle von Weimar, das dem ersten untergeordnet war. In der offiziellen

Gegenpropaganda der Deutschen, unterstützt von weiten Kreisen der Historiker und Intellektuellen, wurde dies als Zusammenstoß von zwei Kulturen dargestellt; die »Ideen von 1914« standen für den Status quo in Deutschland mit seinem vorgeblichen Sinn für soziale Gerechtigkeit und seiner reichen kulturellen Tradition, im Gegensatz dazu die »Ideen von 1789«, aus den Demokratien Frankreich und England, denen dieses Verantwortungsgefühl abging. Thomas Mann behauptete, dass Deutschland mit seiner idealistischen Philosophie, seiner Tiefe und seinem Gemeinschaftsgefühl Kultur überhaupt verkörpere, während die Westalliierten mit ihrem Rationalismus und krudem Materialismus die Zivilisation repräsentierten.[37] Die internationale Kooperation der Historiker aus der Vorkriegszeit brach ab und wurde auch nach dem Krieg so bald nicht wieder aufgenommen. Die »Vierteljahrschrift für Sozial- und Wirtschaftsgeschichte«, die ursprünglich in vier Sprachen neue Richtungen der Sozialgeschichte vorgestellt hatte, wurde nun zu einem ausschließlich deutschen Journal und verengte seinen Fokus auf Institutionen- und Verwaltungsgeschichte. Ein weiteres Zeichen für das Ende der transnationalen Kommunikation war der Bruch zwischen Karl Lamprecht und Henri Pirenne (1862–1935), einem Belgier, der als Vermittler zwischen deutschen und französischen Sozialhistorikern hervorgetreten war. Als Karl Lamprecht, der ein eifriger Verfechter der deutschen Sache und des Einmarsches in Belgien war, seinen Freund Pirenne besuchen wollte, schlug ihm dieser die Tür vor der Nase zu.[38] Bis in die 1920er Jahre hinein weigerte sich Pirenne, deutsche Historiker zu internationalen Konferenzen einzuladen.

Niemals zuvor hatten Regierungen Historiker so wirkungsvoll zu Propagandazwecken eingespannt wie während des Ersten Weltkriegs, und sie konnten dann mit breiter Zustimmung der Gelehrten rechnen. Dies galt für alle Krieg führenden Länder, interessanterweise aber am meisten für die Vereinigten Staaten, wo die Verbreitung der Massenmedien am weitesten fortgeschritten war. Unmittelbar nach dem Kriegseintritt der Vereinigten Staaten im Jahr 1917 gründete Präsident Woodrow Wilson das Committee of Public Information, das mit voller Unterstützung der American Historical Association Propagandaflugblätter an Tausende von potentiellen Lesern verteilte. Die Association gründete darüber hinaus eine Zeitschrift für Geschichtslehrer, die den Lehrkräften an Highschools nahebringen sollte, wie sie den historischen Hintergrund des Krieges darzustellen hatten. Proportional gesehen wurden von amerikanischen Universitäten und Colleges mehr Lehrer verwiesen als in jedem anderen am Krieg beteiligten Land. Die Art und Weise, wie Historiker in den verschiedenen europäischen Ländern rekrutiert wurden, hatte mit der im Vergleich zu Amerika größeren sozialen und politischen Homogenität dieses Berufsstandes zu tun. Obwohl viele Intellektuelle die Bedrohungen erkannten, die ein siegreiches Deutschland für die westlichen Demokratien darstellte, gab es auch Pazifisten. Etliche Historiker und andere Lehrkräfte wurden sowohl aus staatlichen wie auch privaten höheren Lehranstalten entfernt. Charles Beard, der den Eintritt der Vereinigten Staaten in den Krieg gegen Deutschland zunächst für notwendig gehalten hatte, trat 1917 von seinem Lehrstuhl an der Columbia University zurück, um gegen die Verletzung der akademischen Freiheit zu protestieren, nachdem einige seiner Kollegen wegen ihrer Opposition gegen den Krieg entlassen worden waren. Ebenfalls an der Columbia University wurde James Harvey Robinson gezwungen, sein weit verbreitetes Lehrbuch »Medieval and Modern Times« zu revidieren und ihm einen antideutschen Ton zu verleihen. Er fügte sich dem auch.[39]

In Deutschland war solcher Druck gar nicht erst nötig, da unter den Historikern ein breiter Konsens herrschte. Eine Ausnahme ist Veit Valentin, dem 1917 wegen Mangel an Patriotismus die Lehrbefugnis entzogen wurde.[40] Seine *venia legendi* wurde auch nach dem Krieg nicht wieder restituiert. Ein Großteil der deutschen Historiker kam dem Aufruf zur öffentlichen Unterstützung der deutschen Kriegspolitik nach. Die berühmteste, und später berüchtigte, Deklaration war der »Aufruf an die Kulturwelt«[41], der von 93 prominenten deutschen Intellektuellen, Wissenschaftlern, Künstlern und Schriftstellern unterzeichnet worden war. Er verteidigte den Einmarsch in Belgien und konnte keinerlei Widerspruch zwischen deutschem Militarismus und deutscher Kulturtradition erkennen. Eine ähnliche Deklaration wurde von 4.000 Lehrkräften an höheren Lehranstalten unterschrieben. Das »Manifest der 93«, wie es auch genannt wird, enthielt deutlich rassistische Töne, etwa wenn es die Alliierten beschuldigte, »Mongolen und Neger auf die weiße Rasse zu hetzen« und damit das Recht verspielt zu haben, »sich als Verteidiger europäischer Zivilisation zu gebärden«. Eine Gegenerklärung, mit initiiert von Albert Einstein (1879–1955), wurde nur von acht Personen unterzeichnet.[42]

Diese Einmütigkeit unter den deutschen Historikern und Intellektuellen begann im Laufe des Krieges brüchig zu werden. 1917 wurde im Reichstag eine Friedensresolution eingebracht, die in den anderen Krieg führenden Ländern keine Entsprechung hatte und die Regierung zu einem Verständigungsfrieden ohne weitere Annexionen aufforderte. Die Regierung, die inzwischen vom Militär unter Führung der Generäle Paul von Hindenburg (1847–1934) und Erich Ludendorff (1865–1937) dominiert wurde, ignorierte die Resolution. Zu diesem Zeitpunkt bildeten einige prominente Intellektuelle, – unter ihnen der Historiker Friedrich Meinecke, die historisch orientierten Sozialwissenschaftler Max Weber und Alfred Weber (1868–1958) sowie Ernst Troeltsch – eine lose Gruppierung, die zur Mäßigung mahnte und politische Reformen in Richtung einer parlamentarischen Demokratie forderte. Diese Spaltung der Historiker in eine Mehrheit, die an der bestehenden politischen Ordnung und dem traditionellen Geschichtsverständnis festhielt, und einer Minderheit von Historikern und Sozialwissenschaftlern, die sich zwar nur moderat, aber immerhin für Reformen in Politik und Wissenschaft aussprachen, sollte das intellektuelle und wissenschaftliche Klima der Zwischenkriegszeit in Deutschland bestimmen.[43]

2. Die Kritik an Rationalität und Modernität und die Verfechter der Aufklärung

Woodrow Wilson hatte erklärt, dass der Krieg geführt werden müsse, »um die Welt sicher zu machen für die Demokratie«. In seinem 14-Punkte-Programm hatte er sich für das Selbstbestimmungsrecht der Völker eingesetzt. Dennoch war in den etablierten Demokratien West- und Nordeuropas und den Vereinigten Staaten die Zeit zwischen den Kriegen von politischer Instabilität gezeichnet. In den neuen Nationalstaaten, die aus der Zerstückelung der Vorkriegsimperien – Deutschland, Österreich-Ungarn, die osmanische Türkei und Russland – hervorgegangen waren, entstanden Demokratien, die sich aber, mit Ausnahme der Tschechoslowakei, bald zu autoritären Regimen wandelten, wie auch Italien, Portugal, Deutschland und schließlich Spanien. Das Territorium wurde von den siegreichen Alliierten so verteilt, dass die besiegten Staaten Land an die neu gegründeten abgeben mussten, sodass sich dort große Minderheiten und somit potentielle Unruheherde bildeten. Die Oktoberrevolution in der späteren Sowjetunion schuf einen autoritären, von staatlich verordnetem Sozialismus geprägten Staat, der sich selbst als Herausforderung für die soziale Ordnung der kapitalistischen Welt sah und von dieser auch so wahrgenommen wurde. Die Nazis in Deutschland wiederum sahen sich als Bollwerk gegen den Bolschewismus und wollten gleichzeitig mit den westlichen Demokratien abrechnen, die Deutschland durch den Versailler Friedensvertrag von 1919 bestraft und gedemütigt hatten.

Die allgemeine Instabilität zeigte sich auch in der Ablehnung von Demokratie und moderner Zivilisation. Diese negative Haltung war von einigen Historikern und Gesellschaftstheoretikern unterschiedlicher politischer Couleur bereits Ende des 19. Jahrhunderts geäußert worden, so etwa von Friedrich Nietzsche, Vilfredo Pareto (1848–1923), Georges Sorel (1847–1922) und in der Zwischenkriegszeit von Johan Huizinga (1872–1955), Martin Heidegger (1889–1976), T. S. Eliot (1888–1965) und Ezra Pound (1885–1972) und vielen anderen. Ihrer Einschätzung nach sei den modernen Gesellschaften jedes Gemeinschaftsgefühl abhanden gekommen und die Demokratie habe zu einem Aufstieg der Massen geführt, die alle kulturellen Werte zerstörten. Wie bereits in Nietzsches Schriften in den 1870er und 1880er Jahren und ein halbes Jahrhundert später dann in José Ortega y Gassets (1883–1953) »Aufstand der Massen«[44], lehnte diese Kritik jeglichen Fortschritt in Richtung auf eine aufgeklärte, demokratische moderne Welt ab; und strebte – wie etwas später der italienischen Futurismus und Faschismus und in gewisser Weise auch die nationalsozialistische Bewegung trotz ihres idealisierten Rückbezugs auf eine mittelalterliche agrarische Welt – eine neue soziale und politische Ordnung unter einem charismatischen Führer an, die vom ultranationalistischen Mythos inspiriert war.[45] Diese revolutionäre Idee eines nationalen Mythos durchdrang auch die Gedanken von Georges Sorel, der nicht nur das marxistische Vertrauen in Fortschritt und wissenschaftlichen Sozialismus zurückwies, sondern auch die Reformbereitschaft der demokratischen Sozialisten, und der stattdessen zu revolutionärer Gewalt aufrief, um die Massen zu gemeinsamem Handeln anzutreiben. Es verwundert nicht, dass sowohl Lenin wie auch Mussolini sich auf Sorel beriefen.[46]

Eines der Schlüsselelemente dieser Kritik an der Moderne war der Angriff auf die Rationalität. Wieder erlangten Ideen, die bereits vor 1914 propagiert worden waren, wie etwa Diltheys Hervorhebung der Subjektivität, Bedeutung für den philosophischen Diskurs, zumindest auf dem europäischen Kontinent. Ein Beispiel für diesen Antirationalismus ist die vitalistische Philosophie von Henri Bergson (1859–1941), der vom Leben als grundlegender Realität ausging. Für ihn war Intelligenz einzig auf die mechanische Welt der unbelebten Natur anwendbar, das Leben hingegen ließ sich nur unmittelbar begreifen, weder rational noch empirisch, sondern allein durch Intuition. Das Verständnis dessen, was die Wirklichkeit ausmachte, hatte sich also grundlegend verändert, wobei dem Mythos nun eine besondere Rolle zukam. Diese Zurückweisung von Wirklichkeit wurde von Martin Heidegger noch weitergeführt. Er suchte in der Poesie einen Ausweg aus dem wissenschaftlichen Denken und verwarf das aufklärerische Erbe der Vernunft und der Menschenrechte. In Deutschland wurde diese Sichtweise vor allem von der politischen Rechten aufgegriffen, zu der Heidegger, der 1933 zum Rektor der Universität Freiburg berufen wurde, sich bekannte. Einen tief pessimistischen Ton schlug Oswald Spengler (1880–1936) in seinem Werk »Der Untergang des Abendlandes«[47] an, das während des Krieges geschrieben worden war, in den Jahren zwischen 1918 und 1923 erschien und auch außerhalb Deutschlands zur Kenntnis genommen wurde. Spenglers Geschichtsauffassung ist von extremem Fatalismus geprägt. Er führt eine Reihe angeblicher Hochkulturen vor – darunter auch den Westen –, von denen jede einen vorbestimmten

Zyklus durchläuft. Jede habe ihren eigenen Charakter, der ihre Denkweise bestimmt. Daher könne es keine universale Wissenschaft geben – nicht einmal die Mathematik kann als solche gelten. Jede Kultur habe ihren eigenen wissenschaftlichen Ansatz, weshalb auch keine Kommunikation zwischen den Kulturen möglich ist. Alle beginnen sie in einem heroischen Zeitalter des Krieges und der Religion, verlieren aber ihre essenzielle Qualität mit der Urbanisierung und dem Übergang vom Mythos zu Wissenschaft und Technologie. Im Westen sei das Zeitalter der klassischen Kultur abgelöst worden durch eine Zivilisation, die von den Massen geprägt ist und deren Kultur von Kommerzialisierung zerstört wird. Kein kreativer Gedanke sei mehr möglich, und die westliche Welt löse sich schließlich in chaotische Barbarei auf. An ihre Stelle tritt dann eine neue Kultur, die wiederum ähnlich wie im heroischen, mythischen Stadium der frühen westlichen Welt beginnt. Die moderne Welt, so befand er, stehe am Rande des Abgrunds.

Doch das Erbe der Aufklärung war keineswegs tot, wenngleich es auf dem Kontinent stark zurückgedrängt worden war. Besonders im angelsächsischen Raum, aber auch im »Wiener Kreis« der 1920er und 1930er Jahre, stärkte eine Spielart des logischen Positivismus das Vertrauen in die Wissenschaftlichkeit. Die Vertreter dieser Richtung – Philosophen wie Alfred Whitehead (1861–1947) und Bertrand Russell (1872–1970) in Großbritannien und Karl Popper (1902–1994) und Rudolf Carnap (1891–1970), die zur Emigration aus Wien gezwungen worden waren – hielten an den demokratischen Werten fest.

a) Die Vereinigten Staaten

Wie aber haben diese geistigen Strömungen die Geschichtsforschung und die Geschichtsschreibung beeinflusst? Auf die historische Zunft in den demokratischen Ländern des Westens hatten sie einen relativ geringen Einfluss. Die Historiker waren in dem akademischen Umfeld, in dem sie arbeiteten, abgeschirmt, obwohl wir ja gesehen haben, dass sie während des Ersten Weltkrieges gegen den Konformitätsdruck von außen keineswegs immun gewesen waren. In den Vereinigten Staaten setzte sich die Verfolgung von Dissidenten während des Krieges in der antikommunistischen Hysterie der Nachkriegszeit fort. Die Professionalisierung der Geschichtsforschung hatte zu einer noch stärkeren Spezialisierung geführt und die Historiker an den Universitäten noch weiter vom allgemeinen Publikum isoliert, als sie es schon im 19. Jahrhundert gewesen waren. Nur einige wenige Historiker, wie etwa Charles Beard, traten als intellektuelle Persönlichkeiten im öffentlichen Leben in Erscheinung. Der Trend zu einer breiter angelegten Sozial- und Kulturgeschichte begann erst um die Jahrhundertwende und setzte sich in der Zwischenkriegszeit fort. In den Vereinigten Staaten spielten die Progressiven

Historiker, von denen wir bereits gesprochen haben, weiterhin eine wichtige Rolle mit der Forderung nach einer demokratischen Geschichtsforschung. Charles Beard schrieb zusammen mit seiner Frau Mary (1876–1958) das populäre Werk »The Rise of American Civilisation« (1926). Doch trotz ihres erklärten Ziels, die ganze Bandbreite der Bevölkerung mit einzuschließen, ignorierten die Progressiven Historiker auch weiterhin Frauen[48] und gingen der Frage nach der Unterdrückung der Schwarzen in der amerikanischen Gesellschaft aus dem Weg.

Es gab aber auch eine Gegenströmung zur Progressiven Bewegung, nämlich die erklärtermaßen rassistische Dunning School[49], die sich wegen ihrer minutiösen Archivrecherchen selbst als objektiv und in der Tradition Rankes sah. In ähnlicher Manier suchte James G. Randall (1881–1953) in seinem Buch »Civil War and Reconstruction« (1937) eine angeborene Minderwertigkeit der Schwarzen zu beweisen, die man angeblich an der Verantwortungslosigkeit habe beobachten können, die sie an den Tag gelegt hätten, als sie während der kurzen Periode der Southern Reconstruction unmittelbar nach dem Bürgerkrieg im Kongress vertreten waren. In seinem Buch »Black Reconstruction«[50] zeichnete W. E. B. Du Bois (1935) ein ganz anderes Bild; er hob die positiven Errungenschaften der schwarzen Gesetzgeber hervor, die sich für dringend benötigte soziale Reformen einsetzten, die über die Periode der Reconstruction hinaus Bestand hatten. In einem meisterhaften Schlusskapitel »Die Propaganda der Geschichte«[51], stellte er dar, wie historische Forschung, selbst bei genauestem Quellenstudium im Sinne Rankes, dazu benutzt werden könne, ideologische, in diesem Fall rassistische, Annahmen zu untermauern. Indem er die marxistische Analyse des Klassenkonflikts auf den Rassenkonflikt anwandte, schrieb er eine Geschichte, in der die schwarze Unterschicht nicht einfach nur ein passives Objekt ohne politische Ideen war, sondern im politischen Prozess der »Wiedereingliederung« durchaus ihren Standpunkt vertrat. Dennoch erstaunt es, dass er noch 1935 die Frauen bei ihrem Kampf um Gleichberechtigung nahezu völlig ignorierte. Zu diesem Zeitpunkt gab es an den Fakultäten der bedeutenden und weniger bedeutenden Universitäten und Colleges in den Vereinigten Staaten wie auch in Kanada keine Schwarzen, so gut wie keine Frauen und nur sehr wenige Juden.

Ein Nachfahre der Neuen Geschichte in den Vereinigten Staaten war die Ideengeschichte. Diese reichte bewusst über die konventionelle politische Geschichte und auch über die Sozialgeschichte der Progressiven Historiker hinaus und versuchte, die zu Grunde liegenden Geistesströmungen zu erfassen. In den Werken des bereits erwähnten James H. Robinson sowie in denen von Carl Becker (1873–1945), zum Beispiel »The Heavenly City of the Eighteenth-Century Philosophers« (1932), wurde versucht, die sozialen und politischen Entwicklungen mittels jener Ideen zu verstehen, durch die sie angestoßen worden waren. Arthur Lovejoys (1873–1962) »The Great Chain of Being«[52] gab dieser Richtung weitere Impulse, und er gründete 1940 die Zeitschrift »Journal of the History of Ideas«. Das Interesse an der Ideengeschichte war allerdings nicht neu. Bereits 1918 hatte die Philosophische Fakultät der Columbia University mit der Reihe »History of Ideas« begonnen.

b) Großbritannien

Wie in den Vereinigten Staaten stellte der Erste Weltkrieg keine Zäsur in der britischen Historiografie dar. Mehr noch als bei den transatlantischen Nachbarn war dort die Sozialgeschichte stets eng mit der Wirtschaftsgeschichte verbunden. Allerdings gab es eine klare akademische Trennung zwischen Wirtschaftsgeschichte und allgemeiner Geschichte. Letztere orientierte sich weitgehend an den akademischen Traditionen, während sich erstere für die Sozialgeschichte öffnete. Zwei Themen beschäftigten die Historiker jener Epoche ganz besonders: das, was man später als Krise des Adels am Übergang vom 16. zum 17. Jahrhundert bezeichnete, und die Situation der Arbeiterklasse während der Industriellen Revolution. Marxistische Theorien spielten dabei jedoch noch nicht die Rolle, die sie in Großbritannien nach dem Zweiten Weltkrieg spielen sollten. Kein Historiker von Belang, und dazu gehörten Thomas Ashley (1860–1927), R. H. Tawney (1880–1962), M. M. Postan (1899–1961) und Eileen Power (1889–1940), war Marxist. Tawney, der 1927 Gründer und Herausgeber der »Economic History Review« war, stützte sich in seinem Buch »Religion and the Rise of Capitalism« eher auf Max Weber denn auf Karl Marx. Alle waren sie gleichzeitig mit der London School of Economics verbunden. Power hatte nicht nur als erste Frau dort einen Lehrstuhl inne, sondern mit ihrer Arbeit »Medieval People« (1923) auch bewiesen, dass man durch Quellenstudien das Leben der einfachen Leute, einschließlich der Frauen, rekonstruieren konnte. Die Beschäftigung mit der Kultur- und Geistesgeschichte, wie sie später das Werk von Isaiah Berlin (1909–1997) und Quentin Skinner (geb. 1940) bestimmten, war hier deutlich schwächer vertreten als in den Vereinigten Staaten.

c) Deutschland während der Zwischenkriegszeit

Im Deutschland der Zwischenkriegszeit war die Situation eine andere. Die Kriegserfahrung hatte überraschend wenig Einfluss auf die Einstellung der meisten akademischen Historiker. Sie spalteten sich, wie die Mehrzahl der Intellektuellen, in die Ultranationalisten, für die Bismarcks Lösung der deutschen Frage von 1871 einen Kulminationspunkt der Geschichte darstellte, und in gemäßigte Nationalisten, die im Innersten zwar ebenfalls Monarchisten waren, aber im Bewusstsein der Niederlage die Weimarer Republik anerkannten und auf eine Versöhnung mit dem ehemaligen Feind im Westen hinarbeiteten. Die neuen Grenzziehungen im Osten anzuerkennen, waren sie viel weniger gewillt. Erstere waren glühende Opponenten der Weimarer Republik und wollten zu einer autoritären Regierungsform zurückkehren. Als Historiker setzten sie die an Nation und Politik orientierte Geschichtsschreibung der Vorkriegszeit fort und verwarfen Ansätze einer Sozial- oder Kulturgeschichte. Unter ihnen gab es, zumindest in der älteren Generation, kaum erklärte Demokraten. Meinecke war der bedeutendste unter den gemäßigten Historikern, die auch unter den historisch orientierten Sozialwissenschaftlern Unterstützer fanden, wie etwa Max Weber und Ernst Troeltsch, die beide jedoch in den Anfangsjahren der Weimarer Republik starben. Die Ideengeschichte, die Meinecke verfolgte, fußte allerdings auf philosophischen und historischen Traditionen, die sich von Webers soziologischem Ansatz deutlich unterschieden. Sein Augenmerk galt herausragenden Persönlichkeiten, die mit ihren Ideen das politische Geschehen gestalteten. Dennoch war das ein Schritt weg von der ausschließlich auf Machtpolitik gerichteten Sehweise des historischen Establishments. Auch Meinecke hat einen politischen Sinneswandel durchgemacht. In seinem ersten Buch »Weltbürgertum und Nationalstaat« (1907) vertrat er noch die Ansicht, dass die deutsche Kulturtradition und die Machtpolitik, die zur Reichseinigung unter Bismarck geführt hatte, kein Widerspruch seien, sondern zusammengehörten. Dieser Auffassung waren auch die 93 Unterzeichner von 1914[53], zu denen Meinecke allerdings nicht gehörte. In seinem pessimistischer gestimmten Buch »Die Idee der Staatsräson« (1924) räumte er ein, dass ihm durch die Erfahrung des Ersten Weltkriegs der Glaube an die ethische Natur der Macht abhanden gekommen sei. In seinem Werk »Die Entstehung des Historismus« (1936) war es die Erfahrung des Nationalsozialismus, die ihn dazu brachte, historisches Denken ganz und gar von der Politik zu trennen; er hielt jedoch daran fest, dass die deutsche Geschichtstradition ein Höhepunkt in der Philosophie sei und zusammen mit Luther die größten Geschenke darstelle, die Deutschland der Menschheit gemacht habe.

Auch wenn Meineckes Ansichten über Politik und Historiografie eher konservativ und nicht frei von antisemitischen Vorurteilen waren, muss man ihm zu Gute halten, dass er sich zur Zusammenarbeit mit jüngeren Kollegen bereitfand, von denen fast alle eingeschworene Demokraten waren, viele jüdischer Herkunft. Sie kamen zu Meinecke, weil sie ihn respektierten, aber auch deshalb, weil unter den Konservativen kaum jemand zu finden war, bei dem sie studieren konnten.[54] Sie waren überzeugt, dass die historische Forschung sich weiterentwickeln müsse, und zwar hin zu einer Politikgeschichte, die sich anderen Disziplinen öffne, vor allem der Soziologie, wie sie Max Weber betrieb, aber auch der Psychologie und Ökonomie. Sie wollten sich nicht mit einer Geschichtsschreibung begnügen, die nur Ereignisse aneinanderreihte, sondern wollten die politischen und sozialen Strukturen analysieren, in die sie eingebettet waren. Außerdem wollten sie das antidemokratische Erbe der Bismarck-Ära und der Folgezeit kritisch hinterfragen. Wäre es ihnen möglich gewesen, in einem demokratischen Deutschland zu bleiben, so hätten sie ihren Teil zu einer Wiederbelebung ihres Berufsstandes in Deutschland geleistet. So jedoch wurden sie alle ins Exil gezwungen, als die Nationalsozialisten 1933 die Macht ergriffen, entweder wegen ihrer jüdischen Herkunft oder ihrer liberalen Gesinnung, in vielen Fällen auch wegen beidem.[55] Hier soll noch ein weiterer Historiker der älteren Generation erwähnt werden, und zwar Otto Hintze (1861–1940); er hatte bei Droysen und Schmoller studiert und vor 1918 über die preußische Verwaltung und deren wirtschaftliche Institutionen gearbeitet. Während der Weimarer Republik änderten sich sowohl seine politische wie auch seine methodische Ausrichtung. Er betrachtete den Staat nicht länger als sakrosankt, wie die meisten Vertreter der Preußischen Schule, sondern sah ihn als eine Institution unter anderen. Die großartigen Essays, die er in den 1920er Jahren über den Feudalismus und den modernen Kapitalismus schrieb, sind nicht mehr narrativ, sondern analytisch im Weber'schen Sinne. Auch seine Frau Hedwig Hintze (1884–1942)[56] soll hier erwähnt werden. Sie hat als erste Frau die *venia legendi* an der Berliner Universität erhalten. Sie beschäftigte sich mit einem Thema, das im damaligen Deutschland wenig populär war, mit der Französischen Revolution. Wegen ihrer offenkundigen Sympathie für die demokratischen Aspekte der Revolution wurde sie entsprechend kritisiert. Ihre Arbeiten sind erst in den letzten Jahren gewürdigt worden und gelten heute als innovativ und bedeutsam. Wegen ihrer jüdischen Herkunft musste sie in die Niederlande emigrieren, wo sie unmittelbar vor der Deportation nach Auschwitz, offenbar durch Selbstmord, starb. Sie war auf eine Professorenstelle an der New School for Social Research in New York City berufen worden, doch man verwehrte ihr das Visum für die USA.

Es gab aber in der Zwischenkriegszeit noch eine völlig anders geartete Opposition zum historischen Establishment, und zwar die jungen Historiker von der ultranationalen Rechten.[57] Sie hielten die Staatsbezogenheit ihrer älteren Kollegen für überholt und elitär und forderten eine Geschichtsschreibung, die das »deutsche Volk« in den Mittelpunkt rückte. Dieses sahen sie als eine durch Blutsbande und Sprache gebildete Rassegemeinschaft, von der Juden und ethnische Minderheiten ausgeschlossen waren. Sie opponierten gegen die im Versailler Vertrag festgelegten deutschen Grenzen und wollten nicht nur die Situation von vor 1918 wiederherstellen, sondern das Staatsgebiet auf all jene Regionen ausdehnen, wo Deutschstämmige lebten. Dies betraf vorwiegend den Osten, aber auch den Westen, und bedeutete, dass die jeweils nichtdeutschen Bewohner aus diesen Gebieten vertrieben werden sollten. Sie sahen die Geschichte als einen Überlebenskampf der Rassen im sozialdarwinistischen Sinn und fieberten einem Krieg entgegen, der Deutschland die Vormachtstellung in Europa bringen würde, zum Schaden der Völker, die sie als inferior ansahen. In ihrer Opposition zur parlamentarischen Demokratie der Weimarer Republik, ihrem Ruf nach einer Gesetzgebung zum Ausschluss von Juden aus dem öffentlichen Leben und in ihrer Bereitschaft, die ethnische Landkarte Europas notfalls durch einen Krieg zu verändern, nahmen sie das Programm der Nationalsozialisten vorweg. Auf der einen Seite lehnten sie die urbane und kosmopolitische Moderne ihrer Zeit ab und träumten von einer Rückkehr zu agrarischen Gemeinschaften, wie sie in vormoderner Zeit existierten. Andererseits bedienten sie sich in ihren historischen Studien modernster Methoden, wie etwa Werner Conze (1910–1986) in seiner Dissertation von 1934, in der er die kleine deutschsprachige Gemeinde Hirschenhof[58] in Livland untersuchte. Conze verband historische, soziologische, ethnografische und statistische Methoden, und abgesehen von seiner politischen Einstellung unterschied er sich nicht von den Historikern in Frankreich, die in der Zeitschrift »Annales« publizierten. Conze, der nach 1945 den Rassismus und romantischen Agrarianismus hinter sich ließ, spielte später eine entscheidende Rolle unter westdeutschen Historikern, insbesondere bei der Begründung einer Sozialgeschichte der modernen Industriegesellschaft.

Es ist erstaunlich, wie bereitwillig die deutsche Historikerzunft, die sich vor 1914 so vehement gegen Karl Lamprechts Kulturgeschichte und die Sozialgeschichte der Schüler von Friedrich Meinecke in den 1920er Jahren gewehrt hatte, nun plötzlich die jungen Vertreter einer »völkisch« orientierten Geschichte anerkannten. Ein Grund waren ihre Gegnerschaft zur parlamentarischen Demokratie der Weimarer Republik und ihre Entschlossenheit, die Deutschland durch den Versailler Vertrag auferlegten Beschränkungen rückgängig zu machen. Obwohl nur wenige Historiker der NSDAP beitraten, befürwortete die Mehrzahl dennoch deren Programm, weshalb die Nazis kaum etwas zur Gleichschaltung der Historiker tun mussten. Wer von der Nazi-Doktrin abwich oder jüdischer Herkunft war, wurde ins Exil gezwungen. Während des Krieges arbeitete eine große Zahl von Historikern über die Vertreibung nichtdeutscher Bevölkerungsteile.[59] Es ist schändlich, dass 1933, als das noch keineswegs lebensbedrohlich war, kein Historiker es für nötig hielt oder den Mut aufbrachte, gegen die Entlassung seiner Kollegen einzuschreiten; und nach dem Krieg haben sich nur wenige für deren Rückkehr nach Deutschland eingesetzt. Auch in Italien wurden zwei der bedeutenden Historiker durch Repressalien ins Exil gezwungen, Gaetano Salvemini (1873–1957) und Arnaldo Momigliano (1908–1987).⁶⁰ Nicolae Iorga (1871–1940) wurde in Rumänien von der Geheimpolizei ermordet.⁶¹

e) Marxistische Formen der Geschichtsschreibung

Eine andere Art autoritärer Herrschaft wurde unmittelbar nach der bolschewistischen Machtergreifung in der Sowjetunion ausgeübt. Dort war die Kontrolle noch totaler als in den faschistischen Staaten und in Nazi-Deutschland. Dennoch ist beim Gebrauch des Begriffs Totalitarismus Vorsicht geboten, denn in den faschistischen Staaten und in Nazi-Deutschland strebten Staat und Partei zwar die totale Kontrolle an, aber trotzdem gab es Nischen, in denen Historiker unbehelligt arbeiten konnten. Aber nirgendwo im Europa der Zwischenkriegszeit waren Historiker so unmittelbarer physischer Bedrohung ausgesetzt, von Deportation bis Exekution, wie nach 1929 unter Stalin (1880–1953). Die Geschichtsforschung wurde von einem Dogma bestimmt, das sich selbst als marxistisch-leninistisch bezeichnete. Obwohl sie von einer materialistischen Geschichtskonzeption ausging, die in widerstreitenden wirtschaftlichen Interessen die treibende Kraft historischen Geschehens sah, hatte Wladimir Iljitsch Lenin (1870–1924) dem Marxismus ein voluntaristisches Element hinzugefügt, das der Partei eine aktive zentrale Rolle im historischen Prozess zugestand. Während Marx und Engels noch an die Existenz einer objektiven Vergangenheit glaubten, die Gegenstand wissenschaftlicher Erforschung war, wurde der Marxismus durch Lenin dahingehend neu interpretiert, dass es Wissenschaft um ihrer selbst willen nicht geben könne, sondern jegliche Erkenntnis einen ideologischen Standort reflektiere und historische Studien nicht primär eine Rekonstruktion der tatsächlichen Ereignisse seien, sondern vielmehr den politischen Bedürfnissen von Partei und Staat zu dienen hätten. Nichtsdestoweniger bildeten die höheren Bildungsinstitutionen, namentlich das Zentralinstitut für Geschichte an der Akademie der Wissenschaften der UdSSR und die Universitäten, Historiker in den klassischen Methoden der Quellenkritik aus. Je weiter der Forschungsgegenstand von der Tagespolitik entfernt war, desto größer war die Autonomie des Forschers, vorausgesetzt, er benutzte die marxistisch-leninistische Terminologie. Insofern leisteten sowjetische Historiker wichtige Beiträge in Bereichen, die weniger dem Parteidogma unterworfen waren, wie etwa das Mittelalter, die Geschichte des Altertums und die Archäologie, und machten sich um die Aufarbeitung und Publikation von Quellen verdient. Ein Großteil der sowjetischen Historiografie in der Zwischen- und Nachkriegszeit neigte dem Positivismus zu, insofern sich die Historiker (und auch die zahlreichen Historikerinnen) aus Selbstschutz mit Interpretationen zurückhielten und stattdessen in ihren Studien die Fakten für sich sprechen ließen, die sie mit zahlreichen

Referenzen zu den Schriften von Marx, Lenin und Stalin versahen. So forschten sie in Bereichen, die von der Historiografie bis dahin vernachlässigt worden waren; hier ist nicht nur die Geschichte der Arbeiterklasse zu nennen, sondern die der unteren Sozialschichten allgemein sowie das, was man später als materielle Kultur oder Alltagskultur bezeichnete.[62]

Im historischen Denken des übrigen Europa außerhalb der Sowjetunion spielte der Marxismus eine wichtige, aber vollkommen andere Rolle, was zur Bildung des Begriffs »westlicher Marxismus« führte. In diesem Zusammenhang sind die beiden Interpreten der Marx'schen Theorie, Georg Lukács (1885–1971) und Antonio Gramsci (1891–1937) zu nennen, die ihre wichtigsten Werke in der Zeit zwischen den Weltkriegen schrieben, ihren Einfluss aber erst in den 1960er Jahren entfalteten. Der aus Budapest stammende Lukács spielte eine wichtige Rolle in der ungarischen Revolution von 1919, gehörte in Deutschland dem intellektuellen Zirkel um Max Weber an und war mit den Diskussionen seiner Zeit bestens vertraut. Als überzeugter Marxist und Kommunist verstand er Geschichte als dialektischen, von Klassenkampf angetriebenem Prozess, war aber dennoch der Ansicht, dass die materialistische Interpretation von Marx auf das intellektuelle Klima im Europa des 20. Jahrhunderts nicht mehr anzuwenden sei. In »Geschichte und Klassenbewusstsein«, einer Essaysammlung von 1923, argumentierte er, dass Marx von den Vulgärmarxisten als Materialist und Determinist missverstanden worden sei. Eine sorgfältige Lektüre von Marxens »Kapital« zeige jedoch, dass es Marx vielmehr um eine kritische Erforschung des sogenannten »Fetischcharakters der Ware« gegangen sei, der die Kapitalakkumulation und den Profit über die menschlichen Bedürfnisse stellt. Lukács sah Marx in einer philosophischen Traditionslinie, die auf Hegel zurückging. Bei ihm erschien Marx nun als Kritiker einer Zivilisation, die jegliches Wissen einem abstrakten, inhumanen Verstand unterordnen wollte, anstatt es dialektisch zu sehen. In der modernen Wissenschaft zeigte sich das laut Lukács darin, dass qualitative Aspekte des Lebens auf quantitative Angaben reduziert würden. An deren Stelle sollte eine neue marxistische Wissenschaft treten, die menschliche Werte und Bedürfnisse in den Vordergrund stellte. »Geschichte und Klassenbewusstsein« wurde daraufhin von der Kommunistischen Internationale umgehend verdammt; Lukács beugte sich dem Diktat Moskaus und zog das Buch zurück, das dann erst in einem veränderten politischen und intellektuellen Klima 1967 wieder aufgelegt wurde, in der Zwischenzeit aber in Raubkopien kursierte. Antonio Gramsci, der in der Zeit unmittelbar nach dem Ersten Weltkrieg die italienische Kommunistische Partei angeführt hatte, wurde 1926 von Mussolini eingekerkert. Nach elf Jahren im Gefängnis wurde er wegen schwerer Erkrankung freigelassen und starb kurz danach. Während der

Haft beschäftigte er sich mit der Frage, warum es in Italien keine proletarische Revolution gegeben habe, sondern vielmehr die Faschisten die Macht ergriffen und die kapitalistische Ordnung konsolidiert hatten. Er schrieb auf Zettel, die nach dem Ende der faschistischen Herrschaft unter dem Titel »Gefängnishefte«[63] publiziert wurden. Darin erläuterte Gramsci, dass sich der Sieg des Faschismus nicht mit den klassischen marxistischen Begriffen des ökonomischen Determinismus erklären ließe. Man müsse vielmehr die »Hegemonie« einbeziehen, die die herrschende Klasse über das Denken der Arbeiterklasse ausübe. Für eine erfolgreiche proletarische Revolution bedürfe es jedoch eines proletarischen Bewusstseins und einer alternativen revolutionären Kultur.

Diese beiden Werke hatten allerdings nur in den 1960er Jahren Einfluss auf das marxistische Denken und änderten nichts am hergebrachten Klassenbegriff in der Geschichtsschreibung. Das bedeutendste Zentrum für marxistische Historiografie außerhalb der Sowjetunion in der Zwischenkriegszeit war Frankreich; dessen Hauptthema war die Französische Revolution. Zum ersten Mal lehrten marxistisch orientierte Historiker an französischen Universitäten. Sie interpretierten die Französische Revolution zunächst in klassisch marxistischer Manier als eine bürgerliche Revolution, die den letzten Zuckungen der Feudalordnung ein Ende bereitet hatte. Der innovativste unter diesen Historikern war zweifellos Georges Lefèbvre (1874–1959). Er begann seine Karriere als Autor 1924 mit der Veröffentlichung einer umfassenden Regionalstudie des Département du Nord, basierend auf sorgfältiger Quellenanalyse. Er hielt zwar an der These von der bürgerlichen Revolution fest, arbeitete aber signifikante Unterschiede innerhalb der sozialen Gruppen heraus. In dem Werk »Vingt-Neuf« (1939) [dt. »1789: Das Jahr der Revolution«, 1989] zeigte er auf, in welchem Ausmaß verschiedene Klassen neben der Bourgeoisie, die untere Mittelschicht, die Bauern und der Adel, ihre jeweilige Rolle in der Umwälzung von 1789 spielten. Sein bedeutsamster Beitrag war jedoch sein Werk »Le Grande Peur de 1789« (1932) in dem er seine rein ökonomische Interpretation der Bauernaufstände vom Sommer 1789 modifizierte. In einem späteren Essay zur kollektiven Mentalität revolutionärer Massen bestritt er die These des konservativen Psychologen Gustave Lebon (1841–1931), dass die Massen in ihrem Furor keine klaren Vorstellungen von ihren Zielen gehabt hätten. Durch eingehendes Quellenstudium konnte er vielmehr zeigen, dass sie mehr waren als ein von Leidenschaften hingerissener Mob und durchaus über das Konzept einer moralischen Ordnung verfügten, das sie antrieb und ihnen ein menschliches Antlitz verlieh.

f) Die Anfänge der »Annales«-Schule

Der innovativste Impuls in der Sozialgeschichte der Zwischenkriegszeit geht auf zwei französische Historiker zurück: Lucien Febvre (1878–1956) und Marc Bloch (1886–1944), die 1929 die Zeitschrift »Annales d'histoire économique et sociale« gründeten. Febvre und Bloch erweiterten und modifizierten das, was man seit der Jahrhundertwende in Nordamerika, Großbritannien, Belgien und Skandinavien unter Sozial- und Wirtschaftsgeschichte verstand und was Schmoller und Weber in Deutschland gelehrt hatte. Zwei ihrer frühen Arbeiten zeigen, was die beiden damit im Sinn hatten: Febvres Dissertation von 1911 »Philippe II et la Franche Comté«[64] und Marc Blochs »Les rois thaumaturges«[65] von 1924. Febvre nahm hier Henri Berrs Appell zur historischen Synthese ernst, als er seine Regionalstudie über die Franche Comté zur Zeit der protestantischen Reformation schrieb. Er zielte ab auf die Schaffung einer integrierten Geschichtsschreibung, in der das Zusammenspiel von geografischen, wirtschaftlichen, sozialen, religiösen und politischen Faktoren zum Ausdruck kam und gleichzeitig suchte er nach einem Bild der Alltagskultur jener Zeit. Febvre stützte sich dabei mehr auf französische Historiografie als auf die deutsche Wissenschaftstradition, die die französischen Historiker im letzten Drittel des 19. Jahrhunderts beeinflusst hatte; er folgte Jules Michelets Kombination aus sozialer, kultureller und politischer Geschichte und auf Vidal de la Blanches Anthropogeografie. Diese berücksichtigte die physischen Gegebenheiten, unter denen Geschichte stattfindet, aber anders als der bereits erwähnte Geodeterminist Friedrich Ratzel betonte er die Art und Weise, wie Menschen ihre Umgebung prägen. Wie der von ihm bewunderte Jean Jaurès sah Febvre im Konflikt zwischen Adel und Bürgertum den Beginn der modernen Welt, aber mehr noch als Jaurès versuchte er aufzuzeigen, dass dieser Konflikt sich nicht allein mit wirtschaftlichen Begriffen erklären ließ, sondern dass auch Weltbilder und kulturelle Muster eine Rolle spielten. Marc Blochs Werk »Les rois thaumaturges« handelte von dem im Spätmittelalter und der frühen Neuzeit in Frankreich und England verbreiteten Glauben, dass der König durch bloßes Handauflegen Kranke heilen könne; diese Wundertätigkeit erlangte er durch den heiligen Charakter des Königtums, an den sogar jene glaubten, die nicht geheilt wurden. Bloch bearbeitete hier ein Thema der kollektiven Mentalitätsgeschichte, wohl vertraut mit den Aussagen von Anthropologen wie James Frazer (1854–1941) »The Golden Bough« (1890) [dt. »Der goldene Zweig«, 1928] und Lucien Lévi-Bruhl (1857–1939) über heiliges Königtum und primitive Mentalität.

Anders als Bloch hatte Febvre großes Interesse an Religionsgeschichte, speziell die der Reformationszeit und deren kollektive Verhaltensweisen. Deshalb behandelte er in seinem Buch »Un destin: Martin Luther« (1928) [dt. »Martin Luther«, 1976] nicht allein den Reformator als Person, sondern, ähnlich wie in seiner Dissertation über die Franche Comté, auch die neue religiöse Weltsicht, welche das Bedürfnis des Bürgertums nach mehr Rationalität und Klarheit widerspiegelte, als der Katholizismus offerierte. Er versuchte, Religions- und Sozialgeschichte miteinander zu verbinden, wollte aber erstere nicht auf letztere reduziert wissen. Febvres bedeutendstes Werk ist zweifellos sein Buch über die Religion von François Rabelais: »Le problème de l'incroyance au 16e siècle: la religion de Rabelais« (1942) [dt. »Das Problem des Unglaubens im 16. Jahrhundert: die Religion des Rabelais«, 2002], in diesem Buch wirft er die Frage auf, ob Rabelais, wie so oft behauptet wird, Atheist war. Er kommt zu dem Schluss, dass das nicht der Fall gewesen sein kann, weil Rabelais nicht über das entsprechende geistige Werkzeug (Febvre verstand unter »outillage mental« vor allem die Sprache) verfügt habe. Die spätere Hinwendung zu einem »linguistic turn« vorwegnehmend, untersuchte er die Sprache des 16. Jahrhunderts, die Konzepte für Unglauben noch gar nicht bereithielt. Von Rabelais als einem Atheisten zu sprechen sei daher anachronistisch.

Dieser strukturalistische Unterton war im Werk Blochs noch deutlicher ausgeprägt. 1931 veröffentlichte er »Les caractères originaux de l'histoire rurale française«, der Versuch einer vergleichenden Agrargeschichte Frankreichs und Englands, insbesondere aber des Nordens und Südens Frankreichs. Sein Ansatz war erklärtermaßen materialistisch. Er untersuchte, welche Werkzeuge in den verschiedenen Regionen zum Einsatz kamen und verglich die Anbaumethoden. Dabei ging er von der Gegenwart aus, über die wir ja am meisten wissen, und arbeitete sich in die Vergangenheit vor. Luftbildaufnahmen halfen ihm herauszufinden, wie die Feldparzellierung einst ausgesehen hatte. Bloch war sich dabei durchaus bewusst, dass auch kulturelle Faktoren den Gebrauch von Werkzeugen und die Anbaumethoden beeinflussten. Sein bedeutendstes Werk ist aber zweifellos »La Société féodale« (1939/40) [dt. »Die Feudalgesellschaft«, 1982], eine über vierhundert Jahre europäischer Geschichte reichende Untersuchung vom 9. bis zum 14. Jahrhundert. Mehrere Aspekte waren erstaunlich. Das hier war nicht die Geschichte einer Nation, sondern eine von ganz Europa. Es konzentrierte sich nicht auf die politischen Strukturen des Feudalismus, sondern erforschte die Wechselbeziehungen zwischen verschiedenen Aspekten der Kultur. Es rekonstruiert die Denkweisen der mittelalterlichen Menschen – ihre Vorstellungen von Leben, Tod, Natur, Zeit und Raum –, betonte aber auch die Rolle, die das Geld für die Transformation der mittelalterlichen Gesellschaft bis zur Herausbildung von Städten und Handel spielte. Seine historische Soziologie ist mehr am Durkheim'schen Konzept der kollektiven Repräsentation orientiert als an Webers institutionellem Ansatz. Wie Weber möchte auch Bloch den Idealtypus einer Gesellschaft herausarbeiten, um sie mit anderen Gesellschaften vergleichen zu können. Im letzten Kapitel behauptet er, dass Formen des Feudalismus auch in anderen Kulturen nachzuweisen seien und nennt dabei Japan als möglichen Gegenstand vergleichender Studien. Durkheims soziologischer Ansatz beeinflusste auch die Arbeiten moderner türkischer Historiker.[66] Es fällt aber in Durkheims Soziologie und in Blochs Geschichtsschreibung auf, dass beide das Individuum so sehr vernachlässigen. »La Société féodale« ist eine Geschichte, in der die Menschheit mit kollektiven Begriffen dargestellt wird; realen Personen begegnen wir darin kaum.

Zwischen 1920 und 1933 waren Febvre und Bloch Kollegen in Straßburg, das damals erst seit kurzem wieder zu Frankreich gehörte. Sie forschten Tür an Tür und befanden sich in regem Austausch. Zusammen mit Henri Pirenne in Belgien planten sie die Gründung einer Zeitschrift, die eine französische Entsprechung zur deutschen »Vierteljahresschrift für Sozial- und Wirtschaftsgeschichte« darstellen und ein noch breiteres interdisziplinäres Spektrum aufweisen sollte. 1933 wechselte Febvre an das angesehene Collège de France nach Paris, während Bloch 1936 auf einen Lehrstuhl für Wirtschaftsgeschichte an die Sorbonne berufen wurde, wo er Nachfolger des bereits erwähnten Henri Hauser wurde. Bemerkenswert ist, dass Blochs Vorstellungen von Wirtschaftsgeschichte in Frankreich offenbar ausreichend anerkannt waren, um ihm den Ruf an die Sorbonne einzubringen. Die »Annales d'histoire économique et sociale«, deren Redaktion ihren Sitz von da an in Paris hatte, entsprach mit ihrem Geschichtsverständnis zwar nicht der Mehrheitsmeinung, beeinflusste aber dennoch viele Historiker in Frankreich, wie auch in Skandinavien, Großbritannien, Brasilien und anderswo. In Polen wurde 1931 von Franciszek Bujak (1875–1953) und Jan Rutkowski (1886–1948) eine Zeitschrift mit nahezu identischem Titel gegründet, die in engem Kontakt mit den französischen »Annales« stand.

Abschließend sei angemerkt, dass sowohl Febvre wie auch Bloch französische Patrioten waren – Bloch meldete sich in bereits fortgeschrittenem Alter zur Armee, kämpfte in der Résistance und wurde von den Deutschen hingerichtet. Beide schrieben aber keine nationalorientierte Geschichte. Ihre Arbeiten konzentrierten sich auf bestimmte Regionen, waren aber häufig transnational und komparatistisch. Ferner ist hervorzuheben, dass sie im Gegensatz zur traditionellen narrativen Geschichte und zu den meisten soziologischen Ansätzen ihrer Zeit die chronologische, auf Fortschritt gerichtete Zeitachse aufgaben, die den meisten Historikern in Europa und Nordamerika seit der Professionalisierung der Geschichtsforschung im 19. Jahrhundert als Standard galt.

KAPITEL 5
Nationalistische Geschichtsschreibung in aller Welt: Ein Blick auf die historische Forschung im Nahen Osten und im Asien des 20. Jahrhunderts

I. Osmanismus, Türkismus und Ägyptisierung: Nationalistische Geschichtsschreibung im Nahen Osten

1. Ein modernes Geschichtsstudium wird begründet

Eingangs des 20. Jahrhunderts lassen sich in der Geschichtsforschung des Nahen Ostens zwei Entwicklungslinien ausmachen: Das Entstehen einer Nationalgeschichte und die Professionalisierung der historischen Forschung und Lehre. Beides hat mit zunehmenden Kontakten und der Interaktion der muslimischen Welt mit dem Westen zu tun. Die westlichen Mächte intensivierten die Kolonialisierung der Welt und läuteten ein neues Zeitalter des Imperialismus ein; damit exportierten sie auch die Idee des Nationalismus in nichtwestliche Regionen. In Ägypten war der Nationalismus bereits in der Urabi-Bewegung von den Muslimen – wie überhaupt von anderen nichtwestlichen Völkern – als wirkungsvolle Waffe im Kampf gegen Kolonialismus und Imperialismus eingesetzt worden. Die Nationalisierung des kulturellen und historischen Diskurses war ein entscheidender Punkt bei der Nationenbildung und führte zu Reformen im Bildungswesen. Bereits um 1845 planten die Osmanen eine Nationaluniversität, die Universität Istanbul, die dann allerdings erst im Jahr 1900 gegründet wurde. Und seit der Mitte des 19. Jahrhunderts entstanden in vielen Teilen des Osmanischen Reichs moderne höhere Schulen (manche wurden neu gegründet, manche reformiert), deren Absolventen eine neue politische und intellektuelle Führungselite stellten. Die *Mülkiye*-Schule zum Beispiel brachte unter anderem Murad Bey (?-1912), einen späteren Führer der Jungtürken, und Abdurrahman Scheref hervor, den letzten Historiografen des Sultans und eine wichtige Figur beim Übergang zur modernen osmanisch/türkischen Geschichtsschreibung.[1]

In Syrien und Ägypten gab es ähnliche Bestrebungen zur Einrichtung »nationaler Schulen«, entweder privat durch Initiative westlicher Missionare, oder offiziell durch Verfügung des Khediven. 1908 gründete Prinz Achmad

Fu'ad die Ägyptische Universität, die mit der Thronbesteigung des Prinzen (1922) zur staatlichen Institution wurde (seit 1952 Kairo-Universität). In starkem Kontrast zu den traditionellen Medresen, den Koranschulen, und der al-Azhar-Universität war der Geschichtsunterricht in diesen modernen Schulen fester Bestandteil des Curriculums. Dieser Wandel ebnete den Weg zur Professionalisierung der Geschichtswissenschaft; historische Forschung wurde nun mehr und mehr von Geschichtsprofessoren betrieben, die an solchen Schulen lehrten. In den 1920er Jahren trat dann im Nahen Osten die erste Generation von professionellen Historikern in Erscheinung.

Für die Osmanen bedeutete der aufkeimende Nationalismus eine weitere Fragmentierung ihres Reiches und eine Schwächung ihrer imperialen Macht. Als im Verlauf des 19. Jahrhunderts immer mehr regionale Machtzentren nach Unabhängigkeit und Autonomie strebten, etwa auf dem Balkan und in anderen traditionell unter osmanischer Herrschaft befindlichen Teilen Europas, entwickelte sich das Imperium immer mehr zum »kranken Mann am Bosporus«. Doch die Osmanen wollten sich mit ihrem Schicksal noch nicht abfinden. Während der beiden letzten Jahrzehnte des 19. Jahrhunderts kamen die Jungtürken an die Macht, die eine konstitutionelle Phase in der osmanischen Geschichte einläuteten. Durch Versuche, eine repräsentative Regierungsform zu etablieren, schien das Reich zunächst an Stärke zu gewinnen, indem es an Osmanismus und Panislamismus appellierte.

Der Osmanismus hatte seine Verfechter auch unter den Historikern, wie zum Beispiel Ahmed Midhat (1844–1912), ein vielseitiger Literat und produktiver Schriftsteller. Er verfasste eine auf westlichem Material fußende Universalgeschichte und eine Reihe von Nationalgeschichten europäischer Länder; gerade weil sein Stil eher journalistisch als geschichtswissenschaftlich war, wurde er zu einem der meistgelesenen Autoren seiner Zeit. Midhats starker Einfluss spiegelt den Zeitgeist der konstitutionellen Ära, der von nie zuvor so ausgeprägtem Interesse an westlicher Kultur und Geschichte und vor allem natürlich am Nationalismus geprägt war.[2] Der nationalistische Einfluss speiste sich aber auch aus der Bewegung der Jungosmanen, die Patriotismus bzw. die Liebe zum Vaterland (*vatan*) predigten, auch wenn ihr Hauptanliegen die Restauration einer osmanischen Nation (*millet*) für alle Muslime war. Diese Ideen fanden ihren Ausdruck in den Schriften von Ebüzziya Tevfik (1849–1913), dem Historiker der Jungosmanen, der von Namik Kemals Idee eines Panislamismus beeinflusst war. Auch wenn seine Interessen und sein Stil sich von denen Ahmad Midhats unterschieden, war Ebüzziya der zweite Verbreiter westlicher Ideen und Kultur.[3]

An der Wende zum 20. Jahrhundert war das Osmanentum somit die vorherrschende Form des Nationalismus im Nahen Osten. Es dominierte nicht nur in Istanbul und im anatolischen Umland, sondern fand Sympathie und Resonanz auch im fernen Ägypten, das über weite Teile des 19. Jahrhunderts der Hauptgegner des osmanischen Reiches gewesen war. Doch nach der Urabi-Revolution von 1881/82 hatte sich in Ägypten vieles geändert. Die zahlreichen von Muhammad Ali initiierten und von den meisten seiner Nachfolger weitergeführten Reformen hatten die Kassen geleert, und, schlimmer noch, der Revolution folgte die Besatzung durch die Briten. Im Widerstand gegen die Fremdherrschaft erwogen die Ägypter mehrere Optionen, eine davon war die Allianz mit dem Osmanischen Reich. Mustafa Kamil (1874–1908) und Muhammad Farid (1868–1919), beides bedeutende nationalistische Historiker ihrer Zeit, sprachen sich für einen ägyptisch-türkischen Zusammenschluss gegen die europäischen Mächte aus. Kamil war ein Protégé von Abdullah al-Nadim (1845–1896), einem der Wortführer der Urabi-Bewegung; gemeinsam gründeten sie die Nationalistenpartei, die erste politische Partei in Ägypten. Auch Farid, der türkische Vorfahren hatte, arbeitete eng mit der Nationalistenpartei zusammen und schrieb zwei Geschichtswerke, eines über Ägypten unter Muhammad Ali, das andere über das Osmanische Reich. Beide Projekte hatten zweifellos mit seinen politischen Interessen und vermutlich auch mit seiner türkischen Herkunft zu tun. Wie die Jungosmanen waren Kamil und Farid glühende Verfechter des Panislamismus; beseelt von dessen Prinzipien verfolgten sie bei der Untersuchung und Beschreibung des Konflikts zwischen dem Westen und dem Nahen Osten einen kulturalistischen Ansatz. In seinem Opus magnum »Mas'alah al-Sharqiyyaha« [Das Problem des Ostens] analysierte Kamil, sowohl aus historischer wie aus religiöser Sicht, die modernen Gebrechen des Osmanischen Reiches und seiner Provinzen. Das Hauptproblem bestand seines Erachtens in der Feindschaft zwischen Muslimen und Christen, die bis in die Zeit der Kreuzzüge zurückreichte. Das Vordringen der Osmanen nach Europa verschärfte die Lage, denn seit dem Erstarken Europas Ende des 18. Jahrhunderts nahm man dort die Herausforderung durch das Osmanische Reich an und versuchte seinerseits, dessen Einflussbereich zu beschränken. Die britische Besetzung Ägyptens ist nur ein Beispiel dafür. Leider erkannten die Osmanen erst spät Europas wahre Absichten. Kamil beklagte, dass die Muslime sich untereinander bekriegten und plädierte daher für einen Panislamismus. Er ging sogar so weit, gegen die Urabi-Revolution zu eifern, die seiner Ansicht nach die britische Invasion verursacht hatte, und sah in den Briten die schurkischen Widersacher aller Muslime. Um den europäischen Vorstößen etwas entgegensetzen zu können, müsse die muslimische Welt zusammenhalten. Zu diesem Zweck setzte sich Kamil für einen ägyptisch-türkischen Zusammenschluss und ebenso die Rückgewinnung des ägyptischen Territoriums ein.[4]

Kamil und Farid können als moderne Historiker Ägyptens gelten, und zwar nicht nur wegen ihrer nationalistischen Ideen, sondern auch wegen ihres entschieden »modernen« Ansatzes – die Schriften beider behandelten die damaligen Beziehungen der Muslime zu den Europäern. Bei diesen bilateralen Forschungen kamen ihnen mehrere Reisen nach Europa und die Verfügbarkeit entsprechenden Quellenmaterials, bestehend aus Regierungsarchivalien und offiziellen Dokumenten, zugute. Zwar vertraten beide nationalistische Überzeugungen, doch entwickelten Kamil und Farid einen jeweils eigenen Stil. Während die Schriften Kamils wegen ihrer analytischen Tiefe geschätzt wurden, schrieb Farid in einem eher traditionellen, am meisterhaft beherrschten literarischen Genre des *saj'* orientierten, narrativen Stil. Farids erfolgreiche Vermischung von Tradition und Moderne zeigt, wie lebendig die islamische Tradition der Historiografie war, und er ist keineswegs ein Einzelfall. So ist etwa der Einfluss der Chronik, des Hauptgenres der traditionellen islamischen Historiografie, noch bis heute spürbar.[5]

2. Geschichtsschreibung in der modernen Türkei – für eine moderne Türkei

Kamil und Farid forderten zu Beginn des 20. Jahrhunderts einen ägyptisch-osmanischen Zusammenschluss oder eine allarabische Solidarität, weil sie große Hoffnungen in die Jungosmanen und deren Streben nach einer konstitutionellen Regierungsform und einer Wiederbelebung des Imperiums setzten. Die konstitutionelle Phase währte allerdings nur kurz und wurde vom Despotismus des Sultans Abdülhamid II. (1876–1908) abgelöst.

Die nationalistische Strömung verebbte deshalb nun keineswegs, vielmehr erreichte sie im Türkismus einen neuen Höhepunkt. Wie weiter oben dargestellt, war das Ideal des Türkismus bereits in den Schriften von Ali Suavi (1839–1878) und Süleiman Pascha (?-1892) um die Mitte des 19. Jahrhunderts aufgetaucht. Während der hamidischen Regentschaft (Regierungszeit von Abdülhamid II.) erhielt der Türkismus weiteren Auftrieb. Obwohl der Panislamismus nie wirklich tot war (in den 1950er und 1960er Jahren lebte er als Panarabismus in säkularer Form wieder auf) und die Bezeichnung »osmanisch« im ausgehenden 19. Jahrhundert weiterhin in Gebrauch war, durchforschten nun Türken die Geschichte nach zwei neuen Begriffen – dem der Türkei und dem des Türken. Damals war der Ausdruck »Türke« im alltäglichen Sprachgebrauch kaum zu finden, erst der griechisch-türkische Krieg von 1897 brachte den jungen Dichter Mehmed Emin dazu, sich stolz einen Türken zu nennen – »wir sind Türken und leben mit diesem Blut und diesem Namen.«[6]

Diese Äußerung ist bemerkenswert, denn der Begriff war zwar schon lange geläufig, bezeichnete bis dahin aber in eher abfälliger Weise die türkisch sprechende Landbevölkerung Anatoliens. Nun erklärte Mehmed Emin offen seine Identität und verlieh voller Stolz und Leidenschaft dem Wort »Türke« einen neuen Sinn. Seine Äußerung markierte einen Identitätswandel unter den muslimischen Türken im Osmanischen Reich, der von der Bewegung der Jungtürken angestoßen worden war. Genau wie die Jungosmanen waren auch die Jungtürken eine nationalistische Bewegung, sie waren aber strikt säkular, mehr verwestlicht (sowohl durch ihren intellektuellen Ursprung wie auch durch ihr Eintreten für eine repräsentative, sogar republikanische Regierungsform) und mehr türkisch orientiert. Das Anwachsen des Türkismus wurde in der Tat auch vom Entstehen einer westlichen Turkologie beeinflusst, deren Forschungen ihren Weg über Russland und den Balkan oder durch nach Westen orientierte Nachbarstaaten ins Osmanische Reich fanden. Der Albaner Schemseddin Sami Frasheri (1850–1904) verfasste zum Beispiel philologische Untersuchungen zur vorosmanischen Geschichte und Kultur und inspirierte damit ein neues Selbstverständnis der Türken. Ziya Gökalp (1875–1924), der kurdischer Herkunft war und dem Pantürkismus oder Turanismus zuneigte, schrieb eine Reihe wichtiger historischer Werke, in denen er die Notwendigkeit einer Erneuerung des Islam für das moderne Leben erläuterte und damit die geistige Grundlage für die türkistische Bewegung lieferte.[7]

Nach der Machtübernahme der Jungtürken 1908, insbesondere nachdem Mustafa Kemal (Kemal Atatürk, 1881–1938) 1923 die Türkische Republik gegründet hatte, erlebte die türkischen Geschichtsforschung einen stürmischen Aufschwung, der auch von einer Professionalisierung der Ausbildung durch Institutionen wie die 1910 gegründete Osmanische Historische Gesellschaft profitierte. Nach der Gründung der Republik änderte die Gesellschaft ihren Namen in Türkische Historische Gesellschaft und hob damit ihre neue Rolle bei der Erarbeitung einer türkischen Nationalgeschichte hervor. Doch schon in der Zeit vor der Republik hatte die Gesellschaft ihren Teil zum Übergang von der traditionellen zur nationalistischen Geschichtsschreibung beigetragen. Der letzte Historiograf des Sultans und Autor eines populären narrativen Lehrbuchs zur osmanischen Geschichte, Abdurrahman Scheref, war ihr erster Präsident. Er verfasste zusammen mit Mehmed Arif (1873–1919) und Nedschib Asim, einem weiteren prominenten Mitglied, eine Geschichte der vorosmanischen Zeit, wobei er auf der Kenntnis westlicher turkologischer Forschung aufbaute. Auch in der von ihr herausgegebenen Zeitschrift erreichte die Gesellschaft einen hohen wissenschaftlichen Standard, wie unter anderem die zahlreichen Beiträge von Ahmed Refik (1881–1937) zeigen, in denen er viele für die türkische Geschichte wichtige Quellen prüfte und analysierte. Auch Ziya Gökalp und seine Anhänger publizierten Aufsätze in wissenschaftlichen Zeitschriften und setzten sich für den Türkismus in der Geschichtsschreibung ein. Als Student von Emile Durkheim weiteten Ziya Gökal und sein Kreis das Studium der türkischen Geschichte auch auf Zentral- und Südasien aus, also auf die Gebiete, wo einst Türken siedelten. Ferner berücksichtigten sie neben politischen Veränderungen auch Entwicklungen im Rechtswesen, in den Institutionen und in Folklore und Kultur allgemein.[8]

Der Staatsgründer Kemal Atatürk war wohl die treibende Kraft für die Entstehung einer nationalistischen Geschichtsschreibung in der Türkei. Wie es einem echten Patrioten zukam, war Kemals Interesse an Geschichte nicht selbstbezogen, indem er sich etwa mit den Helden vergangener Epochen verglichen hätte, sondern nationalistisch in dem Sinne, dass durch Geschichtsschreibung eine eindeutig türkische Identität entstehen sollte. Dieses Interesse stieß anscheinend auf starke Resonanz bei der jungen akademischen Historikergemeinde; im Jahr der Republikgründung wurde Kemal Atatürk eine Titularprofessur für Geschichte an der Universität Istanbul verliehen. Entgegen den Erwartungen mancher Zeitgenossen ließ sich Kemal zu den Ideen der Jungtürken bekehren. Er wollte einen säkularen Staat mit Zentrum in Anatolien gründen und die Verbindungen zum Islam kappen. Zu diesem Zweck bedurfte es einer neuen Geschichte, bei der die nichtislamische Dimension des Türkentums im Vordergrund stand und deren zivilisatorische Errungenschaften verherrlicht wurden. Kemal ärgerte sich über die bei westlichen Historikern weit verbreitete Ansicht, dass die Türken Teil des »Orients« seien, und war entschlossen, dem Land eine neu interpretierte Vergangenheit zu geben, auf der es seine moderne Zukunft gründen konnte.[9]

Beim ersten Türkischen Historischen Kongress im Jahr 1932 sah Kemal sein Bemühen um eine eigenständige türkische Identität am Ziel. Um die Türkei sowohl vom Islam wie auch von ihrer osmanischen Vergangenheit loszulösen, formulierten türkische Historiker, von denen viele den von Kemal in der neuen Hauptstadt Ankara gegründeten Fakultäten für Geografie, Geschichte und Sprachen angehörten[10], eine »türkische historische These« (*Türk Tarih Tezi*), die aus drei Teilen bestand. Erstens sei die türkische Geschichte nicht nur anders geartet, sondern auch älter als die Geschichte der Osmanen. Zweitens seien die Türken brachyzephal, also rundköpfig, und damit der weißen und nicht der gelben Rasse zugehörig. Drittens seien sie zentralasiatischen Ursprungs und hätten die Zivilisation nach Anatolien, in den Irak, nach Ägypten und in den ägäischen Raum gebracht. Diese These, die ihren Ursprung in orientalistischer Forschung hat,[11] beruht auf zwei Annahmen, die später von türkischen Historikern detailliert ausgearbeitet wurden. Die eine behauptet, dass die Türken Brachyzephalen des alpinen Typus waren und sind, zu deren Vorfahren auch die Hethiter zählen; dies ließ die Türken mehr europäisch als asiatisch erscheinen. Die zweite These behauptet, dass Anatolien innerhalb Zentralasiens ein frühes kulturelles Zentrum darstelle, von dem Kulturen wie die ägyptische, mesopotamische, chinesische und griechische sich ableiten ließen. Somit sei die türkische Kultur die ursprüngliche, die anderen Kulturen hingegen seien nur Derivate.[12]

So grotesk und chauvinistisch diese Behauptungen über türkische Geschichte und Zivilisation auch erscheinen mögen, so entsprechen sie in ihrer Radikalität doch den anderen Reformmaßnahmen, die Kemal dem Land verordnete. Seiner Bestimmung folgend, die Türkei zu einem modernen europäischen Staat zu machen, wollte er mit der islamischen und osmanischen Vergangenheit brechen und eine neue Kulturtradition schaffen. Um das Land zu säkularisieren, wandte er sich gegen das religiöse Establishment und gegen das Tragen von Fez und Schleier, hatte damit allerdings nur begrenzten Erfolg. Hätte er länger gelebt, so ist anzunehmen, dass Verwestlichung und Säkularisierung der Türkei weiter gediehen wären. Dennoch ist Kemals Ikonoklasmus eine dauerhafte Hinterlassenschaft für die moderne Türkei geworden. Der »türkischen historischen These« gegenüber dürften professionelle Historiker allerdings ihre Vorbehalte gehabt haben. Aber offenbar teilten viele Kemals nationalistische Gefühle, wie etwa der führende Historiker der Türkei im 20. Jahrhundert, Mehmet Fuat Köprülü (1890–1966). In seinen Darstellungen der frühen türkischen Geschichte arbeitete Köprülü unter dem Einfluss der Durkheim'schen Soziologie, die durch die Arbeiten Ziya Gökalps bereits bekannt gemacht worden war, zwar einige sozioökonomische Faktoren heraus, um eine einseitige Interpretation zu vermeiden. Er verharrte aber in der Überzeugung, dass das Türkentum und nicht irgendwelche Fremdeinflüsse die entscheidende Rolle für die Entwicklung der frühen türkischen Geschichte gespielt hätten.[13]

Es muss nicht betont werden, dass Kemal Atatürks Entwurf für eine moderne Türkei am Westen orientiert war. Verwestlichung war vom Beginn des 20. Jahrhunderts bis in die 1950er Jahre zum allgemeinen Trend im Nahen Osten geworden und, wie wir später sehen werden, auch in Ostasien und anderswo.[14] Trotz der Katastrophe des Ersten Weltkriegs beschleunigten die westlichen Mächte ihre imperialistische und kolonialistische Expansion in weitere nichtwestliche Gebiete. So marschierte 1911 Italien in Libyen ein, und in der Folge des Zusammenbruchs des Osmanischen und des Österreich-Ungarischen Reiches holten sich Großbritannien und Frankreich das heutige Syrien, den Libanon, Jordanien und Palästina und dehnten ihren Einfluss auf den Irak und, weniger erfolgreich, auf den Iran aus. Bei der Bekämpfung des westlichen Imperialismus erwies sich der Nationalismus als schlagkräftige Waffe. Dies lässt sich besonders im Fall Ägyptens beobachten, wo die Briten ihre Kolonialherrschaft 1882 etabliert hatten. Angesichts des wachsenden ägyptischen Nationalismus musste Großbritannien 1922 jedoch die Unabhängigkeit des Landes anerkennen, auch wenn es dort weiterhin einflussreich war.

3. Die Ägyptisierung der Geschichtsschreibung

Wie wir bei der Türkei gesehen haben, muss nationale Unabhängigkeit nicht notwendigerweise mit einer Rückwendung in die Vergangenheit einhergehen. Vielmehr bedeutete sie für die Menschen einen verstärkten Impuls, sich beim Aufbau eines eigenen Staates am Westen zu orientieren. In diesem Prozess taten sich vor allem diejenigen hervor, die schon früh mit westlicher Wissenschaft in Berührung gekommen waren. Ein Beispiel dafür waren die syrischen Intellektuellen in Ägypten. Dank der geografischen Nähe zu Westeuropa beherrschten viele Syrer und Libanesen, die häufig auch Christen waren, sowohl arabische wie auch europäische Sprachen. Unter der britischen Besatzung ließen sie sich in Ägypten nieder und spielten bald eine entscheidende Rolle bei der Einführung eines modernen Journalismus und moderner Bildung. Einige von ihnen, darunter Dschirdschis Hunayyin und Ya'qub Artin (1842–1919), letzterer ein Armenier, hatten in Ägypten wichtige Regierungsämter inne. Hunayyin veröffentlichte 1904 die Studie »Al-Atyān wa'l-Darā'b fi'l-Qutr al Misrī« [Land und Besteuerung in Ägypten], eine Fundgrube wirtschaftsgeschichtlicher Informationen. Von Artin stammen zwei weitere Bücher zur ägyptischen Geschichte, und er veröffentlichte eine Reihe von Artikeln im »Bulletin de l'Institut Egyptienne«, dem wissenschaftlichen Organ für Ägyptologie in Frankreich. Diese Arbeiten fußen auf sorgfältigem Quellenstudium in staatlichen Archiven, zu denen die Autoren dank ihres gesellschaftlichen Status ungehinderten Zugang hatten. Artin schrieb dank seiner umfassenden westlichen Bildung meist auf Französisch.[15]

Obwohl sie Einwanderer waren, teilten diese Syrer die nationalistische Begeisterung der Ägypter. Ya'qub Sarruf (1852–1927) machte in seinen Zeitungen und Zeitschriften die ägyptischen Leser mit Nationalismus und Darwinismus bekannt, ähnliches tat Farah Antun (1861–1922) mit den Werken von Jean-Jaques Rousseau und Ernest Rénan. In seinem Buch »Misr li'l-Misrīyyn« [Ägypten den Ägyptern] lieferte Salim al Naqqash (?-1884) eine detailreiche Analyse der Urabi-Bewegung, die er als Augenzeuge miterlebt hatte, wobei sein Buch nicht die prorevolutionären und nationalistischen Positionen vertritt, die der Titel nahelegt. Was Produktivität und intellektuellen Einfluss anbelangt, so kann der aus Beirut stammende Dschurdschi Zaydan (1861–1914) unter seinen Zeitgenossen als herausragend gelten. Bereits in seiner Jugend lernte Zaydan Deutsch, Französisch und Englisch sowie Syrisch, Latein und Hebräisch, hinzu kam noch seine arabische Muttersprache. Er studierte Medizin am Syrian Protestant College, einer amerikanischen Universität, merkte dann aber, dass seine wahre Leidenschaft der Literatur, der Geschichte und dem Journalismus galt. In Ägypten angekommen, arbeitete er zunächst erfolgreich als Journalist. Die Herausgeberschaft der populären Zeitschrift »Al-Hilal« verlieh ihm eine im ganzen Land gehörte Stimme, was Vor- und Nachteile hatte. Zusammen mit dem nationalistischen Historiker Mustafa Kamil und seinem Landsmann Ya'qub Sarruf setzte er sich für eine nationale Universität in Ägypten ein, die wie erwähnt 1908 gegründet wurde. Aber sein syrisch-libanesischer Hintergrund und seine westliche Ausbildung trugen ihm das Misstrauen und die Feindschaft vieler Ägypter ein. Zaydan zum Beispiel hat die wichtige Rolle, die er bei der Gründung der Ägyptischen Universität spielte, kaum je erwähnt.[16] Obwohl sie sich in ihrem Ziel einig waren, war Mustafa Kamil bekannt für sein schroffes Verhalten gegenüber den eingewanderten syrischen Intellektuellen, von denen er oft abwertend als »Eindringlingen« sprach.[17]

Obwohl er als »Doyen der syrisch-ägyptischen Geschichte« und bei anderer Gelegenheit auch als »Doyen der modernen arabischen Geschichte« bezeichnet wurde, erlaubte man ihm nicht, an der von ihm mitbegründeten Ägyptischen Universität islamische Geschichte zu lehren. Sein Beitrag zur ägyptischen Historiografie liegt daher vor allem in seinen zahlreichen Publikationen zur islamischen Geschichte und Literatur, unter anderem der viel gelobten, fünfbändigen »Ta'rīkh al-Tamaddun al-Islāmīn« [Geschichte der islamischen Zivilisation, 1902–1906]. Als ein westlich gebildeter, mit orientalistischer Forschung vertrauter Wissenschaftler war Zaydan für seine säkulare Einstellung und seine Geringschätzung der traditionellen islamischen Historiografie bekannt. In seiner »Geschichte der islamischen Zivilisation« gestand er dem Propheten Muhammad allerdings eine wichtige Rolle zu und hob die Bedeutung der islamischen Zivilisation hervor, wobei ihm die arabische als Juwel des Fruchtbaren Halbmonds erschien. Er weigerte sich jedoch, den Aufstieg des Islam als Triumph von Gottes Willen über die heidnischen Feinde darzustellen, wie dies orthodoxe Muslime taten.[18]

Es erstaunt nicht, dass die ägyptischen Nationalisten dem aus Syrien zugewanderten Gelehrten misstrauten, denn der Nationalismus jener Zeit trug fremdenfeindliche Züge. Die Gründung und Weiterentwicklung der Ägyptischen Universität illustrieren das anschaulich. Als eine der frühesten modernen höheren Lehranstalten im Nahen Osten war sie zum Zwecke der

Nationalisierung und Professionalisierung wissenschaftlicher Aktivitäten in und für Ägypten geschaffen worden. Mit ihrem erklärten Auftrag, moderne akademische Kultur ins Land zu bringen, stellte sie eine bisweilen sogar antagonistische Konkurrenz zur al-Azhar und dem erst kürzlich gegründeten Dar al-Ulum dar. In den Anfangsjahren beschäftigte die Universität westliche Gelehrte und Wissenschaftler, unternahm in ihrer weiteren Entwicklung allerdings den Versuch einer Ägyptisierung, indem sie einheimische Wissenschaftler mit westlichen Abschlüssen einstellte.

Die Ägyptisierung der Fakultät an der Ägyptischen Universität begann in den Geisteswissenschaften. 1919 berief man Taha Hussein (1889–1973), der in Frankreich studiert und promoviert hatte. Er sollte Kurse wie »Geschichte des antiken Orients« und »Philosophie der Geschichte« unterrichten. In Taha Husseins Vertrag stand, dass er sich ohne Erlaubnis nicht außerhalb der Universität betätigen dürfe.[19] Auf diese Weise trat die Geschichtsforschung im Nahen Osten in eine Phase der Professionalisierung ein. Obwohl Hussein blind war, tat er sich mit seinen wissenschaftlichen Werken an der Universität hervor und bekam schließlich ein Stipendium, um bei Emile Durkheim und dem Orientalisten Paul Casanova (1861–1926) an der Pariser Sorbonne zu studieren. Als einer der ersten ägyptischen Studenten erhielt er einen westlichen Doktortitel. Taha Hussein machte daraufhin eine steile Karriere in der Universitätsadministration, war zeitweilig Erziehungsminister und wurde eine führende Gestalt im modernen Bildungswesen Ägyptens.

Ähnlich verlief die Karriere von Muhammad Rif'at Bey, einem der Gründerväter der ägyptischen Geschichtswissenschaft. Wie Taha Hussein ging Muhammed Rif'at Anfang des 20. Jahrhunderts nach Europa. Er machte seinen Magister an der University of Liverpool und wurde nach seiner Rückkehr Professor für Geschichte am Higher Teachers' College. Auch er unternahm eine Karriere im Erziehungswesen und wurde in den 1950er Jahren Erziehungsminister. Trotz seiner Verpflichtungen in der Administration publizierte er weiter in der Geschichtswissenschaft, zunächst auf Arabisch, und brachte 1947 das bedeutende Werk »The Awakening of Modern Ägypt« auf Englisch heraus. Als eingeschworener Nationalist spielte Muhammad Rif'at nicht nur eine entscheidende Rolle bei der Ägyptisierung der Universität, sondern wurde auch zu ihrem überzeugten Fürsprecher. »Es sind die Bürger einer Nation«, schrieb er, »die am besten die wahren Gefühle und Reaktionen ihrer Landsleute gegenüber den Ideen und Ereignissen ihrer Zeit zum Ausdruck bringen können.«[20]

Muhammad Rif'ats Nationalismus fand seine Entsprechung in den Schriften von Muhammad Schafiq Ghurbal (1894–1961), dem Doyen der ägyptischen Geschichtsforschung des frühen 20. Jahrhunderts. Er war nach Muhammad

Rif'ats Rückkehr aus England dessen Kollege am Higher Teachers' College und wurde 1929 an die Ägyptische Universität berufen, wo Taha Hussein Dekan der Geisteswissenschaften war. Wie Rif'at hatte auch Ghurbal seinen Magistergrad in Geschichte an der University of Liverpool erworben und promovierte dann an der University of London bei dem damals am Beginn seiner Karriere stehenden Historiker Arnold Toynbee (1889–1975). Als typischer Vertreter der ersten Generation akademischer Historiker in Ägypten publizierte Ghurbal seine Werke vornehmlich auf Englisch. Sein erstes Buch »The Beginnings of the Egyptian Question and the Rise of Mehemet Ali« basierte auf seiner Doktorarbeit von 1928 und bildet einen »Meilenstein für eine neue Phase der Entwicklung« in der modernen ägyptischen Historiografie.[21] In seinem Vorwort preist Arnold Toynbee die Arbeit seines Studenten folgendermaßen: »[Ghurbal] hält sich fern von den Leidenschaften und Vorurteilen, die sein Forschungsgebiet bestimmen ... und es dürfte anhand des Inhalts schwerlich festzustellen sein, ob der Autor Engländer, Franzose, Ägypter ist oder einer ganz andern Nationalität angehört.«[22]

Ghurbal mag in seinen Schriften vielleicht abgeklärter erschienen sein als der Historikerkollege Muhammad Ibrahim Sabri (1894–1978) oder Abd al-Rahman al Rafi'i (1889–1966), ein politischer Aktivist, Historiker und Protegé von Mustafa Kamil, aber deshalb war er nicht weniger nationalistisch oder politisch geprägt. Für Ghurbal diente Geschichtswissenschaft dazu, nationale Interessen zu befördern. Seine Berufung an die Ägyptische Universität stellte denn auch einen entscheidenden Schachzug für die Ägyptisierung der Hochschule dar. Ghurbal trat 1935 die Nachfolge von Arthur J. Grant (1862–1948) an, einem angesehenen Historiker für moderne europäische Geschichte, und wurde als erster ägyptischer Professor auf einen Lehrstuhl für Neuere Geschichte berufen. Diese Wachablösung war ein wichtiger symbolischer Schritt für die Entwicklung eines nationalen Bildungswesens: Ghurbal war nicht nur Ägypter, sondern auch auf ägyptische Geschichte spezialisiert. Während seiner mehr als zwanzigjährigen Lehrtätigkeit unterrichtete und förderte Ghurbal viele junge Historiker, die im heutigen Ägypten die Geschichtswissenschaft bestimmen. Diese Historiker arbeiten ausnahmslos über ägyptische Themen, die vom politischen und institutionellen Wandel bis zur sozialen und wirtschaftlichen Entwicklung reichen.

Ghurbals weitreichender Einfluss verdankt sich auch seiner Karriere in der Administration; wie Taha Hussein und Muhammad Rif'at hatte auch er Positionen inne, in denen er Einfluss auf die Entwicklung des Bildungswesens nahm. Auch wenn er es nicht zum Erziehungsminister brachte, so arbeitete er doch unter mehreren Regierungen als Staatssekretär im Erziehungsministerium. Er galt als konservativ, pflegte Kontakte zum ägyptischen Königshaus, war aber durchaus national gesinnt, obgleich die Opposition zum König von der nationalistischen Wafd-Partei angeführt wurde, die Ägypten zwar 1922 in die Unabhängigkeit geführt hatte, danach jedoch nur mit Unterstützung der Briten an der Macht blieb. Diese versuchten auch weiterhin, ihren Einfluss in Ägypten geltend zu machen.

Muhammad Ibrahim Sabri, eine weitere wichtige Persönlichkeit unter Ägyptens akademischen Historikern, war in vieler Hinsicht das Gegenstück zu Ghurbal, seinem ehemaligen Kollegen an der Ägyptischen Universität. Er hatte nicht in Großbritannien, sondern in Frankreich studiert und seinen Doktor an der Sorbonne bei Alphonse Aulard (1849–1928) gemacht, einem Spezialisten für die Französische Revolution. Verglichen mit Ghurbals stetem Aufstieg ins Pantheon der Historiker, verlief Sabris Karriere nicht ganz so gradlinig. Er lehrte zunächst am Higher Teachers' College, der Ägyptischen Universität und der Dar al-Ulum, um dann 1950 an die Ägyptische Universität zurückzukehren, war zwischendurch aber auch Stellvertretender Direktor der Nationalbibliothek (Dar al Kutub). Auch wenn seine Publikationsliste im Vergleich zu Ghurbal eher kurz ist, war er durchaus produktiv; allerdings schrieb er vornehmlich auf Französisch, was seinen intellektuellen Einfluss im eigenen Land einschränkte. Sein Werk »La Révolution égyptienne« (1919–1921), das die Ereignisse von 1919 beschreibt, zeigt deutlich den Einfluss seines Mentors und war zusammen mit Ghurbals »The Beginnings of the Egyptian Question and the Rise of Mehemet Ali« bestimmend für die Ausrichtung der akademischen Geschichtsforschung in Ägypten. Ein Jahrzehnt früher publiziert als Letzteres, wurde es als »Beginn der professionellen ägyptischen Historiografie gefeiert«.[23]

Auch wenn die Laufbahnen von Muhammad Rif'at, Schafiq Ghurbal und Ibrahim Sabri unterschiedlich verliefen, so bildeten sie doch die erste Generation moderner Vertreter einer akademischen Historiografie in Ägypten, die seit den 1920er Jahren in eine neue Phase eingetreten war – es war eine akademische Disziplin, die von professionellen Historikern gelehrt wurde. Wie ihre westlichen Kollegen stützten sich die Ägypter in ihren Forschungen auf sorgfältiges Quellenstudium, vornehmlich in staatlichen Archiven. Damit setzten sie die muslimische Tradition fort, die bereits während der osmanischen Periode ausgefeilte Techniken entwickelt hatte, wie Archivmaterial in historische Untersuchungen zu integrieren sei. Diese modernen ägyptischen Historiker unterschieden sich von ihren Vorgängern eher im Stil als in der Methode; sie strebten danach, ihre Forschungsergebnisse in klarer, abgeklärter arabischer Prosa, ohne die Dichtkunst des *saj,* darzustellen. Auch bei der Gründung von Standesorganisationen spielten sie eine wichtige Rolle. Gelehrtengesellschaften, meist von Westlern gegründet, existierten bereits in

Ägypten. So war etwa das 1859 gegründete Institut d'Egypte eine Neuauflage des napoleonischen Institut Egyptien von 1798. Obwohl die Mitglieder in der Mehrzahl Westler waren, gab es auch einige prominente nichtwestliche Mitglieder wie Rifa'ah at-Tahtawi und Ya'qub Artin. Während der ersten Hälfte des 20. Jahrhunderts trug das Institut d'Egypte das Seine zum Prozess der Ägyptisierung bei. 1924 wurde Taha Hussein zum Mitglied gewählt, 1947 dann auch Ghurbal, der allerdings 1945 bereits die Royal Association of Historical Studies (später Egyptian Association for Historical Studies), eine einflussreichere und weniger elitäre Organisation für die Historiker, in Ägypten gegründet hatte. 1949 brachte die Vereinigung erstmals die »Royal Egyptian Historical Review« auf Arabisch und Englisch heraus, die 1952 in »Egyptian Historical Review« umbenannt wurde. 1951 zählte die Vereinigung 350 Mitglieder und hat es mittlerweile auf eine Mitgliederzahl von über 3.000 gebracht.

4. Geschichtswissenschaft und Nationalpolitik

Das Entstehen eines akademischen Berufsstands mit allem, was dazugehört, war in Ägypten eng mit Veränderungen der politischen Landschaft verbunden. Wie wir für Europa bereits gesehen haben, hat die Etablierung der Geschichtsforschung als akademischer Disziplin die Autonomie der Historiker und Historikerinnen sowie die Qualität ihrer Arbeiten erhöht, sie aber keineswegs immun gegen äußere Einflüsse gemacht, denn die akademische Historiografie war in vielen (wenn auch nicht in allen) Fällen von staatlicher Förderung abhängig. Im Nahen Osten wurden, mit Ausnahme einiger Missionsschulen, alle modernen akademischen Einrichtungen vom Staat als Teil der Nationenbildung ins Leben gerufen. Wie erwähnt widmeten sich die Geschichtsprofessoren an der Universität Istanbul enthusiastisch und mit Fleiß und Eifer der von Kemal Atatürk auf die Agenda gesetzten türkischen Geschichte, in der Hoffnung, damit die nationale Selbstachtung zu befördern. Seither dominierte die türkische Geschichte das Feld der historischen Forschung, die osmanische Geschichte hingegen verlor an Popularität, da sie sich mit einer vergangenen Epoche mit antinationalistischer Ideologie beschäftigte.[24]

Während die türkischen Historiker dem Osmanischen Reich den Rücken kehrten, brandmarkten ihre Kollegen in anderen Teilen der Region die osmanische Herrschaft als imperialistisch und repressiv. Um sich eine eigene nationale Identität zu geben, versuchten sie, die Ursprünge ihres Landes in einer weiter zurückliegenden Vergangenheit aufzuspüren. Irakische Historiker entdeckten in diesem Bestreben die Assyrer, tunesische Historiker führten die Geschichte ihres Landes auf die Karthager zurück, und die Libanesen fühlten sich als Nachfahren der Phönizier.²⁵ Auch im Iran, wo es trotz des Dynastiewechsels von 1925 viele vernünftige Modernisierungsansätze gab, machte die akademische Disziplin beträchtliche Fortschritte und war gleichermaßen nationalistisch eingestellt. Beeindruckt vom Beitrag der Hilfswissenschaften Archäologie, Epigrafik und Numismatik für die historische Forschung im modernen Europa meinte Hussein Pirniya, der eine Geschichte des antiken Iran verfasst hatte, dass diese Methoden auch eine Erklärung für die Größe der persischen Zivilisation (z. B. der Dynastie der Sassaniden) und ihrer Überlegenheit über die indische Zivilisation liefern könnten. Ahmad Kasravi (1890/91–1946), einem anderen modernen iranischen Historiker, zufolge hätten die Perser trotz der Invasion der Muslime und der daraus resultierenden »Verschmutzung« der persischen Kultur durch den Islam ihre rassische und ethnische »Reinheit« auch in den folgenden Jahrhunderten bewahrt.²⁶

Aber zurück zu Ägypten. Das Hauptanliegen der ägyptischen Historiker des 20. Jahrhunderts war nicht die weit zurückreichende Geschichte ihrer Kultur – diese hatten die Vorgänger im 19. Jahrhundert, Rifa'ah at-Tahtawi und Ali Mubarak, bereits durch ein reiches kulturelles Erbe begründet.²⁷ Wie aber sollte man die Entstehung eines modernen Ägypten unter der Regentschaft so berühmter Reformer wie Muhammad Ali und Isma'il, sowie das Auf und Ab des ägyptischen Nationalismus gegen Ende des 19. Jahrhunderts darstellen und deuten? Muhammad Rif'at und Schafiq Ghurbal mit ihren Verbindungen zum Königshaus ermutigte reformfreudige Khedive, billigten allerdings nicht deren autokratisches Auftreten. Muhammad Rif'at hatte ein populäres Lehrbuch zur modernen ägyptischen Geschichte geschrieben, in dem er den Erfolg solcher Khedive dem Scheitern der Urabi-Revolution gegenüberstellte; Erstere hätten Ägypten gestärkt, wohingegen Letztere zur Invasion der Briten geführt habe. Der liberaler gesinnte Ibrahim Sabri stellte die Urabi-Revolution ebenfalls in einem ungünstigen Licht dar, weil sie eng mit der Wafd-Partei verbunden gewesen sei. Das Verdienst, die ägyptische Unabhängigkeit erreicht zu haben, falle vielmehr Saad Zaghlul und seiner Partei zu. Die einzige Ausnahme bildete interessanterweise der viel gelesene Amateurhistoriker Abd al-Rahman al-Rafi'i. Er nahm in seinen Schriften sowohl gegenüber den Khediven als auch gegenüber den Urabisten eine neutrale Position ein, obwohl sein Mentor Mustafa Kamil Letztere nicht schätzte.²⁸ Diese unterschiedlichen Interpretationen der modernen ägyptischen Geschichte zeigen einmal mehr, dass akademische Historiker keineswegs immun gegenüber politischen Einflüssen waren. Seit 1950 scheint die sich wandelnde politische Landschaft – geprägt durch den Kalten Krieg und in jüngster Zeit durch die zunehmende Globalisierung – einen noch direkteren Einfluss auf die Richtung und Entwicklung von Geschichtsforschung in Ägypten und anderen Regionen des Nahen Ostens auszuüben.

II. Nationalismus, Szientismus und Marxismus: Moderne Historiografie in Ost- und Südostasien

Der Wendepunkt in der modernen asiatischen Geschichte, der chinesisch-japanische Krieg von 1895, brachte bahnbrechende Veränderungen für die sinitische Welt. Dank der Verbreitung der von Missionaren eingeführten und von westlich orientierten Journalisten geprägten neuen Medien erfuhr das Volk sehr viel schneller und detaillierter von Chinas Niederlage in diesem Krieg.[29] Das rüttelte die Chinesen ein für allemal auf. In den anschließenden Reformen von 1898 unterlagen der reformwillige Kaiser und seine Vertrauten Kang Youwei und Liang Qichao (1873–1929) im Machtkampf mit der Kaiserinwitwe und ihren Verbündeten, obwohl auch Letztere einsahen, dass ein gewisser Wandel nötig war. So übernahm die Kaiserinwitwe zum Beispiel die von den Reformern 1898 gegründete nationale Lehranstalt, die spätere Peking-Universität, Chinas erste moderne Hochschule. Unterstützt von ihrem Berater Zhang Zhidong, der sich das Vertrauen der Kaiserinwitwe durch kulturelle Anleihen im Westen erworben hatte, traten die Qing-Reformen in eine neue Phase, die vom Vorbild Japan bestimmt war. In ihren Gründungsjahren beschäftigte die Universität nicht nur Japaner oder in Japan ausgebildete chinesische Lehrkräfte, sondern richtete auch ihre Fakultäten und Curricula nach dem japanischen Vorbild aus. Für Zhang und gleichgesinnte Beamte war Japan in den 1890er Jahren auch deshalb attraktiv, weil dort nach der allgemeinen Verwestlichung der frühen Meiji-Zeit nun wieder eine »Rückkehr« zu Japans asiatischen Wurzeln propagiert wurde.[30]

1. »Neue Historiografie« in China

An der Wende zum 20. Jahrhundert hatten japanische Hochschulen einen großen Zulauf an chinesischen Studenten. Ihnen entstammte eine Generation zukünftiger intellektueller und politischer Führungsfiguren, von denen Liang Qichao die bemerkenswerteste war. Liang war eigentlich kein Student (er war wegen seiner führenden Rolle bei den Reformen von 1898 nach Japan ins Exil gegangen), und wegen seiner herausragenden politischen Stellung gewann er die Freundschaft vieler prominenter japanischer Intellektueller und Politiker. Inspiriert von den Bestrebungen Fukazawa Yukichis und Taguchi Ukichis, begann Liang eine journalistische Laufbahn in Japan, wobei er sich für politische Reformen in China stark machte. Bei seinem Eintreten für den Konstitutionalismus machte er die Arbeiten vieler liberaler Denker des Westens, die er in japanischer Übersetzung gelesen hatte, einem chinesischen Publikum zugänglich.[31] Ihm war außerdem klar, dass eine Veränderung in Richtung konstitutioneller Monarchie und repräsentativer Regierungsform mit einem grundlegenden Wandel der chinesischen Kulturtraditionen einhergehen musste, die Historiografie eingeschlossen.

1902 veröffentlichte er in der Zeitschrift »New Citizen's Journal« das bahnbrechende Werk »Xin shixue« [Neue Historiografie] in mehreren Fortsetzungen. Darin äußerte er sich ähnlich geringschätzig wie Fukazawa über die Tradition der Dynastiegeschichten und forderte eine »historiografische Revolution« (*shijie geming*). Am Anfang seiner »Neuen Historiografie« schrieb Liang, dass die Geschichtsschreibung in China zwar eine lange Tradition habe, inzwischen aber im Vergleich zur westlichen Historiografie verstaubt und unzureichend anmute. Während man im Westen den Nationalismus hervorgebracht habe, sei die chinesische Tradition stets auf die Monarchen oder den Aufstieg und Fall von Dynastien fixiert gewesen. Befangen in ihrem moralischen Erziehungsauftrag mangele es den chinesischen Historikern an dem Bestreben, historische Kausalitäten aufzudecken und zu erklären, weshalb ihre Arbeiten kaum je innovativ und kreativ seien. Laut Liang waren die in den vergangenen 2.000 Jahren von der Han- bis zur Qing-Zeit entstandenen vierundzwanzig Dynastiegeschichten nichts als eine Wiederholung des ewig gleichen Schemas, das allein dazu diene, die Regentschaft der gerade Herrschenden zu verlängern.[32]

Nachdem er diese erste Salve auf die traditionelle chinesische Geschichtsschreibung abgefeuert hatte, bot Liang in seiner »Neuen Historiografie« aber auch Ideen zu einer neuen Geschichtsschreibung an. Zunächst, so schrieb Liang, sollte sie integraler Bestandteil des Bemühens um die Nationbildung sein, eine Herausforderung für die Chinesen, die bereits wiederholt Niederlagen durch ausländische Mächte hatten einstecken müssen. Zweitens sollte sie, dem Beispiel der japanischen »Zivilisationsgeschichte« folgend, den Fortschritt oder die Evolution einer Nation als Ganzes darstellen und analysieren, und sich nicht auf den Erfolg oder das Scheitern kaiserlicher Macht beschränken.[33]

Diese beiden Aspekte bildeten den Fokus der damaligen »historiografischen Revolution«, getragen von Liang und seinen vielen in Japan ausgebildeten

Gefolgsleuten, unter denen sich Zhang Taiyan (1869–1936), Huang Jie (1873–1935) und Deng Shi (1877–1951) am sichtbarsten hervortaten. 1905 brachten Zhang, Huang, Deng und weitere chinesische Studenten, die in Japan studiert hatten, die »Guocui xuebao« [Zeitschrift für nationale Essenz] heraus, in deren Beiträgen es vielfach um die von Liang formulierten Begriffe »nationale« und »zivilisatorische« Geschichte und um Erwägungen zur chinesischen Geschichtsschreibung ging. Ebenso wie Liang forderten sie eine »historiografische Revolution«, bei der eine »Volksgeschichte« (*minshi*) die »herrscherliche Geschichte« (*junshi*) ablösen sollte, damit man die Geschichtsschreibung in den Dienst der nationalen Sache stellen konnte. Zu diesem Zweck sei eine Erneuerung der »nationalen Essenz« nötig – ein Neologismus, der im Zusammenhang mit Japans Suche nach seinen östlichen Wurzeln in den 1890er Jahren aufgekommen war. Dabei wurde der Ausdruck aber nicht etwa benutzt, um das konfuzianische Erbe heraufzubeschwören, sondern um eine noch weiter zurückliegende vorkonfuzianische Vergangenheit aufzurufen, vergleichbar dem Rückbezug der Humanisten in der Renaissance auf die griechische und römische Kultur. Dort hoffte man geeignete Elemente zu finden, mit denen man die modernen westlichen Einflüsse besser integrieren konnte. In seiner Darstellung der Ausformung einer sogenannten Gelben Geschichte (*huangshi*) in China richtete Huang Jie besonderes Augenmerk auf den Gelben Kaiser, den angeblichen Ahnherrn des chinesischen Volkes aus prähistorischer Zeit. Huangs Werk war, wenngleich es unvollendet blieb, ein früher Versuch, eine chinesische Nationalgeschichte zu schreiben, in deren Mittelpunkt die Entwicklung der gelben Rasse stand. Aber für Huang, Zhang Taiyan, Liu Shipei (1884–1919) und weitere Mitarbeiter der Zeitschrift war die chinesische Rasse nicht indigen, sondern vor etwa fünftausend Jahren aus Zentralasien oder Chaldäa eingewandert, wie dies der französische Sinologe Terrien de Lacouperie (1844–1894) behauptet hatte. Durch die Übernahme von Lacouperies Theorie hofften diese Intellektuellen, die chinesische Zivilisation historisch und ethnisch mit Zentralasien zu verbinden, der anerkannten Wiege der menschlichen Zivilisation, aus der ja auch die Griechen und damit die westliche Zivilisation überhaupt hervorgegangen seien.[34] Ihr Vorgehen ähnelt dem der türkischen Historiker, die in den 1920er Jahren versuchten, den Ursprung der alttürkischen Kultur und des türkischen Volkes in Zentralasien zu verorten; beide Projekte waren in dem Wunsch begründet, das nationale Selbstwertgefühl zu festigen, und damit ein wesentlicher Bestandteil jeder nationalistischen Historiografie.

Gleichzeitig mit dem Entstehen dieser neuen, nationalistischen Vorstellungen von Geschichte trat auch das chinesische Bildungswesen in eine Phase der Reform ein. Neben der Peking-Universität gestattete der Qing-Hof die

Gründung weiterer Universitäten und moderner Volks- und Sekundarschulen, in denen neue Fächer wie Mathematik, Physik, Chemie und Fremdsprachen gelehrt wurden. Geschichte stand zusammen mit den anderen hergebrachten Fächern weiterhin auf dem Lehrplan, wurde aber immer öfter auf neue Weise und im Sinne der »historiografischen Revolution« unterrichtet. Nachdem die Dynastie 1905 die altehrwürdige Beamtenprüfung abgeschafft hatte, begeisterten sich Schüler und Studenten zunehmend für die neuen Fächer, zu denen sie über das Japanische leichteren Zugang fanden. Um den wachsenden Bedarf an neuen Schulbüchern zu decken, fertigten in Japan ausgebildete Studenten Übersetzungen japanischer Lehrbücher an. Der florierenden Toyoshi-Forschung war es zu verdanken, dass japanische Historiker bereits eine Reihe von Werken zur chinesischen Geschichte verfasst hatten, einige davon auf Chinesisch wie zum Beispiel »Shina tsushi« [Allgemeine Geschichte Chinas] von Naka Michiyo (1851–1908).

Zu Beginn des Jahrhunderts wurde Nakas Buch zusammen mit »Toyo shiyo« [Kurze Geschichte des Ostens] von Kuwabara Jitsuzo (1870–1931) bald zu einem populären Lehrbuch an Chinas Schulen. Diese beiden Texte unterschieden sich von ihren Vorgängern in drei Punkten: Erstens folgten sie, im Gegensatz zu den traditionellen annalistisch-biografischen Dynastiegeschichten, einer narrativen Struktur mit klarer Periodisierung in der vom Westen übernommenen Dreigliederung Altertum, Mittelalter, Neuzeit. Zweitens bildeten die politischen Veränderungen zwar weiterhin den roten Faden der historischen Erzählung, aber unter dem Einfluss der »Zivilisationsgeschichte« oder »Volksgeschichte« gaben die Autoren nun auch einen knappen Überblick über Veränderungen in Bereichen wie Religion, Sitten und Gebräuche und Literatur. Und obgleich, drittens, die moralische Erziehungsabsicht auch weiterhin die Auswahl von Ereignissen und Personen bestimmte, lag das Hauptanliegen der Autoren nun darin, die kontinuierliche Entwicklung der Nationalgeschichte vom Altertum bis in die Gegenwart aufzuzeigen und gelegentlich auch kausale Erklärungen für den Verlauf der Geschichte zu geben. Was den Chinesen an den japanischen Texten besonders attraktiv erschien, waren Kürze (dass etwa die gesamte chinesische Geschichte in einem zweibändigen Werk untergebracht wurde), Periodisierung und Narrativität. Diese Merkmale schienen auch für die chinesische Geschichtsvermittlung in neuer, nationalistischer Perspektive zu passen.

Chinesische Verleger reagierten rasch und profitierten von der regen Nachfrage auf dem Schulbuchmarkt. 1905 brachte die Commercial Press zum Beispiel »Zuixin zhongxue Zhongguo lishi jiaokeshu« [Neuestes Lehrbuch der chinesischen Geschichte für Mittelschulen] von Xia Zengyou (1863–1921) heraus. Der Autor war ein Freund von Liang Qichao und teilte dessen progressive Geschichtsauffassung. Xias Buch kann als erster chinesischer Versuch gelten, die Geschichte Chinas im neuen, narrativen Stil darzustellen. Fast zur gleichen Zeit gab es aber noch weitere derartige Ansätze, etwa von Liu Shipei, einem Mitglied der Nationale-Essenz-Bewegung und Chinas erstem Anarchisten. Während die Chinesen ihre Geschichte nun unter verschiedenen neuen Perspektiven (Sozialdarwinismus und Evolutionismus, Nationalismus, Anarchismus bis hin zu Rassismus) lasen, analysierten und darstellten, zeigten diese Theorien zugleich mögliche Richtungen der Geschichtsentwicklung für die Zeit eines drohenden Falls der Qing-Dynastie auf. Trotz ihrer Reformbemühungen war die Dynastie nicht mehr zu retten und wurde 1911 schließlich von Sun Yatsens (1866–1925) Nationalistenpartei (*guomindang*) abgelöst. Man habe die Revolution wagen müssen, erklärte der Parteisprecher Zhang Taiyan, ebenfalls ein Mitglied der Nationale-Essenz-Gruppe, seinen Landsleuten, damit China nicht länger von der fremden und illegitimen mandschurischen Qing-Dynastie regiert werde, sondern von Han-Chinesen.[35]

2. Spannungen zwischen nationaler und wissenschaftlicher Geschichtsforschung

Die Ausrufung der Republik China im Jahr 1912 – es war die erste in Asien überhaupt – katapultierte das Land mit viel Optimismus und Erwartungen in ein neues Zeitalter. Als jedoch Yuan Shikai Sun Yatsen beim ersten Präsidentschaftswahlkampf ausmanövrierte und die Früchte der Revolution erntete, fiel man in Pessimismus und Verzweiflung zurück. Während Sun im Süden für eine »zweite Revolution« warb, setzten die Intellektuellen an der Peking-Universität ihre Suche nach kulturellen Reform- oder Revolutionsansätzen fort, um ihrem Land dabei zu helfen, mit den Schmerzen der Modernisierung fertigzuwerden. Aufbauend auf Liang Qichaos Ikonoklasmus des vergangenen Jahrzehnts, betonte diese neue Generation chinesischer Intellektueller die Notwendigkeit, China endlich für »Mr. Democracy« und »Mr. Science« zu öffnen und die kritische Überwindung der kulturellen Traditionen zu leisten. Dem Einfluss der »historiografischen Revolution« und neu konzipierten Lehrbüchern war es zu verdanken, dass die Generation der 4.-Mai-Bewegung nun den Evolutionismus als Erklärung für geschichtliche Entwicklung und Fortschritt bereitwillig akzeptierte. Gleichzeitig ermöglichte er ihnen die Schaffung einer »Neuen Kultur«. Laut Hu Shi (1891–1962), einem in den USA promovierten Pekinger Professor und Führer der Neue-Kultur-Bewegung, war die Idee des Evolutionismus den Chinesen keineswegs fremd. Doch anders als Kang Youwei, der am Ende des vorigen Jahrhunderts Ähnliches geäußert hatte, unterzog Hu den Evolutionismus einer gründlichen methodischen Analyse und etablierte ihn sowohl als wissenschaftliche Methode, wie auch als historische Theorie. Er bezeichnete ihn umgangssprachlich als »genetische Methode« oder als »Methode der Großeltern und Enkel«. In seiner Doktorarbeit an der Columbia University, wo er mit John Dewey (1859–1952) zusammenarbeitete, einem prominenten Philosophen des Pragmatismus, spürte Hu diese Methode auch im Gedankengut des chinesischen Altertums auf. Als er 1917 an die Peking-Universität zurückkehrte, wandte Hu sich der textkritischen Schule der Qing-Zeit zu, in der er die reifste Ausprägung des Evolutionismus als wissenschaftlicher Methode in der chinesischen Geistesgeschichte sah. Die textkritischen Denker der Qing-Zeit hätten in ihren Arbeiten die »Evolution« eines Textes durch die Zeitläufe untersucht und aus seinen unterschiedlichen Versionen die darin enthaltenen Interpolationen, Modifikationen und Verunstaltungen festzustellen versucht. Dabei folgten sie einem wissenschaftlichen Verfahren, das von Frage und Hypothese, von Experiment und Verifikation bestimmt war. Dieses Verfahren entsprach der modernen wissenschaftlichen Methode, wie sie in dem Buch »How we think« (1909) [dt. »Wie wir denken«, 1951] von Hus Mentor Dewey zusammengefasst war. Mittels dieser textkritischen Methode konnte er die Autorschaft für einige ältere wie neuere populäre Werke feststellen oder bestätigen. Er überprüfte auch die Authentizität vieler philosophischer und historischer Texte. Indem er die textkritische Methode als »wissenschaftlich« nach Maßgabe moderner westlicher Gelehrsamkeit bezeichnete, konnte Hu Shi eine alte qing-zeitliche Forschungstradition wiederentdecken und beleben.[36] Außerdem gab er der modernen chinesischen Historiografie eine neue Richtung, ähnlich wie das mehrere Dekaden zuvor Shigeno Yasutsugu in Japan getan hatte, als er die Methoden der textkritischen Schule mit der Ranke'schen Historiografie zusammenbrachte.

Der Wandel, den Hu Shi in der chinesischen Geschichtswissenschaft einläutete, begann mit einem bescheidenen Projekt namens »Nationale Forschung«, das er an der Peking-Universität ins Leben rief. Sein dortiger Student und Schützling Gu Jiegang (1893–1980) wurde sein Assistent. Vom Ikonoklasmus der 4.-Mai-Bewegung inspiriert, riefen Hu und Gu zu einem skeptischen Umgang mit Chinas riesigem Korpus an literarischen und historischen Texten auf, den sie einer kritischen Überprüfung unterziehen wollten. Ähnlich wie dies die Nationale-Essenz-Bewegung vor ihm getan hatte, begann Gu auf Betreiben seines Mentors authentische Texte von ge- und verfälschten Texten zu trennen. Damit folgten beide dem Beispiel der Humanisten in der Renaissance mit ihrer Wiederbelebung der griechischen und römischen Klassiker und erhofften sich eine »chinesische Renaissance«, indem sie eine authentische und glaubwürdige literarische Tradition offenlegten. Als man Hu Shi in den 1940er Jahren zur Bedeutung der Nationalen Forschung befragte, verglich er sie tatsächlich mit der Renaissance.[37]

Allerdings hat diese Analogie ihre Grenzen, denn die Tradition, die man in China wiederbeleben wollte, war ja nicht unter dem Staub der Geschichte begraben, sondern von Generationen chinesischer Gelehrter bewundert, gepriesen und verehrt worden. Vielmehr sahen die in wissenschaftlicher Kultur getauften Gelehrten der 4.-Mai-Bewegung dieses riesige Korpus erstmals als von Betrug und Fälschungen korrumpiert. Nach wissenschaftlichem Standard konnte es nicht als authentisch und zuverlässig gelten. So hegte Gu Jiegang zum Beispiel Zweifel an der Aussagekraft und Authentizität historischer Quellen aus dem chinesischen Altertum. Inspiriert von den Bilderstürmern des 4. Mai, wagte er die kühne These, dass die Regentschaften der »drei Dynastien« im antiken China im Nachhinein von früheren Historikern und Literati romantisiert und idolisiert worden seien; sie seien keineswegs real, sondern frei erfunden. Gu hielt den legendären Kaiser Yu eher für ein totemistisches Symbol denn für eine historische Gestalt. In diesem Verdacht fand er Unterstützung bei seinem Mentor Hu Shi, der überzeugt war, dass am Anfang einer wissenschaftlichen Untersuchung immer eine kühne Hypothese stehen müsse. Solchermaßen ermutigt fuhr Gu in seinem Bemühen fort, die traditionellen historischen Quellen auf ihre Zuverlässigkeit hin zu prüfen. Er bezeichnete sein Vorgehen als »Zweifel am Altertum« (*yigu*) und brachte eine »Diskussion über die frühe Geschichte« in Gang, in der die Historizität von Chinas Altertum infrage gestellt wurde. Dasselbe hatten die japanischen Kollegen mit dem Zeitalter der Götter im prähistorischen Japan getan. Gu zweifelte auch die historische Existenz des Gelben Kaisers an, der gemeinhin als Urvater des chinesischen Volkes galt.[38]

Wie Shigenos und Kumes Erkenntnisse über die Unzuverlässigkeit von historischen Zeugnissen aus dem prähistorischen Japan, riefen Gu Jiegangs »Zweifel am Altertum« eine öffentliche Debatte in China hervor, denn sollten sie sich bestätigen, so würde Chinas fünftausendjährige Geschichte auf etwa dreitausend Jahre verkürzt werden, ein radikaler Schritt, der mit starkem Protest, etwa von Mitglieder der Nationale-Essenz-Gruppe zu rechnen hatte. Obwohl die Idee von Gu stammte, war sie in dieser Radikalität doch von seinem Lehrer Hu Shi vorgezeichnet worden.[39] Anders als in Japan, wo auf die Zweifel an den historischen Quellen mit Druck von Politikern und dem religiösen Establishment reagiert wurde, blieb die »Diskussion um die frühe Geschichte« in China auf Akademikerkreise beschränkt und führte dort zu einem neuen Verständnis von Geschichtsschreibung. Um Gu, dem von mehreren Universitäten umworbenen Star der jungen akademischen Szene, gewachsen zu sein, mussten seine Gegner ja ebenfalls auf genau die Quellenkritik zurückgreifen, die er für seine Hypothesen genutzt hatte. Durch das von Gu Jiegang und Hu Shi geleitete Projekt der »Nationalen Forschung« wurden die beiden zu maßgeblichen Figuren der »Historische-Quellen-Schule«, so genannt wegen ihrer Betonung einer durch Quellenanalyse gesicherten Geschichte. Während der späten 1920er und 1930er Jahre dominierte diese Schule die chinesische Geschichtswissenschaft, die vornehmlich von Professoren auf der akademischen Bühne betrieben wurde. Sie gründeten historische Gesellschaften und publizierten allerdings meist nur kurzlebige Fachzeitschriften.

Mit ihren wissenschaftlichen Methoden stellten die Vertreter der »Historische-Quellen-Schule« die Dauer der chinesischen Geschichte in Frage und verletzten damit den Stolz ihrer Landsleute. Dennoch stand die Verwissenschaftlichung der historischen Forschung unzweifelhaft im Dienste der nationalen Sache. Hu Shi und Gu Jiegang waren über sinologische Forschungen im Westen wie auch in Japan gut unterrichtet und sorgten sich um die »Rückständigkeit« Chinas. Falls die chinesischen Gelehrten in Fragen der Quellenkritik weiter unbelehrbar blieben, würden ihre Werke von den ausländischen Kollegen nicht ernst genommen werden. Bereits ein Jahrzehnt zuvor hatte Shiratori Kurakichi (1865–1942), ein von Ranke beeinflusster japanischer Sinologe, die Quellen angezweifelt, mit denen die weit zurückreichende Geschichte Chinas belegt werden sollte. Seine Argumente waren jedoch von seinem Kollegen Hayashi Taisuke (1854–1922) zurückgewiesen worden.[40]

1926, auf dem Höhepunkt der »Diskussion um die frühe Geschichte«, kehrte Fu Sinian (1896–1950), ein weiterer Student und Schützling Hu Shis an der Peking-Universität, von einem siebenjährigen Studienaufenthalt in Europa zurück. Nach vielen Anläufen hatte er dort sein wahres Interessengebiet gefunden und an der Berliner Universität Sprachwissenschaft, Philosophie und Geschichte studiert. Nach seiner Rückkehr gründete er das Institut für Geschichte und Philologie, Chinas erste Forschungsstätte für historische Studien. Seine Forderung, dass die Zuverlässigkeit historischer Quellen durch philologische Überprüfung gesichert werden müsse, zeigt ebenso wie auch die Namensgebung des Instituts den deutschen, von Ranke ausgehenden Einfluss. Sein historisch-philologischer Ansatz reichte über die Tradition der textkritischen Schule, in der er ausgebildet worden war, hinaus; Fu Sinian ging noch einen Schritt weiter. Unter seiner Leitung führte das Institut archäologische Grabungen in Anyang durch, der angeblichen Hauptstadt der Shang-Dynastie (1600–1066 v.Chr.). Zu Beginn des Jahrhunderts waren dort mit Schriftzeichen versehene Orakelknochen aufgetaucht, aus denen Gelehrte wie Wang Guowei (1877–1927), Hayashi Taisuke und der französische Sinologe Paul Pelliot (1878–1945) wertvolle Rückschlüsse auf die Geschichte dieser ersten Dynastie und des chinesischen Altertums überhaupt ziehen konnten. Leider beförderte Fus Ausgrabung keine weiteren Orakelknochen zutage, wie Fu gehofft hatte. Aber anhand archäologischer Methoden konnten er und seine Kollegen immerhin beweisen, dass die Shang-Dynastie nicht nur tatsächlich existiert, sondern über eine blühende, hoch entwickelte Zivilisation verfügt hatte. Mit harten wissenschaftlichen Fakten konnte Fu seinem früheren Kommilitonen Gu Jiegang den Beleg dafür liefern, dass Chinas Altertum sehr wohl historisch war. Sein Erfolg war aber auch eine Bestätigung für die »Historische-Quellen-Schule«, der Fu angehörte, hatte er doch bewiesen, dass sowohl die Überprüfung alter Quellen wie auch die Beschaffung neuer die moderne wissenschaftliche Geschichtsschreibung weiterbrachte. Damit war der Stolz der Chinesen auf die weit zurückreichende Geschichte ihres Landes gerettet.[41]

3. Die Modifizierung des Ranke'schen Modells: Nationalgeschichte in Japan

Nach den Siegen über China 1895 und über Russland 1905 befand sich Japan auf dem Weg zur Weltmacht. Damit stand auch die Geschichtswissenschaft vor einer neuen Herausforderung. Um die Bürger auf den Krieg einzuschwören, bediente sich die japanische Regierung der Gedankenkontrolle. Als sich der sozialistische Denker Kotoku Shusui (1871–1911) gegen den Krieg aussprach, kam er ins Gefängnis und wurde schließlich 1911 wegen Landesverrats hingerichtet. Die japanische Regierung schrieb die überseeischen Eroberungen zum Teil der »Allmacht« des japanischen Kaiserhauses zu, das, wie man immer mehr Menschen glauben machte, eine ungebrochene Ahnenreihe von der Zeit der Götter bis zur Gegenwart vorzuweisen hatte. Und das Phänomen des *bansei ikkei* [tausend Generationen in einer Linie] sei eine nur in Japan anzutreffende Einzigartigkeit. 1911, als bei der Regierung Beschwerden darüber eingingen, dass die Geschichtsbücher für das 14. Jahrhundert gleich zwei um Legitimität wetteifernde Kaiserhäuser verzeichneten, entschied man sich schließlich für den südlichen Kaiserhof, um den Anspruch des *bansei ikkei* aufrecht erhalten zu können. In dieser Auseinandersetzung verloren die ehemals führenden Figuren der Historikerzunft wie Shigeno Yasutsugu, Kume Kunitake und ihre Nachfolger Mikami Sanji (1865–1939) und Kita Sadakichi (1871–1939) zunehmend an Einfluss. Sie konnten der Öffentlichkeit nicht begreiflich machen, dass die historische Koexistenz beider Höfe ein Faktum und die Diskussion um deren Legitimität müßig war. Sie arrangierten sich, indem sie zwischen historischer Forschung und einer »angewandten Geschichte« zu Lehrzwecken unterschieden, die den Interessen des Nationalstaats zu dienen habe.[42]

Während des 20. Jahrhunderts unternahmen japanische akademische Historiker beträchtliche Anstrengungen, durch ihre Forschung den japanischen Nationalismus und später den Imperialismus zu befördern. Zu Mikami und Kita gesellten sich weitere akademische Historiker hinzu wie etwa Tsuboi Kumezo (1858–1936), ein in Deutschland promovierter jüngerer Kollege von Rieß, Fukuda Tokuzo (1874–1930), ebenfalls mit deutschem Doktortitel, und Shiratori Kurakichi, ein Student von Rieß. Sie alle bemühten sich, westliche wissenschaftliche Standards auch in der japanischen Geschichtswissenschaft zu etablieren. Nach Rieß' Rückkehr nach Deutschland übernahm Tsuboi den Kurs in historischer Methodologie, wobei er sich auf die Grundsätze der Ranke'schen Historiografie stützte. Fukuda hatte ebenso wie Hara Katsuro (1871–1924), Uchida Ginzo (1872–1919) und Nakata Kaoru (1877–1967) in Europa studiert, und sie und analysierten charakteristische Aspekte der japanischen Geschichte unter einem komparatistischen Blickwinkel, wobei sie nach Analogien zu europäischen Nationen suchten. Shiratori und seine Kollegen Naka Michiyo und Naito Konan (1866–1934) waren angesehene Sinologen und führende Köpfe der Toyoshi-Forschung, die eindeutig unter dem Vorzeichen der Expansionsbestrebungen Japans standen. So äußerte Shiratori Kurakichi zum Beispiel die Hypothese vom gemeinsamen rassischen Ursprung von Japanern und Koreanern, *Nissen dosoro*, um damit Japans Annexion Koreas im Anschluss an die beiden Kriege zu rechtfertigen.[43] Bald darauf dehnte er seine These auch auf die Mandschu aus, da sein Land auch territoriales Interesse an der Mandschurei hatte.

Mit dem Ende des Ersten Weltkriegs hatte sich die Landschaft der modernen japanischen Historiografie also markant verändert. Die akademische Geschichtswissenschaft wurde nicht länger von textkritischen Untersuchungen und politischer Geschichte dominiert, sondern wies mehrere neue Richtungen auf. Einige davon hatten ihre Basis in der neu gegründeten Universität Kyoto, die sich im Handumdrehen zum Erzrivalen der Tokyo-Universität entwickeln sollte. Ein gutes Beispiel dafür ist der Aufstieg der sozioökonomischen Geschichte, vertreten durch die Arbeiten von Fukuda Tokuzu, Uchida Ginzo und anderen.[44] Ein weiteres ist das Werk von Yanagita Kunio (1875–1962), dem Pionier der Volkskunde. Ein vielleicht noch interessanteres Beispiel ist die Schule der *bunka shigaku* [Kulturgeschichte] oder *seishin shigaku* [Geistesgeschichte], vertreten durch Tsuda Sokichi (1873–1961) und Nishida

Naojiro (1886–1964) und weitergeführt durch Muraoka Tsunetsugu (1884–1946) und Watsuji Tetsuro (1889–1960), die die kulturelle und psychologische Seite von Geschichte untersuchten. Unter diesem Gesichtspunkt entwickelte diese Schule eine neuartige und umfassende Interpretation der historischen Entwicklung Japans, und zwar in ähnlicher Weise wie Karl Lamprecht das zu Beginn des Jahrhunderts für die deutsche Geschichte getan hatte. Ihre »Rebellion« gegen die empiristische Historiografie der vorangegangenen Periode hatte einen ähnlichen Effekt wie bei Lamprechts Aufbegehren gegen die Ranke'sche Geschichtsschreibung. 1919 erschien dann auch Lamprechts »Moderne Geschichtswissenschaft« (1909) in japanischer Übersetzung. Nishida hatte während seines Studiums in den 1920er Jahren in Europa ein Interesse für die Werke Condorcets, Hegels und Lamprechts entwickelt. Von Lamprecht inspiriert, erkannte er die Grenzen einer kritischen Historiografie, die sich vornehmlich mit Quellenkritik befasste und keine Theorien für die Erklärung historischer Zusammenhänge und Periodisierungen bieten konnte. Das war bei Condorcet und Hegel anders. Ähnlich wie Heinrich Rickert und Wilhelm Dilthey beschäftigte sich Nishida mit der Beziehung zwischen Individualität und Universalität in der Geschichtsschreibung. Natürlich sei es unumgänglich für den Historiker, die Faktenlage zu klären, dann aber müsse man versuchen, den wahren Geist, der unter der historischen Oberfläche walte, zu erfassen und eine plausible Interpretation für die geschichtliche Fortentwicklung zu liefern.[45]

Tsuda Sokichi war zwar Student von Shiratori Kurakichi gewesen, kam aber als neuer Vordenker einer kritischen und empirischen Historiografie zu ähnlichen Schlussfolgerungen wie Nishida; auch er war überzeugt, dass die Arbeit des Historikers nicht auf Quellenkritik beschränkt sei. Vielmehr sah er dessen eigentliche Aufgabe in der Entdeckung eines *kokumin shiso* [des nationalen Geistes oder der nationalen Psyche] und seiner charakteristischen Ausformung in den jeweiligen Epochen. Mit dieser nationalistischen Perspektive machte Tsuda sich daran, die einzigartigen kulturellen Merkmale Japans sowohl für die vormoderne wie auch für die moderne Epoche aufzufinden und darzulegen. Trotz des chinesischen Einflusses in vormoderner Zeit beanspruchte er für Japan eine eigenständige kulturelle Tradition, die sich von der Chinas unterschied. Dasselbe könne, trotz westlicher Einflüsse, auch für die moderne Zeit gelten. Tsuda hatte zwar nicht wie Nishida im Ausland studiert, war aber vermutlich durch die Zusammenarbeit mit dem Rieß-Schüler Shiratori beeinflusst; er übernahm Elemente des Ranke'schen Historismus und beharrte darauf, dass Japans Geschichte eine allgemeine Kohärenz innewohne. Doch wie bereits dargestellt, hatte Rieß das Ranke'sche Erbe auf die Quellenkritik reduziert. Tsudas Interesse an der Dynamik und Vitalität der historischen Entwicklung lassen also eher darauf schließen, dass er von Wilhelm Diltey und Friedrich Meinecke beeinflusst war.[46]

In vielerlei Weise hatte Tsuda Sokichis »Kulturgeschichte« die Entwicklung der japanischen Historiografie der Post-Meiji-Zeit beziehungsweise der Taisho-Periode (1912–1926) vorgezeichnet. In Übereinstimmung mit den Bemühungen anderer Schulen, wie etwa der sozioökonomischen Schule oder der Volkskunde, erkundete sie neue Bereiche der Geschichtsforschung; dabei überwand sie den engen Fokus auf die politische Geschichte, der die Arbeiten der ersten Generation akademischer Historiker bestimmt hatte. Konkret baute sie auf dem Erbe der »Zivilisationsgeschichte« und der »Volksgeschichte« auf; Tsuda und gleichgesinnte Historiker bemühten sich, das Interesse der Historiker von den politischen Eliten auf die breiten Massen zu lenken und einen ganzheitlichen Ansatz der historischen Interpretation zu verfolgen. All dies passte in den Zeitgeist der Taisho-Periode. In dieser Epoche wurden trotz zeitweiliger Turbulenzen und Unruhen bemerkenswerte Fortschritte hinsichtlich Demokratie und einer repräsentativen Regierungsform gemacht. Diese Entwicklung untergrub und überwand schließlich die Dominanz der oligarchischen Meiji-Regierung. Dank des wirtschaftlichen Aufschwungs in Japan während des Ersten Weltkriegs waren Mittelschicht und Arbeiterklasse gestärkt worden. Das Interesse am allgemeinen Wahlrecht für Männer, an Rechten für Arbeiter und allgemeinen Bürgerrechten, an sozialer Wohlfahrt, Feminismus, Unionismus, Sozialismus und Kommunismus wuchs beträchtlich. Das unterstützte und beförderte auch den demokratischen Wandel auf Regierungsebene. Wenn Tsuda und andere ihrem Land eine eigenständige und kontinuierliche kulturelle Entwicklung bescheinigten, so zeigten sich darin auch das wachsende öffentliche Bewusstsein und die hohen Erwartungen, die man an Japan als eine sich modernisierende, den Westmächten durchaus gleichwertige Nation hatte.

Tsuda Sokichis Auffassung kann auch als repräsentativ für den damaligen Wandel in der Geschichtsschreibung gelten, da er mit seinen Arbeiten auf ingeniöse Weise an die Projekte seiner Vorgänger anknüpfte und diese weiterführte. Zum Beispiel hatte sein Lehrer Shiratori Kurakichi die historische Literatur aus dem chinesischen Altertum einer kritischen Sichtung unterworfen und Zweifel an deren Authentizität geäußert. Dem Interessengebiet von seinem Lehrer und von dessen Lehrern (Shigeno, Kume und Hoshino) folgend, nahm sich Tsuda die Frühgeschichte, auch Zeitalter der Götter genannt, vor und überprüfte die Authentizität des »Kojiki« [Aufzeichnungen alter Geschehnisse] und des »Nihon shoki« [Chronik Japans in einzelnen Schriften], zwei der frühesten Texte zum prähistorischen Japan in den Sechs Reichsannalen. Wie seine Vorgänger zweifelte er an ihrer Zuverlässigkeit als historische Quellen, erkannte aber ihren Wert an, wenn es um das Verständnis von Psyche und Geisteshaltung der prähistorischen Menschen ging. Für seine Zweifel an der Historizität dieser Texte, die den Shintoisten und Politikern als Nachweis für die Heiligkeit des Kaiserhauses galten, zahlte Tsuda wie seine Vorgänger einen hohen Preis. Ende der 1930er Jahre wurde er zeitweilig eingekerkert, und seine Werke wurden verboten.

Auch wenn in der Taisho-Periode gewisse Fortschritte in der Innenpolitik zu verzeichnen waren, richtete sich die Außenpolitik des Landes weiterhin an den Interessen der Meiji-Oligarchie aus. 1910 am Übergang von der Meiji- zur Taisho-Periode hatte Japan Korea annektiert und damit die fünfhundert Jahre dauernde Choson-Dynastie beendet. Korea wurde nun, wie zuvor Taiwan, eine japanische Kolonie. Japan dehnte seine Interessen auch auf China aus und präsentierte dem damaligen Präsidenten Yuan Shikai (1859–1916), einem ehemaligen Qing-Beamten und Vater der Warlord-Herrschaft, den sogenannten 21-Punkte-Plan. Japans Aufstieg in die Ränge der Weltpolitik erfolgte also auf Kosten von China und Korea. Entsprechend wurde Japan nach dem Ersten Weltkrieg Zielscheibe eines neuen Nationalismus in beiden Ländern. In der Hoffnung, bei den Versailler Verträgen die Unabhängigkeit ihres Landes zu erreichen, bildete sich 1919 in Korea die Erste-März-Bewegung, an der sich zwei Millionen Menschen beteiligten, etwa zehn Prozent der Gesamtbevölkerung. Zwei Monate später, als auf der Versailler Konferenz die ehemals deutschen Einflussgebiete in China Japan zugesprochen wurden, demonstrierten chinesische Studenten auf Pekings Straßen und riefen so die Vierte-Mai-Bewegung ins Leben. Beide Ereignisse wurden zu Marksteinen in der kulturellen Entwicklung Koreas und Chinas.[47]

4. Mythos und Geschichte: Die Suche nach den Ursprüngen der koreanischen Nation

Die 1920er und 1930er Jahre standen in China und Korea im Zeichen des Nationalismus. Nach dem Scheitern der Erste-März-Bewegung von 1919 hatten die Koreaner unter noch brutaleren Repressalien durch die japanische Kolonialherrschaft zu leiden. Diese bekam zudem akademische Schützenhilfe von den japanischen Koreanisten, die der koreanischen Zivilisation nicht nur »Rückständigkeit und Stagnation« bescheinigten, sondern auch die Gründe dafür anführten. Ihre Theorie lautete im wesentlichen folgendermaßen: Erstens hätten die Koreaner in ihrer Geschichte niemals Selbstständigkeit erlangt. Eingeklemmt zwischen übermächtige Nachbarreiche seien sie immer von anderen, zum Beispiel von China, dominiert worden, was eine gewisse Unterwürfigkeit (jap. *jidai shugu*, kor. *sadae juui*) in der koreanischen Geschichte erkläre, besonders während der Choson-Dynastie. Zweitens vermeinten japanische Koreanisten wie Shiratori Kurakichi durch archäologische, ethnografische, philologische und historische Untersuchungen nachweisen zu können, dass Koreaner und Japaner denselben rassischen Ursprung (*nissen dosoron*) hätten und ihre gemeinsamen Vorfahren in prähistorischer Zeit aus Nordostasien eingewandert seien: vom vierten bis zum siebten Jahrhundert sei Korea dann von Japanern regiert worden. Mit anderen Worten, die japanische Vorherrschaft in Korea befreie die Koreaner von ihrer historischen Unterdrückung durch China, und Japan brächte als zivilisiertere und fortschrittlichere Macht ihren rassisch verwandten Brüdern und Schwestern in Korea nur »Verbesserungen«, indem sie deren Land regierten.[48]

Zusätzlich zur Theorie des *nissen dosoron* nahm sich Shiratori den mythischen Staatsgründer Tan'gun vor und demontierte den von den Koreanern sorgsam gepflegten Gründungsmythos. Indem er »Samguk yusa« [Memorabilien der drei Königreiche], einen Text aus dem 13. Jahrhundert, in dem die Geschichte von Tan'gun erstmals auftauchte, mit früheren und zeitgenössischen historischen Texten aus Korea und China verglich, kam er zu dem Schluss, dass die Tan'gun-Geschichte nicht vor dem 4. Jahrhundert entstanden sein könne, da die »Memorabilien« buddhistischen Einfluss aufwiesen, der Buddhismus aber erst seit dem 4. Jahrhundert in Korea heimisch geworden sei.[49] Trotz der Untermauerung durch sorgfältige Textstudien war Shiratoris Schlussfolgerung für die Koreaner unannehmbar, da sie ihre Geschichte beschnitt und ihren Nationalstolz zu einer Zeit verletzte, wo er im Kampf gegen die japanische Kolonialherrschaft besonders strapaziert wurde.

So publizierte in den 1920er Jahren Sin Ch'ae-ho (1880–1936), später als der Vater der koreanischen Historiografie gepriesen, eine Reihe von Untersuchungen, in denen er die Interpretation der koreanischen Geschichte durch Shiratori und andere japanische Gelehrte zurückwies, die den Staatsgründer Tan'gun zur bloßen Legende machen wollten. Für Sin Ch'ae-ho währte die frühe koreanische Geschichte, oder die Epoche der »Drei Choson«, von der prähistorischen Vergangenheit bis ins erste vorchristliche Jahrhundert. Das erste der drei Reiche, von Tan'gun gegründet, sei wegen seines unabhängigen Geistes und seiner kulturellen Blüte das herausragendste gewesen und insofern bedeutsam, als es bereits alle kulturellen Charakteristika Koreas aufweise. Mit derselben Begründung verwarf Sin dann das zweite Korea oder *Kija Choson*, denn der Nachfolger Tan'guns sei ein chinesischer Prinz gewesen, der mit dem Kaiserhaus der Shang verwandt gewesen und nach dem Fall dieser Dynastie nach Korea emigriert sei. Während der Zeit von Kija Choson habe Korea also unter chinesischem Einfluss gestanden.[50] In gewisser Weise kann man Sins Untersuchungen mit denen der Nationale-Essenz-Gruppe in China vergleichen; auch hier wurde versucht, im koreanischen Altertum die »nationale Essenz« wiederzuentdecken, denn während der fünfhundert Jahre dauernden Choson-Dynastie hatte Kija als Vorläufer des koreanischen Staates gegolten, wodurch die Bande mit China gestärkt wurden.[51]

Sin Ch'ae-ho, eigentlich ein origineller Denker, betritt hier ein recht schwieriges Gelände. Einerseits zeigt er in dem Versuch, den Koreanern Wege zu einer nationalen Selbstfindung zu weisen, eine negative, wenn auch mitfühlende Haltung gegenüber der Choson-Dynastie, da sie über Jahrhunderte enge Beziehungen zu China pflegte. In diesem Punkt schien er den japanischen Koreanisten recht zu geben, die Korea als stark vom Ausland, insbesondere von China, beeinflusstes Land und die Choson-Periode als passiv und entschlusslos darstellten. Auf der anderen Seite entdeckte und stilisierte er Tan'gun, eine legendäre Gestalt göttlicher Abkunft, die angeblich 2333 v. Chr. geboren wurde, als ersten koreanischen König. Damit wies Sin die japanische Behauptung zurück, dass Korea schon immer von anderen abhängig gewesen sei. Indem er Tan'gun als Reichsgründer darstellte, weitete er die Existenz Koreas bis in graue Vorzeit aus und verlängerte die Geschichte seines Landes beträchtlich. Nun konnte Korea eine im Vergleich mit seinen Nachbarn ähnlich lange, wenn nicht sogar längere Geschichte vorweisen.

Sins gewagtes und heikles Unterfangen inspiriert seine koreanischen Historikerkollegen bis heute.[52] In den Schriften von Ch'oe Nam-son (1890–1975), der wegen seiner literarischen und intellektuellen Talente als Wunderkind galt und in der Bewegung des Ersten März eine koreanische »Unabhängigkeitserklärung« verfasste, erkennt man noch immer die Anstrengung, Koreas Langlebigkeit zu betonen und seine Gründung auf Tan'gun zurückzuführen. Beeinflusst von moderner historischer Forschung, wie etwa der Toyo-Forschung in Japan, durchforstete Ch'oe eine Vielzahl historischer Quellen, führte ethnografische und linguistische Analysen der Tan'gun-Legende durch und kam zu dem Ergebnis, dass sie Elemente schamanistischer Praktiken enthielt, die nicht nur im antiken Korea, sondern auch in weiten Teilen Eurasiens nachweisbar sind. Diese schamanistische Praxis, zu der die Verehrung des Himmels, der Menschenwelt und der Unterwelt gehörte, sei koreanischen Ursprungs und habe sich später von dort auf die Nachbarn ausgebreitet. Um seine Behauptung zu erhärten, hob Ch'oe hervor, dass das Taebaek-Gebirge, das sich von Nordkorea bis in die Mandschurei erstreckt, der Geburtsort von Tan'gun und zugleich der Ursprung dieser schamanistischen Praxis gewesen sei. Mit akribischen, aber recht beliebigen linguistischen Untersuchungen versuchte er zu belegen, dass es in Nordostasien eine kulturelle Einflusssphäre gegeben habe, deren Zentrum im heutigen Korea liegt. Damit wäre Korea nicht nur eine unabhängige Einheit, sondern auch die Führungskraft der kulturellen Entwicklung in ganz Nordostasien gewesen.[53]

Während und trotz der japanischen Herrschaft erlebte die koreanische Historiografie einen grundlegenden Wandel. So hatten etwa das Interesse, das Sin Ch'ae-ho und Ch'oe Nam-son dem Tan'gun-Mythos entgegenbrachten, und die Theorien, die sie dazu entwickelten, viel mit einer Entwicklung der Volksreligion in Korea zu tun. In der 1905 gegründeten Tan'gun-Religion (*Tan'gun-gyo*) wurde Tan'gun nicht nur als Reichsgründer angesehen, sondern auch als Erretter des koreanischen Volkes aus der Not verehrt. Andere Sekten spielten im Verlauf der koreanischen Geschichte ebenfalls eine bedeutende Rolle. So war zum Beispiel die Tonghak-Rebellion 1895 der Auslöser für den chinesisch-japanischen Krieg. Auch an der Mobilisierung für die Erste-März-Bewegung waren religiöse Sekten beteiligt. Der Einfluss der Religion auf die Geschichtsschreibung war in Korea bei weitem größer als in Japan oder China.[54]

Der Wandel in der koreanischen Historiografie verdankt sich auch nationalistischen, rassistischen und sozialdarwinistischen Einflüssen, die nicht nur aus Japan, sondern auch aus China nach Korea gelangten. Im frühen 20. Jahrhundert stießen Liang Qichaos Schriften und sein Aufruf zur »historiografischen Revolution« bei koreanischen Gelehrten auf große Resonanz. Sin Ch'ae-ho übersetzte einige von Liangs Essays ins Koreanische. Wie dieser distanzierte sich auch Sin in seinem Buch »Toksa sillon« (1908) [Neue Lesart der Geschichte] von einer moralistischen konfuzianischen Geschichtsschreibung und betonte, dass historische Forschung im Dienste des nationalen Heils stehen müsste. In sozialdarwinistischer Manier betrachtete er Geschichte als einen Kampf zwischen dem »Selbst« und dem »Anderen«, eine These, die in ganzer Schärfe die rauhe Wirklichkeit des Kampfes gegen die Kolonialherrschaft der Japaner widerspiegelt.[55] Nicht zuletzt hat auch die japanische *Toyo*-Forschung ihre Spuren in der Entwicklung moderner koreanischer Geschichtsschreibung hinterlassen, wie man an der Gründung der Chindan Academic Association (Chindan hakhoe) von 1934 sehen kann. Indem sie das empirische Interesse der *Toyo*-Forschung mit der schon bestehenden Tradition der textkritischen Schule verband, wurde die CAA zu einer bis heute einflussreichen akademischen Institution und dokumentiert die dauerhafte Beschäftigung koreanischer Gelehrter mit textkritischen Studien.[56] Ein weiteres Beispiel ist Ch'oe Nam-Sons These zur frühgeschichtlichen nordostasiatischen Kultursphäre, die in der von Shiratori und anderen entwickelten *Nissen dosoron*-Theorie weitergeführt wurde. Während der 1930er Jahre arbeiteten japanische Politiker und Historiker an der Etablierung der sogenannten »Groß-ostasiatischen Wohlstandssphäre«, die die Annexion der Mandschurei und eine weitere territoriale Expansion rechtfertigen sollte. Ch'oe machte denn auch unter japanischer Besatzung eine steile Karriere, die in krassem Gegensatz zu seinem früheren Image als Unterzeichner der koreanischen Unabhängigkeitserklärung stand. Im Gegensatz zu Sin, der als exilierter Revolutionär 1936 unter tragischen Umständen starb, wurde Ch'oe drei Jahre später an die Kenkoku-Universität im japanischen Marionettenstaat Mandschukuo berufen.[57]

5. Krieg und Revolution: die Anziehungskraft der marxistischen Historiografie

Beginnend mit der Invasion in der Mandschurei 1931 und der großen Offensive in China 1937 stellte Japans militärische Aggression in den 1930er Jahren ein zunehmendes Problem für alle asiatischen Historiker dar. So verlor etwa die »Historische-Quellen-Schule« in China unter der unmittelbaren Kriegsgefahr nach und nach an Bedeutung und Attraktivität für die jüngere Generation von Studenten und Professoren; ihre Betonung des sorgfältigen Quellenstudiums und ihre Vorliebe für Monografien war zu weit entfernt von der harten gesellschaftlichen Realität. Stattdessen wuchs das Interesse an marxistischen Schriften, wie sie von Li Dazhao (1889–1927) und Chen Duxiu (1879–1942), den Führern der Vierte-Mai-Bewegung und Gründern der Kommunistischen Partei Chinas, vorgelegt wurden. Ihr Einfluss auf die historische Forschung ging der »sozialhistorischen Kontroverse« von 1931–1933 voraus, mit der eine greifbare Lösung für die nationale Krise gesucht wurde. Die marxistisch orientierten Historiker dachten über die Möglichkeit einer sozialistischen Revolution nach und wägten die verschiedenen Doktrinen wie Leninismus, Trotzkismus und Stalinismus gegeneinander ab.[58]

Nachdem Japan zwischen 1937 und 1938 viele chinesische Küstenstädte besetzt hatte, zogen sich die Universitäten ins Landesinnere zurück, was es den Historikern unmöglich machte, weiter Originalquellen zu studieren und Monografien in Angriff zu nehmen. Die führenden Köpfe der »Historische-Quellen-Schule« passten ihre Ideen und Vorgehensweise den neuen Gegebenheiten an. Fu Sinian zum Beispiel versuchte, mit historischen Argumenten die Besetzung der Mandschurei durch die Japaner zu verdammen, und lehrte nun verstärkt allgemeine Geschichte, wobei er Chinas Langlebigkeit und Vitalität betonte, um die Moral seiner Zuhörer zu festigen. Auf diesem Gebiet wurden so eine Reihe von Lehrbüchern veröffentlicht; unter ihnen waren »Guoshi dagang« (1940) [Überblick über die nationale Geschichte] von Qian Mu (1895–1990) und »Guoshi yaoyi« (1948) [Die Essenz der nationalen Geschichte] von Liu Yizheng (1879–1961) die populärsten.

In den 1930er Jahren erlebte auch die vietnamesische Historiografie, um die wir uns bislang wenig gekümmert haben, eine neue, modernere Ausrichtung. Durch Publikationen aus dem Ausland und von vor allem in Frankreich ausgebildeten Wissenschaftlern nahm sie eine Vielzahl von ideologischen Einflüssen in sich auf. Zuvor jedoch war die vietnamesische Geschichtsschreibung zwei parallelen, scheinbar voneinander unabhängigen Richtungen gefolgt. Da waren einerseits die französischen Orientalisten, insbesondere jene, die an der Ecole Française d'Extrême Orient auf moderne Weise historische Untersuchungen über Vietnam verfassten und dieses Wissen durch Missionsschulen an die Vietnamesen weitervermittelten. Andererseits orientierten sich die einheimischen Historiker in Stil und Form weiterhin an der überkommenen Tradition konfuzianischer Historiker. Tran Trong Kim (1883–1953), ein angesehener Wissenschaftler und obendrein Nationalist, hatte beispielsweise 1928 »Viet-nam Su-luoc« [Kurze Geschichte Vietnams] veröffentlicht, eine im modifizierten traditionellen Stil verfasste Geschichte. Das Buch erlebte bis in die 1960er Jahre mehrere Auflagen, ein Zeichen für seine Popularität und die Zähigkeit der Tradition. Doch unterdessen beeinflussten neue Ideologien wie Marxismus, Sozialismus, Trotzkismus und Anarchismus die Art, wie in Vietnam Geschichte geschrieben wurde. Dao Duy Anhs (1904–1988) im Jahr 1938 verfasste »Viet Nam van hoa su cuang« [Kurze Geschichte der vietnamesischen Kultur] orientierte sich beispielsweise am marxistischen Geschichtsmodell. Vietnamesische Historiker, die des Französischen mächtig waren, veröffentlichen in französischen Fachorganen Aufsätze über ihr Land und dessen Beziehungen zu Frankreich. Dies alles initiierte und begünstigte einen grundlegenden Wandel in der vietnamesischen Historiografie nach dem Zweiten Weltkrieg.[59]

Der verstärkte marxistische Einfluss während der 1930er Jahre hatte zum Teil auch mit der weltweiten, vom amerikanischen Börsencrash von 1929 ausgehenden Wirtschaftskrise zu tun, die auch Japan hart traf. Doch bereits seit der Jahrhundertwende war marxistisches, sozialistisches und kommunistisches Gedankengut in Asien präsent. Das »Kommunistische Manifest« war zum Beispiel von Wissenschaftlern wie Kotoku Shusui und Kawakami Hajime (1879–1946) ins Japanische übertragen worden. Beide berühmten Marxisten lehrten an der Universität Kyoto, einem der Zentren für sozioökonomische Geschichte. Während der Taisho-Periode wurden viele von Marxens Werken, darunter auch »Das Kapital«, ins Japanische übersetzt und beeinflussten unter anderen Noro Eitaro (1900–1934), einen früh vollendeten marxistischen Historiker, der den japanischen Kapitalismus aus komparatistischer Sicht analysierte. Unglücklicherweise wurde Noro 1933 wegen seiner Beteiligung an der Arbeiterbewegung verhaftet und starb im Jahr darauf in polizeilichem Gewahrsam. Noros Genossen, darunter Hani Goro (1901–1983), der seine Abschlüsse an den Universitäten Tokyo und Heidelberg gemacht hatte, verfolgten Noros Projekt weiter und publizierten eine Serie wichtiger Bücher über den japanischen Kapitalismus. Hanis Werk über die Meiji-Periode wurde besonders gut aufgenommen, ebenso die theoretische Analyse der Meiji-Restauration von Hattori Shiso (1901–1956). Anstatt die Meiji-Restauration unter die bürgerlichen Revolutionen einzuordnen, stellte Hattori den Unterschied der Meiji-Restauration zu den anderen bürgerlichen Revolutionen heraus und führte eine eingehende Studie zur Bildung der bürgerlichen beziehungsweise landbesitzenden Klasse in Japan durch.[60]

Noch bedeutsamer aber ist die Tatsache, dass die marxistischen Historiker in Japan als erste ihre Forschung auch auf Themen wie Familie und Frauen ausweiteten. Die engagierte Feministin und ehemalige Anarchistin Takamure Itsue (1894–1964) ist dafür ein interessantes Beispiel. Sie forschte über das matriarchalische System im japanischen Altertum. Ihrer Ansicht nach wurde den Frauen während der Meiji-Zeit zwar das Recht zugestanden, Eigentum zu besitzen und zu erben, dennoch seien sie weit von wirklicher Emanzipation entfernt gewesen, was mit der aus dem konfuzianistischen China übernommenen, patriarchalen Tradition Japans zu tun habe. Für ihre Arbeiten zog Takamure Friedrich Engels' »Der Ursprung der Familie, des Privateigentums und des Staats« zu Rate, desgleichen Lewis H. Morgans »Ancient History« [dt. »Die Urgesellschaft. Untersuchungen über den Fortschritt der Menschheit aus der Weisheit durch die Barbarei zur Zivilisation«, 1908[2]] und Johannes J. Bachofens »Das Mutterrecht«. Zu den japanischen Marxisten scheint sie kaum Kontakt gehabt zu haben. Nach Ausbruch des Zweiten Weltkriegs unterstützte sie tatkräftig die Regierung und übernahm den Vorsitz in mehreren Frauenorganisationen, die den Krieg propagierten. Sie war der Überzeugung, dass der Krieg mit China der feministischen Sache dienlich sein könne, war sie doch überzeugt, dass der chinesische Konfuzianismus das Matriarchat aus der Zeit der frühen japanischen Gesellschaft unterminiert habe.[61]

Zusammenfassend ist zu sagen, dass der Ausbruch des Zweiten Weltkriegs einen erneuten Wandel in der asiatischen Historiografie mit sich brachte. Während in Japan die marxistische Geschichtsschreibung unterdrückt wurde, gab die sogenannte »Kaiserlich-historische Schule«, angeführt durch Hiraizumi Kiyoshi (1895–1984), den Ton an. Sie unterstützte die militaristische Regierung nach Kräften, indem sie Japans heilige kaiserliche Macht als Fundament für den einzigartigen »Nationalkörper« (*kokutai*) bezeichnete, woraus sich die Unbesiegbarkeit der japanischen Armee ableite. Eine theoretische Erörterung dieses »Nationalkörpers« findet sich in den Werken von Nishida Kitaro (1870–1945), dem »Vater der modernen japanischen Philosophie« und Gründer der einflussreichen »Kyotoer Schule«. 1940 philosophierten Nishida und seine Schüler über Japans Aufstieg als neue Weltmacht und seinen Einfluss auf den Verlauf der Weltgeschichte und rechtfertigten dabei die militärische Aggression ihres Landes.[62] Während des Krieges war es kaum möglich, eine abweichende Meinung zu äußern, da die Regierung Dissidenten streng verfolgte. Hier soll noch einmal Tsuda Sokichis Inhaftierung erwähnt werden, die beileibe kein Einzelfall war. Im China der Kriegszeit gab es ebenfalls Bestrebungen, die nationalistische Regierung in ihrem Kampf gegen die japanische Okkupation zu unterstützen. Die »Historische-Quellen-Schule« machte neuen Schulen Platz, unter denen die marxistische Historiografie die bedeutendste war. In Yan'an, der kommunistischen Basis, stellte eine junge Generation von marxistischen Historikern Status und Einfluss eines Hu Shi, Gu Jiegang und Fu Sinian in Frage. Aus diesem Kreis rekrutierten sich die führenden Köpfe der chinesischen Historiografie nach der kommunistischen Machtübernahme 1949. Im nächsten Kapitel werden wir sehen, wie sich die marxistische Geschichtsschreibung auch im Japan, Vietnam und Korea der Nachkriegszeit als wichtigster Trend etablierte, wenngleich in jeweils unterschiedlichem Ausmaß.

III. Nationalistische Historiografie im modernen Indien

1. Vorläufer im späten 19. Jahrhundert: Der romantische Nationalismus

Im Jahr 1924 machte Mohandas Karamchand Gandhi, damals der unbestrittene Führer der indischen nationalistischen Bewegung, folgende bemerkenswerte Beobachtung:

»Ich habe nicht die Absicht, die Aufmerksamkeit des Lesers auf meine Spekulationen über den Wert der Geschichte als Mittel zur Weiterentwicklung des Menschengeschlechts zu richten. Ich glaube vielmehr an den Ausspruch, dass ein Land ohne Geschichte ein glückliches Land ist. Vermutlich haben unsere hinduistischen Vorfahren dieses Problem für uns insofern gelöst, als sie Geschichte, wie man sie heute versteht, einfach ignoriert und ihr philosophisches Denkgebäude auf geringfügigen Ereignissen aufgebaut haben. Wie zum Beispiel im ›Mahabharata‹. Ich betrachte Gibbon und Motley demnach als unterlegene Versionen des ›Mahabharata‹.«[63]

Gandhis Misstrauen gegenüber Geschichte wurde von seinen nationalistischen Gefolgsleuten geteilt. 1899 äußerte sich der indische Dichter Rabindranath

Tagore zu dem in der indischen Bevölkerung allenthalben verbreiteten »Enthusiasmus für Geschichte«. Hier stellt sich also die Frage, wann erstmals eine nationalistische Historiografie die Idee eines unabhängigen Indien aufgegriffen hat. Wir haben gesehen, dass die kolonialistische Historiografie bereits in den 1850er Jahren Reaktionen hervorrief, die sich gegen die Aussagen der Orientalisten zur indischen Vergangenheit richteten. Eine weitere Richtung, vertreten durch wirtschaftliche Nationalisten wie Dadabhai Naoroji (1825–1917), Mahadev Govind Ranade (1842–1901) und Romesh Chunder Dutt (1848–1909) betonten den negativen wirtschaftlichen Einfluss der britischen Herrschaft, verhielten sich politisch aber weitgehend loyal. Eine erklärtermaßen antikolonialistische Historiografie entstand erst mit der Radikalisierung der indischen Politik zu Beginn des 20. Jahrhunderts. Das heißt aber nicht, dass die Grundlagen dafür nicht schon Jahrzehnte früher gelegt worden waren. Die indischen Intellektuellen wussten sehr wohl, welch entscheidende Rolle Geschichtsforschung und historisches Bewusstsein bei der Nationenbildung spielten. Für R.C. Dutt hatte kein anderes Fach einen so bedeutenden Einfluss auf die Bildung des Geistes und Charakters einer Nation wie das kritische und sorgfältige Studium seiner Vergangenheit.[64] Dutt ist vor allem für seine ökonomische Analyse der britischen Herrschaft bekannt, er war aber auch Autor eines dreibändigen Werks über die Geschichte des antiken Indien und hat wie der von ihm bewunderte Walter Scott historische Romane verfasst, mit denen er patriotische Gefühle und das Interesse an der Vergangenheit in der Bevölkerung wecken wollte.

Wie in Europa spielte der historische Roman eine wichtige Rolle für die Entstehung eines nationalistischen Bewusstseins, und Dutts Arbeiten in diesem Genre wurden von einem anderen Bengalen angeregt, dem bekannten Schriftsteller Bankim Chandra Chatterjee (1838–1894), dessen historische Romane vom bengalischen Publikum begierig konsumiert wurden. Bankim, dem man auch das Verdienst zuschreibt, »das Bild von der Nation herbeigeträumt zu haben«, war mit seinen zahlreichen einschlägigen Essays und historischen Romanen ein wirkungsvoller Stimulus für historische Betrachtungen, vor allem bei der bengalischen Intelligentsia. Während Gandhi Geschichte und den Sog der Vergangenheit zurückwies, sah Bankim in der Geschichte das einzig mögliche Heilmittel für Indiens politische Schwäche. Sein Aufschrei »Wir haben keine Geschichte! Wir müssen eine Geschichte haben!« war letztlich ein Aufruf zum Machtkampf und zum Handeln, denn als er ihn 1880 vorbrachte, gab es natürlich bereits eine beträchtliche Anzahl historischer Schriften. Doch für Bankim zählten sie nicht, weil in ihnen nicht von den heroischen und ruhmreichen Taten aus der indischen Vergangenheit berichtet wurde. Dass er solche Berichte für notwendig hielt, zeigt schon, wie hoch er den politischen Wert von Geschichtsschreibung einschätzte. »Wer wird eine solche Geschichte schreiben«, fragte er dann. »Ihr werdet sie schreiben, ich werde sie schreiben, jeder wird diese Geschichte schreiben.« Er sah in der Geschichtsschreibung einen kollektiven Akt, eine Praxis, die ein nationales Kollektiv voller Möglichkeiten bilden könne. Bankims Vorstellungen reichten viel weiter als die der vorangegangenen Historikergeneration; Basak zum Beispiel hatte noch gegen die kolonialen Stereotypen angeschrieben. Und sie zeigen ein souveränes Bewusstsein für das mythenträchtige Potential des historischen Romans, jenes Genres, in dem er sich hervortat. Wie in Europa und anderswo herrschte auch in Indien in der zweiten Hälfte des 19. Jahrhunderts ein Konflikt zwischen einer wissenschaftlichen und einer romantischen oder fiktionalisierten Tradition der Nationalgeschichte.[65] Bankims unverblümter Versuch, die Geschichte zu politisieren, stand in krassem Gegensatz zu den streng wissenschaftlichen Standards, die Gelehrte wie Ramakrishna Gopal Bhandarkar (1837–1925) vertreten hatten. Letztlich aber hatten Schriftsteller des 19. Jahrhunderts, die wie Bankim außerhalb der akademischen Geschichtswissenschaft standen, wesentlich größeren Einfluss auf das populäre historische Bewusstsein im 20. Jahrhundert. Die Forschung hat gezeigt, dass nicht nur in Indien, sondern auch in Frankreich, Großbritannien und anderswo die Prinzipien der akademischen Geschichtsforschung aus der kreativen Spannung zwischen wissenschaftlicher und populärer Auffassung entstanden, wobei erstere der Disziplin in der Auseinandersetzung mit den »fiktionalisierten« Darstellungen ihren Feinschliff als spezifische Form des Wissens gab.[66] Doch wenn Geschichte ein Mittel der Befreiung sein sollte, so musste in der Darstellung des Vergangenen auch Platz für das Emotionale und Imaginative sein. Das zeigte sich schon daran, dass im frühen 20. Jahrhundert in Indien viele Anhänger der wissenschaftlichen Geschichte zugleich Verfasser von historischen Romanen waren, auch wenn sie dieses Genre eindeutig von ihren gelehrten Arbeiten getrennt hielten.

2. Die Rolle der Religion in der nationalistischen Geschichtsschreibung

Ein immer wieder auftauchendes Thema bei den nationalistischen Führern des 20. Jahrhunderts war, wie schon bei Bankim, die Rolle der »Bhagavad Gita« als Inspirationsquelle.[67] Des Gottes Krishna Rede zum »Weg des Kriegers«, die er dem Fürsten Arjuna in der »Gita« hält, fand großen Anklang bei einigen aufrührerischen nationalistischen Führern in ihrer Suche nach kriegerischen Heldenfiguren. Auch der aus Maharashtra stammende Nationalist Bal Gangadhar Tilak (1856–1920) war sich mit Bankim darin einig, dass Krishna eine historische Figur war. Bezeichnenderweise aber glorifizierte Tilak auch den historischen und nicht den mythischen Maratha-Führer Shivaji (1627/30–1680), dessen Aufstand gegen den Mogul-Kaiser Aurangzeb er als Kampf für das Überleben des Hinduismus pries, woraus sich ein Shivaji-Kult entwickelte, der im frühen 20. Jahrhundert unter Nationalisten und Kommunalisten gleichermaßen verbreitet war.[68] Tilaks Konzept des *swaraj* (Selbstverwaltung), das sich gegen die Briten richtete, basierte ebenfalls auf einem Verständnis von Indien, das auf hinduistischen und vedischen Einfluss zurückgeht. Er versuchte, die religiösen Feste wie die Prozession für Lord Ganesha wiederzubeleben, stellte sie aber in den Dienst einer Politisierung der Religion. Da er sich vollkommen bewusst war, dass kollektive Identität bis zu einem gewissen Grad, wenn nicht sogar ganz, eine Konstruktion darstellt, ignorierte Tilak die vielen Götterfiguren, Traditionen und Regeln der Klassengesellschaft, die den Hinduismus charakterisierten und dem Gleichheitsprinzip zuwiderliefen. Seine Aufgabe bestand in der Konstruktion einer Erzählung, die solche Pluralität ausklammert, denn wie schon die Briten festgestellt hatten, konnte die Einheit Indiens nur auf der Forderungen einer gemeinsamen Kultur erreicht werden. Solche Annahmen waren nicht notwendigerweise exklusiv. Wie wir später sehen werden, entstanden während der 1920er Jahre mehrere Bücher, die sich mit der politischen und kulturellen Entstehung des alten Indien beschäftigten. Sie stützten sich auf die umfassende Präsenz von Schreinen, Pilgerstätten, sozialen Institutionen und höfischen Strukturen, die ein Volk verbinden, zugleich aber war es offen, andere Kulturen und Traditionen in sich aufzunehmen. Die Betonung auf einer antiken und damit vorislamischen Vergangenheit führte aber zusehends dazu, dass man die Einheit Indiens als eine hinduistische verstand. Und laut Tilak »hat uns das Verschwinden dieser Einheit den Niedergang beschert; es ist also die Pflicht eines jeden Führers, sie wiederherzustellen.«[69]

Dieser Pflicht stellte sich Vinayak Damodar Savarkar (1883–1966). Die Lösung für Indiens unregierbaren Pluralismus lag für diesen Terroristen, Historiker und Nationalhelden der hinduistischen Rechten in einem »Hindu-Nationalismus« (*Hindutva*), einer durch Geografie, rassische Merkmale und vor allem durch hinduistische beziehungsweise vedische Traditionen zusammengehaltenen Kultur. »Hindutva ist kein Wort, sondern eine Geschichte«, behauptete er und: »Hinduismus ist nur ein Derivat.« Als begeisterter Bewunderer der italienischen Gründerväter Garibaldi und Mazzini – er hatte die Biografien der beiden ins Maharathi übersetzt – brachte Savarkar den nationalistischen Diskurs einen Schritt weiter, indem er eine ethnische Identität formulierte, die auf der gemeinsamen religiösen Praxis fußte, von der die Bevölkerung einer bestimmten geografischen Region zusammengehalten wird. Hindu ist demnach »der, der das Land, das sich von Sindu bis Sindu erstreckt – vom Indus bis zu den Meeren –, als das Land seiner Vorväter – sein Vaterland (Pitribhu) – betrachtet; der das Blut jener Rasse ererbt hat, deren erste feststellbare Quelle sich bis zu den vedischen Septasindhus zurückverfolgen läßt und die im Verlauf ihres weiteren Weges, auf dem sie viel von dem assimilierte, was sie aufnahm, und viel von dem veredelte, was sie assimilierte, als Hinduvolk bekannt geworden ist; der die Kultur ererbt hat und als seine eigene beansprucht ...«[70] Hindutva hat deshalb einen ganz bestimmten Ursprung, entwickelte sich aber durch die Zeit, durch die Geschichte weiter; diese gemeinsame Geschichte ist es, die den Anspruch, eine Nation zu sein, untermauert und sich nicht nur metaphorisch manifestiert, sondern auch im Widerstand äußert, wie etwa im indischen Aufstand von 1857/58, den die Briten »Mutiny« nannten und den Savarkar als »The Indian War of Independence« bezeichnete, so der Titel seiner historischen Monografie von 1909. Es war das erste Buch, das der »Mutiny«-Version der Briten zu widersprechen wagte.

Savarkas Idee der *Hindutva* bildete ein Meisternarrativ für das Entstehen des Nationalstaats, die Basis einer umfassenden Geschichte Indiens, und war dabei unverhohlen sektiererisch und exklusiv. Die Hindu-Ideologie der Führungskaste bezog sich auf einen majoritären Entwurf von Nation, der andere Religionen und Kasten marginalisierte. Und Savarkar wurde zum anerkannten ideologischen Mentor des politischen Hindu-Fundamentalismus. Doch wie wir bereits gesehen haben, hatten solche Ideen ihre Vorläufer bereits im 19. Jahrhundert. Das Besondere an Savarkar ist die Ethnifizierung von *Hindutva* im Sinne einer geheiligten Geografie. Indien sei die wahre Heimat der Hindus, das Land ihrer Erlösung (*punyabhu*). Muslime und Christen, ebenfalls Teile der indischen Bevölkerung, befänden sich hingegen in einem Loyalitätskonflikt, da ihre heiligen Länder anderswo lägen.

3. Die Nation als Geschichte und die Geschichte als Wissenschaft

Das Beharren auf Einheit und Homogenität beeinflusste die Geschichtsschreibung insofern, als nun die Nation als umfassende, eigenständige Institution zum zentralen Thema historischer Forschung wurde, wenngleich auch Untersuchungen zu einzelnen Religionen, Kasten oder religiösen Gemeinschaften eine Blüte erlebten. Wie Sumit Sakar bemerkte, entwickelte sich die nationalistische Historiografie in der Zeit vor der Unabhängigkeit Indiens

»abseits dessen, was eigentlich ihr Zentrum bilden sollte, nämlich die reichen, vitalen Traditionen der zeitgenössischen Antikolonialismus-Bewegungen. ... und die Geschichte eines kolonialen Indien blieb daher weitgehend auf Erzählungen von Vizekönigen, afghanischen oder burmesischen Kriegen und administrativen und ›konstitutionellen‹ Reformen beschränkt.«[71] Das lag zum Teil auch an der Überwachung durch den Kolonialstaat, und man hat zurecht festgestellt, dass vor 1947 die nationalistische Geschichtsschreibung nicht so weit fortgeschritten war wie die Bewegung selbst.[72] Viele Historiker der 1920er Jahre und danach, wie R. K. Mookerji (1880–1904) und K. P. Jayaswal (1881–1937), hatten sich mit dem alten Indien beschäftigt, und es ging ihnen darum, es als eine Zivilisation darzustellen, auf die die negativen kolonialistischen Zuschreibungen, allen voran die des orientalischen Despotismus, nicht zutrafen. Jayaswal wies auf die hoch entwickelten politischen Systeme im Altertum hin, auf die *ganas* und *sanghas*, die er als unwiderlegbaren Beweis für eine republikanische Politik ansah. Mookerji ging noch weiter; er widersprach der Ansicht der Briten, dass Indien vor deren Ankunft keine Einheit gewesen sei, und wies auf Vorformen des Nationalstaats hin, wie etwa die antiken Königreiche von Ashoka, Chandragupta und Harsha, die plötzlich zu Vorkämpfern für die Freiheit mutierten. Ohne Übertreibung lässt sich sagen, dass die Mehrzahl der akademischen Arbeiten aus dieser Zeit einen Gegenentwurf zur kolonialistischen Historiografie darstellten, die angesichts nationalistischer Agitation ihrerseits den Ton verschärfte. Sowohl die »Oxford History of India« (1919) von Vincent Smith, wie auch die von den Breiten gesponserte sechsbändige »Cambridge History of India« (1922–1932) sind durchgängig kolonialistisch in ihrer Grundhaltung. Englischsprachige Publikationen neigten dazu, die radikalen Implikationen der Wirtschaftsnationalisten mit eigenen wirtschaftsgeschichtlichen Werken zum Schweigen zu bringen. Am einflussreichsten war »The Agrarian System of Moslem India« (1924) von W. H. Moreland, worin er behauptete, die vorkoloniale Wirtschaft sei unwesentlich und der Handelsverkehr durch den Mangel an Infrastruktur und Transportwesen beeinträchtigt gewesen. Dem hielt Jadunath Sarkar (1870–1958) trotz seines kritischen Blicks auf den Mogul-Kaiser Aurangzeb entgegen, dass die Mogule die Abschottung der einzelnen Provinzen aufgebrochen und zur Modernisierung Indiens beigetragen hätten.

Sarkar, einer der profiliertesten Historiker seiner Generation, wurde von den Zeitgenossen als der indische Ranke betrachtet; er war einer der glühendsten Fürsprecher einer modernen, wissenschaftlichen Historiografie. In einer Rede von 1915 informierte er sein Publikum, dass »die beste Methode der Geschichtsschreibung die wissenschaftliche Methode« sei. Und er fügte hinzu:

»Ich werde nach der Wahrheit suchen, ich werde die Wahrheit verstehen und sie akzeptieren. Das sollte die feste Absicht eines Historikers sein.«[73] Sarkars Interessensgebiet war das 17. und 18. Jahrhundert, das Zeitalter der Mogule, was seine Aufmerksamkeit zwangsläufig auch auf Aurangzebs Widersacher Shivaji lenkte, den Sarkar als heroische Gestalt darstellte.[74] Im Gegensatz zu Zeitgenossen wie dem Maratha-Historiker G. S. Sardesai (1865–1959) sprach sich Sarkar vehement gegen eine parteiische Lektüre der Quellen aus. Er kritisierte, dass Sardesai sich der in Marathi verfassten *barkhars* bediente, historischer Balladen, die nach den Regeln der Quellenkritik nicht als Beleg für historische Tatsachen herangezogen werden konnten. Sarkar betrachtete sowohl Sardesais Lesart des Shivaji, als auch die Schriften von K. P. Jayaswala zum Thema als eindeutig politisch motiviert. Über Jayaswal schrieb er, dass seine Äußerungen »zu neunundneunzig Prozent nationalistische Propaganda und blanker Unsinn« seien.[75]

1937 wurde Sarkar auf Geheiß von Rajendra Prasad, dem ersten Präsidenten eines unabhängigen Indien, zum federführenden Herausgeber einer auf zwanzig Bände angelegten Geschichte Indiens berufen, die allerdings ihr Erscheinen schon nach dem ersten Band einstellte. Doch im Jahr darauf wurde der Indische Historikerkongress, die erste gesamtindische Berufsorganisation, begründet. Damit hat man das Ranke'sche Geschichtsmodell mit seinem Schwerpunkt auf Politik, Genauigkeit und öffentlichen Archiven zum unbestrittenen Paradigma unter professionellen Historikern gemacht.

Dass die akademischen Historiker in Indien in den 1920er und 1930er Jahren an diesem Paradigma festhielten, wurde mit großer Aufmerksamkeit bedacht.[76] Kumkum Chatterjee hat gezeigt, dass die koloniale Ausbildung im späten 19. Jahrhundert eine Generation von indischen Wissenschaftlern hervorgebracht hatte, für die »Beschäftigung mit Geschichte zwangsläufig mit einer rational-positivistischen Geschichtsauffassung verbunden war, die sich auf beglaubigte Fakten gründete«.[77] Dies widerspricht zweifellos dem kolonialistischen Vorwurf, dass Indien kein historisches Bewusstsein habe, zeigt aber auch, dass eine ganz bestimmte Art der Historiografie favorisiert wurde, die sich auf rationale Analyse und »harte Beweismittel«, insbesondere archäologische, numismatische und epigrafische Quellen stützte, da diese zuverlässiger erschienen als Textquellen, vor allem jene aus der Zeit vor Verbreitung des Buchdrucks. Viele Befürworter »harter Beweismittel« waren Archäologen, und die Entdeckung der Städte Harappa und Mohenjodaro im Industal in den 1920er Jahren schien ihnen Recht zu geben. Doch das Paradigma der rational-positivistischen Geschichte blieb nicht unangefochten, als neue Formen einer romantischen Geschichtsforschung entstanden.

4. Die Romantik des Lokalen und das Entstehen alternativer Erzählungen

Gegen Ende der Kolonialzeit gab es zwei konkurrierende Konzepte von Geschichte. Das erste, das wir bereits beleuchtet haben, war die kolonialistische Geschichte und die einheimische Reaktion darauf. Beim zweiten ging es vor allem um die Art der Geschichtsschreibung, es war eine interne Kontroverse, die sich in der Dichotomie von *samaj/rashtra* (soziale und kulturelle versus staatsorientierte Geschichte) und von romantischer versus wissenschaftlicher Geschichte zeigte; zugleich verlief hier der Bruch zwischen akademischen Historikern und Amateuren.

Kumkum Chatterjee hat dargestellt, wie dieser Bruch in den 1920er und 1930er Jahren in Bengalen erbittert und in aller Öffentlichkeit ausgetragen wurde.[78] Wir haben bereits gesehen, dass es gegen Ende des 19. Jahrhunderts unter bengalischen Schriftstellern ein starkes Interesse an sozialgeschichtlichen Themen, wie auch eine starke romantische und populistische Neigung gab. Im 20. Jahrhundert, insbesondere nach dem *Swadeshi*-Aufstand, erstarkte das Interesse an populärer Geschichte, einer »Volksgeschichte« des bengalischen Volkes, die nicht auf Archivalien basierte, sondern auf lokalen Mythen, Märchen, Genealogien, Kunst und Handwerk, Brauchtum und Alltagskultur. Ein berühmtes Beispiel dafür ist das »Brihat Banga« (1935) von Dinesh Chandra Sen (1866–1939), es war das Ergebnis einer zwanzigjährigen Recherche im ländlichen Bengalen. Sen nennt sein Werk eine »wahre Geschichte«, eine Studie, die die Volkskultur der Bengalen feierte und diese als Bewahrer ihrer Traditionen hervorhob, wie sie in Texten zu finden sind, die in Archiven und unter den Eliten nicht verfügbar sind. Doch die *samaj*-orientierten Sozial- und Kulturgeschichten konzentrierten sich meist auf die bengalische Hindu-Mittelschicht (*bhadralok*) und nicht auf die einfache Bevölkerung.[79] Außerdem entwickelte sich dieser Boom der Sozialgeschichte außerhalb der offiziellen Historikerkreise unter Autodidakten und Leuten mit historischem Interesse. Dieser Blick auf Geschichte war nicht nur ein ethnografisches Unterfangen, er war lokal inspiriert im Gegensatz zur persischen oder kolonialistischen Geschichtsschreibung, die fremd und staatsorientiert (*rashtra*-orientiert) anmutete und die Inder von ihrer eigenen Kultur entfremdete.[80] Hier entstand eine nationalistische Historiografie der anderen Art, eine Zurückweisung der kolonialistischen Geschichtsschreibung auf lokaler Ebene. Wie Chatterjee zeigen konnte, findet man dieses Phänomen auch im Modernisierungsprozess anderer Nationalstaaten in ganz Asien. Hier offenbart sich auch die Anstrengung, die eigene authentische Kultur unabhängig von Fremdeinflüssen zu entdecken, ein lokaler und regionalisierter Nationalismus, der neben dem »offiziellen« Nationalismus der politischen Institutionen existierte. Natürlich ist vieles daran unkritisch, weil die Kultur idealisiert und romantisch dargestellt wird. Zusammen mit den historischen Romanen haben diese Werke aber wesentlich zu einer Popularisierung von Geschichte beigetragen. So stark war die Abneigung gegen das statische rational-positivistische Paradigma, dass man dabei den engen Zusammenhang zwischen *samaj* und *rashtra* übersah; man zog es vor, das Soziale und Kulturelle als unberührt und unverdorben einzuschätzen. Trotz der Widersprüche teilten beide Sichtweisen gewisse Grundannahmen. Erstens blieb die Vergangenheit, die sie in den Blick nahmen, auf eine hinduistische, den höheren Kasten angehörende Bevölkerung beschränkt, ein ernstes Versäumnis in einer Region, in der es auch sehr viele Muslime und Angehörige niederer Kasten gab. Zweitens sollte Geschichte von Indern beziehungsweise Bengalen geschrieben werden; keine Kolonialgeschichte konnte die Essenz der indischen Vergangenheit wirklich erfassen.

Außerdem forderten diese volksnahen Autoren, dass Geschichte nicht ausschließlich das Feld sogenannter professioneller Historiker sein dürfe. Ihrer Ansicht nach war ein Amateur und Enthusiast ebenso in der Lage, solide Geschichtsschreibung zu betreiben. Und wenn Geschichte das Leben der einfachen Leute darstellte, sollten diese auch ihre Leser sein. Die methodische Strenge der formalen Geschichte spreche den Leser nicht an, da es ihr an Emotion und Herz mangele. »Was diese Forscher schätzten, war ein instinktiver, formloser Zugang zur Vergangenheit, unverstellt durch strukturierende Methodik, Kriterien oder Bewertung.«[81] Da es in dieser Disziplin keine spezialisierte Ausbildung gab, erlebte die ausgehende Kolonialzeit eine Blüte der Lokalgeschichten und das Entstehen lokal gesponserter literarischer und historischer Gesellschaften, wie zum Beispiel die Bangiya Sahiya Parishad, die 1900 gegründet wurde. Dazu muss gesagt werden, dass zu dieser Zeit die Wissenschaftsförderung durch die Regierung nicht über die Einrichtung von Institutionen wie der Asiatic Society oder des Anthropological Survey hinausging. Außerdem existierte Geschichte als Postgraduiertenstudium erst nach dem Ersten Weltkrieg, und an vielen Universitäten wurde auch das Grundstudium erst zu dieser Zeit etabliert. Es gab kaum Fachzeitschriften, und indischen Studenten war der Zugang zu staatlichen Archiven durch die Kolonialregierung untersagt.[82] Lokale Kulturinstitutionen wie die Bangiya Sahiya Parishad spielten daher eine wichtige Rolle in der Öffentlichkeit. Nach heutigem Standard waren solche Vorstöße natürlich unzureichend, und auch von der Qualität ihrer Leistungen war nicht viel zu erwarten. »Unzureichende finanzielle Ausstattung, nationale und regionale Beschränkung und mangelnde Außenkontakte, dazu die restriktiven Aspekte des nationalistischen Paradigmas durchsetzt mit unterschwelligen Vorurteilen der Angehörigen höherer Kasten (bis hin zu kommunalistischen Haltungen), das alles forderte seinen Preis. Die ›besten‹ wissenschaftlichen Leistungen dieser Zeit erscheinen mit wenigen Ausnahmen aus heutiger Sicht als unannehmbar beschränkt, provinziell und unkritisch.«[83]

Die Blüte der Regionalgeschichten in der ausgehenden Kolonialzeit wurde darauf zurückgeführt, dass das Erziehungsministerium die Geschichte eines fragmentierten Indien förderte und damit die kolonialistische Sehweise bestätigte, nach der Indien vor Ankunft der Briten nicht mehr als ein »geografischer Begriff« war.[84] Die Begeisterung für das Lokale spiegelte aber ein wichtiges politisches Anliegen wider. Die Teilung von 1905 und die nachfolgende politische Agitation schufen in Bengalen das Bedürfnis nach einer historischen Integrität der Region, aus der ihre geografische Unversehrtheit hergeleitet werden konnte. In Westindien wiederum entstand eine Vielzahl von Lokalgeschichten, die die Maratha-Könige und ihren Kampf gegen Muslime wie Briten gleichermaßen feierten. Im Süden bildeten sich andere Traditionalismen, die sich auf Dravidologie und tamilische Kultur konzentrierten. In der spätkolonialen indischen Historiografie entwickelten sich Region und Nation im Tandem, wobei es jeweils andere Symbole und emotionale Bezugspunkte gab. Während sich der Hindu-Nationalismus auf die Veden und das brahmanische Gedankengut bezog, beriefen sich Regionen wie Bengalen auf ihre lokalen Götter und Kulte (*Kali*, die *Vaishnav*-Sekten und andere). Einzelpersonen und Gruppen konnten sich natürlich mit beiden Vorstellungen identifizieren, und ihre Identitäten überschnitten sich. Das komplexe, zum Teil von Spannungen belastete Verhältnis zwischen Nationalem und Regionalem im Kontext der antiimperialen Politik wäre ein interessanter Gegenstand für weitere Untersuchungen.

In Süd- und Westindien entstand ein anderes Narrativ, das die Vorherrschaft Nordindiens und der höheren Hindu-Kasten in der nationalistischen Historiografie infrage stellte. Man war hier der Meinung, dass die Dominanz der Brahmanen und des arischen Imperialismus einheimische Regionalkulturen und Völker unterdrückt habe. Auf diese Weise fand auch das Thema des Kastenkonflikts Eingang in die Historiografie jener Zeit und machte sich politisch durch die Gründung von Interessenvertretungen der niederen Kasten bemerkbar. Diese Art der Geschichtsschreibung, die den akademischen Standards nicht genügte, wurde im allgemeinen von professionellen Historikern ignoriert. Dasselbe gilt für islamische Geschichtswerke, die mehr denn je dem »Zwei-Staaten-Konzept« des nationalistischen Schrifttums zuneigten. Außerdem legten sie eine starke Betonung auf den Staat, hatte doch der Dichter Muhammad Iqbal (1877–1938) versichert, dass im Islam »Kirche und Staat organisch miteinander verbunden« seien.[85] Unter den muslimischen Intellektuellen gab es jedoch auch andere Auffassungen. Sayyid Abul Ala Maududi (1903–1979) betrachtete die südasiatischen Muslime als eigenständige religiöse Gemeinschaft, nicht aber als Nation; er sprach vielmehr von einer allgemeinen Mission des Islam, die über die engen Grenzen der Nation hinausreiche.[86]

5. Die neu erdachte Nation: Nehrus Synthese

In den 1930er Jahren konnte man nicht mehr ernsthaft behaupten, in Indien mangele es an historischem Bewusstsein. 1939 berichtete der Indian Historical Congress, dass »derzeit kein Fach an indischen Universitäten mit solchem Eifer studiert [werde] wie die Geschichte Indiens«. Diese Einschätzung ist vermutlich korrekt und angesichts des Fehlens jeglicher staatlicher Förderung umso bemerkenswerter. Nach der Unabhängigkeit gab es natürlich mehr Unterstützung von staatlicher Seite. Die postkoloniale indische Regierung erkannte rasch, welch wichtige Rolle die Geschichte beim Prozess der Nationbildung spielte, indem sie, die kolonialistischen Narrative korrigierend, den »Freiheitskampf« gegen die Kolonialherren dokumentierte. Bei diesem Unterfangen wurden Indiens Historiker vom ersten Premierminister tatkräftig unterstützt. Jawaharlal Nehru war ein innovativer Denker und ein Historiker von nicht geringer Reputation. Seine »Glimpses of World History« (1934) [dt. »Weltgeschichtliche Betrachtungen«, 1957] waren eines der wenigen Bücher dieser Generation, die über die übliche eurozentrische Sehweise hinausgingen und alle bedeutenden Zivilisationen mit einbezogen. »The Discovery of India« (1946) wurde im Gefängnis geschrieben zu einem Zeitpunkt, als Indiens Unabhängigkeit unmittelbar bevorstand. Darin befasste sich Nehru mit dem Konzept von Indien als Nation und was es hieß, Inder zu sein.

»Es existiert kein Indien, und es hat auch niemals existiert.« Diese Verlautbarung von John Strachey (1823–1907), einem Administrator des britischen *Raj*, wurde zum konstanten Refrain unter den kolonialen Kommentatoren und basierte auf der Wahrnehmung Indiens als einem zersplitterten Kontinent, vielgestaltig und unregierbar. Nehru setzte dem eine komplexe, fließende und vielschichtige Definition von Indien und dem Indischsein entgegen, die er als Frucht des historischen Prozesses sah. Sein Indien war ein »altes Palimpsest, das Schicht um Schicht mit Gedanken und Träumereien beschrieben worden ist, und doch konnte keine dieser Schichten die vorhergehende gänzlich verdecken oder auslöschen.«[87] Das Ergebnis war eine

»fusion«-Kultur, die eine zivilisatorische Identität hervorbrachte, ohne wirklich ein Schmelztiegel zu sein. Indien bestand aus vielen Gemeinschaften, diese stellten allerdings keine exklusiven Entitäten dar, sondern waren ständig im Austausch miteinander. Weitet man dieses Konzept auf die zeitliche Ebene aus, so kann es keine unheilvolle Periode oder Zwischenzeit in der indischen Geschichte geben, die im Widerspruch zur ansonsten autochthonen Vergangenheit stünde – einer Vergangenheit, deren ausschließende (und imaginierte) Grenzen die Hindu-Nationalisten als das vorherrschende Charakteristikum Indiens darzustellen suchten.

Das Neue und Besondere an Nehrus Definition von Indien war, dass sie ein von Offenheit und Multikulturalität geprägtes Medium bot, das Indiens vielfältige Gemeinschaften zu einem politischen Gewebe zusammenfügte und allen ein Gefühl von staatsbürgerlicher Teilhabe bot. Die Rolle der Verfassung und der föderalen Demokratie bestand darin, dieses Gewebe sicher zu bewahren, ohne dass irgendeine der größeren ethnischen Gruppen darin zur Dominanz neigte. Eine Folge davon war das Konzept der regionalen Pluralität und die Freiheit jeder Gemeinschaft, ohne externe Einschränkung zu wachsen. Außerdem war es offen für die Anforderungen der Moderne und ihrem Gegenstück, dem modernen Nationalstaat, Garant jener Einheit, die sich Indien nennt. Im Gegensatz zu den Hindu-Nationalisten und selbst zu Gandhi schreckte Nehru nicht vor einer Begegnung Indiens mit dem Westen zurück. Im Zuge der Vermischung von Indiens vielen Kulturen im Verlauf von Zeit und Geschichte wurden selbst der Kolonialismus und der Westen so weit integriert, dass sie Indien den Stempel der Moderne aufdrücken konnten. Nehru vermied sowohl die antihistorischen wie antimodernen Impulse seines Mentors Gandhi. So war Indiens wirtschaftliche Entwicklung bedingt durch die Akzeptanz des Projekts der Moderne.

6. Historiografie nach der Unabhängigkeit: alte und neue Verläufe

In der Zeit nach der Unabhängigkeit wurde Geschichte ein nationales Projekt, das sowohl nationale Souveränität wie auch die Autonomie des indischen Standpunkts festigen sollte. Dabei hatte die von der Regierung gesponserte Geschichtsforschung vor allem zwei Anliegen. Das erste betraf die nationalistische Bewegung, die jetzt als »Freiheitskampf« bezeichnet wurde. Das zweite zielte auf biografische Aufarbeitung und nahm sich zunächst die Edition von Gandhis Werken und Reden vor, anschließend widmete man sich nationalen Schlüsselfiguren wie Vallabhai Patel, B. R. Ambedkar und anderen.[88] Das dritte nationalistische und in vieler Hinsicht kontroverse Projekt (diesmal nicht von der Regierung, sondern von privaten Sponsoren getragen), zielte auf eine vielbändige, umfassende Geschichtsdarstellung Indiens; diese Aufgabe schien überfällig, war doch das letzte derartige Projekt James Stuart Mills achtbändiges Geschichtswerk gewesen. Als nationalistische Historiografien waren alle drei Projekte ihrer Natur nach Hagiografien.

Die Initiative zum »Freiheitskampf« begann kurz nach der Unabhängigkeit. 1950 entschied der Vorsitzende des Komitees zur Leitung des Projekts, der bekannte Historiker und Bildungsberater Tara Chand, dass der Begriff »Freiheitskampf« besser zu Indiens Weg der Befreiung passe als der Begriff »Unabhängigkeitsbewegung«. Tara Chang war sich, so heißt es, durchaus bewusst, dass Indien gar nicht so hart um seine Freiheit kämpfen musste; andernfalls hätte Gandhis Strategie der Gewaltlosigkeit ja gar nicht funktioniert.[89] Tara Chand wusste um den historischen Charakter des Nationalismus und räumte ein, dass sich Indiens Nationalbewusstsein unter dem Einfluss des westlichen Übergriffs entwickelt habe, zugleich hob er hervor, dass auch im Westen der Nationalismus ein jüngeres Phänomen sei. Seine Geschichtsauffassung war umfassender und kritischer als die der meisten anderen nationalistischen Historiker. Seine Forschungen zum Einfluss des Islam auf die indische Kultur lassen deutlich erkennen, dass ihm die religiösen Züge des indischen Nationalismus nicht behagten.

Am Ende lag das Projekt des Freiheitskampfes, das ursprünglich ein gemeinschaftliches Unternehmen hätte sein sollen, ganz allein in den Händen von Tara Chand. Der erste Band seiner auf vier Bände ausgelegten »History of the Freedom Movement« erschien 1961. In diese Zeit fällt auch der Beschluss, dass die Regierungen der einzelnen Bundesstaaten Material über den Freiheitskampf für die jeweiligen Regionalgeschichten sammeln sollten. Und in der Folge erschien eine Reihe solcher Studien, die nicht selten untereinander um die zentrale Rolle im Kampf um die Freiheit konkurrierten. (So versuchten etwa die Regionalgeschichten in Uttar Pradesh die »Mutiny« von 1857–1858 als entscheidendes Ereignis für das Entstehen eines Nationalgefühls darzustellen.) Bipan Chandra hat darauf hingewiesen, dass viele dieser Studien in der Tradition der Whigs stünden, indem sie die nationale Bewegung als Ergebnis einer Freiheitsliebe darstellten, die weit zurückreiche und tief im Charakter Indiens (oder seiner regionalen Entsprechungen) verwurzelt sei. Während also Tara Chand den Nationalismus als Import ansah, leiteten die Oriya-Historiker den Ursprung der nationalen Bewegung ihrer Sprachgruppe aus einer Freiheitsliebe ab, die bis zu König Asokas Invasion in Kalinga im 3. vorchristlichen Jahrhundert zurückreichte.[90]

Doch blieb eine umfassende Geschichte Indiens auch weiterhin ein Desiderat. 1951 erschien schließlich der erste von elf Bänden von »The History and Culture of the Indian People«. Herausgeber dieser Reihe war das Bhartiya Vidya Bhavan, eine Bildungsinstitution zur Vermittlung indischer, insbesondere hinduistischer Kultur und Wertvorstellungen. Der Gründer dieser Institution war der Literat und Gelehrte K. M. Munshi aus Gujarat, dessen Romane den Ruhm von Indiens hinduistischen Vorfahren verherrlichten, der unter muslimischer Herrschaft seinen Höhepunkt erlangt habe. Munshi war schon immer an einer umfassenden Geschichte Indiens interessiert gewesen, die die (Hindu-) »Seele« des Landes erfassen sollte, und konnte schließlich die finanzielle Unterstützung des reichen Industriellen G. R. Birla für dieses Projekt gewinnen. Der bekannte bengalische Historiker Romesh Chandra Majumdar (1888–1975) wurde zum federführenden Herausgeber des Werkes erkoren und betreute in Zusammenarbeit mit den beiden anderen »das ehrgeizigste Geschichtswerk von Indern über Indien, das jemals verfasst wurde«.[91]

Dieses Geschichtswerk stellte das von Nehru formulierte »Palimpsest«-Modell der indischen Kultur auf den Kopf. Hatte Nehru die multikulturelle Vergangenheit des Landes als »Einheit in der Vielfalt« gefeiert, so behaupteten die von Bhavan gesponserten Bände, dass Indien vornehmlich hinduistisch sei und trotz der Vereinnahmung durch den Westen dessen Einflüsse abgewehrt und kulturell wie geistig stets seine Eigenständigkeit bewahrt habe.[92] Majumdar wies Nehrus »composite culture« zurück und sah in ihr die Ideologie einer Regierung, die die Erinnerung an die Teilung auslöschen wollte, indem sie ihre Minderheiten aufwertete. Majumdar wies natürlich auch die kolonialistischen Narrative zurück, hielt allerdings an der Dreiteilung der indischen Vergangenheit fest, ebenso an der Charakterisierung der »muslimischen Periode« als einem »dunklen Zeitalter«, das »einherging mit einer deutlichen Dekadenz der Kultur und einem Mangel an kreativem Geist in Kunst und Literatur«.[93] Majumdars Aversion gegen den Kommunalismus brachte ihn so weit, dass er im Zusammenhang mit der nationalistischen Phase der indischen Vergangenheit behauptete, die »Mutiny« von 1857 sei keineswegs eine gemeinsame Auflehnung von Hindus und Muslimen gegen die britische Herrschaft gewesen. Ähnlich wie Tara Chand, nur mit gänzlich anderer politischer Motivation, stellte er den Nationalismus als westliche Idee dar und bekundete den Briten gegenüber ausnahmsweise seine Dankbarkeit, weil sie Indien von der tyrannischen Herrschaft der Muslime befreit hätten.

Die kommunalistische Interpretation der indischen Vergangenheit lief dem offiziellen Diskurs zuwider, und ihr wurde auch von anderen bekannten akademischen Historikern widersprochen. 1969 veröffentlichten Romila Thapar, Harbans Mukhia und Bipan Chandra gemeinsam das Buch »Communalism and the Writing of Indian History«, worin sie sich mit einigen der gängigen Annahmen der kommunalistischen Position auseinandersetzten, die sowohl innerhalb der Zunft wie auch in hinduistischen politischen Institutionen wie der Rahtriya Swayamsevak Sangh (RSS) verbreitet waren. Romila Thapar (geb. 1931), eine der prominentesten Historikerinnen für indische Frühgeschichte, belegte durch ihre Forschungen Ansichten, die von den Kommunalisten heftig zurückgewiesen wurden, darunter auch die Auffassung, dass die Arier von außerhalb Indiens gekommen seien und Rindfleisch aßen, und dass die vedische Kultur das Produkt einer Vermischung von fremden und indigenen Elementen sei. Thapar und andere wiesen darauf hin, dass der kommunalistische Konflikt konstruiert sei, wobei dem Kolonialstaat die Rolle des Schuldigen zufalle. Muslimische indische Historiker wie etwa Abdul Hasan Ali Nadwi (1914–2000) betonten ebenfalls den »synkretistischen« Charakter der Beziehungen zwischen Hindus und Muslimen und den positiven Beitrag des muslimischen Einflusses. Die Ausrufung Pakistans als muslimischer Staat von 1956 bedeutete jedoch, dass das pakistanische Schrifttum sich von da an um die Schaffung einer eigenen Geschichte für die Muslime bemühen musste, was zu einer »praktisch völligen Vernachlässigung der Geschichtsschreibung im späteren Pakistan führte«.[94]

7. Entwicklung einer sozialwissenschaftlichen Geschichtsschreibung

Die säkularen indischen Historiker standen natürlich in der antikolonialistischen und eher linksgerichteten Tradition Nehrus. In diesem Sinne wurden in den 1960er Jahren auch einige der herausragendsten wissenschaftlichen Werke verfasst. Das Erscheinen von D. D. Kosambis (1907–1966) »Introduction to the Study of Indian History« 1956 kündigte, um mit Romila Thapar zu sprechen, einen »Paradigmenwechsel« an. Doch als Marxist war Kosambi kein Dogmatiker. Er verwarf Marxens Theorie von der asiatischen Produktionsweise, übernahm jedoch dessen Fokus auf soziale Gebilde, auf den Klassenkonflikt und das materielle Leben, und hob damit den Diskurs auf eine neue Ebene der Forschung, weg von den herrschenden Dynastien, den Kriegen und den guten und bösen Königen. Kosambis Werk bot eine neue Interpretation für die mittelalterliche, für die muslimische Periode der indischen Geschichte, und zwar als eine Art des indischen Feudalismus, der von bedeutenden technologischen Veränderungen begleitet war. Sein Werk regte Historiker wie R. S. Sharma und Irfan Habib zur weiteren Erforschung des indischen Feudalismus an und stieß bei Mittelalterforschern auf der ganzen Welt auf lebhaftes Interesse. Außerdem führte die Konzentration auf soziale

Gebilde dazu, dass die dreiteilige Periodisierung der indischen Geschichte erstmals infrage gestellt wurde.

Während in den 1960er und 1970er Jahren neue Themen die Aufmerksamkeit der Wissenschaftler erregten, dauerte das Interesse am »Freiheitskampf« zwar an, nahm aber nicht mehr denselben Stellenwert ein wie früher. Das Entstehen einer politischen Linken und die wachsende Fraktionierung der indischen Politik allgemein – zu erkennen an dem schwindenden Einfluss der Kongresspartei und dem Mangel an Entwicklung – lenkte die Aufmerksamkeit auf die bereits um die Jahrhundertwende von den Wirtschaftsnationalisten gestellte Frage nach der Unfähigkeit des Kolonialismus, die indische Wirtschaft zu entwickeln. Bipan Chandra, Professor an der Jawaharlal Nehru Universität, die 1969 gegründet worden und für die Linkslastigkeit ihrer Studenten bekannt war, verwies auf die Beziehung zwischen den Strukturen des internationalen Kapitalismus und der Unterentwicklung der postkolonialen Regionen, mit anderen Worten auf den Neokolonialismus. Solche Untersuchungen waren auch durch die »neokolonialistischen« Narrative von Forschern wie dem amerikanischen Wirtschaftshistoriker Morris D. Morris provoziert, die weiterhin die Vorteile der Kolonialherrschaft hervorhoben. Bipan Chandra, der zwar der Linken zuzurechnen war, zugleich aber die idealistische Komponente der indischen Nationalbewegung anerkannte, stellte die Sicht einer neuen Generation von Cambridge-Historikern infrage, die die indischen Nationalisten als eine Clique von zänkischen und machtbesessenen Schlaumeiern darstellten, die zwar immer wieder mit den Briten kollaborierten, deren Hauptanliegen es jedoch war, in die Fußstapfen ihrer Herren zu treten.[95] »Männer und Frauen machen Geschichte«, forderte Chandra, »und zwar nicht nur aufgrund materieller Stärken und Interessen, sondern auch wegen und vermittels ihrer Ideen«, und er warnte vor dem »Irrtum, Ideen und Ideologien zu ignorieren«, da man sonst »die Geschichte ihres Geistes beraubt«, denn dies verleite den Historiker dazu, »die Traditionen und Werte der Demokratie, der zivilen Freiheit, des Säkularismus, des Humanismus und der Vernunft zu ignorieren, die der nationalen Bewegung von Anbeginn eigneten«.[96] Die bedeutendsten marxistischen Historiker Indiens erkannten, dass die schablonenhafte Herangehensweise der Marx'schen Kategorien nicht zielführend war, dass hingegen Marxens grundlegendes Verständnis von der Dynamik der Geschichte sehr wohl ihren Wert hatte, auch wenn der westliche und europäische Verlauf sich nicht auf die indische Situation anwenden ließ.

Während dieser Zeit gab es zudem eine neue Betonung des Sozialen und Kulturellen, doch diese galt vornehmlich der präkolonialen Phase und stand unter dem starken Einfluss von anthropologischen und soziologischen Theorien, insbesondere den Arbeiten von M. N. Srinivas (1916–1999), mit dessen

Konzept der »Sanskritisierung« sich sozialer Wandel und historische Entwicklungen innerhalb der Parameter einer spezifischen kulturellen Praxis beschreiben ließen. Für die Kolonialzeit war auch weiterhin das nationalistische Paradigma bestimmend; ein Grund dafür war laut Sumit Sarkar, dass »das Soziale, zu großen Teilen noch von unvermeidlichen ›inneren‹ Spannungen geprägt, Material war, das sich schlecht in die nationalistische Historiografie einfügen ließ, die lieber an der Saga vom grundsätzlich einigen Volk festhielt.«[97] Eine Fraktion der marxistischen Historiker konzentrierte sich natürlich auch auf den Klassenkampf von Arbeitern und Bauern während der Kolonialzeit, wobei die eher mechanische leninistische Auslegung zur Anwendung kam. Man beschäftigte sich auch mit der Region, und zwar in Form einer provinziellen Historiografie, die durch die föderale Struktur der Union sanktioniert war und vom postkolonialen Separatismus unterschieden werden muss. Fachzeitschriften wurden zahlreich gegründet, so etwa die »Indian Economic and Social History Review« (1963), die sich vornehmlich mit der Kolonialzeit befasste. Es gab zudem auch nichtmarxistische Forschungen auf dem Gebiet der »economic history«, allen voran Dharma Kumars »Land and Caste in South India« (1965), eine Untersuchung, die anthropologische und quantitative Techniken anwandte, um ein Bild vom ökonomischen und demografischen Wandel unter der Kolonialherrschaft zu vermitteln. Erst in den 1970er Jahren jedoch fanden neuere Interessen und Perspektiven Eingang in den Bereich des Sozialen, und man befasste sich mit Themen abseits des gängigen Nationalismus, etwa der Geschlechterrolle, sowie dem Kastenwesen der Arbeiterschaft und »Bauernaufständen«.

KAPITEL 6
Neue Herausforderungen in der Nachkriegszeit: Von der Sozialgeschichte zum Postmodernismus und zum Postkolonialismus

I. Der Kalte Krieg und das Entstehen einer neuen Weltordnung

Wir unterteilen die Epoche zwischen 1945 und 1989/91 in zwei Abschnitte mit der Zeit um 1968 als Wendepunkt. Diese drei Daten sind nicht nur im Westen, sondern global von Bedeutung. Die Niederlage der Achsenmächte 1945 markierte das Ende der Versuche Nazideutschlands und des japanischen Kaiserreichs, sich Europas bzw. Asiens zu bemächtigen. Das führte zu einem neuen Höhepunkt amerikanischer wie auch sowjetischer Macht, zur Abhängigkeit Westeuropas und Japans von den Vereinigten Staaten und dazu, dass große Teile Osteuropas von der Sowjetunion kontrolliert wurden. In den folgenden Jahren erlebten die Vereinigten Staaten eine Zeit noch nie dagewesenen Wohlstands, die auch nicht, wie zwischen den Kriegen, von Wirtschaftskrisen unterbrochen wurde. Dank amerikanischer Hilfe erholten sich Westeuropa und Japan von den Zerstörungen des Krieges und hatten dann später an diesem Wohlstand teil. Gleichzeitig büßten die Großmächte der Vorkriegszeit – Frankreich, Großbritannien, Deutschland und Japan – ihren Einfluss auf die internationale Politik ein. Diese Jahre waren beherrscht von der Auflösung der alten Imperien, da Indien, Pakistan und Sri Lanka 1947 von Großbritannien unabhängig wurden, Indonesien nach einem kurzen militärischen Konflikt 1949 von den Niederlanden und der Kongo 1960 von Belgien. Die Franzosen versuchten hartnäckig, ihre Stellung in Algerien und Indochina zu erhalten. Mitte der 1960er Jahre hatten die meisten ehemaligen Kolonien in Afrika, Süd- und Ostasien, im Nahen Osten, in der Karibik und in Ozeanien die Selbstbestimmung erlangt. China wurde mit Gründung der kommunistischen Volksrepublik 1949 politisch geeint. Die internationalen Beziehungen waren überschattet vom Kalten Krieg, bei dem es sich nicht nur um einen Konflikt zwischen zwei Bündnissen handelte, wie vor 1914, sondern zwischen zwei Gesellschaftssystemen, die sich beide ideologisch zu definieren suchten. China trat als zweite kommunistische Großmacht auf den Plan. Auffallend ist, dass trotz der Feindschaft zwischen den beiden Systemen in Europa keine bewaffneten Konflikte ausbrachen, zum Teil zweifellos verhütet durch die Angst vor einem Atomkrieg. Stattdessen fanden in den früheren Kolonien in Afrika und Asien Stellvertreterkriege statt. Die relative Stabilität in Westeuropa und Nordamerika wie auch in der Sowjetunion und den von der Sowjetunion dominierten Ländern geriet ins Wanken, als der Status quo im Westen wie auch im sowjetischen Einflussbereich immer mehr infrage gestellt wurde: In den Vereinigten Staaten entstand die Bürgerrechtsbewegung, man protestierte gegen die westliche Beteiligung am Vietnamkrieg, in Europa, Japan und Nordamerika zeigte sich die jüngere Generation zunehmend enttäuscht von einer hochindustrialisierten, kommerzialisierten Kultur, und Osteuropa leistete Widerstand gegen das rigide, diktatorische Regime der Sowjetunion. Dieses Unbehagen drückte sich überall im Westen in den massenhaften Studentenprotesten von 1968 aus, mit den Schwerpunkten Berkeley, Paris, Westberlin, Mexico City und Tokyo und im Prager Frühling. Vorläufer dieser aktivistischen Studenten waren die Roten Garden, radikale Schüler und Studenten, die bei Chinas sogenannter Großer Proletarischer Kulturrevolution 1966 und später eine maßgebliche Rolle spielten. Die maoistische Ideologie hatte im übrigen auch außerhalb Chinas großen Einfluss. Diese Aufstände wurden überall niedergeschlagen, wirkten sich jedoch auf die allgemeine Stimmung der kommenden Jahre nachhaltig aus.

II. Spielarten der Sozialgeschichte im Westen (1945–1968/1970)

Was das historische Denken und die Geschichtsschreibung anging, so ließen die ersten beiden Jahrzehnte nach 1945 zumindest im Westen ein weitverbreitetes Gefühl der Zuversicht und der Identifizierung mit der Kultur der Industriegesellschaft erkennen, ein erneutes Bemühen, das Studium der Geschichte zu einer exakten Wissenschaft zu machen, einer Wissenschaft, die sich auf empirische Forschung und analytische Methoden verließ und damit den eigentlichen Naturwissenschaften viel näher stand als jenem Ranke'schen Ansatz, der ehedem zur Professionalisierung der Geschichtsforschung beigetragen hatte. Für viele Historiker in der Zeit nach 1945 sollte Geschichte zu einer Sozialwissenschaft werden, auch wenn zumindest vier zum Teil national begrenzte Denkmodelle den wissenschaftlichen Charakter der Geschichte anders deuten. Wir werden zwischen einer amerikanischen, einer französischen (»Annales«) und einer westdeutschen Auffassung von historischer Sozialwissenschaft unterscheiden; die transnationalen marxistischen Denkmodelle wichen so sehr voneinander ab, dass sie nicht leicht unter einem Begriff zusammengefasst werden konnten. Trotz der Verunsicherungen in der kontinentaleuropäischen Philosophie und des theoretischen Relativismus einiger amerikanischer Historiker der Vorkriegszeit, z.B. Carl Beckers und Charles Beards, gab keine dieser Richtungen den Glauben an die Möglichkeit objektiven historischen Wissens auf.[1] Sie waren überzeugt, dass es eine reale historische Vergangenheit gab, wenngleich sie einräumten, dass in die Rekonstruktion dieser Vergangenheit subjektive Elemente einflossen. Zudem sahen alle diese Richtungen – die »Annales« teilweise ausgenommen – die Geschichte als progressiven Prozess der Modernisierung, der im Westen seiner Erfüllung entgegenging.

Dieses Vertrauen in wissenschaftliche Methodik und Modernisierung kam in der zweiten Hälfte der 1960er Jahre zunehmend unter Beschuss, als die Enttäuschung über die moderne Industriegesellschaft dazu führte, dass das wissenschaftliche Ideal und die Vorstellung von der Modernisierung als Fortschritt, die für unsere Zivilisation bestimmend gewesen waren, hinterfragt wurden. Obwohl viele Historiker weiterhin auf traditionelle Weise forschten und schrieben und viele andere bis in die 1970er und 1980er Jahre hinein die etablierten sozialwissenschaftlichen Verfahrensweisen anwandten, standen gerade die letztgenannten Jahrzehnte im Zeichen eines ausgesprochenen Wandels in der Geschichtswissenschaft: weg vom Studium der Gesellschaft, hin zu dem der Kultur. Das erforderte neue, andere Methoden, um die Werte, die die Gesellschaften motivierten, verstehen zu können. Als die Sowjets im August 1968 den »Sozialismus mit menschlichem Antlitz« des Prager Frühlings niederwalzten, beschleunigten sie damit den ökonomischen und ideologischen Verfall ihrer Macht. Der Marxismus, wie ihn die Sowjetunion vertrat, hatte seine Glaubwürdigkeit verloren, nicht nur im Westen, sondern auch innerhalb und außerhalb des Sowjetreichs, etwa in Japan. Nur in den ehemaligen Kolonialgebieten, die sich gegen das Eindringen des Westens wehrten, und bis zu einem gewissen Grad auch in manchen um radikale Reformen bemühten Regionen Lateinamerikas spielten Elemente des Marxismus noch eine bedeutende Rolle.

1. Die Vereinigten Staaten: Von der Consensus School zur Neuen Linken

Die Zeit unmittelbar nach dem Zweiten Weltkrieg war einerseits gekennzeichnet von einer Woge des Vertrauens in die Gediegenheit der Institutionen und Werte Amerikas, das als Sieger aus dem Krieg hervorgegangen und anschließend zur Weltmacht aufgestiegen war, andererseits aber auch von einem Gefühl der Gefahr angesichts des Kalten Krieges und dessen, was man als massive Bedrohung der »freien Welt« empfand. Die Vormacht der Fortschrittshistoriker, die in der amerikanischen Historiografie seit dem frühen 20. Jahrhundert eine zentrale Rolle gespielt hatten, war am Ende. An ihre Stelle trat die sogenannte Consensus School.[2] Die Progressive Schule, für die beispielhaft Charles Beard steht, hatte Amerika als gespaltene Nation gesehen, in der die Kapitalinteressen die Macht über das gemeine Volk ausübten. Man vertraute darauf, dass auf lange Sicht das Kapital an die Kandare genommen und eine bessere, gerechtere Gesellschaft entstehen würde. Die Fortschrittshistoriker konzentrierten sich zwar auf ökonomische Faktoren, waren aber keine Marxisten, denn sie erwarteten diesen Prozess als eine Folge von Reformen, nicht als Revolution, und wiesen das marxistische Dogma, dass sich die Gesellschaft aufgrund historischer Gesetzmäßigkeiten transformieren werde, zurück.

Die »Consensus-Historiker«, um unter ihnen nur Louis Hartz (1919–1986), Richard Hofstadter (1916–1970) und Daniel Boorstin (1914–2004) zu nennen, spiegelten die konservative politische und soziale Stimmung der 1950er Jahre und die Reaktion gegen die Reformen des New Deal, aber auch das Bedürfnis, Amerika gegen den Kommunismus zu verteidigen, den sie als unmittelbare Bedrohung der amerikanischen Freiheit empfanden. Sie betonten die Einzigartigkeit der amerikanischen Geschichte, die sich fundamental von der europäischen Klassengesellschaft unterscheide. Da Amerika keine feudale Vergangenheit kenne, habe es sich von Anfang an zu einer Gesellschaft von Gleichgestellten entwickeln können, die eine demokratische politische Ordnung mitgestalteten. Abgesehen vom Bürgerkrieg 1861–1865 habe es in Amerika keine größeren Konflikte gegeben, und dieser hätte verhindert werden können, so behaupteten sie, wenn nicht ideologisch motivierte Sklavereigegner eine Entscheidung erzwungen hätten.

Die Consensus-Historiker arbeiteten auf traditionelle Weise. Seite an Seite mit ihnen entwickelte sich eine an Bedeutung zunehmende sozialwissenschaftliche Richtung, die mit der anglo-amerikanischen analytischen Philosophie wichtige Grundsätze teilte. Carl Hempel (1905–1997) wandte die Prinzipien der analytischen Philosophie nach dem später sogenannten »covering-law-Modell« auf die historische Recherche an.[3] Demzufolge gibt es nur eine Form wissenschaftlichen Denkens, das auf die Geschichte ebenso anzuwenden ist wie auf andere Wissenschaftszweige. Alle Ereignisse haben Ursachen. Nur eine Kette von Ereignissen zu erzählen, reicht nicht. Stattdessen muss sich der Historiker bemühen, einzelne Ereignisse mit ihren Ursachen zu verknüpfen. Allerdings erhebt sich dann die Frage, ob dies möglich ist, ob es nicht im menschlichen Tun und Wollen Elemente gibt, die sich einer solchen

Reduktion entziehen. Hempel war schließlich gezwungen, dies zuzugeben. Karl Popper (1902–1994) hingegen kam zu dem Schluss, weil es nur eine einzige Logik vernünftiger Forschung gebe, könne Geschichtsforschung keine Wissenschaft sein.

Nicht alle Historiker, die sozialwissenschaftliche Verfahren anwenden wollten, gingen so weit wie Hempel oder Popper, sie suchten aber dennoch Modelle zu entwickeln, vorzugsweise quantitative, mit denen sich Tendenzen gesellschaftlichen Verhaltens durch empirisch beweisbare Generalisierungen definieren ließen. Sie stimmten mit Popper überein, dass die Wahrheit von Aussagen in der Geschichts- oder in den Sozialwissenschaften nie mit Bestimmtheit bewiesen werden könne, und bestanden darauf, Aussagen müssten so formuliert werden, dass sie empirisch bewiesen oder gegebenenfalls ihr Nichtzutreffen nachgewiesen werden könne.[4] Aufgabe des sozialwissenschaftlichen Historikers sei es nicht, Ereignisse zu erzählen, sondern theoretische Erklärungen anzubieten, die die Ereignisse in einen größeren kausalen Zusammenhang stellten. Hier spielte die Quantifizierung eine Schlüsselrolle. Mithilfe der neuen Computer konnten große Mengen von Material mathematisch abgeglichen werden. Damit wurde die Geschichte zu einer Wissenschaft, die in ihrer Exaktheit den Naturwissenschaften gleichkam. Robert Fogel (1926–2013) und Stanley Engerman (geb. 1936) stellten in ihrer Studie über die Sklaverei in Amerika »Time on the Cross« die Frage, ob die Sklaverei, wie oft behauptet, zur Zeit des amerikanischen Bürgerkriegs wirtschaftlich schon im Niedergang begriffen gewesen sei. Sie fochten diese These an, mit dem Argument, in der heutigen Zeit seien historische Fragen nicht mehr strittig und interpretierbar, sondern könnten mit Hilfe der Computertechnik mit hohem Gewissheitsgrad beantwortet werden. Anhand riesiger Datenmengen zu Ernährung, Wohnen und Gesundheit verglichen sie die Lebensbedingungen der Sklaven sehr genau mit denen der Industriearbeiter jener Zeit im Nordosten der Vereinigten Staaten. Allgemein galt nur eine quantitative Geschichtsforschung als wissenschaftlich. Quantitative Methoden wurden angewandt auf die Untersuchungen von Wahlen, Familienstrukturen, sozialer Mobilität und Migration und natürlich auf die Wirtschaft. Diese neuen Tendenzen wurden mit dem Begriff Kliometrie belegt. 1959 versuchten Robert Fogel und Douglas North (geb. 1920) in »Railroads and American Economic Growth« (1964) empirisch der kontrafaktischen Frage nachzugehen, wie sich die Industrialisierung Amerikas entwickelt hätte, wenn die Eisenbahn nicht gebaut worden wäre und andere Kommunikations- und Transportmöglichkeiten wie die Schiffahrt auf Flüssen und Kanälen deren Aufgabe übernommen hätten.

Zu dieser Zeit spielten Modernisierungstheorien in der historischen Soziologie und Ökonomie eine immer wichtigere Rolle. Diese Theorien stützten sich weniger auf die Computertechnik als auf eine Vorstellung von historischer Entwicklung, die auf die Aufklärung zurückging und paradoxerweise Marx und Engels verpflichtet war. Walt Rostow (1916–2003) ging in »Stages of Economic Growth« (1960) [dt. »Stadien wirtschaftlichen Wachstums: Eine Alternative zur marxistischen Entwicklungstheorie«, 1960] trotz des Untertitels »A Non-Communist Manifesto« von Marxens Annahme aus, dass »[d]as industriell entwickeltere Land ... dem minder entwickelten nur das Bild der eignen Zukunft« zeige,[5] dabei ersetzte er das kapitalistische England in der Mitte des 19. Jahrhunderts durch das kapitalistische Amerika in der Mitte des 20. Letztlich würde die ganze Welt dem Beispiel Amerikas folgen und in einen Modernisierungsprozess geraten, der zu einer freien Marktwirtschaft und einer liberalen parlamentarischen Demokratie führen würde. Der in Wien ausgebildete Wirtschaftshistoriker Alexander Gerschenkron (1904–1978) machte in »Economic Backwardness in Historical Perspective« (1962) darauf aufmerksam, dass Länder, die später und unter anderen politischen und sozialen Bedingungen industrialisiert wurden, nicht in diese Schablone gezwängt werden könnten. Trotzdem überlebte Rostows Vision, die ideologisch sehr gut in den Kalten Krieg passte, etwa bei Theoretikern wie Francis Fukuyama (geb. 1952) in dessen berühmtem Essay »The End of History?« [dt. »Das Ende der Geschichte«, 1992], der 1989 erschien, einige Monate vor dem Fall der Berliner Mauer.[6] In den Vereinigten Staaten der 1950er und 1960er Jahre operierte die historische Soziologie vielfach mit einem Meisternarrativ, das die unaufhaltsame »Modernisierung« des wissenschaftlichen Denkens, des wirtschaftlichen Wachstums und der säkularen Anschauungen schilderte. Diese Modernisierung hatten nicht nur die Positivisten des 19. Jahrhunderts vorhergesehen, sondern auch Max Weber, obwohl Weber sich der Gefahren dieses Fortschritts und der Unterschiedlichkeit anderer Zivilisationen weit mehr bewusst war als die amerikanischen Soziologen nach 1945. Die Modernisierungstheoretiker sahen die Geschichte als linearen Prozess, und an der Spitze dieses Prozesses stand der Westen und nach dem Zweiten Weltkrieg besonders Amerika als modernste Gesellschaft. So wurde Modernisierung auf der ganzen Welt weitgehend mit dem Begriff Verwestlichung gleichgesetzt.

Doch angesichts der zunehmenden Spannungen innerhalb der amerikanischen Gesellschaft und im Ausland schwanden bald Optimismus und Selbstzufriedenheit der Consensus-Historiker und zahlreicher sozialwissenschaftlicher Historiker. Bisher waren die Schwarzen von weißen Historikern weitgehend ignoriert oder paternalistisch als inferiore Rasse behandelt worden, etwa in den Arbeiten von William A. Dunning (1857–1922),[7] Ulrich Phillips (1877–1934)[8] und ihren Studenten wie dem bereits erwähnten

John Randall, der die rassisch bedingte Inferiorität von Schwarzen zu belegen versuchte. Nun beschäftigte sich eine Reihe von schwarzen Historikern wie W. E. B. Du Bois und John Hope Franklin (1915–2009), aber auch weiße Historiker wie Stanley Elkins (geb. 1925) und Kenneth Stampp (1912–2009), mit der Geschichte der Sklaverei und der rassistischen Unterdrückung. Elkins verglich in seinem äußerst umstrittenen Buch »Slavery: A Problem in American Institutional and Intellectual Life« (1959) die amerikanische Sklaverei mit den Konzentrationslagern der Nazis. Auf John Kenneth Galbraiths (1908–2006) »The Affluent Society« (1958) [dt. »Gesellschaft im Überfluss«, 1959] folgte Michael Harrington (1928–1989), der in »The Other America. Poverty in the United States« (1962) [»Das andere Amerika. Die Armut in den Vereinigten Staaten«, 1964] die Aufmerksamkeit auf die vielen benachteiligten Menschen in Amerika lenkte.

Angesichts der inneren Unruhen – vor allem der Bürgerrechtsbewegung und der Proteste gegen Amerikas Versinken im Sumpf des Vietnamkrieges – wurden nun die Consensus-Historiker ebenso wie die früheren Fortschrittshistoriker von einer Neuen Linken herausgefordert. Gabriel Kolko (geb. 1932) zeigte in »The Triumph of Conservatism« (1963) auf,[9] dass die progressive Ära keine Bewegung hin zu einer demokratischeren Gesellschaft hatte erkennen lassen, wie allgemein behauptet worden war, sondern zu einer immer effektiveren Kontrolle der Ökonomie durch kapitalistische Institutionen, begleitet von Reformen, die in Wirklichkeit nicht zu mehr Demokratie führten, sondern zu einer Regierung, die im Interesse des Kapitals handelte. Hauptangriffsziel der Neuen Linken war jedoch die Außenpolitik im Schatten des Vietnamkrieges. Historiker wie William Appleton Williams (1921–1990), Walter La Feber (geb. 1933) und Gabriel Kolko[10] bestritten, dass im Kalten Krieg die freien Ordnungen des Westens gegen die sowjetische und chinesische Aggression verteidigt würden, und versuchten aufzuzeigen, in welchem Ausmaß die amerikanische Außenpolitik den Kapitalinteressen diente und wie imperialistisch sie die unterentwickelten Länder behandelte. Dabei unterstützten sie keineswegs die Sowjetunion, sondern waren sich deren repressiven Verhaltens durchaus bewusst. Doch hegten sie große Sympathien für den Selbstbestimmungskampf jener Länder, die früher vom Westen dominiert worden waren (oder immer noch dominiert wurden, wie zum Beispiel Vietnam).

In dem angespannten politischen Klima der späten 1960er Jahre in den Vereinigten Staaten und der Studentenbewegung entstand eine Richtung der Geschichtsschreibung, die sich selbst als radikal bezeichnete.[11] Obwohl selbst vergleichsweise marginal, trug sie doch zu den historischen und sozialen Anschauungen der 1970er Jahre bei. Sie strebte eine »Geschichte von unten« an, die sich auf jene Teile der Bevölkerung konzentrieren wollte, die von den Fortschrittshistorikern und den Consensus-Historikern so gut wie ganz ignoriert worden waren. Howard Zinn (1922–2010) versuchte dies in seinem Buch »A People's History of the United States from 1492 to the Present« (1980) [dt. »Eine Geschichte des amerikanischen Volkes«, 2007] wettzumachen. Zudem beschäftigte sich diese radikale Geschichtsschreibung auch mit den Frauen und entwickelte ein breitangelegtes feministisches Konzept, auf das wir später noch zu sprechen kommen. Die Vorstellung von den Vereinigten Staaten als »einer Nation unter Gott, unteilbar, mit Freiheit und Gerechtigkeit für jeden« wich dem Bild von einer multikulturellen Gesellschaft mit den unterschiedlichsten Segmenten, denen oft jeglicher Zugang zu Freiheit und Gerechtigkeit verwehrt war und die nun eine eigene Geschichtsschreibung forderten. Es blieb die Aufgabe bestehen, eine Geschichte zu schreiben, die die amerikanische Gesellschaft von allen Seiten beleuchtete, ihre Klassen und die ethnischen und geschlechtlichen Zugehörigkeiten, ohne dabei die nationale Einheit infrage zu stellen. Vielmehr sollte eine solche Geschichte die Nation neu definieren.

2. Frankreich: Die »Annales«

Im Zusammenhang mit den »Annales« sollten wir den Begriff Paradigma vermeiden, denn das würde suggerieren, es habe ein klares Konzept gegeben, mit welchen Fragen man die wissenschaftliche Forschung lenkt, oder einen klaren methodischen Weg, auf dem man der Beantwortung dieser Fragen näherkommt.[12] Die Historiker dieser Bewegung haben vielmehr höchst unterschiedliche Richtungen eingeschlagen. Peter Burke findet, sie habe einen beträchtlichen »Teil der innovatorischsten, bewundernswertesten und bedeutendsten historischen Arbeiten des zwanzigsten Jahrhunderts« hervorgebracht.[13] Es hieß, ihre Bedeutung und ihr Einfluss auf die Geschichtswissenschaft nicht nur in Frankreich, sondern international, sei nur mit denen der Ranke-Schule im 19. Jahrhundert vergleichbar. Zentral war die Idee von Geschichte als einer Sozialwissenschaft oder umfassenden »Humanwissenschaft«, die sich jedoch von den bereits besprochenen sozialwissenschaftlichen Ansätzen in den Vereinigten Staaten deutlich unterschied. Wie wir im vorigen Kapitel gesehen haben, scharten sich diese Historiker ursprünglich um die »Annales«, eine von Marc Bloch und Lucien Febvre 1929 gegründete Zeitschrift; nach dem Zweiten Weltkrieg verband sie zudem der um diese Zeitschrift entstandene gut organisierte institutionelle Rahmen.

Vor dem Zweiten Weltkrieg waren die »Annales« für die französische Historikerzunft nur eine Randerscheinung, auch nachdem Febvre und Bloch 1933 und 1946 nach Paris an das Collège de France beziehungsweise an die Sorbonne gegangen waren. Die vorherrschende Geschichtsschreibung hielt sich noch immer weitgehend an die konventionellen Muster einer Geschichtsschreibung nach politischen Ereignissen. Nachdem Bloch 1944 von den Nazis ermordet worden war, übernahm Febvre nach dem Krieg die Leitung der »Annales« und gründete 1947 eine Spezialabteilung der Ecole Pratique des Hautes Etudes, die Sixième Section, deren Präsident er wurde und die es ihm ermöglichte, Forschung nach genau den Richtlinien zu betreiben, nach denen seiner Ansicht nach Geschichte geschrieben werden sollte. Für ihn war Geschichte nicht von den Sozialwissenschaften zu trennen. Die Grenze zwischen beiden musste fallen. An die Sixième Section (nach 1972 Ecole des Hautes Etudes en Sciences Sociales) wurden auch Sozial- und Geisteswissenschaftler berufen, um eine enge Zusammenarbeit von Historikern mit anderen Disziplinen zu gewährleisten, nicht nur wie früher mit Ökonomen, Soziologen und Geografen, sondern auch mit Anthropologen, Psychologen, Psychoanalytikern und, von nun an ganz wichtig, Kunsthistorikern, Literaturkritikern und Fachleuten der jungen Disziplin Semiotik. Geschichtswissenschaft sollte eine umfassende Gesellschaftswissenschaft werden, eine »Wissenschaft vom Menschen«; diese neue Geschichte sollte die verschiedenen anderen Disziplinen einbinden. In ihr sollte die Isolation nicht nur der Geschichte, sondern auch der anderen Disziplinen der Sozial- und Geisteswissenschaften überwunden werden. Dabei sollte diese Wissenschaft keinen Systemcharakter haben, mit anderen Worten, es wurde keine Einheitswissenschaft anvisiert. In ihr sollten vielmehr unterschiedliche Herangehensweisen die verschiedensten Aspekte der menschlichen Existenz erforschen, ohne den Kontakt zueinander zu verlieren. Nach Febvres Tod 1956 übernahm sein Schüler Fernand Braudel (1902–1985) die Herausgeberschaft der »Annales« und die Leitung der Sixième Section. Peter Burke meint, die »Annales«, anfangs das Sprachrohr einer »häretischen Sekte«, hätten in der französischen Geschichtsschreibung die Führung übernommen.[14] 1968 wurde in Paris am linken Seine-Ufer die Maison des Sciences de l'Homme eröffnet, ein Forschungszentrum, in dem die Wissenschaftler der verschiedenen Disziplinen untergebracht waren und sich unter hervorragenden Bedingungen offiziell und inoffiziell austauschen konnten.

In den anderthalb Jahrzehnten nach Febvres Tod war Braudel die Führungsfigur im Kreis um die »Annales«. Er hatte sich 1949 mit seinem dreibändigen Monumentalwerk »La Méditerranée et le monde méditerranéen à l'époque de Philippe II«[15] [dt. »Die Welt des Mittelmeeres«, 2000] einen

Namen gemacht. Braudel hatte die Studie Anfang der 1930er Jahre als Dissertation begonnen. Der Schwerpunkt hatte ursprünglich auf der Außenpolitik Philipps II. von Spanien (1527–1598) gelegen, es handelte sich also um eine noch relativ traditionelle Diplomatiegeschichte. Die Fertigstellung verzögerte sich durch zwei Unterbrechungen, erst durch eine zweijährige Lehrtätigkeit an der Universität von São Paulo in Brasilien, wo er sich mit seinem französischen Kollegen, dem Anthropologen Claude Lévi-Strauss (1908–2009), anfreundete und von ihm stark beeinflusst wurde; dann durch mehrere Jahre in einem deutschen Internierungslager, wo er immerhin Zeit fand, nochmals über seine Studie nachzudenken und sie im Wesentlichen zu skizzieren. Die Endfassung hatte eine ganz andere Ausrichtung als ursprünglich geplant. Braudel wandte sich ausdrücklich von der erzählenden Ereignisgeschichte ab und befasste sich mit den grundlegenden Strukturen, die die Geschichte prägen. Ebenso verwarf er die traditionelle Newton'sche Auffassung von einer linearen, voranschreitenden Zeit und behauptete stattdessen, das jeweilige historische Umfeld erfordere ein jeweils anderes Zeitverständnis. Das Buch war in drei Teile gegliedert, ein Abbild dreier unterschiedlicher Zeitkonzepte. Nicht der schnell wechselnde Verlauf der Ereignisse, wie er für die traditionelle Historiografie typisch war, interessierte Braudel, sondern das, was die Veränderung behinderte oder verlangsamte. Er nannte das *longue durée*.

Wie Marc Bloch wollte er die Geschichte auf eine feste materielle Basis stellen, verstand jedoch unter materiell etwas radikal anderes als Marx. Obwohl die Ökonomie in Braudels Geschichte eine sehr wichtige Rolle spielte, ging er von Grundvoraussetzungen aus, die weit tiefer in der physischen Welt verankert waren als die Marx'schen Produktionsmittel und -bedingungen. Der erste Teil des Buches befasste sich mit dem geografischen Raum des Mittelmeers und seiner Küstenländer in Europa, Nordafrika und im Nahen Osten. Doch Braudel war kein ökonomischer Determinist. Wie Bloch stützte er sich im wesentlichen auf die »Humangeografie« von Paul Vidal de la Blache.[16] Für ihn bestand die mediterrane Welt nicht nur in dem Meer, den Bergen und den Ebenen, sondern auch in Siedlungen, Straßen und Häfen. Die Geografie war also nicht nur eine Natur-, sondern auch eine Human- und deshalb Geschichtswissenschaft. Braudel interessierten nicht die Ereignisse, sondern die Strukturen, innerhalb derer sich die Menschheitsgeschichte abspielte. Im ersten Teil über Geografie sind diese Strukturen weitgehend unveränderlich. Sobald er sich im zweiten Teil der Ökonomie und Gesellschaft zuwendet, läßt er neben den konstanten Strukturen auch die Bewegung gelten und spürt das Gesetzmäßige an diesen Veränderungen auf. Ausgehend von den ökonomischen Theorien Clément Juglars (1819–1905) und Nikolai

Kondratjews (1892–1931?),[17] suchte er in der ökonomischen Aktivität nach wiederkehrenden Mustern in Gestalt kürzerer und längerer Konjunkturzyklen. Braudel operierte mit einer Geschichts- und Gesellschaftskonzeption, die er, weil er sie für materialistisch hielt, mit einer wissenschaftlichen Blickrichtung gleichsetzte. Über zivilisatorische Aspekte hatte er in diesem Teil wenig zu sagen. Im dritten Teil griff er schließlich sein ursprüngliches Thema wieder auf, die Diplomatie- und Militärgeschichte rings um Philipp II., doch fast entschuldigend bezeichnete er die Darstellung der politischen Ereignisse als oberflächlich, weil sie die bleibenden Strukturen, die der Geschichte zugrundelägen, nicht berührten. Trotzdem steuerte Braudel zum historischen Diskurs der Franzosen in den 1950er und 1960er Jahren viele wichtige Ideen bei: die Festlegung auf eine Wissenschaft vom Menschen, die sich von politischen Ereignissen und bedeutenden Einzelpersonen abwandte und sich auf gesellschaftliche Strukturen konzentrierte, weg von der Erzählung, hin zur Analyse, weg von der Geschichtsforschung als einer sich selbst definierenden Disziplin, hin zu einem breiten, interdisziplinären Ansatz. Da er über den Nationalstaat hinausging, weitete sich, nebenbei bemerkt, sein Blick zu einer kosmopolitischen Perspektive; sein Werk über die mediterrane Region befasst sich mit allen am Mittelmehr liegenden Ländern.

Das Konzept vom Studium des Menschen als einer eigenen Wissenschaft spiegelte sich in der Sixième Section, deren Mitarbeiter ihre Forschungsinstitute als Laboratorien bezeichneten. In den 1960er Jahren widmeten die »Annales« einige Nummern der Humanbiologie aus historischer Sicht. 1951 veröffentlichte die Sektion drei wichtige Schriftenreihen zu a) Häfen, Straßen und Verkehr, b) Handel und Kaufleuten und c) Geld, Preisen und Konjunktur, in denen Braudels Blickrichtung deutlich sichtbar wurde. Auf Braudels Studie über das Mittelmeer folgte ein zwölfbändiges Werk von Pierre Chaunu (1923–2009), »Séville et l'Atlantique«,[18] das die Gütertransporte zwischen den spanischen Häfen und den spanischen Kolonien in der neuen Welt von 1504 bis 1650 nach Tonnen auflistete.

Als nächstes schrieb Braudel eine dreibändige Studie über die von ihm so bezeichnete »Geschichte der materiellen Kultur«,[19] worin er sich vor allem mit dem Aufstieg des Kapitalismus befasste. Obwohl sich dieses Werk, wie zu erwarten, auf die frühen italienischen Zentren und, diesen nachfolgend, auf Antwerpen, Amsterdam und London konzentrierte, sollte doch festgehalten werden, dass Braudel von einer globalen Perspektive ausging und zum ersten Mal Vergleiche mit Entwicklungen in China, Indien, der islamischen Welt und Lateinamerika anstellte. Im ersten Band ging es um die materiellen Aspekte des Alltags, um Nahrung, Kleidung, Wohnen, Gesundheit, Werkzeug, Geld und Städte; die Mentalität, die bei Bloch und Febvre eine so große Rolle gespielt hatte, blieb ausgeklammert. Erst in seinem letzten, unvollendeten, posthum veröffentlichten Werk »L'identité de la France, espace et histoire« (1986) [dt. »Frankreich«, 2009] wandte sich Braudel ausdrücklich Frankreich zu, aber wie die Untertitel schon andeuten[20], nicht Frankreich als ganzheitlicher Nation, sondern als Einheit, die sich aus Regionen zusammensetzt, die jeweils ihren eigenen Charakter haben.

Braudels Interesse an Wirtschaftsgeschichte wurde erneut geweckt durch Ernest Labrousse (1895–1986), einen Mitarbeiter der Sixième Section, der schon in den 1930er Jahren eine umfangreiche Untersuchung zum Thema Preise[21] angestellt hatte, die sich an frühere Studien von François Simiand (1873–1935) anschloss.[22] Labrousse richtete sein Hauptaugenmerk auf das 18. Jahrhundert und suchte aus marxistischer Sicht nach einer Beziehung zwischen den Preisbewegungen einerseits und dem Ausbruch und Verlauf der Französischen Revolution andererseits. Das hatte vor ihm schon Georges Lefèbvre versucht, allerdings auf quantitativer Ebene. In den 1950er und 1960er Jahren wandten sich wichtige Mitglieder des »Annales«-Kreises regionalen Themen zu. Wie Braudel mieden sie Nationalgeschichte und auch die Konfrontation mit der Moderne, von einzelnen Ausnahmen abgesehen: Charles Morazé (1913–2003) zum Beispiel befasste sich mit dem Sieg der Bourgeoisie[23] und Marc Ferro (geb. 1924) mit dem Ersten Weltkrieg und der Russischen Revolution.[24] Die methodisch innovativen Arbeiten in der Tradition von Febvre und Bloch konzentrierten sich indes auf Regionen in Frankreich vor der Französischen Revolution, zweifellos auch deshalb, weil sich eine solche Methodik gut auf relativ immobile Gesellschaften anwenden ließ, nicht aber auf die schnellen Transformationen im Industriezeitalter. Während sich die »Annales« in den 1930er Jahren auch mit zeitgenössischen Problemen befasst hatten – etwa mit dem italienischen Faschismus, dem sowjetischen Kommunismus, dem New Deal, der Verstädterung und den Problemen der unterentwickelten Länder –, schenkten sie nach 1945 dem 20. Jahrhundert wenig Beachtung. Das verrät vielleicht ein gewisses Unbehagen an der modernen Welt, das im 20. Jahrhundert weit verbreitet war. Der »Annales«-Kreis war fest entschlossen, die Geschichte in eine wissenschaftliche Disziplin umzuwandeln, was letztlich auch die Verpflichtung zur Quantifizierung bedeutete; allerdings kannte diese Sozialwissenschaft nicht den Gedanken einer fortschreitenden Entwicklung hin zur Moderne, wie er bei so vielen amerikanischen Sozialwissenschaftlern vorkam. Obwohl die »Annales«-Historiker die Agrargesellschaft der Vergangenheit keineswegs romantisierten (so wie die deutschen Verfechter der »Volksgeschichte«) und durchaus auch die negativen Seiten dieser Epoche sahen, machten sie sie neben dem Mittelalter zum Hauptgebiet ihrer Forschung. Pierre Gouberts (1915–2012) Studie über die Stadt Beauvais und ihre Umgebung[25] erinnert an Febvres Versuch, in seiner Dissertation über die Franche Comté die »histoire totale« einer Region zu schreiben. Aber Gouberts Untersuchung ist anders, weit weniger umfassend, viel selektiver. Sie operiert mit Braudels Begriffen der »Struktur« und der »Konjunktur« und ist weniger an Religion und Politik interessiert als an lang- und kurzfristigen Schwankungen von Preisen, Produktion und Bevölkerung zwischen 1600 und 1730 und an den Auswirkungen dieser Schwankungen auf unterschiedliche soziale Klassen. Goubert versuchte aufzuzeigen, dass in einer traditionellen Gesellschaft das Bevölkerungswachstum zu immer wiederkehrenden Versorgungskrisen führt, und zwar in einem mehr oder weniger regelmäßigen Zyklus von dreißig Jahren, weshalb man bewusst versucht hat, das Wachstum durch hinausgeschobenes Heiraten einzuschränken.

Unabhängig vom »Annales«-Kreis, aber in »Annales«- Studien wie der von Goubert berücksichtigt, entwickelte sich damals die historische Demografie, die sich von älteren statistischen Erhebungen insofern unterschied, als sie Bevölkerungszyklen empirisch und im größeren Zusammenhang mit ökonomischen und sozialen Strukturen und Entwicklungen untersuchte. In Frankreich wurde ein Institut National d'Etudes Démographiques gegründet, geleitet von Louis Henry (1911–1991), in Großbritannien entstand eine ähnliche Cambridge Group for the History of Population and Social Structure unter Edward Wrigley (geb. 1931), Roger Schofield (geb. 1937) und Peter Laslett (1931–2001). Ein wichtiges Mittel zur Analyse sozialer Strukturen war die Rekonstitution von Familienstämmen mit Hilfe von Kirchenbüchern. In Kyoto und Tokyo griff eine Gruppe um Hayami Akira (geb. 1929) für ein ähnliches Unternehmen auf die Aufzeichnungen der buddhistischen Tempel seit 1600 zurück.[26] In Braudels Studie über den Aufstieg des Kapitalismus hatte noch jegliche Untersuchung zur Mentalität früher Kapitalisten gefehlt. Genau diese nahm nun Robert Mandrou (1921–1984) in Angriff in einer Arbeit über Kapitalisten der frühen Neuzeit, in der er sich aber auch mit allgemeinerem Verhalten befasste, zum Beispiel mit Lesegewohnheiten.[27] Seit den 1960er Jahren beschäftigte sich ein Großteil der Studien aus dem »Annales«-Kreis mit »Mentalitätsgeschichte«. Diese Untersuchungen wurden bis in die 1970er Jahre durchgeführt und gingen von der Annahme aus, dass historisches Arbeiten quantitativ vorgehen müsse, um »wissenschaftlich« zu sein. Kardinalthema dieser Untersuchungen war die Abkehr vom Christentum, wie sie sich in der Einstellung zum Tod manifestierte. Um diese Bewusstseinsveränderungen zu erfassen, fütterte man die Computer mit Tausenden von Testamenten und erzeugte damit »lange Reihen«. So gesehen wurde die wissenschaftliche Geschichte zu einer *histoire sérielle*, wie in den Schriften von Michel Vovelle (geb. 1933) und Pierre Chaunu.[28]

Relativ bald erlangten die »Annales« beträchtliche Aufmerksamkeit im Ausland, in Italien, Spanien und Lateinamerika, besonders aber in Mexiko und Brasilien, und wie wir später noch sehen werden, in Osteuropa, vor allem in Polen und Ungarn und sogar in der Sowjetunion.

3. Deutschland: Vom »Historismus« zu einer kritisch-historischen Sozialwissenschaft

Wie in den Vereinigten Staaten und in Frankreich bemühte man sich nach 1945 auch in Westdeutschland, die Geschichte in eine Sozialwissenschaft zu transformieren. Aber der Übergang war abrupter, weil die deutschen Historiker, einem Geschichtsverständnis verpflichtet, das in Bismarcks Gründung eines *preußisch-deutschen* Nationalstaates den Höhepunkt der deutschen Geschichte sah, sich lange Zeit gegen eine Demokratisierung gewehrt und sich allen Versuchen, sozialwissenschaftliche Methoden einzuführen, widersetzt hatten.[29] Dies änderte sich nach dem Zweiten Weltkrieg. Anfangs gab es keinen Bruch mit der Historikerzunft aus der Zeit vor 1945. Die meisten liberalen Historiker, die nach 1933 in die Emigration gezwungen worden waren, wurden nicht zur Rückkehr eingeladen; nur der ultranationalistische Hans Rothfels (1891–1979), der den Nazis nahe gestanden hatte, Deutschland 1939 aber wegen seiner jüdischen Vorfahren hatte verlassen müssen, kam zurück.[30] Die alte Garde, darunter vor allem Gerhard Ritter (1889–1967), dominierte die Zunft nach wie vor. Doch die jüngeren, unter ihnen Werner Conze (1910–1986) und Theodor Schieder (1908–1984), die in der Nazizeit eine rassistisch orientierte »Volksgeschichte« betrieben hatten, lenkten die Geschichtswissenschaft nach 1945 in eine neue Richtung. Während die etablierten Historiker erbittert alle Versuche bekämpften, sozialwissenschaftliche Konzepte in die Historiografie einzuführen und Ritter die »Annales« auch jetzt noch leidenschaftlich ablehnte, weil sie wie die amerikanischen Sozialwissenschaften seiner Meinung nach dem Marxismus nahestanden,[31] hatten die jüngeren, wie im letzten Kapitel erwähnt, in der Nazizeit die Wortführer der »Volksgeschichte« durchaus akzeptiert, weil auch sie demokratischen Einrichtungen kritisch gegenüber standen. Jetzt, nach 1945, deuteten sie den Nazismus nicht als spezifisch deutsches, sondern als allgemein westliches Phänomen, das in der modernen Massengesellschaft wurzle. Der Nationalsozialismus sei nicht an die Macht gekommen, weil Deutschland vor 1933 zu wenig demokratisch, sondern weil es allzu demokratisch gewesen sei.[32] Jetzt, nach 1945, distanzierten sich die Wortführer der »Volksgeschichte« von ihrer Nähe zur Rassenideologie oder übergingen sie mit Stillschweigen und wandten sich von der romantischen Betrachtungsweise der mittelalterlichen Agrargemeinschaften ab, hin zu einem in ihren Augen realistischen Verständnis der modernen industriellen Welt.³³ Vor allem Werner Conze und Theodor Schieder wurden nun zu Mentoren einer neuen Generation von Historikern, darunter Hans-Ulrich Wehler (geb. 1931), Hans Mommsen (geb. 1930) und Wolfgang J. Mommsen (1930–2004), die erst nach dem Krieg studiert hatten.³⁴ 1957 gründete Werner Conze den »Arbeitskreis für moderne Sozialgeschichte«, zu dem viele jüngere Historiker gehörten und der sich dem Studium der modernen Industriegesellschaft in Deutschland verschrieb. Eine noch jüngere Generation erschien auf der Bildfläche, insbesondere Jürgen Kocka (geb. 1941), Schüler des demokratisch orientierten Gerhard A. Ritter (geb. 1929, nicht verwandt mit Gerhard Ritter). Conze und Schieder vermieden es weitgehend, nach den deutschen Ursprüngen des Nationalsozialismus zu suchen, den sie wie Gerhard Ritter und Rothfels als einen allgemein westlichen Ausdruck von Modernisierung deuteten.

Doch die jüngeren Historiker, die bei Conze und Schieder, aber auch bei Gerhard A. Ritter studiert hatten, sahen dies anders.³⁵ Das Hauptproblem, dem sie sich stellten, war der Aufstieg des Nationalsozialismus. Sie deuteten ihn nicht als allgemein europäisches Phänomen, sondern als eines, das tief in der deutschen Geschichte verwurzelt war. Auch sie betrachteten die neuere Geschichte in Hinblick auf die Modernisierung, aber sie verstanden darunter etwas anderes als Conze oder Schieder. Für sie bedeutete Modernisierung auch Demokratisierung. Wie Wehler schrieb: »[Z]u der fortschreitenden ökonomischen Modernisierung der deutschen Gesellschaft« hätte »eine Modernisierung der Sozialverhältnisse und Politik gehört«. »Der Industrialisierung mit ihrer permanenten technologischen Revolution, institutionellen Umformung und sozialen Veränderung hätte eine Entwicklung in Richtung auf eine Gesellschaft rechtlich freier und politisch verantwortlicher, mündiger Staatsbürger mit Repräsentativkörperschaften entsprochen«. Das traf für Deutschland nun eindeutig nicht zu.³⁶ Es war ein Hinweis darauf, dass ökonomische Modernisierung vom Zustandekommen einer parlamentarischen Regierungsform begleitet war, wie in Großbritannien, den britischen Dominions, den Vereinigten Staaten und großen Teilen Westeuropas. Die Frage erhob sich, warum Deutschland einen »Sonderweg« eingeschlagen hatte, der von dem des Westens abwich. Um diese Frage zu beantworten, war eine spezifische sozialwissenschaftliche Herangehensweise erforderlich, ein Bruch mit der alten deutschen Erzähltradition, dem auf die Politik konzentrierten »Historismus«,³⁷ und die Hinwendung zu einer analytischen Sozialwissenschaft. Anders als die älteren deutschen Historiker verbrachten Wehler und andere Historiker seiner Generation beträchtliche Zeit in den Vereinigten Staaten und in Großbritannien und wussten sehr wohl um die sozialwissenschaftlichen Diskussionen, die in diesen Ländern und in geringerem Maße auch in Frankreich geführt wurden. Gleichzeitig griffen sie auf deutsche Ursprünge von Gesellschaftstheorie zurück, auf Marx (ohne Marxisten zu sein), auf Max Weber und die Historiker und Sozialwissenschaftler, die nach 1933 aus Deutschland vertrieben worden waren. Ihre Auffassung von Sozialwissenschaft unterschied sich von der in Amerika vorherrschenden insofern, als sie die Sozialwissenschaft viel enger mit der Politik verknüpfte. Sie brachen auch mit dem Postulat, dass sozialwissenschaftliche Forschung werturteilsfrei sein müsse und forderten eine Geschichte und Soziologie mit klarer Wertorientierung. Hierin waren sie stark beeinflusst von der »Kritischen Theorie« der Frankfurter Schule um Max Horkheimer (1895–1973) und Theodor W. Adorno (1903–1969),[38] die von den Nationalsozialisten ins Exil gezwungen worden, nach dem Krieg aber nach Deutschland zurückgekehrt waren. Sie vertraten die Ansicht, bei einer rationalen Annäherung an das Studium menschlicher Verhältnisse gehe es nicht nur um methodische Prozeduren, sondern auch um die Frage, wie vernünftig gesellschaftliche Ordnungen sind, bezogen auf menschliche Bedürfnisse und Menschenwürde. Anders als die Vertreter des amerikanischen Behaviorismus wollte sich Wehler der Gesellschaft mit klar formulierten Fragen zum sozialen Wandel nähern. Für ihn bestand somit eine enge Verbindung zwischen Sozialwissenschaft und sozialer Praxis.

Im Laufe der späten 1960er und während der 1970er Jahre akzeptierte eine wachsende Anzahl jüngerer westdeutscher Historiker diese Prämissen und arbeitete mit Soziologen, Ökonomen und Politologen zusammen. Sie wurden unter dem Namen Bielefelder Schule bekannt, denn Wehler und der jüngere Jürgen Kocka hatten dort eine lockere interdisziplinäre Forschergruppe ins Leben gerufen. Auf der Suche nach einer Erklärung für den katastrophalen Verlauf der deutschen Geschichte im ersten Teil des 20. Jahrhunderts konzentrierten sie sich auf die historischen und sozialen Entwicklungen. Einen ersten Grund fanden sie in den Faktoren, die zur Einigung Deutschlands unter Bismarck geführt hatten. Diese hätte die Demokratisierung Deutschlands verhindert und zugelassen, dass mächtige vormoderne Sozialklassen, der ostelbische Landadel und das Militär, mit der aufkommenden Großindustrie kooperierten und eine Machtposition errangen, aus der heraus sie die wachsende Kraft der Arbeiterklasse zu zügeln vermochten. Diese Probleme hatte bereits einer von Friedrich Meineckes Studenten während der Weimarer Republik angesprochen: Eckart Kehr (1902–1933), der in seiner Dissertation von 1930 die These aufstellte, dass nicht Überlegungen zur nationalen Sicherheit und Außenpolitik den Bau der deutschen Kriegsflotte, der letztlich zur Konfrontation mit Großbritannien führte, veranlasst hatten, sondern innenpolitische

Erwägungen, die eine Stärkung der herrschenden Eliten anstrebten.³⁹ In den 1960er Jahren gab Wehler Kehrs Schriften als Grundlage für die neue kritische Historiografie heraus.⁴⁰ Ähnliche Fragen zu den politischen Konsequenzen des Widerspruchs zwischen Deutschlands moderner Wirtschaft und seinen vormodernen Gesellschaftsstrukturen wurden auch von anderen Historikern aus dem Meinecke-Kreis gestellt, zum Beispiel von Hans Rosenberg (1904–1988), der später an der University of California in Berkeley lehrte. Er kehrte nicht für immer nach Deutschland zurück, hielt dort aber eine Reihe wichtiger, von vielen jüngeren Historikern besuchter Seminare, mit denen er eine Brücke zwischen dem amerikanischen und dem deutschen kritischen Ansatz zur Sozialwissenschaft schlug.

Auch von Fritz Fischer (1908–1999) ging ein Anstoß zur neuen kritischen Geschichtsforschung aus. Er war älter und kein Mitglied der Bielefelder Schule, hatte sogar eine nationalsozialistische Vergangenheit, kam aber durch seine Forschungen in den 1950er Jahren trotzdem zu dem Ergebnis, dass in erster Linie Deutschland für den Ausbruch des Weltkrieges 1914 verantwortlich war. (»Griff nach der Weltmacht. Die Kriegszielpolitik des kaiserlichen Deutschland 1914/18«, 1961).⁴¹ Er recherchierte auf traditionelle Weise in Archiven und hatte mit sozialwissenschaftlichen Methoden wenig im Sinn, aber seine Untersuchung, in welchem größeren Rahmen die Entscheidung für einen Krieg getroffen worden war, stützte die Interpretation der deutschen Außen- und Militärpolitik durch die kritische Schule. Fischer kam zu dem Schluss, dass sich die kaiserliche Regierung einem breiten Einverständnis wirtschaftlicher Interessensgruppen aus Industrie, Landwirtschaft und Gewerkschaften gebeugt hatte, die eine Ausdehnung der politischen und ökonomischen Vorherrschaft Deutschlands über große Teile Europas, insbesondere Osteuropas, befürworteten – die Politik Nazideutschlands im Zweiten Weltkrieg warf ihre Schatten voraus – und die größeren Kolonialmächte Großbritannien und Frankreich zu verdrängen hofften. Fischers Buch stieß bei konservativen Historikern, vor allem bei Gerhard Ritter, auf heftigen Widerspruch, aber viele jüngere Historiker nahmen seine Thesen, wenngleich modifiziert, durchaus ernst.

Um die Mitte der 1970er Jahre hatte die kritische Schule nicht nur in Bielefeld, sondern auch an anderen Universitäten und Forschungszentren Fuß gefasst. 1975 gründete sie die Zeitschrift »Geschichte und Gesellschaft«, die methodologische Themen aufgriff und Aspekte der neueren Geschichte untersuchte. Im Gegensatz zu vielen Aufsätzen der »Annales« und der britischen »Past and Present« lag der Schwerpunkt dieser Zeitschrift und der angegliederten Buchreihe »Kritische Studien zur Geschichtswissenschaft« nicht auf dem Mittelalter oder der Neuzeit, sondern auf den Tranformationsprozessen in modernen Industriegesellschaften.⁴²

4. Marxistische Historiografie zwischen Orthodoxie und neuen Richtungen

Charakteristisch für die Zeit zwischen 1945 und 1968 war einerseits die Konsolidierung der Sowjetmacht, die mittlerweile ganz Osteuropa unter Kontrolle hatte, und andererseits eine sich verstärkende Krise innerhalb des sowjetischen Systems, besonders eine Krise der orthodoxen marxistischen Weltsicht. Der Tod Stalins 1953 und Nikita Chruschtschows Rede auf dem 20. Parteitag der KPdSU 1956 leiteten einen schmerzhaften, aber nicht zum Ende gelangten Prozess der Entstalinisierung ein. In dieser Zeit zeugten eine Reihe von Aufständen in Ostdeutschland 1953, in Polen 1956, am heftigsten im selben Jahr in Ungarn und schließlich 1968 in der Tschechoslowakei von Unzufriedenheit und stellten darüber hinaus die orthodoxe marxistische Ideologie infrage.

In der Sowjetunion wie auch in den von ihr dominierten Ländern wurde das Aufzeichnen politischer Gegenwartsgeschichte und weitgehend auch der Geschichte der frühen Neuzeit, die schließlich in die Gegenwart führte, von Partei und Staat stark kontrolliert.[43] Die offizielle Doktrin des historisch-dialektischen Marxismus wurde beibehalten, doch es kam etwas in Bewegung. Sobald sich ein Historiker mit früheren Epochen befasste, hatte er größere Freiheiten und durfte die Geschichte weniger schematisch betrachten.[44] Zwar wurde auch von diesen Historikern erwartet, dass sie das marxistische Dogma bestätigten, doch einige Autoren durchbrachen diese Grenzen, leisteten bedeutende Beiträge zur Kulturgeschichte und erlangten internationale Aufmerksamkeit. Einer von ihnen war der Philosoph und Literaturhistoriker Michail Bachtin (1895–1975), der in dem Werk »Twortschestwo Fransua Rable i narodnaja kultura srednewekowja i Renessansa« (1941) [dt. »Rabelais und seine Welt. Volkskultur als Gegenkultur«, 1987] die Volkskultur in der französischen Renaissance erforschte und sich dabei auf Aspekte des Karnevalesken und Grotesken konzentrierte. Es ist interessant, dass dieses Buch und Bachtins bedeutende Werke über Semiotik keine marxistischen Elemente enthielten. Trotzdem durfte er schreiben, allerdings wurde er in den frühen 1930er Jahren für einige Zeit zu einem »internen Exil« in Kasachstan verurteilt. Ein weiteres erstaunliches Beispiel dafür, dass in der Sowjetunion nichtmarxistische Geschichte geschrieben werden konnte, war das Werk von Aaron J. Gurjewitsch (1924–2006), der 1967 in einem Buch über das mittelalterliche Norwegen im Zusammenhang mit der Erklärung des Feudalismus betonte, welche herausragende Rolle die kulturellen Faktoren spielten. Er wurde gemaßregelt, konnte aber trotzdem 1972 sein Werk »Kategorii srednewekowoj kultury« [dt. »Das Weltbild des mittelalterlichen Menschen«, 1980] herausbringen, das, auf Strukturen und Mentalitäten konzentriert, den »Annales« nahestand, in denen tatsächlich im selben Jahr einer seiner bahnbrechenden Artikel erschien.[45] Es folgten seine Studien über die im Volk verwurzelten Ursprünge der mittelalterlichen Kultur.[46]

In der Geschichtsschreibung der Sowjetunion spielte diese Entfernung weg von der marxistischen Orthodoxie noch eine untergeordnete Rolle, dafür gewann sie in Polen und Ungarn an Bedeutung. Die engen Beziehungen, die vor dem Krieg zwischen polnischen Sozial- und Wirtschaftshistorikern und den »Annales« bestanden hatten, wurden nach dem Tauwetter von 1956 erneuert, und in dieser Atmosphäre wachsender Offenheit intensivierten sich die Kontakte. Die Sixième Section finanzierte Studien polnischer Studenten und Wissenschaftler. Einige Historiker publizierten ausführlich in den »Annales«; erwähnenswert sind hier Witold Kula (1916–1988), Jerzy Topolski (1928–1999) und Andrzei Wyczański (geb. 1924). Kulas »Teoria ekonomiczna ustroju feudalnego« (1962) [Ökonomische Theorie des Feudalsystems] wurde fast umgehend ins Französische übersetzt, und zwar mit einer Einführung von Braudel.[47] Desgleichen wurden die grundlegenden »Annales«-Aufsätze ins Polnische übertragen. Kula vertrat wie Braudel eine universelle Betrachtungsweise. In »Miary y Ludzie« [Maße und Menschen][48] ging Kula der symbolischen Bedeutung von Maßen und Gewichten in der Geschichte des Westens auf den Grund. Topolski versuchte in seiner englischsprachigen Zeitschrift »Poznan Studies in the Social Sciences and the Humanities« einen Dialog zwischen Marxisten und Nichtmarxisten über Fragen zu Theorie und Methodologie zu eröffnen. In Ungarn stellten Sozial- und Wirtschaftshistoriker wie Istvan Berend (geb. 1930) und György Ránki (1930–1988) enge Kontakte zu westlichen Sozialwissenschaftlern insbesondere in den Vereinigten Staaten her.

Selbst in Ostdeutschland, wo die Gelehrsamkeit noch immer streng kontrolliert wurde, kamen die Dinge in Bewegung, wenn auch mit einiger Verspätung. 1980 begann Jürgen Kuczynski (1904–1997), ein führender ostdeutscher Wirtschaftshistoriker und engagierter Marxist, mit einer sechsbändigen Reihe über das Alltagsleben des deutschen Volkes.[49] Unter dem Eindruck des Interesses an »Alltagsgeschichte«, das man in Westdeutschland und bei den »Annales« zeigte, beklagte er in der Einleitung zu seinem Buch, die Marxisten hätten zu oft Geschichte von oben herab geschrieben, ohne sich um die Lebenserfahrungen des einfachen Volkes zu kümmern, dafür »was sie aßen, wie sie sich kleideten, wie sie wohnten, was Tag für Tag in ihren Köpfen vor sich ging, wie sie arbeiteten, wann sie sich ausruhten und schliefen, was passierte, wenn sie krank waren, in welche Kreise sie einheirateten, wie sie von einem Ort zum anderen umzogen.«[50]

Während sich der Osten allmählich öffnete und vom orthodoxen Marxismus löste, kam es in Westeuropa, besonders in Frankreich und, wie wir noch sehen werden, in Italien, interessanterweise aber auch in Großbritannien, zu einer paradoxen Entwicklung: einerseits zu der Erkenntnis, dass der Kommunismus als politisches System versagt und der Marxismus als Philosophie seine Glaubwürdigkeit verloren hatte, andererseits zu der Überzeugung, dass der Marxismus Fragen aufwarf, die für die Sozialgeschichte von Wichtigkeit waren. Marxismus wurde also nicht länger auf seine Geschichtsphilosophie hin bezogen, sondern, wie Dennis Dworkin bemerkte, »als Leitfaden für das Studium der Geschichte gesehen, nicht als Ersatz dafür. Diese marxistische Tradition«, schreibt er weiter, »hatte große Auswirkungen auf die Geschichtsschreibung im 20. Jahrhundert und ist zu einem wesentlichen Bestandteil des westlichen Geschichtsdenkens geworden.«[51]

In Frankreich hatte die marxistische Deutung der Französischen Revolution als einer »bourgeoisen« Revolution seit Georges Lefevres Studien in den 1920er Jahren orthodoxe Geltung, und dabei blieb es, bis diese Theorie in den 1960er Jahren von Historikern infrage gestellt wurde, die bezweifelten, dass die Bourgeoisie eine kapitalistische Klasse sei, und behaupteten, Bourgeoisie und grundbesitzender Adel seien viel enger miteinander verflochten gewesen, als die marxistische These dies angenommen habe.[52] Die Klassenzusammensetzung der Elite, die die Revolution durchführte, war tatsächlich wesentlich komplexer, und Marxens Analyse des Klassencharakters der Französischen Revolution war im Grunde unzeitgemäß. Historiker britischer Herkunft wie George Rudé (1910-1993)[53] und Richard Cobb (1917-1996)[54] schlugen einen neuen Ton an; sie verschoben den Fokus weg von der Betrachtung anonymer Massenbewegungen hin zu einer sorgfältigen Analyse der Polizeiberichte über einzelne Personen, die in Ereignisse wie den Sturm auf die Bastille verwickelt waren.

Doch ein richtiger Innovationsschub kam in den Jahren unmittelbar nach dem Zweiten Weltkrieg von einer Gruppe junger Historiker aus der Historikergruppe der Kommunistischen Partei Großbritanniens. Zu ihnen gehörten unter anderen Maurice H. Dobb (1900-1967), Christopher Hill (1912-2003), George Rudé (1910-1993), Edward P. Thompson (1924-1993), Dorothy Thompson (1923-2011) und Eric J. Hobsbawm (1917-2012). 1952 gründeten sie zusammen mit nichtmarxistischen Historikern wie Lawrence Stone (1919-1999) die bis heute führende britische Fachzeitschrift für Sozialgeschichte »Past and Present«. Es fällt auf, dass der Schwerpunkt wie in den »Annales« auf der frühen Neuzeit oder der vormodernen Epoche lag, in diesem Fall auf dem Übergang vom Feudalismus zum Kapitalismus.[55] Der besondere Wert dieser Zeitschrift bestand darin, dass sie eine Plattform bot, auf der Marxisten und Nichtmarxisten in einen Dialog treten konnten. Hobsbawm wandte sich der Neuzeit zu und schrieb eine umfassende, mehrbändige Geschichte über den Zeitraum von der, wie er es nannte, Doppelrevolution, nämlich der Französischen und der Industriellen Revolution, bis zum Zusammenbruch der Sowjetunion.[56]

Die Enthüllungen über Stalins Verbrechen und die brutale Niederschlagung des Ungarnaufstands von 1956 führten dazu, dass fast alle britischen Mitglieder der Historikergruppe bis auf Eric Hobsbawm aus der KP austraten und die Gruppe sich auflöste. Trotzdem hielten sie alle an einer marxistischen Geschichtsdeutung fest. Diese gestaltete sich aber in neuen Formen. Wichtigster Markstein an der Wende zu einem neuen marxistischen Ansatz der Geschichtswissenschaft war zweifellos das Werk von Edward P. Thompson »The Making of the English Working Class« (1963) [dt. »Die Entstehung der englischen Arbeiterklasse«, 1987]. Thompsons Studie stand in der Tradition der marxistischen Geschichtsschreibung; sie übernahm das Konzept vom Klassenkampf und die Ansicht, dass eine Klasse durch die sich verändernden Produktionsmittel geformt wird, in diesem Fall durch die Industrielle Revolution. Gleichzeitig betonte Thompson wie jetzt auch andere Marxisten, dass Marxens Schriften in einer sich wandelnden Welt neu interpretiert werden müssten. Am entscheidendsten war jedoch, dass er die Klasse unter kulturellen Aspekten betrachtete. Die englische Arbeiterklasse sei nicht primär ein Produkt der Industriellen Revolution, sondern in erster Linie geprägt von eigenen, kulturverwurzelten Traditionen und habe dadurch die industrielle Welt, in die sie hineingeriet, aktiv mitgeformt – deshalb das Wort »Making« im englischen Titel seines Werkes. Außerdem war die Arbeiterklasse für Thompson kein Abstraktum wie im Kommunistischen Manifest von Marx und Engels; sie bestand vielmehr aus Engländern, die man aus der englischen Geschichte heraus verstehen musste, mit all ihren »englischen Eigenheiten« (»the peculiarities of the English«), wie Thompson das nannte.[57]

Diese Akzentuierung der Kultur und des menschlichen Handelns übte großen Einfluss auf die neue linke Sozialgeschichte aus, nicht nur in Großbritannien, sondern auch in den Vereinigten Staaten, zum Beispiel auf Herbert Gutmans (1928–1985) »Work, Culture and Society in Industrializing America« (1977), einen Versuch, die traditionelle Geschichte der Arbeiterbewegung, die den Schwerpunkt auf das Gewerkschaftswesen legte und die arbeitenden Menschen und ihre vielfältigen Subkulturen vernachlässigte, abzulösen. In den Vereinigten Staaten folgten zwei wichtige Studien über die Sklaverei aus dem Blickwinkel eines kulturtheoretischen Marxismus: Herbert Gutman, »American Blacks in Slavery and in Freedom« (1977) und Eugene

Genovese (1930–2012), »Roll Jordan Roll: The World the Slaves Made« (1972); Letztere war stark beeinflusst von Antonio Gramscis Hegemoniebegriff.

Sehr bald erkannte man die Grenzen von Thompsons kulturellem Marxismus. Er hatte noch immer mit einem Klassenbegriff gearbeitet, der die ethnische Vielfalt und hochkomplexe Zusammensetzung der Arbeiterklasse mit ihren sehr unterschiedlichen sozialen Schichten nicht hinreichend berücksichtigte. Außerdem warf man Thompson vor, er vernachlässige die Rolle der Frau, seine Arbeiterklasse sei in erster Linie männlich.[58] Doch der Kern von Thompsons Marxismus blieb unangetastet, nämlich die zentrale Rolle des sozialen Konflikts, die Kritik an der kapitalistischen Gesellschaft und das Engagement der Geschichtswissenschaft im Kampf um eine gerechtere Welt. Allmählich durchdrangen diese Ideen auf dem Weg über Historiker, die sich immer weniger als Marxisten sahen, die neue linke Sozialgeschichte in Großbritannien und in den Vereinigten Staaten, aber auch in Indien, Lateinamerika und im Subsahara-Afrika.

III. Die 1970er und 1980er Jahre: Der »Cultural Turn« und die Postmoderne

1. Von der sozialwissenschaftlichen Geschichte zum Cultural Turn

Im Jahr 1966 publizierte Emmanuel Le Roy Ladurie (geb. 1929), ein Schüler Braudels und wenig später sein Nachfolger als Direktor der Ecole des Hautes Etudes en Sciences Sociales, eine zweibändige Dissertation über die Bauern des Languedoc,[59] eines Landstrichs in Südfrankreich, vom frühen 14. Jahrhundert, unmittelbar vor dem Schwarzen Tod, bis zur (wie er es nennt) landwirtschaftlichen Revolution im 18. Jahrhundert; ein Jahr später folgte eine zweite, kleinere Dissertation, eine Geschichte des Klimas seit dem Jahr 1000.[60] Beide Untersuchungen spiegeln Braudels Auffassung, die vorrangige Aufgabe eines historischen Werks sei nicht der Bericht über die Taten Einzelner, sondern die Rekonstruktion der konstanten Strukturen, in denen sich Geschichte ereigne, und der regelmäßigen Zyklen, des Auf und Ab (*conjonctures*) innerhalb dieser Strukturen. Doch geht Le Roy Ladurie in »Les Paysans du Languedoc« [dt. »Die Bauern des Languedoc«, 1983] über Braudel hinaus, indem er versucht, die Geschichte in eine streng empirische Wissenschaft nach dem Modell der Naturwissenschaften zu transformieren. Der Kern dieser Wissenschaft beruht nicht auf vollmundigen Wirklichkeitserklärungen, sondern in der Formulierung konkreter theoretischer Fragen zum untersuchten Thema.

Hier übernimmt Le Roy Ladurie die These des englischen Ökonomen Thomas R. Malthus von der engen Beziehung zwischen landwirtschaftlicher Produktivität, Bevölkerungszahl und Verfügbarkeit von Nahrung, die er in der untersuchten Epoche, in der die Nahrungsmittelproduktion anfangs stagnierte, bis schließlich im 18. Jahrhundert die landwirtschaftlichen Neuerungen einsetzten, bestätigt sieht. Er nutzte statistische Daten über Bevölkerung, Bodenpreise, Nahrungsmittelpreise und Löhne und spürte den von der Intervention des Menschen unabhängigen Zyklen nach: erst relativer Überfluss, dann Bevölkerungszunahme und daraus folgend Nahrungsmittelknappheit. Der erste Band seines Werkes zeigte und analysierte die Entwicklung im untersuchten Zeitraum, der zweite listete das dazugehörige statistische Material auf. In der gesonderten Geschichte des Klimas suchte er mithilfe der Daten von Baum-Jahresringen die Nahrungsmittelproduktion mit nackten, natürlichen Ursachen in Verbindung zu bringen. Kurz darauf behauptete Le Roy Ladurie sehr dogmatisch, eine Geschichte, die sich nicht auf quantifizierbare Daten berufe, könne nicht als »Wissenschaft« bezeichnet werden.[61]

Die Malthus folgende Analyse in »Les Paysans du Languedoc«, die anonyme, unpersönliche Kräfte in den Mittelpunkt rückte, wurde jedoch begleitet von einer Untersuchung darüber, wie sich die von diesen Kräften geschaffenen Bedingungen in soziale Bewusstseinszustände übertragen ließen, welche die Unterordnung der Landbevölkerung zeigten und in soziale Konflikte mündeten. Sehr bemerkenswert ist ein kurzer, fünfseitiger Bericht über die Unruhen während des Karnevals 1580 in der provençalischen Stadt Romans, den Le Roy Ladurie später zu einem Buch erweiterte.[62] Hier schlug er eine ganz andere Richtung ein; er erzählte eine Geschichte mit wirklichen Akteuren und schilderte den Konflikt zwischen der hugenottischen, bürgerlichen Kaufmannselite, die die Stadt regierte, und der armen katholischen Stadtbevölkerung, die von dem in die Stadt strömenden Landvolk aus der Umgebung unterstützt wurde. Der Konflikt wurde jedoch nicht offen auf politischer und ökonomischer Ebene ausgetragen, sondern symbolisch, indem beide Parteien im Karneval in die Rolle von Tieren schlüpften, die einander unbedingt töten wollen. Nicht die Ökonomie, sondern die Psychoanalyse lieferte den Schlüssel zum Verständnis des Kampfes, der mit einem Massaker an den maskierten Armen endete.

Das Bild von der Geschichte als exakter Sozialwissenschaft wurde in den 1970er Jahren und weit hinein in die 1980er von vielen Historikern beibehalten, vor allem, aber nicht ausschließlich, in den Vereinigten Staaten. Der britische Historiker Geoffrey Barraclough (1908–1984) bemerkte 1979 in einem Bericht über historiographische Tendenzen für die UNESCO, dass »die Suche nach messbaren Größen zweifelsohne der mächtigste neue Trend in der Geschichtsforschung ist, der Faktor, der vor allen andern die Einstellung der Historiker in den 1970er von der in den 1930er Jahren unterscheidet«.[63] Wir haben schon erwähnt, dass Robert Fogel und Stanley Engerman mit ihrer quantitativen Untersuchung zur Profitabilität der Sklavenwirtschaft und den Lebensbedingungen der Sklaven, »Time on the Cross« (1974),[64] den auseinanderdriftenden historischen Interpretationen ein Ende machen und die Geschichte auf eine objektive, wissenschaftliche Basis stellen wollten. Das Buch wurde für kurze Zeit als Durchbruch begrüßt, bald darauf aber von quantitativ operierenden Historikern massiv kritisiert, weil sich Fehler in den Daten fanden, vor allem aber, weil eine Studie über die Sklaverei oder über soziale Bedingungen im allgemeinen ihrer Meinung nach auch qualitative Faktoren berücksichtigen müsse.[65] Nichtsdestoweniger wurde Fogel auf einen Stiftungslehrstuhl der Harvard University berufen und erhielt 1994 zusammen mit Douglas North den Ökonomie-Nobelpreis. In einem Meinungsaustausch mit dem traditionalistischen britischen Historiker Geoffrey Elton (1921–1994) stellte Fogel die Frage, in welche Richtung sich die Geschichtswissenschaft bewegen werde und solle, ob in Richtung der Ranke'schen Schule mit ihrer kritischen Quellenprüfung oder in die einer exakten Sozialwissenschaft, wie er, Fogel, sie verfocht. Beide postulierten eine scharfe Trennungslinie zwischen Geschichtsforschung und Literatur, zwischen dem Wissenschaftler oder Studenten und dem Amateur. Wer sich mit Geschichte beschäftige, müsse die Methodik der exakten Wissenschaften anwenden, fand Fogel; das erfordere Experten und einen fachlichen Diskurs, der ausgebildeten Spezialisten zugänglich sei, nicht aber einem lesenden Publikum nur mit Allgemeinbildung.[66]

Anfang der 1970er Jahre hatte sich ein Großteil der Geschichtsschreibung, darunter auch die von Le Roy Ladurie, von den sozialwissenschaftlichen Modellen der 1960er Jahre, an die sich Fogel noch immer anlehnte, abgewandt. 1975, nur neun Jahre nach »Les Paysans du Languedoc«, veröffentlichte Le Roy Ladurie »Montaillou. Village occitan de 1294 à 1324« [dt. »Montaillou: Ein Dorf vor dem Inquisitor 1294–1324«, 1980].[67] Dies war nun eine völlig andere Geschichte, die sich nicht im großen Maßstab mit einer ganzen Region wie der Provence oder mit mehreren Jahrhunderten beschäftigte, sondern mit einem winzigen, abgeschiedenen Dorf von nur zweihundert Seelen, eine Geschichte, in der Einzelpersonen und einzelne Familien im Mittelpunkt standen. Die Quellen waren keine nackten, messbaren Daten, sondern die Aussagen von Dorfbewohnern aus den Akten der Inquisition. In den Inquisitionsverhören hatte die katholische Kirche versucht, die ketzerischen Katharer, die im Dorf Fuß gefasst hatten, in die Knie zu zwingen. Die Anfangskapitel des Buches schildern nach Art der »Annales« die geografische,

Die 1970er und 1980er Jahre   255

wirtschaftliche und soziale Situation und das *domus*, also das Heim der Großfamilie, an das die Dorfbewohner gebunden waren. Doch nach dieser Einleitung begegnen wir Individuen, männlichen wie weiblichen, und erfahren durch ihre Aussagen von ihren Erlebnissen, ihren Lebensperspektiven, ihren sexuellen Einstellungen und Praktiken, ihrem Aberglauben und ihren Vorstellungen vom Tod, kurzum, es ist eine Geschichte von unten aus dem Alltag. Dieses Buch war bewusst für ein breites Publikum geschrieben und wurde tatsächlich ein Bestseller mit mehr als 500.000 allein in Frankreich verkauften Exemplaren.

Auch in den folgenden beiden Büchern zeigt sich die Neuorientierung der Geschichtsschreibung: Carlo Ginzburg (geb. 1939), »Il formaggio e i vermi. Il cosmo de un mugnaio del '500« (1975) [dt. »Der Käse und die Würmer. Die Welt eines Müllers um 1600«, 1979] und Natalie Davis (geb. 1929), »The Return of Martin Guerre« (1984) [dt. »Die wahrhaftige Geschichte von der Wiederkehr des Martin Guerre«, 1984]. Wie Le Roy Ladurie in »Montaillou« vermieden beide Historiker die Darstellung größerer unpersönlicher historischer Prozesse und konzentrierten sich stattdessen auf die Lebenserfahrungen von Individuen aus ärmlichen Verhältnissen, die auf eine nicht selbstgewählte soziale Situation aktiv reagierten. In »Der Käse und die Würmer« ist die Hauptperson ein Müller, Domenico Scandella, genannt Menocchio. Geboren 1532 in einem friaulischen Dorf im Schatten der venezianischen Herrschaft, erschafft er sich mit seiner lebhaften Fantasie ein Weltbild, das mit der katholischen Orthodoxie in Konflikt gerät und zu zwei Inquisitionsprozessen und schließlich zu Menocchios Tod auf dem Scheiterhaufen führt. Ginzburgs Quellen sind die Zeugenaussagen bei den Prozessen. Er zeichnet die Umrisse zweier Kulturen nach, die der gebildeten Eliten jener Zeit und die des Bauernstandes, und er beschreibt, wie die beiden dadurch, dass Menocchio liest, miteinander in Kontakt kommen. Menocchio ist ungewöhnlich belesen, er hat zahlreiche philosophische und naturwissenschaftliche Klassiker gelesen, da er aber zur bäuerlichen Welt gehört, hat er sie aus Sicht eben dieser Welt interpretiert. Ginzburgs zentrales Interesse gilt dem Wechselspiel von Elite- und Volkskultur. Dennoch erhebt sich die Frage, wie weit er seine eigenen romantischen Vorstellungen von einer bäuerlichen Kultur in Menocchios Aussagen hineininterpretiert. Ginzburg nimmt die Existenz einer uralten mediterranen bäuerlichen Kultur an, von der Menocchio seinen erdverhafteten Religionsbegriff ererbt hat, eine Annahme, für die es in den Quellen keine Basis gibt, und erklärt, Menocchio sei nicht so sehr wegen seiner ketzerischen Anschauungen hingerichtet worden, als vielmehr deshalb, weil die auf Modernisierung erpichte kapitalistische Welt von Venedig die von Menocchio repräsentierte archaische bäuerliche Kultur ausrotten wollte. Doch das Buch ist keine schwerfällige gelehrsame Abhandlung, sondern ein gut lesbares, faszinierendes literarisches Werk und wurde als solches rezipiert.

Ebendas gilt auch für Natalie Zemon Davis' »The Return of Martin Guerre«. Das Werk liest sich wie ein Roman und ist auch als solcher gedacht, aber ebenso als Beitrag zur Sozialgeschichte der südfranzösischen Provinz zur Zeit der Reformation. Im Mittelpunkt steht die Bäuerin Bertrande de Rols, die von ihrem Mann Martin Guerre, der sie schändlich behandelt hat, verlassen worden ist. Sie lebt jahrelang keusch, bis ein Mann im Dorf erscheint, der behauptet, Martin Guerre zu sein, und von ihr und der Mehrheit der Dorfbewohner als solcher anerkannt wird. Es kommt zu einer Liebesbeziehung. Davis vermutet stark, dass Bertrande gewusst hat, dass der Betrüger nicht ihr Mann war, aber sie lebte mit dem vorgeblichen Martin Guerre in einer »erfundenen« Ehe glücklich zusammen, bis der wirkliche Martin Guerre zurückkehrte. Davis deutet Bertrandes Handeln als weibliche List in einer von Männern dominierten Welt. Gleichzeitig rekonstruiert sie die Beziehungen der Dorfbewohner zueinander, und so entsteht ein Bild der ländlichen Geschichte in jenem Teil Frankreichs zur damaligen Zeit. Auch dieses Buch wurde wie »Der Käse und die Würmer« und »Montaillou« in unzähligen Sprachen gelesen und sogar verfilmt. Dennoch erhob sich bald die Frage, ob es sich hier um ein ernstzunehmendes Geschichtswerk handelte oder nicht vielmehr um eine unterhaltsame, aber anachronistische Story, in der Davis die feministische Haltung einer bürgerlichen Frau des späten 20. Jahrhunderts auf das Verhalten einer Bauersfrau aus dem 16. Jahrhundert projizierte.[68] Davis hat sich die Geschichte nicht aus den Fingern gesogen. Nein, sie basiert auf den Erinnerungen des Vorsitzenden Richters bei dem Gerichtsverfahren, das zur Verurteilung und Hinrichtung des Schwindlers führte. In einem Meinungsaustausch in der »American Historical Review« argumentiert ihr Kritiker, sie sei weit über das hinausgegangen, was die urkundlichen Belege zuließen. Davis räumte ein, sie habe die Fantasie eingesetzt, um die bäuerliche Welt der Bertrande zu rekonstruieren, allerdings habe sie sich, wo es ihr an Quellen fehlte, auf existierende Belege für ähnliche Dörfer stützen können. Fantasie und »Erfinden« hätten eine wichtige Rolle in ihrer Rekonstruktion des Dorfes und der Motive von Bertrande gespielt, doch sei »Erfinden« unverzichtbar, wenn man eine reale Vergangenheit mit realen Menschen schaffen wolle, solches »Erfinden« sei keine willkürliche Kreation des Historikers, sondern folge gewissenhaft den »Stimmen« der Vergangenheit, die durch die Quellen zu uns sprächen.[69] In ihrer Rechtfertigung erfährt man, dass auch Ranke freimütig zugibt, beim Rekonstruieren der Gedankengänge seiner historischen Akteure habe die Fantasie, allerdings geleitet von den Quellen, eine Rolle gespielt.

In diesem Geiste verkündete Lawrence Stone 1979 in seinem Artikel »The Revival of Narrative« in »Past and Present«[70] vielleicht etwas voreilig den Tod des sozialwissenschaftlichen Paradigmas. Der Glaube, der im Mittelpunkt der sozialwissenschaftlichen Geschichtsforschung gestanden habe, man könne »Veränderungen in der Vergangenheit wissenschaftlich stimmig erklären«, sei weitgehend widerlegt, sagte er. Stattdessen wendeten sich die Historiker zunehmend den bisher vernachlässigten Bereichen der menschlichen Existenz zu. Die Überzeugung setze sich durch, dass »die Kultur der Gruppe und selbst der Wille des Einzelnen zumindest potentiell ebenso wichtige Veränderungsfaktoren sind wie die unpersönlichen Kräfte, die materielle Produktion und das Bevölkerungswachstum«.[71] Dieses Interesse an konkreten menschlichen Individuen als Agenten der Geschichte leitete eine Rückkehr der narrativen Geschichtschreibung ein. Doch unterschied sich diese deutlich von ihren früheren Erscheinungsformen. Während bei älteren Erzählungen der Fokus auf Politik und politischen Persönlichkeiten lag, befassten sich die neuen narrativen Schriften mit einfachen Menschen, manchmal auch, wie wir in »Der Käse und die Würmer« gesehen haben, mit solchen, die wie eben der Müller Menocchio, alles andere als normal waren.

Nun kam es in der Geschichtsforschung zu einer Gewichtsverlagerung, weg von der Analyse von Institutionen hin zum kulturellen Bereich, oft als »Cultural Turn«[72] bezeichnet, als kulturelle Wende, die jedoch in verschiedene Richtungen führte. Kultur wurde nun anthropologisch verstanden, bezogen auf das Verhalten menschlicher Subjekte in einer Gesellschaft. Es hatte seit dem 19. Jahrhundert viele Sozialgeschichten der Kultur gegeben, marxistische wie nichtmarxistische, jetzt wurden diese Sozialgeschichten der Kultur abgelöst von Kulturgeschichten der Gesellschaft.[73] Oft, wenn auch nicht unbedingt immer, bedeutete dies einen Rückzug aus der politischen Geschichte. So spielte die Kultur eine wichtige Rolle bei der Ursachenanalyse der Französischen Revolution. Wie wir bereits gesehen haben, wurde die marxistische Interpretation der Revolution als einer bürgerlichen Revolution, wie sie die französische Historiografie seit Albert Mathiez' (1874–1932) und Georges Lefèbvres Werk in den 1920er Jahren dominiert hatte, in den 1960er Jahren von Alfred Cobban (1901–1968) angefochten,[74] wenngleich noch immer mit ökonomischen Herleitungen. François Furet (1927–1997), in jüngeren Jahren Mitglied der Kommunistischen Partei, nahm später eine Schlüsselstellung in der Ablehnung marxistischer und nichtmarxistischer ökonomischer Interpretationen der Französischen Revolution ein. In den »Annales« unternahm er 1971 einen heftigen Angriff gegen den Dogmatismus von Albert Soboul (1914–1982), den bedeutendsten Vertreter einer marxistischen Klassenanalyse der Französischen Revolution, und hob nun die Rolle einer klassenübergreifenden

Ideologie als eines kausalen Faktors hervor.⁷⁵ Verblüffend, wie Furet, der wie Le Roy Ladurie in den späten 1960ern ein glühender Verfechter der quantitativen Methoden gewesen war, sich in den 1970ern mit einer Reihe von Büchern von der Quantifizierung ab- und der Bedeutung von Politik, Ideen und Kultur zuwandte, die sich nicht zu quantitativen Analysen eigneten.⁷⁶ In den Arbeiten von Maurice Agulhon (geb. 1926)⁷⁷ und Mona Ozouf (geb. 1931)⁷⁸ wurde den ökonomischen und soziologischen Kategorien durch Studien zum Symbolismus des revolutionären und republikanischen Erbes der Vorrang streitig gemacht. An dieser Wende zur kulturellen Analyse der Französischen Revolution ist Lynn Hunts Werk »Politics, Culture, and Class in the French Revolution« (1984) [dt. »Symbole der Macht, Macht der Symbole: Die Französische Revolution und der Entwurf einer politischen Kultur«, 1989] von Bedeutung. In der Einleitung erklärt sie, ihre Arbeit sei ursprünglich als Sozialgeschichte der Französischen Revolution geplant gewesen, doch habe sie »sich zunehmend hin zu einer kulturwissenschaftlichen Analyse« verschoben, »in der die politischen Strukturen ... nur noch einen Teil ausmachten«.⁷⁹

IV. Postmodernismus und »Linguistic Turn«

Während dieser historiografischen Neuorientierungen in den 1970er und 1980er Jahren fand gleichzeitig eine lebhafte Diskussion über das Wesen der Geschichte und die Möglichkeit historischen Wissens statt. Die neuen theoretischen Positionen werden seit den 1980er Jahren als Postmodernismus bezeichnet, obwohl die Hauptvertreter des Postmodernismus zu unterschiedlich sind, als dass man von einer Gruppe oder Bewegung sprechen könnte. Trotzdem weisen einige Ideen in die Richtung eines radikalen historischen und epistemologischen Relativismus, der von Denkern geteilt wird, die als Postmodernisten gelten. Die postmodernistischen Diskussionen fanden in erster Linie unter Literaturtheoretikern statt, zuerst in den 1960er Jahren in Frankreich und dann vor allem in den Vereinigten Staaten, und wurden in geringerem Maße von Philosophen, historischen Anthropologen und Linguisten aufgegriffen. Auch Historiker diskutierten diese Ideen, und wie wir gesehen haben, teilten sie vielfach die Kritik an der Moderne und deren wissenschaftlichen Ansätzen. Aber in ihrer praktischen historischen Arbeit konnten sie den Gedanken, dass Geschichte nicht mehr ist als eine Form von Fiktion, nicht akzeptieren. Sie erkannten zwar, dass Imagination in jeden historischen Bericht mit unzureichenden Quellen hineinspielte, aber diese imaginativen Elemente waren nicht fiktional, sondern, wie Natalie Zemon Davis ausgeführt hatte, von den dokumentarisch belegten »Stimmen der Vergangenheit«[80] geleitet, auf dass man die Vergangenheit besser (wenn auch zugegebenermaßen immer noch unvollkommen) rekonstruieren und verstehen konnte.

Die Postmoderne muss im Zusammenhang mit der kritischen Haltung gegenüber der modernen, spätindustriellen kapitalistischen Gesellschaft gesehen werden. Sie wurde verstärkt von den Protestbewegungen der 1960er Jahre, der Bürgerrechtsbewegung in den Vereinigten Staaten, der Opposition zum Vietnamkrieg, der Frauenbewegung und schließlich der Schwulenbewegung. Der Begriff Postmoderne kam im Grunde erst nach Jean François Lyotards (1924–1988) »La condition postmoderne« (1984) [dt. »Das postmoderne Wissen«, 1986] in Gebrauch, worin die Postmoderne als »Ungläubigkeit gegenüber den Metaerzählungen« definiert wird, zum Beispiel gegenüber den Vorstellungen von einer progressiven Entwicklung zur Vollkommenheit, der Vorstellung, dass es eine einzige »Geschichte« gibt, wie sie die Vertreter sowohl des liberalen Kapitalismus als auch des marxistischen Sozialismus verfochten.[81] Keith Jenkins (geb. 1943) formulierte das später so: »Die Postmoderne ist keine Ideologie oder Position, der wir uns anschließen können oder nicht, die Postmoderne ist ein Zustand. Es ist unser historisches Schicksal, dass wir jetzt leben.« Sie sei die Antwort auf das »allgemeine Versagen der Moderne ... des Versuchs seit dem 18. Jahrhundert, durch Einsatz von Vernunft, Wissenschaft und Technik einen gewissen Grad von gesellschaftlichem und politischem Wohlergehen zu erreichen ... Genau genommen erscheint die Geschichte jetzt nur als weitere unbegründete Setzung in einer Welt voller unbegründeter Setzungen.«[82] Kurzum, die Postmoderne ist tief enttäuscht von dem Projekt Aufklärung und dem wissenschaftlichen Fortschritt, dem Herzstück der modernen Weltsicht.

Der Begriff »Postmodernismus« ersetzte im Lauf der 1980er Jahre weitgehend den Begriff »Poststrukturalismus«, obwohl dieser zur Natur von Geschichte und historischem Wissen ähnliche Auffassungen vertrat. Der Begriff »Postmodernismus« betont jedoch stärker, dass die neuzeitliche Welt, wie wir sie kennen, an ihr Ende gekommen ist und wir heute in einer grundlegend anderen Welt leben, auch wenn die Kritiker ins Feld führen, diese zeitgenössische Welt sei undenkbar ohne die neuzeitliche Welt, aus der sie erwachsen sei und von der sie sich nie ganz emanzipiert habe. Der Poststrukturalismus entstand in Frankreich in den 1960er Jahren als Reaktion auf den Strukturalismus, griff jedoch einige Grundannahmen von diesem auf. Wir haben bereits von Fernand Braudels strukturalistischem Geschichtsansatz gehört. Braudel wollte die narrative, ereignis- und personenorientierte Herangehensweise der konventionellen Historiografie überwinden und das Bild von der Geschichte als linearem, progressivem Prozess ablösen. Dieses Anliegen spielt auch in der strukturalen Kulturanthropologie von Claude Lévi-Strauss eine zentrale Rolle. Er fordert ebenso wie Clifford Geertz, Kulturen müssten in Hinblick auf ihre Symbolik betrachtet werden, die eine Interpretation verlangen. Die Kulturanthropologie hatte traditionell seit dem 19. Jahrhundert eine scharfe Grenze gezogen zwischen den angeblich primitiven, schriftlosen Völkern ohne Geschichte,[83] ihren Studienobjekten, und den zivilisierten Völkern vor allem des neuzeitlichen Westens mit ihrer progressiven Geschichte. Lévi-Strauss korrigierte dieses Bild, zeigte, dass die vermeintlich primitiven Völker in Wirklichkeit ein durchaus bewusstes Weltbild und Wertvorstellungen hatten, und bestritt, dass moderne wissenschaftliche Rationalität, wenn es um die Frage nach dem Sinn des Lebens gehe, dem mythischen Denken voraus sei.[84]

Strukturalisten, Poststrukturalisten und Postmodernisten sahen in der Sprache einen Schlüssel zur Beschaffenheit von Gesellschaften und Kulturen. Dies führte zum sogenannten »Linguistic Turn«. Diese Wende nahm unterschiedliche, mehr oder weniger radikale Formen an. Sprache wurde in der Regel als ein Instrument betrachtet, mit dem man sich auf eine reale Welt bezog. Die poststrukturalen und postmodernen Theoretiker jedoch sahen Sprache als autonomes System an, das nicht von der Wirklichkeit abhängig war, sondern Wirklichkeit konstruierte. Diese Vorstellung von der Sprache als einem autonomen System mit syntaktischer Struktur geht zurück auf den Schweizer Sprachwissenschaftler Ferdinand de Saussure (1857–1913) und sein Buch »Cours de linguistique générale« (1916) [dt. »Grundfragen der allgemeinen Sprachwissenschaft«, 1967]. De Saussure ging nicht so weit zu behaupten, die Zeichen, d. h. die Laute, aus denen Sprache bestehe, und die bezeichneten Objekte (Signifikate) hätten keine Beziehung zur Wirklichkeit, vertrat aber die Ansicht, die Sprache sei kein Mittel zum Kommunizieren von Bedeutung, sondern Bedeutung sei eine Funktion von Sprache, mit anderen Worten: Die Menschen benützen die Sprache nicht, um ihre Gedanken mitzuteilen, sondern das, was der Mensch denkt, wird von der Sprache bestimmt.

Die Geschichtsschreibung der 1970er und 1980er Jahre erkannte größtenteils die wichtige Rolle, die Sprache bei der Gestaltung von Geschichte spielte, akzeptierte jedoch nicht die radikale Ansicht, dass Sprache kein Verweis auf die Realität sei, sondern Realität schaffe. Dennoch gestanden sie der Sprache bei der Gestaltung des historischen Bewusstseins einen wichtigen Platz zu. So gaben Quentin Skinner (geb. 1940)[85] in Cambridge und John Pocock (geb. 1924)[86] an der Johns Hopkins University der Geistesgeschichte eine neue Richtung, indem sie der traditionellen Ideengeschichte den Rücken kehrten und sich einer Analyse des politischen Ideendiskurses zuwandten. Reinhart

Koselleck (1923–2006) brachte mit deutschen Mitarbeitern das mehrbändige Lexikon »Geschichtliche Grundbegriffe« heraus,[87] in dem eine Auswahl von Begriffen der politischen und philosophischen Sprache in Deutschland zwischen 1750 und 1850 untersucht wurde, um das Verständnis für die fundamentalen Veränderungen in dieser Periode zu wecken, die nach Koselleck für die Transformation von einer älteren zu einer modernen Gesellschafts- und Kulturordnung entscheidend gewesen waren. Wir haben bereits dargestellt, welche Rolle Lynn Hunt, Maurice Agulhon und Mona Ozouf der Sprache sowie den Zeichen und Symbolen bei der Analyse der Französischen Revolution und der republikanischen Traditionen zuwiesen. William Sewell (geb. 1940) befasst sich in »Work and Revolution in France: The Language of Labor from the Old Regime to 1848« (1980)[88] mit der entscheidenden Rolle von Sprache bei der Bildung des revolutionären Bewusstseins von Arbeitern. Wie E. P. Thompson behandelt Gareth Stedman Jones (geb. 1942) in »Languages of Class: Studies in English Working Class History 1832–1982« (1983) die Entstehung der englischen Arbeiterklasse.[89] Er lässt Thompsons Beitrag zur Befreiung der Klasse von ihrer engen Bindung an eine ökonomische Basis gelten, legt aber einen stärkeren Akzent auf die Rolle von Sprache bei der Bildung eines Klassenbewusstseins. Er konzentriert sich auf den Chartismus und behauptet, Aufstieg und Fall der Chartisten verdankten sich weniger der Existenznot als der politischen Sprache. In ähnlicher Weise untersucht Thomas Childers (geb. 1946) die Wahlkämpfe in der Weimarer Republik, die zum Aufstieg der Nationalsozialisten führten, und arbeitet heraus, dass Grundbegriffe die Wirklichkeit nicht sachlich beschrieben, sondern emotional und politisch aufgeladen wurden. Beispiele sind die Wörter Blut, Ehre, Nation und Volk.[90]

Doch obwohl Sewell, Stedman Jones und Childers hervorheben, wie sehr Sprache die soziale Wirklichkeit nicht nur beschreibt, sondern auch formt, akzeptieren sie doch alle die Existenz einer solchen Wirklichkeit und sehen in der Sprache ein Werkzeug zu ihrer Untersuchung. Andere Theoretiker, die dem Postmodernismus näher stehen, bestreiten dies. Sie sehen die Sprache als autonomes syntaktisches System, das in sich abgeschlossen ist und die Wirklichkeit nicht abbildet, sondern erschafft. Noch weiter geht Jacques Derrida (1930–2005) mit seiner Behauptung, die Sprache sei weder ein System, noch habe sie einen Zusammenhang. Der Historiker, ja eigentlich jeder Leser, ist mit Texten konfrontiert, nicht mit einer objektiven Realität. Von Geertz wissen wir bereits, dass er Kulturen als Texte ansah, die als solche gelesen werden müssten. In einem oft zitierten Satz schreibt Derrida: »Ein Text-Äußeres gibt es nicht.«[91] Der Text könne jedoch von verschiedenen Lesern sehr unterschiedlich gelesen werden. Er müsse »dekonstruiert« werden, damit auf seine innersten Widersprüche hingewiesen werden könne. Wie Foucault auf ähnliche Weise dargelegt habe, sei der Text unabhängig von seinem Autor.[92] Was der Autor beabsichtige, sei irrelevant.

Was bedeutet dies für die Geschichtsschreibung? Roland Barthes betonte bereits in den 1960er Jahren, dass der sprachliche Charakter von Geschichte zur Folge habe, dass es zwischen Geschichte und Literatur, zwischen Fakten und Fiktion keinen Unterschied gebe. Er beklagte, dass der Realismus des historischen Diskurses Teil des kulturellen Musters sei, welches auf einen entfremdenden Fetischismus des Wirklichen hinweise.[93] Hayden White (geb. 1928) ging in »Metahistory: The Historical Imagination in Nineteenth-Century Europe« (1973) [dt. »Metahistory. Die historische Einbildungskraft im 19. Jahrhundert in Europa«, 1991] nicht so weit wie Barthes in der Leugnung historischer Fakten, betonte aber, dass jeder Versuch, Geschichte zu schreiben, poetische Imagination verlange. Noch dachte er in strukturalistischen Begriffen (die er später in Richtung auf Derridas Postmodernismus modifizierte) und behauptete, die Art und Weise, wie Geschichte geschrieben werde, sei bestimmt von einer begrenzten Anzahl rhetorischer Muster. Geschichte ist für ihn also im Wesentlichen ein Produkt der poetischen Imagination.[94] »Historische Erzählungen«, schrieb er 1978, sind »sprachliche Fiktionen (verbal fictions), deren Inhalt ebenso *erfunden* wie *vorgefunden* ist«.[95] Historiografie müsse folglich als literarisches Genre aufgefasst werden, das literarische Kriterien zu erfüllen habe. Für historische Wahrheiten existierten dagegen keine Kriterien. Die Entscheidung darüber, was als wahr gelte, werde eher aus ästhetischer und moralischer Sicht getroffen als nach Beweislage. Als ihn Saul Friedländer (geb. 1932)[96] und Christopher Browning (geb. 1944) fragten, wie man sich denn dem Holocaust gegenüber historisch zu verhalten habe, geriet White in eine schwierige Lage. Er behauptete nicht, es habe keinen Holocaust gegeben, dies wäre »moralisch untragbar und intellektuell verwirrend«.[97] Aber er vertrat noch immer die Meinung, es gebe keine Methode, mit der die Geschichte des Holocaust objektiv rekonstruiert werden könne. Diese müsse den rhetorischen Vorlagen aller historischen Berichte folgen, was bedeute, dass sie, sobald sie über die Fakten hinausgehe und ein Narrativ hervorbringe, interpretiere und nicht mehr bewiesen oder widerlegt werden könne. Wenn die Interpretationen die Fakten nicht gerade verfälschten, gebe es keine objektiven Bezugsgrößen, anhand derer sie verglichen werden könnten. Christopher Browning, der in »Ordinary Men« [dt. »Ganz normale Männer«, 1993] schildert, wie ein Hamburger Polizeibataillon in Polen Massentötungen durchführte,[98] greift White an: Der Holocaust sei schließlich nicht das Gedankengebäude eines Historikers. Vielmehr komme es zu »einer ständigen dialektischen Wechselwirkung zwischen dem, was der Historiker erforscht und den Auswirkungen des Erforschten auf den Historiker«.[99]

In der Haltung jener Theoretiker, die wir grob als Postmodernisten bezeichnet haben, gibt es zwei unlösbare Widersprüche, erstens in Hinblick auf die Frage nach dem historischen Wissen und zweitens auf die Frage nach der ethischen Beurteilung. Es sagt sich leicht, die Geschichte sei nur eine Form von Literatur. Natürlich hat niedergeschriebene Geschichte etwas Literarisches, aber sie ist doch mehr als nur imaginative Literatur. Immer ist sie auch der Versuch, eine Vergangenheit zu rekonstruieren, die es mit wirklichen Menschenwesen und wirklichen Situationen in einem historischen Kontext zu tun hat, gleichgültig wie komplex und indirekt dieses Verfahren ist. Es gibt keine Geschichte ohne Forschung. Als Joan Scott, die zu den Vertretern einer theoretischen postmodernistischen Haltung gehörte, die Geschichte französischer Frauen des 19. Jahrhunderts schrieb, spürte sie Frauen in Frankreich auf, die historisch agiert, ihr eigenes Leben gestaltet und am politischen und sozialen Geschehen teilgenommen hatten, ein Aspekt, der bis dahin vernachlässigt worden war. Sie erforschte die Quellen auf konventionelle Weise, auch wenn sie sie vielleicht anders interpretierte. Aber letzten Endes stehen alle Narrative auf dem Prüfstand: Ob sie nun wahrheitsgemäße Darstellungen oder Hirngespinste sind. Simon Schama (geb. 1945) berichtet in »Dead Certainties: Unwarranted Speculations« (1991) [dt. »Wahrheit ohne Gewähr. Über zwei historische Todesfälle und das Vexierbild der Geschichte«, 1991] über diverse Varianten vom Tod eines britischen Generals im Französisch-Indianischen Krieg und über verschiedene Verdächtigungen im Zusammenhang mit einem Mord Mitte des 19. Jahrhunderts, in den ein Harvard-Professor verwickelt gewesen sein sollte; beides konnte weder bewiesen noch widerlegt werden und warf damit die schwerwiegende Frage auf, wie weit historisches Wissen überhaupt möglich sei. Jonathan Spence (geb. 1936) unterbrach mit der Studie »The Question of Hu« (1988) [dt. »Der kleine Herr Hu«, 1990] seine seriösen Untersuchungen zur chinesischen Geschichte der Ming- und Qing-Dynastien und erzählte die Geschichte eines kantonesischen Katholiken namens Hu, der sich Anfang des 18. Jahrhunderts plötzlich nach Europa versetzt fand. Ausgehend von urkundlichen Belegen, versucht Spence, Hus Gemütsverfassung zu rekonstruieren. Aber im Grunde unternahm er etwas ganz Ähnliches wie Natalie Zemon Davis in »The Return of Martin Guerre«. Er setzte seine Imaginationskraft nicht willkürlich ein, sondern ergänzte mit ihrer Hilfe, was ihm wahrscheinlich vorkam.

Darüber hinaus existiert ein Widerspruch zwischen der entschiedenen Ablehnung der aufklärerischen Werte und den zur Zeit gültigen Werten der Theoretiker, die wir in diesem Abschnitt behandelt haben. Die Moderne, das Produkt der Aufklärung, wird in der Perspektive von Herrschaft, Klasse, Unterordnung der Frau und Unterdrückung von Randgruppen und anpassungsunwilligen Individuen wie Homosexuellen gesehen. Es ist ein Verdienst der postmodernistischen Theorien, dass sie auf diese Formen der Unterdrückung und Ausbeutung hingewiesen haben, die schließlich auch für viele Sozial- und Kulturhistoriker zum Thema wurden, die den extremen Standpunkt des postmodernistischen epistemologischen Relativismus nicht einnahmen. Doch in ihrer berechtigten Kritik an den negativen Seiten der modernen Zivilisation und der Art und Weise, wie wissenschaftliches, technisches, gesellschaftliches und humanistisches Wissen als Machtmittel eingesetzt wurde, wandten sich Barthes, Foucault, White, Paul De Man (1919–1983),[100] Lyotard, Jean Baudrillard (1929–2007) und insbesondere Derrida den Philosophen der extremen Rechten zu, zum Beispiel Friedrich Nietzsche, der über die Frauen nichts Gutes zu sagen wusste, und Martin Heidegger, der sich 1933 den Nationalsozialisten anschloss. Beide waren ausgesprochen antidemokratisch gesinnt. Obwohl ein Linker, zitierte Derrida Nietzsche und vor allem Heidegger als wichtige Inspirationsquellen. Von Heidegger übernahm er die Verurteilung der westlichen Philosophietradition und des rationalen Denkens, das nicht erst seit der Aufklärung, sondern schon seit den griechischen Anfängen »logozentristisch« gewesen sei und von einem mythischen Denkansatz abgelöst werden müsse – Heidegger zufolge dem Kernstück der vom Nationalsozialismus repräsentierten geistigen Revolution. Scott beruft sich auf Derrida, um die Basis für eine feministische Geschichtsdeutung zu legen. Sie behauptet, das Geschlecht sei kein naturgegebenes, sondern ein gesellschaftliches und kulturelles Konstrukt in einem historischen Umfeld. Dann verweist sie auf den maskulin dominierten Charakter von Sprache und großen Teilen des intellektuellen Erbes im Westen. Aber sie geht noch weiter, sie schließt sich Derridas Sprachbegriff an, wie sie ihn versteht, nämlich als Fundierung einer feministischen Politik, begreift jedoch nicht, dass Derrida einen linguistischen Determinismus fordert, der für ein politisches Aktionsprogramm wenig Raum lässt. Überdies sieht sie die Welt in ihrer Komplexität als ganz und gar sprachliches Konstrukt, wobei sie Gareth Stedman Jones (geb. 1942) kritisiert, der die zentrale Rolle der Sprache im Klassenbewusstsein betont: »Er fällt zurück in die Auffassung, dass Sprache eine ›Realität‹ spiegelt, die außerhalb von ihr liegt; dabei gestaltet sie doch diese Realität.«[101]

Aber wenn man Scott folgt, wie kann man dann noch Geschichtsschreibung betreiben, und sei es feministische Geschichtsschreibung? Und wie wir schon andeuteten, geht ihre Arbeit, wie feministische Geschichtsschreibung überhaupt, ja durchaus davon aus, dass es eine wirkliche Welt mit wirklichen Menschen gibt, die zwar stark von der Sprache beeinflusst, aber kein rein sprachliches Konstrukt ist.

1. Mikrogeschichte, Alltagsgeschichte und historische Anthropologie

Die Wende zur Kultur bedeutete auch eine Fokussierung auf eine Geschichte im kleinen Maßstab, abseits der großen Strukturen und Entwicklungen, wie sie Sozialwissenschaftler, Marxisten und viele »Annales«-Historiker bis dahin betrieben hatten. In Italien scharte sich eine beachtliche Gruppe von Historikern um die Zeitschrift »Quaderni Storici«. Es waren dies Vorkämpfer für eine »Mikrogeschichte« (»microstoria«) im Gegensatz zu den makrohistorischen Ansätzen, die früher in der Sozialgeschichte vorgeherrscht hatten. Fast alle italienischen Mikrohistoriker, unter ihnen Carlo Ginzburg, Giovanni Levi (geb. 1939) und Edoardo Grendi (1932-1999), distanzierten sich von »dem optimistischen (marxistischen) Glauben, dass sich die Welt rasch und radikal nach revolutionären Grundsätzen umformen lasse«.[102]

Diese Zurückweisung einer marxistischen Geschichtsphilosophie brachte es mit sich, dass die im historischen Denken des Westens weit verbreitete Vorstellung von einer Weltgeschichte, die in der modernen westlichen Welt als dem einzig wahren Zentrum der Zivilisation ihren Höhepunkt erreicht habe, abgelehnt wurde. Ein kleiner Rest marxistischen Gedankenguts verwies noch auf den ausbeuterischen Charakter dieser modernen kapitalistischen Zivilisation. Teil dieser Zivilisation war auch ihr spezieller Begriff von wissenschaftlicher Logik, was so unterschiedliche Kritiker wie Martin Heidegger, Roland Barthes (1915-1980), Paul Feyerabend (1924-1994) und Ashis Nandy zu der Behauptung verleitete, es gebe keinen Unterschied zwischen Wahrheit und Fiktion. Die italienischen Mikrohistoriker gingen nicht soweit. Levi meinte, es sei »wichtig, gegen den Relativismus und den Irrationalismus Widerspruch einzulegen, desgleichen gegen die Reduktion der historischen Arbeit auf eine rein rhetorische Aktivität, die nur Texte interpretiert, nicht die Ereignisse selbst«.[103] Ginzburg nahm einen ähnlichen Standpunkt ein. Aber während die Sozialwissenschaften kausale Erklärungen gern verallgemeinernd formulierten, prüfte die Mikrogeschichte nach, inwieweit diese Verallgemeinerungen auch kleinräumig galten. Levi zeigte etwa in seiner Studie über ein frühneuzeitliches italienisches Dorf, dass die Übereignung von Landbesitz nicht mechanisch den klassischen Marktgesetzen folgte, sondern auch von nichtökonomischen Faktoren beeinflusst war, etwa von moralischen, religiösen und sehr persönlichen, von dem, was Pierre Bourdieu (1930-2002) als »symbolisches Kapital« bezeichnen sollte.[104]

Unter den Historikern der verschiedenen westlichen (auch osteuropäischen) Länder, die sich den neuen Strömungen anschlossen, kam es zu einem weit intensiveren Austausch, als dies in früheren Zeiten üblich gewesen war.

In Deutschland entwickelte sich als Gegenstück zur »microstoria« die »Alltagsgeschichte«, wenngleich es hier auch Unterschiede gab. Die Vertreter der Alltagsgeschichte kritisierten wie die der »microstoria« die etablierte Sozialwissenschaft, in Deutschland die Historische Sozialwissenschaft der Bielefelder Schule und ihr Forum, die Zeitschrift »Geschichte und Gesellschaft«. Die Alltagsgeschichte besaß keine starke institutionelle Basis wie die Bielefelder Schule, doch standen ihre bedeutendsten Vertreter immerhin mit dem Göttinger Max-Planck-Institut für Geschichte in Verbindung, das 2008 aufgelöst wurde. In den 1980er Jahren gab es einen lebhaften Austausch zwischen den Anhängern beider Richtungen. Die Vertreter der Alltagsgeschichte kritisierten die Historische Sozialwissenschaft aus denselben Gründen wie die Vertreter der »microstoria« die sozialwissenschaftliche Geschichte kritisierten. Sie sei unpersönlich, allzu abstrakt und zeige zu wenig Interesse am Leben und an den Erfahrungen der gewöhnlichen Leute. Doch eines hatten die Historiker der Bielefelder Schule und die Praktiker der »Alltagsgeschichte« gemein: das Engagement für den emanzipatorischen Auftrag von Geschichtsforschung. Für die Bielefelder Historiker und die mit ihnen verbundenen Sozialwissenschaftler der verschiedenen Disziplinen bedeutete dies ganz allgemein den Reformkurs der Sozialdemokratie in einer Industriegesellschaft, während die Anhänger der Alltagsgeschichte weiter nach links tendierten, eine stärkere Kontrolle durch das Volk sowie Umweltreformen anstrebten. Hans Medick (geb. 1939) vom Max-Planck-Institut ging in seiner Kritik an sozialwissenschaftlichen Ansätzen noch weiter als Giovanni Levi in Italien und bewegte sich in Richtung einer historischen Anthropologie. Wie Clifford Geertz (1926–2006) behauptete er beharrlich, das Erforschen von Kultur erfordere keine kausalen Erklärungen, sondern bestehe in Interpretationen von Bedeutungen. Geertz zitiert in Anlehnung an Max Weber, »daß der Mensch ein Wesen ist, das in selbstgesponnene Bedeutungsgewebe verstrickt ist«, missversteht jedoch völlig die methodischen Konsequenzen, die Weber für die Untersuchung der Kultur daraus gezogen hat. Während Weber eine streng rationale Herangehensweise forderte, bei der die Erkundigungen von klar formulierten, theorieorientierten Fragen geleitet werden, verlangte Geertz eine »dichte Beschreibung«, eine unmittelbare anthropologische Konfrontation mit den kulturellen Phänomenen, dem »Anderen«, das die Kultur direkt zu Wort kommen ließ, dem »Text«, dessen Bedeutung »enthüllt«, nicht erklärt werden müsse.[105]

2. »Oral History« und »Gedächtnisgeschichte«

Die Mikrogeschichte beschäftigte sich großenteils mit der Vormoderne und der vorindustriellen Epoche. Die Alltagsgeschichte jedoch wandte sich immer mehr der jüngeren Zeit zu, in Deutschland der Naziherrschaft und in Russland, als dies in der letzten Phase der Perestroika 1988 möglich wurde, der Stalinzeit.[106] Und in den Vereinigten Staaten, in Deutschland, in Israel und anderswo befasste sich ein Heer von Historikern mit dem Holocaust. In diesen Untersuchungen spielte die Oral History, Interviews mit Überlebenden, eine bedeutende Rolle. Oral History war nichts Neues. Schon in den 1930er Jahren hatte man in den Vereinigten Staaten noch lebende ehemalige Sklaven interviewt. In Deutschland befragten Lutz Niethammer (geb. 1940) und seine Mitarbeiter Bewohner des Ruhrgebiets, wie sie die Jahre des Nationalsozialismus erlebt und in Erinnerung hätten,[107] und in den letzten Jahren vor dem Zusammenbruch der DDR erhielten sie auch dort die Erlaubnis, noch lebende Zeitzeugen zu interviewen. Natürlich erhob sich dann die Frage, inwieweit diese Erinnerungen ein wahrheitsgetreues Bild von der historischen Epoche lieferten. Die Wende zur Oral History war eng verbunden mit der Wende zur Geschichte als Gedächtnisraum. Dabei stellt sich freilich sofort folgendes Problem: Das Fundament seriöser Geschichtsforschung besteht in der erklärten Absicht, ein wahrheitsgetreues Bild von der Vergangenheit zu konstruieren, das anhand von – notgedrungen lückenhaften – Belegen überprüft werden kann. Von dieser Verpflichtung sind die Historiker der Oral History und der Gedächtnisgeschichte befreit.[108] Die Hinwendung zur Erinnerung hat ihre Ursprünge in den 1920er Jahren in einem Werk von Maurice Halbwachs (1877–1945), einem Schüler Emile Durkheims, über das »kollektive Gedächtnis«, das wiederum Lucien Febvres und inbesondere Marc Blochs Beschäftigung mit kollektiven Mentalitäten inspirierte, einem zentralen Thema im Geschichtsbegriff der französischen »Annales«. Aber erst in den 1970er und 1980er Jahren erlangte die Gedächtnisgeschichte Bedeutung. Sie passte gut zum Cultural Turn in der Geschichtsschreibung und zu der Rolle, die dieser der Interpretation zuschrieb. Viele namhafte französische Historiker aus dem Kreis um die »Annales« schrieben Beiträge zu der siebenbändigen Sammlung »Lieux de Mémoire«[109] [dt. »Erinnerungsorte Frankreichs«, 2005], die von Pierre Nora (geb. 1931) herausgegeben wurde und zwischen 1984 und 1992 erschien. Bald folgte eine englische Übersetzung und eine Sammlung deutscher Erinnerungsorte.[110] Schwerpunkt bei Nora war der Gedanke, dass die Geschichte der französischen Nation durch ein Narrativ, das sich auf urkundliches Beweismaterial stützte, nicht angemessen dargestellt werden könne, sondern jene Bilder enthalten müsse, die die Franzosen selbst von ihrer Vergangenheit haben. Heilige Orte, Feste, Mythen, Lieder, Literatur und Kunst formten folglich das nationale Bewusstsein entscheidend mit. Nicht mehr die Vergangenheit, wie sie sich ereignet hat, ist das Wesentliche, sondern die Vergangenheit, wie sie erinnert wird, jedoch mit den Geschehnissen meist nicht mehr abgeglichen werden kann. 1989 gründete Saul Friedländer (geb. 1932), ein Überlebender des Holocaust, an der Universität Tel Aviv »History and Memory«, die wichtigste Zeitschrift zum Thema »erinnerte Geschichte«, in der der Holocaust im Zentrum stand.

Aber »Gedächtnisgeschichte« enthält nicht nur tatsächlich Erinnertes, sondern auch Vergessenes oder Verdrängtes, und dieser Tatsache wurde, wie Paul Ricoeur (1913–2005) ausgeführt hat, zu wenig Aufmerksamkeit geschenkt.[111] Ein bedeutender Beitrag in diesem Zusammenhang ist das jüngste Buch von Christina Morina, »Legacies of Stalingrad: Remembering the Eastern Front in Germany since 1945« (2011) [dt. »Vermächtnis und Gedächtnis Stalingrad: Erinnerung und Wirkung des Krieges an der Ostfront in der politischen Kultur in Deutschland 1943–2003«, Online-Ressource 2007]. Dem war die Schrift ihres Mentors Jeffrey Herf vorausgegangen, »Divided Memory: The Nazi Past in the Two Germanys« (1997). Morina untersucht die selektiven Erinnerungen an die Ostfront in einem geteilten Deutschland während des Kalten Krieges, den sie neben dem Holocaust für das größte Verbrechen hält, lebenzerstörend in höchstem Grade und untrennbar mit dem Holocaust der Nazis verbunden. Während die von den Sowjets kontrollierten ostdeutschen Historiker sich mit den Verbrechen der deutschen Wehrmacht beschäftigten, den Genozid an den Juden aber praktisch ignorierten, hoben die westdeutschen Veteranen das von den Deutschen erlittene Leid hervor und drängten ebenfalls das, was den Juden angetan worden war, an den Rand.[112] Im Westen wie im Osten wurde der zum Kampf gezwungene einfache deutsche Soldat von jeder Schuld entlastet. Im Westen, wo größere Freiheit eine Kritik möglich machte, wurden die wenigen Historiker und literarischen Schriftsteller, die die Verbrechen erforschten, als Außenseiter behandelt. Nur zögerlich wandten sich Historiker, Intellektuelle und Medien im Westen (und viel später und weniger umfassend auch im Osten) dem Holocaust zu.[113] Doch selektives Gedächtnis war nicht allein Deutschland vorbehalten.[114] Die Japaner brauchten wesentlich länger als die Deutschen, die sich schließlich doch den im Zweiten Weltkrieg begangenen Verbrechen stellten. Die Türkei leugnet bis heute vehement den Genozid an den Armeniern im Ersten Weltkrieg. Die Franzosen hüllten sich hinsichtlich ihrer Kollaboration mit den Nationalsozialisten bei der Deportation der Juden lange Zeit in Schweigen. Auch die Chinesen breiten den Mantel des Schweigens über die Millionen, die während des »Großen Sprungs nach vorn« unter Mao Zedong (1893–1976) gestorben sind – um nur ein paar markante Beispiele zu nennen. Erst jetzt stellen sich Historiker und Kulturwissenschaftler vor allem in den Vereinigten Staaten und Brasilien, aber nicht nur dort, dem Thema Sklavenhandel und Sklaverei in der Vergangenheit, und erst jetzt befassen sich die Australier damit, was sie den Aborigines angetan haben.

3. Die Bewegung der »Geschichtswerkstätten«

Die Sammlung »Lieux de Mémoire« war nicht ausdrücklich politisch orientiert, es sei denn, man wollte ihr Interesse an der französischen Nation so deuten. In der Erforschung der Alltagsgeschichte spiegelte sich zum großen Teil ein marxistisches Erbe wider, obwohl sie sich, wie wir bereits gesehen haben, vom ökonomischen Determinismus und dem politischen Dogmatismus der Kommunistischen Partei befreit hatte. 1976 wurde in Großbritannien die Zeitschrift »History Workshop« mit dem Untertitel »A Journal of Socialist Historians« ins Leben gerufen. Sie war ein Abbild dieser Veränderungen. Anfangs fühlte sie sich E. P. Thompsons Haltung zur Geschichte der Arbeiterbewegung verpflichtet, ging jedoch bald darüber hinaus. Was sie von anderen britischen historischen Zeitschriften unterschied, war nicht ihr sozialistisches Engagement – das teilten viele ihrer Redakteure und Autoren mit »Past and Present« –, sondern ihre Entschlossenheit, die Kluft zwischen Akademikern und dem breiten Publikum zu überbrücken und Letzteres zu ermutigen, selbst Geschichte zu schreiben. Sehr bald merkte man, dass die marxistische Vorstellung von einer industriellen Arbeiterklasse, die Thompson noch immer vertrat, den Wandel in Wirtschaft und Politik nicht mehr erfasste. So beschäftigte man sich bald mit den Auswirkungen der neuen ökonomischen Gegebenheiten auf das Alltagsleben, auch auf das Privatleben und die Sexualität. Die Ausbeutung der Frauen nicht nur als Arbeitskräfte, sondern auch innerhalb einer noch immer von Männern dominierten Gesellschaft lenkte die Zeitschrift in eine feministische Richtung. Sie räumte den Erfahrungen von Frauen immer mehr Platz ein, zudem schrieben viele Frauen Artikel und bekleideten wichtige Posten in der Redaktionsleitung. 1982 wurde der Untertitel der Zeitschrift in »A Journal of Socialist and Feminist Historians« geändert. 1995 wurde er ganz fallen gelassen, denn man hatte eingesehen, dass die ursprüngliche marxistische Analyse einer Industriegesellschaft den veränderten Verhältnissen in der modernen Welt nicht mehr entsprach. Für die Redaktion standen die Bedingungen, unter denen sich radikale Historiker als Marxisten oder auch nur als Sozialisten bezeichnen konnten, nicht mehr an erster Stelle. Die Herausforderungen der Gegenwart – umweltpolitisch, ethnisch und geschlechtsbezogen – hatten eine solche Komplexität erreicht, dass die Begriffe »sozialistisch« und »feministisch« mit ihren jeweiligen Konnotationen nicht mehr ausreichten. Ihre kritische Grundhaltung behielt die Zeitschrift jedoch bei. Sie versuchte, wenngleich mit nur mäßigem Erfolg, Arbeiter und Arbeiterinnen miteinzubeziehen; diese sollten ihre jeweilige Lokalgeschichte ans Tageslicht fördern. Aber auch weiterhin waren fast alle Autoren Akademiker. Doch die Idee der Geschichtswerkstatt verbreitete sich über den ganzen europäischen Kontinent; in Deutschland und Schweden wurden Werkstätten vor Ort gegründet, in Deutschland außerdem zwei Zeitschriften.[115] All dies hatte eine Wende zur historischen Anthropologie zur Folge. In Italien bewegten sich »Quaderni Storici« und in Russland der neu gegründete »Odysseus« in eine ähnliche Richtung.

4. Feministische Geschichte und Gender-Geschichte

Auch in den späten 1960er Jahren gab es ein gestiegenes Interesse an der Geschichte der Frauen.[116] Bisher hatte es hier zwei Strömungen gegeben: Die eine kreiste um Frauen der Mittelschicht in politischen Reformbewegungen zu den Themen Wahlrecht, Rechtsstatus der Frau, erweiterte Bildungsmöglichkeiten und das Recht auf Abtreibung. Die andere befasste sich mit den Lebensbedingungen der Arbeiterinnen als Teil der Erwerbsbevölkerung. Bis zu den 1960er Jahren hatten die meisten Geschichtswerke der aktiven Rolle der Frau in der Geschichte und ihren Problemen wenig Aufmerksamkeit geschenkt. Die Historiografie, selbst die Sozialgeschichte, handelte fast nur von Männern. Erst in den 1960er Jahren entstand eine feministische Geschichtsforschung; sie war Teil der allgemeinen sozialen Unruhe, die gekennzeichnet war von der Bürgerrechtsbewegung in den Vereinigten Staaten, vom Protest gegen den Vietnamkrieg und vom Ruf nach einer Alternativkultur. Von Anfang an verfolgte diese Geschichtsschreibung, wie so vieles in der oben genannten Alltagsgeschichte, ein klares politisches Ziel, nämlich mit der »Unsichtbarkeit, Machtlosigkeit und Unterordnung« der Frauen Schluss zu machen, und zwar mit einer »her-story«, in der Frauen nicht nur als passive Objekte auftraten, sondern als aktive Subjekte, und in der die Hierarchie offengelegt wurde, die den meisten traditionellen Geschichtsberichten innewohnte.[117] Nur wenige feministische Historikerinnen waren Marxistinnen, doch sie werteten alle bestehenden Gesellschaftsformen in Vergangenheit und Gegenwart als Unterdrückung und betrachteten ihre historiografische Arbeit als Beitrag zum Kampf dagegen. Anders als Marx sahen sie die Herrschaft nicht auf Wirtschaft und

Staat konzentriert, sondern wie Foucault in der Kultur selbst verwurzelt, in ihren Institutionen, den akzeptierten Vernunftsformen und auch in ihrer Sprache. All dies deuteten sie als Macht- und Herrschaftsinstrumente.[118] Julie Des Jardins schrieb sogar: »Wie konnte man die Unterdrückung der Frau kapitalistischen Kräften anlasten, wo doch Frauen den Männern untergeordnet waren, bevor es den Kapitalismus gab, und dies auch unter sozialistischen Regierungen blieben?«[119]

Die feministische Geschichte erhielt eine mächtige akademische Basis, als in den 1970er Jahren an vielen amerikanischen Universitäten Institute für Frauenforschung eingerichtet wurden, ein Erbe von 1968 und der »Geschichte von unten«; es erschienen wichtige Monografien über so unterschiedliche Themen wie Geburtshilfe, Prostitution, Arbeit, Mutterschaft und böswillige Verleumdung. Einige dieser Schriften stellten für die traditionelle Auffassung von historiografischer Arbeit eine Herausforderung dar. So focht Joan Kelly die konventionelle Periodisierung an, als sie darauf hinwies, dass die Frauen während der Renaissance keine Renaissance erlebt hätten. Ein vergleichbares Interesse an feministischer Geschichte entstand auch in Europa, wo sich bei Philosophinnen wie Simone de Beauvoir und Luce Irigay bereits eine hochentwickelte Tradition feministischer Theorie entwickelt hatte. Doch schon Anfang der 1980er Jahre machte sich unter den feministischen Wissenschaftlerinnen Frustration breit angesichts der fest verhafteten maskulinen Tendenz der historischen Praxis, die der Frauengeschichte als bloßem Beiwerk eines vorwiegend männlich dominierten Narrativs eine nachrangige Position zuwies. Eine bedeutsame Neuorientierung fand statt, als neben dem biologischen Geschlecht (»sex«) auch das soziale Geschlecht (»gender«) als Analysekategorie anerkannt wurde. Das biologische Geschlecht war unveränderbar, »gender« hingegen wurde gesellschaftlich konstruiert und erlernt, zeigte sich in den verschiedenen Kulturen in unterschiedlichen Ausdrucksformen und musste aus der Beziehung zwischen Männern und Frauen heraus verstanden werden. Marxistische Feministinnen, aber auch schwarze und asiatische Historikerinnen, vor allem in Großbritannien, wiesen auf die komplexe Beziehung zwischen Klasse, Rasse und Geschlecht hin. Laut Joan W. Scott war Gender »eine nützliche Kategorie der historischen Analyse«, die es ermöglichte, die unterschiedlichen und wandelbaren Erfahrungen von Frauen innerhalb eines breiten sozialen und kulturellen Rahmens begrifflich zu erfassen. Frauen, so führte sie aus, stellten keine einheitliche Kategorie dar, man dürfe sie nicht betrachten »ohne Rücksicht auf qualifizierende Faktoren wie Rasse, ethnische Zugehörigkeit, Klasse, sexuelle Orientierung und innerhalb davon Unterscheidungen wie Persönlichkeit und Einstellung, die sich aus den verschiedenen politischen Richtungen innerhalb der Frauenbewegung ergeben.«[120] Umgekehrt konnten durch den Begriff Gender auch gewisse Vorstellungen von Maskulinität und nichtkonforme sexuelle Orientierungen theoretisch erfasst werden.

Während früher im wesentlichen die weiße, heterosexuelle Frau der Mittelschicht als Norm gegolten hatte, bewegte sich die Frauengeschichte nun in verschiedene Richtungen. Diese Geschichten konnten unmöglich neutral und objektiv geschrieben werden, wie es die traditionelle akademische Historiografie anstrebte, sie bewiesen vielmehr politisches Engagement und fochten die paternalistische Vorherrschaft an, die der dominierenden Kultur innewohnte und sich in ihren Institutionen und Diskursen zeigte. Man versuchte mithilfe geschlechterspezifischer linguistischer und dekonstruktiver Analysen die Asymmetrie in Ansehen und Macht ans Licht zu bringen. Geschlechtliche Tropen wie »mannhaft« und »weibisch« offenbarten und bestärkten Hierarchien, nicht nur in Bezug auf die Geschlechter, sondern auch auf die Rassen, zwischen Zentrum und Peripherie. Die Geschlechtergeschichte ging also über das ursprüngliche Anliegen der feministischen Historiografie hinaus und strebte ein breiteres, pluralistischeres Konzept für sich an.

V. Postkolonialismus[121]

Die Zeit nach 1970 brachte nicht nur ein vermehrtes Interesse an der Geschichte der nichtwestlichen Welt, nicht nur die Anfänge einer Globalisierung der Geschichte, über die wir in Kapitel 8 mehr erfahren werden, sondern auch ein kritischeres Urteil der Historiker in jenen Teilen der Welt, die wie Indien früher Kolonien gewesen waren oder wie China unter imperialistischem Druck gestanden hatten. Wie wir gesehen haben, hatte westliches und nichtwestliches Geschichtsdenken bereits zunehmend Kritik am Westen und an der westlichen Historiografie geäußert. Kurzum, die Vorstellung von einer linearen historischen Entwicklung, einer Weltgeschichte, die in der Zivilisation des modernen Westens kulminierte, war weitgehend verworfen worden. Das auf dem Fortschrittsparadigma beruhende Geschichtsbild des Westens wurde als Teil einer Ideologie begriffen, die die Gesellschaften und Kulturen der nichtwestlichen Welt als inferior ansah und damit eine ideologische Legitimation für Kolonialismus und Imperialismus lieferte. Kolonialismus bedeutete nicht nur die politische Kontrolle über die kolonisierten Völker, sondern auch eine kulturelle Hegemonie, die auf eine erzwungene Modernisierung nach westlichen Kriterien abzielte. Spätestens in den 1970er Jahren hatten fast alle ehemaligen Kolonien ihre Unabhängigkeit erreicht, blieben aber ökonomisch von den früheren Kolonialmächten abhängig und erbten einen Großteil der administrativen Infrastruktur, die ihnen von diesen aufgezwungen worden war. Es gab keine Rückkehr zu vorkolonialen politischen Strukturen – vor allem die in Afrika gezogenen Grenzen ignorierten ältere Stammesterritorien und schufen künstliche Nationalstaaten –, und das Bildungssystem orientierte sich an westlichen Modellen.

Mit dem Begriff Postkolonialismus ist die kritische Haltung gegenüber westlichen historischen Institutionen und Denkmustern in der postkolonialen Ära bezeichnet worden, doch die postkolonialen Strömungen sind zu unterschiedlich, als dass sie eine klare Definition zuließen. Trotzdem gibt es einige gemeinsame Merkmale. Vor allem ist da der Beitrag des Kolonialismus zur ökonomischen Durchdringung des Weltmarkts mit Kapital zu nennen. Dieser Gedanke stammt zwar von Marx, doch nur wenige postkoloniale Denker sind orthodoxe Marxisten, die in der kolonialen Unterjochung in erster Linie eine Wirkungsweise des kapitalistischen Weltmarkts sehen. Fast alle betonen die kulturellen Aspekte der ökonomischen und politischen Dominanz und sind auch der Meinung, dass diese keineswegs beendet ist. Ein bedeutender Vorläufer des Postkolonialismus war Frantz Fanon (1925–1961), geboren in Martinique, in Lyon zum Psychiater ausgebildet und anders als die anderen Autoren, auf die wir noch zu sprechen kommen, aktiver Teilnehmer an der algerischen Erhebung gegen die Franzosen. Sein Buch »Les damnés de la terre« (1961) [dt. »Die Verdammten dieser Erde«, 1966][122] war eine unverblümte Aufforderung zu einer Revolution, die nur mit Gewalt durchgeführt werden könne. Das Buch wurde von antikolonialistischen Aktivisten in Schwarzafrika sehr ernst genommen, erlangte aber auch Bedeutung für die schwarzen Befreiungsbewegungen in den Vereinigten Staaten und die radikale Studentenbewegung in Europa.

In den 1970er Jahren war Fanons »Les damnés de la terre« ein Klassiker, gehörte jedoch bereits der Vergangenheit an. Postkolonialismus war jetzt fast ausschließlich ein Thema für Akademiker, wenngleich ihre Schriften einen – freilich schwer messbaren – Einfluss auf die Umbildung politischer Haltungen und Perspektiven ausübten. Wir müssen vorausschicken, dass viele Autoren der postkolonialen Historiografie nicht aus den ehemaligen Kolonien kamen, sondern aus dem Westen. Genaugenommen ist die Mehrheit der postkolonialen Historiker und Sozialtheoretiker, vor allem der indischen, im Westen oder in westlich geprägten Institutionen ausgebildet worden. In vielen Fällen haben sie an westlichen Universitäten Karriere gemacht und schreiben auf Englisch (seltener auf Französisch) und nicht in ihrer Muttersprache, so dass man durchaus (zu Recht oder zu Unrecht) behaupten kann, der Postkolonialismus spiegle ebenso sehr westliche wie nichtwestliche Haltungen.

Wer dem Bild von der Vergangenheit in der ehemals kolonialen Welt und in Ländern wie China, die einem Druck von außen ausgesetzt waren, gerecht werden will, muss Schriftstücke in nichtwestlichen Sprachen studieren, was wir hier nur für China und Japan tun können. Auf den folgenden Seiten werden wir uns auf zwei wichtige englischsprachige Bekundungen des postkolonialen Gedankens beschränken, auf »Orientalism« (1978) [dt. »Orientalismus«, 1981] von Edward Said (1935–2003) und auf die 1982 gegründeten indischen »Subaltern Studies«.

Postkoloniales Denken kann nicht begriffen werden ohne sein marxistisches Erbe, das den Akzent auf den im Westen entstandenen kapitalistischen Weltmarkt legt und auf die daraus resultierende Kontrolle des Westens über die nichtwestliche Welt, die »Peripherie«, wie es der amerikanische Soziologe und Afrikanist Immanuel Wallerstein (geb. 1930) in »The Modern World System« (1974–1989) [dt. »Das moderne Weltsystem«, 2012] formulierte.[123] Wallerstein operierte mit einem orthodoxen marxistischen Begriff vom Weltmarkt; dieser werde zum Zwecke der maximalen Akkumulation vom westlichen Kapitalbedarf angetrieben, und das bedeute die Notwendigkeit wirtschaftlicher Ausbeutung und politischer Beherrschung der nichtwestlichen Welt. Akkumulation erfordere niedrige Löhne. Wallerstein erklärt also den Rassismus in der Peripherie und im Mutterland mit dem Bedürfnis des Kapitalismus, die Arbeitskosten zu senken, und dann behauptet er, die Unterordnung von Frauen im Kapitalismus habe ähnliche Wurzeln, da ihre unbezahlte Hausarbeit es möglich mache, die Löhne der Männer niedrig zu halten. Wallersteins Arbeit fand in Lateinamerika große Beachtung, da sie sich gut in die »Dependenztheorie« fügte, die nach Erklärungen für die wirtschaftliche Unterentwicklung Lateinamerikas suchte. Doch mit seiner uneingeschränkt ökonomischen Deutung der Unterordnung der nichtwestlichen Welt stand Wallerstein innerhalb der Diskussionen über koloniale und postkoloniale Abhängigkeit relativ isoliert da. Diese achteten mehr auf das Wechselspiel von Ökonomie und Kultur, ließen dabei aber den imperialistischen Zusammenhang mit der politischen, ökonomischen und kulturellen Herrschaft des Westens nicht außer acht.

Saids Werk »Orientalism« übte einen gewaltigen Einfluss auf die postkolonialen Diskussionen der 1980er Jahre aus. Said hatte als junger Mann aus seiner Heimat Palästina fliehen müssen, erhielt seine Ausbildung in Kairo und Großbritannien und unterrichtete als Professor für englische Literatur an der Columbia University in New York City.[124] Er war ein politisch engagierter Intellektueller, der am Schicksal der Palästinenser größten Anteil nahm. In »Orientalism« untersuchte er die politische Funktion von Wissenschaft im Nahen Osten und ganz allgemein in Asien. Er erkannte an, welche Rolle der kapitalistische Imperialismus im Umgang mit der nichtwestlichen Welt gespielt hatte, maß aber intellektueller Aktivität und besonders der Wissenschaft ein viel größeres Gewicht bei, als dies die Marxisten tun. Er ging von einem Gedanken aus, der sich schon bei Nietzsche und Foucault findet, dass nämlich Wissen niemals wertfrei, sondern ein Machtinstrument sei. Was die Orientalistik anging, so behauptete er, die Wissenschaft, die sich mit dem Nahen Osten beschäftige, sei nicht nur dazu da, westliche Expansion und Herrschaft zu legitimieren, sondern initiiere solche Politik bereits auf fundamentale Weise. Die britischen und französischen Orientalisten, denen sein besonderes Augenmerk galt, schilderten seiner Meinung nach den Orient nicht realistisch, so wie er existierte, sondern schufen, oder besser gesagt, erfanden ein Bild, das ihren politischen Zwecken dienlich war. In dieser Wissenschaft werde scharf unterschieden zwischen einem zivilisierten, vernunftgeleiteten, bürgerlichen Westen und einem rückständigen, abergläubischen, grausamen und verweichlichten Osten. Damit erscheine der Orient als ein schlechthin »Anderes«. Diese Wissenschaft habe das westliche Geschichtsbild stark beeinflusst. Said zeigte auf, dass die westliche, vor allem die akademische Wissenschaft, allzu simpel sei. Allerdings fragt sich so mancher, ob Said nicht selbst ein allzu vereinfachtes Bild von der Orientalistik gezeichnet hat; er befasste sich nicht mit der reichen orientalistischen Tradition in Deutschland und den Vereinigten Staaten, Ländern, die kein unmittelbares koloniales Interesse am Nahen Osten hatten, oder damit, dass auch in Frankreich und Großbritannien bestimmte Orientalisten nicht in sein Raster passten und wie zum Beispiel Max Müller (1823–1900) und andere frühe Indologen die »Tiefgründigkeit der indischen Kultur« bewunderten, obwohl auch sie dazu neigten, den indischen Mystizismus der Kindheit des Menschengeschlechts zuzuordnen und damit wie die Orientalisten allgemein auf dem normativen Charakter des modernen Westens beharrten.

1. Die »Subaltern Studies«

Es ist verblüffend, dass Saids Werk »Orientalism« im Westen wie im Osten so begeistert aufgenommen wurde, als »bahnbrechendes Ereignis« bei der Bildung einer postkolonialen Wissenschaft.[125] Zweifellos hatte dies mit dem allgemeinen intellektuellen Klima im Westen und Osten zu tun – aber vielleicht sollten wir nicht »Osten« sagen, sondern uns auf das anglofone Indien beziehen, das sich auf vielfältige Weise an den westlichen Diskussionen beteiligte. Ein extremes Beispiel hierfür sind die Schriften von Ashis Nandy (geb. 1937) von der Universität Neu-Delhi. Nandy war häufig als Fellow an Instituten in

Großbritannien und Deutschland, lehnt wie bereits erwähnt die aufklärerische Tradition des Westens gänzlich ab, macht sie für die Massengewalt und die Völkermorde des 20. Jahrhunderts verantwortlich und fordert eine Rückkehr zu vormodernem Denken, weg von modernen rationalistischen, säkularen Anschauungen. Zu diesen modernen historischen Anschauungen gehören, so sagt er, die Dominanz des »modernen Nationalstaats, der Säkularismus, das baconsche Konzept einer wissenschaftlichen Rationalität, die Fortschrittstheorien des 19. Jahrhunderts und in den letzten Jahrzehnten die Entwicklungstheorien. Wir müssen wieder solche Kulturen respektieren, die mit offenen Vorstellungen von der Vergangenheit gelebt oder ihr kulturelles Selbstverständnis über Mythen, Legenden und Epen definiert haben.«[126]

Die »Subaltern Studies«,[127] gegründet 1982, gingen nicht so weit. Ihr Ziel war es, so erklärte ihr Herausgeber Ranajit Guha (geb. 1923), der damals an der University von Sussex lehrte, in der ersten Ausgabe 1982, mit der herrschenden indischen Historiografie zu brechen. Sie sei elitär und sehe das Aufkommen des indischen Nationalismus und das Erlangen der indischen Unabhängigkeit einzig als das Werk politischer Führer und Intellektueller, die Guha mit einem marxistischen Terminus als »bürgerlich« bezeichnete. Die »Subaltern Studies« – der Begriff »subaltern« stammte aus Antonio Gramscis »Note sul Macchiavelli, sulla politica e sullo Stato moderno« – wollten ihr Augenmerk auf das »gemeine Volk« richten, auf Kleinbauern, niedere Kasten, Stammesangehörige und andere marginalisierte Gruppen, die in der konventionellen, elitären Historiografie der indischen Nation normalerweise ignoriert wurden. Nun wurde schon die Idee von einer Nation, wie sie die »bürgerliche« indische Geschichtsschreibung nach britischem Modell entwarf, infrage gestellt. Indiens Bevölkerung war sehr vielgestaltig, und jeder Teil hatte seine eigenen Traditionen. Zentral für diese »subalterne Geschichte« war die Behauptung, dass die untergeordneten Bevölkerungsteile nicht passiv stumpfsinnige Untertanen gewesen seien, sondern »Agenten« mit einem politischen Bewusstsein, die ihre Geschichte aktiv mitgeformt hätten. Die elitäre Geschichtsschreibung »weigert sich, den Beitrag anzuerkennen, geschweige denn auszuwerten, den das Volk [bei der Gestaltung des modernen Indien] aus eigener Kraft, das heißt, unabhängig von den Eliten, geleistet hat«.[128] In »Elementary Aspects of Peasant Insurgency in Colonial India«[129] führte Guha vor, wie diese Aufstände untersucht werden müssten. Da die untergeordneten Bevölkerungsschichten nur wenige Schriftdokumente hinterlassen hatten, entwickelte Guha darüber hinaus in einem Essay mit dem Titel »The Prose of Counterinsurgency« Methoden, wie sich aus offiziellen Akten über Aufstände das subalterne Bewusstsein herauskitzeln ließ. Sie mussten gegen den Strich gelesen werden, sowohl ihre Aussagen als auch ihr »Schweigen«. Diese

Akzentuierung des inhaltlichen Potentials von Archivunterlagen im Zusammenhang mit dem Macht-Wissen-Komplex rückte die subalterne Historiografie in große Nähe zur postmodernistischen Literaturtheorie.

Wie bereits erwähnt war die Bewegung, die die »Subaltern Studies« vertraten, linksgerichtet. Aber sie teilte auch die allgemeine Ernüchterung hinsichtlich der orthodoxen marxistischen Theorie und Praxis, die in den 1970er Jahren im Westen um sich griff. Wie E. P. Thompson, dessen Besuch in Indien 1976 enormen Einfluss auf indische Wissenschaftler hatte, versuchten die »Studies« die »Subalternen« vor der »Herablassung der Nachwelt« zu bewahren, auch vor der Herablassung der »offiziellen« linken Historiker mit ihrer ausschließlichen Konzentration auf ökonomische Bedingungen und eine linke Nomenklatura. Ausschließlich in Englisch geschrieben, ließen die »Studies« nicht nur indische, sondern auch britische und amerikanische Historiker und Sozialwissenschaftler zu Wort kommen, darunter auch historische Anthropologen, die eine lockere, aber dennoch über die Kontinente hinweg verbundene Gruppe mit einer gemeinsamen Konzeption von Geschichte bildeten. Natürlich kann man sich fragen, ob diese Gruppe nicht auch eine Elite darstellte, nämlich eine akademische, die durch Sprache und Ausbildung weit enger mit britischen als mit indischen Traditionen verbunden war. Dieser Aspekt wurde von Gayatri Chakravorty Spivak (geb. 1942) angesprochen, einem Mitglied der Gruppe, dem das Paradox auffiel, dass hier Intellektuelle »für« Subalterne »sprachen«, sie aber nicht selbst zu Wort kommen ließen. Er bemerkte auch die verblüffende Ähnlichkeit zwischen dem subalternen Ansatz und der »Geschichte von unten« der britischen Marxisten; daran war kaum etwas Postkoloniales zu verspüren.

Einige Gruppenmitglieder wandten jedoch ein, die »Subaltern Studies« hätten zwar »nicht bewusst als postkoloniales Projekt begonnen«, doch die Art und Weise ihrer »Intervention« deute darauf hin und entwickle sich unweigerlich zu einer Kritik am kolonialen, westlichen Umgang mit dem Wissen.[130] Die Analyse antikolonialer Bewegungen subalterner Gruppen brachte auch eine breitere Kritik an Staat, Nation, Moderne und den ihnen zu Grunde liegenden eurozentrischen Prämissen mit sich. Elitäre Darstellungen der Vergangenheit, sogar solche in nationalistischem Geist, stammten aus kolonialen und eurozentrischen Diskursen, bevorzugten bestimmte Konzepte und Kategorien und lehnten andere Vorstellungen von Staat, Nation oder Moderne ab. Die Wurzel dieses Problems, so behaupteten die »Subaltern Studies«, sei die angebliche Allgemeingültigkeit von Europas historischer Erfahrung, vor allem der Institution des modernen Nationalstaates sowie der Vorstellung von einer historischen Entwicklung, die nach europäischem Muster verlaufe. Die Kritik an der eurozentrischen Geschichte hatte zur Folge, dass die moderne

Disziplin der Geschichtsforschung an sich auf den Prüfstand kam, nicht in dem Ausmaß wie bei Nandy, der sie vollkommen ablehnte, aber als eine mit Macht aufgeladene theoretische Kategorie.

Diese Bedenken äußerte Dipesh Chakrabarty in einem 1992 veröffentlichten Artikel,[131] der später in die maßgebliche Monografie »Provincializing Europe« [dt. »Europa als Provinz: Perspektiven postkolonialer Geschichtsschreibung«, 2010] aufgenommen wurde. An die Historiografie der nichtwestlichen Welt gewandt, stellte Chakrabarty fest: »Eigentümlicherweise haben alle diese anderen Geschichten die Tendenz, sich in Variationen einer Meistererzählung zu verwandeln, die man ›die Geschichte Europas‹ nennen könnte.« Die Aufgabe lautete nun, Europa zu »provinzialisieren«, sich dagegen zu verwahren, dass »Europa als Geschichte« zur Vorlage für das Verständnis anderer Kulturen werde. Chakrabarty schreibt, dass Ranajit Guhas ursprünglicher Beitrag ein fundamentales Umdenken bezüglich der Natur des kolonialen Kapitalismus gewesen sei, und dass sich die europäische Kategorie eines universalen kapitalistischen Weges, der vorgegebene Stadien einer gesellschaftlichen und wirtschaftlichen Entwicklung suggeriere, nicht auf die koloniale Situation anwenden lasse. »Die globale Geschichte des Kapitalismus reproduziert sich nicht überall in Gestalt ein- und derselben Machtgeschichte.«[132] Im kolonialen Indien habe das Bürgertum, anders als sein europäisches Gegenstück, Herrschaft ohne hegemoniale Ideologie ausgeübt, es habe auf eine Weise geherrscht, die an vorkoloniale Beziehungen zwischen Herrschaft und Unterordnung erinnerten. Diese »vorkolonialen« Praktiken dürften jedoch keineswegs als rückschrittlich, »zurückgeblieben« oder unvereinbar mit der kapitalistischen Moderne betrachtet werden, sondern müssten – und hier trennten sich die »Subaltern Studies« vom englischen Marxismus – als eine andere Art von Moderne gesehen werden, die zudem bis ins postkoloniale Zeitalter überlebt habe.[133] Auch in ihren Zielen und Werten wiesen die subalterne Analyse der nationalistischen Historiografie und der subalterne Widerstand enorme Unterschiede auf. Der subalterne Aufstand offenbarte ein Bewusstsein, das zu dem der nationalistischen Eliten im Widerspruch stand. Deren Vorstellungen von Nation, Staat und Bürger waren vom Westen mit angeblichem Säkularismus, Rationalismus und den Formen einer bürgerlichen Gesellschaft geprägt, dem Erbe der Aufklärung. Der Nationalismus und das Projekt »Nationalstaat« kamen auf den Prüfstand. Ihr Gegenpol, die Gemeinschaft oder das »Fragment«, lag »außerhalb der Thematik nachaufklärerischen Denkens« und wehrte sich gegen den »zentralistischen Drang nach Gleichmacherei und ›Normalisierung‹ im Namen einer einheitlichen Nationalkultur und politischen Gemeinschaft.«[134] Diese Entwicklung ließ eine Annäherung zwischen »Subaltern Studies« und postmodernistischer Kritik erkennen.

1988 zog sich Guha aus der Redaktion zurück, und im selben Jahr erschien eine Anthologie der »Studies« mit einem Vorwort von Edward Said, der das Buch als »intellektuell aufrührerisch« beschrieb. Aber es gab auch Kritik an dem Projekt. Sumit Sarkar (geb. 1939), ein ehemaliges Mitglied, das sich zurückgezogen hatte, als sich die Gruppe dem Postmodernismus zuwandte, kritisierte dessen einseitigen Kulturalismus. Das Konzept der Subalternität sei übernommen worden, um die Klippen des ökonomischen Reduktionismus im Zusammenhang mit den weitgehend vorkapitalistischen Bedingungen des kolonialen Indien zu umschiffen; gleichzeitig habe man die Begriffe von Herrschaft und Ausbeutung beibehalten. »Der Einfachheit halber wurde vergessen«, schreibt Sarkar, »dass die Probleme nicht dadurch verschwinden, dass man das Wort ›Klasse‹ durch die Wörter ›subaltern‹ oder ›Gemeinschaft‹ ersetzt. Verdinglichungstendenzen könnten durch die damit verbundene Loslösung aus sozioökonomischen Zusammenhängen und Determinanten im Grunde noch verstärkt werden, aus Angst vor einem ökonomischen Reduktionismus.« Sarkar fügte hinzu, dass auch Gramscis Subalterne »ausdrücklich nicht außerhalb der ›ökonomischen Produktion‹ stehen.«[135]

Ferner wurde Herrschaft, einmal aus ihren sozioökonomischen Zusammenhängen gelöst, zunehmend als kulturelle Kraft betrachtet, als der »praktisch unwiderstehliche« Macht-Wissen-Komplex des modernen bürokratischen Nationalstaates, der im Westen der Nachaufklärung wurzelte. Aber wie die Kritiker zeigten, übersieht solch ein isoliertes und aufgewertetes Konzept des Fragmentarischen seine eigenen inneren Spannungen und Widersprüche, seine eigenen Herrschafts- und Unterwerfungsstrukturen sowie auch das größere soziale Gebilde, in das es eingebettet ist und das oft den gesamten Kolonialstaat umfasst. Historiker, die sich mit umfassenderen Themen der politischen Ökonomie beschäftigen, sagen, der fragmentarische Blickwinkel erkenne nicht, »dass globaler Kapitalismus und lokaler Kommunitarismus nicht gegnerisch, sondern dialektisch verknüpft sind«.[136]

Der postnationalistische Triumph des Fragmentarischen in den »Subaltern Studies« fand einen deutlichen Nachhall in der postmodernen Kritik an »Fortschritt« und »Moderne«, da das Fragment seinem Wesen nach notwendigerweise vorkolonial war. Wie wir schon gesehen haben, war dieser Antimodernismus der springende Punkt in Ashis Nandys Haltung. Nicht ganz so extrem behauptete Gyanendra Pandey, ein anderes Gruppenmitglied: »Der fragmentarische Aspekt ist unter anderem deshalb so wichtig, weil er dem Drang nach einer oberflächlichen Homogenisierung widersteht und für andere, potentiell ergiebigere Definitionen von ›Nation‹ und künftiger politischer Gemeinschaft kämpft.«[137] Die Ablehnung der Aufklärung war für einige subalterne Wissenschaftler der Anlass, das Projekt Geschichtsforschung an sich als eine europäische Form des Wissens zu kritisieren. In Anlehnung an Said und Foucault stellte Guha als erster die Frage nach der Beziehung zwischen Geschichtsschreibung und Imperialismus,[138] aber auch andere wie Gyan Prakash (geb. 1952), Partha Chatterjee, Shahid Amin und David Arnold (geb. 1945) haben das Thema des »kolonialen Diskurses« in verschiedenen Bereichen erforscht. Doch keiner geht so weit wie Nandy oder Vinay Lal, die die Legitimität des historischen Unternehmens an sich leugnen, die Hierarchie aber auch nicht auf den Kopf stellen und Indien an die Stelle Europas setzen wollen. Wie Chakrabarty behauptet, kann man die Meistererzählung Europas nicht fortwünschen. Wenn man aber erkenne, dass »sich die ›indische‹ Geschichte selbst in einer subalternen Stellung befindet«,[139] könne man durch dekonstruktives Lesen der Geschichte als kolonialer Diszplin die Brüche und Risse aufspüren, die das Narrativ aus einer subalternen Perspektive neu definieren.

Die »Subaltern Studies« wechselten also von ihrem ursprünglichen Ziel, die subalterne Handlungsfähigkeit zu retten, zu einer fundamentalen Kritik an der akademischen, als eurozentristisch gewerteten Geschichtsbetrachtung. Doch wie Gyan Prakash feststellt, »brachte dieses Umdenken keine Ablehnung der Disziplin selbst und ihrer Forschungsmethoden mit sich«.[140] Vielleicht hat dies damit zu tun, dass das Indien der subalternen Schule bei aller Kritik an der kolonialen Kultur und ihren Institutionen das britische Erbe zu großen Teilen integriert hatte: das Bildungssystem, die rechtlichen Strukturen, die parlamentarischen Institutionen und die bürgerlichen Freiheiten, um nur einige zu nennen. So war vieles aus der Tradition der Aufklärung zu einem Bestandteil der modernen politischen Kultur Indiens geworden. Als seriöse Historiker folgten die subalternen Wissenschaftler den internationalen Standards der Geschichtswissenschaft. Obwohl Dipesh Chakrabarty die Engstirnigkeit einer westlichen Auffassung von der stufenweisen Entwicklung hin zur Moderne, vor der die kolonialen Kulturen als vormoderne Formen weichen mussten, aufzuzeigen versuchte, erkannte er gleichzeitig an, dass die schon früher kolonialisierte Welt, vor allem in Südasien, westliche Formen der Wissenschaft und des sozialwissenschaftlichen rationalen Denkens weitgehend übernommen hatte. So bemerkt er, »dass heute die sogenannte europäische intellektuelle Tradition die einzige ist, die in den sozialwissenschaftlichen Fakultäten der meisten, wenn nicht aller (indischen) Universitäten überlebt hat«. Wenn überhaupt, so würden sich nur wenige indische Sozialwissenschaftler auf ältere indische Denker stützen. Die europäische Kolonialherrschaft in Indien habe unter anderem dazu geführt, dass die ehemals ungebrochene und lebendige intellektuelle Tradition im Sanskrit, Persischen oder Arabischen nun wirklich tot sei.[141]

Abschließend noch eine Bemerkung zu den politischen Auswirkungen der späten subalternen Position. Die Aufwertung des Fragmentarischen und der Vormoderne hat von rechtsstehenden, religiös-chauvinistischen Kräften wie der Hindutva-Bewegung, deren politischer Flügel in mehreren indischen Staaten zu unterschiedlichen Zeiten an die Macht gekommen ist, eine unerwünschte, aber nicht ganz unerwartete Unterstützung erfahren. Während sich die subalterne Gruppe gegen diese Bewegung ausgesprochen und sie bekämpft hat, da sie in ihr eine »moderne« Ausgeburt spät- und postkolonialer Zeiten sieht, gelang es dem religiösen rechten Flügel umgekehrt mühelos, sich die subalterne Kritik am säkularen liberalen Nationalstaat als westlichem Import, der einer »authentischen indischen Tradition fremd« sei, zunutze zu machen. Bemerkenswerterweise sieht Ashis Nandy selbst den Säkularismus als eine Form von staatlichem Dirigismus und folglich als intolerant an, obgleich verschiedene Wissenschaftler darauf hingewiesen haben, dass Säkularismus im indischen Zusammenhang etwas ganz anderes bedeutet; er bezieht sich hauptsächlich auf religiösen Pluralismus und Toleranz. Die Vermischung von Mythos und Geschichte als Form der indischen Historiografie kommt auch der Hindutva-Bewegung zupass, die ganz im Sinne ihres politischen Projekts einer idealisierten Hindugesellschaft die indische Vergangenheit umschreibt. »Der Subalternismus«, meint Aijaz Ahmad, »hat eine merkwürdige Entwicklung durchlaufen: Er begann mit Beschwörungen von Gramsci und erreicht nun seine volle Leistungskraft als Komplize der antikommunistischen Rechten.«[142]

2. Lateinamerika: Von der Dependenztheorie zu späteren Entwicklungen

In der Zeitspanne seit den späten 1960er Jahren, mit der wir uns hier befassen, bewegte sich die Geschichtsschreibung in Lateinamerika im wesentlichen in Bahnen, die parallel zu den oben für den Westen und für Indien beschriebenen verliefen: von der narrativen Geschichte, die sich auf politische Eliten konzentrierte, über makrohistorische strukturelle und marxistische Ansätze bis hin zu Bewegungen weg vom Zentrum zu kleinen Brennpunkten, wo die verarmten Klassen in ihrem kulturellen Kontext auf der historischen Bühne erscheinen. Seit den spanischen und portugiesischen Eroberungen im 16. Jahrhundert ist Lateinamerika in vielerlei Hinsicht Teil des Westens gewesen, doch gibt es auch deutliche Unterschiede. Und Lateinamerika ist nie eine Einheit gewesen; es war vielmehr in Ethnien unterteilt, von denen einige am südlichen Ende eng mit Europa verbunden waren, andere einen großen Anteil an indigener Bevölkerung aufwiesen und besonders in Brasilien und in der Karibik auch Nachfahren afrikanischer Sklaven. Dies drückte sich in historiografischer Vielfalt aus, die jedoch nicht überbetont werden sollte.

Es hat nur wenige Versuche gegeben, die Geschichte Lateinamerikas im Ganzen zu beschreiben. Die lateinamerikanischen Historiker haben sich in erster Linie mit ihren eigenen Nationen oder Regionen befasst und gingen selten über die Landesgrenzen hinaus. Es fällt auf, dass der fünfte Band der »Oxford History of Historical Writing« (2011) über die Geschichtsschreibung seit 1945 einzelne Kapitel über Argentinien, Brasilien und Mexiko enthält,[143] dass sich aber keines davon mit Lateinamerika als ganzem befasst, obwohl es viele gemeinsame Züge und eine Menge transnationaler Interaktionen gibt. Juan Maiguashca behandelt in Band 4 der »Oxford History« (2011) über die Geschichtsschreibung zwischen 1800 und 1945 die Strömungen der Historiografie im spanischen Südamerika.[144] Erst vor kurzem ist eine Studie zu zeitgenössischen historiografischen Tendenzen in Lateinamerika erschienen, die über Ländergrenzen hinausgeht; Jurandir Malerbas kritische Untersuchung der Periode seit den 1960er Jahren ist 2009 auf Portugiesisch erschienen, dann 2010 auf Spanisch.[145] Von dem chilenischen Historiker Felipe Soza Larrain existiert eine eben veröffentlichte Darstellung der wichtigsten Strömungen in der lateinamerikanischen Historiografie von der Conquista bis heute.[146]

Die verschiedenen Landesteile Lateinamerikas haben eine koloniale Vergangenheit gemeinsam, die für die meisten vor fast zweihundert Jahren mit der Unabhängigkeit zahlreicher Staaten zu Ende war, die untereinander nur wenig Verbindung haben. Hinzu kommt die gemeinsame spanische Sprache in allen lateinamerikanischen Staaten mit Ausnahme des portugiesisch sprechenden Brasilien und kleiner englisch, französisch und holländisch sprechender Enklaven. Die ökonomische Entwicklung verlief in den diversen Teilen Lateinamerikas unterschiedlich. Die meisten Staaten erlebten die industrielle Modernisierung nicht gleichzeitig mit West- und Mitteleuropa und Nordamerika. Nach wie vor war die Agrargesellschaft weit verbreitet, wenngleich es industrielle Inseln gab, die mit der freien Marktwirtschaft verknüpft und dadurch eng mit dem kapitalistischen Weltmarkt verwoben und von ihm abhängig waren. Im Gegensatz zu Europa, wo die Historiografie unmittelbar nach der Renaissance, humanistischem Denken entsprechend, säkulare Züge annahm und auf klassische Vorbilder der narrativen politischen Geschichte nach Art des Werkes von Thukydides zurückgriff, war die Geschichtsschreibung in Lateinamerika in der Epoche nach Kolumbus von jesuitischen Gelehrten und ansatzweise auch von Klerikern anderer katholischer Orden beherrscht. Die Stärke dieser Historiografie bestand darin, dass sie besonders in der ersten Zeit nach der Eroberung, aber bis hinein ins 17. und

18. Jahrhundert den präkolumbianischen Gesellschaften und Kulturen sowie dem Zusammenspiel zwischen der indigenen Bevölkerung und den neuen europäischen Siedlern große Beachtung schenkte und sich daher viel intensiver mit Aspekten des täglichen Lebens und der Kultur befasste als die traditionellen Historiografien in den Mutterländern, die sich auf Politik und politische Führer konzentrierten.[147] Die Ideen der Aufklärung hingegen, die bei der Entwicklung der Geschichtsschreibung und des historischen Interesses in Europa im 18. Jahrhundert eine so wichtige Rolle gespielt hatten, übten auf das historische Denken in Lateinamerika einen wesentlich geringeren Einfluss aus.

Die nationale Unabhängigkeit brachte einen Wandel, auch wenn so manches Muster sozialer Beziehungen zwischen den Eliten und der breiten Masse unverändert blieb; doch galt dies keineswegs für ganz Lateinamerika. Trotz regionaler Unterschiede gab es gewisse ähnliche Entwicklungen. Die Rolle der Geistlichen wurde von Personen des öffentlichen Lebens übernommen, und oft schrieben diese Geschichte in der Absicht, eine Art nationale, wenn auch nicht lateinamerikanische Identität zu schaffen. Bisher war die Geschichtsschreibung wenig von jener Professionalisierung betroffen, die die Geschichtswissenschaft anderswo bereits verändert hatte.[148]

Im Gegenteil, in der Zeit zwischen der Unabhängigkeit in den 1820er Jahren und dem frühen 20. Jahrhundert wurde Geschichtsschreibung vorwiegend von Amateuren betrieben, die meistens aus der Eliteschicht stammten. Es handelte sich also überwiegend um Geschichte von oben, die sich auf den Nationalstaat und seine Führer konzentrierte. Diese Historiografie ist oft als liberal bezeichnet worden. In gewisser Weise war der Liberalismus ein Import aus Europa. Die Ideen der Aufklärung kamen ins Land und mit ihnen der Ruf nach einem säkularen Blick, frei von der früheren religiösen Ausrichtung unter der Kolonialherrschaft. Vieles an dieser neuen Historiografie enthielt Kritik an der despotischen Herrschaft der Spanier und Portugiesen und die Forderung nach einer konstitutionellen Regierungsform, zu der die Garantie von bürgerlichen Rechten und Besitzrechten gehörten, die man mit dem klassischen Liberalismus verband.[149] Nur wenige Historiker hatten dabei die gesamte Hemisphäre im Blick. Eine solche Perspektive wurde auch dadurch verbaut, dass man immer mehr auf Archive zurückgriff; damit musste man sich auf jene National- und zunehmend Regionalgeschichte beschränken, für die urkundliche Quellen zur Verfügung standen. Wegen der starken Abhängigkeit von solchen Quellen war diese Historiografie häufig positivistisch. Sehr spät, erst im Laufe der ersten Hälfte des 20. Jahrhunderts, setzte eine Professionalisierung ein, und die Archive in den Hauptstädten und auf dem Land wurden leichter zugänglich. Gleichzeitig wurde der weitverbreitete historiografische Liberalismus des 19. Jahrhunderts in ganz Lateinamerika durch sogenannte »revisionistische« Anschauungen angegriffen, die die modernisierenden und kosmopolitischen Tendenzen in großen Teilen der lateinamerikanischen Historiografie ablehnten und sie durch traditionellere, autoritärere Ansichten ersetzten.[150] Ein im Juni 2012 gezeigter neuer Dokumentarfilm etwa, der Augusto Pinochets Diktatur verherrlicht, beweist, dass der Revisionismus keineswegs tot ist.[151] Doch sowohl die liberale als auch die revisionistische Historiografie waren weitgehend das Werk nichtprofessioneller Historiker, die sich nicht von strengen methodischen Grundsätzen leiten ließen, sondern eher ideologisch motiviert waren.

Die ersten wichtigen Schritte hin zu einer Professionalisierung der Geschichtswissenschaft wurden Anfang des 20. Jahrhunderts an den Universitäten von La Plata und Buenos Aires in Argentinien unternommen. Ein erster Ansatz zur Institutionalisierung fand bereits im 19. Jahrhundert in Brasilien statt, als 1838 das Instituto Histórico e Geográfico Brasileiro gegründet wurde, doch der strikte Rekurs auf wissenschaftliche Methoden, die eine professionelle Geschichtsforschung kennzeichnen, kam erst später. 1908 beauftragte die Universität von La Plata zwei namhafte Amateurhistoriker, Ricardo Rojas (1882–1957) und Ernesto Quesada (1858–1934), einen Bericht darüber auszuarbeiten, wie europäische und nordamerikanische Universitäten Geschichte und Geschichtsforschung für fortgeschrittene Semester lehrten. Rojas untersuchte europäische und amerikanische Universitäten im allgemeinen, während Quesada alle größeren deutschen Universitäten aufsuchte. Das Ergebnis sollte das Studium der argentinischen Geschichte zum ersten Mal auf die Grundlage einer kritischen Prüfung der Primärquellen stellen und damit im Wesentlichen dem Ranke'schen Modell folgen. Andere lateinamerikanische Universitäten, vor allem in Chile, Peru, Venezuela und Kuba, zogen nach.[152] Ein neuer, anders gearteter Impuls kam von der 1930 gegründeten Universität von São Paulo, die anthropologische und kulturelle Methoden einführte, wie sie die französische »Annales«-Schule anwandte. Damit beteiligte sich die Universität von São Paulo an der Umgestaltung der Geschichtswissenschaft, die zu dieser Zeit in Europa und Nordamerika, vor allem in Frankreich, vor sich ging. Es ist bezeichnend, dass Claude Lévi-Strauss und Fernand Braudel zu den ersten Gastprofessoren in São Paulo zählten. Die nun folgende Zeit brachte die Einführung von Theorien des sozialen Wandels, die den früheren Positivismus ersetzten.

Nach 1945 übernahmen die Historiker und Sozialwissenschaftler immer mehr zweierlei historische Theorien zu den sozialen und ökonomischen Bedingungen in Lateinamerika: Ausprägungen der Modernisierungstheorie und des Marxismus, die zwei je unterschiedliche politische Richtungen spiegelten.

Beide Theorien waren übereinstimmend der Überzeugung, dass sich die moderne Gesellschaft auf der ganzen Welt unweigerlich auf ökonomisches Wachstum und soziale und politische Modernisierung zubewege, aber sie sahen diese Entwicklung aus unterschiedlichen Blickwinkeln. Die Modernisierungstheorien waren im großen und ganzen der Meinung, dass Lateinamerika dem von den westeuropäischen und nordamerikanischen Gesellschaften vorgegebenen Weg folgen müsste. Im Zuge dieses Prozesses würde Lateinamerika modernisiert, und Modernisierung bedeutete Verwestlichung in den Städten und schließlich auch auf dem Land. Angetrieben von multinationalem, staatlichem und lokalem Kapital würde dieser Prozess zu einer ausgedehnten Industrialisierung führen und damit zu einem deutlichen Abbau der städtischen und ländlichen Armut. Doch Mitte der 1960er Jahre wurde offenbar, dass diese Entwicklungsstrategie weder auf industrieller Ebene funktionierte noch die gewaltigen Einkommensunterschiede verringerte, die eher noch zunahmen. Ebensowenig erfüllte sich die Erwartung, dass internationale und einheimische Kapitalspritzen signifikantes industrielles Wachstum bewirkten, Jahrhunderte alte Verhältnisse aufbrechen und die unausgeglichene Handelsbilanz zwischen einerseits den entwickelten Wirtschaften West- und Mitteleuropas, Nordamerikas und bald auch Japans und andererseits der unterentwickelten Wirtschaft Lateinamerikas überwanden. Zu diesem Zeitpunkt traten als Gegner der Modernisierungstheorien und ihres Optimismus hinsichtlich der positiven Auswirkungen des Kapitalismus auf die Entwicklung in Lateinamerika marxistisch orientierte »Dependenz«-Theorien auf den Plan.[153]

Die »Dependenz«(*dependencia*)-Theorie der 1960er Jahre hatte auch Befürworter im Westen, insbesondere André Gunder Frank (1929–2005), der, in Deutschland geboren, als Kind vor den Nazis geflohen war, an der Universität Chicago Wirtschaftswissenschaft studiert hatte und beruflich seit 1962 überwiegend in Lateinamerika tätig war, wo er an den Universitäten von Brasilia, Mexico City und Santiago de Chile lehrte. Vielleicht der wichtigste westliche Dependenztheoretiker war Immanuel Wallerstein, dessen Buch »The Modern World System« wir bereits erwähnt haben; er hatte jedoch keine direkten Verbindungen zu Lateinamerika. Die bedeutendsten Vertreter waren jedoch Lateinamerikaner, vor allem der Argentinier Raúl Prebisch (1901–1986), die Brasilianer Fernando Henrique Cardoso (geb. 1931), der von 1995 bis 2002 Präsident von Brasilien war, Theotonio Dos Santos (geb. 1936) und Ruy Mauro Marini (1932–1997) sowie der Mexikaner Pablo González Casanova (geb. 1922), um nur einige zu nennen. Kern ihrer Argumentation war die These, dass der Kapitalzufluss nach Lateinamerika insgesamt nicht zu wirtschaftlicher Entwicklung führe, sondern diese im Gegenteil unterdrücke und die Abhängigkeit Lateinamerikas vom Weltkapitalismus noch verstärke.[154]

Doch die *dependencia* war strukturell immer noch eine Form des Marxismus, in der das Individuum unsichtbar blieb. Beginnend in den 1950er Jahren, machte sich in verschiedenen Teilen Lateinamerikas wachsende soziale Unruhe breit: die guatemaltekische Revolte von 1954, die durch Eingreifen der USA rasch unterdrückt wurde, die kubanische Revolution von 1959, die sandinistische Bewegung in Nicaragua, 1969 die Wahl von Salvador Allende (1903–1973) zum Präsidenten Chiles, eine Präsidentschaft, die 1973 durch den Militärputsch von General Augusto Pinochet (1915–2006) beendet wurde, die Studentendemonstrationen bei den Olympischen Spielen in Mexico City 1968, Aufstände in verschiedenen Ländern – sie alle waren in gewissem Maße von marxistischen Idealen sozialer Gerechtigkeit beseelt. Die Wende zu einer »Geschichte von unten«, die wir bereits in Westeuropa, Nordamerika und Indien beobachtet haben, fand auch in der lateinamerikanischen Historiografie statt, die zum Teil Modelle von draußen adoptierte. In der Tat lehnte sich die Historiografie in Lateinamerika sehr eng an die Transformation der Geschichtswissenschaft in Westeuropa und Nordamerika an. So kam es in den 1950er Jahren und teilweise schon früher zu einer Verlagerung weg von der traditionellen narrativen Ereignisgeschichte, die sich auf Politik und politische Führer konzentrierte, hin zu einer sozialen und ökonomischen Geschichte. Das wichtigste Vorbild war jedoch nicht die nordamerikanische, sozialwissenschaftlich orientierte Forschung, sondern es waren die französischen »Annales«, die mit ihrem viel weiter reichenden Konzept von Gesellschaft als einer sowohl ökonomischen als auch sozialen und kulturellen Totalität die interdisziplinäre »Wissenschaft vom Menschen« (*sciences de l'homme*) schufen. Die späten 1960er Jahre mit ihrem symbolhaften Jahr 1968 waren gekennzeichnet von entscheidenden Veränderungen in der historischen Blickrichtung, der historischen Praxis und der Themenwahl, etwas, das die lateinamerikanischen Historiker mit den Historikern in Westeuropa und Nordamerika gemein hatten. Zu dieser Umorientierung gehörten im Wesentlichen eine Abkehr von der historischen Soziologie und Wirtschaftswissenschaft, die in der frühen Geschichte der »Annales« eine bedeutende Rolle gespielt hatten, und eine Hinwendung zur kulturellen und historischen Anthropologie, zu der die »Annales« ebenso beitrugen.

In den späten 1960er Jahren kam es zu einer Radikalisierung der Geschichtsschreibung, die in Lateinamerika weiter ging als in Europa oder Nordamerika. Diese Radikalisierung hatte ihre Wurzeln im europäischen, insbesondere französischen Denken, nahm aber spezifisch lateinamerikanische Formen an, die trotz aller Varianten und regionalen Unterschiede vieles gemeinsam hatten. Aus der Unruhe der späten 1960er Jahre entstanden eine feministische Bewegung, der Kampf gegen ethnische Diskriminierung, der Postkolonialismus und eine Kritik am sozialen und ökonomischen Status quo, was alles auch die Art und Weise beeinflusste, in der Geschichte geschrieben wurde. Dies führte unvermeidlich zu einer Fusion der »Annales«-Ideen und der Kulturanthropologie mit der ökonomischen Kritik des Marxismus. Doch nahm der Marxismus eine Form an, die den spezifisch lateinamerikanischen Bedingungen eher entsprach.

Wir müssen zwischen zwei Formen des Marxismus unterscheiden; die eine äußerte sich in revolutionärer Praxis, die andere in theoretischen Erörterungen innerhalb eines akademischen Rahmens. Erstere ist eng verbunden mit der kubanischen Revolution und dem Erbe Che Guevaras. Sie rückte ab vom traditionellen marxistischen Konzept des Klassenkampfes in einer Industriegesellschaft und wandte sich der Rebellion einer mehrheitlich bäuerlichen Bevölkerung zu, zum Beispiel in Nicaragua und in der zapatistischen Autonomiebewegung in Mexiko. In den städtischen Regionen Argentiniens, Chiles, Brasiliens und Mexikos konzentrierte sich der Marxismus hingegen immer mehr auf akademische Institutionen. Die marxistischen Historiker, deren Arbeit bisher direkt oder indirekt auf politische Aktion ausgerichtet war, wurden zur Zeit der Militärdiktaturen, die die sozialreformerischen Bewegungen zum Stillstand brachten und die Universitäten vorübergehend von reformfreudigen Intellektuellen säuberten, ins Exil gezwungen und begannen jetzt, um Juan Maiguashca zu zitieren, »die Welt zu interpretieren statt sie zu verändern. So wurde die lateinamerikanische marxistische ›akademische‹ Geschichte geboren, mit Fußnoten, Bibliografien, Stichwortregister und anderen wissenschaftlichen Anhängseln.«[155] Ende der 1980er Jahre hatte die marxistische Geschichte akademisches Ansehen erlangt und sich mancherorts fest etabliert.

Doch trotz seiner europäischen Wurzeln unterschied sich der Marxismus in Lateinamerika in seiner aufrührerischen wie auch akademischen Ausprägung merklich von den Formen des Marxismus in Europa. Er war weit mehr Antonio Gramsci verpflichtet als Karl Marx. Von Gramsci übernahm er den Gedanken der kulturellen »Hegemonie« und die Fokussierung auf die »subalternen Klassen«, ein Begriff, der das revolutionäre Proletariat des orthodoxen Marxismus weit hinter sich ließ und die armen Massen insgesamt umfasste.[156] Gleichzeitig fand das Werk von Edward P. Thompson große Beachtung. Man sah die Arbeiter nicht mehr nur als von ökonomischen Zwängen determiniert, sondern als Menschen, die die Welt, in der sie lebten, mitgestalteten. Der Fokus verlagerte sich nun von einem makrohistorischen, auf unpersönliche Strukturen gerichteten Ansatz zu einer Mikrogeschichte. Zunehmend wählte die Geschichtsschreibung als Thema eine »Geschichte von unten«, von *los de abajo* – nicht nur vom Industrieproletariat, sondern auch von Bauern, Frauen, Randgruppen und Individuen wie Landstreichern und Kriminellen. Zum ersten Mal schrieb man bedeutende Arbeiten über die Geschichte der Sklaverei in Brasilien, Kuba und anderswo und befasste sich mit den Sklaven als historischen Agenten, wie es Eugene Genovese in den Vereinigten Staaten getan hatte. Natürlich war dies keine spezifisch lateinamerikanische Bewegung, sondern spiegelte, wie wir gesehen haben, neue Anschauungen und Richtungen, die für wichtige Teile der Historiografie der 1970er und 1980er Jahre ganz allgemein charakteristisch waren. Die städtischen Eliten als Hauptgegenstand historischer Betrachtung wichen einer eingehenden Beschäftigung mit den verelendeten Bevölkerungsgruppen. Diese Historiografie verfolgte eine klare politische Absicht; sie hatte ihren Ursprung im marxistischen Konzept des Klassenkampfes, rückte nun aber weit ab von den Vorstellungen eines städtischen Proletariats und verfolgte klare politische und wirtschaftliche Ziele: Eine noch unmündige Bevölkerung sollte dagegen revoltieren, dass sie im alltäglichen Leben unterdrückt wurde. Dies führte dazu, dass wir heute mehr wissen über den »saufenden, Steine werfenden Pöbel und den städtischen Handwerker«,[157] als wir je aus traditionellen marxistischen Analysen erfahren haben.

In den letzten beiden Jahrzehnten verloren die marxistischen Doktrinen an Akzeptanz von Seiten der seriösen Wissenschaft. Trotzdem ist die lateinamerikanische Sozialgeschichte, die »Neue Sozialgeschichte« (*Nueva Historia Social*), wie sie sich häufig bezeichnet, in ihrer Kritik am Unterdrückungscharakter der Sozialordnung weiterhin marxistisch beeinflusst. Ob sich die Historiker als Marxisten bezeichnen oder nicht, ist unwesentlich.

3. Die Entstehung der modernen Historiografie im Subsahara-Afrika[158]

Die Entwicklung der Historiografie verlief im Subsahara-Afrika anders als in den anderen hier behandelten Regionen. Der Kolonialismus gebärdete sich hier brutaler als in Indien und noch ausgeprägter rassistisch. Erst sehr spät, gegen Ende der Kolonialzeit, kam es zur Gründung von Universitäten und zu einer Professionalisierung der Geschichtswissenschaft. Noch entschiedener als in Indien behaupteten die Kolonialherren, dass Afrika, oder zumindest Schwarzafrika, ein Kontinent ohne Geschichte sei – eine Ansicht, der sich Intellektuelle und weite Teile der Bevölkerung in Europa und Nordamerika anschlossen. Schon in der Aufklärungsepoche hatten bestimmte Denker diesen Rassismus an den Tag gelegt. David Hume fand im späten 18. Jahrhundert, dass »die Neger den Weißen von Natur aus unterlegen sind«. Er fuhr fort: »Keine zivilisierte Nation hat je eine andere Hautfarbe als weiß gehabt

... unter ihnen gibt es keine geschickten Handwerker, keine Künste, keine Wissenschaft.« Wie erwähnt sprach Hegel Indien und China jegliche historische Entwicklung ab, doch gegenüber Afrika war er noch strenger. Afrika, so schrieb er in seinen »Vorlesungen über die Philosophie der Geschichte«, »ist kein geschichtlicher Weltteil ... Was wir eigentlich unter Afrika verstehen, das ist das Geschichtslose und Unaufgeschlossene, das noch ganz im natürlichen Geiste befangen ist.« Noch 1968 tat Hugh Trevor-Roper, Regius Professor für neuere Geschichte in Oxford, Afrika als das »unergiebige Treiben barbarischer Stämme in pittoresken, aber wenig relevanten Weltgegenden« ab.[159] Weiter schrieb er: »In Afrika gibt es nur die Geschichte der Europäer. Der Rest ist Finsternis, und Finsternis ist nicht Gegenstand der Geschichtsforschung.«[160] Tatsächlich fand Afrika, was dessen eigene Vergangenheit anging, in der Forschung der Europäer und Nordamerikaner in der ersten Hälfte des 20. Jahrhunderts wenig oder gar keine Beachtung. Es interessierte nur als Teil der europäischen Expansion.

Schwarzafrikanische Wissenschaftler machten es sich nun in den 1950er und 1960er Jahren zur Aufgabe, aufzuzeigen, dass Subsahara-Afrika eine lange vorkoloniale Geschichte hatte.[161] Schon im späten 19. und frühen 20. Jahrhundert hatten Afrikaner und Afroamerikaner begonnen, das eurozentrische Stereotyp – eine vermeintlich unhistorische Vergangenheit – zu widerlegen.

In den Vereinigten Staaten suchten W.E.B. Du Bois und Leo Hansberry (1894–1965) eine über Jahrhunderte hinweg existente afrikanische Identität auszumachen, jedoch nicht mit dem Ziel späterer afrikanischer Historiker, die Geschichte zum Zweck der Nationenbildung zu erforschen. Du Bois, ein Soziologe und Marxist mit ausgesprochen antiimperialistischem und antikolonialem Anliegen, setzte sich vielmehr militant für Rassengleichheit in den USA und Afrika ein, um eine panafrikanische Identität herzustellen, die nationale und ethnische Grenzen überschritt.[162] Im späten 19. und frühen 20. Jahrhundert bemühte sich eine neue, nationalistisch gesinnte afrikanische Kulturelite, afrikanische Wurzeln mit Fortschrittsvisionen in Einklang zu bringen und europäische Ideen von Demokratie und wirtschaftlichem Wachstum mit der Wiederentdeckung afrikanischer Traditionen zu verbinden. In Britisch-Westafrika hatte Edward Wilmot Blyden (1832–1912)[163] bereits in der zweiten Hälfte des 19. Jahrhunderts eine ähnliche Synthese versucht. In der ersten Hälfte des 20. Jahrhunderts wollte Léopold Sédar Senghor (1906–2001),[164] ein französischsprachiger Dichter und später der erste Präsident des unabhängigen Senegal (1960–1980), die sogenannte *négritude*, eine Rückeroberung des Geistes der afrikanischen Vergangenheit und des afrikanischen Wesens, mit den Anforderungen der modernen Zivilisation verschmelzen.[165] Einem Außenstehenden mag die Definition von *négritude* als essenzielles Konzept für Schwarzafrika erscheinen, das die ethnische, kulturelle und religiöse Vielfalt des Subsahara-Kontinents im Blick hatte. Trotzdem bemühte sich in den späten Jahren der britischen, französischen, belgischen und portugiesischen Kolonialherrschaft eine Elite verstärkt um einen unabhängigen Blick, um zu beweisen, dass Afrika tatsächlich eine eigene Geschichte hatte. Die Kolonialzeit wurde als relativ kurze Episode in der langen Geschichte der afrikanischen Vergangenheit betrachtet.[166]

Die Professionalisierung der Geschichtsforschung in Schwarzafrika als akademische Antwort auf die koloniale Deutung der afrikanischen Geschichte kam relativ spät zustande, erst nach dem Ende des Zweiten Weltkrieges, machte dann aber rapide Fortschritte. Die ersten Impulse kamen von außerhalb Afrikas, aus Großbritannien und Nordamerika, wo sich auch nichtafrikanische Wissenschaftler von den alten imperialistischen Vorurteilen, die Afrika nur hinsichtlich seiner Bedeutung für die europäische Kolonialherrschaft beachteten, befreit hatten und sich einer authentisch afrikanischen Geschichte zuwandten. Es ist interessant, dass sich im Bemühen, die afrikanische Historiografie zu dekolonisieren, eine internationale Gemeinschaft von Wissenschaftlern zusammenfand, zu der westliche wie schwarzafrikanische Historiker gehörten. Kurz nach dem Ende des Zweiten Weltkrieges wurde das Institute of Oriental Studies in London vergrößert und erweiterte seinen Namen um den Begriff »African Studies«. 1948 gründete die University of London drei University Colleges in Nigeria, Ghana und Uganda. Bald darauf wurden in Nigeria weitere Universitäten ins Leben gerufen, in Nordnigeria auch eine mit dem Schwerpunkt Islam. In ehemals britischen und französischen Kolonien entstanden Universitäten wie die von Dakar und im ehemaligen Belgisch-Kongo die Université Louvanium. Anfangs waren die Dozenten in den ehemals britischen Kolonien hauptsächlich Briten, doch nachdem 1962 die Zusammenarbeit zwischen den afrikanischen Universitäten und London beendet worden war, wurden sie allmählich – wenn auch nicht durchgängig – von Afrikanern abgelöst.[167] Von da an machte die Professionalisierung der Geschichtswissenschaft rasche Fortschritte. Das wichtigste frühe Zentrum war die Universität von Ibadan in Nigeria. Von dort aus begannen in den 1950er Jahren Kenneth Onwuka Dike (1917–1983) und sein etwas jüngerer Kollege Jacob Ajayi (geb. 1929), die beide an der University of London studiert hatten, die Afrikanistik in eine streng akademische, den internationalen Standards entsprechende Disziplin umzuwandeln, und legten den Grundstein für die spätere »Ibadan-Schule«. Dike hatte für seine Londoner Dissertation über »The Trade and Politics in the Niger Delta 1830–1885« (1956)[168] ausgiebig mündliche wie auch gedruckte Berichte verwendet und damit dazu beigetragen, dass mündliche Überlieferung von der Geschichtsforschung als legitime

Quelle anerkannt und nicht mehr als bloße Folklore betrachtet wurde. 1952 beteiligte sich Dike am Aufbau des nigerianischen Nationalarchivs, des Nationalmuseums und des Instituts für Afrikanistik in Ibadan. Er förderte die Herausgabe der Ibadan History Series und des »Journal of the Historical Society of Nigeria«. Ajayi befasste sich mit dem Entstehen der Eliten im Nigeria des 19. Jahrhunderts, doch die Historiker der Ibadan-Schule erforschten auch die vorkoloniale Geschichte und nutzten hierzu Archive, mündliche Überlieferung sowie archäologische, linguistische und schriftliche arabische Quellen. Die Ibadan-Schule hat wesentlich zur Regenerierung der Afrikanistik beigetragen, aber auch anderswo entstanden Berufsverbände und Zeitschriften, zum Beispiel »The Transaction of the Historical Society of Ghana«. Die Nigerian Society gab ein Periodikum für Lehrer und Studenten heraus. Internationale Konferenzen brachten Afrikanisten aus den verschiedenen afrikanischen Ländern, aus Europa und Nordamerika zusammen.[169]

Ein Indiz für die immer bedeutendere Rolle der afrikanischen Afrikanisten und der von ihnen eingeschlagenen neuen Richtung war die achtbändige »UNESCO General History of Africa«.[170] Das Projekt lief unter der Leitung eines internationalen wissenschaftlichen Expertenkomitees; die Mehrheit der Redakteure aller acht Bände waren Schwarzafrikaner. Der zweite Band, der sich mit der Zeit bis zum 7. Jahrhundert beschäftigte, wurde von einem Ägypter herausgegeben, die Redakteure des nächsten Bandes (12. bis 15. Jahrhundert) waren ein Marokkaner und ein Tschechoslowake. Alle anderen Bände wurden von Wissenschaftlern aus Subsahara-Afrika ediert, ein erster Band über Methodik und Vorgeschichte von einem Wissenschaftler aus Obervolta, heute Burkina Faso, zwei von Kenianern, darunter auch der letzte Band über das unabhängige Afrika, und jeweils einer von Wissenschaftlern aus Guinea, Ghana und Nigeria. Es fällt auf, dass sich die Mehrzahl der Bände mit der vorkolonialen Epoche beschäftigte und damit die Kontinuität der schwarzafrikanischen Geschichte unter Beweis stellte.

Ein Schlüsselproblem für die Wissenschaftler war die Frage nach der Methodik für die frühen Zeiträume der Geschichte Subsahara-Afrikas, wegen der spärlichen schriftlichen Aufzeichnungen. Natürlich gab es archäologisches und schriftliches Quellenmaterial und auch einige Archivalien. Doch bei den archivalischen Quellen zum Subsahara-Afrika erhebt sich das große Problem, dass sie zumeist externen Ursprungs, das heißt arabischer oder europäischer Herkunft sind. Hier dienen mündliche Überlieferungen als wichtige Quellen, welche die Lücken zwischen den externen Quellen schließen. Als Araber und Europäer im Subsahara-Afrika schriftliche Aufzeichnungen eingeführt hatten, begannen auch einheimische Gelehrte, mündliche Überlieferungen schriftlich festzuhalten und zu sammeln und Chroniken laufender Ereignisse zu schreiben. Es bedarf komparatistischer Methoden, um Kohärenz und Widersprüche dieser Quellen zu überprüfen. Hierzu ist eine weit komplexere Methodik vonnöten als für die westliche und arabische Historiografie, die sich auf viel mehr verfügbare schriftliche Quellen stützen kann. Aber die mündlichen Quellen dürfen nicht unberücksichtigt bleiben. Die Afrikanistik erfordert einen breiten interdisziplinären Ansatz, der historische mit archäologischen und linguistischen Verfahrensweisen verknüpft, wie sie in den von der Ibadan-Schule angeregten Regionalstudien bereits eingesetzt wurden.[171]

Doch genau wie die etablierte Historiografie in Indien und Lateinamerika war auch die Ibadan-Schule bald der Kritik ausgesetzt, weil sie sich auf die Eliten konzentrierte und das einfache Volk vernachlässigte.[172] Sie hatte ihre Aufgabe darin gesehen, eine Basis für die Nationenbildung zu schaffen, und das hatte denn auch zum Nachweis der Existenz afrikanischer Staaten in der vorkolonialen Vergangenheit geführt. Sie tendierte aber dazu, sich auf heldenhafte Führer wie Könige zu konzentrieren und die tatsächliche Vergangenheit zu verzerren, um Mythen zu schaffen, die zur Bildung eines Nationalbewusstseins taugten. Die 1970er und 1980er Jahre legten dagegen mehr Wert auf die Sozial- und Wirtschaftsgeschichte; man versuchte, sich mit größeren Bevölkerungsgruppen zu befassen, ganz ähnlich wie in anderen Teilen der Erde um diese Zeit. Im sozialistischen Tansania bewegte sich die Historiografie von Anfang an in diese Richtung. An der Universität von Daressalam protestierten einige Historiker gegen die »bürgerliche, nationalistische Geschichtsschreibung« der 1960er Jahre.[173] Sie forderten eine Geschichte, die mehr Nachdruck auf den antikolonialistischen Widerstand seitens großer Bevölkerungsteile legte. Ein Großprojekt behandelte den Maji-Maji-Aufstand in Deutsch-Ostafrika von 1905–1907.[174] In Tansania wie auch in Nigeria spielten neomarxistische Ansätze eine immer wichtigere Rolle in der Kritik an der Historiografie der 1960er Jahre. Wie in Lateinamerika und Indien äußerte sich diese Kritik in Dependenztheorien, um die ökonomische Unterentwicklung Afrikas zu erklären. Einen wichtigen Impuls für die Verbindung von Dependenz- und marxistischen Theorien lieferte der Westinder Walter Rodney (1942–1980) mit »How Europe Underdeveloped Africa« (1972) [dt. »Afrika. Die Geschichte einer Unterentwicklung«, 1975], dessen Sicht sich eine neue Schule afrikanischer Historiker und Sozialwissenschaftler zu eigen machte. Doch nachdem in den 1980er und 1990er Jahren sozialistische Regime in Ländern wie Äthiopien, Tansania und Mosambik ihr Versprechen, das Land nach sozialistischen Regeln umzugestalten, nicht gehalten hatten, änderte sich die Meinung, und der Schwerpunkt verlagerte sich von traditionellen marxistischen Themen wie Produktionsmittel und Klassen auf neue theoretische Paradigmen wie die von Antonio Gramsci, Michel Foucault, Edward Said und E. P. Thompson, eine intellektuelle Entwicklung ähnlich der in Indien und Lateinamerika. Zudem verschob sich in Afrika der Fokus immer mehr von der Klassenanalyse zur Ethnizitätsanalyse. Gleichzeitig wich die frühere Kritik am Kolonialismus und am Kolonialstaat einer Kritik am postkolonialen Staat und seiner Führung.

Im frankofonen Afrika verlief die Professionalisierung der Historiker langsamer.[175] Wichtigstes Zentrum war hier die Universität von Dakar, damals die einzige Universität im frankofonen Senegal. Für diese Verzögerung gab es verschiedene Gründe. Einer bestand darin, dass Senghors Unterstützung der *négritude* den Akzent eher auf poetische und ästhetische Aspekte der Vergangenheit legte als auf exakte historische Forschung. Zweitens kontrollierte Frankreich das Universitätsstudium in seinen früheren Kolonien noch immer mit starker Hand. So gab es lange Zeit keinen einzigen Afrikaner, der im frankofonen Afrika an einer Universität Geschichte lehrte. Frankreich stellte hohe Anforderungen an jeden, der an einer Universität unterrichten wollte – neben der ersten Dissertation wurde eine zweite, wesentlich ausführlichere gefordert, so dass sich Kandidaten im allgemeinen erst qualifizieren konnten, wenn sie über 40 waren – und das bedeutete, dass vor 1979 kein afrikanischer Historiker berechtigt war, als Doktorvater zu fungieren. Dessen ungeachtet betrieben in den 1970er Jahren eine wachsende Anzahl von Historikern auch ohne volle französische Qualifikation ernsthafte historische Forschungen. Frankofone Historiker organisierten einen kontinentalweiten Verband afrikanischer Historiker und brachten 1974 eine eigene Zeitschrift heraus, »Africa Zamani: Revue d'Histoire Africaine«.[176] Sie beschritten den gleichen Weg wie ihre anglofonen Kollegen: wie die Ibadan-Schule konzentrierten sie sich anfangs auf die Politik und die heroischen Führer der Vergangenheit im Sinne der Nationenbildung und wandten sich dann der Sozial- und Wirtschaftsgeschichte und der Ethnologie zu. Der Sklavenhandel und die Rolle des Islam wurden wichtige Forschungsschwerpunkte.

Dies sind einzelne Beispiele aus einem riesigen Kontinent. Dennoch kann man versuchen, einiges zu verallgemeinern. Das eurozentrische Bild von Afrika als einem Kontinent ohne Geschichte wurde ad acta gelegt, übrigens auch von den Afrikanisten außerhalb Afrikas. In den 1960er Jahren tendierten afrikanische Historiker dazu, den Aufstieg von Nationalismus und Nationalstaat nach dem Muster des europäischen Nationalismus aufzuzeichnen. In den 1970er Jahren konzentrierten sie sich mehr auf den Widerstand gegen den Kolonialismus und auf den Versuch, in diesem Widerstand der verstummten authentischen Stimme Afrikas wieder Gehör zu verschaffen. Rückblickend zeigen sich in den 1970er und 1980er Jahren zwei bedauerliche

Entwicklungen. Positiv ist zu vermerken, dass die Professionalisierung der Afrikanistik zu einer Art schwarzafrikanischer Identität beitrug. Andererseits verloren die Historiker, die die akademische Welt zu ihrem Zentrum machten, den Kontakt zur breiten Bevölkerung. Der Ölboom der 1970er Jahre ermöglichte einen Ausbau der Universitäten, Geschichtsinstitute und Forschungsförderung vor allem in Nigeria, aber nicht nur dort. Mit den hungrigen 1980er Jahren kamen der wirtschaftliche Niedergang und eine drastische Reduzierung der Mittel mit dem Ergebnis, dass viele Wissenschaftler, wahrscheinlich die Mehrheit, gezwungen waren, sich außerhalb der akademischen Welt Arbeit zu suchen, und eine ganze Anzahl emigrierten, vor allem in die Vereinigten Staaten. Zeitschriften stellten ihr Erscheinen ein, und Bibliotheken konnten sich nicht einmal mehr die wichtigsten Bücher und Zeitschriften kaufen. Was in den 1970er Jahren so ermutigend ausgesehen hatte, die Integration afrikanischer Wissenschaftler in die internationale Forschergemeinschaft, hat inzwischen ernsthafte Rückschläge erlitten.

In Südafrika waren weiße anglofone und Afrikaans sprechende Historiker, zu denen sich im Laufe der Zeit auch Schwarze gesellten, die anfangs kaum Zugang zu akademischen Institutionen hatten, von marxistischen Konzepten der Klassenanalyse ausgegangen und wandten sich dann dem Studium der Unterschicht zu, den weißen und schwarzen Minenarbeitern und der Landbevölkerung. 1982 warf eine zweibändige Geschichte über Witwatersrand ein Licht auf die armen weißen Zuzügler, die Gilden der Zulu-Washermen und die Fliegenden Händler sowie auf die Rolle von Alkohol und Prostitution, mit denen weiße und schwarze Arbeiter zu den Goldminen gelockt wurden, und auf das Angebot billiger Arbeitskräfte von außerhalb Südafrikas.[177]

KAPITEL 7
Das Entstehen des Islamismus und der Rückgang des Marxismus: Geschichtsschreibung im späten 20. Jahrhundert in Asien und im Nahen Osten

I. Ebbe und Flut in der marxistischen Historiografie Ost- und Südostasiens

1. Japan erfindet sich neu: Nachkriegsreform, Geschichtsschreibung und die Ausbildung von Historikern

Japans Niederlage im Zweiten Weltkrieg läutete eine neue Ära der Weltgeschichte ein und schlug auch ein neues Kapitel in der japanischen Historiografie und in der Geschichtsschreibung ganz Ost- und Südostasiens auf. Während der amerikanischen Besatzung in Japan (1945–1952) ließ General Douglas MacArthur das japanische Kaisertum zwar unangetastet, tat jedoch ansonsten alles, um die politischen und kulturellen Traditionen Japans zu verändern, machte man diese doch für das aggressive und militaristische Verhalten Japans in der ersten Hälfte des 20. Jahrhunderts verantwortlich. Unter dem Oberbefehl MacArthurs, des SCAP (Supreme Commander of Allied Powers), erhielt Japan 1947 eine neue Verfassung, auf deren Basis ein neues Parlament gewählt wurde. Die Verfassung garantierte Meinungs-, Presse- und Versammlungsfreiheit und ließ politische Parteien und Organisationen zu. Während Gewerkschaften und sozialistische Aktivitäten wieder zum Leben erwachten, blühte auch die marxistische Historiografie in einer Freizügigkeit auf, wie sie in diesem Land zuvor nicht möglich gewesen war. Das Hauptanliegen der marxistischen Historiker war die Kritik und Verurteilung des historischen Schrifttums und der Historikerausbildung vor und während des Krieges; entsprechend kritisch sahen sie auch den Kurs der japanischen Modernisierung und wurden dabei von den »modernistischen« Historikern, einer anderen wichtigen Gruppierung im Nachkriegsjapan, unterstützt.

Während des Krieges hatte die »Kaiserliche Historische Schule« die Geschichtsforschung dominiert und den Lehrbüchern ihre Ansichten aufgeprägt. Das 1943 vom Erziehungsministerium veröffentlichte »Kokushi gaisetsu« [Einführung in die Nationalgeschichte], ein Lehrbuch für weiterführende

Schulen, ist dafür ein augenfälliges Beispiel. Es sollte in schriller Tonart japanischen Schülern ein Bewusstsein für die Heiligkeit des japanischen Nationalkörpers einimpfen, in dessen Zentrum das sakrosankte Kaiserhaus stand. Einige Mitglieder der »kulturhistorischen« Schule (ausgenommen Tsuda Sokichi) entwickelten *kindai no chokuku*, die These vom Überwinden der Moderne, mit der sie den Beweis dafür anstrebten, dass Japans einzigartige Kulturtradition das Land befähige, das westliche Modernisierungsmodell zu überschreiten. 1946 gab das neu organisierte Erziehungsministerium ein neues Geschichtslehrbuch mit dem Titel »Kuni no ayumi« [Die Ausrichtung unserer Nation] heraus. Es begann mit einer Darstellung der frühen Besiedelung der japanischen Inselwelt auf der Basis archäologischer Funde und ließ die Epoche der Götter und den göttlichen Ursprung des Kaiserhauses weg.[1] Ein signifikanter und nie zuvor dagewesener Schritt, denn seit der Meiji-Restauration hatte die Mehrzahl der Lehrbücher die Ursprünge des Landes bis in die Mythologie zurückverfolgt, unfähig oder unwillig, die ganz um den Monarchen zentrierte Tradition der Geschichtsschreibung aufzugeben. Nach dem Krieg erklärte schließlich sogar der Kaiser selbst, dass weder er noch seine Vorfahren göttlichen Ursprungs seien.

Neben der Reform der historischen Erziehung nahmen die Historiker noch eine weitere quälende Aufgabe in Angriff, nämlich das aggressive Verhalten ihres Landes gegen die Nachbarn von der späten Meiji-Zeit bis zum Ausbruch des Zweiten Weltkriegs in Asien 1937 zu erklären. Wieder waren es die marxistischen Historiker, die hierbei die historische Forschung vorantrieben. 1946 veröffentlichte Ishimoda Sho (1912–1986) »Chukoteki sekei no keisei« [Die Entstehung der mittelalterlichen Welt], ein Werk, für das er während des Krieges recherchiert hatte. Der erste Band der Reihe »Die Entstehung der mittelalterlichen Welt«, zeichnete die Entwicklung des feudalen Landbesitzes im mittelalterlichen Japan nach. Ishimoda empfand Sympathie für die unter der Grundherrschaft leidenden Bauern. Doch für ihn als überzeugten Marxisten war dieser unvermeidliche Übergang von der Sklaverei zum Feudalismus eine notwendige Phase in der zielgerichteten Menschheitsentwicklung. Die Kritik dieses Werkes am Feudalismus spiegelte die Stimmung im Nachkriegsjapan mit ihrer kritischen Grundhaltung und ihren Zweifeln an der Vergangenheit des Landes wider.[2] Im selben kritischen Geist veröffentlichten Toyama Shigeki (geb. 1914) und Inoue Kiyoshi (1913–2001) Untersuchungen zur Meiji-Restauration. Toyamas Studie legt unter anderem den negativen Einfluss offen, den das imperiale System auf die moderne japanische Geschichte hatte, während Inoue die Restauration im internationalen Kontext und vor dem Hintergrund des Kampfes nichtwestlicher Völker gegen den westlichen Imperialismus erforschte. Beide Studien stützten sich auf die Werke marxistischer

Historiker aus der Vorkriegszeit und eröffneten der Beschäftigung mit der Meiji-Geschichte neue Horizonte.[3]

Auf der »modernistischen« Seite erforschte Otsuka Hisao (1907–1996), ein Experte für europäische Wirtschaftsgeschichte, den Übergang der japanischen Wirtschaft von der Feudalzeit zur Gegenwart. Inspiriert von Max Webers »Idealtypus« analysierte er die Charakteristika jeder Epoche und konnte fundamentale Unterschiede herausarbeiten. Seine Auffassung einer in Phasen verlaufenden, sozialen Entwicklung in der Geschichte war ebenfalls vom Marxismus beeinflusst. Aus einer ganz anderen Perspektive betrachtete der Ideengeschichtler Maruyama Masao (1914–1996) Japans intellektuellen und kulturellen Wandel während der Tokugawa-Zeit. Er vertrat die These, dass die japanische intellektuelle Tradition jene »geistige Struktur« hervorgebracht habe, die in der Vorkriegszeit zu Militarismus und zur Fixierung auf den Staat geführt habe, und sie sei noch nicht genügend ausgemerzt, um modernen Ideen wie Individualismus und Liberalismus in der japanischen Gesellschaft Geltung zu verschaffen.[4]

Indem sie die Modernisierung Japans als Irrweg einschätzten, der im frühen 20. Jahrhundert für Militarismus und Imperialismus verantwortlich war, mussten sich sowohl die Marxisten wie auch die »Modernisten« notgedrungen am »normalen« und »ausgereiften« Wachstum des Modernismus in der euro-amerikanischen Geschichte orientieren. Zu diesem Zweck konsultierten sie die Werke von Maurice H. Dobb (1900–1976) und Paul M. Sweezy (1910–2004). Für die Marxisten war Marxens Theorie von der gesellschaftlichen Entwicklung, wie sie der Übergang von der Sklaverei zum Feudalismus und weiter zum Kapitalismus zeigte, auch für die japanische Geschichte maßgeblich. Der Historiker Araki Moriaki (1927–1993) zum Beispiel machte sich einen Namen, indem er das japanische System der Sklaverei und seinen Übergang zum Feudalismus untersuchte. Um die treibende Kraft in solchen sozialen Umwälzungen zu erklären, machten die marxistischen Historiker den »Kampf des Volkes« aus und erklärten Wandel und Fortschritt in der Geschichte mit Bauernaufständen und anderen Massenbewegungen.[5]

Die Allianz von Marxisten und »Modernisten« in der Nachkriegszeit legt nahe, dass Erstere, die sich nun ungeahnter Freiheit erfreuen konnten, sich auch häufiger mit ihren empiristisch orientierten Kollegen, also mit dem Mainstream der japanischen Historikerzunft austauschen und kooperieren konnten. Ungeachtet des Krieges hatten die »Modernisten« ihre Karrieren weiterverfolgen können, kollidierten ihre Forschungsschwerpunkte doch weniger mit den Interessen der militaristischen Regierung, als das bei den Marxisten der Fall war. In der Nachkriegszeit arbeiteten beide Gruppierungen zusammen und brachten einige wichtige Buchreihen zur japanischen

Geschichte heraus, unter denen die »Iwanami Koza: Nihon Rekishi« [Iwanami-Serie zur japanischen Geschichte] des angesehenen Verlegers Iwanami Shoten besonders bemerkenswert war.

Die Vitalität der Historiografie in der Nachkriegszeit zeigte sich auch in der Wiederbelebung oder Gründung historischer Gesellschaften. In dieser Hinsicht waren marxistische Historiker wiederum Vorreiter. 1946 erweckten Ishimoda Sho, Toyama Shigeki und andere die Gesellschaft für historische Studien (*Rekishigaku kenkyu kai*) zu neuem Leben; 1932 gegründet, war sie 1944 unter der militaristischen Regierung eingestellt worden. Die wiederbelebte Gesellschaft gründete einen Zweig, der sich mit Geschichte im Schulunterricht befasste und den Einfluss der »Kaiserlichen historischen Schule« in Lehrbüchern und im Unterricht zurückzudrängen suchte. Nach dem Zweiten Weltkrieg entstanden aber noch weitere Organisationen. Die Gesellschaft zum Studium der japanischen Geschichte (*Nihonshi kenkyu kai*) ist als eine von Amateurhistorikern gegründete Vereinigung hier besonders hervorzuheben. Alle diese Organisationen brachten ihre eigenen Zeitschriften heraus, und auch ältere Fachorgane, wie etwa das seit 1889 bestehende »Historical Journal« (*Shigaku zasshi*) wurden wiederbelebt und auf die neuen Interessen einer jüngeren Historikergeneration zugeschnitten. Um 1950 am International Congress of Historical Sciences (CISH) teilnehmen zu können, riefen japanische Historiker die Japanische Gesellschaft für historische Studien (*Nihon rekishigaku kyokai*) ins Leben mit dem Ziel, alle existierenden historischen Vereinigungen zu koordinieren. 1960 entsandte die Gesellschaft, erstmalig für Nachkriegsjapan, eine Delegation zum zehnten CISH in Stockholm. Seither nehmen japanische Historiker regelmäßig an den alle fünf Jahre stattfindenden Kongressen teil und spielen eine aktive Rolle in deren Organisationen und Aktivitäten.[6]

2. Die Dominanz der marxistischen Historiografie in der Volksrepublik China

Nach dem »bitteren« Sieg über Japan im Zweiten Weltkrieg konnte China Taiwan zurückgewinnen und die Souveränität über fremde Einflussgebiete auf dem Festland wiedererlangen. Trotz amerikanischer Unterstützung gelang es der nationalistischen Regierung unter Chiang Kaishek (1888–1975) jedoch nicht, die Wirtschaft rasch wieder in Gang zu bringen, was zu Unruhen und politischen Protesten führte. Die chinesischen Kommunisten, die während und nach dem Krieg großen Zulauf hatten und von der Sowjetunion unterstützt wurden, konnten ihr Einflussgebiet von der Mandschurei auf andere

Landesteile ausdehnen. Im nachfolgenden Bürgerkrieg zwischen Nationalisten und Kommunisten trugen Letztere unter Führung Mao Zedongs (1893–1976) den Sieg davon. Nachdem er Chiang und seine Resttruppen nach Taiwan vertrieben hatte, gründete Mao 1949 die Volksrepublik China (VRCh).

Dieser Machtwechsel hatte grundlegenden Einfluss auf die Entwicklung der chinesischen Historiografie. Er führte unter anderem zur völligen Auflösung der zurückgedrängten »Historische-Quellen-Schule« auf dem Festland. Hu Shi, Fu Sinian und andere akademische Größen gingen nach Chiangs Niederlage voller Misstrauen in den Kommunismus nach Taiwan, Hongkong und/oder in den Westen. Viele ihrer Kollegen und Gefolgsleute jedoch blieben, darunter auch Gu Jiegang und Chen Yinke (Yinque, 1890–1969), ein gefeierter Historiker und Fus rechte Hand am Institut für Geschichte und Philologie. Nach seinem Rückzug nach Taiwan wurde Fu Sinian Rektor der Taiwan University, die 1928 von den Japanern gegründet worden war, und machte sie zu einem neuen Zentrum der »Historische Quellen-Schule«. Ein weiteres Zentrum war das Institut für Geschichte und Philologie, das Fu beim Rückzug der Nationalisten auf die Insel gebracht hatte. Obwohl Fu bereits 1950 starb, waren seine Bemühungen nicht umsonst gewesen. Bald dominierte die Schule die Geschichtswissenschaft in Taiwan; und dass Hu Shi von 1958 bis 1962 die Leitung der Academia Sinica innehatte, zu dem das Institut für Geschichte und Philologie gehörte, trug weiter zu ihrem Prestige und ihrer Verbreitung bei.[7]

Das Festland hingegen war die Welt marxistischer Historiker. Nach ihrem Sieg gründeteten die kommunistischen Führer die Chinesische Akademie der Wissenschaften unter Leitung von Guo Moruo (1892–1978), einem marxistischen Historiker des alten China. Sie war als konkurrierendes Gegenstück zur Academia Sinica gedacht, orientierte sich aber auch am sowjetischen Modell (*Akademiya nauk*). Von den frühen 1950er Jahren bis in die frühen 1960er betrachteten chinesische Historiker die Historiografie der Sowjetunion als Vorbild, dem sie getreulich folgten. Sie holten sowjetische Historiker als Berater und Betreuer an die Akademie und an viele Universitäten und übersetzten die Werke russischer Historiker, unter anderem parteidoktrinäre Schriften wie die Stalin zugeschriebenen Bücher »Über dialektischen und historischen Materialismus« und »Geschichte der Kommunistischen Partei der Sowjetunion (Bolschewiki), kurzer Lehrgang«. Es entstanden Zeitschriften, die sich auf die Übersetzung von Arbeiten russischer Historiker spezialisierten. Kurzum, russische Werke zur marxistischen historischen Theorie und Historiografie wurden neben die Werke von Marx, Engels, Lenin und Mao auf den Sockel gehoben.

Die Begeisterung der chinesischen Historiker für die sowjet-marxistische Geschichtsschreibung spiegelte auch die Freundschaft wider, die beide

Länder in dieser Epoche pflegten. Trotz dieses Eifers waren die chinesischen Marxisten aber begierig, einen eigenständigen Beitrag zu leisten, zumal sie sich dem Marxismus durch unterschiedliche Quellen nicht ausschließlich russischer Provenienz genähert hatten. So war zum Beispiel Guo Moruo, der seine Studienjahre in Japan verbracht hatte, vermutlich mehr von japanischen Werken zum Marxismus beeinflusst, wie etwa denen von Kawakami Hajime. Ausgehend von der marxistischen Theorie der gesellschaftlichen Entwicklung, wollte Guo in seinen Studien die Existenz von Sklaverei im alten China nachweisen, die sich später zum Feudalsystem gewandelt habe, ein Versuch, der an die Forschungen von Araki Moriaki erinnert. Doch Guo Moruo war auch noch vom empirischen Ethos der »Historische-Quellen-Schule« geprägt. Genauer gesagt, er führte die bahnbrechenden Arbeiten von Wang Guowei und anderen über das alte China fort, in denen konventionelle Textquellen mit Inschriften auf erst kürzlich ausgegrabenen Orakelknochen aus der Shang-Zeit verglichen wurden. Neben seiner Stellung als führender marxistischer Historiker hatte sich Guo Moruo wegen seiner Fähigkeit zur Entzifferung und Deutung alter Inschriften seit den 1930er Jahren einen Ruf als Experte auf dem höchst spezialisierten Gebiet der Orakelknochen erworben.[8]

Obwohl ebenfalls marxistisch unterschied sich Guo Moruos These vom Übergang von der Sklaverei zum Feudalismus doch in einem Punkt von der der russischen China-Experten, und zwar in der Frage, wann dieser tatsächlich stattfand. Auch wenn beide darin übereinstimmten, dass Marxens Theorie von der gesellschaftlichen Entwicklung in einzelnen Phasen universell anwendbar sei, konnten sie sich nicht einigen, wann es zum Übergang von der Sklaverei zum Feudalismus gekommen sein sollte. Interessanterweise waren sich auch die chinesischen marxistischen Historiker in dieser Frage uneins. Während Guo Moruo die Ansicht vertrat, der Übergang von der Sklaverei zum Feudalismus sei gegen Ende der Zhou-Dynastie (11. Jahrhundert bis 256 v. Chr.) erfolgt, meinte Fan Wenlan (1893–1969), ein altgedienter Marxist, der schon während des Zweiten Weltkriegs der kommunistischen Bewegung angehört hatte, er sei bereits mehrere Jahrhunderte vorher vollzogen worden. Diese Diskrepanz löste unter den marxistischen Historikern eine heftige Debatte aus, die letztlich auf die Frage hinauslief, ob marxistische Geschichtstheorien überhaupt auf die chinesische Geschichte anwendbar seien oder nicht. Fan Wenlan vertrat die Hypothese, die chinesische Nation existiere seit 221 v. Chr., als die Qin-Dynastie das chinesische Kernland einte, obgleich nach wie vor die aus der europäischen Geschichte gewonnene Erfahrung bestimmend war, dass sich Nationalstaaten erst in jüngerer Zeit gebildet hätten. Indem er also hervorhob, dass die chinesische Nation lange vor dem ganzen

Rest der Welt entstanden sei, glorifizierte Fan die Langlebigkeit und Einzigartigkeit der chinesischen Geschichte, zog damit aber indirekt die Universalität der westlichen Geschichte in Zweifel.[9]

Historiker der Volksrepublik waren also zugleich Marxisten und Nationalisten. Obwohl ihr Land sich entschieden in sozialistischer Richtung entwickelte und im Kalten Krieg zu einem ergebenen Mitglied des sowjetischen Blocks wurde, folgten die chinesischen Historiker bei der Neuinterpretation der Geschichte Chinas und der Weltgeschichte nicht sklavisch ihren russischen Kollegen. Ihre Forschungen atmeten denselben nationalistischen Geist, der auch ihre nichtmarxistischen Kollegen und Gefolgschaften antrieb. Nach Gründung der Volksrepublik hatten diese allerdings einen schweren Stand. Sie wurden zur »Gesinnungreform« aufgefordert, in deren Verlauf man sie immer wieder zur Selbstkritik zwang. Viele bemühten sich, oft durchaus aufrichtig und ernsthaft, sich der neuen Ideologie anzupassen, doch konnten sie nur schwer das Vertrauen der Partei gewinnen. Zu Beginn der 1950er Jahre wurde Gu Jiegang zum Beispiel als wissenschaftlicher Mitarbeiter an die Chinesische Akademie der Wissenschaften in Peking berufen. Doch die »Forschung«, die er in dieser Zeit betreiben durfte, beschränkte sich weitgehend auf eine endlose Selbstkritik mit Blick auf seine »verbotene« Freundschaft und Zusammenarbeit mit seinem Mentor Hu Shi, der zum Prügelknaben der marxistischen Historiker geworden war, da er weiterhin die »Historische-Quellen-Schule« propagierte.[10]

Chen Yinke, einem anderen nichtmarxistischen Historiker, erging es kaum besser. Als polyglotter Mensch, der viele Jahre in Europa und Amerika eine moderne Ausbildung genossen hatte, galt er als herausragender moderner Vertreter der textkritischen Schule. Neben seinen westlichen Studien hatte der Abkömmling einer bedeutenden Intellektuellenfamilie auch eine solide klassische chinesische Ausbildung genossen. 1926, nach seiner Rückkehr aus dem Westen, unterrichtete Chen chinesischen Buddhismus und Tang-Geschichte. Mit seinem brillanten Wissen beeindruckte er nicht nur seine Studenten, sondern auch Kollegen und Zeitgenossen. Seine auf vielsprachigen Quellen beruhenden, präzisen philologischen Forschungen verschafften ihm große Anerkennung in der gelehrten Welt. In den frühen 1950er Jahren bot ihm die Chinesische Akademie der Wissenschaften die Leitung eines ihrer historischen Institute an, doch Chen lehnte ab. Die Regierung ließ ihn deshalb nicht fallen, sondern gab ihm, obwohl er zu diesem Zeitpunkt bereits blind war, eine Anstellung als Forschungsassistent. Während der 1950er und 1960er Jahre verfasste er weiterhin wohlrecherchierte Studien, wenngleich seine nichtmarxistische Haltung, an der er weiterhin festhalten zu können schien, seinen Einfluss auf die Historikergemeinde stark beeinträchtigte.[11]

Seine dank der Einbeziehung vielsprachiger Quellen so eindrucksvollen Arbeiten erregten in den 1950er und 1960er Jahren bei marxistischen Historikern aus der Volksrepublik kaum noch Interesse. Neben der Diskussion über die historische Periodisierung und den Ursprung der chinesischen Nation beschäftigten sich die chinesischen Historiker nun vor allem mit der Erforschung von Bauernaufständen. Zusammen mit Studien zum Wandel feudalen Landbesitzertums und den sogenannten »Keimen des Kapitalismus« im späten chinesischen Kaiserreich bestimmten diese fünf Themen, auch die »fünf goldenen Blumen« genannt, die Landschaft der marxistischen Historiografie in der Volksrepublik China. Solche Studien durchzuführen, hieß, die Anwendbarkeit der marxistischen Theorie auf die Erforschung der chinesischen Geschichte zu beweisen und die Diskrepanz zu überbrücken, die sich zwischen dem marxistischen Rahmen und dem im vorhandenen Textkorpus der historischen Literatur gespeicherten Wissen auftat. Um beispielsweise die Rolle von Bauernaufständen historisch in den Vordergrund zu rücken, durchforschten die marxistischen Historiker die Dynastiegeschichten auf der Suche nach brauchbarem Quellenmaterial. Indem sie die Geschichte aus der Perspektive der Bauern rekonstruierten, verwarfen sie die elitäre Sichtweise der »Historische-Quellen-Schule« und die auf den Kaiserhof fixierte Tradition der Dynastiegeschichten.[12] Wie auch bei den japanischen Kollegen diente diese Perspektive des »Volkskampfes« dazu, die marxistische Theorie des Klassenkampfes auf die Geschichtsschreibung auszudehnen.

Die Flitterwochen in der Beziehung zwischen China und der Sowjetunion dauerten jedoch nicht lange. Chruschtschows Projekt der Entstalinisierung irritierte die chinesischen kommunistischen Führer, und mit Beginn der 1960er Jahre wurden die Beziehungen zwischen beiden Ländern immer schlechter. Mao bekam ganz persönlich Angst angesichts dessen, was Chruschtschow mit Stalin gemacht hatte. Um ein ähnliches Schicksal von sich abzuwenden, entfesselte er 1966 die Große Proletarische Kulturrevolution und benutzte junge Studenten dazu, auf die »Chruschtschows« in der Partei Jagd zu machen. Dieser politische Aufruhr, der sich erst nach Maos Tod wieder legte, lähmte die historische Forschung. Er war ausgelöst worden durch eine vernichtende literarische Kampagne, die Mao gegen das Theaterstück »Hairui daguan« [Hai Rui wird seines Amtes enthoben], verfasst von Wu Han (1909–1969), anzettelte. Wu, ein früherer Anhänger Hu Shis, war ein ausgewiesener Experte für Ming-Geschichte; er hatte sich Ende der 1940er Jahre der kommunistischen Bewegung angeschlossen und war Vizebürgermeister der Pekinger Stadtregierung geworden. Wus Metamorphose wurde einst anderen nichtmarxistischen Historikern als Vorbild vor Augen gehalten, doch sein Stück hatte Mao offenbar verärgert. Wu war eines der ersten Opfer von

Maos Kampagne; sein Tod war ein Vorbote für all die Leiden, die seinen Zeitgenossen und dem gesamten Volk während dieser zehnjährigen Zäsur (1966–1976) in der chinesischen Geschichte noch bevorstanden.[13]

3. Herausforderungen für die marxistische Historiografie und der Eurozentrismus

In der Folge der Entstalinisierung erhielt die Entwicklung der Historiografie in Japan neue Impulse. Die im Zuge des Kalten Krieges vom amerikanischen Supreme Court of Allied Powers veranlasste »Umkehr« schränkte Arbeiterbewegungen und kommunistische Aktivitäten ein und führte zum Wiedererstarken des politischen Konservatismus. Sichtbares Zeichen für die veränderte politische Atmosphäre war das Scheitern der Sozialistischen Partei und anderer linker Organisationen und Studenten, die den 1960 zwischen den USA und Japan geschlossenen Vertrag über gegenseitige Zusammenarbeit und Sicherheit verhindern wollten. Das war Anlass für die japanische kommunistische Partei und die marxistischen Historiker, Selbstkritik zu üben und die bisher geleistete Arbeit zur japanischen Geschichte kritisch zu überdenken. In der folgenden Debatte, etwa zur Geschichte der Showa-Periode (1926–1989), wurden die marxistischen Historiker von ihren nichtmarxistischen Kollegen wegen der teilweise zu dogmatischen Anwendung des Klassenkampfmodells kritisiert. Die Kritiker beschuldigten die marxistische Historiografie, sich nur auf den strukturellen Wandel in der Geschichte zu konzentrieren und dabei das reale Leben der Menschen aus dem Auge zu verlieren. Marxistische Historiker schrieben Geschichte aus der Perspektive des »Volkskampfes«, schilderten aber häufig in ihrer historischen Erzählung nicht, wie sich derartige Umwälzungen auf das Leben der Menschen auswirkten.

Die Debatte zur Showa-Geschichte hatte tiefgreifende Auswirkungen auf die Orientierung der marxistischen Historiografie innerhalb der japanischen Historikergemeinde. Angespornt von der Kritik, geschichtliche Entwicklung noch unter anderen Gesichtspunkten zu betrachten, kamen den marxistischen Historikern allmählich Zweifel an der Theorie von der gesellschaftlichen Entwicklung, einem der Eckpfeiler marxistischer Geschichtsauffassung. Sie mussten zur Kenntnis nehmen, dass der Übergang von der Sklaverei zum Feudalismus und dann weiter zum Kapitalismus zwar die weltgeschichtliche Entwicklung in großen Zügen charakterisierte, dass dieser Fortschritt aber nicht immer zielgerichtet und in einer Richtung verlief. In manchen Perioden, so räumten sie ein, existierten zwei oder mehr Produktionsweisen (zum Beispiel Feudalismus und Kapitalismus) und Klassengegensätze (zum Beispiel

Bauern vs. Landbesitzer und Arbeiter vs. Bürgertum) nebeneinander. Außerdem trage die historische Entwicklung in einer bestimmten Gegend spezifische Züge, die sich aus den jeweiligen Standortfaktoren ergäben.[14]

Solche Diskussionen eröffneten neue Sichtweisen, die die marxistische Historiografie bereicherten. Aber, und das war vielleicht noch wichtiger, sie lösten Kritik am Eurozentrismus aus, einer einflussreichen ideologischen Unterströmung in der marxistischen wie auch der »modernistischen« Geschichtsschreibung. Wie oben bereits erwähnt, hatten die »modernistischen« Historiker häufig im Westen studiert und betätigten sich nach ihrer Rückkehr in Forschung und Lehre auf dem Gebiet der europäischen Geschichte. Die marxistischen Historiker arbeiteten mit dem marxistischen Geschichtsmodell, das auf den historischen Erfahrungen Europas beruhte, doch auch die »Modernisten« entwickelten ihre Interpretationen von der japanischen Geschichte vor dem Hintergrund der europäischen Geschichte. Otsuka Hisaos Forschung ist dafür ein typisches Beispiel. In der Tradition Max Webers wollte er zeigen, dass es in Japan im Vergleich zur »normalen« Modernisierung in Europa und Amerika zu einer »verzerrten Moderne« (*yuganda kindai*) gekommen sei. Seine Arbeit beleuchtete die sozioökonomischen Faktoren, die zum japanischen Imperialismus geführt hatten, wiederholte allerdings die europäische Phrase von der »Rückständigkeit und Stagnation« der asiatischen Geschichte.[15] Marxistische Historiker ließen sich vom neuen kritischen Geist inspirieren und stellten, wie zum Beispiel Eguchi Bokuro (1911–1989), solche »modernistischen« Thesen infrage. Nach Alternativen zum eurozentrischen Ansatz suchend, bemühten sie sich, die japanische Geschichte mehr in den Kontext der ostasiatischen Geschichte zu rücken. Takeuchi Yoshimi (1910–1977), ein chinesischer Gelehrter, behauptete sogar, das klägliche Scheitern der Modernisierung im Japan der Vorkriegszeit müsse den japanischen Historikern die Augen für die Fortschrittlichkeit der modernen chinesischen Geschichte öffnen, die sich in der Gründung der Kommunistischen Partei und deren ikonoklatischer Haltung gegenüber der Tradition zeige.[16]

Dennoch schienen während der 1960er Jahre noch viele japanische Historiker vom Modellcharakter der westlichen Modernisierung überzeugt zu sein; die Geschichte ihres eigenen Landes müsse vor diesem Hintergrund gesehen und analysiert werden. Als die japanische Wirtschaft dann in eine Phase explosiven Wachstums eintrat, die das Land in die Reihe der Industrieländer katapultierte, waren die japanischen Historiker umso mehr fasziniert von der »Modernisierungstheorie« westlicher Wissenschaftler. Dabei spielten die Werke von Japankennern wie John W. Hall (1916–1997), E. Herbert Norman (1909–1957) und Ronald P. Dore (geb. 1925) eine wichtige Rolle; sie organisierten 1960 ein »Internationales Symposium über das moderne Japan«, bei dem sich die Teilnehmer auf folgende Punkte einigten: (1) Japans Modernisierungsprozess, beginnend mit der Meiji-Restauration, könne als erfolgreich gelten und (2) diese erfolgreiche Modernisierung habe den Weg für Japans eindrucksvolles Wirtschaftswachstum nach dem Zweiten Weltkrieg geebnet.[17] Anstatt Japans Modernisierung während der Meiji-, Taisho- und frühen Showa-Periode als Epoche des Scheiterns anzusehen – das Imperialismus und Militarismus zu verantworten habe –, betrachteten die Historiker die Vergangenheit ihres Landes jetzt eher als eine positive, zielgerichtete Entwicklung.

Die Marxisten und die von Otsuka Hisao angeführten »Modernisten« gerieten nun gleichermaßen in wachsende Kritik, weil sie Japans Moderne weiterhin als »unnormal« betrachteten. Das Zentrum dieser Kritik war Kyoto, von wo aus man Otsuka, der eine steile Karriere in Tokyo gemacht hatte, herausforderte. So kam es zu einer Rivalität zwischen den Universitäten Tokyo und Kyoto, den beiden führenden Bildungseinrichtungen des Landes. Es schien fast, als sei zu Beginn der 1960er Jahre die einst einflussreiche »Kyoto-Schule« wieder zum Leben erweckt worden, nur dass diesmal ihre Mitglieder nicht vornehmlich Philosophiestudenten waren wie noch in der Vorkriegszeit. In der Geschichtswissenschaft waren vor allem die Werke von Imanishi Kinji (1902–92), einem auch in Biologie bewanderten Anthropologen, und Umesao Tadao (geb. 1920), einem Historiker und Ethnografen, maßgeblich, obgleich beide von der Philosophie Nishida Kitaros beeinflusst waren. Im Gegensatz zum Determinismus, der der Theorie der Marxisten als auch der »Modernisten« innewohnte, waren diese Wissenschaftler mehr daran interessiert, den Menschen in seiner Rolle als Agens der Geschichte und in Interaktion mit seiner unmittelbaren ökologischen Umwelt wahrzunehmen. Ihre Theorien ermöglichten eine andere Sichtweise auf die japanische Zivilisation, zum Beispiel indem man in ihr eine maritime und nicht eine vom Land geprägte Zivilisation sah und die Unterschiede zu den Nachbarn herausarbeitete. Dabei wurde die universale Anwendbarkeit der marxistischen und modernistischen Theorien in Zweifel gezogen, weil diese dazu neigten, regionale Unterschiede und historische Spezifika einzuebnen.[18]

Der Versuch, ein positives Bild von der japanischen Kultur und Geschichte zu zeichnen, prägte auch das Werk von Nakane Chie (geb. 1926), einer prominenten Soziologin, die die Charakteristika der modernen japanischen Gesellschaft mit denen der chinesischen und indischen verglich, um auf diese Weise den japanischen Wirtschaftserfolg zu erklären.[19] Als jedoch der Historiker Ienaga Saburo (1913–2002) in seinen Lehrbüchern ein weniger positives Bild des modernen Japan zeichnete, wurde er vom Erziehungsministerium zensiert. Nachdem seinem Buch die amtliche Genehmigung, die für Lehrbücher bis heute nötig ist, versagt blieb, wurde es aus dem Verkehr gezogen. Ienaga hat später mehrfach gegen diese Entscheidung des Ministeriums geklagt, bis sie schließlich zurückgenommen und das Buch wieder in Umlauf gebracht wurde. Es war sicher kein Zufall, dass zur selben Zeit Hayashi Fusao (1903–1975) eine neue Untersuchung über den Zweiten Weltkrieg in Asien vorlegte, in der er die Aggression der Japaner herunterzuspielen suchte.[20] Kurzum, zu Beginn der 1960er Jahre hatte sich die Geschichtsschreibung in zweierlei Richtung entwickelte. Einerseits erfuhr die marxistische Geschichtsschreibung eine positive Modifikation; sie förderte Studien zur Geschichte der Frauen, zur Lokalgeschichte, zu Brauchtum und Alltagskultur sowie zu gesellschaftlichen Minderheiten. Andererseits waren die Historiker der jüngeren Generation gerade angesichts des wirtschaftlichen Erstarkens Japans und seiner bedeutenden Rolle im Kalten Krieg immer weniger geneigt, die Vergangenheit ihres Landes mit kritischen Augen zu sehen.

4. Zwischen Marxismus und Nationalismus: Akademische Geschichte in Vietnam

Der Führungswechsel im sozialistischen Lager hatte auch Auswirkungen auf die Entwicklung der marxistischen Geschichtsschreibung in anderen asiatischen Ländern, wenngleich in unterschiedlichem Ausmaß. Im postkolonialen Vietnam der Nachkriegszeit zum Beispiel unterhielt die Demokratische Republik Vietnam (DRV) in der nödlichen Hemisphäre nach Stalins Tod freundschaftliche Beziehungen sowohl zur Sowjetunion als auch zu China und wurde von beiden Ländern unterstützt. Dennoch lässt sich in der Post-Stalin-Ära eine deutlich andere historische Ausrichtung erkennen. Wie ihre russischen und chinesischen Kollegen orientierten sich die Historiker der DRV unter der Ägide ihrer Regierung zunächst an der marxistischen Historiografie. Bereits 1953, noch bevor die französische Kolonialherrschaft den Todesstoß erhielt, hatten Ho Chi Minh (1890–1969) und andere vietnamesische kommunistische Führer ein Komitee für literarische, historische und geografische Forschung ins Leben gerufen, das auch eine archäologische Abteilung hatte. Die vorrangige Aufgabe des Komitees war es, eine Nationalgeschichte zu erstellen; das deutet auch die Namensänderung in »Institut für Geschichte« an, die 1959 erfolgte. Die Kompilation dieser neuen Geschichtsforschung sollte allerdings fast dreißig Jahre in Anspruch nehmen. Wie ihre chinesischen Kollegen schlugen sich auch hier die marxistischen Historiker mit der Diskrepanz zwischen der marxistischen Theorie und der spezifischen historischen Entwicklung ihres Landes herum. Um diese in den von

Marx vorgezeichneten »universalen« Rahmen einpassen zu können, lieferten sie sich hitzige Debatten über die Periodisierung, denn es galt, das fünfphasige Entwicklungsmodell in der vietnamesischen Geschichte aufzufinden. Dabei stützten sie sich auf Stalins Studie »Der Marxismus und die nationale und koloniale Frage«. Verglichen mit Marx war Stalin noch rigider, was die universelle Existenz dieser fünf Phasen (primitiver Kommunismus, Sklaverei, Leibeigenschaft, Kapitalismus und Sozialismus/Kommunismus) in der Weltgeschichte anbelangte. Erst nach Stalins Tod und dem Einsetzen der Entstalinisierung sahen die meisten marxistischen Historiker in Vietnam ein, dass Stalins Thesen der Modifizierung bedurften und dass es in der vietnamesischen Geschichte zum Beispiel keine Sklaverei gegeben hatte. Dort war der primitive Kommunismus unmittelbar in die Feudalgesellschaft übergegangen. Als in den späten 1970er und frühen 1980er Jahre die Nationalgeschichte endlich erschien, hatte sie das Fünf-Phasen-Modell als Interpretationsrahmen einfach begraben.[21]

Auch die Tradition der an Dynastiefolgen orientierten Historiografie und das Erbe des französischen Kolonialismus bedeuteten eine große Herausforderung, standen sie doch der Konstruktion eines neuen, nationalistischen Narrativs im Weg. In dynastischen Geschichten wie der »Kompletten Ausgabe der Historischen Berichte über das Reich Groß-Viet« von Ngo Si Lien finden sich bereits Keime eines vietnamesischen Nationalismus, wenn Ngo zum Beispiel das Entstehen der vietnamesischen Nation ins Jahr 2879 v. Chr. datiert, also noch vor der chinesischen Xia-Dynastie (ca. 2207–1600 v. Chr.). Doch insgesamt ist das dynastische historische Korpus in Vietnam zweifellos stark von China und dem Konfuzianismus beeinflusst. Allerdings waren solche historischen Quellen, einschließlich einiger chinesischer Dynastiegeschichten, unabdingbar für die vietnamesischen marxistischen Historiker, wenn sie ein kontinuierliches Narrativ für die vietnamesische Geschichte vom Altertum bis in die Gegenwart konstruieren wollten. Im Übrigen: Die Tatsache, dass China in der Tradition einen starken Einfluss auf Vietnam ausübte, wurde immer wieder kontrovers diskutiert, hatten doch im frühen 20. Jahrhundert sowohl französische Orientalisten wie auch westlich beeinflusste vietnamesische Autoren Vietnam als »armselige« Kopie Chinas bezeichnet. Vor der Wiedervereinigung des Landes 1976 waren in Südvietnam mehrfach Neuauflagen von Tran Trong Kims »Kurzer Geschichte Vietnams« erschienen, einem repräsentativen Werk der kolonialen Schule, das den marxistischen Historikern wegen seiner traditionellen Struktur und frankophilen Haltung als Ausbund des »feudalen Kolonialismus« erschien. Tran wurde vorgeworfen, in den 1930er und 1940er Jahren mit den französischen und japanischen Kolonialisten kollaboriert zu haben.[22]

Ein nationalistischer Unterton war der vietnamesischen marxistischen Historiografie also spürbar inhärent. Um zu demonstrieren, dass die Vietnamesen sich ruhmreich beim Abwehrkampf gegen Eindringlinge hervorgetan haben, ließen die Historiker die Feudalperiode Vietnams mit der Rebellion der Trung-Prinzessinnen gegen die Han-Armee 40 n. Chr. beginnen. Und sie ließen diese Periode mit einem anderen epochalen Triumph enden, dem Sieg über die Japaner 1945. Trotz der unglaublich langen Dauer der Feudalzeit deuteten sie das Jahr 1945 als »strahlendes Vorbild« innerhalb der weltweiten revolutionären Geschichte, war Vietnam in dieser Perspektive doch das einzige Land, das den Sozialismus eingeführt hatte, indem es die Kolonialmacht in einer Revolution vertrieb. Seine lange Geschichte war ebenfalls von Bedeutung, denn sie bewies, entgegen den Behauptungen der Orientalisten und Vorkriegshistoriker, dass Vietnam nicht Chinas kulturelle Kolonie gewesen sei, sondern bereits vor dem großen Nachbarn einen eigenen Staat besessen habe. Daher übernahm man nur allzu gern Ngo Si Liens fragwürdige Behauptung, dass Van Lang Vietnam 2879 v. Chr. gegründet habe. Bis heute beflügelt diese Behauptung die Historiker und Archäologen, nach handfesten Beweisen zu suchen.[23]

5. Das Wiedererstarken einer Nationalgeschichte

Auch Koreas Historiografie war in der Nachkriegszeit vom Nationalismus geprägt. Nach der japanischen Kapitulation 1945 erlangten die Koreaner die Unabhängigkeit, doch ihr Land ist infolge des Kalten Krieges bis zum heutigen Tag geteilt. Trotz der ideologischen Unterschiede der Regierungen von Nord- und Südkorea mussten die Historiker beider Länder mit demselben kolonialen Erbe zurechtkommen und den Versuch unternehmen, ein jeweils neues historisches Narrativ zu konstruieren, in dem die lange Dauer und die Unabhängigkeit der koreanischen Geschichte sowie der unerschütterliche Geist des koreanischen Volkes zum Vorschien kommen sollten. Dabei konzentrierten sich Historiker und Archäologen auf den Gründungsmythos um Tan'gun. Nicht nur, weil bereits anerkannte Historiker wie Sin Ch'ae-ho den Mythos dazu benutzten, gegen die Marginalisierung der koreanischen Geschichte und Kultur durch die Japaner anzugehen, sondern auch, weil die Tan'gun-Religion (*tan'gun-gyo*) beziehungsweise die Verehrung Tan'guns als Gottheit und Retterfigur im modernen Korea eine Widerstandsbewegung gegen die japanische Kolonialherrschaft darstellte und bis heute in Südkorea große Popularität genießt. Auch in Nordkorea hat die Legende großen Zuspruch; der prominente marxistische Historiker Paek Nam-un (1895–1970) benutzte den Tan'gun-Mythos, um die koreanische Gesellschaft des Altertums als eine Form des primitiven Kommunismus zu beschreiben. Nach der Gründung Nordkoreas hatte Paek prestigeträchtige Ämter als Erziehungsminister und als Präsident der Koreanischen Akademie inne. Als 1993/94 die Führung des Landes von Kim Il-Sung an seinen Sohn Kim Jong-Il überging, führten Archäologen Grabungen an Tan'guns angeblicher Grabstätte unweit von Pjöngjang durch und stießen dabei passenderweise auf die angeblichen sterblichen Überreste von ihm und seiner Mutter, einer Bärin. Mit Hilfe der Kernspintomographie konnten sie Tan'guns Lebenszeit vom 3. vorchristlichen Jahrhundert sogar bis ins 5. Jahrhundert vorverlegen.[24]

Südkoreanische Historiker und Archäologen haben diese Datierung zwar bestritten, sind aber ebenfalls fieberhaft bemüht, den Glauben an Tan'gun als Vorfahr des koreanischen Volkes wachzuhalten. Trotz der offensichtlichen Diskrepanz zwischen den Tan'gun zugeschriebenen Lebensdaten und den existierenden schriftlichen Quellen, die nicht weiter als bis ins 1. vorchristliche Jahrhundert zurückreichen, haben koreanische Historiker und Lehrbuchautoren den Tan'gun-Mythos in ihre Geschichtsdarstellungen aufgenommen. Koreanischen Schülern wird heute beigebracht, dass Tan'gun den Staat 2333 v. Chr. gegründet habe und dass die Koreaner das auserwählte Volk seien, weil Tan'guns Vater vom Himmel abstamme, genau wie Sin Ch'ae-ho und Ch'oe Nam-son es bereits in den 1930er Jahren behauptet hatten.[25]

Seit den 1970er Jahren entstand auch in Japan eine neue Form des Nationalismus, die merklichen Einfluss auf die japanische Historiografie hatte. Dank des eindrucksvollen Wirtschaftswachstums scheinen die japanischen Historiker aus dem Schatten des Nachkriegspessimismus, der über der Geschichte ihres Landes lag, herausgetreten zu sein. Ursprung und Wandel des japanischen Staates im Altertum und im Mittelalter erregten einmal mehr das Interesse der Historiker. Doch statt der harschen Kritik, wie man sie von den marxistischen Historikern gewohnt war, finden sich hier tiefergehende und ausgewogenere Untersuchungen, die gelegentlich einen sympathetischen, romantisierenden Ton annehmen. Auch dem einst berüchtigten Kaiserhaus wandte man sich in der Forschung wieder zu; man sah in ihm nicht länger einen von Japans historischen »Makeln«, sondern die Möglichkeit, Japans spezifisches politisches System besser zu verstehen.[26]

Nirgendwo kann man diese neue Richtung der japanischen Historiografie besser beobachten als am Wandel des Geschichtsunterrichts und der Lehrbücher. Heute steht der Schulbuchmarkt den Verlegern zwar offen, aber das Erziehungsministerium behält sich weiterhin vor, den Inhalt eines Lehrbuchs genau zu beleuchten und zu überprüfen. Unter dem in Historikerkreisen und beim allgemeinen Publikum weitverbreiteten Slogan »Neuinterpretation unserer Geschichte« oder »Eine positivere Sicht auf unsere Geschichte« (*rekishi no naoshi*) propagierten einige Lehrbücher – allen voran das 1999 in einem konservativen Verlag erschienene »Kokumin no rekishi« [Die Geschichte der Nation] von Nishio Kanji (geb. 1935) – eine revisionistische Sicht der jüngeren japanischen Geschichte, indem sie die Rolle Japans als Auslöser des Zweiten Weltkriegs in Asien herunterspielten und angesichts der vielen Gräueltaten, die die Armee an der Bevölkerung in China, Korea und anderswo verübt hatte. Trotz seiner Ausrichtung im Sinne der »neuen Geschichte« hat sich Nishios Buch gut verkauft und andere Verfasser von Lehrbüchern beeinflusst.[27]

6. Die »Annales«-Schule, Postmodernismus und die Neue Wende in der japanischen Historiografie

In den neuen Richtungen, die in der japanischen Historiografie nach den 1970er Jahren aufkamen, haben sich Einflüsse des Postmodernismus und aktueller Tendenzen wie der »Annales«-Schule und der Sozialgeschichte manifestiert. Nach mehr als zwei Dekaden ökonomischer Expansion, in denen Japan in die Reihe der Industrieländer katapultiert wurde, erkannten die Japaner nun den Preis, den das Land für die Modernisierung zu zahlen hatte: Umweltverschmutzung, Verkehrsstaus, moralischer Niedergang und die Entvölkerung der ländlichen Region. Beeinflusst von den Diskussionen um den Postmodernismus (seit den 1970er Jahren ist »postmodern« ein Modewort in den akademischen Kreisen und neuen Medien) haben Historiker eine konzertierte Anstrengung unternommen und nach neuen Wegen gesucht, die Vergangenheit in einer Weise darzustellen, die man als »totale Geschichte« bezeichnet.

Ersichtlich anders als die Marxisten und »Modernisten« mit ihrem Fokus auf Politik und Ökonomie zeigt diese »totale Geschichte« deutliche Einflüsse der »Annales«-Schule. Es waren nicht nur die Bücher von Lucien Febvre und Marc Bloch ins Japanische übersetzt worden, auch Fernand Braudels monumentales Werk »Civilisation matérielle, économie et capitalisme: XVe-XVIIIe siècle« [dt. »Sozialgeschichte des 15.–18. Jahrhunderts«, 3 Bde. 1985–1986] war zwischen 1985 und 1999 auf Japanisch erschienen, und hatte Amino Yoshihiko (geb. 1928), einen der profiliertesten Historiker im heutigen Japan, dazu inspiriert, das Buch »Nihon chusei no hi nogyomin to tenno« [Kaiser und Nichtbauern im mittelalterlichen Japan] zu schreiben, eine bahnbrechende Untersuchung zur mittelalterlichen japanischen Geschichte. Im Gegensatz zum marxistischen Interesse am Klassenkonflikt zwischen Feudalherren und

Bauern konzentriert sich Amino in seiner Studie auf die nichtagrarische Bevölkerung. Indem er ein lebendigeres »Bild« (*katachi/zo*) der mittelalterlichen Gesellschaft zeichnet, romantisiert er das Leben der Kaufleute, Handwerker, Fischer, Schmiede, Kurtisanen, Prostituierten und anderer nichtagrarischer Bevölkerungsteile. Auch der Kaiser wird in einem wohlwollenden Licht dargestellt, denn schließlich garantierte er den Status dieser Menschen. Durch seine Verklärung wirbt Amino für ein positiveres Verständnis des vormodernen Japan, das nicht, wie bisher so häufig, nur als Bremse für den Fortschritt der Geschichte und der Modernisierung zu sehen sei.[28]

Braudels Meisterwerk hatte auch Kawakatsu Heita (geb. 1948), einen anerkannten Wirtschaftshistoriker, der in der Vorkriegszeit zum Umkreis der »Kyoto-Schule« gehörte, dazu gebracht, die Geschichte Japans als die eines Inselreichs inmitten des Ozeans zu betrachten. Wie seine Vorgänger Imanishi Kinji und Umesado Tadao richtete Kawakatsu besonderes Augenmerk auf Japans ökologische Umwelt und deren Einfluss auf seine historische und wirtschaftliche Entwicklung. Zusammen mit Hamashita Takeshi (geb. 1943), einem anderen renommierten Mitglied der »Kyoto-Schule«, schlug er vor, die Dynamik des innerasiatischen Handels in der sinitischen Einflusssphäre genauer zu erforschen, insbesondere den Austausch mit dem chinesischen Festland vor der Ankunft der Westler.[29] In solchen Forschungen wurde die Modernisierungstheorie problematisiert, die die Expansion des Kapitalismus oder der modernen Ökonomie als Einbahnstraße vom Westen in den Nichtwesten sah. Stattdessen betonten diese in Kyoto lehrenden Historiker – wie übrigens auch André Gunder Frank und Immanuel Wallerstein – die Rolle Asiens beim Entstehen des weltweiten, modernen Kapitalismus. Das 1980 erschienene Buch »Der Tee und die Weltgeschichte« von Tsunoyama Sakae (geb. 1921) ist in dieser Hinsicht ein inspirierendes und aufschlussreiches Beispiel.[30]

Neben der »Annales«-Schule hatten auch die angloamerikanische Sozialgeschichte und die westdeutsche sozialwissenschaftliche Geschichte Einfluss auf die japanischen Historiker. Während Ninomiya Hiroyuki (1932–2006), der während der 1960er Jahre in Frankreich studiert hatte, ein Vertreter der »Annales«-Schule war, trug Abe Kinya (1935–2006), der sein Studium in Deutschland absolviert hatte, dazu bei, die deutsche sozialwissenschaftliche Geschichte in Japan bekannt zu machen. In seinen eigenen Schriften rief er dazu auf, sich dem Studium des »*seken*« (Zivilgesellschaft/Menschenwelt) zu widmen, und zwar als historischem Thema ebenso wie als Perspektive.[31] Außerdem wurden in den späten 1970er Jahren Jürgen Kocka und Reinhart Koselleck, beides führende Sozialhistoriker, zu Vorlesungen nach Japan eingeladen, ebenso wie Jacques Le Goff, ein prominentes Mitglied der »Annales«-Schule. Obwohl diese beiden Schulen eine etwas unterschiedliche

Ausrichtung hatten, trugen sie gemeinsam dazu bei, das Interesse der japanischen Historiker in drei Bereichen umzulenken: (1) von der Universalität zu lokalem Wissen; (2) von abstrakten Konzepten zur Alltagswelt und (3) hin zu einer Relativierung des europäischen Modernisierungsmodells.[32]

Doch Einflüsse von außen waren nicht der einzige Faktor bei der Neuorientierung der historischen Forschung im zeitgenössischen Japan. Seit den 1960er Jahren nämlich, wenn nicht schon früher, hatten die japanischen Historiker den ernsthaften Versuch unternommen, ihr Gebiet von der Politikgeschichte zur Sozialgeschichte auszuweiten – Letztere wurde auch unter dem Begriff »Volksgeschichte« (*minshushi*) bekannt. Die Vertreter dieser Richtung – Yasumaru Yoshio (geb. 1934), Irokawa Daikichi (geb. 1925) und Kano Masanao (geb. 1931) – waren zwar von der marxistischen Geschichtsauffassung beeinflusst, selbst aber keine Marxisten und unterrichteten auch nicht an so prestigeträchtigen Hochschulen wie der Tokyo- oder Kyoto-Universität. Überhaupt nicht interessiert an empirischen Studien zu bestimmten Themen analysierten sie vielmehr die Vor- und Nachteile der Modernisierung in Japan. Allmählich kehrten sie der marxistischen Geschichtsauffassung den Rücken, da deren Vertreter ihrer Ansicht nach Geschichte objektivierten und vom Menschen loslösten, indem sie die historische Dynamik auf wenige wechselnde Variablen reduzierten, die auf ein bestimmtes Ziel zuliefen. Sie waren mehr von Yanagita Kunios Studien zum Brauchtum der Vorkriegszeit beeinflusst und versuchten, das Alltagsleben und die Mentalität der einfachen Leute zu erfassen.[33] Die »Alltagsgeschichte« (*seikatsushi*) und die »Mentalitätsgeschichte« (*seishinshi*) waren also zugleich Importe aus Deutschland beziehungsweise Frankreich, aber auch einheimische Erzeugnisse.[34]

Gegen Ende des 20. Jahrhunderts bestimmen zwei interessante Entwicklungen die japanische Historiografie. Da ist zum einen die vermehrte Wahrnehmung von Frauen, zum anderen das wachsende Interesse an Minderheiten und sozialen Randgruppen. Takamure Itsues bahnbrechendes Werk aus den 1930er Jahren und das von Inoue Kiyoshi aus den 1940er Jahren wurde ja bereits im vorigen Kapitel erwähnt, gleichzeitig nahm die Frauengeschichte in der marxistischen Historiografie einen immer höheren Stellenwert ein. Mit Beginn der 1970er Jahre arbeiteten Vertreter der »Volksgeschichte« und der Sozialgeschichte häufiger mit Kollegen aus der Frauenforschung und Gender-Geschichte zusammen. So befasste sich beispielsweise Kano Masanao mit Takamure Itsue und ihren Studien über die japanische Frau.[35] Das wachsende Interesse an diesem Gebiet und dem Studium der Geschichte allgemein profitierte auch davon, dass immer mehr japanische Frauen ein Universitätsstudium und eine berufliche Karriere anstreben, ein für das heutige Japan neues soziales Phänomen.

Diskussionen über ethnische und rassische Unterschiede waren in der japanischen Öffentlichkeit in der Regel tabu, denn seit der Meiji-Restauration hatte man im Land wie auch nach außen stets auf kultureller und nationaler Homogenität bestanden. Erst in der Nachkriegszeit beschäftigten sich Wissenschaftler auch mit dem Leben »subalterner« Gruppen, einschließlich der sogenannten »Unberührbaren« (*eta*), »Nichtmenschen« (*hinin*) und ethnischen Minderheiten wie den Koreanern und Chinesen. Da einige dieser Gruppen in Großstädten oder deren Vororten leben, wuchs das wissenschaftliche Interesse an ihnen gemeinsam mit der Urbanitätsgeschichte, einem neben der Alltagsgeschichte weiteren populären Sachgebiet.[36]

7. Chinas Suche nach Alternativen zur marxistischen Historiografie

Seit den späten 1970er Jahren hatte auch die chinesische Geschichtsforschung und Geschichtsschreibung einen neuen Kurs eingeschlagen. Die Kulturrevolution war mit Maos Tod 1976 zu Ende. Zwei Jahre später leitete Chinas neuer Führer Deng Xiaoping (1904–1997) ökonomische Reformen ein, und das Land öffnete sich, wenn auch vorsichtig, der (westlichen) Welt. Chinesische Studenten sogen im Westen begeistert wissenschaftliche Kenntnisse auf, und gleichzeitig fand westliche Kultur Eingang in chinesische Klassenzimmer, wo sie auf reges Interesse traf. Nach dem zehn Jahre dauernden Chaos und der selbst auferlegten Isolation brüteten die chinesischen Intellektuellen über der schmerzhaften historischen Erfahrung der »Kulturrevolution«, waren aber umso neugieriger auf die neu entdeckte Welt draußen.

An der Chinesischen Akademie für Sozialwissenschaften (*Zhongguo Shehui Kexueyuan*), die sich inzwischen von der Chinesischen Akademie der Wissenschaften abgekoppelt hatte, gaben zwei wissenschaftliche Mitarbeiter, Zhang Chunnian (geb. 1931) und Chen Qineng (geb. 1934), 1978/79 die Zeitschrift »Shijie lishi« [Weltgeschichte] und den Newsletter »Shijie lishi dongtai« [Newsletter zum Studium der Weltgeschichte] heraus. Ihr Anliegen war nicht nur, das Studium auswärtiger Geschichte zu fördern, sondern sie wollten den Studenten auch neue Ideen und Trends in der westlichen Geschichtswissenschaft nahe bringen. Zhang Zhilian (1918–2008), Professor für europäische Geschichte an der Peking-Universität, lud während seiner Europa- und Amerikareise Historiker wie Georges Duby, Jacques Le Goff, François Furet, Charles und Louis Tilly, Immanuel Wallerstein, Georg Iggers, Lynn Hunt, Arthur Schlesinger Jr., Eric J. Hobsbawm und E. P. Thompson dazu ein, Vorträge an seiner Hochschule und anderen Institutionen zu halten. Nachdem er Fernand Braudel gegen Ende seines Lebens in Paris noch persönlich begegnet war, wurde Zhang zum Hauptvertreter der »Annales«-Schule in China. 1980 trat China dem Comité International des Sciences Historiques (CISH) bei und hat seither regelmäßig eine Delegation zu den fünfjährlich stattfindenden Treffen der Organisation geschickt.[37]

Die Diskussionen um das sogenannte »Kulturfieber« (wenhua re) mit seinen Impulsen zum Import fremder Kulturen und zur Erneuerung der eigenen Traditionen waren typisch für die Stimmung der 1980er Jahre. Nachdem die Universitäten ihre Tore für jene Jugendlichen geöffnet hatten, die während der Kulturrevolution nicht hatten studieren können, flutete eine Woge der kulturellen Wiederbelebung durchs Land. In der Geschichtswissenschaft führte die Einfuhr neuer Ideen dazu, dass die Vorherrschaft der marxistischen Geschichtsschreibung zurückgedrängt wurde. Beeindruckt von den neuen Ansätzen in der westlichen Historiografie entfachten die chinesischen Historiker der jüngeren Generation heftige Methodendiskussionen, weil sie nach Alternativen zum überlebten marxistischen Ansatz suchten.[38]

Bei der Modernisierungstheorie, in anderen Weltregionen bereits abgeschrieben, fingen die chinesischen Historiker Feuer, einmal, weil sie für China »neu« war, und dann, weil sich China ja selbst in einem rapiden Modernisierungsprozess befand. In dem Bedürfnis, den Anschluss an die avancierte Welt zu gewinnen und die versäumte Zeit der Kulturrevolution wieder aufzuholen, suchten chinesische Historiker und Wissenschaftler in dieser Theorie wertvolle Anregungen für ihre eigene verspätete Modernisierung.[39] Diese Ideen wurden auch von einem breiteren Publikum aufgegriffen. Jin Guantao (geb. 1947), ein ehemaliger Student der Naturwissenschaften, der wegen seiner führenden Rolle bei der Diskussion um die historische Methodologie bekannt wurde, stellte 1988 mit einer Gruppe junger Wissenschaftler eine Fernsehserie namens »Heshang« [Flusselegie] zur chinesischen Geschichte zusammen. Darin schmähte er die chinesische Kulturtradition und legte seinen Zeitgenossen nahe, sich bei der Industrialisierung und Modernisierung am westlichen Modell zu orientieren. Als die Serie von der zentralen chinesischen Fernsehanstalt ausgestrahlt wurde, war sie beim Publikum sofort ein großer Erfolg, erregte allerdings wegen ihres Ikonoklasmus bei der Regierung und Vertretern der Historikergemeinde Missfallen.[40]

Neben der Modernisierung im Westen war vor allem die Demokratisierung ein inspirierendes Thema. In der Hitze der Demokratiebewegung von 1989 errichteten chinesische Studenten eine Freiheitsstatue auf dem Platz des himmlischen Friedens – im Zentrum von Chinas Macht, dem Tiananmen-Platz – und forderten politische Freiheit und Transparenz. Als die Bewegung dann blutig niedergeschlagen wurde, fanden auch die »Kulturfieber«-Diskussionen ein Ende. Die Zeitschrift »Lishi yu lilun« [Geschichte und Theorie], gegründet 1987 von Chen Qineng und seinen Kollegen am Institut für Weltgeschichte an der Akademie, wurde im Zuge der Niederschlagung ebenfalls eingestellt. Allerdings wurde sie zwei Jahre später unter dem neuen Namen »Shixue lilun yanjiu« [Vierteljahresschrift zur historischen Theorie] zu neuem Leben erweckt und ist bis heute einer der wichtigsten Kanäle, über die neue Theorien zur Geschichte aus dem Westen und der übrigen Welt nach China gelangen. Doch seit den 1990er Jahren hat sich die Atmosphäre merklich verändert. Wenn die 1980er Jahre von der anfänglichen Begeisterung der chinesischen Akademiker geprägt waren, die Außenwelt neu zu entdecken, so erlebte das folgende Jahrzehnt eine Wiederbelebung der empirischen Forschung. Dies äußerte sich in der Rückbesinnung auf die in die Qing-Zeit zurückreichende textkritische Schule und auf das Vermächtnis der »Historische-Quellen-Schule« aus der Republikzeit. In der heutigen akademischen Welt sind Hu Shi, Gu Jiegang, Fu Sinian ebenso wie Liu Yizheng und Qian Mu längst rehabilitiert und Protagonisten zahlreicher Biografien geworden. Chen Yinke scheint besondere Wertschätzung zu genießen, und zwar nicht nur weil er sich bei den chinesischen Klassikern ebenso gut auskannte wie in der westlichen Gelehrsamkeit, sondern auch, weil er sich trotz des politischen Drucks seinen liberalen Glauben an die akademische Freiheit bewahrt und der marxistischen Indoktrinierung widersetzt hatte, ein seltenes Beispiel unter seinen Genossen in der Volksrepublik. An der Peking-Universität, wo Chen zusammen mit Hu, Gu und Fu gelehrt hatte, haben sich nach Mao und Deng seine Schüler Ji Xianlin (1911–2009), Zhou Yiliang (1913–2001) und Tian Yuqing (geb. 1924) einen Ehrenplatz damit erworben, dass sie die Tradition der empirischen Wissenschaft weitertrugen. Inzwischen sind es bereits wieder deren Studenten, wie etwa Yan Buke (geb. 1954), ein Experte für das alte China, oder der Tang-Spezialist Rong Xinjiang (geb. 1960), die diese Richtung in Forschung und Lehre an der Peking-Universität vertreten.[41]

Neben der Wiederbelebung der empirischen Wissenschaft wurde auch die Sozialgeschichte zu einem wichtigen Trend in der zeitgenössischen chinesischen Geschichtsschreibung und trat an die Stelle der marxistischen Schule. Die Sozialgeschichte hat viele Anhänger in ganz China, und einige von ihnen, etwa die an der Zhongshan-Universität in Kanton lehrenden Chen Chunsheng (geb. 1959) und Liu Zhiwei (geb. 1955), arbeiten eng mit Sinologen im Westen wie auch mit Überseechinesen in Hongkong, Taiwan, und Japan zusammen. Letztere liefern auch Beiträge für die von Yang Nianqun (geb. 1964), einem Professor an der Volksuniversität in Peking, herausgegebene Zeitschrift »Xin shixue« [Neue Historiografie] und für die Reihe »Xin shehuishi« [Neue Sozialgeschichte], die von Sun Jiang (geb. 1963) und dem in Japan lebenden Huang Donglan (geb. 1963) in Zusammenarbeit mit Wang Di (geb. 1956), einem chinesisch-amerikanischen Professor, herausgegeben wird. Die soziokulturelle Geschichte, die das historische Interesse vom Klassenkampf auf das Leben und die Kultur der einfachen Leute verschob, war ursprünglich im Rahmen der »Kulturfieber«-Debatten Ende der 1980er Jahre entstanden. Doch wie man an den oben genannten Publikationen sieht, nehmen ihre Vertreter regen Anteil an den neuen Entwicklungen in der westlichen Historiografie, etwa dem Postmodernismus und dem Postkolonialismus. Diese Historiker verfechten die Allianz von Geschichtsforschung, Anthropologie, Psychologie und Literatur und sind in ihrem Land Vorreiter in den Bereichen Frauen- und Gender-Geschichte, Regionalgeschichte, Kulturwissenschaft, semiotische Analyse und Psychoanalyse.[42]

Kurzum: Der Einfluss der einst so dominanten marxistischen Historiografie hat seit den 1970er Jahren in Ost- und Südostasien merkbar abgenommen, wohingegen der nationalistische Einfluss konstant und stark blieb. Asiatische Historiker haben, angefeuert durch den nationalistischen Impuls stets dazu tendiert, das Prestige und die Wertschätzung der Nation durch Forschung und Lehrbücher zu heben, was immer wieder zu Kontroversen mit anderen Ländern geführt hat.[43] Dank der galoppierenden Globalisierung kommunizieren die Historiker dieser Region mit ihren Kollegen in der übrigen Welt mittlerweile sehr viel intensiver als jemals zuvor. Dennoch ist dort die Tradition der offiziellen Geschichtsschreibung beziehungsweise des kollektiven Verfassens eines Geschichtswerks unter der Ägide der Regierung weiter lebendig geblieben. Beispiel dafür ist etwa das nun in China gestartete Mammutprojekt einer vielbändigen Qing-Geschichte oder das oben beschriebene Projekt einer Standardkompilation zur vietnamesischen Geschichte. Derlei findet auch in Japan statt, dort allerdings eher auf lokaler und kommunaler Ebene.[44] Die Gegenüberstellung von »alt« und »neu« hat in jüngerer Zeit die Entwicklung der Historiografie in Ost- und Südostasien bestimmt, und das wird wohl auch in absehbarer Zukunft so bleiben.

II. Islamismus in der Historiografie des Nahen Ostens: Kalter Krieg und danach

1. Die muslimische Historiografie in einer globalen Welt

Nach dem Zweiten Weltkrieg, besonders aber seit den 1970er Jahren, haben immer mehr Historiker aus dem Nahen Osten für kürzere oder längere Zeit in der akademischen Welt des Westens gearbeitet, ein Zeichen für die zunehmende Globalisierung. Gleichwohl gab es im Nahen Osten bereits seit dem späten 17. Jahrhundert kulturellen Austausch mit dem Westen, und als in den letzten Jahrzehnten der Ausländeranteil an amerikanischen und europäischen Universitäten überhaupt anstieg, entschieden sich auch immer mehr Studenten aus dem Nahen Osten für eine Ausbildung im Westen. Viele von ihnen beschlossen, »dort zu bleiben und eine akademische Laufbahn einzuschlagen«, denn »die politischen, ökonomischen und sozialen Probleme in ihren Heimatländern machten ein Bleiben oft nicht nur wünschenswert, sondern auch zwingend notwendig«.[45] Wegen ihrer geografischen Nähe lagen die arabischen Länder immer schon im Einflussgebiet des Westens, ob im Maghreb, wo die Franzosen als Kolonialmacht präsent waren, oder in Teilen des Maschreks und Anatoliens. In einem Interview erinnerte sich Halil Inalcik (geb. 1916), ein prominenter türkischer Historiker, der viele Jahre an den Universitäten Ankara, Chicago und Harvard gelehrt hat, dass er bereits als Student in der Türkei durch im Westen ausgebildete Historiker wie Mehmet Fuat Köprülü und Bekir Sitki Baykal (?–1987) mit westlicher Gelehrsamkeit in Berührung gekommen war, deren Niveau den Vergleich mit europäischen Kollegen nicht zu scheuen brauchte.[46] Diese Verwestlichung der türkischen Historiografie und der historischen Praxis in der gesamten Region ermöglichte es den Historikern aus dem Nahen Osten, im Westen zu arbeiten und Karriere zu machen. Cemal Kafadar (geb. 1954), ein jüngerer Mitarbeiter Inalciks, lehrt inzwischen in Harvard und M. Sükrü Hanioglu in Princeton, wo er die Abteilung der Near Eastern Studies leitet. Suraiya Faroqhui (geb. 1941), eine in Berlin gebürtige Expertin für osmanische Geschichte, lehrte an der Ludwig-Maximilians-Universität in München. Seit Beginn des 20. Jahrhunderts immigrierten viele Menschen aus dem Nahen Osten in westliche Länder, und einige der heute führenden Nahost-Historiker sind deren Kinder. Albert Hourani (1915–1993), langjähriger Direktor des Middle East Center am St Antony's College in Oxford, stammt aus einer libanesischen Immigrantenfamilie in Manchester. Charles Issawi (geb. 1916), Houranis Kommilitone in Oxford und ein herausragender Wirtschaftshistoriker des Nahen Ostens, wuchs in Kairo auf, emigrierte aber später in die USA und lehrte viele Jahre an der Columbia University. Ebenso Afaf Lutfi al-Sayyid Marsot (geb. 1933); sie begann ihre Ausbildung in Ägypten und setzte sie in Stanford und Oxford fort, um schließlich an der University of California zu unterrichten.[47] Hanna Batatu (1926–2000) war ein hochgeachteter Experte für die Geschichte des modernen Irak; er wurde in Jerusalem geboren und emigrierte als junger Mann in die USA – er hat erst an der amerikanischen Universität von Beirut, dann an der Georgetown University Karriere gemacht.

Diese Wissenschaftler, die in der Diaspora dazu beitrugen, die historische Erforschung des Nahen Ostens zu befördern, waren nicht unbedingt Muslime (Hourani und Issawi sind, wie viele andere Syrer, Christen), auch ist ihr Interesse an diesem Gebiet nicht allein durch den familiären Hintergrund bedingt. Hourani und Issawi interessierten sich zum Beispiel während ihrer Studienzeit kaum für die islamische Kultur. Wie viele andere ihrer Zeitgenossen beschäftigten sie sich erst nach dem Zweiten Weltkrieg, insbesondere wegen der Situation in Palästina, dann auch wissenschaftlich mit dieser Region.

2. Das Zusammenspiel von Geschichte und Geschichtsschreibung

Wegen der beständigen Umwandelung der politischen Landschaft erlebte die Nahost-Forschung nach dem Zweiten Weltkrieg einen explosiven Aufschwung. Dem Beispiel der Türkei und Ägyptens folgend, verstärkte sich der Trend zur nationalen Unabhängigkeit und nahm bisweilen auch gewalttätige, revolutionäre Formen an. Während und nach dem Zweiten Weltkrieg wurden Saudi-Arabien, der nördliche Yemen, Syrien, Jordanien, der Libanon, Iran und Irak sowie Libyen und Marokko selbstständig ebenso wie Israel, dessen Unabhängigkeit 1948 allerdings zu hochgradigen Animositäten unter den Muslimen geführt hat. Es folgte der arabisch-israelische Krieg, der mit dem Sieg Israels endete, und die Feindschaft zwischen Israelis und Palästinensern besteht bis heute. Wegen der chaotisch unsicheren Lage blieben viele Studenten mit nahöstlicher Herkunft, wenn es ging, im Westen, und auch einige etablierte Wissenschaftler beschlossen, ihre Laufbahn an westlichen Universitäten fortzusetzen. Die Tatsache, dass in der Nachkriegszeit Englisch zur führenden Wissenschaftssprache avancierte und das Französische und Deutsche verdrängte, ist ein Zeichen für die hegemoniale Macht Amerikas, hat aber auch damit zu tun, dass viele im Westen lebende Wissenschaftler aus dem Nahen Osten ihre Arbeiten auf Englisch publizieren.[48]

Ferner sehen die meisten Muslime in Israel einen Agenten der britischen und amerikanischen Macht, und dessen Existenz erinnert sie an das fortdauernde kolonialistische und imperialistische Erbe in der Region. Obwohl die meisten Länder im Nahen Osten nach dem Krieg die Unabhängigkeit von westlichen Mächten erlangten, bleibt das antiwestliche Ressentiment spürbar und lebendig und schürt den panarabischen und arabischen Nationalismus.[49] Der Panarabismus entspricht einem säkularen Panislamismus, wie er von Namik Kemal und Sayyid Jamal al-Din al-Afghani (1838–97) vertreten und von den Jungosmanen um die Wende zum 20. Jahrhundert propagiert wurde.[50] Die Bildung der Arabischen Liga 1945 ist nur *ein* Beweis für die politische Stärke dieser Bewegung, deren Führung seit den 1950er Jahren zunächst Ägypten und dann der Irak übernommen haben. Zweifellos hatte der Panarabismus auch beträchtlichen Einfluss auf die Geschichtsschreibung.[51] In der ägyptischen Historiografie wurde der in den 1920er Jahren dominierende Pharaonismus, der durch Glorifizierung das pharaonische Ägypten der Antike zur Schaffung einer nationalen Identität der heutigen Ägypter heranzog, abgelöst durch ein neu erwachtes Interesse an den islamischen Einflüssen auf die Kultur und Geschichte des Landes.[52] Auch in anderen Ländern der Region erfuhr der Islam in den historischen Studien mehr Aufmerksamkeit und eine positivere Einschätzung. Selbst in der Türkei, wo es nach dem Tod von Kemal Atatürk beständig Bestrebungen gab, das Land in eine europäische Nation zu verwandeln, ist das Interesse an der islamischen Geschichte oder der islamischen Periode in der türkischen Geschichte stetig gewachsen, verstärkt noch durch die Frustration über den bislang erfolglosen Antrag auf EU-Mitgliedschaft.[53] Doch das eindrucksvollste Beispiel für die Art, wie die Bewegung panarabische Solidarität zu schaffen verstand, war das Ölembargo, das die OAPEC, die Organisation arabischer Öl exportierender Länder, 1973 über den Westen, Israel und Japan verhängten. Dieses Embargo zeigte, dass die muslimische Welt trotz der Unterschiede und Unstimmigkeiten, von denen einige Jahrhunderte zurückreichen, nicht mehr so zersplittert war wie noch in der ersten Hälfte des 20. Jahrhunderts. Sie war vielmehr in der Lage, konzertierte Aktionen gegen die westliche Hegemonie und Dominanz durchzuführen. Seit den 1970er Jahren speiste sich dieser Widerstand gegen den Westen, dessen intellektuelle Ressourcen man durchaus schätzte, zunehmend aus dem historischen Erbe der Region und dem islamischen Glaubensbekenntnis. Die Stärke des Islam zeigte sich nicht nur 1979 in der Revolution im Iran, bei der ein proamerikanischer, reformerischer Monarch vertrieben wurde,[54] sondern auch in der Gründung und den häufigen Treffen internationaler Organisationen muslimischer Länder wie der Organization of the Islamic Conference und des World Muslim Congress sowie der bereits existierenden Arabischen Liga, der OAPEC und der OPEC. Seit den 1990er Jahren haben die Aktivitäten dieser Organisationen, die es in anderen Teilen der Welt so kaum gibt, ein beispiellos hohes Niveau erreicht.[55]

Außerdem prägten während der 1950er und 1960er Jahre auch der Kalte Krieg, der Einfluss der Sowjetunion sowie Marxismus und Sozialismus generell die Geschichte und Politik der modernen muslimischen Welt. Die Sowjetunion betrachtete den Nahen Osten, zu dem schon immer historische Bindungen existierten, als wichtigen Partner in ihrer Konfrontation mit dem Westen. Vielen politischen und intellektuellen Führern im Nahen Osten galten die antiwestliche Haltung der Sowjetunion und die Aussicht auf Sozialismus als

Alternative zum Kapitalismus als inspirierend und ermutigend. Nach ihren Erfahrungen mit westlichem Kolonialismus und Imperialismus waren solche Führer offensichtlich motiviert, einen anderen Weg in die Modernität einzuschlagen, als es der Westen getan hatte. Angespornt von Radikalismus und Populismus vollzog sich zum Beispiel in Ägypten ein Regimewechsel durch die Revolution der Freien Offiziere (1952–1956), der das sozialistische Experiment unter Gamal Abdel Nasser (1918–1970), der Nasserismus folgte. 1958 fand die von Abdul Karim Qassim (1914–1963) angeführte Revolution im Irak statt, bei der die Monarchie gestürzt und die Republik ausgerufen wurde. Obgleich Qassim kein Kommunist war, erhielt er die Unterstützung von kommunistischen Organisationen innerhalb des Landes, aber auch von der Sowjetunion und unternahm mehrere sozialistische Aktionen, die den Reichtum umverteilten. In der Kultursphäre gewannen marxistische Ideen beträchtlich an Boden. In der so herrschenden Atmosphäre schmähten viele muslimische Marxisten die Sichtweise europäischer Orientalisten auf ihre Kultur und suchten nach eigenen neuen Interpretationen. Ihre Arbeit mag zum Teil doktrinär und grob vereinfachend gewesen sein, dennoch beförderte sie das Interesse an einer sozioökonomischen Geschichte, die sich vom späten 20. Jahrhundert bis heute als vorrangiger Trend in der Geschichtsschreibung gegenüber der Politik-, Diplomatie- und Geistesgeschichte in der Region etablieren konnte. Dadurch erweiterte sich das Feld der geschichtlichen Betrachtung, und die Bindungen zu Öffentlichkeit und Gesellschaft wurde gefestigt; interessanterweise wurden viele Werke dieser Richtung von Amateurhistorikern geschrieben, die nicht zum Establishment ihres Berufsstandes gehörten.[56]

Und schließlich haben sich die Entwicklungen der Nachkriegshistoriografie, insbesondere der wachsende Einfluss der »Annales«-Schule in Frankreich, auf das Entstehen der sozioökonomischen Geschichte ausgewirkt; in den vergangenen zehn Jahren wurde die moderne islamische Geschichtsschreibung von der Kultur- und Gender-Geschichte geprägt.[57] Gemeinsam mit dem marxistischen Einfluss half die »Annales«-Schule bei der Neuorientierung der nahöstlichen Historiografie, indem sie die Aufmerksamkeit auf sozioökonomische Strukturen als Schlüsselfaktoren im historischen Wandel lenkte. Es brachte die Historiker im Nahen Osten dazu, den Ansatz der Orientalisten neu zu überdenken, und die Integration von Theorien und Methoden aus den Sozialwissenschaften und sorgfältiger Quellenkritik zu versuchen. Eine internationale Konferenz zum Thema »Orientalismus und Geschichte«, die 1954 in Cambridge abgehalten wurde, war diesem neuen Unternehmen gewidmet. Claude Cahen (1909–1991), ein marxistischer Historiker und Teilnehmer der Tagung, schlug folgende Forschungsgegenstände vor: »Fiskalische Institutionen, Grundsteuern, soziale Umstände der

Landbesitzer, wirtschaftliche und technische Erscheinungsformen von Kultur, die Geschichte der Städte sowie Berufe und Organisationsstrukturen in Handwerk und Handel.«⁵⁸ Dieser Themenkatalog geht über die traditionellen Arbeitsgebiete der »Annales«-Schule hinaus und umreißt die künftigen Forschungsinteressen der Wissenschaftler im Nahen Osten. Aufschlussreich ist in diesem Zusammenhang auch die weit gespannte Karriere von Albert Hourani. Während der Nachkriegszeit begann er sich im Gebiet der Nahost-Forschung mit politischer Geschichte zu profilieren, wechselte dann Ende der 1950er Jahre zur Ideengeschichte, was zur Veröffentlichung seines bekannten Buches »Arabic Thought in the Liberal Age 1789–1939« (1962) führte. Mitte der 1960er Jahre wandte er sich der Sozialgeschichte zu, denn, so heißt es in seinen Erinnerungen, »die Studenten, die nach Oxford gingen, wollten sich mit anderen Themen befassen, andere Bücher lesen, also dachte ich über eine andere Art von Geschichte nach«.⁵⁹ Ein ähnlicher Wandel der Interessen lässt sich auch bei Halil Inalcik beobachten. Nach gründlichem orientalistischen Studium erforschte Inalcik unter dem Einfluss marxistischer Theorie die Rolle der *çifthane* (Großfarmen) bei der Herausbildung der agrarischen Sozialstruktur des Osmanischen Reiches.⁶⁰ Seit den 1970er Jahren hat sich daher in den historischen Studien des Nahen Ostens »ein ganzes System neuer Theorien und Ansätze« entfaltet, das insbesondere durch die Frauen- und Gender-Forschung bereichert wird, aber auch durch die Geschichte von unten oder Alltagsgeschichte, eine neue Kulturgeschichte und Forschungen zu Kolonialismus und Postkolonialismus.⁶¹ In der im Nahen Osten besonders bedeutsamen Frauengeschichte haben die Wissenschaftler auf die vielfältige Rolle der Frauen in der Geschichte der Region hingewiesen, die durchaus Eigentum besitzen und soziale Macht ausüben konnten; ferner zeigten sie, dass man mittels einer Analyse der Rolle der Frau die historische Periodisierung revidieren und die Diskussion um wichtige, aber oft als selbstverständlich hingenommene Themen und Methoden, wie etwa den einst in der Historiografie so dominanten Nationalismus, neu eröffnen kann.⁶²

3. Edward Saids Kritik am Orientalismus

Es hat auf dem Feld der Nahost-Forschung auch schon vor Edward Saids (1935–2003) bahnbrechendem, 1979 erschienenen Buch »Orientalism« [dt. »Orientalismus«, 1981]⁶³ eine kritische Rückbesinnung und Neubewertung orientalistischer Gelehrsamkeit gegeben, was allerdings den nachhaltigen Einfluss, den dieses Buch im Fach und darüber hinaus hatte, keineswegs schmälern soll. Die Revolte gegen einen im Westen bis in die 1960er Jahre vorherrschenden Positivismus, dem natürlich auch die Orientalistik zuzurechnen war, fand ihren Ausdruck in der radikalen Studentenbewegung der 1960er Jahre. Die selbstkritische Haltung der Jugend im Westen gegenüber dem Kapitalismus öffnete auch vielen Orientalisten die Augen für die Scheinheiligkeit und Hegemonie der westlichen Modelle von Modernisierung und Wissenschaft. Die verheerende Niederlage der Araber im arabisch-israelischen Konflikt von 1967 konnte als missglückter Aufstand gegen die westliche Dominanz gelten, der hier »konkrete Formen annahm«, wie Hisham Sharabi (geb. 1927) es formuliert, und weiter: »Als Folge von Unterdrückung und Unterentwicklung wurde der Weg freigemacht für ein neues kritisches Selbstverständnis.« Dieses Selbstverständnis brachte die Interessenverschiebung vom Elitären zum Sozialen und Gewöhnlichen in Gang und, wichtiger noch, zu einer kritischen Haltung gegenüber westlichen Konzepten oder Sichtweisen auf die (nichtwestliche) Welt.[64]

Edward Said, in Jerusalem geboren, wuchs vorwiegend in Ägypten auf und machte in den USA eine steile Karriere; er kann als weiteres Beispiel für einen in der Nachkriegs-Diaspora erfolgreichen Wissenschaftler der jüngeren Generation gelten. Obgleich kein Historiker, legte er eine wichtige These zur Arbeit der Orientalisten vor, die zu einer Dichotomie zwischen Ost und West geführt hätte. Diese kühne Behauptung eröffnete eine Diskussion über die dienstbare Rolle der Wissenschaft bei der Verbreitung des westlichen Imperialismus in der nichtwestlichen Welt. Vielleicht hat Said der Orientalistik damit nicht ganz Gerechtigkeit widerfahren lassen, dennoch hatten seine Befunde einen enormen Einfluss auf die Geschichtsforschung und Geschichtsschreibung zum Nahen Osten und anderen nichtwestlichen Regionen.[65] Said war vom Postkolonialismus beeinflusst, den er als wichtige theoretische Stütze bei einer Neukonzeption der Veränderungen in der modernen Welt verstand; so sind zum Beispiel Wissenschaftler und Historiker aus dem Nahen Osten heute nicht allein damit befasst, wie der Westen den Osten darstellt, sondern auch umgekehrt, also mit der Ausbildung eines Okzidentalismus, und sie haben diese Darstellung als eine Form der kulturellen Repräsentation mit ihren komplexen und paradoxen Erscheinungsformen im jeweiligen Kontext kritisch untersucht.[66]

Allerdings hatten vor Edward Said und Michel Foucault, dessen These vom wesenhaften Zusammenhang von Wissen und Macht Said inspiriert hatte, bereits andere den politischen Einfluss auf den kulturellen Produktionsprozess bemerkt. Die Schärfe von Saids Argumentation und die geschickte Anwendung von Foucaults Werk verdanken sich ebenso seinem ganz eigenen Scharfsinn wie den drastischen Veränderungen im Bereich der Nahost-Forschung, die er seit den 1950er Jahren beobachten konnte. 1963 hatte etwa der ägyptische Historiker Anouar Abdel-Malek (geb. 1924) in seinem Artikel »The End of Orientalism« zu einem kritischen Überdenken der Orientalistik aufgerufen.[67] Das soll jedoch nicht heißen, dass die Periode vor 1950 ereignislos gewesen wäre. Wie wir bereits im vorigen Kapitel erörtert haben, brachte die Erforschung der nahöstlichen Geschichte als ein unabdingbarer Bestandteil bei der Erweiterung des Faches tiefgreifende Veränderungen mit sich, die schließlich unter anderem zur Etablierung des Historikerberufs im Nahen Osten führten. Und seit den 1950er Jahren war dieser Berufsstand vielen ideologischen Einflüssen und politischen Interventionen ausgesetzt, die ihrerseits einen Wandel bewirkten.

4. Die Faszination von Marxismus und Sozialismus

Hier liegt es nahe, mit Ägypten zu beginnen, einem Land, das in vielerlei Hinsicht als Vorreiter bei vielen radikalen Veränderungen in der Region gelten kann. In den jüngeren Darstellungen zur Historiografie des Nahen Ostens ist Ägypten denn auch meist »ein Brennpunkt besonderer Aufmerksamkeit«.[68] Wie oben erwähnt intensivierte die Türkei in dieser Periode ihre Bemühungen um einen EU-Beitritt. Trotz der Dominanz seiner muslimischen Bevölkerung hat die Regierung bewusst versucht, das Land sowohl politisch wie religiös gegen seine arabisch-muslimischen Nachbarn abzugrenzen. Wohingegen sich die ägyptischen Führer – angefangen bei Muhammad Naguib (1901–1984), der von den Freien Offizieren 1953 als erster Präsident der Republik gekürt worden war, und Gamal Abdel Nasser bis hin zu Anwar al-Sadat (1918–1981) und Hosni Mubarak (geb. 1928) – durchweg als Führer der arabischen Welt verstanden und präsentierten, auch wenn ihr Land wegen seiner pharaonischen Vergangenheit und der Existenz der Kopten von einigen seiner arabischen Nachbarn nicht unbedingt als arabische Nation wahrgenommen wurde. So trug zum Beispiel Nasser in seiner Rolle als Führer der Arabischen Liga entscheidend zum Entstehen und zur Verbreitung des Panarabismus bei. Der Ehrgeiz, nach außen zu wirken, wirkte natürlich auch auf die Innenpolitik zurück, was wiederum richtungsweisend war für die Erforschung der ägyptischen Geschichte durch die Historiker. Seit Ausrufung der Republik haben sich in der ägyptischen Historiografie einige markante Wandlungen vollzogen, die erste bereits kurz nachdem die neue Regierung im Amt war. Wie im vorigen Kapitel gezeigt, stand die Etablierung der historischen Forschung als akademischer Disziplin in Ägypten unter zweifachem Einfluss: dem des Nationalismus und dem des Orientalismus. Die erste Generation professioneller Historiker war meistens im Westen als Orientalisten ausgebildet worden und adoptierte die teleologische Sicht des Nationalismus und übertrug diese auf die Entwicklung der ägyptischen Geschichte. Ihr unangefochtener Doyen Shafiq Ghurbal begründete seine Karriere mit Untersuchungen zu Muhammad Ali und dessen Reformära, die er als Meilenstein in der ägyptischen Modernisierung nach westlichem Muster sah.[69] Doch nachdem die Freien Offiziere die Monarchie gestürzt hatten, schien die Regierung bei der Interpretation der modernen ägyptischen Geschichte plötzlich andere Interessen zu haben. Nun galten die Khediven, die osmanischen Vizekönige in Ägypten, als Bösewichte, und die Auflehnung gegen sie, etwa in den Urabi-Aufständen, wurde positiv bewertet. Der Revolution von 1919, angeführt von der nationalistischen Wafd-Partei, erging es nicht viel besser, da sie nicht als Ausdruck des Volkswillens gelten konnte. Die Freien Offiziere wiederum identifizierten sich mit den Urabi-Aufständen, auch wenn diese scheiterten, da sie auf ihre eigenen Aktionen vorauswiesen. Nachdem Nasser an die Macht gekommen war, fanden solche Neuinterpretationen nicht nur Verbreitung, sondern die Regierung sponserte sogar ein Projekt, durch das der Islam als Teil der kulturellen Identität des Landes gestärkt werden sollte. Dieses historiografische Projekt, das durch ein von der Regierung eingesetztes Komitee in der Charter of National Action niedergelegt war, flankierte Nassers neue Innen- und auch Außenpolitik. Man suchte für Ägypten und die gesamte arabische Welt nach Alternativen zum westlichen Modell der politischen und ökonomischen Entwicklung.

Nassers »Linksruck« wurde von Shafiq Ghurbal und seinen Gefolgsleuten wie auch vom Mainstream der akademischen Historiker keineswegs gutgeheißen, stand er doch in direktem Widerspruch zu den bisherigen Einschätzungen der historischen Entwicklung im modernen Ägypten. Dennoch zeigten diese Historiker die Bereitschaft, sich dem veränderten politischen Klima anzupassen. Nachdem die Arabische Liga das Institut for Higher Arabic Studies gegründet hatte, folgte dem emeritierten Ghurbal Sati' al Husri (1879–1968) als zweiter Institutsdirektor nach. Dieser war erklärter Verfechter des arabischen Nationalismus. In seinen späteren Jahren neigte auch Ghurbal mehr dem Arabismus zu. Als sich Ägypten und Syrien 1958 zeitweilig zur »Vereinigten Arabischen Republik« zusammentaten, veröffentlichte Ghurbal ein schmales, auf seinen Vorlesungen basierendes Bändchen, in dem er Geschichte und Besonderheiten des arabischen Nationalismus darstellte und hervorhob, dass dieser nicht einfach eine Imitation des europäischen Nationalismus sei.[70] Im Zuge der Regierungsinitiative für die Revision der Vergangenheit des Landes, gab er auch den ersten Band seiner »History of the Egyptian Civilisation« heraus.

Trotz dieser versöhnlichen Gesten hielt man Ghurbal und seine Generation nicht länger für fähig, diese von der Regierung verordnete Aufgabe anzupacken. 'Abd al-Rahman al-Rafi'i, ein populärer nichtakademischer Historiker derselben Generation, kam etwas besser weg; er veröffentlichte weiter und wurde 1964 sogar als Kandidat für den Nobelpreis gehandelt.[71] Trotzdem nahm der Einfluss dieser Generation immer mehr ab. Ahmad 'Izzat 'Abd al-Karim (1908–1980), Shafiq Ghurbals renommiertester Student, der als erster im Land seinen Doktor in Geschichtswissenschaft gemacht hatte, verlagerte den Schwerpunkt seiner Forschung von der Politik- und Institutionengeschichte zur Sozial- und Wirtschaftsgeschichte und lenkte das Augenmerk auf den Anteil der Massen. Mit diesem Sinneswandel machte sich 'Abd al-Karim im Verlauf der 1960er Jahre zum Wortführer der ägyptischen Historikergemeinde.[72]

Als solcher hatte er durchaus Konkurrenten. 'Abd al-Karim war zwar Mitglied der Kommission, die die Charter of National Action erarbeitete, doch es war Muhammad Anis (1921–1986), Shafiq Ghurbals jüngerer Kollege an der Universität Kairo, der schließlich Nassers Regierungsprojekt zur Revision der ägyptischen Geschichte leitete. Anis hatte an der Universität von Birmingham promoviert und bezeichnete sich zwar gelegentlich als Ghurbals Schüler, stimmte aber mit dessen genereller Interpretation der modernen ägyptischen Geschichte nicht unbedingt überein. Auf der Basis eines populärsozialistischen Ansatzes gründete er seine eigene Schule, die sozialistische Schule, und stellte die Entwicklung der ägyptischen Geschichte in einem völlig neuen Licht dar, was ihm umso angemessener schien, als er meinte, »diese sozialistische Sicht (sei) das Ergebnis jener Phase, in die unsere Gesellschaft jetzt kühn eintritt«.[73] Anis sah es als gegeben an, dass die moderne ägyptische Geschichte mit einem Klassenkampf zwischen zwei Kontrahenten konfrontiert sei, den Reichen auf der einen und den Gebildeten, unterstützt von einem militärischen Flügel, auf der anderen Seite. Die Urabi-Revolte von 1881 habe einen Wendepunkt in der ägyptischen Geschichte markiert; sie habe, insofern hier zwei Kräfte aufeinandergestoßen seien, den Übergang des Landes von der Feudalgesellschaft zu einer sozialistischen Gesellschaft signalisiert. Und obwohl die Reichen dank ausländischer Hilfe zunächst die Oberhand gehabt hätten, seien sie schließlich 1952 durch die Freien Offiziere doch noch geschlagen worden. An diesem Punkt sei Ägypten in eine neue historische Ära eingetreten.[74]

Diese Neuinterpretation der ägyptischen Geschichte war natürlich durchaus im Sinne der Regierung, und Anis wurde ansehnlich belohnt; 1964 berief man ihn auf den Lehrstuhl für moderne ägyptische Geschichte der Universität Kairo. Ferner wurde er damit beauftragt, die Geschichte des ägyptischen

Widerstands gegen die französische Invasion 1798 zu schreiben, und erhielt für dieses Projekt einen lukrativen Vertrag. Überzeugt, dass Geschichte »im Dienste der sozialistischen Entwicklung« stehen sollte, trat Anis nicht nur der Arabischen Sozialistischen Union bei, der damals einzigen legalen Partei in Ägypten, sondern war gleichzeitig Sekretär der Abteilung für Propaganda und sozialistisches Gedankengut dieser Partei. Mit einer solchen politischen Macht ausgestattet, gründete Anis das National Historical Documents Center und wurde sein erster Direktor. Auf diese Weise konnte er nicht nur historische Forschung auf den Weg bringen, sondern auch ihre Durchführung überwachen. Nach Eröffnung des Zentrums schickten Muhammad Anis, Ahmad 'Izzat 'Abd al-Karim und andere ihre Doktoranden dorthin, auf dass sie mit diesem Material arbeiteten. Ihre Untersuchungen hoben das Niveau der Forschung und setzten neue Standards für die ägyptische Geschichtsschreibung. Allerdings stand das Zentrum der allgemeinen Öffentlichkeit gar nicht und ausländischen Wissenschaftlern nur begrenzt zur Verfügung.[75] Als professioneller Historiker war sich Anis der Bedeutung von Quellen und dem kritischen Umgang mit ihnen durchaus bewusst. Seine Arbeiten waren zwar bisweilen polemisch, basierten aber immer auf sorgfältig zusammengetragenen Quellen. Gleichwohl war er der Ansicht, man könne deren sorgfältiges Studium durchaus in den Dienst einer anerkannten Theorie oder Doktrin stellen.[76]

Der Einfluss von Muhammad Anis und seiner sozialistischen Schule hatte eine große Reichweite und war bisweilen erdrückend. Als die Schule 1963 das Regierungsprojekt zur »Revision der modernen Geschichtsschreibung« durchführte, machten viele seiner Kollegen notgedrungen mit. Ganz im Sinne von Anis' sozialistischer Interpretation ägyptischer Geschichte präsentierte zum Beispiel Ahmad 'Izzat 'Abd al-Karim seine Analyse zur sozialistischen Natur des osmanischen Feudalismus in Ägypten, eine ziemlich absurde Behauptung.[77] Doch der Einfluss der sozialistischen Schule sollte nicht lange anhalten. Obwohl Anis auch in der Zeit nach Nasser in der Öffentlichkeit präsent blieb, war er oft von seinem Lehrstuhl an der Universität Kairo abwesend und übernahm auswärtige Verpflichtungen.[78] Nach Nassers Tod im Jahr 1970 lancierte der neue Präsident Anwar al-Sadat in aller Eile eine Kampagne zur Diskreditierung des Nasserismus. In der historischen Forschung führte dieser Richtungswechsel zu neuen Interpretationen und verschiedenen Deutungsmustern. Sadat hob die Pressezensur auf und gewährte mehr akademische Freiheit. In diesem veränderten politischen Klima konnte sich auch die ägyptische Historiographie weiterentwickeln, etwa dadurch, dass man sich auf die Suche nach demokratischen Elementen in der eigenen Vergangenheit machte.[79] Wenn unter Sadat wirklich eine Demokratisierung stattgefunden hat, dann ging sie immerhin mit einer bemerkenswerten Verbesserung und Diversifizierung der Bildungseinrichtungen einher; so entstanden in den 1970er Jahren beispielsweise viele neue Universitäten. Auch der Frauenanteil unter den Studenten wuchs, und aus dieser Generation gingen erstmals einige Historikerinnen hervor, darunter auch Afaf Lutfi al-Sayyid Marsot.[80]

Doch räumte Sadat unter den Anhängern Nassers und den Sozialisten auf, wenn auch nicht so radikal, wie Nasser das zuvor mit seinen politischen Feinden getan hatte. Die marxistische Schule in der Historiografie beziehungsweise der marxistische Ansatz in der historischen Forschung behielten ihre Anziehungskraft. In den 1980er Jahren, als die Möglichkeit zur politischen Meinungsäußerung wuchs, konnte sie noch an Boden gewinnen und bestätigte die generelle Popularität des Marxismus in der gegenwärtigen, islamischen Welt. So avancierte etwa Rif'at al-Sa'id (geb. 1932), ein führender marxistischer Historiker, zu einem der meist veröffentlichten Historiker im heutigen Ägypten. Und seit 1998 wird eine vielbändige Geschichte der Arbeiterklasse und der Subalternen veröffentlicht, deren fünfter Band 2001 erschien.[81] Abdallah Laroui (geb. 1933), ein herausragender marokkanischer Historiker und scharfer Kritiker des Orientalismus, ist bekannt für seinen marxistischen Ansatz bei der Erarbeitung eines neuen Narrativs für die Geschichte seines Landes.[82] Auch in der modernen irakischen Geschichtsschreibung zeigt sich der marxistische Einfluss. Im 20. Jahrhundert konnte man im Irak kaum von akademischer Freiheit reden. Die meisten Darstellungen der irakischen Geschichte sind entweder im Westen oder in anderen Teilen des Nahen Ostens erschienen, etwa in Zypern oder Damaskus, und sie sind marxistisch geprägt. In seinem Standardwerk zur modernen irakischen Geschichte schildert Hanna Batatu in allen Einzelheiten die Entstehung der irakischen kommunistischen Partei und den großen Einfluss, den sie in den 1950er Jahren ausübte.[83]

5. Die Wiedererweckung des Islam – Islamismus und Nationalismus

Ein weiterer Faktor in der wechselhaften Geschichte der zeitgenössischen Historiografie ist das Wiedererstarken des Islam. Dieses erneuerte Interesse lässt sich in den Jahren nach dem Zweiten Weltkrieg in vielen muslimischen Nationen beobachten. Es hatte mit der Suche nach einer für diesen Kulturkreis typischen Identität in der eigenen Vergangenheit zu tun und ging oft mit einer generell antiwestlichen Stimmung einher. Im Gegensatz zu den nationalistischen Historikern der älteren Generation scheinen die jüngeren Historiker den Brennpunkt mehr in ihrer islamischen Vergangenheit zu suchen, und nicht länger auf die präislamische Phase, die ihre Kollegen im späten 19. und beginnenden 20. Jahrhundert so sorgfältig erforscht hatten. Für die modernen Ägypter, soweit sie nicht in der Tourismusindustrie arbeiten, hat das pharaonische Ägypten konsequenterweise seine Attraktivität verloren. Dieses einst für ägyptische Historiker so faszinierende Gebiet hat heute nahezu keine Bedeutung mehr für die Vorstellung von ihrer eigenen Vergangenheit.[84] Den nicht enden wollenden Kalten Krieg und die wachsenden Spannungen im Nahen Osten vor Augen, die sich im Lauf der Jahrzehnte in wiederholten arabisch-isralischen Konflikten äußerten, haben immer mehr muslimische Historiker dem westlichen Modernisierungsmodell, das ihre Vorgänger noch so fasziniert hatte, den Rücken gekehrt. Nassers Eintreten für den Panarabismus spiegelt dieses neu erwachte Interesse auf säkularer, politischer Ebene. Selbst nach Nassers Tod ging die Suche nach arabischer Solidarität auf kultureller Ebene weiter und führte schließlich zu einer Neubewertung und Verjüngung des Islam. Bereits zu Nassers Lebzeiten hatte Tariq al-Bishri (geb. 1931), eine führende Gestalt in der islamischen Schule der zeitgenössischen ägyptischen Historiografie, Zweifel an der modernistischen, am westlichen Modell orientierten Interpretation der ägyptischen Geschichte angemeldet, der sich die vorige Generation verschrieben hatte. Seit den 1970er Jahren widersprach er der allgemeinen Überzeugung, dass der Islam ein Hemmnis für die Modernisierung oder dieser vorgeordnet sei. Al-Bishri betrachtete den Islam vielmehr als Eckpfeiler der nationalen Identität Ägyptens. In jüngster Zeit hat diese Sicht des islamischen Erbes viele neue Anhänger gefunden und wurde außerhalb des akademischen Betriebs sehr effektiv von Graswurzelorganisationen wie der Muslimbrüderschaft propagiert. »Sein [al-Bishris] Gebrauch der vertrauten religiösen Idiome«, wie ein Beobachter es formulierte, »und die Beschwörung kultureller Authentizität sicherten ihm eine breite Gefolgschaft in der ägyptischen Bevölkerung.«[85] In Akademikerkreisen gab die seit den 1970er Jahren herrschende postmoderne Kritik am Meisternarrativ der historischen Interpretation den muslimischen Wissenschaftlern den Antrieb dazu, die islamische Tradition und deren Verhältnis zur Moderne zu überdenken.[86]

Die Wiederbelebung des Islam in den 1980er Jahren lässt sich nicht nur in Ägypten, sondern im ganzen Nahen Osten beobachten.[87] Betrachtet man zum Beispiel den Libanon, so hat dort eine Unzahl von ethnischen und religiösen Gruppierungen jahrzehntelang die Historiker daran gehindert, ein kohärentes und überzeugendes Narrativ der Geschichte ihres Landes zu entwickeln. Das ist insofern kompliziert, als alle ethnischen Gruppen, besonders aber die christlichen Maroniten und muslimischen Araber, sich in ihrer Auffassung von der Geschichte des Landes markant voneinander unterschieden.

Im Fahrwasser des Arabismus etwa betonen die muslimischen Historiker die islamischen Einflüsse und Eigenheiten, während die Maroniten die Errungenschaften ihrer Vorfahren im 15. und 18. Jahrhundert in den Vordergrund rücken und ihre frühen Wurzeln bei den Phöniziern suchen. Diese maronitische Interessenrichtung wurde kritisiert von Kamal S. Salibi (geb. 1929), einem christlich libanesischen Historiker, der seine Ausbildung zunächst an der amerikanischen Universität in Beirut und in den 1950er Jahren an der University of London erhielt und anschließend mit Bernard Lewis (geb. 1916), einer Autorität auf dem Gebiet der Nahost-Forschung, zusammenarbeitete.[88] Gewappnet mit seiner Ausbildung im Westen unternahm er es, eine objektive Nationalgeschichte seines Landes zu verfassen. Einem seiner Bücher über libanesische Geschichte gab er den programmatischen Titel »A House of Many Mansions«, weil er darin den Beitrag jeder ethnischen Gruppe an der libanesischen Geschichte würdigen wollte; dennoch blieben seine Voreingenommenheit für die Maroniten und seine Hoffnung, der Libanon möge weiter seine christlichen Merkmale behalten, unübersehbar.[89] Im Laufe der 1980er Jahre hat sich die politische Lage jedoch durch stetige Einflüsse aus Syrien und Palästina verändert, und Salibi räumte dem Arabismus daraufhin größeren Stellenwert ein. »Nur in einer arabischen Welt, die durch den Arabismus zusammengehalten wird«, so schrieb er, »kann ein Land wie der Libanon seine spezifische Bedeutung bewahren.«[90]

Der Panarabismus ist also, trotz des Todes von Nasser und der nachfolgenden Demokratisierung nach mehr oder weniger westlichem Vorbild – zumindest bei der Führungsschicht – keineswegs ausgestorben, sondern hat, ebenso wie der Arabismus von ehedem seinen Einfluss im Nahen Osten noch ausgedehnt. Im Baathismus konnte er in Syrien und im Irak sogar eine neue Führungsschicht bilden. Die Baath-Partei ist eine in den 1940er Jahren gegründete panarabische Partei, die 1963 in beiden Ländern an die Macht kam. Als die Partei im Irak 1968 wieder an Geltung gewann, geriet die Regierungsmacht in die Hände von Saddam Hussein (1937–2006), der 1979 formell zum Präsidenten gewählt wurde. Um die Führungsrolle in der arabischen Welt übernehmen zu können, stilisierte er sich zum feurigen Anhänger des Arabismus und der arabischen Einheit. Nachdem er die Kurden im Land verfolgt hatte, unterdrückte er auch die Schiiten und beanspruchte durch eine Invasion kuweitisches Staatsgebiet. Saddam Hussein und der Baath-Partei diente der Panarabismus also dazu, ihre Machtbasis zu konsolidieren und politischen Einfluss im In- und Ausland zu gewinnen. Durch Ölvorkommen reich geworden, unterstützte die irakische Regierung die Historikergemeinde, damit diese eine panegyrische Darstellung von der Entstehung und von den Verdiensten der Baath-Partei lieferte und dabei die vorangegangene

Haschimiten-Dynastie und deren Kollaboration mit den Briten verdammte. Gleichzeitig wurde die irakische Vergangenheit im Hinblick auf kulturelle Identität und arabische Eigenständigkeit verklärt. Indem sie sich auf die Schriften von Abu 'Uthman 'Umar ibn Bahr al-Jahdidh (776–869), einem Geschichtsphilosophen aus der Hochblüte des Abassiden-Reichs, beriefen, glorifizierten die von der Regierung finanzierten Historiker dieses Reich mit Zentrum Bagdad als den legitimen und unbezweifelbaren Herrschaftsanspruch in der muslimischen Welt. Und das in der Hoffnung, die arabische und irakische Identität zu festigen. Indem man nämlich die Geschichte des Irak in direkte Verbindung zu den Abassiden brachte, konnte sich das Land als legitimer Führer der modernen arabischen Welt darstellen.[91]

Saddam Hussein regierte das Land mit eiserner Faust und impfte den Irakern in Schulen und Medien die Doktrin des Arabismus als eine Form des Nationalismus ein. Das Buch »Republic of Fear: Saddam's Iraq« (1989, 1990) von Samir al-Khalil stellte diese Praktiken im Einzelnen dar. In der Tat hatte Hussein nicht nur angeordnet, die Geschichte des Irak umzuschreiben, um damit seine Herrschaft zu stärken und auszudehnen, er griff auch persönlich in diesen Prozess ein. 1979 veröffentlichte das Ministerium für Kultur und Künste ein Buch mit dem Titel »Hawla kitabat al-Tarikh« [Über Geschichtsschreibung], das vier von Hussein selbst verfasste Aufsätze enthielt; die übrigen Autoren des Bandes erläuterten lediglich seine Sicht. Laut Saddam Hussein wird Geschichtsschreibung allein zu dem Zweck betrieben, die nationale Entwicklung und den sozialen Fortschritt zu befördern. Dabei sollten besondere Individuen glorifiziert werden, wenn sie den Interessen der Gesamtgesellschaft dienten. Und in der Gegenwart, so meinte Hussein, bestehe dieses Interesse eben darin, das arabische Erbe des Irak mittels des panarabischen Nationalismus zu stärken, ohne dabei separatistisch oder sektiererisch zu sein. Mit anderen Worten, Minderheiten wie den Kurden oder Christen gestand man zwar ihre kulturellen und religiösen Traditionen zu, sie mussten aber anerkennen, dass der Irak eindeutig Teil der arabischen Welt war.[92] Sollte Saddam Hussein im Arabismus ein Mittel gegen das Sektierertum und den Regionalismus, die das Land so peinigten, gesehen haben, dann kann dieser Versuch als gescheitert gelten. Das Hauptanliegen, die Wiederbelebung des Islam, hat nicht etwa dazu geführt, dass die Loyalität gegenüber dem irakischen Staat gestärkt wurde, sondern es wuchs stattdessen das Zugehörigkeitsgefühl zu den Schiiten, Sunniten und Kurden, und zu einzelnen Gruppen oder Sippen. Dabei wurden die Kurden aufgrund ihrer Unterdrückung am wenigsten erforscht.[93] Die ethnische und religiöse Heterogenität im Irak stellte auch nach dem Einmarsch der Amerikaner ein bleibendes ernsthaftes Problem bei dem Versuch dar, das Land zu stabilisieren und zu demokratisieren.

6. Geschichte und Politik: Die Herausforderungen der nationalistischen Historiografie

Dass die zeitgenössische irakische Historiografie die politischen und ökonomischen Veränderungen aufgriff und spiegelte, ist kein Einzelfall. Ähnliche Veränderungen vollzogen sich in den Golfstaaten, in Libyen, Algerien und im Iran. Wie der Irak erlangten diese Staaten ihre Unabhängigkeit entweder durch eine Revolution oder durch das Wiedererstarken königlicher Klans, und während der 1960er und 1970er Jahre profitierten sie alle von der boomenden Ölindustrie. Natürlich spielte bei den jeweiligen Versuchen der Staatsbildung und Nationwerdung die Geschichte, die sich ja selbst eben erst von den traditionellen Formen der Gelehrsamkeit zu einer akademischen Disziplin entwickelt hatte, eine wesentliche Rolle. In diesem Prozess lassen sich zwei unterschiedliche Modelle erkennen. Das eine trifft hauptsächlich auf Länder wie Libyen und Algerien zu. Wie in Ägypten und im Irak oder weiter zurückliegend auch in Syrien wagten Offiziere einen Staatsstreich gegen das herrschende Regime, das in der Regel eine vom Westen eingesetzte Marionettenregierung war. Diese Art von Revolution ereignete sich 1958 im Sudan, 1962 im Yemen, 1965 in Algerien und schließlich 1969 in Libyen. Nach Ergreifung der Macht, die durch die Ölmilliarden finanziell konsolidiert wurde, wandten sich alle Führer dem Nationalismus zu und gaben historiografische Projekte in Auftrag, die die vorigen Regime und deren Kollaboration mit dem Westen verdammen sollten. Dadurch unterstrichen die Historiker den Bruch im historischen Gedächtnis und schufen und erfanden eine nationale Vergangenheit, in der die Auflehnung gegen die westliche Einmischung als zentrales Thema fungierte. Das andere Modell, das vornehmlich auf Länder zutraf, die keine Revolution erlebt hatten, wie etwa Kuwait, spielte solche revolutionären Brüche in der Nationalgeschichte eher herunter. Es betonte vielmehr die Vereinbarkeit von alten Stammestraditionen und moderner Kultur und stellte die Vergangenheit als Erbfolge ein und desselben Königshauses dar. Dieser Art von historiografischem Projekt, das vor allem in nichtliterarischer und mündlich folkloristischer Form überliefert wird, geht es sehr oft darum, revolutionäre Bewegungen zu verhindern, wie sie in den Nachbarländern stattfanden und nun eine potentielle Bedrohung für das eigene Regime darstellen.[94]

In den Ölförderländern begann sich die historische Forschung Ende der 1960er Jahre zu professionalisieren, ein Prozess, der wie im ganzen Nahen Osten nationalistische Züge trug. Unter der Ägide der Regierung wurden nationale Universitäten eingerichtet, und aus ihren ersten Absolventen rekrutierte sich die erste Generation akademischer Historiker, die ihre Ausbildung später in Ägypten, dem Libanon oder Europa und den USA fortsetzten. Greifen wir Libyen als Beispiel heraus. Erste Ansätze zu einer nationalistischen Geschichtsschreibung gehen auf die vorrevolutionäre Zeit zurück. 1968 organisierte die Fakultät der Künste an der University of Libya die erste akademische Konferenz unter dem Titel »Libyen in der Geschichte«, zu der später auch ein Sammelband erschien, in dem sich die meisten Aufsätze mit der älteren Geschichte des Landes befassten. Nachdem Muammar al-Gaddafi (1942–2011) 1969 die Monarchie gestürzt hatte, wandte sich das Interesse mehr der Geschichte des modernen Libyen zu, vor allem der Zeit der italienischen Besatzung, um so die Rolle des libyschen Widerstands gebührend hervorheben zu können. Zu diesem Zweck richtete die Regierung 1978 das Center for the Study of the Jihad against the Italian Occupation ein, dessen Hauptaufgabe darin bestand, eine neue Interpretation libyscher Geschichte aus nationalistischer, revolutionärer Perspektive zu liefern. Es förderte vor allem die Oral History und führte Projekte zur Sammlung von Quellen durch, meist Interviews mit Teilnehmern der Widerstandsbewegung. Zwischen 1978 und 1982 wurden über viertausend Stunden Interviews aufgenommen. All dies diente dazu, die Geschichte Libyens als die einer »kohärenten, nationalistischen, antiimperialistischen und gegenüber der arabischen und muslimischen Kultur loyalen Gesellschaft darzustellen, die sich gegen die westliche Dominanz in Politik und Kultur auflehnte und aktiven Anteil an der Weltgeschichte nahm.« Da es in Libyen Geschichte als akademisches Fach erst seit den späten 1960er Jahren gab und die meisten Historiker ihre Ausbildung im Ausland erhielten, wurde die Entwicklung der zeitgenössischen libyschen Geschichtsschreibung natürlich auch von Richtungen wie der Sozial- oder Kulturgeschichte in der westlichen Historiografie beeinflusst. Doch al-Gaddafis autokratische Herrschaft, die seit den 1980er Jahren immer deutlicher hervortrat, schränkte auch die akademische Freiheit der Historiker ein – wenn man von einer solchen überhaupt sprechen kann.[95] Der Sturz Gaddafis 2011 hat natürlich für das Land eine neue Seite im Buch seiner Geschichte aufgeschlagen; wie sich das auf die Geschichtsschreibung auswirken wird, bleibt abzuwarten.

In der Türkei haben die Regierungen seit Mustafa Kemal kontinuierlich versucht, Geschichtsforschung ihren politischen Zwecken dienstbar zu machen. 1988 veröffentlichte Turgut Özal (1927–1993), damals türkischer Ministerpräsident und später Präsident (1989–1993), ein Buch zur türkischen Geschichte mit dem Titel »La Turquie en Europe«. Darin führte er die sogenannte Türkische Historische These aus, die von Mustafa Kemal hinsichtlich der frühen türkischen Geschichte und Zivilisation aufgestellt worden war. Das Buch umreißt die Entwicklung der türkischen Geschichte vom Neolithikum bis heute und gliedert sie in fünf Phasen: (1) von der neolithischen bis zur hellenistischen Zeit; (2) die römische Periode; (3) das Byzantinische Reich; (4) die Seltschuken und Osmanen; (5) die moderne Türkei. Indem er das moderne türkische Volk mit den Hethitern in Verbindung bringt, diese als Führungsmacht in Zentralasien darstellt und Anatolien zur Wiege der Menschheit erklärt, hat Özal, der bei diesem Buch vermutlich Hilfe von professionellen Historikern in Anspruch nahm, die wesenhafte und historische Verbindung zwischen Anatolien und Europa hervorgehoben. In Gestalt der Ionier verbindet er auch noch die griechische Zivilisation mit Anatolien beziehungsweise Zentralasien; damit spricht er den Griechen das Verdienst ab, Ursprung der westlichen Zivilisation zu sein und setzt stattdessen die Türken oder zentralasiatischen Völker an ihre Stelle. Diese Argumentation wendet er auch auf spätere Epochen an, indem er behauptet, dass etwa in der römischen Epoche bei der Verbreitung des Christentums in Anatolien erste Erfolge zu verzeichnen waren. Özal will also in seinem Buch den Eindruck vermitteln, dass die Türkei nicht nur historische Bande mit Europa hat, sondern, wie schon der Titel nahelegt, praktisch als der eigentliche Ursprung der europäischen Kultur gelten kann.[96]

Turgut Özals »La Turquie en Europe« ist nicht nur eine an die Europäische Gemeinschaft gerichtete Predigt, sondern ein Plädoyer für eine künftige Mitgliedschaft der Türkei. Interessant daran ist außerdem, wie er die Rolle des Islam in der türkischen Geschichte darstellt. Im Gegensatz zu Mustafa Kemals Säkularismus will Özal den Islam nicht marginalisieren, er preist vielmehr dessen kulturelle und wissenschaftliche Leistungen, zu denen, so versichert er, die Türken Wesentliches beigetragen haben, was dann wiederum in die kulturelle Entwicklung Europas einfließen konnte.[97] Obwohl die Türkei heute nach wie vor an einer EU-Mitgliedschaft interessiert ist, läßt sich im Land eine ähnliche islamische Renaissance beobachten wie in anderen muslimischen Staaten. Zwar hält Özal an der im Buch ausgeführten Türkischen Historischen These fest, identifiziert sich aber gleichzeitig mit muslimischen Symbolen und Strategien. Trotz seines säkularen Auftretens richtete die Regierung ein besonderes Amt für religiöse Angelegenheiten ein und stellte seit den 1980er Jahren Mittel für muslimische Schulen zur Verfügung, die seither einen großen Aufschwung erleben. Während der Staatsgründer Kemal Fez und Schleier verbannte, dürfen türkische Mädchen inzwischen wieder Kopftücher tragen. Nach Özals Tod 1993 hat sich die (Re-)Islamisierung noch verstärkt und prägt in jüngster Zeit auch die Neuausrichtung der türkischen Außenpolitik. Seit den 1990er Jahren sieht die Türkei sich eher als »Brücke« zwischen Ost und West, zwischen Asien und Europa, denn als die

»authentische« europäische Nation, die sie früher immer sein wollte.[98] Das blieb auch nicht ohne Folgen für die türkische Geschichtsschreibung. So erfährt zum Beispiel die osmanische Geschichte heute wesentlich größere Aufmerksamkeit und wird positiver dargestellt als jemals zuvor. Das Research Center for Islamic History in Istanbul erarbeitet derzeit ein mehrbändiges Werk zur osmanischen Geschichte.[99] Nachdem sie sich ihrer muslimischen Identität vergewissert haben, stellen immer mehr Historiker, in der Türkei wie im Ausland, das Bild in Frage, das die Orientalisten vom »Niedergang« des Osmanischen Reiches Anfang des 18. Jahrhunderts gezeichnet haben und das auch in westlichen Abhandlungen über die Türkei verbreitet ist.[100] Noch bedeutsamer ist, dass dieses wiedererwachte Interesse die Historiker seit den 1970er Jahren dazu brachte, den Wert der islamischen Hofarchive in den verschiedenen Provinzen zu erkennen. Unter dem Einfluss der »Annales«-Schule mit ihrer Präferenz für Sozial- und Regionalgeschichte führte diese Entdeckung und Nutzung wertvoller Archivquellen zu einer Art »sozialgeschichtlicher Revolution« in der zeitgenössischen Forschung zur osmanischen Historiografie, die über das vorangegangene nationalgeschichtliche Paradigma hinausreicht.[101]

Zusammenfassend lässt sich sagen, dass diese jüngsten, wichtigen Veränderungen in der zeitgenössischen islamischen Historiografie mit einer generellen islamischen Renaissance zusammenhängen, wobei deren Wurzeln bis in die Nachkriegszeit zurückreichen. Während der späten 1980er und 1990er Jahre hat sich diese Wiederbelebung noch beträchtlich verstärkt mit dem Ergebnis, dass »1995 ... jedes Land der Welt mit überwiegend muslimischer Bevölkerung in kultureller, sozialer und politischer Hinsicht islamischer und islamistischer geworden« war, »als es fünfzehn Jahre zuvor gewesen war«.[102] Der Aufstieg des Islam war sowohl Grund als auch Folge der historiografischen Veränderungen, die in diesem Kapitel geschildert wurden. Viele dieser Veränderungen hängen mit der seit den 1970er Jahren zu beobachtenden postmodernen und postkolonialen Kritik an der kulturellen Hegemonie des Westens zusammen, an der die Historiografie wesentlichen Anteil hat. Allerdings haben diese Veränderungen bis jetzt nichts hervorgebracht, was sich mit der Subalternen Schule in der modernen indischen Historiografie, die weltweiten Einfluss erlangte, vergleichen ließe. Auch konnte die Dominanz der Nationalgeschichtsschreibung, von der alle wichtigen Veränderungen in der islamischen Historiografie des 20. Jahrhunderts bestimmt wurden, durch die islamische Renaissance mit der ihr eigenen ökumenischen muslimischen Solidarität oder der arabischen Einheitsbewegung, wie sie sich im Panarabismus ausdrückt, nicht erschüttert werden. Ein Beobachter hat es folgendermaßen formuliert: »Trotz ihres Anspruches auf Transnationalität sind fast alle islamistischen Bewegungen von nationalen Eigenheiten geprägt.«[103] Die Erforschung neuer Fachgebiete wie etwa der Frauengeschichte, der neuen Kulturgeschichte, der Alltagsgeschichte und dergleichen hat, so wertvoll und inspirierend einzelne Beiträge dazu auch sind, noch keine generelle Verbreitung gefunden.[104] Zweifellos aber haben die Auseinandersetzungen im Nahen Osten zu einer Veränderung unserer historischen Vorstellungen von der heutigen Welt beigetragen. Schließlich haben Michel Foucault und Jacques Derrida, die beiden inspirierenden Prinzipale des Postmodernismus, einen Teil ihres Lebens in Tunesien beziehungsweise Algerien verbracht.[105] Und Edward Said, der Vorkämpfer des Postkolonialismus, stammt ebenfalls aus der Region. Wegen ihres intensiven Kampfes gegen das koloniale und imperialistische Erbe neigen muslimische Historiker vielleicht mehr als Kollegen anderswo in der Welt dazu, ihre Arbeiten unter ideologische und politische Vorzeichen zu stellen. Die Tatsache, dass viele Regierungen in der Region nach wie vor autokratisch sind, wird die Historiker in absehbarer Zukunft mit viel ernsthafteren Herausforderungen konfrontieren.

KAPITEL 8
Historiografie nach dem Kalten Krieg, 1990–2012. Ein kritischer Rückblick

I. Die Globalisierung der Welt

So wie die politischen Strömungen der 1960er Jahre historisches Denken und Schreiben stark beeinflusst hatten, so stellte auch die veränderte politische Konstellation der 1990er Jahre nach der Auflösung der Sowjetunion 1989–1991 und nach dem Ende des Kalten Krieges die Historiker vor neue Herausforderungen. Der Weltfrieden, den der amerikanische Politologe Francis Fukuyama in seinem Essay »The End of History?«[1] (1998) [dt. »Das Ende der Geschichte: Wo stehen wir?«, 1992] proklamiert hatte, nahm nicht die Gestalt an, die er vorhergesehen hatte. Er hatte vorausgesagt, nach dem Zusammenbruch des Sowjetkommunismus werde die ganze Welt – wenn auch nur schrittweise – zum freien Unternehmertum und zur Demokratie nach amerikanischem Muster übergehen. Tatsächlich waren die Jahre seit 1989 aber gekennzeichnet von neuen Formen kriegerischer Auseinandersetzungen auf internationaler Ebene, nun nicht mehr zwischen Staaten wie im Kalten Krieg, sondern mit Feinden vor allem im Nahen Osten, in Afghanistan, auf dem Balkan und in Afrika, von Auseinandersetzungen, bei denen es keine klar definierbaren Grenzen gibt und die einhergehen mit verschiedenen Arten von Terrorismus. Samuel Huntington (1927–2008) hatte in »The Clash of Civilizations«[2] (1996) [dt. »Kampf der Kulturen: Die Neugestaltung der Weltpolitik im 21. Jahrhundert«, 1998] von einem unversöhnlichen Konflikt zwischen der islamischen und der westlichen Kultur (und übrigens auch der chinesischen) geschrieben, aber er operierte mit einem stark vereinfachten, zeitlosen Islambild, er schilderte den Islam als einheitliche Kultur und ignorierte die Spaltungen in der islamischen Welt, ihre Geschichte, die Auswirkungen der Modernisierung, die Rolle wirtschaftlicher Faktoren und schließlich die Beziehungen zwischen den islamischen Gesellschaften und dem modernen Westen.

Auf einer Ebene allerdings bewahrheitete sich Fukuyamas Vorhersage zumindest partiell: Der Kapitalismus westlicher Prägung verbreitete sich über weite Bereiche der Erde, als Teil eines Prozesses, der schon vor 1989 begonnen hatte und den Kern dessen darstellt, was man als Globalisierung bezeichnet. Doch abgesehen von wenigen Ausnahmen wie Taiwan oder Südkorea führte die Globalisierung nicht zur Demokratisierung. Dieser Prozess bedeutete nicht nur die weltweite Umgestaltung der Wirtschaft, begünstigt und beschleunigt von der neuen Informationstechnik, sondern wurde begleitet von einer wachsenden Homogenisierung im Alltagsleben, im Konsumverhalten, in den Strukturen der Urbanisierung, in der Architektur der Metropolen, in der populären Film- und Musikkultur und in der Beziehung der Geschlechter und Generationen zueinander. Trotzdem nahm die Globalisierung auf sozialer und kultureller Ebene die verschiedensten heterogenen Formen an, die die jeweiligen regionalen Verhältnisse und Überlieferungen spiegelten. Dies wiederum erzeugte Widerstand gegen die Auswirkungen der Globalisierung auf die traditionellen Lebensformen, was nicht selten mit Gewalt verbunden war.

Die Debatte um die Globalisierung erinnert in vieler Hinsicht an frühere Auseinandersetzungen über Dependenz und Modernisierung. Unbestreitbar erwächst die globale Kultur von heute aus jenen Strukturen politischer und finanzieller Macht, die überwiegend im Westen, aber auch in Japan zu Hause sind, und unbestreitbar konzentrieren sich die Antriebskräfte der Globalisierung trotz der weltweiten Verbreitung ihrer institutionellen Organisationen und ihrer Macht immer noch auf die Industriestaaten, zu denen heute allerdings auch Schwellenländer wie China, Indien und Brasilien zählen. Damit verbindet sich die Frage, ob die Geschichte der Globalisierung wie seinerzeit die der Modernisierung als neue »Meistererzählung« betrachtet werden kann. Wie schon bei der Debatte um die Modernisierung, die wir in Kapitel 6 behandelt haben, spalteten sich die Analysten der Globalisierung in solche, die sie positiv einschätzten, und solche, die ihre zerstörerischen Elemente betonten. Erstere verweisen auf die Vorteile aus dem leichteren Zugang zu Technik, Informationen, Dienstleistungen und Märkten, auf die positiven Auswirkungen wachsender Produktivität, auf das weltweit steigende Pro-Kopf-Einkommen und dergleichen; Letztere betonen die sich vergrößernde soziale und ökonomische Kluft innerhalb der westlichen Gesellschaften, die Demontage des Sozialstaats und die Unfähigkeit, Armut in weiten Teilen Afrikas, Asiens und Lateinamerikas abzubauen. Die Massenmedien schenken der Globalisierung immense Aufmerksamkeit, doch auch die wissenschaftliche Literatur zu diesem Thema ist umfangreich.[3] Viele Sozialwissenschaftler sehen in ihr den bedeutsamsten Interpretationszugang zu unserer Zeit. All dies verlangt nach einer Historiografie, die mit den Bedingungen, unter denen wir heute leben und die sich in vieler Hinsicht von denen in der Zeit vor 1989 unterscheiden, umgehen kann.

Schon vor 1990, danach jedoch verstärkt, entwickelte sich eine internationale Wissenschaftlergemeinschaft, da an amerikanischen, britischen und australischen Universitäten auch nichtwestliche Wissenschaftler, vor allem solche aus Indien, dem Nahen Osten und Lateinamerika, aber zunehmend auch Historiker aus dem Subsahara-Afrika, wichtige akademische Positionen innehaben. Von großer Bedeutung ist die Tatsache, dass die internationale Kommunikation mittlerweile überwiegend auf Englisch stattfindet. Wissenschaftler aus der nichtwestlichen Welt tragen vermehrt zu diesen Diskussionen bei, und die indischen »Subaltern Studies« haben, wie bereits geschildert, das westliche und lateinamerikanische Denken unmittelbar beeinflusst. Auch in den Nahost-Studien bedienen sich sowohl westliche Wissenschaftler wie solche aus dem Nahen Osten in erster Linie des Englischen; die einstigen Konkurrenzsprachen Französisch und Deutsch sind verdrängt worden.[4] Umgekehrt arbeiten westliche Wissenschaftler vor allem aus Nordamerika und Großbritannien mit Wissenschaftlern aus Lateinamerika, Afrika und Ostasien zusammen (was bis zu einem gewissen Grad auch schon vor 1990 der Fall war), so dass sich Forschung auf vielen Gebieten internationalisiert gestaltet. Nicht nur auf dem Internationalen Historikertag, der alle fünf Jahre stattfindet, sondern auch auf anderen Tagungen kommt es zu einem regen transkontinentalen Austausch. Aber auch regional arbeiten Historiker zusammen. Obwohl in den letzten Jahren neue und überarbeitete japanische Lehrbücher zur Geschichte häufig den Protest und die Kritik der Nachbarländer China und Südkorea hervorgerufen haben, bemühen sich Historiker in diesen Ländern um Zusammenarbeit und Konsens und suchen die Kontroversen um die jüngere Geschichte dieser Region beizulegen. Und ihre Zusammenarbeit hat bereits erste, durchaus ermutigende Ergebnisse gezeitigt.[5]

Trotzdem sind dem internationalen Austausch immer noch klare Grenzen gesetzt. Dass Englisch zur fast einzigen internationalen Sprache geworden ist, ist eine davon, bei allen offensichtlichen Vorteilen. Es hat dazu geführt, dass auf der ganzen Welt englischsprachige Literatur im Original oder übersetzt gelesen wird. Viele wichtige Geschichtswerke oder damit verbundene Arbeiten aus sozialwissenschaftlichen und geisteswissenschaftlichen Disziplinen werden aus dem Englischen in nichtwestliche Sprachen übersetzt, ebenso maßgebliche französische und deutsche Bücher und Artikel. Chinesische, japanische, koreanische, farsische, türkische oder arabische Literatur hingegen wird kaum ins Englische übersetzt,[6] und so wird die internationale Kommunikation nach wie vor von Anglo-Amerika beherrscht, das die theoretischen Diskussionen außerhalb des Westens kaum wahrnimmt – wenn man einmal von der anglofonen Wissenschaft in Indien absieht. Dabei werden in der Geschichtswissenschaft weit öfter als in den Sozialwissenschaften die Texte immer noch in den Nationalsprachen für eine nationale Leserschaft verfasst. Allerdings wurde in den letzten Jahren durch den Fortschritt in der Computertechnik und durch die weltweite Nutzung des Internets die internationale Kommunikation unter den Historikern beträchtlich erleichtert.

II. Die Neuorientierung der Geschichtswissenschaft

Wir kommen nun zu den wichtigsten historiografischen Entwicklungen, die die veränderten Bedingungen thematisieren. In der Zeit nach 1990, also nach dem Ende des Kalten Krieges, lassen sich in der Geschichtsschreibung auf der ganzen Welt fünf Hauptströmungen oder Schwerpunkte ausmachen: (1) die Fortführung von Cultural und Linguistic Turn, die in die sogenannte »Neue Kulturgeschichte« münden; (2) die Ausweitung der feministischen und Gender-Geschichte; (3) die Allianz zwischen Geschichtswissenschaft und Sozialwissenschaft angesichts der postmodernen Kritik; (4) die Herausforderungen für die nationale Historiografie, verbunden mit der Forschung zum Postkolonialismus (wenn auch nicht ausschließlich damit); und (5) das Entstehen einer Weltgeschichte und einer Globalgeschichte. Doch obwohl für die Art und Weise, wie Geschichtsschreibung heute betrieben wird, bestimmte Veränderungstrends existieren, gibt es kein neues Paradigma zur Definition von Geschichtsforschung. Es herrscht vielmehr eine bemerkenswerte Vielfalt. Obwohl all diese Strömungen die zentrale Bedeutung des Nationalstaats, die die Aufmerksamkeit der Historiker fast die ganze Moderne hindurch beherrscht hat, infrage stellen, hat der Nationalstaat in der Geschichtsschreibung überlebt, auch wenn die Definition dessen, was eine Nation ausmacht, sich wandelt.

1. Die Fortdauer des Cultural und Linguistic Turn und deren Transformation

Der Cultural Turn spielt in den letzten zwei Jahrzehnten noch immer eine wichtige Rolle in der Geschichtsschreibung, nicht nur in Anglo-Amerika, sondern auch außerhalb davon.[7] Dies sowie die anthropologische Betrachtungsweise der Sozialgeschichte waren gute Voraussetzungen für eine Alltagsgeschichte und folglich für eine »Geschichte von unten« der unterdrückten oder subalternen Klassen. Auf diesem Weg hat der kulturelle Marxismus überlebt, obwohl nur wenige Sozial- und Kulturhistoriker wahrhaben wollen, was sie dem Marxismus verdanken. Der Kulturalismus bot eine neue und erweiterte Geschichtswahrnehmung. Seine Schwäche bestand darin, dass er nicht nur im Frühstadium in den 1970er und 1980er Jahren, sondern auch lange nach 1990 das politische und ökonomische Bezugssystem von Kultur grundsätzlich außer Acht ließ und der Geschichte oder den Sozialwissenschaften nicht zugestehen wollte, dass sie Kenntnisse über eine reale Welt vermitteln konnten. Er bestand vielmehr darauf, in ihnen Spielarten imaginativer Literatur zu sehen.

Der extreme epistemologische Relativismus, der jede soziale Wirklichkeit leugnete und behauptete, alle angeblich wissenschaftlichen Erklärungen des sozialen Lebens seien nur »Übungen in kollektiver Fiktionalisierung oder Mythenbildung«,[8] schwächte sich nach 1990 deutlich ab, denn nun wurde offensichtlich, dass der radikale Kulturalismus vor den realen Veränderungen, die die Welt seit 1990 erfahren hatte, ganz offensichtlich versagte. Lynn Hunt hatte 1984 in ihrem Buch »Politics, Culture, and Class in the French Revolution« [dt. »Symbole der Macht, Macht der Symbole: die Französische Revolution und der Entwurf einer politischen Kultur«, 1989] eine Kulturanalyse der Französischen Revolution vorgenommen, ohne dabei die Rolle gesellschaftlicher Strukturen und Prozesse bei der Herbeiführung der Französischen Revolution zu leugnen, und damit den Anstoß zu einer Kulturwissenschaft gegeben; nun brachte sie 1999 zusammen mit Victoria E. Bonnell einen Band mit Essays heraus, »Beyond the Cultural Turn«,[9] der untersuchte, in welche neuen Richtungen sich das Studium von Gesellschaft und Kultur seit den 1980er Jahren bewegte. Die beiden kamen zu dem Schluss: »Obwohl alle Autoren in dieser Sammlung stark vom Cultural Turn beeinflusst sind, lehnen sie es ab, die soziale Komponente zu ignorieren, wie dies die radikalsten Ausprägungen des Kulturalismus oder Poststrukturalismus mit sich bringen.« Nur Hayden White blieb in seinem Nachwort zu »Beyond the Cultural Turn«[10] und auch noch in einer Vorlesung im Mai 2007[11] einer radikal kulturalistischen Position verpflichtet.

Auch innerhalb des Linguistic Turn kam es zu einer derartigen Umorientierung. Gabrielle Spiegel (geb. 1943), die zwar die Bedeutung von Sprache für die historische Forschung hervorgehoben, jedoch stets auch ihren sozialen Kontext betont hatte, bemerkte 2005 in einer Anthologie der wichtigsten Vertreter des Linguistic Turn: »Fünfundzwanzig Jahre nach dem Linguistic Turn macht sich Unzufriedenheit mit dieser allzu systematischen Darstellung der Wirkungsweise von Sprache im Bereich von Unernehmungen des Menschen breit.«[12] Sie bezog auch seriöse Sozialhistoriker wie William Sewell[13] und Gareth Stedman Jones mit ein, die sich zwar gegen eine Überbewertung ökonomischer Faktoren aussprachen, die Bedeutung des sozialen Kontexts bei der Entwicklung von Sprache und Diskurs aber dennoch anerkannten.

Als die Kulturgeschichte auch in anderen Teilen der Welt auf Interesse stieß, veränderte sich ihre Bedeutung ein wenig und offensichtlich auch ihre Zielrichtung. In Ostasien ermöglichte sie es den Historikern, Alternativen zum vorherrschenden Paradigma von Nationalgeschichte und Marxismus zu finden, und befreite sie damit aus einer erdrückenden ideologischen Umklammerung. In Japan zum Beispiel fiel die Hinwendung zur Kulturgeschichte, in der man sich seit den 1980er Jahren bemühte, das Alltagsleben der einfachen Leute und besonders der subalternen Klasse zu schildern, mit der Entstehung einer Städtegeschichte zusammen, dort einer der spannendsten Teildisziplinen der Geschichtswissenschaft in den letzten Jahrzehnten. Seit Mitte der 1990er Jahre hat dieses Interesse an der Kulturgeschichte dazu beigetragen, die »Kulturwissenschaft« und die postkoloniale Forschung des Westens in Japan einzuführen. Solche Fortschritte verhalfen vielen japanischen Historikern dazu, die Hinterlassenschaft des japanischen Kolonialismus in Ostasien in der ersten Hälfte des 20. Jahrhunderts einer kritischen Prüfung zu unterziehen und zu untersuchen, wie sich die staatliche Zensur in Lehrbüchern und sonstigen Veröffentlichungen niederschlug.[14]

Nicht nur die Entwicklung der Kulturgeschichte und Kulturwissenschaft in Japan hat vom interkulturellen Dialog der internationalen Historikergemeinschaft profitiert. Dasselbe lässt sich auch von den jüngsten historiografischen Veränderungen in China sagen. Die Buchreihe »Xin shehuishi« [Neue Sozialgeschichte] zum Beispiel, mit deren Veröffentlichung 2004 begonnen wurde, war das Ergebnis enger Zusammenarbeit zwischen chinesischen Wissenschaftlern in Übersee und im eigenen Land. Jenseits der Straße von Taiwan haben Studien zur chinesischen Geschichte in den letzten Jahrzehnten ein ähnlich starkes Interesse an Kulturgeschichte gezeigt, was sich dem lebhafteren Austausch zwischen taiwanischen Historikern und ihren westlichen Kollegen verdankt. Verglichen mit den Historikern in der Volksrepublik China sind die Historiker in Taiwan tatsächlich empfänglicher für die Einflüsse der westlichen Historiografie; inspiriert von der »Annales«-Schule hat sich im historischen Umfeld schon in den 1980er Jahren eine Hinwendung zur Kulturgeschichte gezeigt.[15] Auf dem Festland lässt sich seit Mitte der 1980er Jahre ein Interesse an Kulturgeschichte beobachten, und zwar in der »Kulturfieber«-Bewegung, die zu sozialgeschichtlichen Forschungen führte und zu vermehrtem Interesse am Wandel des gesellschaftlichen und kulturellen Lebens als einer Alternative zur bisherigen marxistischen Historiografie Chinas. In der Tat ermöglichten es die Entwicklungen in der Sozial- und Kulturgeschichte den chinesischen Historikern besonders der jüngeren Generation, in der Geschichtswissenschaft die marxistische Orthodoxie, die von der Regierung noch immer aufrechterhalten und angeordnet wurde, zu unterlaufen.

2. Feministische Geschichte und Gender-Geschichte

Wie schon in Kapitel 6 ausgeführt, müssen die neuen Richtungen der Geschichtswissenschaft im Kontext des politischen Klimas der 1960er Jahre gesehen werden, im Zusammenhang mit dem Aufkommen der Frauenbewegung, dem Entstehen eines ethnischen Bewusstseins, dem Kampf um Rassengleichheit, dem Antikolonialismus, dem Umweltschutzgedanken und etwas später der Schwulenbewegung. Sie alle verwiesen auf die Unzulänglichkeiten der sozialen und ökonomischen Ordnung der industrialisierten, modernisierten westlichen Welt und der Sozialwissenschaft, die in deren Dienst stand. Damals wandten sich feministische Historikerinnen, unzufrieden mit der Zweitrangigkeit der Frauengeschichte innerhalb einer von männlichen Regeln dominierten Profession, dem Thema »Gender« zu, »einer nützlichen Kategorie der historischen Analyse« (Scott). Anhand des Gender-Begriffs versuchten sie nachzuweisen, dass geschlechtliche Identität kulturell und sozial »konstruiert« ist. Sie bedienten sich postmoderner Textanalysen, um die Quellen der maskulinen Tendenzen auszumachen, die den etablierten sozialen Institutionen in Sprache und Diskurs innewohnen, denn sie waren der Meinung, dass Sprache, wie wir sie kennen, nicht geschlechtsneutral ist, sondern ihrerseits eine hierarchische Perspektive männlicher Überlegenheit und Herrschaft abbildet. So gelangten viele feministische Historikerinnen zu postkolonialen Perspektiven und befassten sich in der Folge mit der Geschichte der Sklaverei, vor allem mit ihrem geschlechtlichen Aspekt. Feministische Geschichte und feministische Historikerinnen gaben also der Geschichtsforschung ein politisches Programm; die Frauenbewegung versuchte die Ungerechtigkeiten und Ungleichheiten zu überwinden, zu denen die etablierte Historiografie beigetragen hatte. Dies bedeutete eine wichtige Neuorientierung in der Geschichtsschreibung und legte einen neuen Schwerpunkt auf die Erfahrungen von Frauen. Ja, noch mehr: Die scharfe Trennung zwischen Öffentlichkeit und Privatsphäre in der traditionellen Historiografie, die nur dem öffentlichen, fast ausschließlich männlich geprägten Bereich eine historische Bedeutung zugestand und das Alltagsleben der Frauen zuhause und am Arbeitsplatz als historisch irrelevant betrachtete, wurde immer mehr aufgegeben. An vielen Universitäten wurden Zentren zum Thema Frauenforschung eingerichtet, anfangs in den Vereinigten Staaten, bald aber weltweit.

Ein Großteil der aus feministischer Sicht geschriebenen Geschichte in den Vereinigten Staaten hatte mit der feministischen Geschichtsschreibung in anderen Ländern einiges gemein. Dies zeigte sich in den bereits genannten großen europäischen Zeitschriften zur Sozialgeschichte, in »Past and Present« in

Großbritannien, »Geschichte und Gesellschaft« in Deutschland, »Quaderni Storici« in Italien und natürlich in den »Annales« in Frankreich. In all diesen Ländern spielte das Interesse an der Geschichte der Frauen eine wichtige Rolle; aber mehr als in den Vereinigten Staaten war sie allgemein in eine breitere Sozialgeschichte eingebettet, zum Beispiel in die französische »Histoire de la vie privée« (1985) [dt. »Geschichte des privaten Lebens«, 1990].[16] Weite Teile der feministischen Historiografie in Amerika fallen durch eine geradezu obsessive Konzentration auf Sexualität und Geschlecht auf bis hin zum völligen Ignorieren eines breiteren institutionellen Zusammenhangs. Dies hat zweifellos mit der Verachtung für die traditionelle, männlich dominierte politische Geschichte zu tun.

Um einen vergleichenden, transnationalen Überblick über die feministische und Gender-Historiografie zu erhalten, haben wir uns Publikationen aus den letzten Jahren in mehreren Ländern sowie die Tagungsprogramme nationaler Historikerverbände angesehen. Zeitschriften untersuchen wir im nächsten Abschnitt über die Beziehung zwischen Geschichtsforschung und Sozialwissenschaften. Im einzelnen haben wir die jährlichen Treffen der American Historical Association von 2006 bis 2013 mit den alle zwei Jahre stattfindenden deutschen Historikertagen in denselben Jahren verglichen. Deutschland haben wir ausgesucht, weil die Historiker dort eher zurückhaltend sind, wenn es darum geht, mit älteren historiografischen Methoden zu brechen. So gesehen liegt Deutschland am einen Ende des historiografischen Spektrums; die für neue Ansätze offene amerikanische Historiografie vertritt das andere Ende. Ein Beispiel für diese deutsche Zurückhaltung sind die umfangreichen Bände des Handbuchs »Geschichtliche Grundbegriffe« (1972–1996), herausgegeben u. a. von dem namhaften deutschen Geschichtstheoretiker Reinhart Koselleck (1923–2006), das die Umgestaltung der deutschen Gesellschaft zwischen 1750 und 1850 in Hinblick auf die zugrundeliegenden sozialen und historischen Konzepte analysiert, aber keinen einzigen Artikel enthält, der sich mit Konzepten wie sexuellem Geschlecht und Gender in dieser Periode befasst. Trotzdem haben sich inzwischen zahlreiche deutsche Historiker der Sozial- und Kulturgeschichte zugewandt, wenn auch mit anderen Ausrichtungen als viele ihrer amerikanischen Kollegen. Jeder Historikertag steht unter einem Motto; die Konferenz von 2008 war sozialer Ungleichheit gewidmet, die von 2010 dem Überschreiten von Grenzen, und die Tagung 2012 befasste sich mit den Umweltressourcen. Das Programm von 2008 widmete sich speziell der sozialen Ungleichheit in globalem Rahmen, wobei besonderes Augenmerk auf die Migrationsprobleme in den Industrieländern gelegt wurde. Es herrschte großes Interesse an der sozialen, kulturellen und politischen Interaktion innerhalb Europas, weniger an der in der kolonialen Welt, wenngleich auch diese Beachtung fand. Frauen und Frauenthemen wurden keineswegs vernachlässigt, waren jedoch mehr in den sozialen, kulturellen und politischen Kontext integriert, als dies bei der amerikanischen feministischen Geschichte großenteils der Fall ist.

Im jährlichen Programm der American Historical Association und auch in einigen Artikeln der »American Historical Review« zeichnet sich ein ganz anderes Bild ab als in den europäischen Zeitschriften, nämlich eine, wir sagten es bereits, geradezu obsessive Konzentration auf Sexualität und Gender, auf Kosten breiterer sozialer und politischer Aspekte. Verblüffend, wie viele Aufsätze sich mit den Themen Sexualität und Gender befassen, gesponsert vom Committee on Lesbian, Gay, Bisexual and Transgender History, aber auch von der American Catholic Historical Association und der American Society of Church History. Die beiden Letzteren bringen auch geschlechtliche Aspekte der Missionstätigkeit in nichtwestlichen Gesellschaften zur Sprache. Natürlich hat die feministische Historiografie wichtige Beiträge dazu geleistet, dass sich die Geschichtswissenschaft Bereichen öffnete, die sie früher arg vernachlässigt hatte. Sie hat zwar ihr Interesse deutlich gemacht, indem sie die Geschichte der Frauen in einen breiteren sozialen Zusammenhang stellte, doch im Grunde hat der eng gefasste Fokus in vielen Tagungsprogrammen der American Historical Association und in einigen Artikeln der »American Historical Review« einer sinnvollen historischen Forschung Grenzen gesetzt. Dieser extreme Fokus auf Sexualität und Gender auf Kosten anderer Aspekte von Geschichte und Politik führte 1998 zur Gründung einer Gegenorganisation, der Historical Society, die der American Historical Association vorwarf, linken Ideologien und einem feministischen Jargon erlegen zu sein. Doch diese neue Gesellschaft, zu deren Gründern konservative Historiker wie Gertrude Himmelfarb (geb. 1922) und ins konservative Lager umgeschwenkte Historiker wie Eugene Genovese (1930–2012) und Elizabeth Fox-Genovese (1941–2007) gehörten, wurde nun ihrerseits beschuldigt, einer neokonservativen Ideologie zu folgen.[17] Die Historical Society hat von den Historikern wenig Unterstützung erfahren. In der Zwischenzeit sind die Programme der American Historical Association in Bewegung geraten, sind offener und vielfältiger geworden, ohne dabei ihren Schwerpunkt in Sexualität und Gender ganz aufzugeben. Und wenn wir die in der »American Historical Review« rezensierten Bücher betrachten, erhalten wir ein sehr ausgewogenes Bild der von amerikanischen Historikern ausgeübten seriösen Wissenschaft, auch dort, wo sie sich mit Aspekten von Sexualität und Gender befasst. Dies trifft auch auf das wichtige internationale Journal »Gender and History« zu, das in seinem Leitartikel zur ersten Nummer 1990 konstatierte: »Wir möchten die Forschung nicht nur in den Themenbereichen Gender und Frauen fördern, sondern auch untersuchen, wie sich andere Themen – Rasse, Klasse, Religion, ethnische Zugehörigkeit und sexuelle Orientierung – auf Gender und weibliche Erfahrung ausgewirkt haben.«

Die feministische Historiografie oder auch die Forschung zur Geschichte der Frauen und der Gender-Geschichte im Nahen Osten stellen nicht nur die Dichotomie »traditionell/modern« infrage, sondern auch den essenzialistischen Ansatz in der nationalistischen Historiografie, der dazu neigt, den Kolonisator als Gegner des Kolonisierten auftreten zu lassen und in ihnen zwei einander ausschließende Kategorien der Geschichtswissenschaft zu sehen. Sie verlangen nach einer einfühlsameren, anspruchsvolleren Untersuchung der Überschneidungen, indem sie ihre Aufmerksamkeit auf die historische Erfahrung von Frauen richten, der europäischen Siedlerfrauen wie der von einheimischen Frauen. Was Letztere angeht, so profitierten diese zwar von dem nationalistischen Kampf der Kolonien gegen die Kolonialherren – das heißt, sie konnten nun zur Schule gehen und am politischen Leben teilnehmen –, aber sie wurden sowohl vor als auch nach dem Erreichen der Unabhängigkeit häufig aufgefordert, ihre Bedürfnisse denen der Nation unterzuordnen. Mit anderen Worten, die politische Macht ging zwar von den Europäern auf die Nationalisten über, doch es blieb dabei, dass der Zugang zum gesellschaftlichen und politischen Leben vom Geschlecht abhängig gemacht wurde. Feministische Wissenschaft stellt sich so dem männerorientierten und männerdominierten Nationalstaat-Narrativ in der Historiografie mit aller Macht entgegen und deckt dessen inhärente Verbindung mit dem westlichen Kolonialismus und Imperialismus auf.[18] Auch in Ostasien zeigt sich diese Besorgnis gegenüber der anhaltenden Vorherrschaft des westlichen kulturellen und politischen Einflusses in der Forschung zur Geschichte der Frauen. Obwohl feministische Wissenschaftlerinnen in Asien den inspirierenden Einfluss des Westens in Bezug auf die Frauenemanzipation in ihren Ländern grundsätzlich anerkennen, befassen sie sich ziemlich kritisch mit dem paradigmatischen Einfluss des »westlichen Feminismus« und lenken die Aufmerksamkeit auf die fundamentalen Unterschiede zwischen den Erfahrungen der asiatischen und der Frauen aus dem Westen.[19]

3. Neudefinierung der Allianz zwischen Geschichte und Sozialwissenschaften

Um zu ermitteln, was unter sozialwissenschaftlichen Ansätzen in der Geschichtsforschung verstanden wird, haben wir die Entwicklung der wichtigsten sozialwissenschaftlich orientierten Zeitschriften in der Zeit nach 1990 betrachtet, sind sie doch Indikatoren für sich wandelnde historiografische Tendenzen. Dort finden wir weder eine Rückkehr zu jener analytischen Sozialwissenschaft, die sich intensiv mit Wirtschaft, sozialen Strukturen und Demografie beschäftigt, obwohl das Interesse daran keineswegs erloschen ist, noch die radikalen Formen des Cultural Turn und des Linguistic Turn mit ihren relativistischen epistemologischen Implikationen. Natürlich lässt sich das Geschichtsverständnis der Historiker in den letzten zwanzig Jahren nicht verallgemeinern; hier herrscht eine zu große Vielfalt. Trotzdem vermitteln uns die untersuchten Zeitschriften eine Vorstellung davon, in welche Richtung sich das historische Denken und Schreiben in den letzten Jahren bewegt hat. Ein Anzeichen für diese Umorientierung findet sich bei den französischen »Annales«, die ihren Untertitel 1994 von »Economies. Sociétés. Civilisations« in »Histoire. Sciences Sociales« umgeändert haben. Grund für diese Änderung war, dass der Untertitel zu eng gefasst war und Historiker nicht nur mit Soziologen und Wirtschaftswissenschaftlern eng zusammenarbeiten müssen, sondern auch mit Wissenschaftlern anderer Disziplinen und mit Geisteswissenschaftlern. Eigentlich hatten dies die »Annales« schon immer getan, aber mit dieser Titeländerung bezogen sie noch einmal deutlich Stellung. Schon in einem Editorial von 1988 und in einem späteren von 1989 hatten die »Annales« von einer Krise der traditionellen Sozialwissenschaften gesprochen und festgestellt, dass Marxismus, Strukturalismus und Quantifizierung die Fähigkeit verloren hätten, der Geschichtswissenschaft eine überzeugende Basis zu verschaffen; im Grunde hätten alle Ideologien ihre Glaubwürdigkeit verloren. Dies bedeutete keine Ablehnung der Sozialwissenschaft oder der Sozialwissenschaften insgesamt, sondern vielmehr eine Erweiterung. Nun wurden auch Aspekte der Kultur mit eingeschlossen, die bisher zu wenig Aufmerksamkeit erlangt hatten. Dies erforderte neue Ansätze und Methoden, nicht nur aus Geografie, Soziologie und Anthropologie, die auch bisher schon wichtige Standbeine der »Annales«-Historiografie gewesen waren, sondern auch aus Literaturkritik, Soziolinguistik und politischer Philosophie.[20]

Nach 1945 hatten die »Annales« zeitgenössische Themen, mit denen sie sich immerhin in den 1930er Jahren bereits befasst hatten, jahrelang weitgehend gemieden. Es war eben leichter, sich mit sozialen Strukturen der relativ statischen vormodernen Gesellschaften zu befassen, als mit solchen, die einem raschen Wandel unterlagen. Nun öffnete sich der Blick und wurde global im doppelten Sinn des Wortes, im räumlichen und zeitlichen. Man zeigte Interesse an Gesellschaften und Kulturen und an deren Interaktionen auf der ganzen Welt, im Westen wie im Nichtwesten, und beschäftigte sich mit allen geschichtlichen Epochen vom frühesten Altertum bis zur Gegenwart. Nicht nur Gesellschaft und Wirtschaft wurden behandelt, sondern auch Religion,

Kunst und Geisteswissenschaften. Obwohl die »Annales« Sex und Gender nicht ignorierten und dem Thema Gender eine Sonderausgabe widmeten,[21] nahmen diese Themen keine so zentrale Rolle ein wie in den amerikanischen und bis zu einem gewissen Grad auch in den britischen Zeitschriften. Die »Annales« waren auch nicht ideologisch ausgerichtet, wie dies früher bei »Past and Present« in Großbritannien und mehr noch bei »History Workshop« der Fall gewesen war. In seinen Anfängen war »Past and Present« ein Organ gewesen, in dem marxistische und nichtmarxistische Historiker von Marxisten gestellte Fragen diskutierten, die sich auf die Entstehung einer kapitalistischen Gesellschaft mit Schwerpunkt England bezogen. Mittlerweile hatte sich der Blickwinkel erheblich erweitert, ähnlich wie bei den »Annales«; die Artikel behandelten Themen von der frühesten Zeit bis in die Gegenwart und befassten sich mit der Interaktion von westlicher und nichtwestlicher Welt. Die deutsche Zeitschrift »Geschichte und Gesellschaft«, gegründet 1975, hatte sich einer »historischen Sozialwissenschaft« verschrieben, die stark von der analytischen Soziologie Max Webers beeinflusst war, und den Hauptakzent verständlicherweise auf die Erforschung von Deutschlands katastrophaler Vergangenheit gelegt. Nun erweiterte sie ihren Themenkreis um große Teile der Vergangenheit und Gegenwart in aller Welt, ohne die Probleme des modernen Deutschlands und Europas aus den Augen zu verlieren. Der Holocaust war keineswegs vergessen. Doch gehörte nun auch die Rolle von Gefühlen zu den untersuchten Themen. Die führenden amerikanischen Zeitschriften zur Sozialgeschichte, »Journal of Interdisciplinary History«, »Comparative Studies in Society and History«, »Social Science History« und »Social History« haben ähnliche Richtungen eingeschlagen. Eine Überprüfung von zwei wichtigen Journalen zur lateinamerikanischen Geschichte, der »Hispanic American Historical Review« und der »Latin American Research Review«, und zweier Zeitschriften zur afrikanischen Geschichte, des »Journal of African History« und des »Journal of Modern African Studies«, erbringt ähnliche Ergebnisse, wobei sich diese Zeitschriften mehr für Fragen zu Rasse und Ethnizität und zur Geschichte der Sklaverei interessieren, die allerdings auch in den erwähnten westlichen Journalen eine wichtige Rolle spielen. Selbst die relativ traditionelle deutsche »Historische Zeitschrift« brachte vor kurzem einen Artikel über Lynchjustiz in den Vereinigten Staaten. Zusammenfassend kann man sagen, dass die Sozialwissenschaften weiterhin eine wichtige Rolle spielen, dass aber heute mehr Aufgeschlossenheit und Diversität zu herrschen scheinen, als dies in den analytischen Sozialwissenschaften nach 1945 oder im Kulturalismus der 1970er und 1980er Jahre der Fall war.

Es ist auffällig, wie sehr vor allem in der jüngsten amerikanischen Historiografie die politische Geschichte vernachlässigt worden ist. So enthält weder

Band 4 der »Oxford History of Historical Writing« (2011), der der Geschichtsschreibung zwischen 1800 und 1945 gewidmet ist, noch Band 5 (2011), der die Zeit seit 1945 behandelt, also die aktuellsten und umfassendsten Geschichtswerke zum Thema Historiografie, ein Kapitel über politische Geschichtsschreibung; dieses Thema wird weitgehend ignoriert. Natürlich ist die politische Geschichte keineswegs tot und weiterhin von großer Bedeutung. Wie könnte man auch die Katastrophen des 20. Jahrhunderts, die beiden Weltkriege, den Nationalsozialismus, den Stalinismus, den Maoismus und die Genozide ignorieren! Dabei genügt es nicht, sich auf Archivquellen zu stützen, mögen diese noch so wesentlich für den Nachweis der Fakten sein. Auch darf in einem Zeitalter, das die Katastrophen des 20. Jahrhunderts erlebt hat, die militärische und diplomatische Geschichte nicht ignoriert werden. Doch spiegelt vieles in der politischen Historiografie die Wandlung des allgemeinen historischen Denkens wider. Die ältere Geschichtsschreibung von oben herab, die sich stark, ja sogar ausschließlich auf Archivquellen verließ, wurde nicht gänzlich abgeschafft, aber sie machte einer Geschichtsschreibung Platz, in der sich politische, soziale und kulturelle Geschichte und ihre thematische Ausweitung auf breite Teile der Bevölkerung gegenseitig befruchten.

4. Neue Herausforderungen an die national orientierte Geschichte: Die Transformation des Begriffs »Nation«

Obwohl viele Geschichtswerke weiterhin das Hauptaugenmerk auf die Nation richteten, erlebte der Begriff »Nation« einen Bedeutungswandel. Angesichts der seit 1990 wachsenden Zahl ethnischer Minderheiten in West- und Mitteleuropa und den englischsprachigen Ländern sahen viele Historiker Nationen nicht mehr als homogene, sondern als heterogene, multikulturelle Gesellschaften an. Wer Europa als homogene Einheit betrachtete, übersah außerdem die vielen Unterschiede regionaler, linguistischer und kultureller Natur, die für Europa so charakteristisch sind. Dasselbe gilt natürlich auch für Lateinamerika, Afrika und große Teile Asiens. Es zeichnete sich eine wachsende Tendenz ab, die Geschichte aus multikultureller Sicht anzugehen. Ein Beispiel hierfür sind die Lehrbücher »National Standards for United States History« und »National Standards for World History«,[22] die hervorhoben, wie viele ethnische Kulturen gemeinsam die Vereinigten Staaten bilden, und die der Rolle der Minderheiten und der Frauen besondere Beachtung schenkten. In Indien wandten sich die »Subaltern Studies« vom Konzept des Nationalstaates als Einheit ab, mit dem sich die Historiker befassen müssten. Stattdessen sollten die Diversität innerhalb Indiens und die komplexe Gliederung nach Klassen und Kasten usw. betrachtet werden. Aus Sicht der »Subaltern Studies« hatte die antikolonialistische Historiografie vielfach die britischen Eliten einfach durch indische Eliten ersetzt und die breiten subalternen Schichten der Bevölkerung, die ebenfalls aktiv in den Antikolonial-Kampf eingegriffen hatten, ignoriert. Dies bedeutete aber keineswegs den Niedergang der national orientierten Geschichtsschreibung. Die Historiker haben zunehmend nationenübergreifende Werke verfasst, die die Nation als Studiengebiet mieden und stattdessen die von nationalen Grenzen unabhängigen Beziehungen, Transfers und Interaktionen erforschten. Französische Historiker haben dies kürzlich als *histoire croisée*, als Verflechtungsgeschichte, bezeichnet.[23]

5. Die Neuorientierung der Geschichtsschreibung und der Wandel von nationaler zu globaler Geschichte

Ein markanter Wechsel seit dem Ende des Kalten Krieges war die zunehmende Aufmerksamkeit für Weltgeschichte und Globalgeschichte und die Abkehr von der traditionellen national und westlich orientierten Geschichte.[24] Schon in der ersten Hälfte des 20. Jahrhunderts war es zu zwei wichtigen Versuchen, eine Weltgeschichte zu schreiben, gekommen: von Oswald Spengler (1880–1936)[25] und Arnold Toynbee (1889–1975),[26] die in den Mittelpunkt einen Vergleich der Zivilisationen stellen, von denen der Westen nur eine ist. Diese Arbeiten wurden von professionellen Historikern missbilligt, weil sie eher auf etwas groben Verallgemeinerungen basierten als auf solider Gelehrsamkeit. Dennoch lieferten sie wichtige Impulse für das historische Denken, stellten sie doch andere Kulturen vor und hielten diese für ebenso beachtenswert wie das westliche Abendland. Erst spät, in der zweiten Hälfte des 20. Jahrhunderts und vor allem nach dem Ende des Kalten Krieges,[27] erreichte die Weltgeschichte professionelles Niveau. Ein überaus bedeutender früher Beitrag zur wissenschaftlichen Erforschung interkultureller Interaktion und Diffusion war William H. McNeills (geb. 1917) »The Rise of the West: A History of the Human Community« (1963), das trotz seines Titels vergleichend arbeitete und für die spätere Weltgeschichtsschreibung richtungsweisend war. McNeill versuchte aufzuzeigen, dass Kontakte zwischen Völkern mit verschiedenen Gesellschaftsformen und kulturellen Traditionen mit ihrem Austausch von Ideen und Begabungen einen Schlüsselfaktor für die Weltgeschichte darstellten.[28] Er war fasziniert von Toynbees umfassendem Ansatz und arbeitete sogar mit ihm, hielt aber dessen Versuch, in der Weltgeschichte Gesetzmäßigkeiten aufzudecken, für spekulativ. Obwohl McNeills Buch dank seines Themenspektrums und seines interkulturellen Ansatzes eine Pionierleistung war, wurde es bald kritisiert, nicht zuletzt von ihm selbst, weil es nicht umfassend genug sei. Zum Beispiel habe er Afrika nicht in das große weltgeschichtliche Schema miteinbezogen und sich nur auf Eliten beschränkt. In seinem späteren Buch »Plagues and People« (1976) [dt. »Seuchen machen Geschichte: Geißeln der Völker«, 1978] befasste er sich mit der Auswirkung von Infektionen und ansteckenden Krankheiten über soziale und kulturelle Grenzen hinweg und damit, wie sehr derartige Krankheiten festgefügte politische, wirtschaftliche und soziale Ordnungen als wichtige Orientierungshilfen für die historische Forschung aus dem Gleichgewicht bringen. Hier wurde fast zum ersten Mal ein Thema samt seinen biologischen und umweltrelevanten Faktoren angesprochen, das bisher von den Historikern weitgehend vernachlässigt worden war, nun aber zu einem wichtigen Forschungsbereich werden sollte.

1990 wurde die World History Association gegründet und ebenso ihr Fachorgan »Journal of World History«, in dem internationale Autoren zu Wort kamen. Herausgeber war Jerry Bentley (1949–2012). Die Zeitschrift wurde zum wichtigsten Fachorgan der neuen Weltgeschichte und enthielt Rezensionen einschlägiger Bücher. Ihr erklärtes, auf der ersten Seite jedes Bandes zum Ausdruck gebrachtes Ziel war es, die Geschichte »von einem globalen Standpunkt aus« zu analysieren; als wichtigste Themen wurden genannt: »großräumige Bevölkerungsbewegungen und Konjunkturschwankungen, interkultureller Technologietransfer, die Ausbreitung von Infektionskrankheiten, der Fernhandel und die Verbreitung von religiösen Überzeugungen, Ideen und Idealen«.[29] Vor allem nach 1990 wurde der Terminus »Globalgeschichte« zum populären Begriff; 2006 wurde ein »Journal of Global History« gegründet, im selben Jahr wie das »Globality Studies Journal«. In Deutschland wurde bereits 1991 von dem Leipziger Historiker Matthias Middell und dem European Network in Universal and Global History eine zweisprachige Zeitschrift ins Leben gerufen, »Comparativ. Zeitschrift für Globalgeschichte und vergleichende Gesellschaftsforschung«. Noch gibt es keine übereinstimmende Definition dafür, was Globalgeschichte eigentlich bedeutet und von welchem Punkt an man von einer solchen sprechen kann.[30] Der Begriff Globalgeschichte überschneidet sich mit dem der Weltgeschichte und deckt sich oft damit, doch Globalgeschichte befasst sich häufiger mit der Zeit nach den großen Entdeckungen des 15. Jahrhunderts und bezieht sich oft auf den Prozess der Globalisierung seit dem letzten Drittel des 20. Jahrhunderts.[31] Weltgeschichte kann die Erforschung vormoderner Gesellschaften und Kulturen einschließen, Themen, die für beide Zeitschriften interessant sind; sie konnten sich also mit dem Austausch von Gütern, Nahrung und Krankheiten in der Pazifikregion lange vor Ankunft der Europäer befassen. In der historiografischen Praxis bedeutete dies, dass Historiker immer häufiger nationale Grenzen überschritten und sich mit Kulturen und Gesellschaften außerhalb der westlichen Welt befassten. Doch auch Klima und Umwelt spielten eine wichtige Rolle, besonders in der vergleichenden Erforschung früher Epochen. Diese Themen eignen sich auch für das »Journal of Global History«. Das Editorial zur ersten Ausgabe des Journals und der anschließende historiografische Essay versuchen diese spezielle Rolle festzuschreiben.[32] Es geht darum, die für die Historiografie kennzeichnende Fragmentierung der regionalen, verengten und spezialisierten Forschung zu überwinden. In den letzten zwei Jahrhunderten, so heißt es, »lief alle historiografische Tradition darauf hinaus, dass der Aufstieg des Westens entweder gefeiert oder dass darauf reagiert wurde«. Nun wollte man eine wirklich globale Geschichtsschreibung betreiben, die auf »seriöser Gelehrsamkeit« basierte.

Diese Hinwendung zur vergleichenden, transkulturellen Globalgeschichte kennzeichnete zunehmend die Geschichtsforschung auf der ganzen Welt. Zwei Länder mit sehr unterschiedlichen historiografischen Traditionen, die Vereinigten Staaten und China,[33] ragten als Zentren für eine Welt- oder Globalgeschichte heraus, die nicht nur auf Forschung zielte, sondern auch auf Lehre. In den USA waren kurz nach dem Ersten Weltkrieg auf breiter Ebene Undergraduate-Kurse für abendländische Kultur eingeführt worden, diese wurden jetzt durch Kurse für Weltgeschichte ersetzt. In China hatte man bereits in den 1950er Jahren Institute für Weltgeschichte gegründet und in den letzten Jahren an einigen Universitäten auch Zentren für globalgeschichtliche Forschung eingerichtet. 2011 veranstaltete die World History Association ihre Jahreskonferenz in der Capital Normal University in Beijing, wo es ein sehr reges Forschungszentrum für Globalgeschichte gibt. Zu diesem Kongress kamen mehrere hundert Wissenschaftler aus Übersee, dazu ähnlich viele chinesische Teilnehmer. Wie in unserer Einleitung ausgeführt, erschienen nach 2006 erstmals eine Reihe von Geschichtswerken über Historiografie, die die Geschichtsschreibung auf dem ganzen Erdball von den Anfängen an zum Thema hatten. Ein kleiner Kreis amerikanischer Historiker (Christian, Spiers) ging noch darüber hinaus und arbeitete an einer sogenannten »Big History«. Traditionell hatten Historiker vorschriftliche Epochen immer als prähistorisch betrachtet; nun wollten sie bis zum Anfang des Universums zurückgehen, zum Urknall, und der Vergangenheit in ihrer ganzen Länge nachspüren, von der Entstehung des Sonnensystems über das erste Auftreten menschlichen Lebens und dessen Evolution bis in die Neuzeit. Ein solcher Ansatz musste die etablierten Methoden der Geschichtsforschung, die sich immer auf die Menschheit bezogen hatte, über Bord werfen. Er wollte die Geschichte enger mit den Naturwissenschaften verbinden und ihr ein natürlich-materielles Fundament geben. Wie erwähnt hat dies bereits William

H. McNeill in seinem Buch »Plagues and Peoples« (1976) versucht, doch die großräumigen Spekulationen der Big-History-Theoretiker hatte er gemieden. In diesem Zusammenhang ist auch Edmund Russells »Evolutionary History: Uniting History and Biology to Understand Life on Earth« (2011) zu nennen.

Das Anliegen, Geschichte mit ihrem natürlich-materiellen Fundament zu verknüpfen, hat zu wachsender Aufmerksamkeit für die Umweltgeschichte geführt, in der sich das erwachende öffentliche Bewusstsein für die Bedrohung der Umwelt spiegelt. Anfangs auf die Vereinigten Staaten konzentriert, hat sich die Umweltgeschichte bald weltweit durchgesetzt, vor allem in Indien und Lateinamerika. Wissenschaftler, die aus indischer Sicht schrieben, legten das Schwergewicht auf eine vom Umweltgedanken geprägte Politik. Diese hatte sich zu Kolonialzeiten angeblich in einer Bewegung manifestiert, die auf dem Umweg über die indigene Bevölkerung die einheimische Tier- und Pflanzenwelt schützen wollte, und in der postkolonialen Periode in der wachsenden Polarisierung zwischen dem Umweltbewusstsein der Reichen und dem der Armen (Guha).[34] In den Vereinigten Staaten betonte J. Reill in seiner Umweltgeschichte der Welt im 20. Jahrhundert, dass die traditionelle Historiografie nicht begriffen habe, welche zentrale Rolle die noch nie zuvor erlebte Manipulation und Vernachlässigung der Umwelt durch den Menschen mit ihren katastrophalen Konsequenzen im vergangenen Jahrhundert gespielt habe.

Kurzer, abschließender Kommentar zur Rolle der marxistischen Ideen in der Geschichtsschreibung nach 1990

Der Zusammenbruch der Sowjetunion und der kommunistischen Trabantenregime in Osteuropa führte zum endgültigen Niedergang des Marxismus-Leninismus als historischer Doktrin. Es wurde immer deutlicher, dass das marxistische Modell der historischen Entwicklung in der gegenwärtigen Welt seine Bedeutung zunehmend verlor. Aber wie wir gesehen haben, hatte der Marxismus-Leninismus seine intellektuelle Glaubwürdigkeit schon lange verloren; die marxistische Theorie in Westeuropa hatte sich von der marxistischen Orthodoxie abgewandt, hob nun die Rolle der Kultur hervor und erkannte, dass die Entwicklung des postindustriellen Kapitalismus soziale Wirklichkeiten geschaffen hatte, die dem Marx'schen Konzept von einer Industriewirtschaft mit klar umrissenen bürgerlichen und proletarischen Klassen nicht mehr entsprachen. Zudem hatte der Marxismus seine Basis verloren, das revolutionäre Proletariat, das in der von Marx gedachten Form nicht mehr existierte. Marx hatte damit gerechnet, noch zu Lebzeiten Zeuge einer erfolgreichen proletarischen Revolution zu werden. Stattdessen musste er eine Reihe von Niederlagen hinnehmen: die erfolglose Chartistenbewegung und das Scheitern der Revolutionen von 1848 und der Pariser Kommune. 1978 schrieb Richard Ashcraft in einer Rezension von Perry Andersons »Considerations of Western Marxism«: »In der Tradition des Marxismus reihen sich die Niederlagen der revolutionären Arbeiterklasse in den kapitalistischen Ländern lückenlos aneinander.«[35] Zu den ökonomisch weniger einheitlich entwickelten vorindustriellen Agrargesellschaften passte die klassische marxistische Klassenanalyse noch weniger. Nach 1990 zog sich der Marxismus als revolutionäre Bewegung in uneinheitlich entwickelte Regionen Lateinamerikas und Indiens zurück und zum Teil auch ins Subsahara-Afrika. Anderswo, aber auch in Lateinamerika und Indien, wurden die marxistischen Sozialtheorien vor allem noch von Intellektuellen an den Universitäten verfochten; der Marxismus wurde zu einer philosophischen Richtung unter mehreren. Wenn jedoch marxistische Ideen in der Historiografie nichtwestlicher Länder weiterhin eine Rolle spielten, so nicht in ihrer orthodoxen Form, sondern in der von Antonio Gramsci formulierten Theorie. Im Westen kamen Historiker, die sich lange als Marxisten begriffen hatten, wie Perry Anderson (geb. 1938), der Herausgeber der »New Left Review«, und Eric J. Hobsbawm in seiner jüngsten Essaysammlung »How to Change the World: Reflections on Marx and Marxism« (2011) [dt. »Wie man die Welt verändert. Über Marx und Marxismus«, 2012] zu dem Schluss, dass Marxismus in der Form, in der sie ihn einst verstanden hatten, die ökonomische und politische Realität des 20. und noch mehr des beginnenden 21. Jahrhunderts nicht erfassen könne. Der Kapitalismus schien fest etabliert; die revolutionäre Transversale, die Marx und Engels noch zu Lebzeiten erwartet hatten, schien inzwischen indiskutabel. Ashcrafts kritisches Urteil über das Versagen des revolutionären Sozialismus haben wir bereits zitiert. Doch wie Hobsbawm betonte, hat die kapitalistisch geprägte Wirtschaft »keine Antwort auf das zentrale Problem geliefert, vor dem das 21. Jahrhundert steht: ... unbegrenztes und zunehmend durch Hochtechnologie generiertes Wirtschaftswachstum im Streben nach nicht nachhaltigem Profit«[36], die die Kluft zwischen den Reichen und der Mehrheit der Bevölkerung ständig vergrößern und zu einer zunehmenden Zerstörung der natürlichen Ressourcen des Erdballs führen. Der Marxismus in seiner orthodoxen Form ist als Antwort auf den Kapitalismus nicht mehr haltbar. Vieles von dem, was Marx schrieb, so bemerkt Hobsbawm, »ist zweifellos veraltet, und anderes erscheint heute nicht mehr tragfähig.«[37] Aber er leistet immer noch einen wichtigen Beitrag zur kritischen Analyse des problematischen Charakters des heutigen Kapitalismus. So schließt Hobsbawm sein Buch mit dem Satz: »Es ist wieder einmal an der Zeit, Marx ernst zu nehmen.«[38]

Rückblickend lässt sich sagen: Die Zeit nach 1990 war gekennzeichnet von einer Kontinuität im historischen Denken und Schreiben, aber sie erlebte auch signifikante Neuorientierungen. Auf die entscheidende Wende im historischen Denken in den 1970er Jahren haben wir schon hingewiesen: auf die Abkehr von den analytischen Sozialwissenschaften mit ihrem festen Glauben daran, dass die abendländische Kultur Höhe- und Endpunkt des historischen Prozesses sei und als Modell für den Rest der Welt gelten könne, und die Hinwendung zu neuen Kulturgeschichten, die die bisherigen Methoden zur Erforschung von Sozialstrukturen und -prozessen durch eine Herangehensweise ersetzten, mit der die Sinnzusammenhänge, die Kulturen zu Grunde liegen, interpretiert werden sollten. Dies beinhaltete einen wachsenden Skeptizismus hinsichtlich der Möglichkeiten objektiver Erkenntnis in der Geschichtswissenschaft und den Sozialwissenschaften und löste die strenge Grenze auf, die die traditionellen Sozialwissenschaften zwischen Wirklichkeit und Fiktion, zwischen Geschichtswissenschaft und imaginativer Literatur gezogen hatten. In ihrer radikalsten postmodernen Form leugnete diese neue Denkweise jede Möglichkeit historischen Wissens und degradierte es zur bloßen Ideologie, zum Mythos. Doch als nach dem Ende des Kalten Krieges die wirtschaftliche Globalisierung mit ihren technischen, politischen, sozialen und kulturellen Begleiterscheinungen voranschritt, änderte sich der soziale Kontext, in dem Geschichtsschreibung betrieben wurde, von Grund auf. Weder die traditionellen Sozialwissenschaften, die einen Großteil der Forschung zu Geschichte und Gesellschaft in den 1950er und 1960er Jahren dominiert hatten, noch der Kulturalismus und der Linguistic Turn, die sie in den 1970er und 1980er Jahren ersetzt hatten, schienen in der Lage, die tiefgreifenden Veränderungen seit etwa 1990 zu verstehen. Beide waren in ihren Methoden sehr einseitig vorgegangen, die traditionellen Sozialwissenschaften in ihrer Vernachlässigung regionaler Vielfalt und kultureller Muster, der Kulturalismus in seiner Weigerung, den institutionellen Kontext von Kultur und Alltagsleben zu berücksichtigen, auch den der geschlechtlichen Beziehungen, die mittlerweile eine wichtige Rolle in der neuen Kultur- und Sozialgeschichte innehatten. Es ist ganz offensichtlich, dass große politische Ereignisse und Katastrophen oder gesellschaftliche Transformationen wie die Französische oder Russische Revolution, die Industrialisierung oder Kolonisierung nicht getrennt von ihrem kulturellen Umfeld begriffen werden können.

In gewisser Weise sieht es so aus, als bestätige der Globalisierungsprozess grundlegende Thesen der klassischen Modernisierungstheorien, die eine stärkere Angleichung von Wirtschaft, Gesellschaft und Kultur auf weltweiter Ebene vorausgesagt haben. Doch in Wirklichkeit verliefen die Ereignisse nach 1990 entgegen den Erwartungen der Modernisierungstheorien. Diese hatten angenommen, dass die Modernisierung auf ökonomischer Ebene von einer Stärkung der Zivilgesellschaft, einer säkularen Weltsicht und politischer Demokratie begleitet sein würde. Eine solche Annahme ging davon aus, dass die westliche Entwicklung auch außerhalb des Westens als Modell dienen würde. Doch schon die 1920er und 1930er Jahre, in denen verschiedene autoritäre Regime, z. B. der Nationalsozialismus in Deutschland und der Stalinismus in der Sowjetunion, große Teile Kontinentaleuropas beherrschten, zeigten, dass dieses Modell nicht einmal für den Westen Geltung hatte. In Japan wurden die anfangs parlamentarischen Regierungen in der Zwischenkriegszeit von einer Militärdiktatur hinweggefegt. Die Periode seit dem Ende des Kalten Krieges erlebte nun, dass dieses Modell einer Zivilgesellschaft und Demokratie sich tatsächlich in Teilen der Welt etablieren konnte; die Europäische Union ist vielleicht ein Paradebeispiel hierfür. Trotzdem kam es weiterhin zu grausamen Bürgerkriegen und Kämpfen zwischen einzelnen Ethnien, auf dem Balkan in den 1990er Jahren, zur gleichen Zeit auch in großen Teilen Afrikas und seit 2010 in Syrien. Ruanda und Darfur haben gezeigt, dass Genozide nicht der Vergangenheit angehören. Außerdem wurde der frühere Trend zum Säkularismus von einem verstärkten religiösen Fundamentalismus umgekehrt, nicht nur in der islamischen Welt, sondern auch in Indien, unterschwellig sogar in China und in den westlichen Ländern zum Beispiel in den Vereinigten Staaten, in Polen und in Israel. Einerseits hat es eine Entwicklung hin zu internationaler Kooperation und Vereinigung gegeben, wofür die Europäische Union beispielhaft ist, doch die Behauptung des deutschen Soziologen Ulrich Beck, dass die Globalisierung einer »Entnationalisierung« gleichkomme, hat sich nur teilweise bewahrheitet, hat in vielen Teilen der Welt der Nationalismus doch Bestand.[39]

Mit anderen Worten: Die Komplexität der Welt unter dem Einfluss der Globalisierung und der interkulturellen Konflikte erfordert Methoden, die von postmodernen Konzepten, welche Geschichtsschreibung vorrangig als eine Form imaginativer Literatur sehen, nicht angewandt werden können, ebensowenig, wenn auch vielleicht aus anderen Gründen, von den analytischen Sozialwissenschaften, wie sie vor 1990 praktiziert worden sind. Die Globalisierung der letzten Jahrzehnte verlangt Herangehensweisen, die die wichtigen Veränderungstendenzen in der Welt, in der wir alle leben und gelebt haben, berücksichtigen. Arif Dirlik formuliert es so: »Dazu muss man verschiedene Zeitlichkeiten und Räumlichkeiten anerkennen, mit anderen Worten, verschiedene Ansichten der Welt, wie es sie immer noch gibt, trotz der gewaltigen Kräfte, die an ihrer Homogenisierung arbeiten.«[40] Und hierfür sind sozialwissenschaftliche analytische Ansätze unverzichtbar; ohne sie ist jede sinnvolle Erforschung der Globalisierung unmöglich. Aber sie dürfen sich nicht nur auf Strukturen und Prozesse konzentrieren wie die traditionellen amerikanischen Sozialwissenschaften, die Braudel'schen »Annales« oder die verschiedenen Ausprägungen des Marxismus. Sie müssen weiter gehen und die Komplexität und Konflikte innerhalb des Globalisierungsprozesses berücksichtigen, der in der Gestaltung unserer gegenwärtigen Welt eine so entscheidende Rolle spielt. Es ist noch ein bisschen zu früh, um zu beurteilen, ob die verschiedenen Versuche, eine Globalgeschichte zu schreiben und die Geschichtswissenschaft zu globalisieren, die wir hier kurz zusammengefasst haben, zu einer endgültigen Transformation auf dem Gebiet der Geschichtswissenschaft führen werden. Doch all dies hat vielleicht schon die Notwendigkeit aufgezeigt, dass wir neue Ansätze in der Geschichtsschreibung fordern müssen, einer Geschichtsschreibung, die nicht nur die oft allzu bereitwillig angenommene Behauptung, das westliche Modell stehe nach wie vor im Zentrum der Geschichtswissenschaft und beeinflusse die ganze Welt, infrage stellt, sondern die auch die Dichotomie Westen/Nichtwesten überwindet und vielversprechende Forschungen zur vergleichenden Geschichte und Historiografie unterstützt. Sie wird diese Veränderungen aus einer multipolaren, globalen Perspektive darstellen und erkennen, dass die Dynamik dieser Entwicklung aus verschiedenen Quellen und aus verschiedenen Ecken der Welt stammt. Mit unserem Buch haben wir versucht, auf solche Anforderungen zu reagieren.

Anmerkungen

Einleitung

1 Jürgen Osterhammel u. Niels P. Petersson, Globalization: A Short History, Princeton 2005; Bruce Mazlish u. Akira Iriye (Hg.), The Global History Reader, London 2004; Bruce Mazlish, The New Global History, New York 2006; Sebastian Conrad u. a. (Hg.), Globalgeschichte: Theorien, Ansätze, Themen, Frankfurt 2007.
2 Mirjana Gross, Von der Antike zur Postmoderne. Die zeitgenössische Geschichtsschreibung und ihre Wurzeln, Wien 1998; Michael Bentley, Modern Historiography, London 1999; Anna Green u. Kathleen Troup (Hg.), The Houses of History: A Critical Reader in Twentieth-Century History and Theory, New York 1999; Ralf Torstendahl (Hg.), An Assessment of Twentieth Century Historiography, Stockholm 2000 enthält auch Kapitel über China, Japan und Afrika; Hans-Ulrich Wehler, Historisches Denken am Ende des 20. Jahrhunderts, München 2001; Lloyd Kramer and Sarah Maza (Hg.), A Companion to Western Historical Thought, Malden, MA 2002; Joachim Eibach u. Günther Lottes (Hg.), Kompass der Geschichtswissenschaft, Göttingen 2002; Donald Kelley, Fortunes of History: Historical Inquiry from Herder to Huizinga, New Haven 2003; ders., Frontiers of History: Historical Inquiry in the Twentieth Century, New Haven 2006; Georg G. Iggers, Geschichtswissenschaft im 20. Jahrhundert: Ein kritischer Überblick im internationalen Zusammenhang, Neuausgabe, Göttingen 2007; Lutz Raphael, Geschichtswissenschaft im Zeitalter der Extreme. Theorien, Methoden, Tendenzen von 1900 bis zur Gegenwart, München 2003 beschäftigt sich auch kurz mit historischer Forschung außerhalb des Westens im 20. Jahrhundert.
3 Einen wahrhaft globalen Ansatz verfolgt Daniel Woolf (Hg.), A Global Encyclopedia of Historical Writing, 2 Bde., New York 1998. Nützlich ist ferner Kelly Boyd (Hg.), Encyclopedia of Historians and Historical Writing, 2 Bde., London 1999. Eine frühe, aber umfassende kurze Geschichte der Historiografie aus globaler Perspektive bietet Charles-Olivier Carbonell. L'historiographie, in der Reihe Que Sais-Je, Paris 1991.
4 Es gibt in Subsahara-Afrika tatsächlich Traditionen der Historiografie, die auf die Muslime zurückgehen, und selbst in anderen Teilen des Kontinents existieren Quellen, die vom klassischen Griechenland beeinflusst sind. Siehe UNESCO General History of Africa, 8 Bde., London 1981–1993.
5 Georg G. Iggers, Deutsche Geschichtswissenschaft: Eine Kritik der traditionellen Geschichtsauffassung, Wien ⁴1997.
6 Immanuel Wallerstein, Das moderne Weltsystem, 4 Bde., Wien 1986–2012.
7 Jürgen Osterhammel, Geschichtswissenschaft jenseits des Nationalstaats. Studien zu Beziehungsgeschichte und Zivilisationsvergleich, Göttingen 2001, S. 84.
8 Dominic Sachsenmaier, Global Perspectives on Global History: Theories and Approaches in a Connected World, Cambridge 2011. Siehe besonders S. 40.
9 Vgl. Mazlish u. Iriye, Global History Reader.
10 23 Bde., London 1736–1765, begonnen von George Sale (1697?-1736), einem Orientalisten, der den Koran ins Englische übersetzte.
11 Hayden White, Metahistory: Die historische Einbildungskraft im 19. Jahrhundert in Europa, Frankfurt 1991, S. 16.

12 Ashis Nandy, History's Forgotten Doubles, in: History and Theory, Themenheft Nr. 34, 1995, S. 44.
13 Siehe P. Nolte, Modernization and Modernity in History, in: International Encyclopedia of the Social and Behavioral Sciences, Amsterdam 2001, Bd. 15, S. 9954–9962. Siehe auch Stephen R. Graubard (Hg.), Sonderheft: Multiple Modernities, in: Daedalus, Bd. 129, Nr. 2, Winter 2000; und Dominic Sachsenmaier, Jens Riedel u. Shmuel N. Eisenstadt (Hg.), Reflections on Multiple Modernities: European, Chinese and Other Interpretations, Leiden 2002, S. 120.
14 Dipesh Chakrabarty, Europa als Provinz: Perspektiven postkolonialer Geschichtsschreibung, Frankfurt 2010.
15 Benjamin A. Elman, From Philosophy to Philology: Intellectual and Social Aspects of Change in Late Imperial China, Cambridge, MA 1984.
16 On-Cho Ng betont die Unterschiede zwischen Ost und West in seinem Aufsatz The Epochal Concept of ›Early Modernity‹ and the Intellectual History of Late Imperial China, in: Journal of World History, Bd. 14, 2003, S. 37–61.
17 André Gunder Frank, ReOrient: Global Economy in the Asian Age, Berkeley 1998; ebenso Kenneth Pomeranz, The Great Divergence: China, Europe and the Making of the Modern World Economy, Princeton 2000.
18 José Ortega y Gasset, Geschichte als System und über das römische Imperium, Stuttgart 1943, S. 68. Siehe auch Frederick C. Beiser, The German Historicist Tradition, Oxford 2011; Frank Ankersmit, Meaning, Truth, and Reference in Historical Representation, Ithaca 2012, Kap. 1, Historicism, S. 1–28.
19 Leopold von Ranke, Über die Epochen der neueren Geschichte, Darmstadt 1954, S. 5–8.

Kapitel 1: Historiografische Traditionen in aller Welt

1 Siehe Ernst Breisach, Historiography: Ancient, Medieval and Modern, Chicago 1983; Arnaldo Momigliano, The Classical Foundations of Modern Historiography, Berkeley 1990.
2 Masaki Miyake, Millenial Movements and Eschatologies in Europe and Asia: A Comparative Approach, in: Marlene Soulsby (Hg.), Time: Perspectives of the Millennium, Westport, CT 2001, S. 213–227; für Europa: Karl Löwith, Weltgeschichte und Heilsgeschehen: Die theologischen Voraussetzungen der Geschichtsphilosophie, Stuttgart 1953.
3 Siehe W.G. Beasley u. E.G. Pulleyblank (Hg.), Historians of China and Japan, Oxford 1961, S. 5; ebenso E. Balazs, L'histoire comme guide de la pratique bureaucratique, in: ebd., S. 78–94.
4 Jörn Rüsen (Hg.), Western Historical Thinking: An Intercultural Debate, New York 2002.
5 Peter Burke, Western Historical Thinking in a Global Perspective, in: ebd., S. 15–30.
6 Georg G. Iggers, What is Uniquely Western About the Historiography of the West in Contrast to that of China?, in: ebd., S. 101–110.
7 Zu China siehe Benjamin Elman, From Philosophy to Philology: Intellectual and Social Aspects of Change in Late Imperial China, Cambridge, MA 1984.
8 Siehe Donald R. Kelley, Foundation of Modern Historical Scholarship: Language, Law, and History in the French Renaissance, New York 1970.
9 Zum Thema Aufklärung gibt es umfangreiche Literatur. Einige Titel: Dorinda Outram, Aufbruch in die Moderne. Die Epoche der Aufklärung, Stuttgart 2005; Martin Fitzpatrick u.a., The Enlightenment World, New York 2004; Ellen Judy Wilson u. Peter Hanns Reill, Encyclopedia of the Enlightenment, New York 1996; James Schmidt (Hg.),

What is Enlightenment? Eighteenth-Century Answers and Twentieth-Century Questions, Berkeley 1996; Peter Gay, Zeitalter der Aufklärung, Amsterdam 1967; Carl Becker, Der Gottesstaat der Philosophen des 18. Jahrhundert, Würzburg 1946; Isaiah Berlin, Three Critics of the Enlightenment: Vico, Hamann, Herder, Princeton 2000; eine andere Deutung der Naturwissenschaft im 18. Jahrhundert: Peter Hanns Reill, Vitalizing Nature in the Enlightenment, Berkeley 2005. In jüngerer Zeit Sebastian Conrads Versuch, die Aufklärung in einem globalen Zusammenhang zu sehen: Enlightenment in Global History: A Historiographical Critique, in: American Historical Review, Bd. 117, 2012, S. 999–1027.

10 Paul Hazard, Die Krise des europäischen Geistes. 1680–1715, Hamburg 1939; ders., Die Herrschaft der Vernunft. Das europäische Denken im 18. Jahrhundert, Hamburg 1949.

11 Auf deutsch erschienene Titel werden in dieser Form [dt. »Titel«, Erscheinungsjahr] an den Originaltitel angehängt. Nicht auf Deutsch erschienene, aber zum besseren Verständnis dennoch übersetzte Titel werden ohne Anführungszeichen und Erscheinungsjahr an den Originaltitel angehängt.

12 J. H. Brumfitt, Voltaire, Historian, Oxford 1958.

13 Encyclopédie, ou dictionnaire raisonné des sciences, des arts, et des métiers, verlegt zwischen 1751 und 1776 mit späteren Ergänzungsbänden. Diderot war der Chefredakteur; die Beiträge stammten u. a. von d'Alembert, Condillac, Baron d'Holbach, Montesquieu, Rousseau, Turgot und Voltaire. Siehe Robert Darnton, Glänzende Geschäfte. Die Verbreitung von Diderots Enzyklopädie oder Wie verkauft man Wissen mit Gewinn?, Berlin 1993; Philipp Blom, Das vernünftige Ungeheuer. Diderot, d'Alembert, de Jaucourt und die Große Enzyklopädie, Frankfurt 2005.

14 Catherine Macaulay, Merkwürdige Geschichte von England von der Revolution an bis auf die jetzige Zeit, Leipzig 1779.

15 Eine brauchbare Auswahl von Robertsons Werken findet sich in Felix Gilbert (Hg.), The Progress of Society in Europe, Chicago 1972.

16 John Pocock, Barbarism and Religion, Bd. 1, The Enlightenment of Edward Gibbon, 1737–1764, Cambridge 1999; Arnaldo Momigliano, Gibbons Beitrag zur historischen Methode in: ders., Ausgewählte Schriften zur Geschichte und Geschichtsschreibung, Bd. 2, Stuttgart 1999.

17 Montesquieu, Betrachtungen über die Ursachen von Größe und Niedergang der Römer, Bremen 1957.

18 Abbé Guillaume Raynal, Die Geschichte beider Indien, Nördlingen 1988.

19 Schlözer, Vorstellung seiner Universalhistorie, 1772/1773, Bd. 2, S. 272 und S. 30

20 Anthony Grafton, Defenders of the Past: The Traditions of Scholarship in an Age of Science, 1450–1800, Cambridge, MA 1981.

21 David Knowles, Great Historical Enterprises: Problems in Monastic History, London 1963.

22 Daniel Roche, Le Siècle des Lumières en Province: Académies et académicians provincials, 2 Bde., Paris 1975; Dorinda Outram, Aufbruch in die Moderne. Die Epoche der Aufklärung, Stuttgart 2005, mit einer Bibliografie über die Akademien in der französischen, britischen und spanischen Welt; Notker Hammerstein, The Enlightenment in: Lawrence Stone (Hg.), The University in Society, Bd. 2, Princeton 1974, S. 625.

23 Lodovico A. Muratori, Geschichte von Italien, Leipzig 1745–50.

24 Peter Hanns Reill, The German Enlightenment and the Rise of Historicism, Berkeley 1975; Herbert Butterfield, Man on His Past: The Study of the History of Historical Scholarship, Cambridge 1955.

25 Dt. Leipzig 1908.

26 Giambattista Vico, Die neue Wissenschaft über die gemeinschaftliche Natur der Völker, nach der Ausgabe von 1744 übers. u. eingel. von Erwin Auerbach, Berlin 2000; Isaiah Berlin, Vico and Herder: Two Studies in the History of Ideas, London 1976.

27 Über Historiker vgl. Natalie Z. Davis, History's Two Bodies in: American Historical Review, Bd. 93, Nr. 1, S. 1–30; dies., Gender and Genre: Women as Historical Writers, 1400–1820, in: Patricia Labalme (Hg.), Beyond their Sex: Learned Women of the European Past, New York 1980, S. 153–182.
28 Charles McClelland, State, Society and University in Germany, 1700–1914, Cambridge 1980; R. S. Turner, University Reformers and Professorial Scholarship in Germany 1760–1860, in: Stone, The University in Society, Bd. 2, S. 495–531.
29 Nicholas Phillipson, Culture and Society in the 18th Century Province: The Case of Edinburgh and the Scottish Enlightenment, in: Stone, The University in Society, Bd. 2, S. 449–494.
30 Hans-Erich Bödeker u. a. (Hg.), Aufklärung und Geschichte: Studien zur deutschen Geschichte im 18. Jahrhundert, Göttingen 1986; Peter Hanns Reill, The German Enlightenment and the Rise of Historicism, Berkeley 1975.
31 Siehe Jonathan B. Knudsen, Justus Möser and the German Enlightenment, Cambridge 1986.
32 Ebd., S. 14–19; Schlözer stellt eine Weltgeschichte, die die »Gesamtsumme« aller Spezialgeschichten ist – implizit eine Kritik an der englischen Universal History – einer solchen gegenüber, nach deren »System Welt und Menschheit eine Einheit darstellen«.
33 Siehe Eduard Fueter, Geschichte der neueren Historiographie, München 1936, S. 322. Er behauptet, dass die Universalgeschichte nicht zur Aufklärung gehört. Eine brillante Erörterung der kritischen Rezeption der Universal History findet sich bei: Johan van der Zande, August Ludwig Schlözer and the English Universal History, in: Stefan Berger u. a. (Hg.), Historikerdialoge. Geschichte, Mythen und Gedächtnis im deutsch-britischen kulturellen Austausch 1750–2000, Göttingen 2003, S. 135–156.
34 Condorcet, Entwurf einer historischen Darstellung der Fortschritte des menschlichen Geistes, Frankfurt 1976; Keith Michael Baker, Condorcet: from Natural Philosophy to Social Mathematics, Chicago 1975.
35 Adam Ferguson, Versuch über die Geschichte der bürgerlichen Gesellschaft, Frankfurt 1986.
36 Geschichte des weiblichen Geschlechts, 4 Bde., Hannover 1788–1800.
37 Siehe den Wikipedia-Artikel über Voltaire; Google, 18th Century Racism, http://de.wikipedia.org/wiki/Voltaire, 4.4.2013.
38 Siehe E. M. Bernard, Herder on Social and Political Culture, Cambridge 1969.
39 Ideen zur Philosophie der Geschichte der Menschheit (1784–1791); Briefe zur Beförderung der Humanität (1793–1797).
40 Chase Robinson, Islamic Historiography, Cambridge 2003, S. 48. Robinson führt als Beispiel die Übersetzung von Orosius' Historiae adversus paganos ins Arabische im Spanien des 10. Jahrhunderts an. Franz Rosenthal glaubt jedoch nicht, dass speziell diese Übersetzung »irgendwelchen Einfluss auf die muslimische Historiographie« gehabt hat. A History of Muslim Historiography, Leiden 1968, S. 80–81.
41 Franz Rosenthal, The Influence of the Biblical Tradition on Muslim Historiography, in: Bernard Lewis u. P. M. Holt (Hg.), Historians of the Middle East, London 1962, S. 35–45.
42 Siehe Rosenthal, Muslim Historiography, S. 50–51. Man hat Jean Bodin's Methodus mit Ibn Chalduns (1332–1406) Muqaddima verglichen, da sich Letztere u. a. ebenfalls mit historischer Methodik befasste.
43 Karen Armstrong, Kleine Geschichte des Islam, Berlin 2004, S. 17. Ebenso A. A. Duri, The Rise of Historical Writing among the Arabs, hg. und übers. v. Lawrence I. Conrad, Princeton 1983, S. 137–138.
44 Tarif Chalidi, Arabic Historical Thought in the Classical Period, Cambridge 1994, S. 4–5. Duri, Rise of Historical Writing among the Arabs, S. 12–20. Ebenso Rosenthal,

Muslim Historiography, S. 18-24, allerdings bestreitet Rosenthal die historische Natur der Kriegsepen, da sie gemeinhin nicht »unter dem Aspekt historischer Ursache und Wirkung« verfasst worden seien.
45 Rosenthal, Muslim Historiography, S. 26.
46 Duri, Rise of Historical Writing among the Arabs, S. 23.
47 Eine kurze Erörterung der Bedeutung von Koran und *hadith* als Leitfaden der Muslime bietet R. Stephen Humphreys, Islamic History: A Framework for Inquiry, Princeton 1991, S. 21-23.
48 Chalidi, Arabic Historical Thought, S. 30-34; Robinson, Islamic Historiography, S. 20-30.
49 R. Stephen Humphreys, Turning Points in Islamic Historical Practice, in: Q. Edward Wang u. Georg G. Iggers (Hg.), Turning Points in Historiography: A Cross-Cultural Perspective, Rochester 2002, S. 92-93; R. Stephen Humphreys, Modern Arab Historians and the Challenge of the Islamic Past, in: Middle Eastern Lectures, 1, 1995, S. 121-122.
50 Robinson, Islamic Historiography, S. 28-30.
51 Übersetzung von at-Tabaris Werk ins Englische: Ihsan Abbas (Hg.), The History of Al-Tabari, Albany 1985-.
52 Robinson, Islamic Historiography, S. 35-36, S. 97-100; Chalidi, Arabic Historical Thought, S. 81-82; ebenso Tarif Chalidi, Ahmad ibn Abi Ya'qub al-Ya'qubi, in: Daniel Woolf (Hg.), Global Encyclopedia of Historical Writing, Bd. 2, New York 1998, S. 981.
53 Humphreys, Turning Points in Islamic Historical Practice, S. 90-94; ders., Islamic History, S. 72 und 91. Ebenso Julie Scott Meisami, Persian Historiography, to the End of the Twelfth Century, Edinburgh 1999, insbes. S. 281-283; und Bernard Lewis, From Babel to Dragomans: Interpreting the Middle East, Oxford 2004, S. 411-412.
54 Bernard Lewis, Die Welt der Ungläubigen. Wie der Islam Europa entdeckte, Frankfurt 1987, S. 151 ff.
55 Rosenthal, Muslim Historiography, S. 113-118.
56 Warren E. Gates' Artikel The Spread of Ibn Khaldūn's Ideas on Climate and Culture liefert Beweismaterial für Ibn Chalduns Einfluss auf das europäische Denken im 17. Jahrhundert, in: Journal of the History of Ideas, Bd. 28, Nr. 3, S. 415-422.
57 Vgl. Cornell Fleischer, Bureaucrat and Intellectual in the Ottoman Empire: The Historian Mustafa Âli (1541-1600), Princeton 1986.
58 Lewis V. Thomas, A Study of Naima, hg. v. Norman Itzkowitz, New York 1972, S. 110-119.
59 Bernard Lewis beschreibt gewisse Werke osmanischer Historiker als »bloßes Wortgeklingel und Schwulst«. Siehe sein From Babel to Dragomans, S. 422. Doch für die Muslime war der Unterhaltungswert der Geschichte immer von großer Bedeutung gewesen, weshalb ein Werk gewöhnlich auch um seiner Erzählbarkeit und Hörbarkeit willen geschätzt wurde. Siehe Robinson, Islamic Historiography, S. 171-177.
60 Lewis, Islam in History, S. 100.
61 Ebd., S. 109-110.
62 Virginia H. Aksan, An Ottoman Statesman in War and Peace: Ahmed Resmi Efendi, 1700-1783, Leiden 1995, xv-xvi, S. 18-23; dies., Ottomans and Europeans: Contacts and Conflicts, Istanbul 2004, S. 32.
63 Lewis, Islam in History, S. 111.
64 Siehe Thomas Philipp, Class, Community, and Arab Historiography in the Early Nineteenth Century: The Dawn of a New Era, in: International Journal of Middle East Studies, Bd. 16, Nr. 2, Mai 1984, S. 161-175; Steve Tamari, Biography, Autobiography, and Identity in Early Modern Damascus, in: Mary Ann Fay (Hg.), Autobiography and the Construction of Identity and Community in the Middle East, New York 2001, S. 37-50.
65 Dass die Osmanenherrschaft für die Muslime ein Zeitalter des Niedergangs war, bezweifelt Rifa'at 'Ali Abou-El-Haj in: Formation of the Modern State: the Ottoman

Empire, Sixteenth to Eighteenth Centuries, Albany 1991, und Gabriel Piterberg untersucht es in: An Ottoman Tragedy: History and Historiography at Play, Berkeley 2003. Für einen historiografischen Überblick aus jüngerer Zeit siehe Jane Hathaway, Rewriting Eighteenth-Century Ottoman History, in: Mediterranean Historical Review, Bd. 19, Nr. 1, Juni 2004, S. 29–53.
66 Es wurde darauf hingewiesen, dass man im 19. und 20. Jahrhundert unter der Intelligenz der Exkolonien häufig auf solche Ansichten stieß. Siehe Kumkum Chatterjee, The Cultures of History in Early Modern India, New Delhi 2009, S. 5.
67 Leopold von Ranke, Idee der Universalhistorie, in: Eberhard Kessel (Hg.), Rankes Idee der Universalhistorie, in: Historische Zeitschrift, Bd. 178, 1954, S. 303. Die Stelle lautet im Original: »Endlich können wir auch jenen Völkern, die noch heut zu Tage in einer Art von Naturstand verharren und vermuthen lassen, daß derselbe von Anfang an so gewesen sey, daß sich der Zustand der Urwelt in ihnen conservirt habe, nur eine geringe Aufmerksamkeit widmen. Indien und Sina geben ein hohes Alter vor und haben eine weitausgreifende Chronologie. Allein selbst die scharfsinnigsten Chronologen können aus derselben sich nicht herausfinden. Ihr Alterthum ist fabelhaft. Ihr Zustand gehört mehr der Naturgeschichte.«
68 »Weil die Inder keine Geschichte als Historie haben, um deswillen haben sie keine Geschichte als Taten (res gestae) d.i. keine Herausbildung zu einem wahrhaft politischen Zustande.« G.W.F. Hegel, Vorlesungen über die Philosophie der Geschichte, Frankfurt 2010.
69 So behauptet der indische Historiker R.G. Bhandarkar (1837–1925): »Das Verlangen des indischen Volkes nach Geschichte wurde mit Sagen befriedigt.« Zitiert nach: Michael Gottlob, Historisches Denken im modernen Südasien, Frankfurt 2002, S. 21. Siehe auch Romila Thapar, Indian Historiography – Ancient in: Woolf, Global Encyclopedia of Historical Writing, S. 455–458.
70 Vgl. Gottlob, Historisches Denken im modernen Südasien, S. 28.
71 Vgl. ebd., S. 30–31.
72 Zitiert nach: Asim Roy, Indo-Persian Historical Thoughts and Writings: India, 1350–1750, in: José Rabasa, Masayuki Sato, Edoardo Tortarolo u. Daniel Woolf (Hg.), The Oxford History of Historical Writing. 1400–1800, Bd. 3, New York 2012, S. 150.
73 Man darf nicht vergessen, dass es im alten Indien auch buddhistische und jainistische Schriften gegeben hat, die die jeweilige Weltanschauung und die sozialen Hintergründe dieser Religionen spiegelten und ein anderes historisches Bewusstsein in anderen Formen ausdrückten. Die Klosterchroniken dieser beiden Religionen sind reich an säkularen Informationen und vertreten eine diesseitige Eschatolgie, die auf der Historizität ihrer Gründer basiert.
74 C.A. Bayly, Modern Indian Historiography, in: Michael Bentley (Hg.), Companion to Historiography, London 1997, S. 678.
75 Romila Thapar, Society and Historical Consciousness: the Itihasa-Purana Tradition, in: Romila Thapar u. Sabyasachi Bhattacharya (Hg.), Situating History: Essays in Honour of Sarvapalli Gopal, New Delhi 1986, S. 353–386.
76 Gabrielle Spiegel, Genealogy, Form and Function in Medieval Historiography, in: dies., The Past as Text, Baltimore 1997.
77 Nach dem hochhinduistischen Zeitbegriff existieren vier yugas (Zeitalter), die sich endlos wiederholen: Von Satya über Treta und Dwapar zu Kali geht es ständig abwärts, vom Goldenen Zeitalter (Satya-yuga) bis ins zwischenmenschliche Chaos (Kali-yuga), dann wiederholt sich der Kreislauf.
78 Sumit Sarkar, Writing Social History, S. 8.
79 Roy, Indo-Persian Historical Thoughts, S. 153–157.

80 Ebd., S. 159-161.
81 Ebd., S. 161.
82 Chatterjee, The Cultures of History, S. 253-255.
83 So verwendet auch John F. Richards seinen eigenen Kriterienkatalog und bezeichnet diese Periode als Frühe Neuzeit statt Mogulzeit oder Spätmittelalter oder späte Vorkolonialzeit. Siehe Early Modern India and World History, in: Journal of World History, Bd. 8, 1997, S. 197-209.
84 Zum geistigen Wandel in Indien im 18. Jahrhundert siehe Jamal Malik, Mystik: 18. Jahrhundert, in: Stephan Conermann (Hg.), Die muslimische Sicht (13. bis 18. Jahrhundert), Frankfurt 2002, S. 293-350.
85 Zitiert nach: ebd., S. 305.
86 Kumkum Chatterjee, History as Self-Representation: The Recasting of a Political Tradition in Late Eighteenth Century Eastern India, in: Modern Asian Studies, Bd. 32, 1998, S. 913-948.
87 V. N. Rao, David Shulman und Sanjay Subrahmanyam, Textures of Time: Writing History in South India, 1600-1800, New York 2003, S. 136.
88 Rao, Shulman u. Subrahmanyam, Textures of Time, S. 136.
89 Etliche moderne chinesische Wissenschaftler bieten Erklärungen für Ursprung und Funktion des *shi* im alten China; ihre Arbeiten wurden gesammelt in Du Weiyun u. Huang Jinxing (Hg.), Zhongguo shixueshi lunwen xuanji [Ausgewählte Essays zur Geschichte der chinesischen Historiografie], Taipei 1976, Bd. 1, S. 1-109. Für eine Zusammenfassung auf Englisch siehe On-cho Ng u. Q. Edward Wang, Mirroring the Past: the Writing and Use of History in Imperial China, Honolulu 2005, S. 1-7.
90 Ng u. Wang, Mirroring the Past, S. 62.
91 Ronald Egan, Narratives in Tso Chuan, in: Harvard Journal of Asiatic Studies, Bd. 37, 1977, S. 323-352; und The Tso Chuan: Selections from China's Oldest Narrative History, New York 1989, sowie Watsons Einleitung.
92 Vgl. Q. Edward Wang, Objectivity, Truth, and Hermeneutics: Re-reading the Chunqiu, in: Ching-i Tu (Hg.), Classics and Interpretations: The Hermeneutic Tradition in Chinese Culture, New Brunswick, NJ 2000, S. 155-172.
93 Wai-yee Li, The Idea of Authority in the Shih chi (Records of the Historian), in: Harvard Journal of Asiatic Studies, Bd. 54, Nr. 2, Dez. 1994, S. 345-405; Ng u. Wang, Mirroring the Past, S. 53-67. Für monografische Studien zu Sima Qians Historiografie auf Englisch siehe Burton Watson, Ssu-ma Ch'ien: Grand Historian of China, New York 1958; Stephen W. Durrant, The Cloudy Mirror: Tension and Conflict in the Writings of Sima Qian, Albany 1995; Grant Hardy, Worlds of Bronze and Bamboo: Sima Qian's Conquest of History, New York 1999.
94 Denis Twitchett, The Writing of Official History under the T'ang, Cambridge 1993.
95 Sakamoto Taro, Rikkokushi [Sechs Reichsannalen], Tokyo 1972.
96 Sakamoto Taro, Nihon no shūshi to shigaku [Geschichtsschreibung und Geschichtswissenschaft in Japan], Tokyo 1991, S. 67-86, S. 132-137. Vgl. Hugh Burton, A Survey of Japanese Historiography, in: American Historical Review, Bd. 43, Nr. 3, April 1938, S. 489-499, vor allem S. 490-492.
97 Peter Bol, This Culture of Ours: Intellectual Transitions in T'ang and Sung China, Stanford 1992; Yu Yingshi, Zhu Xi de lishi shijie [Die historische Welt des Zhu Xi], Taipei 2003; Wm. Theodore de Bary, Some Common Tendencies in Neo-Confucianism, in: David Nivison u. Arthur Wright (Hg.), Confucianism in Action, Stanford 1959; Wm. Theodore de Bary (Hg.), The Unfolding of Neo-Confucianism, New York 1975.
98 E. G. Pulleyblank, Chinese Historical Criticism: Liu Chih-chi und Ssu-ma Kuang, in: W. G. Beasley u. E. G. Pulleyblank (Hg.), Historians of China and Japan, Oxford 1961,

S. 135–166; Xiao-bin Ji, Mirror for Government: Ssu-ma Kuang's Thought on Politics and Government in Tzu-chih t'ung-chien, in: Thomas H.C. Lee (Hg.), The New and the Multiple: Sung Senses of the Past, Hong Kong 2004; Xiao-bin Ji, Politics and Conservatism in Northern Song China: the Career and Thought of Sima Guang (1009–1086), Hong Kong 2005.

99 Zhu Yunying, Zhongguo shixue duiyu Ri, Han, Yue de yingxiang [Einfluss der chinesischen Historiografie auf Japan, Korea and Vietnam], in: Du u. Huang, Zhongguo shixueshi lunwen xuanji, Bd. 2, S. 1056f. Im 12. Jahrhundert soll Vietnam ein System von Staatsprüfungen sowie eine nationale Universität nach dem Tang-Vorbild eingerichtet haben. Siehe K.W. Taylor, Vietnamese Confucian Narrative, in: Benjamin A. Elman u.a. (Hg.), Rethinking Confucianism: Past and Present in China, Japan, Korea, and Vietnam, Los Angeles 2002, S. 343–344; K.W. Taylor, The Birth of Vietnam, Berkeley 1983, S. 250f.

100 Li Runhe (Lee Yun-hwa), Zhonghan jindai shixue bijiao yanjiu [Vergleichende Studie zur modernen chinesischen und koreanischen Historiografie], Beijing 1994, S. 17.

101 Vgl. Wm. Theodore de Bary u. JaHyun Kim Haboush (Hg.), The Rise of Neo-Confucianism in Korea, New York 1985; Martina Deuchler, The Confucian Transformation of Korea: A Study of Society and Ideology, Cambridge, MA 1992.

102 Zhu, Zhongguo shixue duiyu Ri, Han, Yue de yingxiang, S. 1060; Li, Zhonghan jindai shixue, S. 13–20.

103 Siehe Alexander Woodside, Vietnam and the Chinese Model: A Comparative Study of Nguyen and Ch'ing Civil Government in the First Half of the Nineteenth Century, Cambridge, MA 1971, S. 18–22.

104 Taylor, Birth of Vietnam, Anhang O, S. 349–359; John K. Whitmore, Chung-hsing and Cheng-t'ung in Texts of and on Sixteenth-century Vietnam, in: K.W. Taylor u. John Whitmore (Hg.), Essays into Vietnamese Pasts, Ithaca 1995, S. 116–136.

105 Ng u. Wang, Mirroring the Past, S. 193–222.

106 Ebenso Kai-wing Chow, Publishing, Culture, and Power in Early Modern China, Stanford 2004; Cynthia Brokaw u. Kai-wing Chow (Hg.), Printing and Book Culture in Late Imperial China, Berkeley 2005.

107 JaHyun Kim Haboush, Contesting Chinese Time, Nationalizing Temporal Space: Temporal Inscription in Late Chosŏn Korea, in: Lynn Struve (Hg.), Time, Temporality and Imperial Transition: East Asia from Ming to Qing, Honolulu 2005, S. 115–141.

108 Benjamin A. Elman, From Philosophy to Philology: Intellectual and Social Aspects of Change in late Imperial China, üb. Aufl., Los Angeles 2000; ebenso Luo Bingliang, 18 shiji Zhongguo shixue de lilun chengjiu [Die theoretische Entwicklung der chinesischen Historiografie im 18. Jahrhundert], Beijing 2000; Q. Edward Wang, The Rise of Modern Historical Consciousness: A Cross-Cultural Comparison of Eighteenth-Century East Asia and Europe, in: Journal of Ecumenical Studies, Bd. 15, Nr. 1–2, 2003, S. 74–95.

109 Vgl. Lee, The New and the Multiple, insbes. Lees Einführung.

110 Dai Zhens Hauptwerk Mengzi ziyi shuzheng wurde unter dem Titel Tai Chen on Mencius: Explorations in Words and Meaning ins Englische übertragen, Übers. u. Einf. v. Ann-ping Chin u. Mansfield Freeman, New Haven 1990.

111 Vgl. Hamaguchi Fujio, Shindai kōkyogaku no shisōshi teki kenkyū [Studie zur Geistesgeschichte über die textkritische Schule der Qing-Zeit], Tokyo 1994.

112 E.G. Pulleyblank, Chinese Historical Criticism: Liu Chih-chi and Ssu-ma Kuang, S. 135–166; Ng u. Wang, Mirroring the Past, S. 121–128.

113 Du Weiyun, Qingdai shixue yu shijia [Historiografie und Historiker in der Qing-Zeit], Beijing 1988; ders., Zhao Yi zhuan [Biografie von Zhao Yi], Taipei 1983.

114 On-cho Ng, A Tension in Ch'ing Thought: Historicism in Seventeenth- and Eighteenth-Century Chinese Thought, in: Journal of the History of Ideas, Bd. 54, Nr. 4, 1993, S. 561–83; Benjamin Elman, The Historicization of Classical Learning in Ming-Ch'ing China, in: Wang u. Iggers, Turning Points in Historiography, S. 101–146.
115 Ng u. Wang, Mirroring the Past, S. 245.
116 Die Schätzung findet sich in: Ping-ti Ho, The Ladder of Success in Imperial China: Aspects of Social Mobility, 1368–1911, New York 1962, S. 214.
117 Vgl. Yu, Rujia lunli yu shangren jingshen; Elman, From Philosophy to Philology; Du, Qingdai shixue yu shijia. Zur Alphabetisierungsrate siehe Brokaw u. Chow, Printing and Book Culture, S. 30–31.
118 Siehe Dorothy Ko, Teachers of Inner Chambers: Women and Culture in Seventeenth-century China, Stanford 1994; Susan Mann, The Precious Records: Women in China's Long Eighteenth Century, Stanford 1997.
119 Vgl. R. Kent Guy, The Emperor's Four Treasuries: Scholars and the State in the Late Ch'ien-lung Era, Cambridge, MA 1987.
120 Robert Backus, The Kansei Prohibition of Heterodoxy and Its Effects on Education, in: Harvard Journal of Asiatic Studies, Bd. 39, Nr. 1, 1979, S. 55–106.
121 Zhu, Zhongguo shixue duiyu Ri, Han, Yue de yingxiang, S. 1053–1054; Benjamin Elman, The Search for Evidence from China: Qing Learning and Kōshōgaku in Tokugawa Japan, in: Joshua A. Fogel (Hg.), Sagacious Monks and Bloodthirsty Warriors: Chinese Views of Japan in the Ming-Qing Period, Norwalk, CT 2002, S. 158–184; Nakayama Kyushiro, Kōshōgaku gaisetsu [Allgemeine Erörterung der textkritischen Schule] in: Fukushima Kashizo u. a. (Hg.), Kinsei Nihon no jugaku [Konfuzianismus im frühneuzeitlichen Japan], Tokyo 1939, S. 710–729.
122 Vgl. Mark Setton, Chŏng Yagyong: Korea's Challenge to Orthodox Neo-Confucianism, Albany 1997.
123 Shin Yong-ha, Modern Korean History and Nationalism, Seoul 2000, S. 5–14.
124 Vgl. Li Tana, Le Quy Don, in: Kelly Boyd (Hg.), Encyclopedia of Historians and Historical Writing, London 1999, Bd. 1, S. 210.

Kapitel 2: Der Aufstieg von Nationalismus und nationalistischer Geschichtsschreibung

1 Stephen Bann, Romanticism and the Rise of History, New York 1995; ders., The Clothing of Clio: A Study of the Representation of History in Nineteenth Century Britain and France, Cambridge 1984; Hugh Trevor-Roper, The Romantic Movement and the Study of History, London 1969; Isaiah Berlin, The Roots of Romanticism, Princeton 1999; zwei ältere, noch erhältliche Werke: George P. Gooch, Geschichte und Geschichtsschreiber im 19. Jahrhundert, Frankfurt 1964; Georg Brandes, Hauptströmungen der Literatur des 19. Jahrhunderts, Berlin 1924, Bd. 1: Die romantische Schule in Deutschland; Bd. 3: Die romantische Schule in Frankreich.
2 François-René Chateaubriand, Geist des Christentums, Berlin 2004.
3 Siehe Georg G. Iggers, Deutsche Geschichtswissenschaft. Eine Kritik der traditionellen Geschichtsauffassung von Herder bis zur Gegenwart, München 1971; Ernst Breisach, Historiography: Ancient, Medieval, & Modern, Chicago 1983, S. 228–267; Ernest Gellner, Nationalismus und Moderne, Hamburg 1995; Hans Kohn, Die Idee des Nationalismus, Frankfurt 1962; Eric J. Hobsbawm, Nationen und Nationalismus: Mythos und Realität seit 1780, Frankfurt 1991; Stefan Berger, The Search for Normality. National Identity and Historical Consciousness in Germany Since 1800, Providence 1997;

Stefan Berger u.a. (Hg.), Writing National Histories: Western Europe Since 1800, London 1999.
4 Effi Gazi, Scientific National History: The Greek Case in Comparative Perspective (1850–1920), New York 2000.
5 Erik Lönnroth u.a. (Hg.), Conceptions of National History: Proceedings of Nobel Symposium 78, Berlin 1994, darin enthalten sind auch Kapitel über Indien, China, Japan und das postkoloniale Afrika; Stefan Berger u.a. (Hg.), Writing the Nation, 8 Bde., Basingstoke 2008–2010.
6 Collection de documents inédits sur l'histoire de France.
7 William Clark, Academic Charisma and the Origins of the Research Universities, Chicago 2006; Charles E. McClelland, State, Society, and Universities, Cambridge 1980.
8 Theodor H. von Laue, Leopold von Ranke: The Formative Years, Princeton 1950; Leonard Krieger, Ranke: The Meaning of History, Chicago 1977 Georg G. Iggers (Hg.), Leopold von Ranke, The Theory and Practice of History, London 2011, siehe Einleitung. Das »von« vor Rankes Namen ist zu diesem Zeitpunkt eigentlich noch nicht angebracht, er wurde erst im hohen Alter geadelt.
9 August Boeckh, Der Staatshaushalt der Athener, Berlin 1817.
10 Augustin Thierry, Der dritte Stand, seine Entstehung und Entwicklung, Berlin 1854. Über Thierry: Friedrich Engel-Janosi, Four Studies in French Romantic Historical Writing, Baltimore 1955; Stanley Mellon, The Political Uses of History, Stanford 1958; Lionel Gossman, Augustin Thierry and Liberal Historiography, Middletown, CT 1976.
11 François Guizot, Histoire de France, depuis les temps les plus recules jusqu'en 1789, racontée a mes petits-enfants, Paris 1873/1876; ders., Histoire générale de la civilisation en Europe depuis la chute de l'Empire Romain jusqu'à la Révolution française, Paris 1846; ders., Histoire de la civilisation en Europe, Berlin 1882; über Guizot: Stanley Mellon, The Political Uses of History, Stanford 1958; George P. Gooch, Geschichte und Geschichtsschreiber im 19. Jahrhundert.
12 Jules Michelet, Geschichte der Französischen Revolution, 5 Bde., Frankfurt 1988; über Michelet: Roland Barthes, Michelet, Frankfurt 1980; Linda Orr, Jules Michelet: Nature, History, and Language, Ithaca 1976; Arthur Mitzman, Michelet, Historian: Rebirth and Romanticism in Nineteenth-Century France, New Haven 1990.
13 Karl Marx an Joseph Wedemeyer, 5. März 1852 in Marx Engels Werke, Bd. 28, Berlin 1963, S. 507–508.
14 Thomas Macaulay, Geschichte Englands seit der Thronbesteigung Jacobs II., Paderborn 2012; John Clive, Macaulay: The Shaping of the Historian, New York 1974.
15 Thomas Carlyle, Die Französische Revolution, Leipzig 1927; ders., Geschichte Friedrichs II. von Preussen, genannt Friedrich der Grosse, Berlin 1954; ders., Helden und Heldenverehrung, Jena 1922. Über Carlyle: John D. Rosenberg, Carlyle and the Burden of History, Oxford 1985.
16 Siehe Herbert Butterfield, The Whig Interpretation of History, London 1931.
17 Kenneth Pomeranz, The Great Divergence: China, Europe, and the Making of the Modern World Economy, Princeton 2000.
18 William Robertson, The History of America, 2 Bde., New York 1798.
19 Siehe Kapitel 1, Histoire philosophique et politique des établissements et du commerce des Européens dans les deux Indes.
20 Siehe Iggers, Deutsche Geschichtswissenschaft.
21 Zu den französischen Emigranten während der Französischen Revolution und der Romantik in Deutschland und Frankreich siehe ein altes, aber immer noch informatives

Buch: Georg Brandes, Hauptströmungen der Literatur des 19. Jahrhunderts, Berlin 1924, siehe Anm. 1.
22 William Keylor, Jacques Bainville and the Renaissance of Royalist History in the Twentieth Century, Baton Rouge 1979.
23 Friedrich Engels und Karl Marx, Revolution und Konterrevolution, Weimar 1949; Karl Marx, Der achtzehnte Brumaire des Louis Bonaparte, Berlin 1851/52.
24 Louis Blanc, Geschichte der zehn Jahre 1830–1840, Kassel 1852.
25 Lorenz von Stein, Die industrielle Gesellschaft. Der Sozialismus und Kommunismus Frankreichs von 1830 bis 1848, München 1921; ders., Die Geschichte der sozialen Bewegung in Frankreich von 1789 bis auf unsere Tage, Hildesheim 1959.
26 Über Dahlmann, von Sybel und Droysen siehe Iggers, Deutsche Geschichtswissenschaft, an verschiedenen Stellen.
27 Siehe Iggers, Deutsche Geschichtswissenschaft; Robert Southard, Droysen and the Prussian School, Lexington 1995.
28 Georg G. Iggers, The Cult of Authority: The Political Philosophy of the Saint-Simonians, Amsterdam ²1970; ders. (Hg. u. Übers.), The Doctrine of Saint-Simon.: An Exposition: First Year, 1828–1829, Boston 1958; ders., Actualité du saint-simonisme, Paris 2004.
29 Henri Gouhier, La jeunesse d'Auguste Comte et la formation du positivisme, 3 Bde., Paris 1933–1941; Mary Pickering, Auguste Comte: An Intellectual Biography, Cambridge 1994; Mike Gane, Auguste Comte, London 2006; F.A. Hayek, Missbrauch und Verfall der Vernunft: ein Fragment, Frankfurt 1959.
30 Siehe Peter Paret, Clausewitz und der Staat, Bonn 1993.
31 Siehe Johannes Hoffmeister (Hg.), Georg Wilhelm Friedrich Hegel, Vorlesungen über die Philosophie der Weltgeschichte, Hamburg 1970; Herbert Marcuse, Vernunft und Revolution. Hegel und die Entstehung der Gesellschaftstheorie, Neuwied 1970; Shlomo Avineri, Hegels Theorie des modernen Staates, Frankfurt 1976; Joachim Ritter, Hegel und die Französische Revolution, Frankfurt 1965; Frederick Beiser (Hg.), Cambridge Companion to Hegel, Cambridge 1993; Jerry F. Pinkard, Hegel: A Biography, Cambridge 2000; Frederick Beiser, Hegel: A Biography, Cambridge 2005.
32 Leopold von Ranke, Idee der Universalhistorie, S. 290–303.
33 Leopold von Ranke, Die grossen Mächte. Politisches Gespräch, Göttingen 1958, S. 61.
34 Ebd., S. 59.
35 Bernard Lewis, The Emergence of Modern Turkey, London 1968, S. 53 f.; Erik J. Zürcher, Turkey: A Modern History, London 1993, S. 27–29.
36 Jack A. Crabbs jr., The Writing of History in Nineteenth-century Egypt: A Study in National Transformation, Kairo 1984, S. 67–68.
37 Lewis, The Emergence of Modern Turkey, S. 71–72. Zu einer Kritik am französischen Einfluss auf die Modernisierung des Nahen Ostens siehe Dror Ze'evi, Back to Napoleon? Thoughts on the Beginning of the Modern Era in the Middle East, in: Mediterranean Historical Review, Bd. 19, Nr. 1, S. 73–94. Zitiert nach: Bernard Lewis, Die Welt der Ungläubigen. Wie der Islam Europa entdeckte, Frankfurt 1987, S. 55.
38 Dror Ze'evi, Back to Napoleon?, S. 398–399.
39 Crabbs, The Writing of History in Nineteenth-century Egypt, S. 43–66.
40 Norman Itzkowitz, Ottoman Empire and Islamic Tradition, New York 1972, S. 109.
41 Gamal el-Din el-Shayyal, Historiography in Egypt in the Nineteenth Century, in: Bernard Lewis u. P.M. Holt (Hg.), Historians of the Middle East, Oxford 1962, S. 403.
42 Vgl. Gabriel Piterberg, An Ottoman Tragedy: History and Historiography at Play, Berkeley 2003, S. 185–186; Anthony Gorman, Historians, State and Politics in Twentieth-century Egypt: Contesting the Nation, London 2003, S. 12–15.

43 Ulrich Haarmann, Medieval Muslim Perceptions of Pharaonic Egypt, in: Antonio Loprieno (Hg.), Ancient Egyptian Literature: History and Forms, Leiden 1996, S. 605-627.
44 Siehe Donald Malcom Reid, Whose Pharaohs?, Berkeley 2002, S. 30.
45 Vgl. Bernard Lewis, History: Remembered, Recovered, Invented, New York 1975; Benedict Anderson, Die Erfindung der Nation: Zur Karriere eines folgenreichen Konzepts, Berlin 1998.
46 Vgl. Reid, Whose Pharaohs?, Berkeley 2002, S. 108-110.
47 Crabbs, Writing of History in Nineteenth-century Egypt, S. 14, S. 74-82; El-Shayyal, Historiography in Egypt in the Nineteenth Century, in: Lewis u. Holt, Historians of the Middle East, Oxford 1962, S. 417-418.
48 Mohamad Tavakoli-Targhi, Refashioning Iran: Orientalism, Occidentalism and Historiography, Houndmills 2001, S. 96-104. Offiziell nannte sich das Land erst 1935 »Iran«, die Bevölkerung benutzte den Namen aber schon vorher.
49 Lewis, Emergence of Modern Turkey, S. 336; Ercüment Kuran, Ottoman Historiography of the Tanzimat Period, in: Lewis und Holt, Historians of the Middle East, S. 426-427; Zürcher, Turkey, S. 71 f.
50 Kuran, Ottoman Historiography of the Tanzimat Period, S. 422; Supraiya Faroqhi, Approaching Ottoman History: An Introduction to the Sources, Cambridge 1999, S. 156-157.
51 Vgl. Selçuk Akşin Somel, The Modernization of Public Education in the Ottoman Empire, 1839-1908: Islamization, Autocracy and Discipline, Leiden 2001.
52 Kuran, Ottoman Historiography of the Tanzimat Period, S. 424-425.
53 Vgl. Youssef M. Choueiri, Modern Arab Historiography, London 2003, S. 39-53.
54 Crabbs, Writing of History in Nineteenth-century Egypt, S. 94.
55 Ebd., S. 109-129.
56 El-Shayyal, Historiography in Egypt in the Nineteenth Century, S. 405.
57 Choueiri, Modern Arab Historiography, S. 3-4.
58 Reid, Whose Pharaohs?, S. 179-181.
59 Vgl. Faroqhi, Approaching Ottoman History, S. 157 f.
60 Choueiri, Modern Arab Historiography, S. 4, 22, 191 f.
61 Vgl. Crabbs, Writing of History in Nineteenth-century Egypt, S. 130-145.
62 Kumkum Chatterjee, History as Self-Representation: The Recasting of a Political Tradition in Later Eighteenth Century India, in Modern Asian Studies, Bd. 32, 1998, S. 942. Chatterjee weist darauf hin, dass sich in den »Strategien der Selbstdarstellung« von Tabatabai und anderen das Aufkommen einer ›nationalistischen‹ Historiografie andeute, die den Übergang von der vorkolonialen zur kolonialen Herrschaft widerspiegle.
63 Ranajit Guha, An Indian Historiography of India: A Nineteenth Century Agenda and Its Implications, Calcutta 1988, S. 14.
64 Ebd., S. 28.
65 Sumit Sarkar, Writing Social History, Delhi 1997, S. 14.
66 Michael Gottlob (Hg.), Historisches Denken im modernen Südasien, Frankfurt 2002, S. 21.
67 Zitiert nach: Sudipta Kaviraj in: Sarkar, Writing Social History, S. 13.
68 Vinay Lal, The History of History: Politics and Scholarship in Modern India, New Delhi 2003, S. 27-28.
69 Sarkar, Writing Social History, S. 18.
70 Ebd., S. 19.
71 Rajendralal Mitra, The Antiquities of Orissa, I, Calcutta 1875, S. 1.

72 Partha Chatterjee, The Nation and its Fragments: Colonial and Postcolonial Histories, Princeton 1993, S. 95.
73 Meenakshi Mukherjee in Gottlob, Historisches Denken im modernen Südasien, Frankfurt 2002, S.51–60. Nicht immer blieben Fakten und Erfindungen getrennt. Das späte 19. Jahrhundert war auch die Blütezeit höchst fantasievoller historischer Romane von Autoren wie Bankim Chandra Chatterjee.
74 Über Jones, ebd., S. 25–26.
75 Zitiert nach: C.H. Phillips (Hg.), Historians of India, Pakistan and Ceylon, London 1961, S. 281.
76 Chatterjee, The Nation and its Fragments, S. 88.
77 Basaks zweibändiges Buch erschien 1857/1858, das von Chattopadhyay 1878.
78 Sunil Khilnani, The Idea of India, New Delhi 1997, S. 153.
79 Ranajit Guha, An Indian Historiography of India: A Nineteenth Century Agenda and Its Implications, Calcutta 1988, S. 42.
80 Chatterjee, The Nation and its Fragments, S. 91.
81 Ronald Inden, Imagining India, Oxford 1990, S. 45.
82 Chatterjee, The Nation and its Fragments, S. 102.
83 Diese Geschichtsschreibung konzentrierte sich eher auf Bengalen. Sie räumte ein, dass die Herrschaft der Paschtunen (anders als die der Mogulen) dem Land gut tue, dass der Islam hier nicht wie in anderen Regionen Indiens gewaltsam verbreitet werde und die bengalischen Muslime im Grunde nur eine spezielle Art von Bengalen seien. Siehe Chatterjee, The Nation and its Fragments, S. 113–114.
84 Sarkar, Writing Social History, S. 24.
85 Vgl. Gottlob, Historisches Denken im modernen Südasien, S. 88.
86 Ebd.

Kapitel 3: Wissenschaftsgeschichte und das Entstehen eines Berufsstands

1 Eine komparative Studie zum Prozess der Professionalisierung bietet Gabriele Lingelbach, Klio macht Karriere: Die Institutionalisierung der Geschichtswissenschaft in Frankreich und den USA in der 2. Hälfte des neunzehnten Jahrhunderts, Göttingen 2003.
2 Siehe Georg G. Iggers, Deutsche Geschichtswissenschaft, München 1971.
3 Siehe Peter Pulzer, The Rise of Political Anti-Semitism in Germany and Austria, Cambridge 1960; Sulamit Volkov, The Rise of Popular Antimodernism, Princeton 1978; Georg G. Iggers, Academic Anti-Semitism in Germany 1870–1933: A Comparative Perspective, in: Tel Aviver Jahrbuch für Deutsche Geschichte, Bd. 27, 1998, S. 473–490.
4 Karl Marx u. Friedrich Engels, Manifest der Kommunistischen Partei, Berlin 1970, S. 48.
5 Mary Pickering, Auguste Comte. An Intellectual Biography, Bd. 1, Cambridge 1993; Mike Gane, Auguste Comte, London 2006; Henri G. Gouhier, La jeunesse d'Auguste Comte et la formation du positivisme, 3 Bde., Paris 1933–1941.
6 Siehe Georg G. Iggers, The Cult of Authority, The Political Philosophy of the Saint-Simonians, Den Haag 1958; Robert Carlisle, Saint-Simonianism and the Doctrine of Hope, Baltimore 1978, sowie Acutalités du Saint-Simonisme, Paris 2004.
7 Eckhardt Fuchs, Henry Thomas Buckle: Geschichtsschreibung und Positivismus in England und Deutschland, Leipzig 1994.

8 Siehe Buckle, Allgemeine Einführung zur »Kulturgeschichte Englands«, in: Fritz Stern, Geschichte und Geschichtsschreibung. Möglichkeiten, Aufgaben, Methoden. Texte von Voltaire bis zur Gegenwart, München 1966, S. 126.
9 Ebd., S. 129.
10 Henry Buckles Werk wurde zusammen mit dem von François Guizot in den 1880er Jahren ins Japanische übersetzt. Kurz darauf entstand auch eine chinesische Übersetzung. Ōkubo Toshiaki, Nihon kindai shigaku no seiritsu [Die Entstehung der modernen Historiografie], Tokyo 1988, S. 94–95; Ozawa Eiichi, Kindai Nihon shigaushi no kenkyū: Meiji hen [Eine Studie zur Geschichte der modernen japanischen Historiografie: Die Meiji-Zeit], Tokyo 1968, S. 169–176; Hu Fengxiang und Zhang Wenjian, Zhongguo jindai shixue sichao yu liupai [Ideen und Ausrichtungen der modernen chinesischen Historiografie], Shanghai 1991, S. 201–205.
11 Droysen, Kunst und Methode, in: Stern, Geschichte und Geschichtsschreibung, München 1966, S. 141–148.
12 Leopold von Ranke, Sämmtliche Werke, Bd. 33/34, Leipzig 1885, S. VII.
13 Siehe Georg G. Iggers, The Image of Ranke in German and American Historical Thought, in: History and Theory, Nr. 2, 1962, S. 17–40.
14 Leopold von Ranke, Idee der Universalhistorie, S. 290–291.
15 Wilhelm von Humboldt, Über die Aufgabe des Geschichtsschreibers, in: Andreas Flitner u. Klaus Giel (Hg.), Werke in fünf Bänden, Bd. 1: Schriften zur Anthropologie und Geschichte, Darmstadt ³1980, S. 585.
16 Leopold von Ranke, Die großen Mächte, in: Ulrich Muhlack (Hg.), Historisch-politische Zeitschrift, Bd. 2, Berlin 1833–1986, S. 1–51, Frankfurt 1995.
17 Ders., Die großen Mächte. Politisches Gespräch, Göttingen 1958, S. 61, 54.
18 Siehe Iggers, Deutsche Geschichtswissenschaft, Kap. 5, Der Gipfel des historischen Optimismus. Die ›Preußische Schule‹, S. 120–162; Robert Southard, Droysen and the Prussian School of History, Lexington, KY 1995.
19 Jörn Rüsen, Begriffene Geschichte. Genesis und Begründung der Geschichtstheorie Johann Gustav Droysens, Paderborn 1969.
20 Johann G. Droysen, Interpretation, Historik: historisch-kritische Ausgabe, Peter Leyh (Hg.), Stuttgart 1977, S. 22 und 169–216.
21 Siehe Iggers, Deutsche Geschichtswissenschaft, S. 147–150; Günter Birtsch, Nation als sittliche Idee: der nationale Staatsbegriff, in: Geschichtsschreibung und Gedankenwelt, Göttingen 1964.
22 Zitiert nach: Iggers, Deutsche Geschichtswissenschaft, S. 146.
23 Ebd., S. 151.
24 Andreas Dorpalen, Heinrich von Treitschke, New Haven 1957.
25 Georg G. Iggers, Heinrich von Treitschke, in: Hans-Ulrich Wehler (Hg.), Deutsche Historiker, Bd. 2, Göttingen 1972, S. 66–80.
26 Siehe Wolfgang J. Mommsen, Ranke and the Neo-Rankean School in Imperial Germany: State-oriented Historiography as a Stabilizing Force, in: Georg G. Iggers u. James M. Powell (Hg.), Leopold von Ranke and the Shaping of the Historical Discipline, Syracuse 1990; Hans-Heinz Krill, Die Ranke-Renaissance: Max Lenz und Erich Marcks: ein Beitrag zum historisch-politischen Denken in Deutschland 1880–1935, Berlin 1962.
27 Georg G. Iggers, Historicism: The History and Meaning of the Term, in: Journal of the History of Ideas, Bd. 56, 1995, S. 129–152; Frederick C. Beiser, The German Historicist Tradition, Oxford 2011; Jörn Rüsen u. Friedrich Jaeger, Geschichte des Historismus, München 1992; Charles Bambach, Heidegger, Dilthey, and the Crisis of Historicism, Ithaca 1995.

28 Gustav Schmoller, Grundriß der allgemeinen Volkswirtschaftslehre, 2 Bde., Leipzig 1900/1904.
29 Eine neuere Diskussion zu Marx und Marxismus findet sich bei Paul Blackledge, Reflections on the Marxist Theory of History, Manchester 2006; Kevin B. Anderson, Marx at the Margins: On Nationalism, Ethnicity, and Non-Western Societies, Chicago 2010; Eric Hobsbawm, Wie man die Welt verändert: Über Marx und den Marxismus, München 2012; Q. Edward Wang, The Ebb and Flow of Marxist Historiography: a Global Perspective. Introduction, in: Storia della Storiografia, Bd. 62, 2012, Nr. 2.
30 Karl Marx, Zur Kritik der politischen Ökonomie, Berlin 1963, S. 15.
31 Karl Marx, Marx über Feuerbach, in: Friedrich Engels, Ludwig Feuerbach und der Ausgang der klassischen deutschen Philosophie, Stuttgart 1888, S. 69.
32 Karl Marx: Der Fetischcharakter der Ware und sein Geheimnis, 1867, in: Das Kapital, Bd. 1, letzter Unterabschnitt des 1. Kapitels.
33 Leopold von Ranke, Über die Epochen der neueren Geschichte, Darmstadt 1954, S. 7.
34 Leopold von Ranke, Idee der Universalhistorie, S. 303.
35 Karl Marx, Der achtzehnte Brumaire des Louis Napoleon, Frankfurt 2007, S. 119.
36 Die Britische Herrschaft in Indien, in: Karl Marx u. Friedrich Engels, Werke, Bd. 9, Berlin (Ost) 1960, S. 127-133.
37 Johann Droysen, Erhebung der Geschichte zum Rang einer Wissenschaft, in: Historik, S. 451-469; dies ist Droysens Rezension von T. H. Buckle, Civilization in England, Bd. 1.
38 Karl Marx u. Friedrich Engels, Manifest der Kommunistischen Partei, in: Werke, Bd. 4, Berlin 1972, S. 483.
39 Zur Rolle der »Amateur«historiker und der fehlenden Unterscheidung zwischen professioneller und amateurhafter Geschichtsschreibung siehe Martin Nissen, Populäre Geschichtsschreibung. Historiker, Verleger und die deutsche Öffentlichkeit (1848–1900), Köln 2009; Peter Burke, Lay History: Official and Unofficial Representations 1800-1914, in: Oxford History of Historical Writing, Bd. 4, Oxford 2011, S. 115-132.
40 Über Historikerinnen siehe Natalie Z. Davis, History's Two Bodies, in: American Historical Review, Bd. 93, Nr. 1, Feb. 1988, S. 1-30; dies., Gender and Genre: Women as Historical Writers, 1400-1820, in: Patricia Labalme (Hg.), Beyond Their Sex: Learned Women of the European Past, New York 1980; Joan W. Scott, American Women Historians, 1884-1984, in: dies., Gender and the Politics of History, New York 1988, S. 178-198.
41 Zur Berufungspolitik in der deutschen Historikerzunft siehe Wolfgang Weber, Priester der Klio: Historisch-sozialwissenschaftliche Studien zu Herkunft und Karriere deutscher Historiker und zur Geschichte der Geschichtswissenschaft 1800-1970, Frankfurt 1984.
42 Georg G. Iggers, Academic Anti-Semitism in Germany 1870-1933, in: Tel Aviver Jahrbuch für deutsche Geschichte Jg. 27, 1998.
43 Weber, Priester der Klio und Geschichte der Europäischen Universität, Stuttgart 2002; Fritz Ringer, The Decline of the German Mandarins: The German Academic Community, 1890-1933, Middletown, CT 1990.
44 Margaret Mehl, History and the State in Nineteenth-Century Japan, New York 1998, S. 95-107.
45 William R. Keylor, Academe and Community: The Foundation of the French Historical Profession, Cambridge, MA 1975.
46 Peter Novick, That Noble Dream: The »Objectivity Question« and the American Historical Profession, Cambridge, NY 1988.
47 Effi Gazi, Scientific National History: The Greek Case in Comparative Perspective, New York 2000.

48 Siehe: Über die Verwandtschaft und den Unterschied der Historie und der Politik, Rankes Antrittsvorlesung als Ordinarius an der Universität Berlin 1836, aus dem Lateinischen übersetzt in: Ranke, Sämmtliche Werke, Bd. 24, S. 280–293.
49 Zitiert nach: Iggers, Deutsche Geschichtswissenschaft, S. 154.
50 Iggers, The Image of Ranke in German and American Historical Thought, S. 21–22.
51 Siehe Felix Gilbert, History: Politics and Culture. Reflections on Ranke and Burckhardt, Princeton 1990; John R. Hinde, Jacob Burckhardt: The Crisis of Modernity, Montreal 2000; Lionel Gossman, Basel in der Zeit Jacob Burckhardts, Basel 2005.
52 Benjamin Elman, From Philosophy to Philology: Intellectual and Social Aspects of Change in Late Imperial China, Cambridge, MA 1984, S. 116–122; Joanna Waley-Cohen, China and Western Technology in the Late Eighteenth Century, in: American Historical Review, Bd. 98, Nr. 5, 1993, S. 1525–1544, insbes. S. 1534.
53 Vgl. Ôkubo Toshiaki, Nihon kindai shigakushi [Eine Geschichte der modernen japanischen Historiografie], Tokyo 1940, S. 161–222; Sakai Saburō, Nihon seiyō shigaku hattsushi [Geschichte der Entwicklung westlicher Historiografie in Japan], Tokyo 1969, S. 44–47.
54 Vgl. On-cho Ng u. Q. Edward Wang, Mirroring the Past: The Writing and Use of History in Imperial China, Honolulu 2005, S. 250–258.
55 Hu Fengxiang u. Zhang Wenjian, Zhongguo jindai shixue sichao yu liupai [Richtungen und Schulen in der modernen chinesischen Historigrafie], Shanghai 1991, S. 34–90.
56 Jane Kate Leonard, Wei Yuan and China's Rediscovery of the Maritime World, Cambridge, MA 1984; Q. Edward Wang, World History in Traditional China, in: Storia della Storiografia, Bd. 35, 1999, S. 83–96.
57 Yoda Yoshiie, Nitchū ryōkoku kindaika no hikaku kenkyū josetsu [Einführung zu einer vergleichenden Studie der Modernisierung in Japan und China], Tokyo 1986, S. 44 und S. 66–67.
58 Ozawa Eiichi, Kindai Nihon shigakushi no kenkyū. Meiji hen [Studie zur modernen japanischen Historiografie: Die Meiji-Zeit], Tokyo 1968, S. 105–106.
59 Taguchi Ukichi äußerte dies im Vorwort zu einem ähnlich strukturierten Buch, Shina kaika shōshi [Eine kurze Geschichte der chinesischen Kultur], Tokyo 1887.
60 Sakamoto Tarō, Nihon no shūshi to shigaku [Historische Kompilationen und Studien in Japan], Tokyo 1991, S. 234; Mehl, History and the State in Nineteenth-century Japan, S. 16f.
61 Li Tana, Vietnamese Chronicles, in: Kelly Boyd (Hg.), Encyclopedia of Historians and Historical Writing, London 1999, Bd. 2, S. 1265–1266.
62 Jin Xudong, Qinding Yueshi tongjian gangmu jianlun [Kurze Erörterung von Umriss und Einzelheiten eines umfassenden Spiegels der vietnamesischen Geschichte, mit kaiserlichen Anmerkungen], in: Wang Qingjia u. Chen Jian (Hg.), Zhongxi lishi lunbianji: liumei lishi xuezhe xueshu wenhui [Geschichte und ihr wissenschaftlicher Anspruch: Essays chinesischer Historiker in den Vereinigten Staaten], Shanghai 1992, S. 255–267.
63 Mehl, History and the State in Nineteenth-century Japan, an verschiedenen Stellen.
64 Jiro Numata, Shigeno Yasutsugu and the Modern Tokyo Tradition of Historical Writing, in: W. G. Beasley u. E. G. Pulleyblank (Hg.), Historians of China and Japan, Oxford 1961, S. 264–287; Nagahara Keiji, 20 seiki Nihon no rekishigaku [Japanische Historiografie im 20. Jahrhundert], Tokyo 2005, S. 13–16.
65 John Brownlee, Japanese Historians and the National Myths, 1600–1945, Vancouver 1997, S. 86–89.
66 Ebd., S. 82.
67 Siehe Numata Jirō, Meiji shoki ni okeru seiyō shigaku no yunyū ni tsui te: Shigeno Yasutsugu to G. G. Zerffi, The Science of History. [Der Einfluss westlicher Historiogra-

phie in der frühen Meiji-Zeit: Shigeno Yasutsugu und G.G. Zerffi's The Science of History], in: Itō Tasaburō (Hg.), Kokumin seikatsushi kenkyū [Studien zur Geschichte des nationalen Lebens], Bd. 3, Tokyo 1963, S. 400–429; Mehl, History and the State in Nineteenth-century Japan, S. 74–80. Über George G. Zerffis Leben und Karriere informiert Tibor Frank in seinem Buch: Ein Diener seiner Herren. Werdegang des österreichischen Geheimagenten Gustav Zerffi (1820–1892), Wien 2002.

68 Mehl, History and the State in Nineteenth-century Japan, S. 87–112.
69 Brownlee, Japanese Historians and the National Myths, S. 73–80; ebenso Leonard Blussé, Japanese Historiography and European Sources, in: P.C. Emmer u. H.L. Wesseling (Hg.), Reappraisals in Overseas History, Leiden 1979, S. 193–222.
70 Alle diese Äußerungen finden sich in Artikeln in der Shigaku zasshi [Journal für Geschichte], die zwischen 1889 und 1890 erschienen sind. Dass die Etablierung des akademischen Fachs die textkritische Schule mit der Rankeschen Historiografie zusammenführte, wird von den meisten japanischen Forschern der Geschichte der Geschichtswissenschaft so gesehen. Vgl. Jiro Numata, Shigeno Yasutsugu and the Modern Tokyo Tradition of Historical Writing, in: Beasley u. Pulleyblank (Hg.), Historians of China and Japan, S. 273–287; Ōkubo, Nihon kindai shigakushi, S. 74–81; Sakamoto, Nihon no shūshi to shigaku, S. 247–248; Nagahara, 20 seiki Nihon no rekishigaku, S. 15.
71 Iggers, The Image of Ranke in German and American Historical Thought.
72 Brownlee, Japanese Historians and the National Myths, S. 92–106; ebenso Byron K. Marshall, Academic Freedom and the Japanese Imperial University, 1868–1939, Berkeley 1992.
73 Kenneth Pyle, The New Generation in Meiji Japan: Problems of Cultural Identity, 1885–1895, Stanford 1969; sowie Carol Gluck, Japan's Modern Myth: Ideology in the Late Meiji Period, Princeton 1985.
74 Stefan Tanaka, Japan's Orient: Rendering Past into History, Berkeley 1993; sowie Nagahara, 20 seiki Nihon no rekishigaku, S. 43–45.
75 Mehl, History and the State in Nineteenth-century Japan, S. 113–147.
76 Siehe Peter Duus, Whig History, Japanese Style: The Min'yusha Historians and the Meiji Restoration, in: Journal of Asian Studies, Bd. 33, Nr. 3, Mai 1974, S. 415–436.
77 Zitiert nach: Remco E. Breuker, Contested Objectives: Ikeuchi Hiroshi, Kim Sanggi and the Tradition of Oriental History (Tōyō shigaku) in Japan and Korea, in: East Asian History, Nr. 29, Juni 2005, S. 69–106.
78 Li Runhe (Lee Yun-hwa), Zhonghan jindai shixue bijiao yanjiu [Vergleichende Studie zur modernen chinesischen und koreanischen Historiografie], Beijing 1994, S. 87–90.
79 Siehe Paul A. Cohen, Between Tradition and Modernity: Wang T'ao and Reform in late Ch'ing China, Cambridge, MA 1974, S. 91–96 und S. 110–139; ebenso Q. Edward Wang, Inventing China through History: the May Fourth Approach to Historiography, Albany 2001, S. 36–42.
80 Shiteng Huixiu (Sanetō Keishū), Mingzhi shidai Zhongri wenhua de lianxi [Kulturaustausch zwischen Meiji-Japan und Qing-China], übers. v. Chen Guting, Taipei 1971.
81 Siehe Hsiao Kung-ch'uan, A Modern China and a New World: K'ang Yu-wei, Reformer and Utopian, 1858–1927, Seattle 1975.

Kapitel 4: Geschichtsschreibung im Schatten zweier Weltkriege

1 Einen Vergleich zur Professionalisierung in Frankreich und den Vereinigten Staaten mit der Situation in Deutschland bietet Gabriele Lingelbach, Klio macht Karriere. Die Institutionalisierung der Geschichtswissenschaft in Frankreich und den USA in der zweiten Hälfte des 19. Jahrhunderts, Göttingen 2003.
2 Karl Lamprechts Einfluss in Japan zeigte sich vor allem in der sogenannten »Cultural History School«, die in den 1920er Jahren entstand, vertreten vor allem durch die Arbeiten von Tsuda Sōkichi und Nishida Naojirō. Siehe Kapitel 5 sowie Naramoto Tatsuya, »Bunka shigaku« [Kulturgeschichte], in: Association of Historical Research and Association of the Study of Japanese History (Hg.), Nihon rekishi Kōza [Vorlesungen zur japanischen Geschichte], Bd. 8, Tokyo 1968, S. 221–245; Nagahara Keiji, 20 seiki Nihon no rekishigaku [Japanische Historiografie im 20. Jahrhundert], Tokyo 2005, S. 81–87.
3 Roger Chickering, Karl Lamprecht: A German Academic Life (1856–1915), Atlantic Highlands 1993; Luise Schorn-Schütte, Karl Lamprecht: Kulturgeschichtsschreibung zwischen Wissenschaft und Politik, Göttingen 1984; Matthias Middell, Weltgeschichtsschreibung im Zeitalter der Verfachlichung und Professionalisierung: Das Leipziger Institut für Kultur- und Universalgeschichte, 3 Bde., Leipzig 2005, Bd. 1, Das Institut unter der Leitung Karl Lamprechts.
4 Leipzig 1891–1911.
5 Chickering, Lamprecht, S. 268–269.
6 Karl Lamprecht, Deutsches Wirtschaftsleben im Mittelalter: Untersuchungen über die Entwicklung der materiellen Kultur des platten Landes auf Grund der Quellen zunächst des Mosellandes, Leipzig 1885–1886.
7 Charles Seignobos, Regime féodale en Bourgogne jusqu'en 1360: étude sur la société et les institutions d'une province au Moyen-Age, Paris 1882.
8 Steven Lukes, Emile Durkheim: His Life and Work: A Historical and Critical Study, Stanford 1985.
9 Paul Vidal de la Blache, Géographie universelle, Paris 1927–48 sowie Principles of Human Geography, New York 1926.
10 Zum politischen und intellektuellen Klima an deutschen Universitäten und ihren Fakultäten siehe Fritz Ringer, Die Gelehrten. Der Niedergang der deutschen Mandarine 1890–1933, München 1987.
11 William Keylor, Academy and Community: The Foundation of the French Historical Profession, Cambridge, MA 1975.
12 William Keylor, Jacques Bainville and the Renaissance of Royalist History in the Twentieth Century, Baton Rouge 1979.
13 Richard Hofstadter, The Progressive Historians: Turner, Beard, Parrington, New York 1968; Ernst Breisach, American Progressive History: An Experiment in Modernization, Chicago 1993.
14 Carl Lotus Becker, Freiheit und Verantwortlichkeit in der amerikanischen Lebensweise, Wiesbaden 1950; ders., Der Gottesstaat der Philosophen des 18. Jahrhunderts, Würzburg 1946.
15 Zu Beard siehe Hofstadter, The Progressive Historians; Peter Novick, That Noble Dream: The »Objectivity Question« and the American Historical Profession, Cambridge 1988; Breisach, American Progressive History; sowie Ellen Nore, Charles A. Beard: An Intellectual Biography, Carbondale 1983.
16 Siehe Herbert Butterfield, The Whig Interpretation of History, London 1931.

17 Anatole G. Mazour, Modern Russian Historiography, Westport, CT 1975; Thomas M. Bohn, Russische Geschichtswissenschaft von 1880 bis 1905: Pavel N. Miljukov und die Moskauer Schule, Köln 1998.
18 Einen Überblick über Tsuda Sōkichis Ideen zu Geschichte und Historiografie bietet Ueda Masaki (Hg.), Tsuda Sōkichi, Tokyo 1974.
19 Q. Edward Wang, Inventing China through History: The May Fourth Approach to Historiography, Albany 2001, S. 67–72.
20 Siehe dazu Congress of Arts and Sciences: Universal Exposition, St. Louis, 1904, Bd. 2, Boston 1906.
21 Karl Lamprecht, What is History? Five Lecutures in the Modern Science of History, New York 1905.
22 Zu Dilthey siehe Jacob Owensby, Dilthey and the Narrative of History, Ithaca 1994; Charles Bambach, Heidegger, Dilthey, and the Crisis of Historicism, Ithaca 1995; Frederick C. Beiser, The German Tradition of Historicism, Oxford 2011.
23 Wilhelm Dilthey, Gesammelte Schriften, Bd. 1, Leipzig 1914, zitiert nach: http://www.zeno.org/nid/20009161422.
24 Über Windelband, Rickert und den Neukantianismus siehe Thomas Willey, Back to Kant, Detroit 1979; Klaus Köhnke, Entstehung und Aufstieg des Neokantianismus, Frankfurt 1986; Berend Geert Kreiter, Philosophy as Weltanschauung in Trendelenburg, Dilthey and Windelband, Amsterdam 2007; Sebastian Luft u. Rudolf Makreel (Hg.), Neo-Kantianism in Contemporary Philosophy, Amsterdam 2010.
25 Max Weber, »Die ›Objektivität‹ sozialwissenschaftlicher und sozialpolitischer Erkenntnis«, Schutterwald 1995.
26 Max Weber, Politik als Beruf (1919), in: Gesammelte politische Schriften, Tübingen 1974.
27 Max Weber, Die »Objektivität« sozialwissenschaftlicher und sozialpolitischer Erkenntnis, zitiert nach: http://www.gleichsatz.de/b-u-t/begin/web152a.html.
28 Carl Menger, Die Irrtümer des Historismus in der deutschen Nationalökonomie, Wien 1884.
29 Max Weber, Roscher und Knies und die logischen Probleme der historischen Nationalökonomie in: Gesammelte Aufsätze zur Wissenschaftslehre, Tübingen 1968, S. 1–145.
30 Zitiert nach: Iggers, Deutsche Geschichtswissenschaft, S. 212.
31 Max Weber, Politik als Beruf (1919), in: Gesammelte politische Schriften, S. 550f.
32 Max Weber, Der Nationalstaat und die Volkswirtschaftspolitik, in: Gesammelte politische Schriften, München 1921, S. 19. Siehe auch Wolfgang J. Mommsen, Max Weber und die deutsche Politik 1890–1920, Tübingen 1959.
33 Wolfgang J. Mommsen, Max Weber und die deutsche Politik 1890–1920, Tübingen 1959.
34 Siehe Max Weber, Die protestantische Ethik und der Geist des Kapitalismus, Tübingen 1921, Bd. 1, Einleitung.
35 Zu den Universitäten in Deutschland, Russland, Frankreich und Großbritannien während des Ersten Weltkriegs siehe Trude Maurer (Hg.), Kollegen-Kommilitonen-Kämpfer: Europäische Universitäten im Ersten Weltkrieg, Stuttgart 2006; sowie Notker Hammerstein, The First World War and Its Consequences, in: Walter Rüegg (Hg.), A History of the Universities in Europe, Bd. 3, Cambridge 2004, S. 641–645.
36 Stuart Wallace, War and the Image of Germany: British Academics 1914–1918, Edinburgh 1988.
37 Siehe Thomas Mann, Betrachtungen eines Unpolitischen, Berlin 1918.
38 Chickering, Lamprecht, S. 439.
39 Novick, That Noble Dream, Kap. 5, »Historians on the Home Front«, S. 11–132.
40 Hans Schleier, Veit Valentin, in: Die bürgerliche Geschichtsschreibung der Weimarer

Republik, Berlin (Ost) 1975, S. 346-398; Elisabeth Fehrenbach, Veit Valentin, in: Wehler (Hg.), Deutsche Historiker, Bd. 1, S. 69-85.

41 Der volle Wortlaut und die Namen der 93 Unterzeichner finden sich unter http://de.wikipedia.org/wiki/Manifest_der_93.

42 Albert Einstein, Aufruf an die Europäer (zus. mit G. F. Nicolai u. F. W. Förster), Mitte Oktober 1914, in: The Collected Papers of Albert Einstein, 8 Bde., Princeton 1987-2002, Bd. 6, S. 28-29.

43 Ringer, Die Gelehrten.

44 José Ortega y Gasset, La rebelión de las masas, Madrid 1929 [dt. Der Aufstand der Masse, Stuttgart 1931].

45 Jeffrey Herf, Reactionary Modernism: Technology, Culture and Politics in Weimar Germany and the Third Reich, Cambridge 1986.

46 Jack Roth, The Cult of Violence: Sorel and the Sorelians, Berkeley 1980.

47 Erschienen Bd. 1, Wien 1918; Bd. 2, München 1923.

48 Siehe aber Mary Beard (Hg.), America through Women's Eyes, New York 1933.

49 Siehe William A. Dunning, Reconstruction, Political and Economic, New York 1907.

50 W. E. B. Du Bois, Black Reconstruction in America: An Essay on the Role which Black Folks Played in the Attempt to Reconstruct Democracy in America 1860-1920, New York 1935.

51 W. E. B. Du Bois, The Propaganda of History, in: ders., Black Reconstruction: An Essay toward a History of the Part which Black Folk Played in the Attempt to Reconstruct Democracy in America, 1860-1880, New York 1956, S. 711-729.

52 Arthur Lovejoy, The Great Chain of Being: A Study of the History of an Idea, Cambridge, MA 1936.

53 Vgl. Anm. 41.

54 Gerhard A. Ritter (Hg.), Friedrich Meinecke – Akademischer Lehrer und emigrierte Schüler. Brief und Aufzeichnungen 1910-1977, München 2006.

55 Mario Keßler, Deutsche Historiker im Exil (1933-1945), Berlin 2005; Gabriele Eakin-Thimme, Geschichte im Exil. Deutschsprachige Historiker nach 1933, München 2005; Peter T. Walther, Von Meinecke zu Beard? Die nach 1933 in die USA emigrierten Neuhistoriker, Ph. D. Dissertation, State University of New York at Buffalo, 1989. Siehe auch Axel Fair-Schulz u. Mario Keßler (Hg.), German Scholars in Exile, Lanham 2011.

56 Hans Schleier, Hedwig Hintze, in: ders., Bürgerliche Geschichtsschreibung, S. 272-303; Steffen Kaudelka, Rezeption im Zeitalter der Konfrontation. Französische Geschichtswissenschaft und Geschichte in Deutschland 1920-1940, Göttingen 2003, S. 241-408; Peter Th. Walther, Die Zerstörung eines Projekts. Hedwig Hintze, Otto Hintze und Friedrich Meinecke, in: Gisela Bock u. Daniel Schönpflug (Hg.), Friedrich Meinecke in seiner Zeit, Stuttgart 2006, S. 211-226; Peter Th. Walther, Hedwig Hintze in den Niederlanden 1939-1942, in: Keßler, Deutsche Historiker im Exil, S. 197-222; ebenso Otto u. Hedwig Hintze, Verzage nicht und laß nicht ab zu kämpfen: die Korrespondenz 1929-1940, Essen 2004. Peter Th. Walther ist sich in seinem Aufsatz nicht sicher ob ihr Tod ein Selbstmord war.

57 Vgl. Willi Oberkrome, Volksgeschichte: Methodische Innovation und völkische Ideologisierung in der deutschen Geschichtswissenschaft, Göttingen 1993; Winfried Schulze, Deutsche Geschichtswissenschaft nach 1945, München 1989, Kap. 17.

58 Werner Conze, Hirschenhof: die Geschichte einer deutschen Sprachinsel in Livonien, Berlin 1934.

59 Ingo Haar u. Michael Fahlbusch, German Scholars and Ethnic Cleansing 1920-1945, New York 2005.

60 Edoardo Tortarolo, Objectivity and Opposition: Some Emigré Historians in the 1930s and Early 1940s, in: Q. Edward Wang u. Franz Fillafer (Hg.), The Many Faces of Clio: Cross-cultural Approaches to Historiography, New York 2007, S. 59-70.
61 William O. Oldsen, The Historical and Nationalistic Thought of Nicolae Iorga, Boulder 1973. Iorga wurde 1893 von Karl Lamprecht promoviert. Er war gar kein Demokrat, sondern Mitglied einer antisemitischen, fremdenfeindlichen Partei, wurde aber offenbar wegen seines Zerwürfnisses mit der faschistischen Eisernen Garde und seinem Widerstand gegen die Vereinnahmung Rumäniens durch die Deutschen im November 1940 ermordet.
62 Vgl. T. Sanders, Soviet Historiography, in: Daniel Woolf (Hg.), A Global Encyclopedia of Historical Writing, New York 1998, S. 854-856; Yuri L. Bessmertny, August 1991 as Seen by a Moscow Historian, or the Fate of Medieval Studies in the Soviet Era, in: American Historical Review, Bd. 97, Nr. 2, Juni 1992, S. 803-816.
63 Siehe Antonio Gramsci, Gefängnishefte, hg. v. Klaus Bochmann u. Wolfgang Fritz Haug, 10 Bde., Hamburg 1991 ff.; David Forgacs (Hg.), Antonio Gramsci: Selected Writings 1916-1935, New York 1988.
64 Lucien Febvre, Philippe II et la Franche-Comté, étude d'histoire politique, religieuse et morale, Paris 1911; und davor La Franche-Comté, Paris 1905.
65 Marc Bloch, Die wundertätigen Könige, München 1998.
66 Bernard Lewis, History Writing and National Revival in Turkey, in: From Babel to Dragomans: Interpreting the Middle East, London 2004, S. 425-426.

Kapitel 5: Nationalistische Geschichtsschreibung in aller Welt

1 Bernard Lewis, The Emergence of Modern Turkey, London 1968, S. 181-182; ebenso Selçuk Akşin Somel, The Modernization of Public Education in the Ottoman Empire, 1839-1908: Islamization, Autocracy and Discipline, Leiden 2001.
2 Carter Vaughn Findley, An Ottoman Occidentalist in Europe: Ahmed Midhat Meets Madame Gulnar, 1889, in: American Historical Review, Jg. 103, Bd. 1, Feb. 1998, S. 15-49.
3 Lewis, Emergence of Modern Turkey, S. 189-191 u. S. 333-343; Erik J. Zürcher, Turkey: A Modern History, London 1993, S. 71 f.
4 Jack A. Crabbs Jr., The Writing of History in Nineteenth-century Egypt: A Study in National Transformation, Kairo 1984, S. 156-162; Thomas Mayer, The Changing Past: Egyptian Historiography of the Urabi Revolt, 1882-1983, Gainesville 1988, S. 7-8.
5 Supraiya Faroqhi, Approaching Ottoman History: An Introduction to the Sources, Cambridge 1999, S. 176; Geoffrey Barraclough, Main Trends in History, New York 1979, S. 128.
6 Siehe Lewis, Emergence of Modern Turkey, S. 333 und 343.
7 Bernard Lewis, History Writing and National Revival in Turkey, in: ders., From Babel to Dragomans: Interpreting the Middle East, London 2004, S. 424-426; sowie Alastair Bonnett, Makers of the West: National Identity and Occidentalism in the Work of Fukuzawa Yukichi and Ziya Gökalp, in: Scottish Geographical Journal, Bd. 118, Nr. 3, 2000, S. 165-182.
8 Lewis, History Writing and National Revival in Turkey, S. 425-426; Ercüment Kuran, Ottoman Historiography of the Tanzimat Period, in: Bernard Lewis u. P. M. Holt (Hg.), Historians of the Middle East, Oxford 1962, S. 428-429.
9 Speros Vryonis Jr., The Turkish State and History: Clio meets the Grey Wolf, Thessaloniki 1991, S. 68-69.
10 Nancy Elizabeth Gallagher (Hg.), Approaches to the History of the Middle East: Interviews with Leading Middle East Historians, Reading 1994, S. 154.

11 Siehe Cemal Kafadar, Between Two Worlds: The Construction of the Ottoman State, Berkeley 1996, S. 33.
12 Vryonis, Turkish State and History, S. 70–77.
13 Vgl. Kafadar, Between Two Worlds, S. 35–44. Ebenso Leslie Peirce, Changing Perceptions of the Ottoman Empire: The Early Centuries, in: Mediterranean Historical Review, Bd. 19, Nr. 1, Juni 2004, S. 6–28.
14 Siehe Bonnett, Makers of the West.
15 Crabbs, Writing of History in Nineteenth-century Egypt, S. 186–188; Gamal el-Din el-Shayyal, Historiography in Egypt in the Nineteenth Century, in: Lewis u. Holt, Historians of the Middle East, S. 414–416.
16 Crabbs, Writing of History in Nineteenth-century Egypt, S. 188–192; Donald M. Reid, Cairo University and the Making of Modern Egypt, Cambridge 1990, S. 22–24.
17 Siehe Crabbs, Writing of History in Nineteenth-century Egypt, S. 153.
18 Ebd., S. 191; Reid, Cairo University, S. 35–37.
19 Siehe Reid, Cairo University, S. 83.
20 Anthony Gorman, Historians, State and Politics in Twentieth-century Egypt: Contesting the Nation, London 2003, S. 21.
21 Youssef M. Choueiri, Modern Arab Historiography: Historical Discourse and the Nation-State, London 2003, S. 77.
22 Zitiert nach: Gorman, Historians, State and Politics in Twentieth Century Egypt, S. 27.
23 Jack Crabbs Jr., Politics, History, and Culture in Nasser's Egypt, in: International Journal of Middle East Studies, Bd. 6, Nr. 4, Okt. 1975, S. 389. Dieser Einschätzung wird allerdings widersprochen in Youssef Choueiris Modern Arab Historiography, weil Ibrahim Sabris Arbeiten durch sein politisches Engagement für die Wafd-Partei beeinträchtigt seien, siehe S. 77–78.
24 Vgl. Lewis, History Writing and National Revival in Turkey, S. 428.
25 Siehe Choueiri, Modern Arab Historiography, S. 71–72; Marion Farouk-Sluglett u. Peter Sluglett, The Historiography of Modern Iraq, in: The American Historical Review, Bd. 96, Nr. 5, Dez. 1991, S. 1408–1421; ebenso Barraclough, Main Trends in History, S. 128–129.
26 Firuz Kazemzadeh, Iranian Historiography, in Lewis u. Holt, Historians of the Middle East, S. 430–432. Zum Streben iranischer Denker und Historiker nach Modernität, siehe Farzin Vahdat, God and Juggernaut: Iran's Intellectual Encounter with Modernity, Syracuse 2002, S. 25–128.
27 Zu diesem Thema und zum Pharaonismus der 1920 Jahre, siehe Donald M. Reid, Whose Pharaohs? Archaeology, Museums, and Egyptian National Identity from Napoleon to World War I, Berkeley 2002.
28 Mayer, Changing Past, S. 10–27.
29 Joan Judge, Print and Politics: »Shibao« and the Culture of Reform in Late Qing China, Stanford 1996.
30 Douglas Reynolds, China, 1898–1912: The Xinzheng Revolution and Japan, Cambridge, MA 1993.
31 Siehe Joshua Fogel (Hg.), The Role of Japan in Liang Qichao's Introduction of Modern Western Civilization to China, Berkeley 2004; Paula Harrell, Sowing the Seeds of Change: Chinese Students, Japanese Teachers, 1895–1905, Stanford 1992.
32 Liang Qichao, Xin shixue [Neue Historiografie], in: ders., Liang Qichao shixue lunzhu sanzhong [Liang Qichaos drei Werke zur Geschichte], Hong Kong 1980, S. 3–9. Zitiert nach: Q. Edward Wang, Inventing China through History: The May Fourth Approach to Historiography, Albany 2001, S. 42–50.

33 Liang, Xin shixue, S. 10-15; vgl. Xiaobing Tang, Global Space and the Nationalist Discourse of Modernity: The Historical Thinking of Liang Qichao, Stanford 1996.
34 Siehe Q. Edward Wang, China's Search for National History, in: Q. Edward Wang u. Georg G. Iggers (Hg.), Turning Points in Historiography: A Cross-Cultural Perspective, Rochester 2002, S. 185-203; Vgl. auch Yü Ying-shih, Changing Conceptions of National History in Twentieth-Century China, in: Erik Lönnroth u. a. (Hg.), Conceptions of National History, Berlin 1995, S. 155-174; sowie Zheng Shiqu, WanQing guocui pai: wenhua sixiang yanjiu [Die Schule der nationalen Essenz in der späten Qing-Zeit: Eine Studie zur Geistesgeschichte], Beijing 1997, S. 161-237.
35 Hu Fengxiang u. Zhang Wenjian, Zhongguo jindai shixue sichao yu liupai [Trends und Schulen in der modernen chinesischen Geschichtsschreibung], Shanghai 1991, S. 256-271.
36 Hu Shih (Shi), The Development of the Logical Method in Ancient China, New York 1936 (Nachdruck); ders., Shiyan zhuyi [Experimentalismus]); ders., Du Wei xiansheng yu Zhongguo [Mr. Dewey und China]; ders., Qingdai xuezhe de zhixue fangfa [Die Forschungsmethoden der Qing-Gelehrten], alle in: ders., Wenti yu zhuyi [Probleme und Ismen], Taipei 1986. Vgl. Wang, Inventing China through History, S. 53-66.
37 Anthony Grafton, Defenders of the Texts: the Traditions of Scholarship in an Age of Science, 1450-1800, Cambridge, MA 1991; Hu Shih (Shi), The Chinese Renaissance, New York 1963 (Nachdruck, ursprünglich 1934); und Jerome Grieder, Hu Shih and the Chinese Renaissance: Liberalism in the Chinese Revolution, 1917-37, Cambridge, MA 1970.
38 Gu Jiegang (Ku Chieh-kang), The Autobiography of a Chinese Historian, übers. v. Arthur Hummel, Leiden 1931; und Gu Jiegang, Huangdi [Gelber Kaiser], in: Shilin zashi chubian [Essays im Wald der Geschichte], Beijing ¹1963. Vgl. auch Laurence Schneider, Ku Chie-kang and China's New History: Nationalism and the Quest for Alternative Traditions, Berkeley 1971; Tze-ki Hon, Ethnic and Cultural Pluralism: Gu Jiegang's Vision of a New China in His Studies of Ancient History, in: Modern China, Bd. 22, Nr. 3, Juli 1996, S. 315-339.
39 Gu, Autobiography of a Chinese Historian, S. 65-66.
40 Siehe Qian Wanyue, »Cenglei de zaocheng shuo« yu »jiashang yuanze« [»Theorie der graduellen Expansion« und das »Prinzip der Hinzufügung«], in: Gu Chao (Hg.), Gu Jiegang xueji [Essays über Gu Jiegangs Gelehrsamkeit], Beijing 2002, S. 195-200.
41 Fan-sen Wang, Fu Ssu-nien: A Life in Chinese History and Politics, Cambridge 2000, S. 114-125; Wang, Inventing China through History, S. 121-129.
42 Margaret Mehl, History and the State in Nineteenth-century Japan, New York 1998, S. 140-147; Nagahara Keiji, 20 seiki Nihon no rekishigaku [Japanische Historiografie im 20. Jahrhundert], Tokyo 2005, S. 54-56.
43 Hyung Il Pai, Constructing »Korean« Origins: A Critical Review of Archaeology, Historiography, and Racial Myth in Korean State-Formation Theories, Cambridge, MA 2000, S. 35-41.
44 Hugh Borton, Modern Japanese Economic Historians, in: W. G. Beasley u. E. G. Pulleyblank (Hg.), Historians of China and Japan, Oxford 1961, S. 288-306.
45 Naramoto Tatsuya, Bunka shigaku [Kulturgeschichte], in: Association of Historical Research and Association of the Study of Japanese History (Hg.), Nihon rekishi Kōza [Vorlesungen zur japanischen Geschichte], Tokyo 1968, Bd. 8, S. 221-245; Nagahara, 20 seiki Nihon no rekishigaku.
46 Ueda Masaaki, Tsuda shigaku no honshitsu to kadai [Zur Natur und Thematik von Tsudas Historiografie], in Nihon rekishi Kōza, S. 247-288; Masubuchi Tatsuo, Nihon no kindai shigakushi ni okeru Chūkoku to Nihon: Tsuda Sōkichi to Naitō Konan [China

und Japan in der modernen japanischen Historiografie: Tsuda Sōkichi und Naitō Konan], Tokyo 2001, S. 16 f.
47 Yong-ha Shin, Modern Korean History and Nationalism, übers. v. N. M. Pankaj, Seoul 2000, S. 223–272; Chow Tse-tsung, The May Fourth Movement: Intellectual Revolution in Modern China, Cambridge, MA 1960; und Vera Schwarcz, The Chinese Enlightenment: Intellectuals and the Legacy of the May Fourth Movement of 1919, Berkeley 1986.
48 Pai, Constructing »Korean« Origins, S. 35–56.
49 Ebd., S. 261–262.
50 Ebd., S. 63 f.
51 Martina Deuchler, The Confucian Transformation of Korea: A Study of Society and Ideology, Cambridge, MA 1992, S. 107 f.
52 Pai, Constructing »Korean« Origins, an verschiedenen Stellen.
53 Chizuko T. Allen, Northeast Asia Centered around Korea: Ch'oe Namson's View of History, in: Journal of Asian Studies, Bd. 49, Nr. 4, Nov. 1990, S. 787–806.
54 Ebd., S. 794, Anm. 5; Shin, Modern Korean History and Nationalism, S. 214. Vgl. Boudewijin Walraven, The Parliament of Histories: New Religions, Collective Historiography, and the Nation, in: Korean Studies, Bd. 25, Nr. 2, 2002, S. 157–178.
55 Allen, Northeast Asia Centered around Korea, S. 789; Shin, Modern Korean History and Nationalism, S. 211.
56 Remco E. Breuker, Contested Objectivities: Ikeuchi Hiroshi, Kim Sanggi and the Tradition of Oriental History (Tōyō shigaku) in Japan and Korea, in: East Asian History, Bd. 29, Juni 2005, S. 69–106.
57 Pai, Constructing »Korean« Origins, S. 65.
58 P. J. Honey, Modern Vietnamese Historiography, in: D. G. E. Hall (Hg.), Historians of South East Asia, Oxford 1961, S. 94–104.
59 Ebd.
60 Tōyama Shigeki, Yuibutsu shikan shigaku no seiritsu [Das Establishment der materialistischen Historiografie], in: Nihon rekishi Kōza, S. 289–323; Nagahara, 20 seiki Nihon no rekishigaku, S. 88–101.
61 Takamure Itsue, Bokeisei no kenkyū [Eine Studie über das Matriarchat], Tokyo 1938; Eiji Oguma, A Genealogy of »Japanese« Self-images, übers. v. David Askew, Melbourne 2002, S. 156–171.
62 Zu Nishida Kitarōs Rolle bei der Rechtfertigung des japanischen Militarismus gibt es unterschiedliche Ansichten. Eine jüngere und knapp zusammengefasste Diskussion zum Thema liefert Christopher S. Goto-Jones, Political Philosophy in Japan: Nishida, the Kyoto School, and Co-Prosperity, London 2005.
63 M. K. Gandhi, My Jail Experiences-XI, in: Young India, 11. September 1924. Zitiert nach: Gesammelte Werke auf CDRom.
64 Vgl. Michael Gottlob (Hg.), Historisches Denken im modernen Südasien, Frankfurt a. M. 2002, S 57.
65 Siehe Stefan Berger (Hg.), Writing the Nation: Towards Global Perspectives, Houndmills 2007, darin die Einleitung und andere Kapitel, insbesondere die Teile über Ost- und Südostasien in diesem Buch, das von ähnlichen Spannungen in der nationalistischen Historiografie in anderen Teilen der Welt berichtet.
66 Dipesh Chakrabarty, The Birth of Academic Historical Writing in India, in: Stuart Macintyre u. a. (Hg.), The Oxford History of Historical Writing, Bd. 4: 1800–1945, Oxford 2011. Siehe auch Stephen Bann, The Clothing of Clio: A Study of the Representation of History in Nineteenth Century Britain and France, Cambridge 1984.
67 Vinay Lal hat darauf hingewiesen, dass die Rolle der »Gita« für das nationalistische

Gedankengut im Einzelnen noch erforscht werden muss. Siehe Lal, The History of History, S. 76, Anm. 98.
68 Nach dem Entstehen des neuen Staates Maharshtra 1960 wurde Shivaji in mehreren von Historikern verfassten Publikationen als Vater des »Staat der Maratha« und als »Architekt der Freiheit« gepriesen. Eine kritische, von der Hagiografie abweichende Darstellung Shivajis stieß bei der kommunalen Pro-Shivajis-Fraktion auf massiven Widerstand. 1974 wurde ein Marathi-Historiker sogar von der Marathwada-Universität verwiesen, weil er einige der Shivaji-Mythen angezweifelt hatte (vgl. Lal, the History of Historie, S. 105). 2003 nach Erscheinen des Buches *Shivaji* von James Laine wurden indische Wissenschaftler, die Laines Thesen unterstützten, massiv bedrängt und wissenschaftliche Institution in Maharashtra, wie etwa das Bhandarkar-Institut mit seinen reichen Archivbeständen, verwüstet. Die damalige Regierung von Maharashtra forderte die Verhaftung von Laine, einem Professor für Religionswissenschaft am Macalaster College in Minnesota.
69 Zitiert nach: Michael Gottlob, India's Unity in Diversity as a Question of Historical Perspective, in: Economic and Political Weekly, 3. März 2007.
70 Zitiert nach: Gottlob, Historisches Denken im modernen Südasien, S. 241.
71 Sarkar, Writing Social History, S. 32.
72 Bipan Chandra, Nationalist Historians' Interpretations of the Indian Nationalist Movement, in: Sabyasachi Bhattacharya u. Romila Thapar (Hg.), Situating Indian History: For Sarvapalli Gopal, Delhi 1986, S. 197.
73 Zitiert nach: Lal, The History of History, S. 98.
74 Für seine Studie konsultierte Sumit Sarkar Materialien in acht Sprachen, einschließlich Persisch, Marathi, Hindi, Sanskrit, Englisch, Französisch, Holländisch und Portugiesisch.
75 Zitiert nach: Chakrabarty, The Birth of Academic Historical Writing, S. 531.
76 Zitiert nach: ebd.
77 Kumkum Chatterjee, The King of Controversy, S. 1458.
78 Ebd., passim; ders., The Cultures of History, S. 255–256.
79 Sarkar, Writing Social History, S. 25.
80 Chatterjee, The King of Controversy, S. 1462.
81 Ebd., S. 1464.
82 Chakrabarty, The Birth of Academic Historical Writing, S. 523.
83 Sarkar, Writing Social History, S. 34–35.
84 C. A. Bayly, Modern Indian Historiography, in: Michael Bentley (Hg.), Companion to Historiography, London 1997, S. 682.
85 Zitiert nach: Gottlob, Historisches Denken im modernen Südasien, S. 75.
86 Ebd., S. 56.
87 Jawaharlal Nehru, The Discovery of India, Oxford 1988, S. 58.
88 Die Herausgabe von Gandhis Collected Works in 100 Bänden war 1994 abgeschlossen und ist jetzt auf CD Rom erhältlich.
89 Lal, The History of History, S. 85.
90 Chandra, Nationalist Historians' Interpretations, S. 197; Lal, The History of History, S. 86.
91 Lal, The History of History, S. 92.
92 Laut Majumdar seien andere alte Zivilisationen und Kulturen untergegangen, während es in Indien eine Kontinuität von Geschichte und Zivilisation gegeben habe.
93 Die muslimische Periode war, um ihn erneut zu zitieren, »was die hinduistische Zivilisation anbelangt die dunkelste Phase einer langen Nacht, eine Dunkelheit, die bis heute andauert.« Zitiert nach: Lal, The History of History, S. 95.
94 Bayly, Modern Indian Historiography, S. 683.

95 Anil Seal, The Emergence of Indian Nationalism: Competition and Collaboration in the Later Nineteenth Century, Cambridge 1968.
96 Chandra, Nationalist Historians' Interpretations, S. 206–207.
97 Sarkar, Writing Social History, S. 39.

Kapitel 6: Neue Herausforderungen in der Nachkriegszeit

1 Peter Novick, That Noble Dream: The »Objectivity Question« and the American Historical Profession, Cambridge 1988; John Higham, History: Professional Scholarship in America, Baltimore 1983.
2 Zur Consensus School siehe Ernst Breisach, Historiography: Ancient, Medieval, and Modern, Chicago 1983, S. 388–391; Bernard Sternsher, Consensus, Conflict, and American Historians, Bloomington 1975; David S. Brown, Richard Hofstadter: An Intellectual Biography, Chicago 2006.
3 Carl Hempel, Aspects of Scientific Explanation and Other Essays in the Philosophy of Science, New York 1965.
4 Siehe Paul Arthur Schilpp (Hg.), The Philosophy of Karl Popper, 2 Bde., La Salle, IL 1974.
5 Karl Marx, Das Kapital, Bd. 1, Leipzig 1929, S. 2.
6 Francis Fukuyama, The End of History?, in: The National Interest, Nr. 16, Sommer 1989, S. 3–18; ders., The End of History and the Last Man, New York 1992; ders., Reflections on the End of History, Five Years Later, in: History and Theory, Bd. 34, Nr. 2, 1995, S. 27–43.
7 William A. Dunning, Reconstruction: Political and Economic 1865–1877, New York 1907.
8 Siehe Ulrich Phillips, American Negro Slavery: A Survey of the Supply, Employment and Control of Negro Labor as Determined by the Plantation Regime, New York 1918.
9 Gabriel Kolko, The Triumph of Conservatism: A Reinterpretation of American History 1900–1916, New York 1963.
10 Siehe Breisach, Historiography on New Left Historians, S. 391–393.
11 Siehe Joseph M. Siracusa, Radical History (United States), in: Daniel Woolf (Hg.), A Global Encyclopedia of Historical Writing, New York 1998, S. 757–758, mit Bibliografie.
12 Traian Stoianovich, French Historical Method: The Annales Paradigm, Ithaca 1976.
13 Peter Burke, Offene Geschichte: Die Schule der Annales, Berlin 1991, S. 7. Siehe auch André Burguière, The Annales School: An Intellectual History, Ithaca 2009.
14 Ebd., S. 35.
15 Zweite erweiterte Auflage in zwei Bänden 1966.
16 Paul Vidal de la Blache, Principes de géographie humaine, Paris 1922.
17 Der russische Wirtschaftswissenschaftler Kondratjew starb wahrscheinlich 1930 oder 1931 in einem sowjetischen Gefängnis.
18 Pierre Chaunu, Séville et l'Atlantique, 12 Bde., Paris 1955–1960.
19 Fernand Braudel, Sozialgeschichte des 15.–18. Jahrhunderts, München 1985–1986 (Bd. 1, Der Alltag, 1985; Bd. 2, Der Handel, 1986; Bd. 3, Aufbruch zur Weltwirtschaft, 1986).
20 Fernand Braudel, Frankreich, Stuttgart 2009, Bd. 1, Raum und Geschichte.
21 Ernest Labrousse, Esquisse du mouvements des prix et des revenus, Paris 1933.
22 François Simiand, Méthode historique et sciences sociales, in: Revue de synthèse historique, Bd. 6, 1903, S. 1–22; ders., Recherches anciennes et nouvelles sur le mouvement général des prix du XVIe au XIXe siècle, Paris 1932.

23 Charles Morazé, Das Gesicht des 19. Jahrhunderts: Die Entstehung der modernen Welt, Düsseldorf 1959.
24 Marc Ferro, La révolution russe de 1917, Paris 1967; ders., Der große Krieg 1914-1918, Frankfurt 1988.
25 Pierre Goubert, Beauvais et le Beauvaisis de 1600 à 1730, Paris 1960; ders., Ludwig XIV. und zwanzig Millionen Franzosen, Berlin 1973.
26 Hayami Akira, Kinsei noson no rekishi jinkogakuteki kenkyu [Historisch-demografische Studie über das Leben auf dem Land in der Moderne], Tokyo 1973. Außerdem wirkte Hayami an einer vom japanischen Innenministerium erstellten mehrbändigen Studie über japanische Bevölkerungszahlen mit; siehe Kokusei chosa izen Nihon jinko tokei shusei [Zahlen zur japanischen Bevölkerung vor Einführung der Volkszählung], Tokyo 1992.
27 Über frühkapitalistische Ansichten und Verhaltensweisen siehe Robert Mandrou, Die Fugger als Grundbesitzer in Schwaben 1500-1618, Göttingen 1997; über die Psychologie des frühneuzeitlichen Frankreich siehe ders., Introduction à la France moderne 1500-1640, essai de psychologie historique, Paris 1974; über Volkskultur siehe ders., De la culture populaire aux 17e et 18e siècles, Paris 1964; über Hexen und Justiz siehe ders., Magistrats et sociers en France au 17e siècle, Paris 1968.
28 Michel Vovelle, Piété baroque et déchristianisation, Paris 1973; Pierre Chaunu u. a. (Hg.), La Mort à Paris, Paris 1978.
29 Georg G. Iggers, Deutsche Geschichtswissenschaft. Eine Kritik der traditionellen Geschichtsauffassung von Herder bis zur Gegenwart, München 1971.
30 Siehe Jan Eckel, Hans Rothfels: Eine intellektuelle Biografie im 20. Jahrhundert, Göttingen 2005.
31 Gerhard Ritter, Scientific History, Contemporary History, and Political Science, in: History and Theory, Bd. 1, 1962, S. 261-279.
32 Gerhard Ritter, Carl Gördeler und der deutsche Widerstand, Stuttgart 1954; Hans Rothfels, die deutsche Opposition gegen Hitler, Krefeld 1949; Jan Eckel, Hans Rothfels.
33 Siehe Winfried Schulze, Deutsche Geschichtswissenschaft nach 1945, München 1989; bes. Kap. 16, Von der »politischen Volksgeschichte« zur »neuen Sozialgeschichte«, S. 281-301.
34 Zur Rolle deutscher Historiker wie Werner Conze und Theodor Schieder unter den Nationalsozialisten und zu ihren Studenten nach dem Krieg siehe Rüdiger Hohls u. Konrad H. Jarausch (Hg.), Versäumte Fragen: Deutsche Historiker im Schatten des Nationalsozialismus, Stuttgart 2000.
35 Siehe Georg G. Iggers (Hg.), The Social History of Politics: Critical Perspectives in West German Historical Writing since 1945, Leamington Spa 1985.
36 Hans-Ulrich Wehler, Das deutsche Kaiserreich, Göttingen 1973, S. 17.
37 Frederick C. Beiser, The German Historicist Tradition, Oxford 2011; Iggers, Deutsche Geschichtswissenschaft; ders., Historicism: The History and Meaning of the Term, in: Journal of the History of Ideas, Bd. 56, 1995, S. 129-152.
38 Siehe Martin Jay, Dialektische Phantasie: Die Geschichte der Frankfurter Schule und des Instituts für Sozialforschung 1923-1950, Frankfurt 1976; John Abromeit, Max Horkheimer and the Foundations of the Frankfurt School, Cambridge 2011.
39 Eckart Kehr, Schlachtflottenbau und Parteipolitik 1894-1901, Berlin 1930 (Nachdruck 1966).
40 Eckart Kehr, Das Primat der Innenpolitik, Gesammelte Aufsätze zur preußisch-deutschen Sozialgeschichte im 19. und 20. Jahrhundert, Berlin 1965.
41 Fritz Fischer, Der Griff nach der Weltmacht, Düsseldorf 1961.
42 Siehe Geleitwort zur ersten Nummer 1975.

43 Denis Kozlov, Athens and Apocalypse: Writing History in Soviet Russia, in: Oxford History of Historical Writing, Bd. 5, Oxford 2011, S. 374-398.
44 Yuri Bessmertny, August 1991 as Seen by a Moscow Historian, or the Fate of Medieval Studies in the Soviet Era, in: American Historical Review, Bd. 97, Nr. 3, Juni 1992, S. 803-816.
45 Aaron J. Gurjewitsch, Représentations et attitudes à l'égard de la propriété pendant le Haut Moyen Age, in: Annales. Economies, Sociétés, Civilisations, Bd. 27, 1972, S. 523-548; später seine Studie zur Geburt des Individuums im mittelalterlichen Europa; zuvor erschien Wealth and Gift Bestowal among the Ancient Scandinavians, in: Scandinavica, Bd. 7, Nr. 2, 1968.
46 Englische Ausgaben: Medieval Popular Culture: Problems of Belief and Perception, New York 1988; Historical Anthropology of the Middle Ages, Chicago 1992; The Origins of European Individualism, Oxford 1995.
47 Witold Kula, Théorie économique du système féodal, pour un modèle polonaise, 16e-18e siècle, Vorwort von Fernand Braudel, Paris 1970.
48 Witold Kula, Miary y Ludzie, Warschau 1970.
49 Jürgen Kuczynski, Geschichte des Alltags des Deutschen Volkes (1600-1945), 6 Bde., Berlin (Ost) 1980-1982. Zur neuen Kulturgeschichte in Ostdeutschland in den 1980er Jahren siehe Georg G. Iggers (Hg.), Ein anderer historischer Blick. Beispiele ostdeutscher Sozialgeschichte, Frankfurt 1991.
50 Ebd., S. 38.
51 Dennis Dworkin, Marxism and Historiography, in: Woolf, Global Encyclopedia of Historical Writing, S. 599.
52 Siehe Alfred Cobban, The Social Interpretation of the French Revolution, New York 1964.
53 George Rudé, Paris and London in the Eighteenth Century: Studies in Popular Protest, London 1970; ders., The Crowd in the French Revolution, Oxford 1959; ders. mit Eric Hobsbawm, Captain Swing, London 1993.
54 Richard Cobb, The Police and the People: French Popular Protest 1789-1820, Oxford 1970.
55 Siehe Maurice Dobb, Entwicklung des Kapitalismus: Vom Spätfeudalismus bis zur Gegenwart, Köln 1970.
56 Eric Hobsbawm, Europäische Revolutionen: 1789-1848, Zürich 1962; ders., Die Blütezeit des Kapitals: Eine Kulturgeschichte der Jahre 1848-1875, Frankfurt 1980; ders., Das imperiale Zeitalter: 1875-1914, Frankfurt 2004; ders., Das Zeitalter der Extreme: Weltgeschichte des 20. Jahrhunderts, München 1998.
57 E. P. Thompson, Peculiarities of the English, in: The Poverty of Theory, London 1978.
58 Joan Wallach Scott, Women in The Making of the English Working Class in: dies., Gender and the Politics of History, New York 1988, S. 68-90.
59 Emmanuel Le Roy Ladurie, Die Bauern des Languedoc, Stuttgart 1983.
60 Emmanuel Le Roy Ladurie, Histoire du climat, Paris 1967.
61 Emmanuel Le Roy Ladurie, The Territory of the Historian, Chicago 1979, S. 15.
62 Emmanuel Le Roy Ladurie, Karneval in Romans: Von Lichtmess bis Aschermittwoch 1579-1580, Stuttgart 1982.
63 Geoffrey Barraclough, Main Trends in History, New York 1979, S. 89.
64 Robert Fogel u. Stanley Engerman, Time on the Cross, New York 1974.
65 Siehe Herbert Gutman, Slavery and the Numbers Game: A Critique of Time on the Cross, Urbana, IL 1975.
66 Robert Fogel u. Geoffrey Elton, Which Road to the Past? Two Views of History, New York 1983.
67 Le Roy Ladurie, Montaillou: ein Dorf vor dem Inquisitor 1294-1324, Frankfurt 1980.

68 Robert Finlay, The Refashioning of Martin Guerre, in: American Historical Review, Bd. 93, Nr. 3, Juni 1988, S. 553–571; Natalie Davis' Entgegnung: On the Lame, ebd., S. 572–603.
69 Natalie Zemon Davis, Die wahrhaftige Geschichte von der Wiederkehr des Martin Guerre, Berlin 2004, S. 20.
70 Lawrence Stone, The Revival of Narrative: Reflections on a New Old History, in: Past and Present, Bd. 85, Nov. 1979, S. 3–24.
71 Ebd., S. 9–19.
72 Siehe Peter Burke, Was ist Kulturgeschichte?, Bonn 2005.
73 Ebd., S. 111, wird auf diesbezügliche Äußerungen Roger Chartiers verwiesen.
74 Alfred Cobban, The Social Interpretation of the French Revolution, Cambridge 1965; siehe auch ders., Historians and the Causes of the French Revolution, London 1957.
75 François Furet, Le Catéchisme révolutionnaire, in: Annales. Economies, Sociétés, Civilisations, Bd. 26, 1971, S. 255–289.
76 François Furet, 1789. Vom Ereignis zum Gegenstand der Geschichtswissenschaft, Frankfurt 1980; siehe auch ders. u. Mona Ozouf (Hg.), The Transformation of Political Culture, 3 Bde., Oxford 1989.
77 Maurice Agulhon, La République au village, Paris 1970; zum politischen Symbolismus siehe ders., Marianne au combat, Paris 1979.
78 Mona Ozouf, La Fête révolutionnaire 1789–1799, Paris 1976.
79 Lynn Hunt, Symbole der Macht, Macht der Symbole: Die Französische Revolution und der Entwurf einer politischen Kultur, Frankfurt 1989, S. 9 der Danksagung.
80 Davis, Martin Guerre, S. 20.
81 Jean-François Lyotard, Das postmoderne Wissen: Ein Bericht, Graz 1986.
82 Keith Jenkins (Hg.), The Postmodern History Reader, London 2000, Introduction, S. 3, 4, 6.
83 Eric R. Wolf, Die Völker ohne Geschichte: Europa und die andere Welt seit 1400, Frankfurt 1986.
84 Claude Lévi-Strauss, Das wilde Denken, Frankfurt 1968.
85 Siehe z.B. Quentin Skinner, Foundations of Modern Political Thought, 2 Bde., Cambridge 1978.
86 Siehe z.B. John Pocock, The Macchiavellian Moment: Florentine Political Thought and the Atlantic Republican Tradition, Princeton 1975.
87 Otto Brunner, Werner Conze u. Reinhart Koselleck (Hg.), Geschichtliche Grundbegriffe, 8 Bde., Stuttgart 1972–1997; siehe auch Melvin Richter, The History of Political and Social Concepts: A Critical Introduction, New York 1995.
88 William Sewell, Work and Revolution in France: The Language of Labor from the Old Regime to 1848, Cambridge 1980.
89 Gareth Stedman Jones, Languages of class: Studies in English working class history 1832–1982, Cambridge 1983.
90 Thomas Childers, The Social History of Politics in Germany: The Sociology of Political Discourse in the Weimar Republic, in: American Historical Review, Bd. 95, Nr.2, 1990, S. 331–358.
91 Jacques Derrida, Grammatologie, Frankfurt 1974, S. 274.
92 Michel Foucault, What Is an Author?, in: José Harari (Hg.), The Foucault Reader, New York 1984, S. 101–120.
93 Vgl. Roland Barthes, The Discourse of History, in: Comparative Criticism. A Yearbook, Bd. 3, 1981, S. 3–28.
94 Hayden White, Metahistory: Die historische Einbildungskraft im 19. Jahrhundert in Europa, Frankfurt 1991, siehe Einleitung The Poetics of History, S. 1–42 (Hervorhebung im Original).

95 Hayden White, Auch Klio dichtet oder Die Fiktion des Faktischen: Studien zur Tropologie des historischen Diskurses, Stuttgart 1986, S. 102.
96 Saul Friedlander (Hg.), Probing the Limits of Representation: Nazism and the »Final Solution«, Cambridge, MA 1992.
97 Ebd., Christopher Browning, German Memory, S. 31.
98 Christopher Browning, Ganz normale Männer, Reinbek 1993.
99 Browning, German Memory, S. 31.
100 De Man schrieb im besetzten Belgien für eine mit den Nationalsozialisten kollaborierende Zeitung ausgesprochen antisemitische Artikel.
101 Joan Wallach Scott, On Language, Gender, and Working Class History, in: dies., Gender and the Politics of History, New York 1999, S. 53–67.
102 Giovanni Levi, On Microhistory, in: Peter Burke (Hg.), New Perspectives on Historical Writing, University Park, PA 1992, S. 93.
103 Ebd., S. 95.
104 Giovanni Levi, Das immaterielle Erbe: Eine bäuerliche Welt an der Schwelle zur Moderne, Berlin 1986.
105 Clifford Geertz, Dichte Beschreibung: Beiträge zum Verstehen kultureller Systeme, Frankfurt 1983, S. 7–43.
106 1988, im Endstadium der Sowjetunion, gründete Andrej Sacharow die Menschenrechtsorganisation Memorial, die u. a. Opfer des Stalinismus interviewte.
107 Lutz Niethammer, »Die Jahre weiss man nicht, wo man die heute hinsetzen soll«, Faschismuserfahrungen im Ruhrgebiet. Lebensgeschichte und Sozialkultur im Ruhrgebiet 1930 bis 1960, Berlin 1983.
108 Siehe Alan Confino, History and Memory, in: The Oxford History of Historical Writing, Oxford 2011, S. 36–53.
109 Pierre Nora (Hg.), Lieux de Mémoire, Paris 1986–1993.
110 Etienne François u. Hagen Schulze (Hg.), Deutsche Erinnerungsorte, München 2001.
111 Siehe Paul Ricoeur, Gedächtnis, Geschichte, Vergessen, München 2004.
112 Zu widersprüchlichen Erinnerungen im europäischen Gesamtrahmen siehe Arnd Bauerkämper (Hg.), Das umstrittene Gedächtnis: Die Erinnerung an Nationalsozialismus, Faschismus und Krieg in Europa seit 1945, Paderborn 2012.
113 Kurt Pätzold, Verfolgung, Vertreibung, Vernichtung: Dokumente des faschistischen Antisemitismus 1933–1942, Berlin (Ost) 1984.
114 Eine breitangelegte, ganz Europa umfassende komparative Studie zur Erinnerung an die jüngste Geschichte findet sich in: Bauerkämper, Das umstrittene Gedächtnis.
115 Geschichtswerkstatt und Werkstatt/Geschichte.
116 Siehe Bonnie Smith, The Gender of History: Men, Women, and Historical Practice, Cambridge, MA 1998.
117 Siehe Joan Wallach Scott, Women's History, in: Burke, New Perspectives on Historical Writing, S. 45.
118 Siehe Scott, Introduction, in: Gender and the Politics of History, S. 1–11.
119 Julie Des Jardins, Women's and Gender History in: Oxford History of Historical Writing, Oxford 2011.
120 Scott, Women's History, S. 56.
121 Siehe Robert Young (Hg.), Postcolonialism: A Historical Introduction, London 2001; Prasenjit Duara (Hg.), Decolonization: Perspectives from Now and Then, London 2004.
122 Frantz Fanon, Die Verdammten dieser Erde, Frankfurt 1966.
123 Siehe auch Immanuel Wallerstein, The Capitalist World Economy: Essays, New York 1979.

124 Siehe Edward W. Said, Am falschen Ort: Autobiografie, Berlin 2000.
125 Siehe Prasenjit Duara, Postcolonial History, in: Lloyd Kramer u. Sarah Maza, A Companion to Western Historical Thought, Malden, MA 2002, S. 418.
126 Ashis Nandy, History's Forgotten Doubles, in: History and Theory, Themenheft 34, S. 44; siehe auch Vinay Lal, Dissenting Knowledges, Open Futures: The Multiple Selves and Strange Destinations of Ashis Nandy, Delhi 2000.
127 Zur Subaltern Group siehe auch Vinay Lal, Subalterns in the Academy: The Hegemony of History, in: ders., The History of History: Politics and Scholarship in Modern India, Neu-Delhi 2003, S. 186-230; ebenso Dipesh Chakrabarty, Habitations of Modernity: Essays in the Wake of Subaltern Studies, Chicago 2002.
128 Ranajit Guha (Hg.), Subaltern Studies I: Writings on South Asian History and Society, Delhi 1982, S. 3.
129 Ranajit Guha, Elementary Aspects of Peasant Insurgency in Colonial India, Delhi 1983.
130 Gyan Prakash, Postcolonial Criticism and History: Subaltern Studies, in: Axel Schneider u. Daniel Woolf (Hg.), The Oxford History of Historical Writing, Bd. 5, Oxford 2012, S. 74-92.
131 Dipesh Chakrabarty, Postcoloniality and the Artifice of History: Who Speaks for the Indian Pasts?, in: Representation, Nr. 37, Winter 1992.
132 Ebd., S. 1.
133 Chakrabarty, Subaltern Studies.
134 Gyanendra Pandey, In Defence of the Fragment: Writing about Hindu-Muslim Riots in India Today, in: Representations Nr. 37, Winter 1992, S. 28-29.
135 Sarkar, The Decline of the Subaltern in: Subaltern Studies, S. 88-89.
136 Sugata Bose u. Ayesha Jalal, Modern South Asia: History, Culture, Political Economy, Delhi 1997, S. 9.
137 Ebd.
138 Ranajit Guha, An Indian Historiography of India: A Nineteenth Century Agenda and Its Implications, Calcutta 1988.
139 Dipesh Chakrabarty, Postcoloniality and the Artifice of History, S. 1.
140 Gyan Prakash, Postcolonial Criticism, S. 90.
141 Dipesh Chakrabarty, Provincializing Europe: Postcolonial Thought and Historical Difference, Princeton 2000, S. 5-6.
142 Zitiert nach: Latha Menon, Saffron Infusion: Hindutva, History and Education, in: History Today, Bd. 54, Nr. 8, Aug. 2004.
143 Marshall C. Eakin, Brazilian Historical Writing, in: Oxford History of Historical Writing, Bd. 5, Historical Writing Since 1945, Oxford 2011, S. 440-453; Joel Horowitz, Argentine Historical Writing in an Era of Political and Economic Instability, in: ebd., S. 422-439; Guillermo Zermeño Padilla, Mexican Historical Writing, in: ebd., S. 454-472.
144 Juan Maiguashca, Historians in Spanish South America: Cross References between Centre and Periphery, in: Oxford History of Historical Writing, Bd. 4, Historical Writing 1800-1945, Oxford 2011, S. 463-487; ders., Latin American Historiography (excluding Mexico and Brazil): The National Period, 1820-1990, in: Daniel Woolf, Global Encyclopedia of Historical Writing, New York 1998, S. 542-545; ebenso George L. Vásquez, Latin American Historiography (excluding Mexico and Brazil), ebd., S. 534-542.
145 Jurandir Malerba, La historia en América Latina: Ensayo de crítica historiográfico, Rosario 2010.
146 Jaume Aurell, Catalina Balmaceda, Peter Burke u. Felipe Soza, Comprender el pasado. Una historia de la escritura y pensamiento histórico, Madrid 2013.
147 Siehe George L. Vásquez, Latin American Historiography.

148 Felipe Soza Larrain, La Historiografía Latinoamericana in process of publication; zum 19. Jahrhundert siehe Germán Colmenares, Las Convenciones contra la Cultura: Ensayos sobre la Historiografía Hispanoamericana del Siglo XIX, Santiago de Chile 2006.
149 Juan Maiguashca, Latin American Historiography, S. 542–543.
150 Vgl. Joel Horowitz, Argentine Historical Writing, S. 422.
151 Siehe Gabriel Salazar Vergaras (geb. 1936) Versuch, in den chilenischen Studentenprotesten eine Fortführung des langen Kampfes zwischen Bevölkerung und ziviler bzw. militärischer Diktatur zu sehen.
152 Juan Maiguashca, Historians in Spanish South America: Cross References between Centre and Periphery, in: Oxford History of Historical Writing, Bd. 4, Oxford 2011, S. 482–484.
153 Siehe Peter Evans, Dependent Development: The Alliance of Multinational, State, and Local Capital, Princeton 1979.
154 Siehe z. B. Andre Frank, Capitalism and Underdevelopment in Latin America, in: Monthly Review, 1967; Vincent Ferrero, Dependency Theory: An Introduction, in: Giorgio Secondi (Hg.), The Development Economics Reader, London 2008, S. 58–64.
155 Juan Maiguashca, Latin American History: Rise, Fall and Resurrection, in: Storia della Storiografica 62/2 (2012), S. 108.
156 Siehe Florencia E. Mallon, The Promise and Dilemma of Subaltern Studies: Perspectives from Latin American History, in: American Historical Review, Bd. 99, Nr. 5, 1994, S. 1491–1515.
157 Siehe Alan Knight, Latin America, in: Michael Bentley (Hg.), Companion to Historiography, London 1997, S. 740.
158 Einen guten historischen und bibliografischen Überblick über historische Studien zu und in Afrika bietet Joseph C. Millers Rede als Präsident der American Historical Association von 1999, History and Africa/Africa and History, in: American Historical Review, Bd. 104, Nr. 1, 1999, S. 1–32; noch wichtiger und aktueller ist Toyin Falola, African Historical Writing, in: Oxford History of Historical Writing, Oxford 2011, S. 399–421. Dieser Abschnitt stützt sich weitgehend auf Tovin Falolas Artikel. Wir danken ihm, dass er den Entwurf zu diesem Abschnitt durchgesehen und kommentiert hat.
159 Zitiert nach: Toyin Falola, Nationalism and African Historiography, in: Q. Edward Wang u. Georg G. Iggers (Hg.), Turning Points in History. A Cross Cultural Perspective, Rochester 2002, S. 211–212.
160 Zitiert nach: Falola, African Historical Writing, S. 402; Rundfunkvortrag von Hugh Trevor-Roper, abgedruckt in: The Listener, 28. November 1963, S. 123.
161 Siehe den letzten Abschnitt über afrikanische Historiografie in: Markus Völkel, Geschichtsschreibung: Eine Einführung in globaler Perspektive, Köln 2006, S. 360–372; siehe auch UNESCO, General History of Africa, London 1978–2000.
162 David L. Lewis, W. E. B. Du Bois: Biography of a Race, 1868–1919, New York 1993; ebenso William Wright, The Socialism of W. E. B. Du Bois, Dissertation, State University of New York, Buffalo 1985.
163 Falola, Nationalism and African Historiography, S. 213.
164 Ebd., S. 214–215.
165 Der Begriff *négritude* geht auf Aimé Césaire (1913–2008) zurück.
166 Siehe J. F. Ade Ajayi u. E. J. Alagoa, Sub-Saharan Africa, in: Georg G. Iggers u. Harold T. Parker (Hg.), International Handbook of Historical Studies: Contemporary Research and Theory, Westport, CT 1979, S. 411.
167 Zu den Anfängen der akademischen Geschichte in Afrika siehe J. F. Ade Ajayi u. E. J. Alagoa (zwei der bedeutendsten Historiker der Ibadan-Schule), Sub-Saharan Africa; siehe auch Andreas Eckert, Historiker, ›nation building‹ und die Rehabilitierung der

afrikanischen Vergangenheit. Aspekte der Geschichtsschreibung in Afrika nach 1945, in: Wolfgang Küttler, Jörn Rüsen u. Ernst Schulin (Hg.), Geschichtsdiskurs, Bd. 5, Frankfurt 1999, S. 162-190.
168 Kenneth Onwuka Dike, The Trade and Politics in the Niger Delta 1830-1885: An Introduction to the Economic and Political History of Nigeria, Oxford 1956.
169 Siehe Falola, Nationalism and African Historiography; sowie Ajayi u. Alagoa, Sub-Saharan Africa.
170 UNESCO, General History of Africa; zur Zusammensetzung der Redaktion siehe Ajayi u. Alagoa, Sub-Saharan Africa, S. 417.
171 Siehe Ajayi u. Alagoa, Sub-Saharan Africa.
172 Siehe Andreas Eckert, Nationalgeschichtsschreibung und koloniales Erbe. Historiographien in Afrika in vergleichender Perspektive, in: Christoph Conrad u. Sebastian Conrad (Hg.), Die Nation schreiben. Geschichtswissenschaft im internationalen Vergleich, Göttingen 2002, S. 78-111.
173 Ebd., S. 96.
174 Ebd., S. 98.
175 Eckert, Nationalgeschichtsschreibung.
176 Ajayi u. Alagoa, Sub-Saharan Africa, S. 413.
177 David Birmingham, History in Africa, in: Bentley, Companion to Historiography, S. 692-708.

Kapitel 7: Das Entstehen des Islamismus und der Rückgang des Marxismus

1 Nagahara Keiji, 20 seiki Nihon no rekishigaku [Japanische Historiografie im 20. Jahrhundert], Tokyo 2005, S. 124-145; und Yoshiko Nozaki, War Memory, Nationalism and History in Japan: Ienaga Saburo and the History Textbook Controversy, 1945-2005, London 2005.
2 Ishimoda Sho, Chuseiteki sekai [Entstehen der mittelalterlichen Welt], Tokyo 1957. Vgl. Thomas Keirstaed, Inventing Medieval Japan: The History and Politics of National Identity, in: Medieval History Journal, Bd. 1, Nr.1, 1998, S. 47-71.
3 Toyama Shigeki, Meiji ishin [Meiji Restauration], Tokyo 1951; Inoue Kiyoshi, Nihon gendaishi [Moderne Geschichte Japans], Tokyo 1951.
4 Otsuka Hisao, Kindaika no rekishiteki kiten [Der Ausgangspunkt für die Geschichte der Modernisierung], Tokyo 1948; ders., Max Weber on the Spirit of Capitalism, übers. Kondō Masaomi, Tokyo 1976; Maruyama Masao, Studies in the Intellectual History of Tokugawa Japan, übers. v. Mikiso Hane, Tokyo 1974.
5 Araki Moriaki, Nihon hōken shakai seiritsu shiron [Historische Erörterung über die Bildung der japanischen Feudalgesellschaft], Tokyo 1984; ebenso Nagahara, 20 seiki Nihon no rekishigaku, S. 145-166 u. 178-180.
6 Siehe Kokusai rekishi kaigi Nihon kokunai iinkai [CISH/The Japanese National Committee](Hg.), Nihon ni okeru rekishigaku no hattatsu to genjō [Entwicklung und Stand der historischen Forschung in Japan], Tokyo 1959; und Nagahara, 20 seiki Nihon no rekishigaku, S. 193-195 u. 292.
7 Q. Edward Wang, Inventing China through History: The May Fourth Approach to Historiography, Albany 2001, S. 199-202; und Wang Qingjia, Taiwan shixue 50 nian, 1950-2000 [Fünfzig Jahre historische Forschung in Taiwan, 1950-2000], Taipei 2002, S. 3-42.
8 Siehe Guo Moruo, Zhongguo gudai shehui yanjiu [Studie zur Gesellschaft im alten

China], Beijing 1989; und ders., Shang Zhou guwenzi leizuan [Alte Inschriften aus Shang- und Zhou-Zeit], Beijing 1991.
9 Siehe Fan Wenlan, Zhongguo tongshi jianbian [Kurze allgemeine Geschichte Chinas], Beijing 1956; Q. Edward Wang, Between Marxism and Nationalism: Chinese Historiography and the Soviet Influence, 1949–1963, in: Journal of Contemporary China, Bd. 9, Nr. 23, 2000, S. 95–111. Vgl. auch Albert Feuerwerker (Hg.), History in Communist China, Cambridge, MA 1968; und Dorothea Martin, The Making of a Sino-Marxist World View: Perceptions and Interpretations of World History in the People's Republic of China, Armonk, NY 1990.
10 Ursula Richter, Gu Jiegang: His Last Thirty Years, in: China Quarterly, Bd. 90, Juni 1982, S. 286–295; Gu Chao, Lijie zhongjiao zhibuhui: wode fuqin Gu Jiegang [Entgegen allen Erwartung: mein Vater Gu Jiegang], Shanghai 1997; Wang Xuedian und Sun Yanjie, Gu Jiegang he tade dizimen [Gu Jiegang und seine Schüler], Ji'nan 2000.
11 Lu Jiandong, Chen Yinke de zuihou ershi nian [Chen Yinkes letzte zwanzig Jahre], Hong Kong 1996.
12 Wang, Between Marxism and Nationalism. Vgl. auch Feuerwerker, History in Communist China.
13 Tom Fisher, »The Play's the Thing«: Wu Han and Hai Rui Revisited, in: Jonathan Unger (Hg.), Using the Past to Serve the Present, Armonk, NY 1993, S. 9–45.
14 Nagahara, 20 seiki Nihon no rekishigaku, S. 169f.
15 Sebastian Conrad, What Time is Japan? Problems of Comparative (Intercultural) Historiography, in: History and Theory, Bd. 38, Nr. 1, 1999, S. 67–83.
16 Nagahara, 20 seiki Nihon no rekishigaku, S. 173–185; Takeuchi Yoshimi, What is Modernity? Writings of Takeuchi Yoshimi, übers. v. Richard Calichman, New York 2004.
17 Nagahara, 20 seiki Nihon no rekishigaku, S. 199–202.
18 Kawakatsu Heita, Bunmei no kaiyō shikan [Eine maritime Perspektive auf die Zivilisation], Tokyo 1997.
19 Siehe zum Beispiel Nakane Chie, Japanese Society, Berkeley 1970.
20 Nozaki, War Memory, Nationalism and History in Japan; und Hayashi Fusao, Dai Tōa sensō kōteiron [Über den Großen Krieg in Ostasien], Tokyo 1970.
21 Patricia M. Pelley, Postcolonial Vietnam: New Histories of the National Past, Durham 2002 an mehreren Stellen.
22 Ebd., S. 32–34 u. S. 36–40.
23 Ebd., S. 62–63. Vgl. auch Nguyên Thê Anh, Historical Research in Vietnam: A Tentative Survey, in: Journal of Southeast Asian Studies, Bd. 26, Nr. 1, März 1995, S. 121–132.
24 Hyung Il Pai, Constructing »Korean« Origins: A Critical Review of Archaeology, Historiography and Racial Myth in Korean State-Formation Theories, Cambridge, MA 2000, S. 268–270.
25 Ebd., S. 57f.
26 Nagahara, 20 seiki Nihon no rekishigaku, S. 247–257.
27 Ebd., 264–285; Nishio Kanji, Kokumin no rekishi [Geschichte der Nation], Tokyo 1999; und Nozaki, War Memory, Nationalism and History in Japan.
28 Amino Yoshihiko, Nihon chūsei no hi nōgyōmin to tennō, Tokyo 1984.
29 Kawakatsu Heita, Bunmei no kaiyō shikan u. ders., Bunkaryoku: Nihon no sokojikara [Kulturelle Macht: Japans Möglichkeiten], Tokyo 2006. Siehe auch Hamashita Takeshi u. Kawakatsu Heita (Hg.), Ajia kōekiken to Nihon kōgyōka, 1500–1900 [Die asiatische Handelssphäre und Japans Industrialisierung], Tokyo 2001. Einige ihrer Werke sind auch auf Englisch verfügbar: A. J. H. Latham u. Heita Kawakatsu (Hg.), Japanese Industrialization and the Asian Economy, London 1994; und dies. (Hg.), Intra-Asian Trade and the World Market, London 2006.

30 Tsunoyama Sakae, Cha no sekaishi: ryokucha no bunka to kōcha no shakai [Der Tee und die Weltgeschichte: Die Kultur des grünen Tees und die Gesellschaft des schwarzen Tees], Tokyo 1980. Zu Tsunoyamas Werdegang, seiner Kritik an der »modernistischen« Schule und dem Entstehen der Kyoto-Schule allgemein siehe sein Buch Seikatsushi no hakken: firudo waku de miru sekai [Die Entdeckung der Alltagsgeschichte: Die Welt aus der Sicht der Feldarbeiter], Tokyo 2001.
31 Siehe zum Beispiel Abe Kinya, Sekengaku no shōtai [Eine Einladung zum Studium der »Zivilgesellschaft«], Tokyo 2002; sowie Nihonjin no rekishi ishiki: seken to iu shikaku kara [Das historische Gewissen der Japaner: Aus der Perspektive der »Zivilgesellschaft«], Tokyo 2004.
32 Nagahara, 20 seiki Nihon no rekishigaku, S. 219–220.
33 Carol Gluck, The People in History: Recent Trends in Japanese Historiography, in: Journal of Asian Studies, Bd. 38, Nr. 1, Nov. 1978, S. 25–50; und Nagahara Keiji, Reflections on Recent Trends in Japanese Historiography, übers. v. Kozo Tamamura, in: Journal of Japanese Studies, Bd. 10, Nr. 1, Winter 1984, S. 167–183.
34 Hirota Masaki, Pandora no hako: minshū shisōshi kenkyū no kadai [Die Büchse der Pandora: Themen beim Studium der Geschichte der öffentlichen Mentalität], in: Sakai Naoki (Hg.), Nashonaru. Hisutori o manabi suteru [Das Verlernen der nationalen Geschichte], Tokyo 2006, S. 3–92.
35 Kano Masanao u. Horiba Kiyoko, Takamure Itsue, Tokyo 1977.
36 Nagahara, 20 seiki Nihon no rekishigaku, S. 232–235 u. S. 243–246.
37 Q. Edward Wang, Encountering the World: China and Its Other(s) in Historical Narratives, 1949–89, in: Journal of World History, Bd. 14, Nr. 3, Sep. 2003, S. 327–358.
38 Ebd., sowie Jing Wang, High Culture Fever: Politics, Aesthetics, and Ideology in Deng's China, Berkeley 1996.
39 Eine Reihe von Untersuchungen von Luo Rongqu zur Modernisierungstheorie seien hier stellvertretend genannt. Siehe ders., Zhongguo xiandaihua licheng de tansuo [Untersuchungen zur chinesische Suche nach Modernisierung], Beijing 1992; ders., Xiandaihua xinlun [Neue Diskussionen zur Modernisierung], Beijing 1993; und ders., Xiandaihua xinlun xupian [Weitere neue Diskussionen zur Modernisierung], Beijing 1997.
40 Wang, Encountering the World; und Xiaomei Chen, Occidentalism: A Theory of Counter-discourse in Post-Mao China, New York 1995.
41 Vgl. Qu Lindong, Historical Studies in China: the Legacy of the Twentieth Century and Prospects for the Twenty-first Century, in: Chinese Studies in History, Bd. 38, Nr. 3–4, Frühjahr und Sommer 2005, S. 88–113; Wang Xuedian, Jin wushinian de Zhongguo lishixue [Chinesische Historiografie der letzten 50 Jahre], in: Lishi yanjiu [Historische Forschung], Bd. 1, 2004, S. 165–190; und Hou Yunhao, 20 shiji Zhongguo de sici shizheng shixue sichao [Vier Schulen der positivistischen/empirischen Historiografie im China des 20. Jahrhunderts, in: Shixue yuekan [Monatszeitrift für Geschichte], Bd. 7, 2004, S. 70–80.
42 Yang Nianqun u. a. (Hg.), Xin shixue: duo xueke duihua de tujing [Neue Historiografie: Ausblick auf den interdisziplinären Dialog], Beijing 2003; Sun Jiang (Hg.), Xin shehuishi: shijian, jiyi, xushu [Neue Sozialgeschichte: Ereignisse, Erinnerungen und Erzählung], Hangzhou 2004; Huang Donglan (Hg.), Xin shehuishi: shenti, xinxing, quanli [Neue Sozialgeschichte: Körper, Mentalität und Macht], Hangzhou 2005; und Wang Di (Hg.), Xin shehuishi: shijian, kongjian, shuxie [Neue Sozialgeschichte: Zeit, Raum und historisches Schreiben], Hangzhou 2006. Vgl. auch Q. Edward Wang, Historical Writings in Twentieth-century China: Methodological Innovation and Ideological Influence, in: Rolf Torstendahl (Hg.), An Assessment of Twentieth-century Historiography, Stockholm 2000, S. 43–69, insbes. S. 62–66.

43 Edward Vickers u. Alisa Jones (Hg.), History Education and National Identity in East Asia, New York 2005; Laura Hein u. Mark Selden (Hg.), Censoring History: Citizenship and Memory in Japan, Germany, and the United States, Armonk, NY 2000.
44 Masayuki Sato, The Two Historiographical Cultures in Twentieth-century Japan, in: Torstendahl, Assessment of Twentieth-century Historiography, S. 33–42.
45 R. Stephen Humphreys, The Historiography of the Modern Middle East: Transforming a Field of Study, in: Israel Gershoni, Amy Singer u. a. (Hg.), Middle East Historiographies: Narrating the Twentieth Century, Seattle 2006, S. 27.
46 Nancy Elizabeth Gallagher (Hg.), Approaches to the History of the Middle East: Interviews with Leading Middle East Historians, Reading, MA 1994, S. 155.
47 Ebd., S. 19–66 u. S. 91–108. Zu weiteren Nahost-Experten aus der Nachkriegsgeneration siehe Thomas Naff (Hg.), Paths to the Middle East: Ten Scholars Look Back, Albany 1993.
48 Humphreys, The Historiography of the Modern Middle East, S. 19–27.
49 Vgl. Rashid Khalidi, Arab Nationalism: Historical Problems in the Literature, in: American Historical Review, Bd. 95, Nr. 5, Dez. 1991, S. 1363–1373.
50 Youssef M. Choueiri, Arab Nationalism – A History: Nation and State in the Arab World, Oxford 2000, S.101 f.
51 Vgl. Yvonne Yazbeck Haddad, Contemporary Islam and the Challenge of History, Albany 1982; Assem Dessouki, Social and Political Dimensions of the Historiography of the Arab Gulf, in: Eric Davis u. Nicolas Gavrielides (Hg.), Statecraft in the Middle East: Oil, Historical Memory, and Popular Culture, Miami 1991, S. 92–115.
52 Anthony Gorman, Historians, State and Politics in Twentieth-century Egypt: Contesting the Nation, London 2003, S. 62; Shimon Shamir, Self-view in Modern Egyptian Historiography, in: ders. (Hg.), Self-views in Historical Perspective in Egypt and Israel, Tel Aviv 1981, S. 37–50.
53 Bernard Lewis, History Writing and National Revival in Turkey, in: ders., From Babel to Dragomans: Interpreting the Middle East, London 2004, S. 428; Meltem Ahiska, Occidentalism: The Historical Fantasy of the Modern, in: The South Atlantic Quarterly, Bd. 102, Nr. 2/3, 2003, S. 351–379; Geoffrey Barraclough, Main Trends in History, New York 1979, S. 129.
54 Farzin Vahdat, God and Juggernaut: Iran's Intellectual Encounter with Modernity, Syracuse 2002, S. 129–211. Dort werden die intellektuellen Grundlagen der Revolution dargestellt.
55 Vgl. Samuel Huntington, Kampf der Kulturen: Die Neugestaltung der Weltpolitik im 21. Jahrhundert, München 1997.
56 Gorman, Historians, State and Politics in Twentieth Century Egypt, S. 79–111.
57 Gershoni, Singer u. Erdem, Middle East Historiographies, S. 3–18.
58 Siehe Nancy Elizabeth Gallaghers Einleitung in dem von ihr herausgegebenen Band, Approaches to the History of the Middle East, S. 1–8.
59 Gallagher, Approaches to the History of the Middle East, S. 36; Albert Hourani, How Should We Write the History of the Middle East?, in: International Journal of Middle East Studies, Bd. 23, Nr. 2, Mai 1991, S. 125–136.
60 Gallagher, Approaches to the History of the Middle East, S. 163; Halil Inalcik, Village, Peasant, and Empire, in: ders., The Middle East and the Balkans under the Ottoman Empire, Bloomington 1992, S. 137–160; ebenso Supraiya Faroqhi, Approaching Ottoman History: An Introduction to the Sources, Cambridge 1999, S. 187.
61 Israel Gershoni, Hakan Erdem u. a. (Hg.), Histories of the Modern Middle East: New Directions, Boulder 2002, S. 2–3; und Gershoni, Singer u. Erdem, Middle East Historiographies, an verschiedenen Orten.

62 Siehe Judith E. Tucker, Problems in the Historiography of Women in the Middle East: The Case of Nineteenth-century Egypt, in: International Journal of Middle Eastern Studies, Bd. 15, Nr. 3, Aug. 1983, S. 321–336; Julia Clancy-Smith, Twentieth-Century Historians and Historiography of the Middle East: Women, Gender, and Empire, in: Gershoni, Singer u. Erdem, Middle East Historiographies, S. 70–100.
63 Vgl. Youssef M. Choueiri, Modern Arab Historiography: Historical Discourse and the Nation-State, London 2003, S. 191.
64 Hisham Sharabi (Hg.), Theory, Politics, and the Arab World: Critical Responses, London 1990, S. 21.
65 Gallagher, Approaches to the History of the Middle East, an verschiedenen Stellen. Eine ausführliche Diskussion von Saids Buch, seiner Wirkung sowie kritische Entgegnungen und Rezensionen von Fachleuten, siehe Zachary Lockman, Contending Visions of the Middle East: The History and Politics of Orientalism, Cambridge, NY 2004. Ebenso Bryan S. Turner, Orientalism, Postmodernism and Globalism, London 1994.
66 Siehe zum Beispiel Mohamad Tavakoli-Targhi, Refashioning Iran: Orientalism, Occidentalism and Historiography, Houndmills 2001; K. E. Fleming, Orientalism, the Balkans, and Balkan Historiography, in: American Historical Review, Bd. 105, Nr. 4, Okt. 2000, S. 1218–1233; Carter Vaughn Findley, An Ottoman Occidentalist in Europe: Ahmed Midhat Meets Madame Gulnar, 1889, in: American Historical Review, Bd. 103, Nr. 1, Feb. 1998, S. 15–49; Ahiska, Occidentalism: The Historical Fantasy of the Modern; und für Bereiche außerhalb des Nahen Ostens: Stefan Tanaka, Japan's Orient: Rendering Pasts into History, Berkeley 1993; und Xiaomei Chen, Occidentalism: A Theory of Counter-Discourse in Post-Mao China, New York 1995; Arif Dirlik, Chinese History and the Question of Orientalism, in: History and Theory, Bd. 35, Nr. 4, Dez. 1996, S. 96–118.
67 Clancy-Smith, Twentieth-Century Historians and Historiography of the Middle East, S. 76.
68 Gershoni, u. a., Middle East Historiographies, S. 7.
69 Eine ausführliche Diskussion zu Shafiq Ghurbals Sicht von Muhammad Ali findet sich bei Choueiri, Modern Arab Historiography, S. 77–114.
70 Choueiri, Arab Nationalism, S. 41–48.
71 Jack Crabbs Jr., Politics, History, and Culture in Nasser's Egypt, in: International Journal of Middle East Studies, Bd. 6, Nr. 44, Okt. 1975, S. 403–404.
72 Gorman, Historians, State and Politics in Twentieth Century Egypt, S. 30–32.
73 Ebd., S. 32–34.
74 Thomas Mayer, The Changing Past: Egyptian Historiography of the Urabi Revolt, 1882–1983, Gainesville 1988, S. 45 f.
75 Ebd., S. 73. Albert Hourani aus Oxford erinnerte sich zum Beispiel, dass ihm der Zugang zu den Materialien verwehrt wurde. Vgl. Gallagher, Approaches to the History of the Middle East, S. 29.
76 Gorman, Historians, State and Politics in Twentieth Century Egypt, S. 57–58 u. S. 74–78; Crabbs, Politics, History, and Culture in Nasser's Egypt, S. 393–395; Mayer, Changing Past, S. 43–47.
77 Crabbs, Politics, History, and Culture in Nasser's Egypt, S. 396–399.
78 Gorman, Historians, State and Politics in Twentieth Century Egypt, S. 33.
79 Mayer, Changing Past, S. 59.
80 Gorman, Historians, State and Politics in Twentieth Century Egypt, S. 34–41.
81 Ebd., 94–96.
82 Choueiri, Modern Arab Historiography, S. 174–196.
83 Marion Farouk-Sluglett u. Peter Sluglett, The Historiography of Modern Iraq, in: The American Historical Review, Bd. 96, Nr. 5, Dez. 1991, S. 1409–1410.

84 Israel Gershoni, New Pasts for New National Images: The Perception of History in Modern Egyptian Thought, in: Shimon Shamir (Hg.), Self-views in Historical Perspective in Egypt and Israel, S. 51–58.
85 Gorman, Historians, State and Politics in Twentieth Century Egypt, S. 102–104.
86 Siehe Inge Boer, Annelies Moors u. a. (Hg.), Changing Stories: Postmodernism and the Arab-Islamic World, Amsterdam 1995. Ebenso Turner, Orientalism, Postmodernism and Globalism.
87 Vgl. Haddad, Contemporary Islam. Das Buch versammelt sowohl Textproben wie auch Analysen von muslimischen Denkern und Historikern aus der gesamten Region zur Frage der Bedeutung des Islam in der heutigen Zeit.
88 K. S. Salibi, The traditional Historiography of the Maronites, in: Lewis u. Holt, Historians of the Middle East, S. 225. Dieser Artikel ist Teil der Doktorarbeit, die Salibi 1953 an der University of London abschloss.
89 Vgl. Kamal Salibi, A House of Many Mansions: The History of Lebanon Reconsidered, Berkeley 1988.
90 Choueiri, Modern Arab Historiography, S. 125–167; das Zitat ist auf S. 166.
91 Dessouki, Social and Political Dimensions of the Historiography of the Arab Gulf; Eric Davis u. Nicolas Gavrielides, Statecraft, Historical Memory, and Popular Culture in Iraq and Kuwait, in: Davis u. Gavrielides, Statecraft in the Middle East, S. 94–95 u. S. 116–148.
92 Ebd., S. 138–140.
93 Vgl. Marion Farouk-Sluglett u. Peter Sluglett, The Historiography of Modern Iraq, S. 1408–1421.
94 Dessouki, Social and Political Dimensions of the Historiography of the Arab Gulf; Davis u. Gavrielides, Statecraft, Historical Memory, and Popular Culture in Iraq and Kuwait, in: Davis u. Gavrielides, Statecraft in the Middle East, S. 92–99 u. S. 140–145.
95 Vgl. Lisa Anderson, Legitimacy, Identity, and the Writing of History in Libya, ebd., S. 71–91, das Zitat steht auf S. 87.
96 Speros Vryonis Jr., The Turkish State and History: Clio meets the Grey Wolf, Thessaloniki 1991, S. 11–66.
97 Ebd., S. 45.
98 Samuel P. Huntington, Der Kampf der Kulturen. Die Neugestaltung der Welt im 21. Jahrhundert, München 1997, S. 226–236.
99 Faroqhi, Approaching Ottoman History, S. 197; ebenso Riffat Ali Abou-el-Haj, The Social Uses of the Past: Recent Arab Historiography of Ottoman Rule, in: International Journal of Middle East Studies, Bd. 14, Nr. 2, Mai 1982, S. 185–201; Barraclough, Main Trends in History, S. 129–130.
100 Siehe Rifa'at 'Ali Abou-El-Haj, Formation of the Modern State: the Ottoman Empire, Sixteenth to Eighteenth Centuries, Albany 1991; ebenso Jane Hathaway, Rewriting Eighteenth-Century Ottoman History, in: Mediterranean Historical Review, Bd. 19, Nr. 1, Juni 2004, S. 29–53.
101 Hathaway, Rewriting Eighteenth-Century Ottoman History; ebenso Enid Hill (Hg.), New Frontiers in the Social History of the Middle East, Kairo 2001.
102 Huntington, Der Kampf der Kulturen, S. 171.
103 Olivier Roy, Globalized Islam: The Search for a New Ummah, New York 2004, S. 62.
104 Clancy-Smith, Twentieth-Century Historians and Historiography of the Middle East, S. 86f.
105 Siehe Robert C. Young (Hg.), Postcolonialism: An Historical Introduction, Malden, MA 2001, S. 395–426.

Kapitel 8: Historiografie nach dem Kalten Krieg, 1990–2012

1. Francis Fukuyama, The End of History?, in: National Interest, Bd. 16, Sommer 1989, S. 3–18; ders., The End of History and the Last Man, New York 1996; ders., Reflections on the End of History, Five Years Later, in: History and Theory, Bd. 34, Nr. 2, 1995, S. 27–43.
2. Samuel P. Huntington, Kampf der Kulturen: Die Neugestaltung der Weltpolitik im 21. Jahrhundert, München 1996.
3. Einige populäre Werke zu diesem Thema sind Bestseller geworden, z. B. Thomas Friedman, Globalisierung verstehen: Zwischen Marktplatz und Weltmarkt, Berlin 1999; ders., Die Welt ist flach: Eine kurze Geschichte des 21. Jahrhunderts, Frankfurt 2006; Benjamin Barber, Coca-Cola und Heiliger Krieg: Wie Kapitalismus und Fundamentalismus Demokratie und Freiheit abschaffen, Bern 1996; Amy Chua, Die Welt in Flammen: Wie Demokratie zu Rassismus und Unterdrückung führen kann, München 2011. Mit einigen bemerkenswerten Ausnahmen aus jüngerer Zeit stammt die meiste theoretische Literatur zur Globalisierung von Nichthistorikern. Dies verdankt sich zum Teil der Tatsache, dass es sich um ein wirklich zeitgenössisches Thema handelt, zum Teil weist die Globalisierung auch über konventionelle historische Bezugspunkte wie Ort und Lage hinaus.
4. R. Stephen Humphreys, The Historiography of the Modern Middle East: Transforming a Field of Study, in: Israel Gershoni u. a. (Hg.), Middle East Historiographies: Narrating the Twentieth Century, Seattle 2006, S. 20.
5. 2003 haben die Historiker gemeinsam ein neues Geschichtsbuch für den Unterricht an der High School erstellt, das gleichzeitig in Japan, China and Südkorea erschienen ist. Da Lehrbücher für den Geschichtsunterricht »offiziell« genehmigt werden müssen, bleibt dieser Text lediglich eine Empfehlung zur »ergänzenden Lektüre«. Aber seine Veröffentlichung ist trotzdem ein wichtiger Schritt auf dem Weg zu einem einvernehmlichen Bericht über die Geschichte dieser Region.
6. Dominic Sachsenmaier, Global Perspectives on Global History, Cambridge 2011, S. 42.
7. Doris Bachmann-Medick, Cultural Turns. Neuorientierungen in den Kulturwissenschaften, Reinbek 2006.
8. Siehe Victoria E. Bonnell u. Lynn Hunt (Hg.), Beyond the Cultural Turn: New Directions in the Study of Society and Culture, Berkeley 1999, Introduction, S. 3.
9. Ebd., S. 11.
10. Ebd., S. 11.
11. Ebd., S. 315–324. Hier betont er einmal mehr, dass »keine andere Disziplin so sehr wie die Geschichte von der Illusion geprägt ist, ›Fakten‹ würden durch Forschung gefunden und nicht durch Darstellungsweisen und Techniken der Diskursivierung konstruiert«, S. 322. Im Abschlussgespräch »An Alternative Global Master Narrative?« am 15. Mai 2007 auf der Konferenz »Towards a Global History« am European University Institute in Fiesole, Italien, bezeichnete er die professionelle Historiografie als »totale Katastrophe«, weil sie den ausschließlich ideologischen Charakter aller angeblich objektiven geschichtlichen Studien noch immer nicht wahrhaben wolle. Die Geschichte müsse zur Rhetorik zurückfinden. White ging sogar noch weiter, in den Bereich der Naturwissenschaften, und erklärte, dass die Evolutionstheorie auf der unkritischen Annahme einer Darwin'schen Ideologie aufbaue, die davon ausgegangen sei, dass es in der Natur logische Zusammenhänge und Bewegung gebe, und die ersetzt werden müsse durch das Anerkennen einer Mutation, die frei sei von der unterstellten zielgerichteten Entwicklung, wie sie der Evolutionstheorie innewohne.
12. Gabrielle M. Spiegel (Hg.), Practicing History. New Directions in Historical Writing after the Linguistic Turn, New York 2005, S. 3.

13 William H. Sewell jr., The Concept(s) of Culture, in: ebd., S. 76–96; ders., Logics of History, Social Theory and Social Transformation, Chicago 2005.
14 Vgl. Narita Ryuichi, Rekishi no sutairu [Die Art der Geschichtsschreibung], Tokyo 2001, S. 217–230, S. 275–288, S. 347–364; ebenso Hirota Masaki, Pandora no hako: minshu shisoshi kenkyu no kadai [Die Büchse der Pandora: Forschungsthemen in der Mentalitätsgeschichte], in: Sakai Naoki (Hg.), Nashonaru. Hisutori o manabi suteru [Nationalgeschichte verlernen], Tokyo 2006, S. 3–92.
15 Siehe Wang Qingjia, Taiwan shixue 50 nian: chuancheng, fangfa, quxiang, 1950–2000 [Geschichtsschreibung in Taiwan: Tradition und Transformation, 1950–2000], Taipei 2002; ders., Jiegou yu chonggou: jin ershi nianlai Taiwan lishi yishi bianhua de zhuyao qushi [Dekonstruktion und Rekonstruktion: Die wichtigsten Veränderungstendenzen im historischen Bewusstsein in Taiwan während der letzten zwei Jahrzehnte], in: Hanxue yanjiu tongxun [Newsletter zur Sinologie], Bd. 25, Nr. 4, Nov. 2006, S. 13–32.
16 Philippe Ariès u. Georges Duby (Hg.), Geschichte des privaten Lebens, Frankfurt 1989.
17 Elizabeth Fox-Genovese u. Elizabeth Lasch-Quinn (Hg.), Reconstructing History: The Emergence of a New Historical Society, New York 1999.
18 Julia Clancy-Smith, Twentieth-century Historians and Historiography of the Middle East: Women, Gender, and Empire, in: Gershoni u. a., Middle East Historiographies, Seattle 2006, S. 70–100.
19 Dorothy Ko, Women's History: Asia, in: Kelly Boyd (Hg.), Encyclopedia of Historians and Historical Writing, London 1999, Bd. 2, S. 1314.
20 Histoire et sciences sociales, un tournant critique?, in: Annales ESC, Bd. 43, Nr. 2, März-April 1988, S. 291–293; Histoire et sciences sociales, Tentons l'expérience, in: ebd., Bd. 44, Nr. 6, November-Dezember 1989, S. 1317–1323.
21 Annales, Régime de genre, Nr. 3, 2012.
22 Herausgegeben vom National Center for History in the Schools at the University of California Los Angeles, Los Angeles 1995.
23 Michael Werner u. Bénédicte Zimmermann, Beyond Comparison. *Histoire Croisée* and the Challenge of Reflexivity, in: History and Theory, Bd. 45, 2006, S. 30–50.
24 Siehe die Diskussion über die Formen der Weltgeschichte und ihre Entwicklung im jüngsten historischen Denken und in der Geschichtswissenschaft in: Patrick Manning, Navigating World History. Historians Create a Global Past, New York 2003; ebenso den kurzen, aber sehr prägnanten Artikel von Jerry H. Bentley, World History, in: Daniel Woolf (Hg.), A Global Encyclopedia of Historical Writing, New York 1998, S. 968–970; Jerry H. Bentley, The New World History, in: Lloyd Kramer u. Sarah Maza (Hg.), A Companion to Western Historical Thought, Malden, MA 2002, S. 393–416; Sachsenmaier, Global History and Critiques of Western Perspectives.
25 Oswald Spengler, Der Untergang des Abendlandes. Umrisse einer Morphologie der Weltgeschichte, Bd. 1, Wien 1918, Bd. 2, München 1922.
26 Arnold Toynbee, Der Gang der Weltgeschichte, Zürich 1979.
27 Siehe Jerry H. Bentley, Shapes of World History in Twentieth-Century Scholarship, Washington 1996.
28 Zu McNeill und Toynbee siehe Bentley, ebd., S. 15.
29 Siehe Patrick Manning, Navigating World History: Historians Create a Global Past, New York 2003.
30 Anthony G. Hopkins, The History of Globalization – and the Globalization of History?, in: ders., (Hg.), Globalization in World History, London 2002, S. 11–46. Siehe auch Bruce Mazlish, The New Global History, London 2006.
31 Siehe Sachsenmaier, Global History and Critiques of Western Perspectives.

32 Patrick O'Brien, Historiographical Traditions and Modern Imperatives for the Restoration of Global History, in: Journal of Global History, Bd. 1, Nr. 1, 2006, S. 3–39.
33 Siehe Dominic Sachsenmaier, Global Perspectives on Global History, Cambridge 2011, das sich vor allem mit dem Fortschritt der Globalgeschichte in den USA und in China befasst.
34 Ramachandra Guha, Environmentalism. A Global History, London 2000.
35 Richard Ashcraft, Rezension von Perry Anderson, Considerations of Western Marxism in Political Theory, Bd. 6, 1978, S. 136.
36 Eric Hobsbawm, Wie man die Welt verändert. Über Marx und den Marxismus, München 2012, S. 396.
37 Ebd., S. 24.
38 Ebd., S. 396.
39 Ulrich Beck, What is Globalization?, zitiert nach: Michael Mann, Globalization, Macro-Regions and Nation-States, in: Budde, Conrad u. Janz, Transnationale Geschichte, Göttingen 2006, S. 21.
40 Arif Dirlik, Confounding Metaphors, Inventions of the World: What is World History For?, in: Benedikt Stuchtey u. Eckhardt Fuchs (Hg.), Writing World History, 1800–2000, Oxford 2003, S. 133.

Lektüreempfehlungen

Wir haben beschlossen, diesem Buch keine ausführliche Bibliografie anzuhängen, da bibliografische Informationen nach Themen geordnet in den Anmerkungen zu den jeweiligen Kapiteln enthalten sind. Stattdessen machen wir Vorschläge für eine weiterführende Lektüre. Sofern ein Buch auf Deutsch erschienen ist, sei es im Original oder als Übersetzung, wird es hier und in den Anmerkungen mit seinem deutschen Titel angeführt. Die folgende Bücherliste enthält hauptsächlich Werke, die in den europäischen Sprachen verfasst wurden, vor allem in Englisch. Es wurde keine Vollständigkeit angestrebt, sondern eine bewusste Auswahl getroffen, die als Einführung in die Thematik dienen mag.

I. Theorien zur Historiografie

Wichtigste Quelle zu Fragen der Theorie und Methodologie ist die Zeitschrift »History and Theory: Studies in the Philosophy of History«, gegründet 1961. Eine kürzlich vorgenommene Untersuchung theoretischer Diskussionen findet sich in: Aviezer Tucker, Our Knowledge of the Past. A Philosophy of Historiography, Cambridge 2004. Zu Diskussionen über Postmoderne und ihre Auswirkung auf die Erkenntnistheorie siehe Ernst Breisach, On the Future of History: The Postmodernist Challenge and Its Aftermath, Chicago 2003, eine umfangreiche und ausgewogene Untersuchung der Postmoderne vor dem Hintergrund der westlichen intellektuellen Geschichte seit der Aufklärung. Einen guten Überblick von einem Standpunkt aus, der die Postmoderne unbedingt gutheißt, bietet Keith Jenkins (Hg.), The Postmodern History Reader, London 1997; eine äußerst kritische Sicht vertritt Richard Evans, Fakten und Fiktionen: Über die Grundlagen historischer Erkenntnis, Frankfurt 1999.

Einzelne Werke
Ankersmit, Frank A., History and Tropology: The Rise and Fall of Metaphor, Berkeley 1994.
Ankersmit, Frank A. u. Hans Kellner (Hg.), A New Philosophy of History, Chicago 1995.
Ankersmit, Frank A., Meaning, Truth, and Reference in Historical Representation, Ithaca 2012.
Appleby, Joyce, Lynn Hunt u. Margaret Jacob, Telling the Truth about History, New York 1994.
Assmann, Jan, Religion and Cultural Memory: Ten Studies, Stanford 2006.
Bloch, Marc, Apologie der Geschichte oder Der Beruf des Historikers, Stuttgart 1974.
Burke, Peter, History and Social Theory, Oxford 1992.
Burke, Peter, Was ist Kulturgeschichte?, Frankfurt 2005.
Carr, E. H., Was ist Geschichte?, Stuttgart 1963.
Certeau, Michel de, The Writing of History, New York 1988.
Chakrabarty, Dipesh, Provincializing Europe: Postcolonial Thought and Historical Difference, Princeton 2000.
Chartier, Roger, Cultural History: Between Practices and Representations, Cambridge 1988.
Collingwood, R. G., Philosophie der Geschichte, Stuttgart 1955.

Dilthey, Wilhelm, Einleitung in die Geisteswissenschaften, in: Gesammelte Schriften, Bd. 1, Leipzig 1922.
Dirlik, Arif, Vinay Bahl u. Peter Gran (Hg.), History after the Three Worlds. Post-Eurocentric Historiographies, Lanham, MD 2000.
Droysen, Johann Gustav, Grundriss der Historik: Vorlesungen zur Geschichtswissenschaft und Methodik (Nachdruck der Originalausg. von 1868), Hamburg 2011.
Elton, Geoffrey, The Practice of History, London 1967.
Evans, Richard J., Fakten und Fiktionen: Über die Grundlagen historischer Erkenntnis, Frankfurt 1999.
Febvre, Lucien, A New Kind of History and Other Essays, New York 1975.
Foucault, Michel, Die Ordnung der Dinge: Eine Archäologie der Humanwissenschaften, Frankfurt 1971.
Fulbrook, Mary, Historical Theory: Ways of Imagining the Past, London 2003.
Hegel, Georg Wilhelm Friedrich, Vorlesungen über die Philosophie der Geschichte, Stuttgart 2012.
Himmelfarb, Gertrude, The New History and the Old: Critical Essays and Reappraisals, Cambridge, MA 2004.
Hobsbawm, Eric, Wieviel Geschichte braucht die Zukunft?, München 1998.
Hughes, H. Stuart, History as Art and as Science: Twin Vistas on the Past, New York 1964.
Koselleck, Reinhart, Vergangene Zukunft: Zur Semantik geschichtlicher Zeiten, Frankfurt 1992.
Küttler, Wolfgang, Jörn Rüsen u. Ernst Schulin (Hg.), Geschichtsdiskurs, 5 Bde., Frankfurt 1993–1999.
LaCapra, Dominick, Geschichte und Kritik, Frankfurt 1987.
LaCapra, Dominick u. Steven L. Kaplan (Hg.), Modern European Intellectual History: reappraisals and new perspectives, Ithaca 1991.
Lorenz, Chris, Konstruktion der Vergangenheit. Eine Einführung in die Geschichtstheorie, Köln 1997.
McNeill, William H., Mythistory and Other Essays, Chicago 1986.
Megill, Allan, Historical Knowledge, Historical Error: A Contemporary Guide to Practice, mit Beiträgen von Steven Shepard u. Phillipp Honenberger, Chicago 2007.
Nietzsche, Friedrich, Vom Nutzen und Nachteil der Historie für das Leben, Stuttgart 1995.
Rüsen, Jörn (Hg.), Meaning and Representation in History, New York 2006.
Skinner, Quentin, Visionen des Politischen, Teil I, Methodologie, Frankfurt 2009.
Stanford, Michael, An Introduction to the Philosophy of History, Oxford 1998.
Torstendhal, Ralf u. Irmeline Veit-Brause, History-Making. The Intellectual and Social Formation of a Discipline, Stockholm 1996.
Troup, Kathleen u. Anna Green (Hg.), The House of History: A Critical Reader in Twentieth Century History and Theory, New York 1999.
Wang, Q. Edward u. Franz L. Fillafer (Hg.), The Many Faces of Clio: Cross-Cultural Approaches to History, Essays in Honor of Georg G. Iggers, New York 2007.
White, Hayden, Metahistory: Die historische Einbildungskraft im 19. Jahrhundert in Europa, Frankfurt 1991.
Young, Robert, White Mythologies: Writing History and the West, London 1990.

Cultural Turn und Linguistic Turn

Bonnell, Victoria u. Lynn Hunt (Hg.), Beyond the Cultural Turn: New Directions in the Study of Society and Culture, Berkeley 1999.
Brown, Callum G., Postmodernism for Historians, Harlow 2005.
Burke, Peter (Hg.), New Perspectives on Historical Writing, University Park, PA 2001.
Burke, Peter, Was ist Kulturgeschichte?, Frankfurt 2005.

Eley, Geoff, A Crooked Line: From Cultural History to the History of Society, Ann Arbor 2005.
Hunt, Lynn A. (Hg.), The New Cultural History, Berkeley 1989.
Iggers, Georg G., Historiography in the Twentieth Century. From Scientific Objectivity to the Postmodern Challenge, erw. Aufl., Hanover, NH 2005; ders., Geschichtswissenschaft im 20. Jahrhundert. Ein kritischer Überblick im internationalen Zusammenhang, Göttingen 2007; (die englische Ausgabe ist keine Übersetzung der deutschen, sondern wurde neu geschrieben.)
Jenkins, Keith, Re-thinking History, London 1991.
Spiegel, Gabrielle (Hg.), Practicing History: New Directions in Historical Writing after the Linguistic Turn, New York 2005.

Feministische und Gender-Historiografie
Canning, Kathleen, Gender History in Practice: Historical Perspectives on Bodies, Class and Citizenship, Ithaca 2006.
Des Jardins, Julie, Women and the Historical Enterprise in America: Gender, Race, and the Politics of Memory, 1800–1945, Chapel Hill 2003.
Downs, Laura Lee, Writing Gender History, London 2004.
Lerner, Gerda, The Majority Finds Its Past: Placing Women in History, New York 1979.
Scott, Joan, Gender and the Politics of History, New York 1988.
Smith, Bonnie, The Gender of History; Men, Women, and Historical Practice, Cambridge, MA 1998.

II. Globalgeschichten der Historiografie

1. Synthesen
Woolf, Daniel (Hg.), Oxford History of Historical Writing, 5 Bde., Oxford 2010–2012.
Woolf, Daniel, A Global History of History, Cambridge 2011.
Ein wichtiges Nachschlagewerk: Daniel Woolf (Hg.), A Global Encyclopedia of Historical Writing, 2 Bde., New York 1998.
Ebenso Boyd, Kelly (Hg.), Encyclopedia of Historians and Historical Writing, London 1999.
Carbonell, Charles Olivier, L'Historiographie, in der Reihe: Qui Sais-Je, Paris 1981, eine sehr kurze, aber umfassende Globalgeschichte der Historiografie.
Christian, David, Maps of Time. An Introduction to Big History, Berkeley 2004.
Jordan, Stefan (Hg.), Lexikon Geschichtswissenschaft, Stuttgart 2002.
Offenstadt, Nicolas, L'Historiographie, in der Reihe: Qui Sais-Je, Paris 2011.
Raphael, Lutz, Geschichtswissenschaft im Zeitalter der Extreme. Theorien, Methoden, Tendenzen von 1900 bis zur Gegenwart, München 2003, befasst sich kurz mit nichtwestlichen historischen Studien im 20. Jh.
Russell, Edmund, Evolutionary History: Uniting History and Biology in Understanding Life on Earth, New York 2011.
Spier, Fred, Big History: Was die Geschichte im Innersten zusammenhält, Darmstadt 1998.
Völkel, Markus, Geschichtsschreibung: Eine Einführung in globaler Perspektive, Köln 2006.
Wang, Q. Edward u. Georg G. Iggers, Turning Points in Historiography: A Cross Cultural Perspective, Rochester 2002.

2. Ansätze zu einer Welt- und Globalgeschichte
Siehe die wegweisende Arbeit von William H. McNeill, The Rise of the West: A History of the Human Community, Chicago 1963.
Hopkins, Anthony G. (Hg.), Globalization in World History, London 2002.
Mazlish, Bruce, The New Global History, New York 2006;
Pomper, Philip, Richard H. Elphick u. Richard T. Vann (Hg.), World Historians and their Critics, Middletown, CT 1995; dies. (Hg.), World History: Ideologies, Structures, and Identities, Malden, MA 1998.
Spiers, Fred, The Structure of Big History. From the Big Bang until Today, Berkeley 2010.
Wichtige methodologische Fragen werden gestellt in: Harneit-Sievers, Axel (Hg.), A Place in the World: New Local Historiographies from Africa and South-Asia, Leiden 2002.

3. Anthologien
Bentley, Michael (Hg.), Companion to Historiography, London 1997.
Budd, Adam (Hg.), The Modern Historiography Reader: Western Sources, London 2009.
Erdmann, Karl Dietrich, Toward a Global Community of Historians: The International Historical Congress and the International Committee of Historical Sciences, hg. v. Jürgen Kocka u. Wolfgang Mommsen, New York 2005.
Hoefferle, Caroline, The Essential Historiography Reader, Boston 2011.
Iggers, Georg u. Harold T. Parker (Hg.), International Handbook of Historical Studies: Contemporary Research and Theories, Westport, CT 1979.
Küttler, Wolfgang, Jörn Rüsen u. Ernst Schulin (Hg.), Geschichtsdiskurs, 5 Bde., Frankfurt 1992–1999.
Rüsen, Jörn, Michael Gottlob u. Achim Mittag (Hg.), Die Vielfalt der Kulturen, Frankfurt 1998.
Rüsen, Jörn (Hg.), Western Historical Thinking, New York 2002.
Stuchtey, Benedikt u. Eckhardt Fuchs (Hg.), Writing World History, 1800–2000, Oxford 2003.
Wang Q. Edward (Hg.), Marxist Historiography Reexamined: A Global Perspective, in: Storia della Storiografia, Bd. 62, Nr. 2, 2012.
Wang, Q. Edward u. Georg Iggers (Hg.), Turning Points in Historiography: A Cross-Cultural Perspective, Rochester 2002.

III. Geschichten der westlichen Historiografie

Es gibt eine Anzahl allgemeiner Geschichten der Historiografie auf Englisch, die bis zur Antike zurückgehen.
Die wichtigsten sind: James Westfall Thompson, A History of Historical Writing, 2 Bde., New York 1942; Harry Elmer Barnes, History of Historical Writing, New York 1962; Ernst Breisach, Historiography: Ancient. Medieval. Modern, Chicago 1983; Donald R. Kelley, Faces of History: Historical Inquiry from Herodotus to Herder, New Haven 1998; ders., Fortunes of History: Historical Inquiry from Herder to Huizinga, New Haven 2003; ders., Frontiers of History: Historical Inquiry in the Twentieth Century, New Haven 2006. Für eine sinnvolle Textsammlung siehe Fritz Stern, Moderne Historiker: Klassische Texte von Voltaire bis zur Gegenwart, München 2011.

IV. Historiker und Historiografie in Europa und Amerika

1. Transnationale Geschichten der modernen westlichen Historiografie

Zwei Werke, die nach fast einem Jahrhundert immer noch Klassiker sind: George Peabody Gooch, Geschichte und Geschichtsschreiber im 19. Jahrhundert, Frankfurt 1964 (engl. London 1913), das sich mit Historikern in ganz Europa und den Vereinigten Staaten befasst, und Eduard Fueter, Geschichte der Neueren Historiographie, Leipzig 1911, das die europäische Geschichtsschreibung seit der Reformation abhandelt.

Des Weiteren:
Berg, Manfred, Grundriss der Geschichte, München 2013.
Butterfield, Herbert, Man on His Past: The Study of the History of Historical Scholarship, Cambridge 1955.
Butterfield, Herbert, The Origins of History, New York 1981.
Clark, William, Academic Charisma and the Origins of the Research Universities, Chicago 2006.
Gazi, Effi, Scientific National History: The Greek Case in Comparative Perspective (1850–1920), Frankfurt 2000.
Hobsbawm, Eric, Wie man die Welt verändert. Über Marx und Marxismus, München 2012.
Iggers, Georg G., Geschichtswissenschaft im 20. Jahrhundert. Ein kritischer Überblick im internationalen Zusammenhang, Göttingen 2007.
Iggers, Georg, New Directions in European Historiography, Middletown, CT 1975.
Lingelbach, Gabriele. Klio macht Karriere: Die Institutionalisierung der Geschichtswissenschaft in Frankreich und in den USA in der zweiten Hälfte des 19. Jahrhunderts, Göttingen 2003.
Momigliano, Arnaldo, The Classical Foundations of Modern Historiography, Berkeley 1990.
Momigliano, Arnaldo, Studies in Historiography, London 1966.
Raphael, Lutz, Geschichtswissenschaft im Zeitalter der Extreme: Theorien, Methoden, Tendenzen von 1900 bis zur Gegenwart, München 2003.
Skinner, Quentin, The Foundations of Modern Political Thought, 2 Bde., Cambridge 1978.
Stuchtey, Benedikt u. Peter Wende (Hg.), British and German Historiography 1750–1950, Oxford 2000.

2. Nationalgeschichten der Historiografie

Frankreich
Burguière, André, L'école des Annales. Une histoire intellectuelle, Paris 2006.
Burke, Peter, The French Historical Revolution: The Annales School 1929–1989, Cambridge 1990.
Den Boer, Pim, Geschiedenis als beroep, Nijmegen 1987.
Keylor, William R., Academe and Community: The Foundation of the French Historical Profession, Cambridge, MA 1975.
Keylor, William R., Jacques Bainville and the Renaissance of Royalist History in the Twentieth Century, Baton Rouge 1979.
Revel, Jacques u. Lynn Hunt (Hg.), Histories: French Constructions of the Past, New York 1995.
Stoianovich, Traian, French Historical Method: The Annales Paradigm, Ithaca 1976.

Deutschland

Für einen kritischen Überblick über das historische Denken der deutschen Historikerzunft siehe Georg Iggers, Deutsche Geschichtswissenschaft: Eine Kritik der traditionellen Geschichtsauffassung von Herder bis zur Gegenwart, München 1971.
Beiser, Frederick C., The German Historicist Tradition, Oxford 2011.
Chickering, Roger, Karl Lamprecht: A German Academic Life 1856–1915, Atlantic Highlands, NY 1993.
Dorpalen, Andreas, German History in a Marxist Perspective, Detroit 1985.
Haar, Ingo u. Michael Fahlbusch (Hg.), German Scholars and Ethnic Cleansing 1920–1945, New York 2005.
Iggers, Georg G. (Hg.), Ein anderer historischer Blick: Beispiele ostdeutscher Sozialgeschichte, Frankfurt 1991.
Iggers, Georg G. u.a. (Hg.), Die DDR-Geschichtswissenschaft als Forschungsproblem, in: Historische Zeitschrift, Beiheft n. F., H. 27, 1998.
Kessler, Mario (Hg.), Deutsche Historiker im Exil (1933–1945), Berlin 2005.
Kocka, Jürgen, Sozialgeschichte in Deutschland seit 1945, Bonn 2002.
Lehmann, Hartmut u. James van Horn Melton (Hg.), Paths of Continuity: Central European Historiography from the 1930s to the 1950s, Cambridge 1994.
Lehmann, Hartmut u. James J. Sheehan, An Interrupted Path: German-Speaking Refugee Historians in the United States after 1933, Oxford 1991.
McClelland, Charles E., State, Society and University in Germany 1700–1914, Cambridge 1980.
Meinecke, Friedrich, Die Entstehung des Historismus, München 1946.
Moses, John, Politics of Illusion: The Fischer Controversy in German Historiography, London 1975.
Reill, Peter Hanns, The German Enlightenment and the Rise of Historicism, Berkeley 1975.
Ringer, Fritz, Der Niedergang der deutschen Mandarine 1890–1933, Stuttgart 1983.
Ritter, Gerhard A. (Hg.), Friedrich Meinecke: Akademischer Lehrer und emigrierte Schüler. Briefe und Aufzeichnungen, München 2006.
Sabrow, Martin, Das Diktat des Konsenses: Geschichtswissenschaft in der DDR 1949–1969, München 2001.
Schulze, Winfried, Deutsche Geschichtswissenschaft nach 1945, München 1993.
Schulze, Winfried u. Otto Gerhard Oexle (Hg.), Deutsche Historiker im Nationalsozialismus, Frankfurt 1999.
Wehler, Hans-Ulrich (Hg.), Deutsche Historiker, 9 Bde., Göttingen 1971–1972.

Großbritannien

Bentley, Michael, Modernizing England's Past. English Historiography in the Age of Modernism, Cambridge 2005.
Butterfield, Herbert, The Whig Interpretation of History, London 1931.
Clive, John, Macaulay: The Shaping of the Historian, New York 1974.
Evans, Richard, Cosmopolitan Islanders: British Historians and the European Continent, Cambridge 2009.
Kaye, Harvey J., The British Marxist Historians, Cambridge 1984.
Kaye, Harvey u. Keith McClelland (Hg.), E. P. Thompson: Critical Perspectives, Oxford 1990.
Kenyon, John, The History Men: The History Men in England Since the Renaissance, 2. Aufl., London 1993.

USA

Für eine kritische Geschichte der professionellen amerikanischen Historiografie und ihrer politischen Annahmen siehe Peter Novick, That Noble Dream: the »Objectivity« Question and the American Historical Profession, Cambridge 1988.

Des Weiteren:
Breisach, Ernst, American Progressive History: An Experiment in Modernization, Chicago 1993.
Higham, John, History: Professional Scholarship in America, Baltimore 1983.
Hofstadter, Richard, The Progressive Historians: Turner, Beard, Parrington, New York 1968.
Kammen, Michael (Hg.), The Past Before Us: Contemporary Historical Writing in the United States, Ithaca 1980.
Lewis, David Levering, W. E. B. Du Bois: Biography of a Race, 1868–1919, New York 1993.
Meier, August u. Elliot Rudwick, Black History and the Historical Profession 1915–1980, Urbana 1986.
Skotheim, Robert, American Intellectual Histories and Historians, Princeton 1966.
Sternsher, Bernard, Consensus, Conflict, and American Historians, Bloomington, IN 1975.
Tyrell, Ian, The Absent Marx: Class Analysis and Liberal History in Twentieth-Century America, New York 1986.

Osteuropa und Russland

Boia, Lucian, Geschichte und Mythos: Über die Gegenwart des Vergangenen in der rumänischen Gesellschaft, Köln 2003.
Mazour, Anatole G., Modern Russian Historiography, Westport, CT 1975.
Mazour, Anatole G., The Writing of History in the Soviet Union, Stanford 1971.
Riis, Carsten, Religion, Politics, and Historiography in Bulgaria, Boulder 2002.
Wieczynski, Joseph L. u. George N. Rhyne (Hg.), Modern Encyclopedia of Russian and Soviet History, 55 Bde., Gulf Breeze, FL 1976–1993.

Jüdische Geschichte

Brenner, Michael, Propheten des Vergangenen. Jüdische Geschichtsschreibung im 19. und 20. Jahrhundert, München 2006.
Funkenstein, Amos, Jüdische Geschichte und ihre Deutungen, Frankfurt 1995.
Yerushalmi, Yosef Hayim, Zachor: Erinnere Dich! Jüdische Geschichte und jüdisches Gedächtnis, Berlin 1988.

V. Historiker und Historiografie im Nichtwesten

Transnationale und transkulturelle Historiografien

Breckenridge, Carol A. u. Peter van der Veer (Hg.), Orientalism and the Postcolonial Predicament: Perspectives on South Asia, Philadelphia 1993.
Said, Edward, Orientalismus, Frankfurt 1981.

Die islamische Welt

Einen Überblick über die Tradition der Geschichtsschreibung in der muslimischen Welt bieten: Franz Rosenthal, A History of Muslim Historiography, Leiden 1968; A. A. Duri, The Rise of Historical Writing among the Arabs, hg. u. übers. v. Lawrence I. Conrad, Princeton 1983; in jüngerer Zeit Chase Robinson, Islamic Historiography, Cambridge 2003. Bernard Lewis' und P. M. Holts (Hg.), Historians of the Middle East, Oxford 1962 befasst sich in einigen Kapiteln mit der modernen Transformation des Nahen Ostens, ist aber überholt. Jüngere und umfassendere Studien stammen von Youssef M. Choueiri, Arab History and the Nation-State: A Study in Modern Arab Historiography 1820–1980, London 1989, und von Israel Gershoni u. a. (Hg.), Middle East Historiographies: Narrating the Twentieth Century, Seattle 2006.

Des Weiteren:
Crabbs, Jack jr., The Writing of History in Nineteenth-century Egypt, Cairo 1984.
Gallagher, Nancy Elizabeth (Hg.), Approaches to the History of the Middle East: Interviews with Leading Middle East Historians, Reading 1994.
Gorman, Anthony, Historians, State and Politics in Twentieth Century Egypt: Contesting the Nation, London 2003.
Humphreys, R. Stephen, The Historiography of the Modern Middle East: Transforming a Field of Study, in: Israel Gershoni u. a. (Hg.), Middle East Historiographies: Narrating the Twentieth Century, Seattle 2006.
Lewis, Bernard, History: Remembered, Recovered, Invented, Princeton 1975.
Lewis, Bernard, History Writing and National Revival in Turkey, in: From Babel to Dragomans: Interpreting the Middle East, Oxford 2004.
Tavakoli-Targhi, Mohamad, Refashioning Iran: Orientalism, Occidentalism, and Historiography, New York 2001.

Ost- und Südostasien

Es gibt keinen umfassenden Überblick über die historiografischen Traditionen und ihre moderne Transformation in Ost- und Südostasien. W. G. Beasley u. E. G. Pulleyblanks (Hg.), Historians of China and Japan, Oxford 1961, befasst sich in einigen Kapiteln mit dem in diesem Buch behandelten Zeitraum, beschränkt sich aber auf Historiker in China und Japan und ist überholt. Seither sind wichtigere Werke erschienen, insbesondere zur modernen chinesischen und japanischen Historiografie.

China

Dirlik, Arif, Revolution and History: Origins of Marxist Historiography in China, 1919–1937, Berkeley 1978.
Duara, Prasenjit, Rescuing History from the Nation: Questioning Narratives of Modern China, Chicago 1995.
Elman, Benjamin A., From Philosophy to Philology: Intellectual and Social Aspects of Change in Late Imperial China, Los Angeles 2000.
Jenner, W. J. F., The Tyranny of History: The Roots of China's Crisis, London 1992.
Ng, On-cho u. Q. Edward Wang, Mirroring the Past: the Writing and Use of History in Imperial China, Honolulu 2005.
Wang, Q. Edward, Inventing China through History: The May Fourth Approach to Historiography, Albany 2001.
Wang, Q. Edward, Between Marxism and Nationalism: Chinese Historiography and the Soviet Influence, 1949–1963, in: Journal of Contemporary China, Bd. 9, Nr. 23, 2000, S. 95–111.

Japan

Brownlee, John S., Japanese Historians and the National Myths, 1600–1945: The Age of the Gods and Emperor Jinmu, Vancouver 1997.
Numata, Jiro, Shigeno Yasutsugu and the modern Tokyo tradition of historical writing, in: W. G. Beasley u. E. G. Pulleyblank (Hg.), Historians of China and Japan, London 1961, S. 264–287.

Mehl, Margaret, History and the State in Nineteenth-Century Japan, Basingstoke 1998.
Tanaka, Stefan, Japan's Orient: Rendering Pasts into History, Berkeley 1993.
Tanaka, Stefan, New Times in Modern Japan, Princeton 2004.

Korea und Vietnam
Pai, Hyung Il, Constructing »Korean« Origins: A Critical Review of Archaeology, Historiography, and Racial Myth in Korean State-Formation Theories, Cambridge, MA 2000.
Pelley, Patricia M., Postcolonial Vietnam: New Histories of the National Past, Durham 2002.

Südasien
Eine umfassende Historiografie Südasiens bietet Michael Gottlob (Hg.), Historical Thinking in South Asia: A Handbook of Sources from Colonial Times to the Present, Oxford 2003. Einen herausfordernd postmodernen Standpunkt bezieht Vinay Lal, The History of History: Politics and Scholarship in Modern India, Oxford 2003.

Des Weiteren:
Guha, Ranajit, Dominance Without Hegemony: History and Power in Colonial India, Cambridge, MA 1998.
Guha, Ranajit, An Indian Historiography of India: A Nineteenth Century Agenda and its Implications, Calcutta 1988.
Guha, Ranajit (Hg.), A Subaltern Studies Reader, Minneapolis 1988.
Inden, Ronald, Imagining India, Oxford 1990.
Mukhopadhya, Subodh Kumar, Evolution of Historiography in Modern India: 1900–1960, Calcutta 1981.
Phillips, C. H. (Hg.), Historians of India, Pakistan, and Ceylon, London 1961.
Rao, V. N., David Schulman u. Sanjay Subrahmanyam, Textures of Time. Writing History in South India, 1600–1800, New York 2003.
Sarkar, Sumit, Writing Social History, Neu-Delhi 1998.
Warder, A. K., An Introduction to Indian Historiography, Bombay 1972.

Lateinamerika
Die erste umfassende Geschichte der lateinamerikanischen Historiografie: Felipe Soza Larrain, La Historiografía Latinoamericana, in: Jaume Aurell, Catalina Balmaceda, Peter Burke u. Felipe Soza, Comprender el pasado: Una historia de la escritura y el pensamiento histórico, Madrid 2013, S. 344–437. Für die Zeit vor allem seit den 1960er Jahren siehe Jurandir Malerba, La historia en América Latina: Ensayo de crítica historiográfica, Rosario 2010. Eine gute Geschichte Lateinamerikas bietet José de Moya, The Oxford Handbook of Latin American History, Oxford 2011.

Afrika
Siehe die achtbändige UNESCO General History of Africa, London 1978–2000, die auch Diskussionen zum Thema Geschichtsschreibung im Subsahara-Afrika enthält. Ein kurzer, aber hervorragender bibliografischer Essay findet sich in Markus Völkel, Geschichtsschreibung, S. 360–372, der der weitverbreiteten Auffassung entgegentritt, dass es keine einheimischen Traditionen der Geschichtsschreibung gegeben habe, und Varianten der Historiografie aufspürt, die sich nicht auf die koptische Zivilisation in Äthiopien beschränken. Siehe auch: Andreas Eckert, Historiography on a Continent without History. Anglophone West Africa, 1880–1940, in: Eckhardt Fuchs u. Benedikt Stuchtey (Hg.), Across Cultural Borders: Historiography in Global Perspective, Lanham 2002, S. 99–118.

Personenregister

Abdel-Malek, Anouar 323
Abdülhamid II 184
Abdülmedschid 90 f.
Abe, Kinya 311
Adams, Herbert Baxter 126
Adorno, Theodor 246
Agulhon, Maurice 258, 261
Ahmad, Aijaz 281
Ajayi, Jacob 290 f.
Akbar, Jalaluddin Muhammad 54
Akira, Hayami 243
al-Afghani, Sayyid Jamal al-Din 318
al-Bishri, Tariq 328
al-Bustani, Butrus 93
al-Churi, Salim 94
al-Din, Rashid 48 f.
al-Dschabarti, Abd al-Rahman 50, 85, 88, 91
d'Alembert, Jean-le-Rond 37
Alexander der Große 82, 84 f., 88
al-Falaki, Mahmud 94
al-Gaddafi, Muammar 332
al Husri, Ghurbal Sati' 324
Ali, Ahmed 55
Ali, Muhammad 84, 89–91, 95, 183, 194, 324, 395
Ali, Mustafa 48
al-Jahdidh, Abu 'Uthman 'Umar ibn Bahr 330
al-Karim, Ahmad 'Izzat 'Abd 325 f.
al-Khalil, Samir 330
Allen, Young J. 146
Allende, Salvador 286
al-Maqrizi 94
al-Masudi 94
al-Nadim, Abdullah 183
al Naqqash, Salim 188
al-Sadat, Anwar 323, 326 f.
al-Sa'id, Rif'at 327
al-Ya'qubi, Ahmad ibn Abi Ya'qub 47
Ambedkar, B. R. 225
Amin, Shahid 280
Amino, Yoshihiko 310 f.
An, Chong-bok 68

Anis, Muhammad 325 f.
Antun, Farah 188
Araki, Moriaki 297, 300
Arif, Mehmed 185
Arnold, David 280
Artin, Ya'qub 188, 193
Ashcraft, Richard 354
Ashley, Thomas 171
Ashley, W. J. 156
Asim, Nedschib 94, 185
as-Suyuti 94
Ataullah Mehmed, siehe Schanizade
at-Tabari, Abu Dschafar 46 f., 86, 88, 94
at-Tahtawi, Rifa'ah 87–89, 93, 193 f.
Augustinus, Aurelius 42
Aulard, Alphonse 192

Bachofen, Johannes J. 213
Bachtin, Michail 248
Bacon, Francis 114
Bahdschat, Ali 94
Balzac, Honoré de 75
Barraclough, Geoffrey 253
Barthes, Roland 262, 264 f.
Basak, Nilmani 105–107, 216
Baschi, Münedjdjim 49
Basu, Ramram 98 f.
Batatu, Hanna 317, 327
Baudrillard, Jean 264
Baykal, Bekir Sitki 317
Bayle, Pierre 37
Beard, Charles 155, 166, 169, 170, 233 f.
Beard, Mary 170
Beauvoir, Simone de 271
Beck, Ulrich 356
Becker, Carl 155, 170, 233
Below, Georg von 158
Bentley, Jerry 351
Bergson, Henri 168
Berlin, Isaiah 171
Bernheim, Ernst 140, 158 f.
Berr, Henri 152 f., 155, 159, 178
Bey, Ahmad 95
Bey, Murad 181

Bhandarkar, Ramakrishna Gopal 103 f., 216, 364
Bidyalankar, Mritunjoy 99
Bidyasagar, Ishwar Chandra 102
Bismarck, Otto von 112, 119, 128, 149, 151, 164, 171 f., 244, 246
Blanc, Louis 78
Bloch, Marc 178–180, 238–242, 267, 310
Blyden, Edward Wilmot 289
Böckh, August 74
Bodin, Jean 44, 362
Bonnell, Victoria E. 341
Boorstin, Daniel 234
Bossuet, Jacques Bénigne 37
Bourdieu, Pierre 265
Braudel, Fernand 239–243, 249, 252, 259, 284, 310 f., 313, 357
Bridgman, Elijah C. 130
Browning, Christopher 262
Bücher, Karl 158
Buckle, Henry Thomas 115 f., 121 f., 126, 133 f., 151, 159
Bujak, Franciszek 180
Burckhardt, Jacob 127
Burke, Edmund 41, 70, 126
Burke, Peter 36, 238 f.
Bury, John Bagnell 158
Bustani, Salim 93
Byron, Lord 71

Cahen, Claude 320
Cardoso, Fernando Henrique 285
Carlyle, Thomas 76
Carnap, Rudolf 169
Casanova, Pablo González 285
Casanova, Paul 190
Chakrabarty, Dipesh 25, 278, 280
Chand, Tara 226 f.
Chandra, Bipan 226 f., 229
Chartier, Roger 387
Chateaubriand, René de 71
Chatterjee, Kumkum 105, 220 f., 370
Chatterjee, Partha 103 f., 107, 280
Chattejee, Bankim Chandra 215–217, 371
Chattopadhyay, Tarinicharan 105 f.
Chaunu, Pierre 241, 243
Chen, Chunsheng 315
Chen, Duxiu 211
Chen, Qineng 313, 315
Chen, Yinke (Yinque) 299, 301, 315
Chiang, Kaishek 298 f.

Childers, Thomas 261
Ch'oe, Nam-son 209–211, 309
Christian, David 352
Chruschtschows, Nikita 248
Clausewitz, Carl von 81
Cobb, Richard 250
Cobban, Alfred 257
Comte, Auguste 79, 114–116, 126, 151
Condillac, Abbé Etienne 43
Condorcet, Marquis de 25, 43, 80, 205
Conze, Werner 174, 244 f., 385
Coulanges, Numa Denis Fustel de 127

Dahlmann, Friedrich Christoph 79
Dahn, Felix 128
Dai, Zhen 64, 66 f.
Dao, Duy Anh 212
Datta, Kedar Nath 102
Davis, Natalie Zemon 255 f., 258, 263
Debs, Eugene 164
De Man, Paul 264
Deng, Shi 197
Deng, Xiaoping 313, 315
Derrida, Jacques 261 f., 264, 335
Dewey, John 155, 200
Dickens, Charles 128
Diderot, Denis 37
Dike, Kenneth Onwuka 290 f.
Dilthey, Wilhelm 159 f., 168, 205
Dirlik, Arif 356
Dobb, Maurice H. 250, 297
Dore, Ronald P. 304
Dos Santos, Theotonio 285
Dowson, John 98
Droysen, Johann Gustav 79, 116, 118 f., 122–124, 159, 173
Duan, Yucai 131
Du Bois, W. E. B. 158, 162, 170, 237, 289
Duby, Georges 313
Dunning, William A. 170, 236
Durkheim, Emile 152 f., 158, 161, 163 f., 179 f., 186 f., 190, 267
Dutt, Romesh Chunder 109, 215
Dworkin, Dennis 250

Efendi, Ahmed Asim 85, 91
Efendi, Ahmed Resmi 83
Efendi, Hayrullah 92
Eguchi, Bokuro 304
Einstein, Albert 164, 166
Eliot, T. S. 167

Elkins, Stanley 237
Elliot, Sir Henry 98, 106
Elman, Benjamin 26, 64
Elphinstone, Mountstuart 102, 106
Elton, Geoffrey 254
Emerton, Ephraim 127
Emin, Mehmed 184f.
Engels, Friedrich 78, 113, 120f., 175, 213, 236, 251, 299, 354
Engerman, Stanley 235, 254

Fan, Wenlan 300f.
Fanon, Frantz 273
Farid, Muhammad 183f.
Febvre, Lucien 178-180, 238f., 241-243, 267, 310
Ferguson, Adam 25, 43
Ferro, Marc 242
Feuerbach, Ludwig 121
Feyerabend, Paul 265
Fichte, Johann Gottlieb 71f
Fischer, Fritz 247
Fogel, Robert 235, 254
Foucault, Michel 261, 264, 271, 275, 280, 293, 322, 335
Fox-Genovese, Elizabeth 345
Frank, André Gunder 26, 285, 311
Franklin, Benjamin 43
Franklin, John Hope 237
Frasheri, Schemseddin Sami 185
Frazer, James 178
Freud, Sigmund 150, 160, 163 f.
Freytag, Gustav 128
Friedländer, Saul 262, 268
Fu, Sinian 202, 211, 214, 299, 315
Fu'ad, Achmad 182
Fukuda, Tokuzo 204
Fukuyama, Francis 236, 337
Fukuzawa, Yukichi 133f., 137, 196
Furet, François 257f., 313

Galbraith, John Kenneth 237
Gandhi, Mohandas Karamchand 214f., 225f.
Geertz, Clifford 18, 260f., 266
Genovese, Eugene 252, 288, 345
Gerschenkron, Alexander 236
Ghurbal, Muhammad Shafiq 190-194, 324f.
Gibbon, Edward 23, 37f., 40, 42, 70, 75, 214,

Ginzburg, Carlo 255, 265
Go, Daigo 137
Gökalp, Ziya 185-187
Gong, Zizhen 130-1, 147
Goubert, Pierre 242f.
Gramsci, Antonio 176f., 252, 276, 279, 281, 287, 293, 354
Grant, Arthur J. 191
Green, John Richard 127
Grendi, Edoardo 265
Gu, Jiegang 200-203, 214, 299, 301, 315
Guha, Ranajit 99, 105, 276, 278-280, 353
Guicciardini, Francesco 74
Guizot, François 73, 75f., 78f., 133f.
Guo, Moruo 299, 300
Gurjewitsch, Aaron J. 248
Gutman, Herbert 251
Gützlaff, Karl F.A. 130

Habib, Irfan 228
Halbwachs, Maurice 267
Hall, John W. 304
Hamashita, Takeshi 311
Hammond, Barbara 156
Hammond, John Lawrence 156
Hani, Goro 213
Hanioglu, M. Sükrü 317
Hansberry, Leo 289
Hara, Katsuro 204
Harishchandra 108
Harnack, Adolf von 158
Harrington, Michael 237
Hartmann, Lujo Moritz 158
Hartz, Louis 234
Hattori, Shiso 213
Hayashi, Fusao 306
Hayashi, Taisuke 202f.
Heeren, A.H.L. 75
Hegel, Georg Wilhelm Friedrich 23, 27, 50f., 81-83, 118, 176, 205, 289
Heidegger, Martin 167f., 264f.
Hempel, Carl 234f.
Herder, Johann Gottfried 44, 52, 70, 76, 80
Herf, Jeffrey 268
Herodot 34, 58
Hill, Christopher 250
Himmelfarb, Gertrude 345
Hindenburg, Paul von 166
Hintze, Hedwig 173
Hintze, Otto 173

Hiraizumi, Kiyoshi 213
Ho, Chi Minh 306
Hobsbawm, Eric J. 250f., 313, 354
Hofstadter, Richard 234
Homer 26
Hong, Jun 146
Horkheimer, Max 246
Hoshino, Hisashi 136, 139–141, 206
Hourani, Albert 317f., 321
Hu, Shi 199, 200–202, 214, 299, 301f., 315
Huang, Donglan 315
Huang, Jie 197
Huang, Zunxian 146
Huizinga, Johan 167
Humboldt, Wilhelm von 117
Hume, David 23, 37, 40, 42, 70, 75, 124, 288
Hunayyin, Dschirdschis 188
Hunt, Lynn 258, 261, 313, 341
Huntington, Samuel 337
Hussein, Saddam 329f.
Hussein, Taha 190f., 193
Huxley, Thomas 147

Ibn Abd al-Hakam 94
Ibn Chaldun 48, 94f., 362f.
Ibn Saʿd 46
Ienaga, Saburo 305f.
Iggers, Georg G. 11–14, 313
Imanishi, Kinji 305, 311
Inalcik, Halil 317, 321
Inoe, Kinga 68
Inoue, Kiyoshi 296, 312
Iorga, Nicolae 158, 175, 379
Iqbal, Muhammad 224
Irigay, Luce 271
Irokawa, Daikichi 312
Iselin, Isaac 43
Ishimoda, Sho 296, 298
Ismail, Khediven 93
Issawi, Charles 317f.

Jaurès, Jean 153f., 163, 178
Jayaswal, K. P. 219f.
Jenkins, Keith 259
Jesus 34, 89
Ji, Xianlin 315
Jin, Guantao 314
Jomard, Edmond-François 88
Jones, Gareth Stedman 261, 264, 341
Jones, Sir William 51f., 100, 102f.
Joyce, James 150

Juglar, Clément 240

Kafadar, Cemal 317, 380
Kaiserinwitwe 147, 195
Kamal, Ahmad 94
Kamil, Mustafa 183f., 189, 191, 194
Kang, Youwei 147, 195, 200
Kano, Masanao 312
Kant, Immanuel 43, 80, 159
Karim, Abdul 108
Kasravi, Ahmad 194
Kawakami, Hajime 212, 300
Kawakatsu, Heita 311
Ke, Shaoming 146
Kehr, Eckart 246f.
Kelly, Joan 271
Kemal, Mustafa (Kemal Atatürk) 185–187, 193, 319, 332f.
Kemal, Namik 90, 92, 182, 318
Khan, Sayyid Ahmad 101
Kim, Il-sung 309
Kim, Jong-il 309
Kim, Pu-sik 62
Kita, Sadakichi 203f.
Kljutschewski, Wassili Ossipowitsch 156
Kocka, Jürgen 245f., 311
Kojima, Takanori 137
Kolko, Gabriel 237
Kondratjew, Nikolai 241, 384
Konfuzius 34, 58, 59, 64, 130f., 147
Köprülü, Mehmet Fuat 187, 317
Kosambi, D. D. 228
Koselleck, Reinhart 260f., 311, 344
Kotoku, Shusui 203, 212
Kuczynski, Jürgen 249
Kula, Witold 249
Kumar, Dharma 230
Kume, Kunitake 136f., 139–142, 201, 203, 206
Kuwabara, Jitsuzo 198

Labrousse, Ernest 242
Lacouperie, Terrien de 197
La Feber, Walter 237
Laine, James (383)
Lal, Vinay 280
Lamprecht, Karl 150–153, 155, 157f., 160, 165, 174, 205, 376, 379
Langlois, Charles 159
Laroui, Abdallah 327
Larrain, Felipe Soza 282

Laslett, Peter 243
Lavisse, Ernest 164
Le, Quy Don 68
Lebon, Gustave 177
Lefèbvre, Georges 177, 242, 257
Legge, James 145
Le Goff, Jacques 311, 313
Leibniz, Gottfried Wilhelm 43
Lenin, Wladimir Iljitsch 168, 175 f., 299
Lenz, Max 119, 372
Le Roy Ladurie, Emmanuel 252–255, 258
Lessing, Gotthold Ephraim 41
Levasseur, Emile 156
Levi, Giovanni 265 f.
Lévi-Bruhl, Lucien 178
Lévi-Strauss, Claude 240, 260, 284
Lewis, Bernard 329, 362
Li, Dazhao 211
Liang, Qichao 195–199, 210
Liu, Shipei 197, 199
Liu, Yizheng 211, 315
Liu, Zhiji 65
Liu, Zhiwei 315
Livius 74
Locke, John 37, 95
Lovejoy, Arthur 171
Ludendorff, Erich 166
Ludwig XVIII. 69
Lukács, Georg 176
Luther, Martin 164, 172, 179
Luxemburg, Rosa 164
Lyotard, Jean-François 259, 264

MacArthur, Douglas 295
Macaulay, Catherine 37, 40, 52, 75, 124
Macaulay, Thomas Babington 76, 78, 138
Mackenzie, Robert 146 f.
Mahmud II 90 f.
Maiguashca, Juan 282, 287
Maistre, Joseph de 71
Maitra, Gopal 99
Majumdar, Romesh Chandra 227
Malerba, Jurandir 282
Mandrou, Robert 243
Mann, Thomas 164 f.
Mao, Zedong 269, 299, 302 f., 313, 315
Marcks, Erich 119
Mariette, Auguste 88
Marini, Ruy Mauro 285
Marshman, J. C. 99
Marsot, Afaf Lutfi al-Sayyid 317, 327

Maruyama, Masao 297, 391
Marx, Karl 23, 50, 76, 78, 113, 120–123, 171, 175 f., 212, 228 f., 236, 240, 246, 250 f., 270, 273, 287, 297, 299 f., 307, 353 f., 373
Matar, Ilyas 92 f.
Mathiez, Albert 257
Maududi, Sayyid Abul Ala 224
McNeill, William H. 350, 353
Medick, Hans 266
Meinecke, Friedrich 166, 172, 174, 206, 246
Meiners, Christoph 43
Menger, Carl 120, 161
Michelet, Jules 18 f., 71, 75 f., 78, 152 f., 178
Middell, Matthias 351
Midhat, Ahmed 182
Mikami, Sanji 203 f.
Miljukow, Pawel Nikolajewitsch 157
Mill, James Stuart 23, 51 f., 54, 98 f., 102, 106, 226
Millar, John 43
Mitra, Rajendralal 103
Mitsukuri, Genbo 129
Momigliano, Arnaldo 175
Mommsen, Hans 245
Mommsen, Wolfgang J. 245
Monod, Gabriel 152
Montesquieu, Charles-Louis de Secondat, Baron de 37, 70, 94 f.
Mookerji, Radha Kumodh 219
Morazé, Charles 242
Moreland, W. H. 219
Morgan, Lewis H. 213
Morina, Christina 268
Morris, Morris D. 229
Möser, Justis 41, 362
Motoori, Norinaga 63
Mubarak, Ali 93 f., 194
Mubarak, Hosni 323
Muhammad, ibn Abdallah, (der Prophet) 34, 45 f., 89, 189
Mukhia, Harbans 227
Mukhopadhyay, Rajiblochan 99
Müller, Max 275
Muraoka, Tsunetsugu 205
Muratori, Ludovico 39, 73
Mussolini, Benito 168, 176

Nadwi, Abul Hasan Ali 228
Naguib, Muhammad 323

Naima, Mustafa 49, 50
Naito, Konan 204
Naka, Michiyo 198, 204
Nakane, Chie 305
Nakata, Kaoru 204
Nandy, Ashis 23, 265, 275, 278–281
Naoroji, Dadabhai 108 f., 215
Napoleon III. 76, 111
Napoleon Bonaparte 50, 69, 71, 73, 79, 82, 84
Nasser, Gamal Abdel 320, 323–329
Nehru, Jawaharlal 224 f., 227 f.
Nevruz, Emir 90
Newton, Isaac 37
Ngo, Si lien 62, 307 f.
Niebuhr, Barthold Georg 74
Niethammer, Lutz 267
Nietzsche, Friedrich 128, 151, 160, 167 f., 264, 275
Ninomiya, Hiroyuki 311
Nishida, Kitaro 213 f., 305, 382
Nishida, Naojiro 205
Nishimura, Shigeki 129
Nishio, Kanji 310
Nora, Pierre 267
Norman, E. Herbert 304
Noro, Eitaro 212 f.
North, Douglas 235, 254

Okamoto, Kansuke 133
Ortega y Gasset, José 27, 168
Osterhammel, Jürgen 20
Otsuka, Hisao 297, 304 f.
Özal, Turgut 332 f.
Ozouf, Mona 258, 261

Paek, Nam-un 308 f.
Pandey, Gyanendra 279
Pareto, Vilfredo 167
Pascha, Ahmed Cevdet 91 f., 95
Pascha, Ahmed Vefiq 92
Pascha, Ismail Sarhank 94
Pascha, Süleiman 90, 184
Patel, Vallabhai 225
Pelliot, Paul 203
Perceval, Coussin de 88
Perry, Matthew Calbraith 24
Peter I. (der Große) 91
Phillips, Ulrich 236
Pinochet, Augusto 284, 286
Pirenne, Henri 165, 180

Pirniya, Hussein 194
Pocock, John 260
Popper, Karl 169, 235
Postan, M. M. 171
Pound, Ezra 167
Power, Eileen 171
Prakash, Gyan 280
Prasad, Rajendra 220
Prasad, Shiva 108
Prebisch, Raúl 285
Proust, Marcel 150

Qassim, Abdul Karim 320
Qian, Daxin 65 f.
Qian, Mu 211, 315
Qianlong, Kaiser 67, 130
Quesada, Ernesto 284

Rabelais, François 179
Rahim, Sayyid Abdul 108
Ranade, Mahadev Govind 108 f., 215
Randall, James G. 170
Randall, John 237
Ranke, Leopold von 18 f., 23, 27 f., 50 f., 66, 74, 77, 82 f., 103, 107, 116–119, 122, 125–127, 138, 140 f., 147, 150, 152, 158 f., 170, 202, 219 f., 256, 368, 375
Ratzel, Friedrich 153, 158, 178
Raychaudhuri, Kshirodchandra 105
Raynal, Abbé Guillaume 37, 77
Refik, Ahmed 185
Reill, J. 353
Reinaud, Joseph 88
Rénan, Ernest 188
Richard, Timothy 146 f.
Rickert, Heinrich 159 f., 205
Ricoeur, Paul 268
Rieß, Ludwig 125, 138–141, 204 f.
Rif'at, Muhammad Bey 190–192, 194
Ritter, Gerhard 244 f., 247
Ritter, Gerhard A. 245
Robertson, William 37, 41 f., 77
Robinson, James Harvey 154, 157 f., 166, 170
Rodney, Walter 292
Rojas, Ricardo 284
Rolland, Romain 164
Rong, Xinjiang 315
Rosenberg, Hans 247
Rosenthal, Franz 362 f.
Rostow, Walt 236
Rothfels, Hans 244 f.

Rousseau, Jean-Jacques 94, 188, 361
Roy, Rammohun 100f.
Rudé, George 250
Russell, Bertrand 164, 169
Russell, Edmund 353
Rutkowski, Jan 180

Sabri, Muhammad Ibrahim 191f., 194
Sacy, Silvestre de 88
Said, Edward 29, 274f., 279f., 293, 321f., 335
Saladin 90
Sale, George 51
Salibi, Kamal S. 329
Salvemini, Gaetano 174
Sami, Amin 93-95
Saraswati, Dayanand 100
Sardesai, G. S. 220
Sarkar, Jadunath 219f.
Sarkar, Sumit 102, 230, 279
Sarruf, Ya'qub 188f.
Saussure, Ferdinand de 260
Savarkar, Vinayak Damodar 217f.
Schama, Simon 263
Schanizade (alias Ataullah Mehmed) 91
Scharubim, Michail 94f.
Scheref, Abdurrahman 92, 181, 185
Schieder, Theodor 244f., 385
Schihadah, Salim 94
Schlesinger, Arthur Jr. 313
Schlosser, Christoph Friedrich 75
Schlözer, August Ludwig 38, 42, 75, 362
Schmoller, Gustav von 120, 158, 161, 173, 178
Schofield, Roger 243
Schulze, Hagen 388
Scott, Joan Wallach 263f., 271, 343
Scott, Walter 74, 128, 215
Seignobos, Charles 152, 159
Selim I. 90
Selim III. 83-85, 90f.
Sen, Dinesh Chandra 221
Senghor, Léopold Sédar 289, 293
Sewell, William 261, 341
Sharabi, Hisham 322
Sharma, R. S. 228
Shelley, Percy Bysshe 71
Shigeno, Yasutsugu 136f., 139, 140-142, 145, 200f., 203, 206
Shiratori, Kurakichi 202, 204-206, 208, 210
Shivaji 217, 220, 383
Sima, Guang 61f.

Sima, Qian 58f., 64, 68
Simiand, François 242
Sin, Ch'ae-ho 208-211, 308f.
Skinner, Quentin 171, 260
Smith, Adam 25, 43, 120
Smith, Vincent 219
Soboul, Albert 257
Sorel, Georges 167f.
Spence, Jonathan 263
Spengler, Oswald 168, 350
Spiegel, Gabrielle 53, 341
Spier, Fred 352
Spivak, Gayatri Chakravorty 277
Srinivas, M. N. 229
Stalin, Joseph 175f., 248, 251, 299, 302, 306f.
Stampp, Kenneth 237
Stein, Lorenz von 78
Stone, Lawrence 250, 257
Strachey, John 224
Suavi, Ali 90, 184
Sun, Jiang 315
Sun, Yatsen 199
Sweezy, Paul M. 297
Sybel, Heinrich von 79, 118, 124-126

Tabatabai, Ghulam Hussain 96f.
Tagore, Rabindranath 21, 215
Taguchi, Ukichi 134, 137, 142f., 145, 196
Taine, Hyppolite 115, 154
Takamure, Itsue 213, 312
Takekoshi, Yosaburo 143
Takeuchi, Yoshimi 304
Tan'gun 144, 208-210, 308f.
Tawney, Richard H. 171
Tevfik, Ebüzziya 182
Thapar, Romila 53, 227f.
Thierry, Augustin 71, 75
Thompson, Dorothy 250
Thompson, Edward Palmer 250-252, 261, 269, 277, 287, 293, 313
Thukydides 34f., 282
Tian, Yuqing 315
Tilak, Bal Gangadhar 217
Tilly, Louis 313
Tilly, Charles 313
Tocqueville, Alexis de 80
Tokutomi, Soho 143
Topolski, Jerzy 249
Toyama, Shigeki 296, 298
Toynbee, Arnold (Wirtschaftshistoriker) 191, 350

Toynbee, Arnold J. (Geschichtsphilosoph) 156
Tran, Trong Kim 212, 307
Treitschke, Heinrich von 119, 122, 127, 164
Trevor-Roper, Hugh 289
Troeltsch, Ernst 158, 166, 172
Tsuboi, Kumezo 204
Tsuda, Sokichi 157, 204–207, 214, 296
Tsunoyama, Sakae 311
Tu, Ji 146
Tu-doc, König 136
Turgot, Jacques 43
Turner, Frederick Jackson 154f., 158

Uchida, Ginzō 204
Umesao, Tadao 305

Valentin, Veit 166
Vico, Giambattista 39, 41, 76
Vidal de la Blache, Paul 152, 240
Vivekananda 100
Völkel, Markus 16
Voltaire 37, 41–43, 70, 94f., 129
Vovelle, Michel 243

Wallerstein, Immanuel 20, 274, 285, 311, 313
Wang, Di 315
Wang, Guowei 203, 300
Wang, Mingsheng 65f.
Wang, Tao 145
Watsuji, Tetsuro 205
Webb, Beatrice 156
Webb, Sydney 156
Weber, Alfred 166
Weber, Max 17, 151, 158, 160–164, 166, 171f., 176, 178, 180, 236, 246, 266, 297, 304, 348
Wehler, Hans-Ulrich 245–247

Wei, Yuan 130–132, 134, 145–147
White, Hayden 23, 51, 262, 264, 341, 397f.
Whitehead, Alfred 169
Williams, William Appleton 237
Wilson, Woodrow 155, 158, 165, 167
Windelband, Wilhelm 159f.
Wolf, Friedrich August 39, 74
Woolf, Daniel 16, 23
Wrigley, Edward 243
Wu, Han 302
Wundt, Wilhelm 158
Wyczański, Andrzei 249

Xia, Zengyou 198f.
Xu, Jianyin 146
Xue, Fucheng 146

Yamaji, Aisan 143
Yan, Buke 315
Yan, Fu 147
Yanagita, Kunio 204, 312
Yang, Nianqun 315
Yasumaru, Yoshio 312
Yoshida, Kotan 68
Yuan, Shikai 199, 207
Yuan, Shu 132

Zaghlul, Saad 194
Zaydan, Dschurdschi 189
Zerffi, George G. 138
Zhang, Chunnian 313
Zhang, Taiyan 197, 199
Zhang, Xuecheng 65f.
Zhang, Zhidong 144, 195
Zhang, Zhilian 313f.
Zhao, Yi 65f.
Zhou, Yiliang 315
Zinn, Howard 238